Urtheile und Annalen

des

Reichsgerichts in Civilsachen.

Sammlung
aller wichtigen civilrechtlichen Entscheidungen
des Reichsgerichts
sowie
aller auf die Reichsrechtsprechung in Civilsachen bezüglichen
Erlasse und Verfügungen.

Herausgegeben
von
Dr. Hans Blum,
Rechtsanwalt am Landgericht in Leipzig.

Dritter Band.

Berlin und Leipzig,
Verlag von J. Guttentag
(D. Collin).
1886.

Reichsrecht.

1. Handelsrecht.

1. **Begründung der actio pro socio durch Vergleich des Bestandes des Gesellschaftsvermögens beim Beginne und am Ende der Gesellschaft** (Art. 93, 95, 108, 130 des H. G. B.). Urth. des I. Civilsenats vom 15. Juni 1885 in Sachen der Firma H. & M. zu B., Kläger und Revisionskläger, wider A. B. zu B., Beklagten und Revisionsbeklagten. Aufhebung und Zurückverweisung auf die beiderseitigen Revisionen. (I, 133/85.) *)

Der jetzige Kläger, Ingenieur M. in Berlin, war mit G. H. unter der Firma H. & M. in offener Handelsgesellschaft, wesentlich zu Bauunternehmungen, assoziirt. Am 30. März 1880 trat H. aus der Gesellschaft aus und der Civilingenieur B., der jetzige Beklagte, in dieselbe ein, und zwar schon vom 1. Januar 1880 an. Die Gesellschaft hatte ihre Hauptniederlassung in Berlin und eine Zweigniederlassung in Elberfeld. Jede Niederlassung hatte besondere Buchführung, der Niederlassung in Berlin stand der Kläger, der in Elberfeld der Beklagte vor. An Verlust und Gewinn des Berliner Geschäftes sollte der Beklagte zu 1/4, der Kläger zu 3/4, an Verlust und Gewinn des Elberfelder Geschäftes jeder der Gesellschafter zur Hälfte theilnehmen. Alle vor dem 1. Januar 1880 abgeschlossenen Geschäfte, insbesondere vier ausdrücklich aufgeführte, behielt sich der Kläger für alleinige Rechnung vor.

Mit Vertrag vom 7. Oktober 1881 löften die Gesellschafter die Gesellschaft auf. Der Kläger übernahm die Aktiva und Passiva. Dem Beklagten sollte sein Guthaben in drei Raten ausgezahlt werden. Er sollte an Verlust und Gewinn des ganzen Jahres 1881 theilnehmen. Das Elberfelder Geschäft sollte liquidirt werden. Als Liquidator mit Generalvollmacht des Klägers sollte der Beklagte die Liquidation besorgen. Am 15. Dezember 1881 nahm der Kläger Kassa und Bücher des Elberfelder Geschäftes an sich, wie der Beklagte behauptet, eigenmächtig.

Der Kläger macht eine ihm angeblich zustehende Gesammtforderung von 42 912,87 ℳ in Höhe von 10 000 ℳ geltend. Der Beklagte bestreitet die Richtigkeit der Berechnung des Klägers, führt dagegen aus, daß ihm eine Forderung von 35 573,57 ℳ zustehe und macht diese widerklagend geltend. In erster Instanz wird

*) Es erschien angemessen, die Aktenzeichen der Revisionsinstanz den Urtheilen und Beschlüssen des R. G. beizufügen.

der Beklagte zur Zahlung von 10000 ℳ mit Zinsen verurtheilt und mit seiner Widerklage abgewiesen. Das B.G. weist auch die Klage ab.

Der B.R. führt aus, die ganze Grundlage der Rechnung des Klägers sei eine irrige, es habe nicht schlechthin das Resultat der Schlußbilanz von der Anfangsbilanz abgezogen werden dürfen. Eine solche sogenannte Bauernbilanz sei nicht zulässig. Es habe die gesammte Geschäftsführung in der Zwischenzeit dargelegt werden müssen. Die vorhandenen Mängel würden durch die Fragen des Gerichts nicht haben beseitigt werden können.

„Was die vorstehend erwähnte Ausführung betrifft, so ist es irrthümlich, wenn der B.R. es für prinzipiell unzulässig erklärt, die actio pro socio auf eine Vergleichung des Bestandes des Gesellschaftsvermögens bei Beginn und am Ende der Gesellschaft zu stützen. Eine solche Vergleichung wird ja bei Aufnahme jeder Bilanz für den betreffenden Zeitraum vorgenommen. Es ist unbegründet, wenn der B.R. annimmt, der offene Handelsgesellschafter, welcher pro socio auf das ihm aus dem Gesellschaftsbetriebe Gebührende klagt, müsse dem andern Gesellschafter den Verlauf der Geschäfte vorlegen und ihm Gelegenheit zur Monitur geben. Der klagende Gesellschafter kann sich einfach auf das Ergebniß der Buchführung stützen und muß die Bücher dem Beklagten zur Kontrole offen halten. Soweit die betreffenden Posten in den Büchern nicht eingetragen sind, hat der Kläger die Posten selbst geltend zu machen. Zu einer weiteren Rechenschaftslegung ist der einzelne Handelsgesellschafter dem andern nicht verpflichtet. Will der andere Gesellschafter den einen oder den andern Punkt angreifen, will er dem Mitgesellschafter Mangel an Diligenz vorwerfen, so hat er dies vorzutragen beziehentlich zu beweisen.

Die Berechnungsweise des Klägers ist also nicht prinzipiell falsch. Wohl aber ist dieselbe insofern zu beanstanden, als der Kläger den Vermögensstand vom 1. Juni 1882 seiner Berechnung zu Grunde legte. Auf das Resultat der Gesellschaftsgeschäfte, welche bis zur Auflösung der Gesellschaft durch Vertrag vom 7. Oktober 1881 erfolgten, durfte der Kläger seine Ansprüche stützen, desgleichen weiter auch auf das Ergebniß der durch den vertragsmäßig zum Liquidator bestellten Beklagten vorgenommenen Geschäfte beziehentlich Eintragungen. Allein am 15. Dezember 1881 hörten diese Liquidationsgeschäfte auf. Da der Kläger nicht dargethan hat, daß er von da an befugter Weise die Liquidationsgeschäfte vorgenommen, so lag ihm für diese Zeit ob, über die Verwaltung und Versilberung des damals noch vorhandenen Gesellschaftsvermögens Rechenschaft abzulegen. Gerade die in diesem Zeitraume vom Kläger vorgenommenen Geschäfte sind es, die nach der Behauptung des Beklagten den vom Kläger behaupteten Verlust herbeigeführt haben, insbesondere behauptet der Beklagte, das Inventar sei verschleudert worden.

Ferner hat der B.R. gefehlt, indem er, auf Grund der Aussage des Sachverständigen B., daß die Aufstellung des Beklagten ganz unkontrollirbar sei, die widerklagend geltend gemachte Forderung desselben als nicht bewiesen abwies. Diese Aeußerung des Sachverständigen geht nur dahin, daß ein Dritter aus den ihm vorgelegten Geschäftsbüchern allein die Ueberzeugung von der Richtigkeit der Aufstellung nicht gewinnen könne. Auch hier gilt wieder das oben Bemerkte, daß nicht die Aufzeichnungen in den Büchern bezw. das daraus für Dritte an und für sich Erkennbare das ausschließliche Beweismittel bildet. Durch eine von einem Mitgliede des Gerichtes bei der Aufnahme des Beweises vorgenommene Fragestellung kann möglicher Weise die erforderliche Aufklärung geschafft oder können wenigstens Momente gewonnen werden, welche für die Bildung einer rechtlichen Ueberzeugung bedeutsam sind. Unschlüssig ist darum auch, was zur Rechtfertigung der Ablehnung des vom Beklagten als Zeugen vorgeschlagenen S. ausgeführt wird. Die Mängel der Buchführung können allerdings dadurch nicht geheilt werden, daß die Wahrheit der einzelnen Eintragungen festgestellt wird; aber die betreffenden als wahr dargethanen Thatsachen an sich können von Bedeutung werden, ganz abgesehen davon, daß möglicher Weise aus den Aussagen des Zeugen über einzelne Punkte unmittelbar auch weiteres Material für die Bildung der richterlichen Ueberzeugung entnommen werden kann."

2. **Parteifähigkeit und Schwurpflichtigkeit einer Handelsgesellschaft.** (Art. 86 Abs. 4, 110 ff. des H.G.B.). S. unten Fall 15 S. 38.

3. **Die rechtzeitige Benachrichtigung des Käufers von den Ursachen der Nichtlieferung Seiten des Käufers gehört nicht zur Entschuldigung des** (schuldlosen) **Verzugs** (Art. 344 des H.G.B.). Urth. des II. Civilsenats vom 9. Juni 1885 in Sachen O. zu B., Klägers und Revisionsklägers, wider K. zu F., Beklagten und Revisionsbeklagten. Vorinstanz: O.L.G. Dresden. Aufhebung und Zurückverweisung. (II, 119/85.)

Der Kläger verkaufte dem Beklagten laut Briefes vom 2. Februar 1883 6000 bis 8000 Ctr. Koprolithen zu 7³/₈ ₰ pro % ph. K. fr. Waggon Freiberg gegen 3 Monat Accept zur Lieferung Februar, Juli in möglichst gleichmäßigen Raten; force majeure vorbehalten. Mit Brief vom 3. Februar 1883 bestätigte ihm der Beklagte das Geschäft, änderte nur die Lieferungsbedingungen dahin ab: „zu Lieferung in den Monaten Februar bis inkl. Juli in monatlichen gleichen Raten"; auch erwähnte er den Vorbehalt der force majeure nicht. Darauf lieferte der Kläger im Februar 1115,84 Ctr., im März 798 oder, wie Beklagter behauptet, nur 775,95 Ctr., im April 408 Ctr. Koprolithen. Weitere Lieferungen unterblieben. Am 12. Juni 1883 schrieb der Beklagte dem Kläger: „Da Letzterer mit der Lieferung der in monatlichen Raten zu empfangenden Koprolithen im Rückstande sei, so annullire er den Rest seines Auftrages". Der Kläger antwortete am 14. Juni: „er habe die Koprolithen in möglichst gleichmäßigen Lieferungen verschlossen und sich force majeure vorbehalten; seit den letzten Ladungen seien auf den südrussischen Stationen keine Koprolithen zur Verladung gekommen wegen der schlechten Wege; endlich hätten sich die Transportverhältnisse günstiger gestaltet; die ersten Transporte kämen in einigen Tagen wieder zur Bahn, so daß er zu liefern in der Lage sei, d. h. bis Ende Juli laut Schluß. Mit Brief vom 18. Juni blieb der Beklagte bei seinem Rücktritte vom Vertrage unter Hinweis auf seinen Brief vom 3. Februar. In der Antwort vom 22. Juni beanspruchte der Kläger, ultimo Juli den ganzen Rest anmelden, auch noch darüber hinaus Nachfrist fordern zu dürfen, und stellte für den Fall der Ablehnung eines Vergleichsvorschlages den öffentlichen Verkauf des Restes und die Belastung mit der Differenz in Aussicht. Unter dem 25. Juni widersprach der Beklagte der Nachfristgewährung, lehnte den Vergleichsvorschlag ab und erklärte, er habe seinen Bedarf inzwischen anderweit gedeckt. Kläger kündigte darauf unterm 28. Juni den öffentlichen Verkauf des Restes an, ließ am 7. Juli 1883 in Breslau durch einen vereideten Makler 5600 Ctr. Koprolithen „Parität Freiberg" auf Lieferung im Juli zum Verkaufe ausbieten, erstand das ausgebotene Quantum für 4½ ₰ pro % ph. K. selbst und forderte nunmehr mit der beim L. G. Freiberg erhobenen Klage 11 270 ℳ Preisdifferenz nebst 94,20 ℳ Maklerkourtage und Auslagen für Annoncen.

Das L. G. hat durch Urtheil vom 15. Februar 1884 den Kläger kostenfällig mit der Klage abgewiesen, davon ausgehend, daß Beklagter wegen Aufnahme der Klausel „Parität Freiberg" und wegen Nichtaufnahme der Bedingung der Kaufpreiszahlung in dreimonatigem Accepte den Selbsthülfeverkauf nicht als auf seine Rechnung bewirkt anzuerkennen brauche.

Der Kläger legte Berufung ein. Er beantragte die unbedingte Verurtheilung des Beklagten nach dem Klagantrage. Durch Urtheil des O. L. G. vom 2. Dezember 1884 ist die Berufung zurückgewiesen und der Kläger zur Tragung der Rechtsmittelkosten verurtheilt worden. In den Gründen des B. U. werden die Ausstellungen gegen den Selbsthülfeverkauf unerörtert gelassen. Es fehle schon an dem Verzuge des Käufers in Empfangnahme der Waare, unter welcher Voraussetzung allein der Verkäufer nach Art. 343 Abs. 2 des H. G. B. zum öffentlichen Verkaufe verschreiten dürfe. Maßgebend für den Vertragsbestand sei nur der Brief des Beklagten vom 3. Februar, wonach die Lieferung in monatlich gleichen Raten erfolgen sollte. Dieser Bedingung habe sich der Kläger durch den alsbaldigen einwandlosen Beginn der Lieferung stillschweigend unterworfen. Hiernach seien die Lieferfristen fest bestimmt gewesen; Kläger habe bis zum Schlusse jedes der Monate Februar bis Juli mindestens je 1000 Ctr. liefern müssen und sich, als Beklagter am 12. Juni erklärte, den Rest des Auftrages annulliren zu wollen, mit mehr als einer vollen Monatsrate vermöge der Rechtsregel dies interpellat pro homine in Lieferungsverzug befunden. Diese Regel sei vom Sächsischen und vom Preußischen Landrechte, welches letztere hier Anwendung leide, anerkannt. Nach dem Prinzipe der sogenannten verschuldeten mora, welches auch dem Sächsischen und Preußischen Rechte zu Grunde liege, werde allerdings zum Verzuge schuldhafte Unterlassung der Erfüllung erfordert. Dies sei aber nicht dahin zu verstehen, daß den Gläubiger die Verpflichtung treffe, die Verschuldung des Schuldners nachzuweisen; vielmehr liege es Letzterem ob, das Vorhandensein von seinen Erfüllungsverzug entschuldigenden Umständen darzuthun. Dazu genüge aber hier nicht schon der nachträglich geführte Nachweis, daß die Erfüllung durch gewisse Ereignisse unmöglich gemacht worden sei. Die Grundsätze von Treu und Glauben, insbesondere die Erwägung, daß der nichtsäumige Kontrahent sein eigenes Handeln nur nach den ihm bekannten Verhältnissen bestimmen könne (vergl. Entsch. des R. G. Bd. IV S. 57), bedingten als ein weiteres Erforderniß für die Entschuldigung des Verzuges, daß der an der Erfüllung behinderte Theil den Berechtigten über die Gründe, welche seiner Verzögerung den Charakter des Verzuges benehmen, nicht im Ungewissen lasse. Anderenfalls müsse die Thatsache der nicht rechtzeitig erfolgten Erfüllung als entscheidend betrachtet werden (vergl. Endemann, Handelsrecht, 3. Aufl., S. 468 ff. bei Note 12 und 13); um so gewisser, als Kläger schon aus dem nach Art. 344 des H. G. B. mit dem Kaufe verbundenen Transportauftrage bei Anwendung der Sorgfalt eines ordentlichen Kaufmannes (Art. 282 des H. G. B.) verpflichtet gewesen sei, dem Beklagten über die der Erledigung des Auftrages entgegenstehenden Thatsachen so zeitig Rechenschaft zu geben, wie es dem aus den Vertragsberedungen von selbst zu erkennenden Interesse des Beklagten an Einhaltung der bedungenen Fristen entsprochen hätte. Hiernach habe das Schweigen des Klägers über die bis 12. Juni der Lieferung entgegengestandenen Hindernisse eine schuldvolle Verletzung seiner Vertragsobliegenheiten enthalten, mochte selbst eine, die Nichterfüllung entschuldigende Unmöglichkeit vorgelegen haben. Deshalb könne unerörtert bleiben, ob letzteres von bloßen Schwierigkeiten des Transportes in Folge ungünstiger Witterung mit Grund anzunehmen wäre. Mit Recht habe der Beklagte daher am 12. Juni eine schuldhafte Verzögerung der Lieferung angenommen und deshalb von der Befugniß zum Rücktritte vom Vertrage Gebrauch gemacht. — Allerdings durfte der Kläger um eine Frist zur Nachholung des Versäumten bitten. Aber die von ihm erbetene Nachfrist stelle sich als nicht angemessen dar. Er habe am 14. Juni für die zum Theil schon Monate lang rückständigen Quantitäten eine Frist bis zu Ende der gesammten Lieferungszeit beansprucht und im Briefe vom 22. Juni sogar erklärt, daß er den ganzen Rest auf einmal Ende Juli anmelden und noch darüber hinaus eine Nachfrist fordern werde. Er habe dieses Verfahren nur damit zu entschuldigen gesucht, daß Beklagter unterschiedslos jede Nachlieferung abgelehnt habe. Dies berechtigte ihn aber nicht, die Erfüllung in einer Weise anzubieten, welche derselbe zurückzuweisen befugt war. — Bei der Theilbarkeit des Vertragsgegenstandes (Art. 359 des H. G. B.) hätte sich fragen können, ob nicht Kläger die Juni- und Juliraten noch am Ende jeden Monats hätte anbieten und den Beklagten in Annahmeverzug versetzen können. Allein dies habe er nicht gethan. Auch die Junirate habe er unstatthafter Weise erst Ende Juli liefern wollen und wegen der Julirate sei er schon am 7. desselben Monats, also vorzeitig, zur Verkaufsselbsthülfe verschritten.

Der Kläger hat gegen das Berufungsurtheil Revision eingelegt. Hierzu erhob er nachstehende Einwendungen: 1) Das O. L. G. nehme zwar auf Grund des hier nicht revisibelen Preuß. Rechtes an, daß nur schuldhafter Verzug dem Kläger nachtheilig sei, schneide ihm aber den Beweis der Schuldlosigkeit deshalb ab, weil er dem Beklagten zur Zeit des Verzugs den Grund der Nichtlieferung nicht mitgetheilt habe; und diesen Rechtssatz schöpfe das Berufungsgericht nicht aus den Quellen des Preuß. Rechtes, sondern aus handelsrechtlichen Normen. Darum sei in der

Revisionsinstanz zu prüfen, ob der bemerkte Rechtssatz bestehe. Derselbe könne nicht als bestehend anerkannt werden. 2) Mit Unrecht sei die vom Kläger geforderte Nachfrist für nicht angemessen erachtet worden. In den Briefen vom 14. und 22. Juni habe sich Kläger nicht dazu erboten, Alles auf einmal zu Ende Juli 1883 zu liefern, sondern nur bereit erklärt, bis zu Ende Juli das noch Rückständige zu senden. 3) Endlich komme in Betracht, daß zur Zeit des Rücktrittes des Beklagten die Juni- und Julirate noch nicht fällig waren.

„Gegenüber der auf Vertragserfüllung (Zahlung des Kaufpreises unter Aufrechnung des Ergebnisses eines Selbsthülfeverkaufes) gerichteten Klage kommt es zunächst darauf an, ob der Beklagte befugt war, wegen Lieferungsverzugs des Klägers vom Vertrage zurückzutreten (Art. 355 des H.G.B.). Den Lieferungsverzug beurtheilt das O.L.G. nach Preußischem und Sächsischem Landesrechte, indem es davon ausgeht, daß beide Rechte, von denen vorliegenden Falls das Preußische Recht maßgebend sei, zwar die Regel: dies interpellat pro homine aufstellen, dem Säumigen jedoch verstatten, das Vorhandensein von den Verzug entschuldigenden Umständen darzuthun. Insoweit beruht die Entscheidung auf Gesetzen, welche theils nur für den Bezirk des B.G. gelten, theils in demselben keine Geltung haben, deren Verletzung also die Revision nicht begründen würde (§ 511 der C.P.O.). Der Beweis des schuldlosen Verzugs wird indessen dem Kläger versagt, weil er unterlassen habe, dem Beklagten sofort über die der Erfüllung entgegenstehenden Thatsachen Rechenschaft zu geben, während doch die rechtzeitige Benachrichtigung hiervon zur Entschuldigung des Verzuges gehöre. Den letzteren Rechtssatz leitet das Berufungsgericht nicht aus dem Landesrechte, sondern aus dem Allgemeinen Deutschen Handelsrechte ab; denn dafür werden die Grundsätze von Treu und Glauben (Art. 279 des H.G.B.) eine handelsrechtliche Entscheidung des R.G., ein Lehrbuch des Handelsrechts, sowie Art. 344 des H.G.B. bezogen. In diesem Punkte ist daher das zweitinstanzliche Urtheil der Revision zugänglich. Nun ergeben aber die angeführten Quellen den fraglichen Rechtssatz nicht. Ebensowenig besteht derselbe überhaupt im Handelsverkehre. Enthielte selbst die unterbliebene alsbaldige Anzeige von den Ursachen der Nichtlieferung einen Verstoß gegen die Vertragsobliegenheiten des Verkäufers, so ließe sich damit doch höchstens ein Entschädigungsanspruch des Käufers rechtfertigen, nicht aber ohne Weiteres folgern, daß der Verzug ein verschuldeter gewesen. Das Handelsrecht wenigstens kennt keinen derartigen Rechtssatz. Derselbe ist weder gesetzlich ausgesprochen, noch in dem Handelsgewohnheitsrechte begründet. Hängt aber die Entschuldbarkeit des Verzuges nur von der äußeren Sachlage ab, in der Weise, daß der Verzug dem Verpflichteten nicht anzurechnen ist, wenn er durch Umstände, welche er nicht vorherzusehen und abzuwenden vermochte, von der fristgemäßen Erfüllung abgehalten wurde, so hatte das Berufungsgericht zu untersuchen, was es ausdrücklich unentschieden läßt, ob die vom Kläger behaupteten Transportschwierigkeiten die Nichtlieferung entschuldigen.

Das angefochtene Urtheil mußte demnach schon auf Grund des ersten Revisionsangriffes aufgehoben werden. Da der Rechtsstreit noch nicht zur Endentscheidung reif erscheint, so war er zu anderweiter Verhandlung und Entscheidung zurückzuverweisen. Weiteren Eingehens auf die sonstigen Ausstellungen des Revisionsklägers bedarf es nicht. Nur soviel mag noch (zu 3) hervorgehoben werden, daß bei der künftigen Entscheidung die ebenfalls nicht geprüfte, auf Vertragsauslegung beruhende Frage mit zu erwägen ist, ob der Lieferungsverzug des Klägers mit der März-, April- und Mairate dem Beklagten das Recht gab, am 12. Juni von dem ganzen Vertrage, auch rücksichtlich der damals noch nicht verfallenen Juni- und Julirate, abzugehen."

4. **Die** (auch bei Fixgeschäften nach Art. 357, 354 des H.G.B. gültige) **Vorschrift des Art. 343 des H.G.B.** (daß die Waare unter Beobachtung der Vorschriften dieses Artikels für Rechnung des Käufers zu verkaufen sei) **ist nicht in dem Sinne eine zwingende, daß sie nicht durch Uebereinkunft der Betheiligten ausgeschlossen werden könnte.** Urth. des I. Civilsenats vom 8. Juni 1885 in Sachen U. zu H., Beklagten und Revisionsklägers, wider J. F. & Co. das., Kläger und Revisionsbeklagte. Vorinstanz: O.L.G. Hamburg. Verwerfung. (I, 116/85.)

Der Beklagte ist durch Urtheil der K. für H. S. des L. G. Hamburg vom 29. Januar 1885 für den Fall der Ableistung eines den Inhabern der klagenden Firma zugeschobenen und von ihnen angenommenen Eides gemäß dem Klagantrage schuldig erkannt worden, den Klägern 2276,90 ℳ nebst 6 % Zinsen seit dem 1. Dezember 1884 zu bezahlen und die Kosten des Rechtsstreits zu tragen.

Die von dem Beklagten gegen dieses Urtheil mit dem Antrage, die Klage abzuweisen, eingelegte Berufung ist durch ein am 12. März 1885 verkündetes Urtheil des O. L. G. Hamburg als unbegründet verworfen.

„Der Revisionskläger irrt, wenn er die auch bei Fixgeschäften (Art. 357 des H.G.B.) anwendbare Vorschrift des Art. 354 desselben, wonach der Verkäufer gegenüber dem mit der Zahlung des Kaufpreises in Verzug befindlichen Käufer berechtigt ist, die Waare unter Beobachtung der Bestimmungen des Artikels 343 für Rechnung des Käufers zu verkaufen, für eine zwingende Vorschrift erklärt. Da sie nicht im öffentlichen Interesse, sondern nur zu dem Zwecke erlassen ist, den säumigen Käufer gegen eine seinem Interesse zuwiderlaufende mißbräuchliche Ausübung des Verkaufsrechtes zu sichern, so kann ihre Anwendung im einzelnen Falle durch eine Uebereinkunft der Betheiligten ausgeschlossen werden, welche anstatt des im Art. 343 bezeichneten Weges des Verkaufs einen andern vorschreibt oder gestattet. Dies ist nach der Annahme des B.G. von den Parteien dadurch geschehen, daß das zwischen ihnen abgeschlossene Kaufgeschäft laut Schlußscheines die Bestimmung enthält, es sollen in Ermangelung einer abweichenden Bestimmung der auf dem Schlußscheine abgedruckten Geschäftsbedingungen der Kläger die allgemeinen Usanzen in Anwendung kommen, die hiermit gemeinten Hamburger Allgemeinen Usanzen beim Effektenhandel aber in Art. 13 der (im Hamburgischen Börsenhandbuch von Jürgens S. 51 ff. abgedruckten) seit dem 1. Oktober 1881 gültigen Fassung dem Verkäufer gestatten, den Verkauf „sofort an der Börse des stipulirten Empfangstages für Rechnung des Säumigen zu beschaffen, welchem letzteren die etwa daraus entstehende Differenz in Rechnung zu bringen ist“, mit dem Beisatze: „Die Differenzberechnung ist der Sachverständigen-Kommission vor deren Abgabe an den Betreffenden zur Verifizirung vorzulegen.“ Während Revisionskläger der Ansicht ist, daß diese Bestimmung nur darüber, wann und wo, nicht aber darüber, durch wen der Selbsthülfeverkauf zu bewirken sei, eine Vorschrift ertheile, folglich ungeachtet derselben der Verkauf gemäß Art. 343 des H.G.B. durch einen Handelsmäkler oder einen zu Versteigerungen befugten Beamten und seit Aufhebung des Instituts der beeidigten Mäkler durch das Hamburgische Gesetz vom 20. Dezember 1871 immer durch einen staatlich autorisirten beeidigten Auktionator zum laufenden Preise an der Börse bewirkt werden müsse, nimmt das B.G. an, daß die Bestimmung des Art. 13 der Allgemeinen Usanzen beim Effektenhandel nicht neben dem Art. 343 des H.G.B. anzuwenden sei, sondern eine von Grund aus abweichende Bestimmung enthalte, welche anstatt des Art. 343 in Anwendung komme. Es ist nicht anzunehmen, daß hierdurch eine Rechtsnorm, deren Verletzung die Revision begründet, verletzt worden ist. Es handelt sich zwar nicht um Auslegung und Anwendung einer Rechtsnorm, auf deren Verletzung die Revision nach § 511 der C.P.O. nicht gestützt werden kann und bei welcher § 525 derselben Anwendung finden würde; denn der Art. 13 der Allgemeinen Usanzen ist dem angefochtenen Urtheile nicht als Rechtsnorm, sondern wegen der vertragsmäßigen Unterwerfung der Parteien unter denselben zum Grunde gelegt worden. Durch die Auslegung aber, welche das B.G. dem zu einem Bestandtheil der Kaufvertragsbedingungen gemachten Art. 13 der Allgemeinen Usanzen giebt, sind weder die Grundsätze über die Auslegung von Rechtsgeschäften oder sonstige materielle Rechtsgrundsätze verletzt, noch liegt ein prozessualer Verstoß im Sinne des § 513 Nr. 7 der C.P.O. vor. Insbesondere ist der von dem Revisionskläger hervorgehobene Umstand, daß eine dem Art. 13 entsprechende Bestimmung (vergl. Nr. 11 der in der Zeitschrift f. Handelsrecht Bd. 15 S. 180 abgedruckten Fassung der Allgemeinen Usanzen vom 16. Juni 1869) schon zu einer Zeit bestand, wo das Institut beeidigter Makler in Hamburg noch nicht gesetzlich abgeschafft war, von dem B.G. nicht übersehen, sondern ausdrücklich gewürdigt worden. Daß der Verkauf durch einen Auktionator, wenn Art. 343 des H.G.B. maßgebend wäre, nicht nothwendig im Wege der Versteigerung vorzunehmen wäre, sondern auch nicht öffentlich erfolgen könnte, nimmt auch das B.G. an; es ist aber der Ansicht, daß mit Rücksicht auf den übrigen Inhalt des Art. 13 diesem nicht der Sinn beizulegen sei, daß die Heranziehung eines Auktionators zur Ausführung des nicht öffentlichen Verkaufs erfolgen müsse."

2. Wechselrecht.

5. **Beschränkung der Einrede, daß der Wechselbeklagte einen dem Klaganspruch entsprechenden Wechselvertrag nicht abgeschlossen habe gegenüber dem gutgläubigen Erwerber des Wechsels, insbesondere eines Blankoacceptes** (Art. 82 der Allg. D.W.O.). Urth. des III. Civilsenats vom 12. Juni 1885 in Sachen der Firma L. & S. in B., Klägerin und Revisionsklägerin, wider H. L. zu H., Beklagten und Revisionsbeklagten. Vorinstanz: L.G. Hannover, O.L.G. Celle. Aufhebung des zweiten und Abänderung des ersten Urtheils dahin, „daß, unter Zurückweisung der vom Beklagten erhobenen Einrede der in dem gedachten Urtheile ausgesprochene Vorbehalt der Rechte des Beklagten beseitigt und die dortige Verurtheilung des Beklagten definitiv ausgesprochen, auch die der Klägerin auferlegte Pflicht zur Sicherheitsleistung aufgehoben wird." (III, 71/85.)

Die Revision der Klägerin beantragt: „das Urtheil insoweit, als es die Entscheidung der Sache noch von einem Eide des Inhabers der klagenden Firma abhängig macht, aufzuheben und unbedingt so zu erkennen, wie in dem angefochtenen Urtheile für den Fall der Leistung dieses Eides geschehen ist."

„Der Vorinstanz ist zuzugeben, daß die Entstehung einer jeden Wechselverbindlichkeit durch den Abschluß eines Wechselvertrages bedingt ist und daß demnach die Einrede eines Wechselbeklagten, er habe einen dem eingeklagten Anspruche entsprechenden Wechselvertrag nicht abgeschlossen, aus dem Wechselrechte selbst hervorgeht, und somit gemäß Art. 82 der W.O. an sich gegen jeden Wechselkläger vorgeschützt werden kann." (Vergl. Annalen Bd. IV S. 410, Bd. II S. 468; Entsch. Bd. V S. 82, Bd. II S. 89.) „Allein der Art. 82 ergiebt auch, daß die Statthaftigkeit dieser Einrede denjenigen Einschränkungen zu unterliegen hat, welche aus der Eigenthümlichkeit des Wechselrechtes hervorgehen.

Der Wechselvertrag ist ein schriftlicher Formalvertrag. Aus dieser Natur desselben in Verbindung mit der Bestimmung des Wechsels zum Wechselumlauf folgt aber, daß es dem gutgläubigen Inhaber des Wechsels gegenüber nicht darauf ankommen kann, was bei dem Geben des Wechsels an seinen Vormann gewollt oder mündlich verhandelt worden ist, daß vielmehr derjenige, welcher eine von ihm vollzogene wechselmäßige Erklärung einem Andern aushändigt, dieselbe hierdurch zu einer ihm gegen alle dritte Personen, welche den Wechsel demnächst in gutem Glauben erwerben, unbedingt verpflichtende Erklärung macht. Hat ein Geben und Nehmen des Wechsels thatsächlich stattgefunden, so muß dies genügen, um im Verhältnisse zu dem gutgläubigen Dritten den Wechselvertrag als abgeschlossen betrachten zu lassen.

Die Wechselverbindlichkeit eines Wechselacceptanten kann auch auf dem Geben und Nehmen eines Blankoacceptes beruhen. Die Begebung eines Blankoacceptes hat im Verhältnisse zu dritten Personen die Bedeutung, daß der Nehmer des Blanketts berechtigt ist, dasselbe auszufüllen oder auch einem Anderen zur Ausfüllung zu übergeben mit der Wirkung, daß der Blankoacceptant für den so hergestellten Wechsel aus seinem im Voraus gegebenen Accepte verhaftet ist." (Annalen Bd. VII S. 63, Bd. II S. 468; Entsch. Bd. VIII S. 56; vergl. auch Bd. II S. 89.)

„Der vorliegende eingeklagte Wechsel ist hergestellt mittelst Verwendung eines Formulares, welches nach Inhalt des auf demselben befindlichen Vordruckes zur Herstellung eines gezogenen Wechsels bestimmt war; die Namensunterschrift des Beklagten befindet sich an der in dem Formulare für die Acceptirung des Wechsels offen gelassenen Stelle. Indem der Beklagte, wie er selbst angiebt, seine Namensunterschrift vollzog, während das Formular im Uebrigen noch unausgefüllt war, gab er derselben bei der aus dem Vordrucke ersichtlichen Bestimmung des Formulares die Bedeutung eines Blancoacceptes. Und da er selbst weiter angiebt, daß er dieses Blankoaccept dem M. H. ausgehändigt hat, so muß dem Obigen nach die von ihm jetzt vorgebrachte Einrede als wechselrechtlich unbegründet verworfen werden."

3. Reichs-Genossenschaftsgesetz.

6. **Auch der Austritt eines nicht beim Genossenschaftsregister angemeldeten Genossenschafters erfordert eine förmliche Austrittserklärung bei Gericht** (§§ 38, 39, 63 des Reichs-Genossenschaftsgesetzes). Urth. des II. Civilsenats vom 9. Juni 1885 in Sachen A. v. St. in O., Beklagten und Revisionsklägers, wider E. v. B. in G., Kläger und Revisionsbeklagten. Vorinstanz: O.L.G. Köln. Verwerfung. (II, 109/85.)

„Wenn der B.R. annimmt, der Beklagte sei zur Zeit des Vergleichsabschlusses für den damals gegen ihn eingeklagten Betrag als ehemaliges Mitglied der Genossenschaft haftbar gewesen und es treffe also die Voraussetzung, von welcher nach Angabe des Beklagten die Gültigkeit des Vergleiches abhängig gemacht worden wäre, zu, so kann hierin eine Gesetzesverletzung nicht gefunden werden. Der Beklagte ist am 23. Mai 1874 in rechtsgültiger Weise (§ 2 des Reichs-Genossenschaftsgesetzes) der Genossenschaft beigetreten. Er ist in Folge hiervon, ohne daß es einer Anzeige bei dem Handelsgerichte bedurfte, nach den §§ 12, 39 des Reichs-Genossenschaftsgesetzes für die vor seinem Beitritte sowie für die während seiner Mitgliedschaft eingegangenen Verbindlichkeiten der Genossenschaft haftbar geworden und auch nach seinem Ausscheiden aus der Genossenschaft bis zu Ablauf der in den §§ 63, 64 des Gesetzes näher normirten Verjährung haftbar geblieben. Festgestellt ist nunmehr, daß die an den Kläger cedirten Forderungen in dem in dem Vorprozeß eingeklagten Betrag von 6000 ℳ am 10. März 1875 bereits bestanden haben. Nach § 63 cit. beginnt die Verjährung der Klagen gegen einen ausgeschiedenen Genossenschafter aus Ansprüchen an die Genossenschaft mit dem Tage, an welchem das Ausscheiden dem Handelsgericht angezeigt ist. Es kann unentschieden bleiben, ob, wie der B.R. annimmt, das Gesetz hierbei eine durch den Vorstand der Genossenschaft zu machende Anzeige verlangt oder ob auch eine durch den ausscheidenden Genossenschafter selbst dem Handelsgericht erstattete Anzeige geeignet wäre, den Lauf der Verjährung zu eröffnen. Der Beklagte hat nämlich angegeben: „er habe sich zur Zeit seiner Austrittserklärung vom 10. März 1875 auf das Handels-Sekretariat begeben, um seinen Austritt dem Handelsgericht anzuzeigen; dort sei ihm der Bescheid geworden, die Listen ergäben nicht, daß er angemeldet sei, er brauche sich also nicht abzumelden.“

Nach dieser Angabe hat nun zwar der Beklagte schon vor dem 22. September 1875 den Versuch gemacht, seinen Austritt dem Handelsgericht anzuzeigen, ist jedoch hiervon — allerdings in Folge einer unrichtigen Belehrung — wieder abgestanden. Daß der Austritt des Beklagten durch diesen selbst vor dem 22. September 1875 dem Handelsgerichte wirklich angezeigt worden wäre, ist dagegen nicht behauptet worden. Die Verjährung hat daher erst mit diesem Tage begonnen und sie war, wie der B. R. zutreffend ausführt, zur Zeit des Vergleichsabschlusses wegen eingetretener Unterbrechung nicht vollendet.“

4. Reichs-Haftpflichtgesetz.

7. **Der beim Versuch, einen Eisenbahnzusammenstoß zu hindern, erlittene Unfall ist ein Unfall „beim Betrieb“ im Sinne des § 1 des Reichs-Haftpflichtgesetzes.** Urth. des II. Civilsenats vom 9. Juni 1885 in Sachen der Vereinigten Pfälzischen Eisenbahnen zu L., Beklagten und Revisionskläger, wider F. St. zu S., Kläger und Revisionsbeklagten. Vorinstanz: O.L.G. Zweibrücken. Verwerfung. (II, 273/85.)

Der ehemalige Weichenwärter F. St. erhob durch Zustellung vom 7. Juni 1883 bei dem L. G. Frankenthal wider die vereinigten Pfälzischen Eisenbahnen Klage auf Entschädigung, indem er geltend machte: Er sei von den Beklagten auf dem Bahnhofe Ludwigshafen als Posten Nr. 154a angestellt gewesen und habe in dieser Eigenschaft die Verpflichtung gehabt, die Weiche Nr. 52 am ersten Geleise, sowie die Weichen Nr. 53 und 54 am sechsten Geleise zu bedienen, und beim Einfahren der Züge den Thorverschluß zwischen dem Bahnhofsgebäude und dem Viehladeplatze zu überwachen. Als er am Abende des 16. Juni 1881 beim Einfahren des Mannheimer Zuges an diesem Thore gestanden, habe er bemerkt, daß auf dem siebenten Geleise der Wormser Zug von der Drehscheibe her vorgefahren sei, um auf das sechste Geleise an den Wasserkrahnen zu gelangen, und gleichzeitig von der entgegengesetzten Seite vom Wasserkrahnen her eine Rangirmaschine auf dem sechsten Geleise dem Wormser Zuge entgegengekommen sei, um auf dem siebenten Geleise Kohlen zu fassen. Zur Verhinderung des unfehlbar drohenden Zusammenstoßes sei er von seinem Platze am Thore über die Schienen geeilt, um die ihm anvertraute Weiche Nr. 54 umzustellen. Hierbei sei er auf einer frisch mit Kies unterstopften Schwelle ausgeglitten, zu Boden gestürzt und habe einen Bruch des rechten Wadenbeines und einer Flechse erlitten, durch welchen er zeitweilig völlig arbeitsunfähig geworden und fortdauernd in seiner Erwerbsfähigkeit beschränkt sei. Für die Folgen seien Beklagte haftpflichtig, weil sich der Unfall beim Betriebe der Eisenbahn ereignet habe, und ein Verschulden derselben vorliege.

Die Beklagten beantragten Klageabweisung, indem sie die Richtigkeit der klägerischen Behauptungen und eventuell ihre Haftpflicht bestritten. Nachdem das L. G. einen richterlichen Augenschein und die Vernehmung der beiderseits vorgeschlagenen Zeugen veranlaßt hatte, erklärte es durch Urtheil vom 29. Mai 1884, über den Klagegrund vorab entscheidend, die Beklagten für haftpflichtig. In den Gründen wird ausgeführt, daß nach dem Ergebnisse der Beweisaufnahme der Zusammenhang des Unfalles mit dem Betriebe der Bahn festgestellt werde und aus den Thatumständen ein Selbstverschulden des Klägers nicht zu entnehmen sei.

Die Beklagten erhoben Berufung mit dem Antrage auf kostenfällige Abweisung der Klage. Das O.L.G. Zweibrücken verwarf durch Urtheil vom 28. Januar 1885 die Berufung im Wesentlichen aus folgenden Gründen: Ueber die örtlichen Verhältnisse und die dem Kläger als Weichensteller obliegenden Dienstverrichtungen bestehe kein Streit. Nach Aussage des vollkommen glaubwürdigen Zeugen S., welcher an der Weiche 48 gestanden habe, sei Kläger zur angegebenen Zeit von seinem Standorte an dem Abschlußthore nach den Weichen 53 und 54 gesprungen. Der Zeuge habe zwar nicht wahrgenommen, daß Kläger gefallen sei, derselbe habe aber unmittelbar nachher dem Zeugen seinen angeschwollenen Knöchel gezeigt und geklagt, daß er durch einen Fall den Fuß verletzt habe. Dieselbe Mittheilung habe er auch den Zeugen May. und Mag. gemacht. Da es nun unbestrittener Maßen Pflicht des Weichenwärters sei, seinen Dienst an der Weiche sofort aufzusuchen, sobald sich die Nothwendigkeit ergebe, und da die Frage der Nothwendigkeit sich nicht immer nach festen Vorschriften richten könne, sondern vielfach der Beurtheilung des Weichenwärters nach Maßgabe seines Erkenntnißvermögens überlassen bleiben müsse, so unterliege es keinem Zweifel, daß Kläger zum Zwecke der Verhinderung des Zusammenstoßes der beiden Maschinen von seinem Wachtposten am Postgebäude über die Schienen nach der Weiche 54 geeilt sei, und daß er sich hierbei unterwegs durch einen, durch die gebotene Eile herbeigeführten, Fall den Fuß verletzt habe. Nur sei nicht erwiesen, ob es noch zum persönlichen Eingreifen gekommen, und ob hierdurch oder in anderer Weise der Zusammenstoß vermieden worden sei.

In Betreff der rechtlichen Beurtheilung sei zu beachten, daß nicht jeder durch die Ausübung des Eisenbahngewerbes erforderte Vorgang im Sinne des § 1 des Haftpflichtgesetzes als zum Betriebe gehörig aufgefaßt werden dürfe. Es komme vielmehr darauf an, ob der Vorgang oder die Thätigkeit in Kausalzusammenhang zu den mit dem Eisenbahnbetriebe verbundenen Gefahren stehe, im Hinblick auf welche das Gesetz die strenge Haftung der Eisenbahn bestimmt habe. Da nun das Manövriren der beiden Lokomotiven, obwohl es nicht unmittelbar dem Transporte diente, bezweckt habe, zur Fortsetzung des Transportes Wasser und Kohlen einzunehmen, und da gerade dieses Manövriren wegen der großen Gewalt der dabei in Bewegung gesetzten Kräfte zu den ganz eigenthümlichen Gefahren des Betriebes gehöre, so könne es keinem Zweifel unterliegen, daß die Thätigkeit des Klägers, welcher, um einem Zusammenstoße der Lokomotiven vorzubeugen, von dem minder wichtigen Posten zu seiner Weiche geeilt sei, und folgeweise auch der durch die Eile verursachte Fall mit jenem gefährlichen Eisenbahnbetriebe in dem engsten Kausalzusammenhange stehe, ohne daß es darauf ankomme, ob die Bemühung Erfolg gehabt habe oder der Zweck unterdessen in anderer Weise erreicht worden sei.

Es liege in der Natur der Sache und werde durch die großen Gefahren des Eisenbahnbetriebes erfordert, daß es zur Begründung des Kausalzusammenhanges zwischen der Thätigkeit und dem Betriebe nicht der Aussicht auf eine absolute Gefahr bedürfe. Vielmehr genüge es, wenn nur die Möglichkeit einer Gefahr, namentlich der Gefahr des Zusammenstoßes zweier Maschinen nahe liege. Eine solche Möglichkeit habe unzweifelhaft vorgelegen, da zwei Lokomotiven auf zwei mit einander in Verbindung stehenden Geleisen gegen einander gefahren seien und der Vorsprung des Lokomotivenhauses den Leitern der Maschinen die Aussicht auf die entgegenkommende Maschine verdeckt habe. Bei der Abwägung der Gefahr, namentlich in so kritischer Lage, könne der Weichensteller nicht davon ausgehen, daß möglicher Weise, insbesondere durch das höchste Maß der Vorsicht seitens der anderen Betheiligten die Gefahr beseitigt und er der Pflicht, den Zusammenstoß zu verhindern, enthoben sei. Auch könne nicht gefordert werden, daß sein Eingreifen mit absoluter Gewißheit die Gefahr abwende. In dieser Beziehung sei es wohl richtig, daß die Normalstellung der Weiche Nr. 54 das sogenannte Aufschneiden der Weiche und den Eintritt der Lokomotive von dem siebenten in das sechste Geleise nicht verhindern konnte, auch sei dieser Normalstellung ungeachtet die auf dem sechsten Geleise sich bewegende Maschine immerhin noch auf einem Theile der Strecke einem seitlichen Zusammentreffen mit der entgegenkommenden Lokomotive ausgesetzt gewesen. Allein es habe doch die Möglichkeit bestanden, daß jene Lokomotive auf dem sechsten Geleise soweit vorfahren konnte, um auch den seitlichen Zusammenstoß zu vermeiden. Jedenfalls würde Kläger durch die Normalstellung der Weiche Nr. 54 die Gefahr eines seitlichen oder direkten Zusammenstoßes unbedingt verhütet haben, wenn der Weichenwärter an der Weiche Nr. 57, die Gefahr erkennend, durch Normalstellung dieser Weiche die auf dem siebenten Geleise fahrende Maschine auf diesem Geleise gehalten hätte. Kläger habe daher jedenfalls den Versuch machen dürfen, in dieser Richtung thätig zu werden. Unter diesen Umständen erscheine es als das Zeichen eines eifrigen und pflichtgetreuen Wärters, wenn Kläger nach dem Orte der drohenden Gefahr geeilt sei, und ein Verschulden könne ihm dieserhalb nicht zur Last gelegt werden. Auf die Beurtheilung der Sache sei es ohne Einfluß, daß, wenn auch nicht tagtäglich, so doch öfter Maschinen in ähnlicher Weise manövrirten, denn in jedem solchen Falle sei es Pflicht des Wärters, zu seinen Weichen zu kommen.

Da es nicht bestritten sei und durch die Zeugen erwiesen werde, daß sich Kläger durch die Fußverletzung, welche er zweifellos bei dem damaligen Ueberschreiten der Bahn erlitten, einen Schaden zugezogen habe, so stehe die Haftpflicht der Beklagten an sich jetzt schon fest. Es bedürfe daher nicht der Erörterung der Frage über das gemeinrechtliche Verschulden der Beklagten und es komme nur noch darauf an, die Grundsätze für die Berechnung des Schadens zu finden.

„In prozessualer Beziehung rügt die Revision, daß das Urtheil erster Instanz als eine Vorabentscheidung im Sinne des § 276 der C.P.O. nicht aufgefaßt werden könne, und deshalb die eingelegte Berufung nicht zulässig gewesen sei. Dieser Angriff erscheint nicht zutreffend. Wie das B.G. richtig ausgeführt, hat der Erste Richter alle Voraussetzungen festgestellt, von welchen das Gesetz vom 7. Juni 1871 die Verantwortlichkeit des Eisenbahnbetriebsunternehmers abhängig macht, eine bei dem Betriebe verursachte, den Kläger beschädigende und von demselben nicht verschuldete Körperverletzung, und demgemäß hat er die Beklagten für haftpflichtig erklärt und nur behufs Bestimmung der Höhe der Entschädigung einen Beweisbeschluß erlassen. Hiernach ist die, durch die allerdings ungenaue Fassung des Beweisbeschlusses hervorgerufene Annahme ausgeschlossen, daß die Feststellung des Klagegrundes noch eines Beweises bedürfe.

Alle wider die Entscheidung des B.G. erhobenen materiellen Angriffe erscheinen der thatsächlichen Feststellung gegenüber unbegründet. Hiernach stand Kläger auf seinem Posten am Eingange des Bahnhofes, als er bemerkte, daß zwei Lokomotiven, deren Leiter wegen des im Wege stehenden Lokomotivgebäudes die entgegenkommende Maschine nicht wahrnehmen konnten, einander entgegenfuhren. In der diensteifrigen Absicht, dem drohenden Zusammenstoße vorzubeugen, sprang er auf die ihm anvertraute Weiche Nr. 54 zu; durch die Eile kam er beim Ueberschreiten der Schienengeleise zu Fall und erlitt dabei die Verletzung am Fuße. Nach diesen Feststellungen kann es nicht als rechtsirrthümlich erachtet werden, wenn der B.R. den ursächlichen Zusammenhang zwischen dem Unfalle und dem Betriebe annimmt und die Körperverletzung als beim Betriebe geschehen erklärt."

5. Reichs-Konkursordnung.

8. **Auslegung des § 37 der R.Konk.O. Derselbe bezieht sich nicht auf Verträge der Ehegatten untereinander, insbesondere solcher, durch welche der Ehemann der Ehefrau unentgeltliche Zuwendungen macht. Was die Ehefrau von dem Ehemanne erwirbt** (z. B. den Anspruch aus einem von ihm zu ihren Gunsten geschlossenen Lebensversicherungsvertrage), **erwirbt sie nicht mit dessen Mitteln. Eine Rückforderung** (der solchenfalls vom Ehemann gezahlten Prämien) **findet aus § 37 nicht statt** (§§ 24 Abs. 2, 25 Abs. 2, 30, 33 R.Konk.O.). Urth. des II. Civilsenats vom 12. Juni 1885 in Sachen des O.'schen Nachlaß-Konkurses in D., Klägers und Revisionsklägers, wider verw. O. das., Beklagte und Revisionsbeklagte. Vorinstanz: O.L.G. Dresden. Verwerfung.

Der Zimmermeister A. H. O. hat laut Police vom 18. August 1874 sein Leben bei der Lebensversicherungs-Aktiengesellschaft Germania zu Stettin nach Höhe von 20000 ℳ, welche Summe im Februar 1883 auf 5000 ℳ herabgesetzt worden ist, der Bestimmung versichert, daß das versicherte Kapital nach seinem Tode an seine Ehegattin L. O. gezahlt werde. Er zahlte die am 15. Februar und 15. August fälligen Prämien bis zum 15. Februar 1883, verpfändete die Police der Germania für ein Darlehn von 300 ℳ (oder 230 ℳ) und starb am 8. September 1883. Die Wittwe erhielt gegen Einsendung des Pfandscheins und Berichtigung der Prämie vom 15. August 1883 die Versicherungssumme mit 4640 ℳ von der Germania ausgezahlt, sagte sich aber, obwohl zur alleinigen Erbin berufen, von dem ehemännlichen Nachlasse los. Zu demselben wurde hierauf am 17. November 1883 das Konkursverfahren eröffnet.

Der Konkursverwalter hat unter Bezugnahme auf § 37 und § 23 f. der Konkursordnung bei dem L. G. Dresden wider die Wittwe auf die Versicherungssumme von 4640 ℳ nebst Zinsen vom 1. Dezember 1883 ab geklagt.

In erster Instanz ist durch Urtheil vom 21. Juni 1884 der Beklagten die eidliche Ablehnung des Klaganführens, daß sie gegen ihren Ehemann ihr Einverständniß mit der Befriedigung seiner Gläubiger aus der Lebensversicherungssumme erklärt habe, aufgegeben, für den Fall der Leistung dieses Eides der Kläger mit der Klage kostenfällig abgewiesen, für den Fall der Nichtleistung aber die Beklagte nach Maßgabe des Klaggesuchs sowie zu den Kosten verurtheilt worden. Der Kläger legte Berufung ein. Er beantragte die unbedingte Verurtheilung der Beklagten. Das O. L. G. hat mit Urtheil vom 11. Dezember 1884 die Berufung zurückgewiesen und dem Kläger die Kosten der zweiten Instanz auferlegt. In den Urtheilsgründen wird zunächst ausgeführt, daß der Versicherungsvertrag einen Vertrag zu Gunsten einer dritten Person, der Beklagten, enthalte. Weiter wird erwogen: Nach der Police und § 2 der Versicherungsbedingungen habe jedoch die Beklagte erst mit dem Tode des Ehemannes ein Recht auf die Versicherungssumme erlangen und bis dahin der Ehemann oder dessen Rechtsnachfolger zur Verfügung über die Versicherungssumme allein befugt sein sollen. Zwar habe die Germania sich zur Zahlung der Versicherungssumme an die Beklagte eventuell obligirt, aber nicht der Beklagten, sondern lediglich dem Ehemanne gegenüber. Für die Beklagte habe der Versicherungsvertrag, so lange der Ehemann lebte, kein Recht, nicht einmal ein bedingtes Recht auf eine Leistung der Germania begründet, sondern bloß eine Hoffnung, künftig eine Forderung auf die Versicherungssumme an die Germania erwerben zu können, dafern ihr Ehemann ihr diese Möglichkeit durch anderweite Verfügung über die Versicherung nicht entzöge. Erst nach Beendigung der Ehe erwarb sie das Recht, durch Beitritt zu dem Versicherungsvertrage eine Forderung gegen die Germania zu erlangen. Folglich könne auf diesen Erwerb der § 37 der Konkursordnung keine Anwendung leiden. — Auch die Vorschriften der §§ 2500 f. des B. G. B. schlügen nicht ein. Der Anspruch auf die Versicherungssumme sei nicht ein Bestandtheil des ehemännlichen Vermögens; daher habe die eventuelle Zuwendung dieses Anspruches keine Vermögensveräußerung enthalten, sondern ein der Beklagten eventuell gleich Anfangs bestimmtes Vermögensobjekt geschaffen. Auch fehle es an der Absicht des Ehemannes, gegen die Beklagte sich freigebig zu beweisen; vielmehr habe er ihr nur den durch seinen Tod entstehenden Vermögensverlust ersetzen wollen; auf die Erfüllung solcher sittlicher und natürlicher Verpflichtungen lasse sich der Begriff der Schenkung nicht anwenden. Endlich enthalte auch der Abschluß eines Lebensversicherungsvertrages zu Gunsten eines Dritten ein Rechtsgeschäft unter Lebenden, keine letztwillige Verfügung. — Soweit der Kläger seinen Anspruch auf § 25 der R. Konk. O. stütze, stehe ihm entgegen, daß bei Eröffnung des Konkurses zum Nachlasse O. mehr als zwei Jahre seit Abschluß des Versicherungsvertrages verflossen waren. Die Frist könne nicht erst vom Tode O. ab gerechnet werden. Denn das Gesetz verstatte die Anfechtung nur hinsichtlich der in den letzten zwei Jahren vor der Konkurseröffnung vorgenommenen unentgeltlichen Verfügungen des Gemeinschuldners, und vorgenommen habe O. die im Versicherungsvertrage enthaltene unentgeltliche Verfügung zu Gunsten seiner Ehefrau schon am 18. August 1874. — Unbegründet sei auch der eventuell vom Kläger erhobene Anspruch auf die von O. gezahlten Versicherungsprämien. Diese Prämien habe O. der Germania, nicht der Beklagten gezahlt. Seien sie der Beklagten auch thatsächlich zu Gute gegangen, so habe sie dieselben doch nicht erworben. Das gelte auch von den Prämienzahlungen der zwei letzten Jahre vor dem Konkursausbruche. Die Anfechtung finde nach § 30 der R. Konk. O. nur gegen solche Personen statt, an welche unmittelbar etwas veräußert oder weggegeben wurde; gegen andere, durch die Veräußerung nur mittelbar Begünstigte sei die Anfechtung nur unter den Voraussetzungen des § 33 der R. Konk. O. gegeben, welche der Beklagten gegenüber nicht vorhanden seien.

Der Kläger hat gegen das B.U. Revision eingelegt. Er beantragte, unter Aufhebung desselben nach dem Klagantrage zu erkennen und wendete Folgendes ein: In dem zweitinstanzlichen Erkenntnisse fänden sich Widersprüche. Einmal werde gesagt, der Anspruch auf die Versicherungssumme sei kein Bestandtheil des ehemännlichen Vermögens, sondern stehe von vornherein der Ehefrau zu. Andererseits werde der Ehefrau bei Lebzeiten des Ehemannes jedes Recht aus dem Versicherungsvertrage abgesprochen. Diese Festsetzungen seien unhaltbar. Wenn der Angriff aus § 25 der R. Konk. O. damit zurückgewiesen werde, daß die Ehefrau schon mit dem Abschlusse des Versicherungsvertrags ihren Anspruch erworben habe, so vertrage sich diese Erwägung nicht mit der, daß sie erst nach dem Tode des Ehemannes aus dem Vertrage berechtigt worden sei. Nur entweder das Eine oder das Andere sei richtig. Auf das Rechtsverhältniß der Ehefrau zur Germania komme überhaupt nichts an; entscheidend sei vielmehr das Rechtsverhältniß zwischen den Ehegatten. Dem Ehemanne gegenüber liege ein anfechtbares Rechtsgeschäft vor. Er habe an die Beklagte veräußert und nach § 37 der R. Konk. O. müsse die Beklagte beweisen, daß sie das veräußerte Aktivum mit ihrem Vermögen erworben habe. Andernfalls könne das Aktivum zur Konkursmasse gezogen werden. — Zum Mindesten seien die Prämien dem Kläger zuzubilligen. Nicht allein das unterliege der Anfechtung, was wirklich an die Beklagte gezahlt sei, vielmehr genüge zur Anfechtung eine Bereicherung der Beklagten durch die Zahlung des Gemeinschuldners. Die Anfechtung sei wenigstens rücksichtlich der in den zwei letzten Jahren vor Eröffnung des Konkursverfahrens entrichteten Prämien begründet.

„Die Revision war nicht für begründet zu achten.

Der § 37 der R.Konk.O., auf welchen die Klage gestützt worden ist, findet vorliegenden Falles keine Anwendung. Danach soll die Ehefrau des Gemeinschuldners Gegenstände, welche sie während der Ehe erworben hat, nur in Anspruch nehmen können, wenn sie beweist, daß dieselben nicht mit den Mitteln des Gemeinschuldners erworben sind. Die Beklagte hat aber die Versicherungssumme durch eine unentgeltliche Zuwendung des Ehemannes selbst erworben; der Vertrag wurde zu ihrem Vortheile von dem Ehemanne mit der Versicherungsgesellschaft abgeschlossen; sie hat dem Ehemanne dafür keine Gegenleistung gewährt. Auf solche Vertragshandlungen bezieht sich der § 37 nicht. Derselbe nöthigt nur die Ehefrau, wenn sie von Dritten Gegenstände erworben hat, welche sie den ehemännlichen Konkursgläubigern gegenüber in Anspruch nehmen will, nachzuweisen, daß die Gegenstände von ihr oder für sie nicht mit den Mitteln des Ehemannes angeschafft wurden. Hiermit soll Simulationen vorgebeugt und der wahre Sachverhalt klar gestellt werden. Dagegen werden Rechtsgeschäfte, welche die Ehefrau mit dem Ehemanne selbst abgeschlossen hat, von der Bestimmung des § 37 nicht getroffen. Allerdings hat gegenwärtigen Falles der Ehemann den Anspruch auf die Versicherungssumme durch die eigenen Prämienzahlungen erlangt; aber die Ehefrau hat diesen Anspruch wiederum von dem Ehemanne erworben, und was sie von dem Ehemanne erwirbt, erwirbt sie nicht mit dessen Mitteln. Rechtsgeschäfte zwischen den Ehegatten fallen wohl nach Befinden unter die Anfechtungsvorschriften der §§ 24 Abs. 2 und 25 Abs. 2 der R.Konk.O.; sie können nach der R.Konk.O. anfechtbar oder auch nach dem bürgerlichen Rechte ungültig sein; eine Rückforderung auf Grund des § 37 der R.Konk.O. findet jedoch nicht statt. Dieser Sinn ist der Gesetzesstelle in den Motiven (S. 180) und noch deutlicher von den Regierungsvertretern bei den Kommissionsverhandlungen (Protokolle S. 38) beigelegt worden. Hiermit rechtfertigt sich die Zurückweisung der Klage, soweit dieselbe auf § 37 der R.Konk.O. beruht, und kann unerörtert bleiben, ob die Annahme der Vorinstanz haltbar sei, daß die Beklagte während der Ehe noch keinen, nicht einmal einen bedingten Anspruch auf die Versicherungssumme erlangt habe.

Anlangend den weiter noch zur Klagbegründung herangezogenen § 25 Ziff. 2 der R.Konk.O., so verweist das O.L.G. mit Recht darauf, daß der Vertragsabschluß O.'s länger als zwei Jahre vor der Konkurseröffnung erfolgt ist, daß daher die Anfechtung des Vertrages ausgeschlossen erscheint. Nur dieser Vertrag, die Rechtshandlung des Gemeinschuldners, nicht der Beitritt der Beklagten zu dem Vertrage wird angefochten. Auf den Zeitpunkt des Beitrittes kommt es demnach nicht an. Die Rückforderung der Prämien erledigt sich schon dadurch, daß dieselben nicht und auch nicht mittelbar in das Vermögen der Beklagten gekommen sind. Als Rechtsnachfolgerin der Zahlungsempfängerin, der „Germania", kann die Beklagte nicht betrachtet werden."

6. Reichs-Patentgesetz.

9. **Ist ein Fabrikat patentirt, so kommt es nicht darauf an, in welcher Weise oder durch welche Maschine dasselbe von dem Patentinhaber selbst dargestellt wird** (§ 4 des Reichs-Patentgesetzes). **Ein Patent auf ein mittels einer bestimmten Maschine erzeugtes Fabrikat existirt rechtlich nicht. Daher sind auch solche Nachahmungen strafbar** (verboten), **welche nicht mit denselben Werkzeugen oder Maschinen**

hergestellt sind, deren sich der Patentinhaber zur Herstellung bedient. Beweislast solchenfalls. Urth. des I. Civilsenats vom 13. Juni 1885 in Sachen H. Bertrams zu B., Klägers und Revisionsklägers, wider die Handlung Moritz & Schilg zu G. (in Liquidation), Beklagte und Revisionsbeklagte. Vorinstanz: O.L.G. Breslau. Aufhebung und Zurückverweisung. (I, 130/85.)

Die Klage ist auf die Behauptung gegründet, daß die Beklagte das dem Kläger vom Kaiserlichen Patentamte unter Nr. 1634 ertheilte Patent auf eine besondere Art von Knieblechröhren verletzt habe.

Nachdem das B.G. in seinem früheren, auf die Revision des Klägers aufgehobenen Erkenntnisse vom 14. Dezember 1883 die Klage abgewiesen hatte, weil zwar die beiderseitigen Fabrikate identisch seien, es aber, da dieselben die in der Beschreibung hervorgehobene schöne glatte Fläche im Inneren nicht besäßen, an deren Identität mit den dem Kläger patentirten Knieblechröhren fehle, hat es in dem jetzt angefochtenen, die Klage ebenfalls abweisenden Urtheile auf Grund des von ihm eingeholten Gutachtens des Patentamtes zwar angenommen, das klägerische und das demselben — wie bereits in dem aufgehobenen früheren Urtheile als erwiesen angenommen war — gleiche beklagtische Fabrikat sei in Beziehung auf die wesentlichen und neuen Vorzüge der durch das Patent Nr. 1634 geschützten Knieblechröhren, daß nämlich nicht nur an die Stelle eines winkligen Knies ein rundes tritt, sondern auch das überschüssige Material in Falten nach Außen gelegt, zusammengepreßt und hierdurch ermöglicht ist, daß die innere Fläche, wenn auch nicht absolut, so doch relativ (soweit dies überhaupt möglich ist) glatt bleibt, der Patentschrift und dem mit der Anmeldung überreichten Modelle entsprechend. Es erachtet aber die Klage aus zwei anderen Gründen für ungerechtfertigt.

„Das B.G. tritt nämlich:

1) dem Grunde bei, aus welchem das L.G. die Klage abgewiesen hatte, indem es in Uebereinstimmung mit dem auch hierüber eingeholten Gutachten des Patentamtes die gedachten technischen Eigenschaften der Knieblechröhren nur vermöge ihrer Herstellung auf einer bestimmten Maschine als wesentlich und nach der Patentschrift und Patenturkunde nur diejenigen Fabrikate des Klägers als patentirt ansieht, welche derselbe mit der ihm unter Nr. 715 patentirten Maschine angefertigt hat. Obwohl das Gutachten des Patentamtes in dieser Beziehung nicht weiter motivirt war, als durch die Erklärung, daß das Gleiche auch bei der Ertheilung des Patentes angenommen sei, findet das B.G. die Auffassung des Patentamtes „überzeugend motivirt" und erblickt in dem Gutachten zugleich eine „thatsächliche authentische Auskunft" des Inhaltes, daß die technischen Eigenschaften der patentirten Röhren nur in der gedachten Verbindung als wesentliche anzusehen seien, wobei es den Passus der Patentschrift: „die mit der dem Kläger patentirten Maschine hergestellt

werden," nicht im Sinne einer blos beiläufigen historischen Anführung, sondern vielmehr einer Bezugnahme versteht, welche nothwendig sei, um das Erfindungsobjekt als „technologische Einheit" darzustellen.

Nun kann es dahingestellt bleiben, ob schon in diesen Ausführungen für sich allein eine Rechtsverletzung zu erblicken sein würde. Denn dieselben sind augenscheinlich beeinflußt durch die unter Hinweis auf den Inhalt des § 1 des Reichs-Patentgesetzes vom 25. Mai 1877 vom B. G. aufgestellte Ansicht: „Technologisch aber wie juristisch sind die Erfindung eines Mechanismus zur Herstellung des neuen und die Erfindung des dadurch hergestellten neuen Fabrikates gar nicht von einander zu trennen. Keine Nachahmung dieser Erfindung ist die neue Erfindung eines anderen Mechanismus und durch diesen hergestellten gleichen Fabrikates," und diese Ansicht ist von der Revision mit Recht als rechtsirrthümlich angegriffen. Denn dieselbe steht in offenbarem Widerspruche mit dem § 4 des Reichs-Patentgesetzes, nach welchem ohne Erlaubniß des Patentinhabers Niemand befugt ist, den Gegenstand der Erfindung gewerbsmäßig herzustellen und zwar ohne Unterscheidung, ob er dieses mittels des vom Patentinhaber angewandten Mechanismus oder mittels eines anderen, sei es auch eines von dem Nachahmer selbst erfundenen und ihm patentirten neuen Mechanismus bewirkt. Dieses ist auch bereits ausgesprochen in dem in dieser Sache ergangenen Urtheile des R.G. vom 21. Mai 1883" (Annalen Bd. VIII S. 159), „nach dessen Ausführungen der Umstand, daß der Beklagten das Patent Nr. 9858 (auf eine Maschine, mittels welcher sie ihrerseits die hier in Rede stehenden Knieblechröhren anfertigt) zusteht, die Abweisung der Klage nicht rechtfertigt. Wenn das B. G. meint, durch die Urtheile des Patentamts vom 7. Juli 1881 und des R.G. vom 14. Februar 1882, durch welche der Kläger mit der Klage auf Nichtigkeitserklärung des Püschner'schen Patentes Nr. 9858 abgewiesen worden ist, stehe das Gegentheil fest, so übersieht es, daß es in jenem Rechtsstreite nur auf die von beiden Instanzen bejahte Frage ankam, ob die dem Püschner patentirte Maschine von der dem Kläger (unter Nr. 715) patentirten Maschine so wesentlich sich unterscheide, daß sie als eine neue Erfindung gelten kann, und daß in den Gründen des reichsgerichtlichen Urtheiles ausdrücklich gesagt ist, es könne dahingestellt bleiben, ob der Ausspruch in den Gründen des Patentamtes, daß dem Kläger das Fabrikat nicht patentirt sei, sich mit dem Inhalte des Patentes Nr. 1634 sowie mit der Entscheidung des R.G. vom 3. Juli 1880" (in Sachen Bertram wider Ludwig,

Annalen Bd. II S. 365) „vereinbaren lasse, da diese gelegentliche Bemerkung für die damals zu treffende Entscheidung unerheblich sei und keine rechtliche Bedeutung habe.

Ist aber der Patentinhaber, wenn der Gegenstand des Patentes — wie es hier der Fall — ein Fabrikat ist, in seinem Untersagungsrechte durch eine dem Nachahmer patentirte Erfindung eines neuen Mechanismus zur Herstellung desselben Fabrikates nicht beschränkt, so widerspricht es auch dem gesetzlichen Begriffe eines auf ein Fabrikat ertheilten Patentes, daß durch dasselbe nur in Betreff solcher Fabrikate ein Schutz bestehen soll, welche mit bestimmten, vom Patentinhaber erfundenen Mitteln hergestellt sind. Die Annahme des Patentamtes, daß der Patentschutz in Bezug auf einen neu erfundenen Gegenstand solchergestalt an andere als die im Patentgesetze bezeichneten Voraussetzungen geknüpft werden könne, widerstrebt dem Patentgesetze und dem Grundbegriffe des Patentrechtes. Das Reichs-Patentgesetz stellt als Erforderniß für die Ertheilung eines Patentes in § 1 nur auf, daß die Erfindung neu sei und eine gewerbliche Verwerthung gestatte, und andererseits sind auch die Wirkungen des ertheilten Patentes in den §§ 4 und 5 genau und fest bestimmt. Damit erscheinen alle weiteren Beschränkungen des Patentrechtes und abweichende Begrenzungen des Gegenstandes desselben als unzulässig. In Betreff der Wirkungen des Patentes unterscheidet das Gesetz in § 4, ob der Gegenstand der Erfindung in einem Fabrikate oder in einem Verfahren oder sonstigen Hülfsmittel zur Erzeugung eines solchen besteht. In dem — hier vorliegenden — ersteren Falle beschränkt sich zwar der Patentschutz auf die Ausschließung Dritter von der gewerbsmäßigen Herstellung des Fabrikates (und dem in Verkehr-Bringen und Feilhalten desselben), umfaßt aber andererseits jede Art der Herstellung. Daraus folgt, daß das Gesetz ein Patent auf ein mittels eines bestimmten Verfahrens oder einer bestimmten Maschine angefertigtes Fabrikat überhaupt nicht kennt. Ist ein Fabrikat patentirt, so kommt es mithin auch nicht darauf an, in welcher Weise oder durch welche Maschine dasselbe von dem Patentinhaber selbst hergestellt wird. Ein Patent auf ein mittels einer bestimmten Maschine erzeugtes Fabrikat existirt daher rechtlich nicht. Es würde auch in allen Fällen, in welchen man an dem Fabrikate die Art seiner Entstehung nicht zu erkennen vermag, praktisch werthlos sein.

Hiernach verdient es keine Beachtung, wenn das Patentamt, obwohl nach seinem eigenen Gutachten bei Ertheilung des klägerischen

Patentes Nr. 1634 auf eine besondere Art von Knieblechröhren als wesentliche Neuerungen der geschützten Erfindung „sowohl der Ersatz des winkligen Knies durch ein rundes als auch die Fältelung und Zusammenpressung des überschüssigen Materiales in einer die innere Rohrwand möglichst glatt gestaltenden Weise“ angesehen sind, hinzufügt, daß diese technischen Eigenschaften nur vermöge ihrer Herstellung auf einer bestimmten Maschine als wesentlich erachtet und daß nach der Patentschrift und Patenturkunde nur diejenigen Fabrikate des Klägers patentirt seien, welche er mit der ihm unter Nr. 715 patentirten Maschine angefertigt hat. Denn bei der Patentirung eines wegen seiner besonderen technischen Eigenschaften als neu und patentwürdig anerkannten Fabrikates ist es unzulässig, trotz dieser Eigenschaften den Patentschutz auf den Fall zu beschränken, daß dieselben dem Fabrikate vermittelst einer besonderen Herstellungsweise verliehen werden. Auch ist es für den dem ertheilten Patente beizulegenden Inhalt unerheblich, wenn die hier fragliche besondere Art von Knieblechröhren — abgesehen von ihrer Herstellung mittels einer bestimmten Maschine — bei Ertheilung des Patentes nicht mehr neu, sondern bereits von Amerika her bekannt gewesen sein sollte, da hieraus nur folgen würde, daß das Patent nicht hätte ertheilt werden dürfen, bezw. der Nichtigkeitserklärung unterliegt. Daß das Patent nur mit der ihm nach der Auffassung des Patentamtes und des B.G. beiwohnenden Beschränkung ertheilt sei, ist übrigens auch aus seinem Wortlaute keineswegs zu entnehmen. Denn die hiervon selbst nichts enthaltende Patenturkunde findet zwar ihre nähere Erläuterung durch die darin in Bezug genommene in die Patentschrift aufgenommene Beschreibung und Zeichnung. Die letztere stellt aber nur einige Formen der Knieblechröhren selbst — nicht auch die Maschine, durch welche dieselben angefertigt werden — dar, während in der Beschreibung zwar durch den Zwischensatz: „die mit der dem Erfinder patentirten Maschine hergestellt werden,“ der Art der Fabrikation des Gegenstandes der Erfindung Erwähnung geschieht; dies aber um so mehr nur als eine beiläufige historische Notiz aufgefaßt werden kann, als davon bei der nachfolgenden, die Vortheile dieser besonderen Art von Knieblechröhren vor dem bis jetzt in Gebrauch befindlichen hervorhebenden und damit zugleich die technische Beschreibung des Gegenstandes des Patentes enthaltenden Aufzählung sowie in dem daran geknüpften Patentanspruche überall nicht die Rede ist. Der vom B.G. aufgestellte Satz, daß technologisch wie juristisch die Erfindung des Mechanismus zur Herstellung eines neuen Fabrikates und die Erfindung des dadurch hergestellten Fabrikates selbst gar nicht von einander zu trennen sind, findet ihre Widerlegung in dem § 4 des Reichs-Patentgesetzes, nach welchem einerseits Fabrikate und andererseits die Hilfsmittel zur Herstellung derselben, und zwar mit verschiedenen Wirkungen, patentirt werden können, wie dies dann ja auch im vorliegenden Falle vom Patentamte geschehen ist.

2) Das B.G. hat nun zwar seine Entscheidung auch noch auf einen zweiten selbständigen Grund gestützt. Aber auch die dieserhalb vom Kläger erhobenen Revisionsangriffe erweisen sich als begründet.

Die Beklagte hatte dem Klaganspruche gegenüber sich auch darauf berufen, daß sie schon vor dem am 27. September 1877 erfolgten Inkrafttreten des hier fraglichen klägerischen Reichspatentes Nr. 1634 rund gebogene Knieblechröhren mit äußeren Falten habe anfertigen lassen, und diese Einrede ist vom B.G. mit Recht für erheblich erachtet worden, da nach § 5 des Reichs-Patentgesetzes die Wirkung des Patentes gegen denjenigen nicht eintritt, welcher bereits zur Zeit der Anmeldung des Patentinhabers im Inlande die Erfindung in Benutzung genommen oder die zur Benutzung erforderlichen Veranstaltungen getroffen hatte. Der Kläger hat die beklagtische Behauptung aber bestritten und für den Fall, daß sie dennoch wahr sein sollte, seinerseits behauptet, es könne dies nur mit der Püschner'schen Maschine geschehen sein und es würde darin eine Verletzung des für die dem Kläger demnächst mittelst Reichspatentes Nr. 715 patentirte Maschine bereits bestandenen Preußischen Landespatentes gelegen haben, welches letztere unstreitig dem Kläger bereits am 3. Juni 1871 ertheilt und bis zum 2. Juni 1878 prolongirt war, an dessen Stelle sich aber der Kläger nach Maßgabe des § 42 des Reichs-Patentgesetzes das am 13. Juni 1877 in Kraft getretene Reichspatent Nr. 715 hatte ertheilen lassen.

Das B.G. hat nun nach stattgehabter Beweisaufnahme durch das auch in dieser Beziehung eingeholte Gutachten des Patentamtes und durch Zeugen die in Rede stehende Behauptung des Beklagten für erwiesen erachtet, und ein diese thatsächliche Feststellung beeinflussender rechtlicher Verstoß ist nicht erkennbar. Der Kläger erachtet zwar die Feststellung, daß die Beklagte schon vor dem 27. September 1877 ihrerseits die Knieröhren hergestellt habe bezw. habe herstellen lassen, für unrichtig, weil nach den Zeugenaussagen es Püschner gewesen sei, welcher die Knieröhren auf Bestellung der Beklagten hergestellt habe, und der vom B.G. zur Erledigung dieses Bedenkens benutzte Umstand, daß die Werkstatt, auf welcher Püschner gearbeitet habe und später die Beklagte habe arbeiten lassen, dieselbe war, rechtlich unerheblich sei. Allein der Kläger übersieht hierbei, daß — wie vom B.G. ganz richtig erwähnt wird — zwar einige Zeugen (die beiden Püschner und Werner) das von ihm Angeführte bekundet haben, nach den Aussagen anderer Zeugen aber (Raket und Wiesner) die Beklagte nicht nur eine Maschine konstruirt, sondern auch das Fabrikat in ihrer Fabrik selbst hergestellt hat und daß das B.G. daher augenscheinlich dem von ihm erwähnten Umstande nur insoweit Bedeutung beilegt, um die sich anscheinend widersprechenden Zeugenaussagen mit einander zu vereinigen und damit seine Feststellung der Vorschrift des § 259 der C.P.O. gemäß zu begründen. Hiernach bedarf es keines Eingehens auf die Frage, ob es nicht auch zur Elidirung der Klage nach den §§ 5 und 44 des Reichs-Patentgesetzes genügend sein würde, wenn Püschner sich bereits vor dem 27. September 1877 im Besitze der Benutzung befunden und die Beklagte die von ihm angefertigten Knieröhren nur vertrieben hätte." (Vergl. Annalen Bd. V S. 242, 325; Entsch. Bd. VI S. 12 ff. und 107 ff.)

„Dagegen beruht es auf processualen Verstößen, wenn das B.G. den Kläger für beweisfällig erachtet hat in Bezug auf seine Behauptung: „Die Anfertigung rund gebogener Knieröhren durch die Beklagte vor dem 27. September 1877 habe nur mittels der Püschner'schen Maschine erfolgen können und darin sei eine Verletzung des Preußischen Landespatentes des Klägers zu erblicken." Denn bei Beurtheilung des Gutachtens des Patentamtes, auf welches Kläger für diese seine Behauptung provozirt hatte und auf dessen Inhalt das B.G. für seine hier fragliche Annahme Bezug nimmt, wäre zunächst zu erwägen gewesen, ob die nach dem Gutachten an sich nicht ausgeschlossene Möglichkeit, daß die Knieröhren auch in anderer Weise als mittels der Püschner'schen Maschine hätten verfertigt werden können, überhaupt in Betracht kommen kann gegenüber den Aussagen der beiden Zeugen Püschner, nach welchen die Fabrikation thatsächlich mit der Püschner'schen Maschine betrieben ist. Darüber, ob das B.G. den letztgedachten Umstand berücksichtigt hat, ergiebt sich aber aus seinen Gründen nichts.

Sodann hat der Zeuge Moritz Püschner bekundet, die zur Fabrikation verwendete Maschine sei die erste gewesen, auf welche er (Zeuge) ein Patent erlangt habe. Das erste der dem Püschner ertheilten Patente ist aber — wenn man von dem in dem Gutachten ebenfalls erwähnten, aber nach den bisherigen Verhandlungen der Parteien anscheinend hier gar nicht in Frage kommenden Patente Nr. 5252 absieht — das Patent Nr. 6562 (nicht 9858) gewesen und in der Anwendung der hierdurch patentirten Maschine würde nach dem Gutachten des Patentamtes allerdings eine Verletzung des klägerischen Reichspatentes Nr. 715 enthalten sein, da das Patent Nr. 6362 dem Püschner nur in Abhängigkeit von diesem Patente ertheilt sei. Darüber, ob auch eine Verletzung des früheren Preußischen Landespatentes des Klägers, worauf es hier ankommt, darin liegen würde, hat das Patentamt sich freilich nicht ausgesprochen. Das B.G. scheint dies aber selbst anzunehmen, weil das Reichspatent Nr. 715 auf Grund dieses Landespatentes ertheilt ist, und wenn dies nicht der Fall sein sollte, hätte es eine desfallsige Ergänzung des Gutachtens veranlassen müssen.

Unter diesen Umständen entbehrt die Annahme, daß der Kläger beweisfällig geblieben sei, in der That einer gehörigen Begründung, wie solche dem Richter bei der ihm an sich zustehenden freien Beweiswürdigung in § 259 der C.P.O. zur Pflicht gemacht ist.

Das angefochtene Urtheil war daher aufzuheben. In der Sache selbst konnte jedoch eine Entscheidung noch nicht getroffen werden, da nach dem Gutachten der Sachverständigen anzunehmen sein wird, daß eine Verletzung auch des früheren Preußischen Maschinenpatentes des Klägers nicht vorliegen würde, wenn bei Herstellung der Knieblechröhren vor dem 27. September 1877 die dem Püschner später (unter Nr. 9858) patentirte Maschine angewendet worden wäre, und da die Beklagte behauptet und durch Berufung auf das Zeugniß des nochmals näher zu vernehmenden Moritz Püschner unter Beweis gestellt hat, daß mit der ihm patentirten Maschine Nr. 9858 gearbeitet sei und daß er diese unter der ersten ihm patentirten Maschine verstanden habe."

7. Reichs-Gewerbeordnung von 1878.

10. **Begriff der „Arbeiter" im Sinne des § 120a der R. Gew. O. Dahin gehören nicht Personen, welche eine dirigirende oder kontrollirende Stellung in dem betr. Gewerbe- oder Fabrikbetrieb einnehmen.**
Urth. des III. Civilsenats vom 12. Juni 1885 in Sachen des Ziegeleibesitzers C. H. S. zu O., Beklagten und Revisionsklägers, wider den Ziegelmeister C. R. zu H., Kläger und Revisionsbeklagten. Vorinstanz: O.L.G. Celle. Verwerfung. (III, 105/85.)

Gegen die Urtheile des O.L.G. Celle vom 30. Oktober 1884 und 5. Februar 1885, durch welche die vom Beklagten vorgeschützte Einrede der Unzulässigkeit des Rechtswegs, welche in erster Instanz für begründet erkannt war, verworfen, und die Sache zur anderweiten Verhandlung an das L.G. zu Osnabrück zurückverwiesen worden ist, hat der Beklagte die Revision eingelegt.

„Das B.G. hat durch die Entscheidung, daß die Vorschrift des § 120 a der R Gew.O. nach der Fassung des Gesetzes vom 17. Juli 1878, daß Streitigkeiten der selbständigen Gewerbetreibenden mit ihren Arbeitern, die auf den Antritt, die Fortsetzung oder Aufhebung des Arbeitsverhältnisses und auf die gegenseitigen Leistungen aus demselben sich beziehen, soweit besondere Behörden bestehen, bei diesen zur Entscheidung zu bringen sind, soweit solche aber nicht bestehen, die Entscheidung durch die Gemeindebehörde erfolgen soll, und daß gegen diese Entscheidung die Berufung auf den Rechtsweg binnen einer präklusivischen Frist von zehn Tagen offen steht, im vorliegenden Fall nicht anzuwenden sei, weil der Kläger zu den gewerblichen Arbeitern im Sinne des § 120 a cit. nicht zu rechnen sei, diese gesetzliche Vorschrift nicht verletzt, seine Entscheidung ist vielmehr zu billigen.

Der B.R. geht zunächst mit Recht davon aus, daß für die Beurtheilung der Stellung des Klägers zu dem Beklagten und zu dem Ziegeleibetriebe desselben der Inhalt des zwischen den Parteien abgeschlossenen Vertrages vom 20. Januar 1883 maßgebend sei. Er folgert aus den in diesem enthaltenen Bestimmungen, insbesondere daraus, daß der Kläger als Ziegelmeister den diesjährigen Betrieb der Dampf- und Handziegelei des Beklagten behufs Anfertigung von Handstrichsteinen, Einkarren von allen auf dem Ziegelwerke überhaupt fabrizirten Ziegelsteinen und verschiedenen speziell benannten Arbeiten übernommen, daß er zu diesem Zwecke eine Anzahl Arbeiter engagirt, verschiedene Geräthe, Licht 2c. für sich und seine Leute anzuschaffen und zu halten, und ferner die sogenannte Kommune übernommen hatte, daß der Kläger während mehrerer Monate (1. April bis 15. Oktober 1883) die gesammte Leitung und Beaufsichtigung der Ziegelfabrik und des Personals verantwortlich zu besorgen hatte, daß er sonach eine höhere Stellung, als ein gewöhnlicher Arbeiter eingenommen habe, seine Thätigkeit besonders eine kontrollirende und dirigirende gewesen sei. Diese, übrigens auch nach dem Inhalte des Vertrages zutreffende Beurtheilung der Stellung des Klägers zu dem Ziegeleibetriebe des Beklagten und zu diesem selbst ist bei der Frage zu Grunde zu legen, ob der Kläger im Sinne des § 120a der R.Gew.O. als ein „Arbeiter" anzusehen, und ob das B.G., indem es diese Frage verneint hat, von einer unrichtigen Auffassung des § 120a ausgegangen sei. Dieses ist nicht der Fall.

Unter „Arbeitern" im Sinne des § 120a der R.Gew.O. sind allerdings nicht Arbeiter im gewöhnlichen Sinne, sondern die gewerblichen Arbeiter, also die Gewerbegehülfen (Gesellen, Gehülfen, Lehrlinge, Fabrikarbeiter) zu verstehen. Zu diesen gehören aber nicht solche Personen, welchen eine selbständige Leitung und Beaufsichtigung des betreffenden Gewerbe- oder Fabrikbetriebes oder des in demselben beschäftigten Personales zusteht, welche eine dirigirende und kontrollirende Stellung einnehmen. Daß der Kläger eine solche Stellung gehabt habe, ist festgestellt. Gegen diese Beurtheilung der Sache kann auch nicht geltend gemacht werden, daß dem Kläger nicht der gesammte Betrieb der Ziegelfabrik des Beklagten übertragen worden sei, insbesondere nicht das Brennen der Ziegel und der fabrizirten Steine. Entscheidend ist, daß er einen Theil des Fabrikbetriebes, die Anfertigung der Steine und Ziegel bis zum Brennen unter eigener Verantwortlichkeit selbständig übernommen hatte, für diesen Theil des Fabrikbetriebes also ihm die Leitung und Beaufsichtigung des Betriebes und des Personales zustand. Und ebensowenig wird die Auffassung des B.G. dadurch ausgeschlossen, daß der Kläger nach dem Vertrage den Anordnungen des Beklagten nachzukommen hatte und daß er auch selbst bei der Anfertigung der Steine bezw. den hierzu erforderlichen Vorarbeiten vorübergehend mit thätig gewesen ist."

11. **Der § 120 der R.Gew.O. bestimmt nur die gesetzlichen Verpflichtungen des Unternehmers. Die Folgen der Nichterfüllung sind nach den allgemeinen gesetzlichen Bestimmungen zu beurtheilen** (insbesondere nach Art. 1382 des B.G.B. im Gebiete des Rheinischen Rechtes). **In der Nichtbeachtung der allen Arbeitern vom Unternehmer gebotenen Vorsichtsmaßregeln seitens des Verletzten liegt ein von Letzterem zu vertretendes Verschulden.** Urth. des II. Civilsenats vom 9. Juni 1885 in Sachen des Anstreichergehülfen E. K. zu E., Klägers und Revisionsklägers, wider H. B. das., Beklagten und Revisionsbeklagten. Vorinstanz: O.L.G. Cöln. Verwerfung. (II, 124/85.)

Der im Dienste des Anstreichermeisters B. (Beklagter) stehende Geselle E. K. (Kläger) war am 9. November 1882 mit zwei anderen Gesellen beauftragt, die Wartehalle eines Stationsgebäudes anzustreichen. Durch das Brechen eines Brettes würde er von dem Gerüste herabgeworfen und erlitt eine Verletzung des linken Unterschenkels, in deren Folge er nach seiner Behauptung arbeitsunfähig wurde. Er klagte darauf bei dem L.G. Elberfeld wider seinen Arbeitgeber, indem er aufstellte, derselbe sei nach § 120 der R.Gew.O. und den Art. 1382 ff. des B.G.B. für den Unfall verantwortlich, weil das zerbrochene Brett alt, mehrmals gebraucht und mangelhaft gewesen sei und zur Errichtung eines Gerüstes nicht habe verwendet werden dürfen. Beklagter bestritt diese Behauptung und trug auf Abweisung der Klage an. Nachdem das L.G. die beiderseits erbotenen Beweise erhoben hatte, wies es durch Urtheil vom 9. Februar 1884 die Klage kostenfällig ab. Das O.L.G. bestätigte die Entscheidung mittels Urtheils vom 6. Dezember 1884.

Zur Rechtfertigung der Revision wird ausgeführt: Das B.G. fasse den § 120 der R.Gew.O. zu eng auf; da der Gewerbeunternehmer für allen aus der Nichtbeobachtung dieser gesetzlichen Verpflichtung entstehenden Schaden verantwortlich sei, komme es nicht darauf an, ob demselben ein Verschulden nachgewiesen werde.

„Diese Auffassung des Gesetzes erscheint nicht gerechtfertigt. Die R.Gew.O. bestimmt nur die gesetzlichen Verpflichtungen des Unternehmers, die Folgen der Nichterfüllung sind aber nach den allgemeinen gesetzlichen Bestimmungen, insbesondere nach den Art. 1382 ff. des B.G.B. zu beurtheilen, welche für die Verpflichtung zum Schadensersatze ein Versehen (faute oder négligence) voraussetzen. Nach den thatsächlichen Feststellungen des B.U. hat aber der Beklagte alles gethan, was in Betreff der Herstellung eines sicheren Gerüstes ihm zu thun oblag. Er hat den Arbeitern taugliches Material zur Verfügung gestellt, öftere Revisionen des Materiales angeordnet und die Arbeiter angewiesen, sich vor dem jedesmaligen Gebrauche von der genügenden Beschaffenheit der einzelnen Stücke zu überzeugen. Die Verneinung des eigenen Verschuldens des Arbeitgebers läßt demnach einen Rechtsirrthum nicht erkennen."

Die Revision stellt ferner auf, das B.G. verletze den Art. 1384 des B.G.B., weil es den Beklagten nicht für die den Mitgesellen des Klägers zur Last fallende Unterlassung einer dem Gebrauche vorausgehenden sorgfältigen Prüfung der Gerüststücke verantwortlich erklärt habe.

„Auch dieser Angriff konnte nicht als berechtigt anerkannt werden. Der B.R. verkennt keineswegs, daß Beklagter für das Verschulden der Gesellen, welchen die Aufstellung des Gerüstes übertragen war, einstehen müsse. Er nimmt aber an, daß der Auftrag zur Aufstellung des Gerüstes und folgeweise zur Prüfung der Materialien nicht blos den beiden Mitgesellen des Klägers, sondern auch dem Kläger selbst ertheilt worden sei und daß daher dem Kläger das gleiche Verschulden treffe, wie die beiden Mitgesellen, wenn die Anordnung nicht befolgt worden sei. Durch diese thatsächliche Feststellung wird die Klage beseitigt. Daß die Prüfung der Materialien alleinige Aufgabe der beiden anderen Arbeiter gewesen sei und deren Verschulden demnach als die wirkende Ursache des Unfalles angesehen werden müsse, hat auch der Kläger selbst nicht behauptet."

8. Reichs-Civilprozeßordnung.

12. **Die** (preußisch-rechtliche) **Klage auf Verfolgung des nutzbaren Eigenthumes am Fideikommißgut trägt den Charakter einer Eigenthumsklage in der Form der Feststellungsklage und fällt daher unter den ausschließlichen Gerichtsstand der belegenen Sache** (§ 25 der C.P.O.). Urtheil des IV. Civilsenats vom 11. Juni 1885 in Sachen der M. v. H. in B., Klägerin und Revisionsklägerin, wider A. v. C. in C., Beklagten und Revisionsbeklagten. Vorinstanz: L.G. Nordhausen, O.L.G. Naumburg. Aufhebung und Klagabweisung wegen Unzuständigkeit. (IV, 65/85.)

Die Klägerin hat gegen das B.U. die Revision mit dem Antrage eingelegt: „unter Aufhebung des zweiten Urtheils auf Rückverweisung der Sache in die zweite Instanz, eventuell aber nur auf Abweisung der Klage wegen Inkompetenz des Forums zu erkennen".

„Es handelt sich in der gegenwärtigen Instanz, wie in der Berufungsinstanz, ausschließlich um die prozeßhindernde Einrede der Unzuständigkeit des Gerichtes, da der B.R. die Verhandlung ausdrücklich auf diese Einrede beschränkt hat. Die Klage charakterisirt sich im Sinne des § 231 der C.P.O. als eine Feststellungsklage, denn die Klägerin hat den Antrag gestellt: „den Beklagten zu verurtheilen, anzuerkennen, daß die Klägerin bei dem söhnelosen Tode des gegenwärtigen Fideikommißbesitzers K. M. v. H. vor dem Beklagten berechtigt ist, in das Fideikommißgut zu B. nebst Zubehör zu succediren."

Daß aber für die sachliche und örtliche Zuständigkeit der sogenannten Feststellungsklage, d. i. der Klage, mit welcher nicht eine bestimmte Leistung, sondern für eine Leistung präparatorisch die Anerkennung eines bestimmten Rechtsverhältnisses bezweckt wird, nur allein dieses materielle Rechtsverhältniß maßgebend ist, und daß also die Feststellungsklage, wie im § 29 a. a. O. für die Klage auf Feststellung des Bestehens oder Nichtbestehens eines Vertrages ausdrücklich anerkannt ist, dem Gerichtsstande folgt, dem die Klage aus dem konkreten Rechtsverhältnisse selbst angehören würde, das ergiebt sich nothwendig aus der absoluten Abhängigkeit der Feststellungsklage von dem behaupteten Rechtsverhältnisse, indem sie aus der Natur des letzteren ihre Rechtsqualität entlehnt und aus dem Zwecke jener Klage, der — mehr dem bürgerlichen Rechte, als dem Prozeßrechte angehörig — ausschließlich auf die richterliche Anerkennung und Feststellung eines bestimmten Rechtsverhältnisses, als Grundlage anderer verfolgbarer Ansprüche, gerichtet ist. Der Zweck und der

Sinn des Gesetzes lassen — nach klar liegenden allgemeinen Rechtsgrundsätzen — hierüber keinen Zweifel; die Motive sprechen den Grundsatz ausdrücklich aus" (Hahn, Materialien Bd. II Abth. 1 S. 257) „und die Kommentatoren erkennen denselben — mindestens für die Klage auf Feststellung des Bestehens eines Rechtsverhältnisses — übereinstimmend als richtig an. Die Feststellungsklage ist im Uebrigen, was die Zuständigkeit betrifft, nach den allgemeinen gesetzlichen Vorschriften zu beurtheilen und es gilt daher für sie auch der § 25 der C.P.O., wonach für Klagen, durch welche das Eigenthum, eine dingliche Belastung oder die Freiheit von einer solchen geltend gemacht wird, für Grenzscheidungs-, Theilungs- und Besitzklagen, sofern es sich um eine unbewegliche Sache handelt, das Gericht ausschließlich zuständig ist, in dessen Bezirk die Sache gelegen ist. Und unter diese Vorschrift fällt die gegenwärtige Klage, welche auf Anerkennung eines Rechtsverhältnisses gerichtet ist, vermöge dessen der Klägerin — und nicht dem Beklagten — das nutzbare Eigenthum an dem Fideikommißgut zu B. für den bevorstehenden Successionsfall zustehen soll. Das ist nach dem Inhalt des zur Anerkennung gestellten Rechtsverhältnisses und nach dem beabsichtigten Vermögenszwecke die Eigenthumsklage; denn das Preuß. Allg. L.R. hat — folgend der damaligen Rechtsauffassung — das Eigenthum, als die Vollherrschaft über die Substanz einer Sache, je nach seiner äußeren Erscheinung in bestimmte Kategorien zerlegt und neben dem Voll-Eigenthum, als der Vereinigung aller Eigenthumsrechte in einer Hand, ein getheiltes Eigenthum anerkannt, bei welchem die Proprietät, d. i. das Verfügungsrecht über die Substanz, mehreren Personen gemeinsam; das nutzbare Eigenthum, d. i. das Recht, die Sache zum eigenen Vortheil zu gebrauchen, aber einer Person gesondert und für sich gebührt" (§§ 1, 10, 11, 12, 16, 18—20 des Allg. L.R. Th. I Tit. 8). Und diese Eigenthumskategorien sind zur praktischen Anwendung gebracht auf die Lehne und Fideikommisse, indem das Ober-Eigenthum — die Proprietät — dem Lehnsherrn bezw. der Gesammtheit der Familie gemeinsam mit dem Vasallen bezw. dem Fideikommißbesitzer; das nutzbare Eigenthum aber dem Vasallen bezw. dem Fideikommißbesitzer als besonderes und ausschließliches Eigenthum zusteht (§§ 1 ff. 13 ff. a. a. O. Th. I Tit. 18; §§ 72 ff. a. a. O. Th. II Tit. 4). Das nutzbare Eigenthum und das Miteigenthum an der Proprietät, welche beide zusammen dem Fideikommißbesitzer gebühren, stellen daher in dem System des Allg. L.R. eine besondere Kategorie des Eigenthums dar. Die gegenwärtige Klage — auf die Verfolgung des nutzbaren Eigenthums an dem Fideikommißgute gerichtet — trägt somit den

Charakter einer Eigenthumsklage in der Form der Feststellungsklage und fällt in dieser rechtlichen Qualität unter die Vorschrift des § 25 der C. P. O. und daher unter den ausschließlichen Gerichtsstand der belegenen Sache. Von der Anwendbarkeit des Gerichtsstandes der Erbschaft, dem allerdings auch Grundstücke unterworfen sein können (§ 28 der C.P.O.), ist — wie der B.R. zutreffend ausführt — abzusehen, da eine Erbschaft oder ein Nachlaß zur Zeit überhaupt nicht vorhanden ist, es sich daher auch nicht um Geltendmachung von Erbrechten oder von Ansprüchen an eine Erbschaft oder an die Erben als solche handelt, sondern ein Anspruch auf ein Gut in Frage steht, welches als Fideikommißgut, selbst wenn man einen Erbanfall nach dem gegenwärtigen Besitzer konstruiren könnte, dennoch zu dessen Erbschaft nicht gehören, von der Universalsuccession vielmehr ausgeschlossen und — auf Grund des Willens des Stifters — nach der von ihm vorgeschriebenen eigenen Successionsordnung auf den berechtigten Anwärter übergehen würde und von den Erben des letzten Besitzers ausgeantwortet werden müßte (§§ 34, 35 des Allg. L.R. Th. I Tit. 2 §§ 350, 354—359 a. a. O. Th. I Tit. 9, §§ 358 ff. a. a. O. Th. I Tit. 18, §§ 134 ff. 206 ff. a. a. O. Th. II Tit. 4). Motive in Hahn a. a. O. S. 156.

Noch weniger aber können der Klageinhalt und der Klageantrag unter den Begriff eines Vertrages und damit unter den Einfluß des § 29 der C.P.O. gestellt werden. Ein Vertragsverhältniß unter den Parteien besteht überhaupt nicht; die Klägerin leitet ihren vermeintlichen Anspruch auf das Fideikommißgut aus der Stiftungsurkunde her.

Da — wie vorstehend erwähnt — der Gerichtsstand der gelegenen Sache ein ausschließlicher ist (§ 25 der C.P.O.), der eine Vereinbarung der Parteien über die Zuständigkeit des Gerichtes nicht zuläßt (§ 40 a. a. O.), so konnte die hier besprochene prozeßhindernde Einrede auch noch in zweiter Instanz erhoben werden (§ 490 a. a. O.)"

13. 1) **Die Frage, ob das Eigenthum an einem der Ehefrau gehörigen, dem Manne inferirten Grundstücke, ihr zustehe, kann nur beiden Ehegatten gegenüber einheitlich** (nach Preußischem Recht) **entschieden und festgestellt werden. Auf beide Ehegatten hat sonach der § 59 der C.P.O. Anwendung. 2) Durch § 51 der C.P.O. ist nur die Prozeßfähigkeit der Ehefrauen anerkannt. Soweit die Landesgesetzgebung dagegen ihre Vertragsfähigkeit beschränkt, ist der bisherige Rechtszustand durch § 51 der C.P.O. nicht geändert.** Urth. des V. Civilsenats vom 10. Juni 1885 in Sachen der verehelichten Cl. zu B., Beklagte und Revisionsklägerin, wider die Louisenstädtische Kirchen-

gemeinde in Berlin, Klägerin und Revisionsbeklagte. Vorinstanz: Kammerger. Berlin. Aufhebung und Zurückverweisung. (V, 453/84.)

Das Kirchhofsgrundstück der Klägerin grenzt mit seinem nach der Sebastian-Straße zu belegenen Theile an ein der beklagten Ehefrau gehöriges Grundstück Sebastian-Straße Nr. 53. Der Streit der Parteien betrifft das Eigenthum an einem schmalen Grenzstreifen zwischen beiden Grundstücken, welcher gegen den Kirchhof durch einen Zaun abgesperrt ist, und auf welchem der beklagte Ehemann einen Neubau begonnen hat. Klägerin erblickt hierin einen Eingriff in ihr Eigenthumsrecht. Sie hat anfänglich, in der Annahme, daß der Ehemann Cl. Eigenthümer des Grundstückes Sebastian-Straße Nr. 53 sei, allein gegen ihn geklagt, demnächst aber, weil sie erfahren, daß der Ehemann Cl. kurz vor der Klagerhebung das Grundstück seiner Frau aufgelassen hatte, die Klage gegen letztere (und zwar noch vor dem ersten Verhandlungstermin) ausgedehnt. Der Antrag der Klägerin geht dahin, beide Beklagte zu verurtheilen, das auf dem streitigen Landstreifen errichtete Gebäude niederzureißen, ihr (der Klägerin) Eigenthum an dem Streifen anzuerkennen, und dasselbe in gereinigtem Zustande an sie (Klägerin) zurückzugewähren, ferner die beklagte Frau Cl. zu verurtheilen, den Zaun abzubrechen und ihn bis an die Grenze ihres Grundstücks zurückzuziehen. Das L. G. I zu Berlin hat beide Beklagte dem Antrage der Klägerin gemäß verurtheilt. Gegen dieses Urtheil ist von den Beklagten Berufung erhoben, und zwar diejenige, welche der Ehemann Cl. für seine Person eingelegt hat, rechtzeitig, diejenige, welche die Frau Cl. eingelegt hat, nach Ablauf der gesetzlichen Nothfrist. Auf Antrag der Parteien ist die Verhandlung in der Berufungsinstanz auf die Zulässigkeit der Berufung der beklagten Ehefrau beschränkt. Das Kammerger. hat erkannt, daß die Berufung der Frau Cl. als unzulässig zu verwerfen sei. Hiergegen ist die Revision der Frau Cl. gerichtet.

„Nach der Feststellung des B.R. ist davon auszugehen, daß der Ehemann Cl. die Berufung nur in eigenem Namen eingelegt hat. Er hat nicht für seine Frau gehandelt, und nicht von den ihm kraft vermutheter Vollmacht zustehenden Befugnissen Gebrauch gemacht. Da Ehefrauen zufolge § 51 der C.P.O. prozeßfähig sind, würde also die von der Frau Cl. eingelegte Berufung als unzulässig zu verwerfen sein, sofern nicht der Fall einer nothwendigen Streitgenossenschaft vorliegt, und mithin nach § 59 der C.P.O. hinsichtlich der Wahrung der Berufungsfrist die säumige Ehefrau durch den nicht säumigen Streitgenossen vertreten wird. Der B.R. gelangt bei Prüfung dieser Frage zu der Ansicht, daß die Bedingungen zur Anwendung des § 59 cit. fehlen. Er verneint, daß das streitige Rechtsverhältniß allen Streitgenossen gegenüber nur einheitlich festgestellt werden kann, und daß die Streitgenossenschaft aus einem sonstigen Grunde zu den nothwendigen gehört.

Die gegen diese Entscheidung gerichtete Revision der Frau Cl. muß für begründet erachtet werden.

Der Erste Richter hat angenommen, daß es sich hier um einen Grenzstreit handle. Mit Recht führt dagegen der B.R. aus, daß die

Eigenthumsklage angestellt ist. In dieser Beziehung wird den Entscheidungsgründen des zweiten Urtheiles lediglich beigestimmt. Die von beiden Theilen in der mündlichen Verhandlung ausgesprochene Ansicht, daß der B.R. bei Prüfung der Zulässigkeit der Berufung an die rechtliche Auffassung des Ersten Richters über die Natur der Klage gebunden sei, kann nicht für richtig gelten. Der B.R. mußte vielmehr nach eigenem freien Ermessen beurtheilen, ob der ihm vorliegende, vom Ersten Richter festgestellte Thatbestand unter die Vorschrift des § 59 der C.P.O. fällt, und wurde hierbei durch eine unrichtige rechtliche Auffassung des Ersten Richters in keiner Weise beschränkt. Zudem würde auch vom Standpunkt des Ersten Richters aus kein anderes Resultat eintreten.

Der von der Klägerin angestellten Eigenthumsklage stehen die Frau Cl., als vollständige Besitzerin, der Mann Cl., als unvollständiger Besitzer, gegenüber (Allg. L.R. Th. I Tit. 7 §§ 6, 7). Nach den Feststellungen der beiden Vorderrichter ist davon auszugehen, daß der Mann Cl. kein selbständiges Recht an dem hier fraglichen Landstreifen in Anspruch nimmt, sondern denselben nur kraft ehemännlichen Nießbrauches besitzt, also nur ein abgeleitetes Recht daran haben will. Der B.R. erwähnt zwar die Behauptung, daß das Eigenthum auf Inädifikation beruhe, nimmt aber selbst nicht an, daß damit der Ehemann Cl. ein von dem Eigenthum seiner Frau unabhängiges Recht prätendire. Dem ist um so mehr beizustimmen, als die Veränderung und Verbesserung inferirter Grundstücke zu den Befugnissen des Ehemannes gehört." (**Bornemann**, Systematische Darstellung des Preußischen Rechts, 2. Aufl. II S. 92. **Dernburg**, Preuß. Landrecht, 3. Aufl. III S. 97.)

„**Die zu erlassende Entscheidung betrifft also die Frage, ob das Eigenthum an einem der Ehefrau gehörigen, von ihr dem Manne inferirten Grundstücke nur einheitlich beiden Ehegatten gegenüber festgestellt werden kann?** Dabei ist zu berücksichtigen, daß es sich hier nicht um eine Feststellungsklage, deren Rechtswirkung erst nach beendigter Ehe eintreten soll (wie in dem Falle **Entsch.** IV S. 372), handelt, sondern daß die Klägerin die sofortige Herausgabe des streitigen Grundstückes, und die Beseitigung der ihrem Besitz entgegenstehenden Anlagen verlangt. Der hierauf gerichtete Antrag der Klägerin entspricht dem Hauptzweck der Klage, und dieser ist gleichmäßig gegen beide Beklagte gestellt. Wenn der B.R. sagt, daß der Besitz eines jeden der beiden Beklagten sich als ein wesentlich anders gearteter qualifizire, so übersieht er, daß es für das Recht der Klägerin auf

Anerkennung ihres Eigenthumes und Herausgabe des Grundstückes ohne Belang ist, welche Besitzhandlungen die einzelnen Beklagten vorgenommen haben. Diese charakterisiren sich gleichmäßig als Eingriffe in das Eigenthum. Mit Recht erwägt der B.R., daß es außer der Verurtheilung zur Räumung nicht auch noch einer Bezeichnung der von den einzelnen Beklagten zu diesem Zwecke vorzunehmenden Handlungen in der Urtheilsformel bedurfte.

Nach den im Allg. L.R. für den Nießbrauch gegebenen Vorschriften regelt sich die Passivlegitimation in folgender Weise. Die §§ 82, 83 des Allg. L.R. Th. I Tit. 21 bestimmen, daß der Nießbraucher sich zwar auf Prozesse, welche die Substanz der Sache betreffen, einlassen, auch die Prozeßkosten vorschießen, dagegen den Eigenthümer dabei zuziehen muß, und den Rechten desselben nichts vergeben kann. Auf Grund dieser Gesetze hat das frühere Preuß. Ob.Trib. in konstanter Praxis angenommen, daß der Nießbraucher allein bei Klagen, welche die Substanz der Sache betreffen, weder aktiv noch passiv legitimirt ist." (Entsch. des Ob.Trib. Bd. 45 S. 430, Bd. 48 S. 459; Striethorst, Archiv Bd. 82 S. 198 rc.) „Ob andererseits ein gegen den Eigenthümer allein erlassenes Urtheil dem Nießbraucher, welcher nur das vom Eigenthümer abgeleitete Recht in Anspruch nimmt, materiell entgegensteht, kann hier unentschieden bleiben (vergl. Dernburg, Preuß. Privatrecht I § 216 Note 1 am Ende; Förster-Eccius, Theorie und Praxis III § 186 bei Note 89 S. 376). Denn jedenfalls steht fest, daß ein gegen den Eigenthümer allein erlassenes Urtheil formell nicht gegen den Nießbraucher vollstreckt werden kann.

Hier kommt weiter in Betracht, daß der Nießbrauch des Ehemannes Cl. sich auf das eheliche Güterrecht stützt. Bei Klagen, welche das Vermögen der Frau berühren, bestimmt das Allg. L.R. Th. I Tit. 1 § 188, daß der Mann schuldig und befugt ist, die Frau in und außer Gericht zu vertreten. In der Regel kann daher die Frau, sagt § 189 ibid., ohne Zuziehung und Einwilligung des Mannes mit Anderen keine Prozesse führen. Bei Grundstücken, welche zum Eingebrachten der Frau gehören, darf der Mann nach § 232 ibid. ohne die Einwilligung der Frau (oder deren Ergänzung durch den Richter § 239) nichts vornehmen, wodurch denselben eine bleibende dingliche Last auferlegt würde. Er kann vielmehr (§ 245) gerichtliche Angelegenheiten, welche die Substanz des Eingebrachten betreffen, nur mit Zustimmung der Frau betreiben. Erst mit dem Tode der Frau endigt der Nießbrauch des Mannes. § 614 ibid. — In Uebereinstimmung hiermit bestimmt die Allg. Ger.O. Th. I Tit. 1 § 19, daß bei gerichtlichen Verhandlungen, welche die zur Substanz des Eingebrachten gehörigen Grundstücke betreffen, beide Eheleute zugezogen werden müssen. Es kann sich fragen, ob die hierin zum Ausdruck gebrachte gesetzliche Regel, wonach der Mann bei Prozessen wegen eingebrachter Grundstücke mit der Frau zusammen verklagt werden soll, durch § 51 der C.P.O. eine Aenderung erlitten hat. In der Literatur ist die Ansicht vertreten, daß § 189 Th. II Tit. 1 des Allg. L.R. durch den § 51 cit. aufgehoben sei (vergl. Rehbein und Reinke, Kommentar zum Allg. L.R. Th. II Tit. 1 § 189 Note 90). Damit würde jedoch die Tragweite des Reichsgesetzes zu weit ausgedehnt werden. Durch dasselbe ist nur die Prozeß- und Vertragsfähigkeit der Ehefrau anerkannt. Soweit jedoch Reichs- oder Landesgesetze ihre Vertragsbefugniß beschränken, ist keine Aenderung des bisherigen Rechtszustandes eingetreten. (Vergl. Motive zu § 51 der C.P.O. S. 76; Mandry, Civil-Inhalt der Reichsgesetze S. 30; Koch, Kommentar zum Allg. L.R. Th. II Tit. 1 § 189 Note 29, 8. Aufl. S. 132; Förster-Eccius l. c. IV S. 35 bis 37; Dernburg l. c. III S. 72 Note 13; Boas in Gruchot, Beiträge Bd. 29 S. 303).

Aufgehoben sind also nur die Beschränkungen der Prozeß- und Handlungsfähigkeit von Ehefrauen, welche das Allg. L.R. mit Rücksicht auf ihr Geschlecht oder ihre dem Manne gegenüber untergeordnete Stellung in der Ehe getroffen hatte. Dagegen bleiben diejenigen Vorschriften, welche dem Schutze des Mannes wegen der ihm nach dem ehelichen Güterrechte zustehenden Befugnisse dienen, in Kraft. Die Frau kann durch ihre Handlungen weder in noch außer dem Prozesse auch fortan nicht dem Manne die Rechte schmälern, welche er durch die Illation an ihrem Vermögen erworben hat. Wollte man dem gegen die Frau ergehenden Urtheil Rechtswirkungen gegen den Mann beilegen, so wäre damit der Frau die Möglichkeit gegeben, durch Kollusion mit Dritten dem Manne den ehelichen Nießbrauch zu entziehen. Dem haben sowohl das Allg. L.R. als die Allg. Ger.O. entgegentreten wollen, indem sie die Zuziehung des Mannes bei Prozessen über die Substanz des Eingebrachten, insbesondere über Grundstücke anordneten. Sie haben ihm damit die Gelegenheit gegeben, selbständig, zur Erhaltung seines eigenen Rechtes, das Recht der Frau an den von einem Dritten beanspruchten Gegenständen geltend zu machen. Wird aber diese aus dem ehelichen Güterrecht fließende Befugniß des Mannes durch § 51 der C.P.O. nicht berührt, nimmt man vielmehr die fortdauernde Geltung der näher angegebenen Vorschriften des Preuß. Rechtes über die Zuziehung des Mannes an, so kann der vorliegende Rechtsstreit, in welchem die sofortige Herausgabe eines eingebrachten Grundstückes verlangt wird, nicht gegen einen einzelnen Ehegatten, sondern nur einheitlich gegen beide zum Austrag gebracht werden."

14. **Die Kosten für die Zuziehung eines besonderen Rechtsanwalts des Nebenintervenienten sind** (da im Zweifel zur zweckentsprechenden Verfolgung seines Rechts nöthig) **in der Regel erstattbar** (§ 87 der C. P. O.). Beschluß des I. Civilsenats vom 8. Juni 1885 in Sachen S. zu S., Klägers, wider den Konkurs H.-M. zu N., Beklagten, und die Wittwe K. in S. als Nebenintervenientin. Vorinstanz: O. L. G. Rostock. Verwerfung der Beschwerde der Kläger. (I, 31/85.)

Die Kläger sind durch Urtheil des O. L. G. Rostock vom 14. Oktober 1884 unter Abweisung ihrer Klage schuldig erkannt, die Kosten des Rechtsstreits mit Einschluß der durch die Nebenintervention verursachten zu tragen. Die Nebenintervenientin, welche in erster Instanz sich durch einen andern Rechtsanwalt als den damaligen Beklagten vertreten ließ, verlangte mit dem Antrage auf Festsetzung der von den Klägern zu erstattenden Kosten auch die durch diese Vertretung entstandenen Kosten. Das L. G. Neu-Strelitz strich letztere durch Beschluß vom 15. Februar 1885 auf Grund des § 87 der C. P. O., da keine genügende Veranlassung ersichtlich sei, weshalb es für die Nebenintervenientin zur zweckentsprechenden Rechtsvertheidigung der Bestellung eines besonderen Prozeßbevollmächtigten bedurfte. Auf sofortige Beschwerde der Nebenintervenientin ließ das O. L. G. Rostock durch Beschluß vom 9. April 1885 diese Kosten zu. Gegen diesen am 15. dess. Monats zugestellten Beschluß ist von den Klägern am 29. dess. Monats bei dem O. L. G. Beschwerde eingereicht worden mit dem Antrage, die Mehrkosten, welche die Vertretung der Nebenintervenientin durch einen besondern Anwalt verursacht hat, als nicht erstattungsfähig zu streichen.

„Daß bereits in den Entscheidungsgründen des in Rechtskraft übergegangenen bedingten Endurtheils des O. L. G. zu Rostock vom 4. Juni 1883 ausgesprochen worden ist: „der Umstand, daß die Nebenintervenientin in der vorigen Instanz als ihren Vertreter einen andern Rechtsanwalt als der damalige Beklagte zugezogen hat, ist ohne Einfluß auf die Entscheidung über den Kostenpunkt, da ihr eine Verpflichtung, sich desselben Vertreters zu bedienen, nicht oblag," steht der freien Prüfung der Frage in der gegenwärtigen Beschwerdeinstanz nicht entgegen. Denn es handelte sich in jenem bedingten, wie in dem am 14. Oktober 1884 verkündeten unbedingten Endurtheile nur darum, ob Kläger überhaupt die Kosten der Nebenintervention der Nebenintervenientin zu erstatten habe, nicht darum, auf welche einzelnen Kosten diese Erstattungspflicht sich erstrecke. Es kann daher auch die angeführte Stelle der Entscheidungsgründe auf letztere Frage nicht bezogen werden. Indem das O.L.G. auf jene Stelle in seinem Beschlusse vom 9. April 1885 Bezug nahm, hat es den in dem Urtheil vom 4. Juni 1883 in anderer Richtung verwendeten Grund auch für den Beschluß der Kostenfestsetzung beibehalten, die Entscheidung über das Festsetzungsgesuch aber erst in letzterem Beschlusse getroffen, gegen welchen gemäß § 99 Absatz 3 der C.P.O. sofortige Beschwerde stattfindet.

Bei freier Prüfung ist jedoch die angefochtene Entscheidung für richtig zu erachten. Es ist bereits von dem fünften Civilsenate des Reichsgerichts durch Beschluß vom 8. Juli 1884 in Sachen Sperlich und Genossen wider die Stadtgemeinde zu Leobschütz Beschwerde-Register V 118/84 (Urtheile und Annalen I, 109) ausgesprochen worden, daß „nach §§ 96 und 87 der C.P.O. der Nebenintervenient nicht verpflichtet ist, sich desselben Rechtsanwalts mit der Hauptpartei zu bedienen, vielmehr zur Wahrnehmung seiner Rechte einen eigenen Rechtsanwalt zu bestellen befugt und daher auch berechtigt ist, von dem zur Kostentragung verurtheilten Gegner Erstattung der Gebühren desselben zu verlangen." Gegen diese Begründung kann zwar eingewendet werden, daß nicht in allen Fällen, wo die Partei befugt ist, sich eines Rechtsanwalts zu bedienen, die Verpflichtung der Gegenpartei zur Erstattung der dadurch entstandenen Kosten im Falle ihrer Verurtheilung in die Prozeßkosten besteht, insbesondere nach § 87 Abs. 2 der C.P.O. nicht, wenn die Partei durch Zuziehung eines auswärtigen Rechtsanwalts, durch einen nicht nothwendigen Wechsel in der Person des Rechtsanwalts oder durch Zuziehung mehrerer Rechtsanwälte die Kosten vermehrt hat. Nach den Motiven zum § 85 des Entwurfs der C.P.O. soll auch bei Streitgenossen, obgleich jeder derselben befugt ist, sich eines eigenen Rechtsanwalts zu bedienen, die Erstattungspflicht des zur Tragung der Prozeßkosten verurtheilten Gegners davon abhängen, ob die Zuziehung verschiedener Anwälte zur zweckentsprechenden Rechtsverfolgung oder Rechtsvertheidigung nothwendig war. Es könnte scheinen, daß ebenso auch bei Nebeninterventienten, zumal wenn sie gemäß §§ 66, 96 Abs. 2 als Streitgenossen der Hauptpartei gelten, nur unter derselben Voraussetzung ein Erstattungsanspruch gegenüber den zur Tragung der Kosten verurtheilten Gegner hinsichtlich der Gebühren und Auslagen eines von ihnen zugezogenen eigenen Anwalts stattfinde. Indessen ist mit Rücksicht auf den Zweck und das dadurch bestimmte Wesen der Nebenintervention anzunehmen, daß, obschon die Erstattungspflicht des Gegners nach § 87 Abs. 1 hinsichtlich aller Kosten, daher mit der aus § 87 Abs. 2 sich ergebenden Einschränkung auch hinsichtlich der durch Zuziehung eines Rechtsanwalts verursachten Kosten, auf die zur zweckentsprechenden Rechtsverfolgung oder Rechtsvertheidigung nothwendigen Kosten beschränkt ist, doch bei den Nebenintervenienten diese Nothwendigkeit auch ohne Darlegung besonderer Gründe für die Zuziehung eines eigenen Rechtsanwalts regelmäßig vorhanden erscheint. Das Gesetz legt ihm das Recht bei, zur Wahrnehmung seines eigenen rechtlichen Interesses der Hauptpartei zu deren Unterstützung beizutreten. Um von diesem Rechte einen zweckentsprechenden Gebrauch machen zu können, bedarf es einer rechtskundigen Prüfung und Ueberwachung des Prozeßbetriebs der Hauptpartei, um erforderlichen Falls durch unterstützendes und ergänzendes Eintreten in die Verhandlung ihr zum Obsiege zu verhelfen. Es liegt daher die Zuziehung eines eigenen Anwalts in der Natur der Sache, und wenngleich es dem Nebenintervenienten freisteht, sich jeder Betheiligung an dem Rechtsstreit zu enthalten oder dieselbe auf eine Einwirkung auf den Anwalt der Hauptpartei ohne Eintritt in die Verhandlung als Nebenpartei zu beschränken oder beim Eintritt in die Verhandlung als Nebenpartei sich durch den Anwalt der Hauptpartei vertreten zu lassen, wodurch nach § 51 der Geb. O. f. R. Anw. geringere Kosten entstehen, als bei Zuziehung eines eigenen Rechtsanwalts, so kann doch nicht gesagt werden, daß der Nebenintervenient, welcher als solcher in den Rechtsstreit eintritt, durch Zuziehung eines eigenen Rechtsanwalts etwas thue, was zur zweckentsprechenden Verfolgung seines Rechts nicht nöthig war."

15. **Der einer Handelsgesellschaft zugeschobene Eid ist von allen Gesellschaftern zu leisten, welche zur Zeit der Eidesleistung die Gesellschaft vertreten, also auch von den nach Beginn des Rechtsstreits eingetretenen, dagegen nicht von den vor der Eidesleistung ausgeschiedenen Gesellschaftern.** (§ 436 der C. P. O.) Urth. des III. Civilsenats vom 9. Juni 1885 in Sachen der Firma H. & Co. in N., Klägerin und Revisionsklägerin, wider die Firma J. N. L. in S., Beklagte und Revisionsbeklagte. Vorinstanz: O. L. G. Jena. Verwerfung. (III, 69/85.)

Nach Ansicht der Klägerin hätte der nach dem bedingten Endurtheile vom 27. März 1884 „von dem oder den Inhabern der beklagten Firma J. N. L. zu Sonneberg" zu leistende Eid auch von dem am 18. Januar 1883 aus der offenen Handelsgesellschaft J. N. L. ausgeschiedenen O. T. geleistet werden müssen, weil derselbe zur Zeit der Klagerhebung, der Zuschiebung des Eides Seitens der Klägerin und der Annahme des Eides Seitens der Beklagten Mitinhaber der Firma gewesen ist.

„Die aus diesem Gesichtspunkte gegen das B.U. erhobene Beschwerde ist jedoch nicht begründet. Wie das H.G.B. das Vermögen der offenen Handelsgesellschaft von dem Privatvermögen der einzelnen Gesellschafter trennt, das Gesellschaftsvermögen zur ausschließlichen Verfügung der Gesellschaft als solcher bezw. der Gesellschaftsgläubiger stellt und den einzelnen Gesellschafter nur als Gesellschafter in Vertretung der Gesellschaft über das Gesellschaftsvermögen verfügen läßt, so hat es auch der Gesellschaft als solchen das Recht verliehen, unter ihrer Firma vor Gericht zu klagen und verklagt zu werden. Es hat derselben somit die Parteifähigkeit beigelegt. Zugleich hat es für die Gesellschaft, welche als solche prozessualische Handlungsfähigkeit nicht hat, die Vertretung vor Gericht durch die Bestimmung geordnet, daß die Gesellschaft von jedem Gesellschafter gültig vertreten wird, welcher von der Befugniß, die Gesellschaft zu vertreten, nicht ausgeschlossen ist. Die von der Vertretung nicht ausgeschlossenen Gesellschafter sind daher in einem Rechtsstreite der Gesellschaft die gesetzlichen Vertreter derselben. Ein der Gesellschaft zugeschobener Eid ist mithin nach § 436 der C.P.O., soweit nicht Satz 2 ibidem Platz greift, von allen Gesellschaftern zu leisten, welche zur Zeit der Eidesleistung von der Befugniß, die Gesellschaft zu vertreten, nicht ausgeschlossen sind, also auch von den erst nach Beginn des Rechtsstreits in die Gesellschaft eingetretenen und von der Vertretungsbefugniß nicht ausgeschlossenen Gesellschaftern, und nicht auch von den vor der Eidesleistung ausgeschiedenen Gesellschaftern. Ist nun in vorliegender Sache die Klage unbestritten nur gegen die unter der Firma J. N. L. bestehende offene Handelsgesellschaft erhoben, nicht auch zugleich gegen die einzelnen Gesellschafter und Inhaber der Firma, so ist von dem zur Zeit der Eidesleistung der Gesellschaft nicht mehr angehörenden O. T. mit Recht der Eid nicht erfordert worden. Rechte aus § 433 der C.P.O. sind nicht geltend gemacht, also auch nicht in Frage."

16. **Wenn die Pfändung der Zustellung des Arrestbefehls vorausgeht, und demnach die Pfändung unwirksam ist, so kann diese nicht dadurch wirksam gemacht werden, daß nachträglich der Arrestbefehl dem Schuldner zugestellt wird.** (§§ 808, 671 Abs. 1 der C.P.O.) Urth. des II. Civilsenats vom 12. Juni 1885 in Sachen Th. W. in H., Klägers und Revisionsklägers, wider R. D. in N., Beklagten und Revisionsbeklagten. Vorinstanzen: L.G. Offenburg, O.L.G. Karlsruhe. Aufhebung des zweiten, und Abänderung des ersten Urtheils dahin: „es wird festgestellt, daß die von dem Beklagten unterm 23. Dezember 1882 erwirkte Arrestpfändung der Forderung des

L. B. von H. an die Konkursmasse des Cölestin H. von N. dem Kläger gegenüber unwirksam ist; sämmtliche Kosten aller drei Instanzen hat der Beklagte zu tragen." (II, 123/85.)

R. D. von N. erwirkte am 23. Dezember 1882 bei dem A.G. Triberg gegen L. B. von H. für eine Forderung an B. im Betrage von 1897 ℳ nebst Zinsen und Kosten Sicherheitsarrest durch Pfändung einer Forderung B.'s an die Konkursmasse des C. H. von N.; die erstinstanzlichen Parteivorträge nahmen an, es sei diese Verfügung dem Schuldner B. und dem H.'schen Konkursverwalter S. am 30. Dezember 1882 zugestellt worden.

Th. W. von H. erhob nun gegen D. bei dem L.G. Offenburg Klage dahin: Der Beklagte sei schuldig anzuerkennen, daß der von ihm am 23. Dezember 1882 erwirkte Arrestbefehl dem Kläger gegenüber unwirksam und deshalb aufzuheben sei. Er machte hierfür geltend: 1. daß dem Kläger (W.) laut vollstreckbaren Urtheils vom 30. Januar 1883 eine Forderung von 6583,15 ℳ nebst 5 % Zinsen vom 30. November 1882 gegen B. zustehe; 2. daß Kläger für diese Forderung am 9. Februar 1883 im Vollstreckungswege Pfändung desselben (oben erwähnten) Guthabens an die H.'sche Konkursmasse erwirkt und den Pfändungsbeschluß am 14. Februar 1883 dem Schuldner B. und dem H.'schen Konkursverwalter S. habe zustellen lassen; 3. daß der vom Beklagten (D.) auf das Guthaben B.'s erwirkte Arrest zu Unrecht und zum Nachtheil des Klägers erlassen worden sei, weil a) zur Zeit des Arrestbefehls inhaltlich des Arrestgesuchs ein genügender Arrestgrund nicht vorgelegen, und b) B. zu dieser Zeit andere zugreifbare Vermögensstücke nicht besessen habe und auch jetzt nicht besitze. Der Beklagte bestritt diese Behauptungen und beantragte Abweisung der Klage; der vom Beklagten gegen B. erwirkte Arrest sei genügend begründet, also rechtmäßig erlassen und überdies Kläger zu der Klage rechtlich nicht legitimirt.

Das L.G. wies die Klage am 9. Mai 1883 ab. Es erachtete sie als rechtlich nicht begründet. Sie könne nicht auf § 690 oder 710 der C.P.O. gestützt, sondern nur als Feststellungsklage im Sinne des § 231 der C.P.O. betrachtet werden, als solche aber sei sie in der Art und Weise, wie Kläger sie begründet habe, rechtlich nicht zulässig. Ueber die Frage, ob ein genügender Grund zur Anlegung eines dinglichen Arrestes vorhanden sei, habe lediglich das Arrestgericht auf Grund der in dem Arrestgesuche vorgetragenen Thatsachen und Bescheinigungen zu entscheiden; diese Entscheidung könne nur von dem Arrestbeklagten im Wege des Widerspruchs, nicht aber von Dritten im Wege des bloßen Bestreitens, daß ein Arrestgrund vorgelegen habe, angefochten werden. Es bedürfe hiernach keiner weiteren Prüfung der materiellen Frage, ob die in naher Aussicht stehende Fälligkeit eines Guthabens eines notorisch in zerrütteter Vermögenslage befindlichen Schuldners einen genügenden Arrestgrund bilde.

Gegen dieses Urtheil legte der Kläger, unter Wiederholung des Klagantrags, die Berufung ein. Außer dem früher Angeführten wurde klägerischer Seits vorgetragen, die Forderung des Beklagten an B. sei durch Gegenforderungen des Letzteren im Zeitpunkt des Arrestbefehls ausgeglichen gewesen, zugleich jedoch eingeräumt, daß B. durch rechtskräftiges Urtheil des O.L.G. Karlsruhe vom 20. April 1883 zur Zahlung der eingeklagten 1897,50 ℳ an D. verurtheilt worden sei. Weiter wurde klägerischer Seits die — vom Gegentheil anerkannte — Zustellungsurkunde vorgelegt, nach welcher der Beschluß in Sachen D. gegen B. dem Konkursverwalter S. am 28. Dezember 1882, dem Schuldner B. am 29. Dezember 1882 (durch die Post) zugestellt worden, es wurde hiernach das frühere Vorbringen einer am 30. Dezember 1882 an beide Personen erfolgten Zustellung berichtigt und geltend gemacht, es könne der Arrest zu Gunsten D.'s nicht aufrecht erhalten werden, weil der Arrestbefehl zuerst dem Drittschuldner und dann erst dem Schuldner zugestellt worden sei.

Mit Urtheil vom 6. November 1883 bestätigte das O.L.G. Karlsruhe das landgerichtliche Urtheil. Es faßte die Klage als solche aus § 690 der C.P.O. auf, hielt den Kläger nicht für legitimirt, den angeblichen Mangel eines Arrestgrundes und (wofür eine Anfechtungsklage nicht vorliege) den Mangel weiteren zugreifbaren Vermögens geltend zu machen, und erachtete die angebliche Tilgung der Forderung D.'s gegen B. durch das rechtskräftige Urtheil vom 20. April 1883 für beseitigt. Bezüglich der Ableitung der Unwirksamkeit des Arrestpfändungsbeschlusses vom 28. Dezember 1882 aus dem Umstand, daß der Arrestbefehl zuerst dem Drittschuldner und dann erst dem Schuldner zugestellt worden, gelangte das O.L.G. zu der Anschauung (die es als Legitimationspunkt von Amtswegen prüfte), die Wirksamkeit der Vollziehung des von dem Kläger erwirkten Pfändungsaktes, welche die Voraussetzung seines Klaganspruchs bilde, leide an dem gleichen Mangel, da — wie es näher ausführt — der Pfändungsbeschluß vom 9. Februar 1883 als zuerst dem Drittschuldner, nicht dem B. zugestellt zu erachten sei.

Gegen das Urtheil des O.L.G. legte der Kläger mit dem Antrag auf Aufhebung die Revision ein. Unterm 16. Mai 1884 hob das R.G. das Urtheil des O.L.G. auf und verwies die Sache zur anderweiten Verhandlung und Entscheidung an dasselbe. Das Reichsgericht — welches zunächst nicht eine Klage aus § 690, sondern eine Feststellungsklage im Sinne von § 231 der C.P.O. für vorhanden erachtete — sprach aus: „Nach § 671 Abs. 1 der C.P.O. dürfe erst vollstreckt werden, wenn der Vollstreckungstitel (Urtheil u. s. w.) zuvor zugestellt sei; hieraus habe das R.G." (Annalen Bd. 7 S. 493 Entsch. Bd. VIII S. 430) „abgeleitet, daß beim Arrest der A r r e s t b e f e h l (§ 802 der C.P.O.) zuerst dem Beklagten zugestellt sein müsse, ehe der Vollzug des Arrestes (§ 808 der C.P.O.), also die Pfändung stattfinde; dies habe in zweiter Instanz der Kläger gegen den Beklagten geltend gemacht und das B.G. habe m i t R e c h t diesen Angriff für zutreffend erachtet, aber rechtsirrthümlich angenommen, das Pfändungspfandrecht des Klägers leide an dem gleichen Fehler. Bei dem Kläger handle es sich nämlich nicht um einen Arrest, sondern um die Z w a n g s v o l l s t r e c k u n g auf Grund eines Urtheils; daß dieses Urtheil vor Erwirkung der Pfändung gemäß § 671 der C.P.O. zugestellt gewesen, sei nicht beanstandet, auch von dem B.R. nicht bezweifelt; für die Vollstreckungspfändung einer Forderung aber sei § 730 der C.P.O. maßgebend, wonach der Pfändungsbeschluß sogar z u e r s t dem Drittschuldner habe zugestellt werden m ü s s e n, weshalb die vom B.G. unterstellte Reihenfolge der Zustellungen vollkommen dem Gesetze entspreche.

Das O.L.G. erhob nun Beweise über den urtheilsmäßigen Anspruch des Klägers und über die Vollstreckungspfändung für denselben. Mit dem sodann erlassenen Urtheil vom 21. November 1884 bestätigte es das landgerichtliche Urtheil vom 9. Mai 1883, unter Verfällung des Klägers in die Kosten des zweiten Rechtszugs und der Revisionsinstanz. Das O.L.G. erachtete nämlich nunmehr zwar den Kläger als vollständig legitimirt zur Klage, gelangte jedoch bezüglich der Frage, welchen Einfluß es habe, wenn eine Arrestverfügung (§ 796 der C.P.O.) zuerst dem Drittschuldner, dann erst dem Schuldner zugestellt wurde, zu einer von der früheren Rechtsansicht abweichenden Auffassung. In dieser Hinsicht gelangte das O.L.G.

zu der Anschauung: wenn vorschriftswidrig zuerst die Zustellung des Arrestbefehls an den Drittschuldner erfolgt sei, so könne zwar bis zur Zustellung des Arrestbefehls an den Schuldner der Schuldner die Ungültigkeit der Pfändung rügen und sei auch für den Gläubiger ein Pfandrecht nicht entstanden; von dem Augenblicke der nachherigen Zustellung an den Schuldner an aber sei für diesen eine Rüge mangelnder Zustellung ausgeschlossen und ebenso von da an für den Gläubiger das Pfandrecht wirksam geworden; es könne daher ein Vollstreckungsgläubiger, wie ein weiterer Arrestimpetrant den Eintritt des Pfändungspfandrechts für den ersten Arrestgläubiger hemmen, wenn vor der Zustellung des Arrestbefehls an den Schuldner Ersterer die Zustellung des Vollstreckungsbefehls (§ 130) an den Drittschuldner, letzterer die Zustellung des Arrestbefehls an den Schuldner (§ 671 Abs. 1 der C.P.O.) bewirke; in beiden Fällen komme der Arrestgläubiger mit der nachträglichen Zustellung des Arrestbefehls an den Schuldner zu spät; habe er dagegen die Ordnungswidrigkeit durch diese nachträgliche Zustellung geheilt, ehe jene anderen Gläubiger in dieser Weise auftreten, so sei das Pfändungspfandrecht des ersten Arrestgläubigers wirksam begründet, und ein nachfolgender Arrest, wie eine nachfolgende Vollstreckungspfändung könne nur noch die Bedeutung und den Werth einer Anschlußpfändung haben. Da nun im vorliegenden Falle die Zustellung des Pfändungsbeschlusses an den Drittschuldner am 28. Dezember 1882, die nachträgliche Zustellung des Arrestbefehls an den Schuldner schon am 29. Dezember 1882 erfolgt, danach in letzterem Zeitpunkt das Pfändungspfandrecht in Kraft getreten sei, gehe der Anspruch des Beklagten aus diesem Rechte dem erst am 14. Februar 1883 vom Kläger erworbenen Vollstreckungspfandrechte vor, und erscheine die auf Unwirksamkeit des beklagtischen Pfandrechts gerichtete Klage als hinfällig.

„Die von dem R.G. mit Urtheil vom 16. Mai 1884 erfolgte Aufhebung des oberlandesgerichtlichen Urtheils vom 6. November 1883 beruhte allerdings zunächst darauf, daß das R.G. die von dem O.L.G. ausgesprochene Verneinung der Legitimation des Klägers zum Angriff gegen die Wirksamkeit des Pfandrechts des Beklagten für rechtsirrthümlich erachtete. Das R.G. hatte aber damals zu prüfen, ob die Klage überhaupt rechtlich begründet sei, da es, wenn dies zu verneinen war, trotz seiner Annahme, das O.L.G. habe die Legitimation des Klägers rechtsirrthümlich verneint, nach § 526 der C.P.O. zur Zurückweisung der Revision hätte gelangen müssen. In diese Prüfung trat das R.G. bei Erlassung des Urtheils vom 6. November 1883 ein, indem es die in dem oberlandesgerichtlichen Urtheil vom 6. November 1883 niedergelegte Anschauung, „daß gemäß § 808 der C.P.O. die Vorschrift des § 671 Abs. 1 der C.P.O. auch für das Arrestverfahren gelte, diese Vorschrift, welche die vorgängige Zustellung an den Schuldner verlange, ein absolutes Gebot enthalte, dessen Uebertretung die betreffende Handlung zu einer ungesetzlichen mache und ihr die rechtsbegründende Wirkung, die Entstehung eines Pfandrechts benehme", ausdrücklich billigte. Damit ist von dem R.G. auch diese Rechtsansicht der unterm 16. Mai 1884 erfolgten Aufhebung des oberlandesgerichtlichen Urtheils vom 6. November 1883 zu Grunde gelegt. Es mußte daher nach § 528 Abs. 2 der C. P. O. das O. L. G. bei Erlassung seines neuen Urtheils seiner Entscheidung diese rechtliche Beurtheilung zu Grunde legen, durfte also hierbei nicht von derselben abweichen und nicht in seinem neuen Urtheil von der damit im Widerspruch stehenden Ansicht ausgehen, es sei von dem Augenblicke einer nachträglichen Zustellung des Arrestbefehls an den Schuldner an sowohl für den Schuldner die Rüge mangelnder Zustellung ausgeschlossen, wie auch für den Gläubiger das Pfandrecht wirksam geworden.

War sonach in diesem Rechtsstreite vielmehr die rechtliche Beurtheilung, daß, wenn nicht der Arrestbefehl zuerst dem Schuldner zugestellt worden, ein Arrestpfandrecht überhaupt nicht entstehe, zu Grunde zu legen, so war nach der jetzigen Sachlage, da die Zustellung des Arrestpfändungsbeschlusses an den Drittschuldner am 28. Dezember 1882 und erst am 29. Dezember 1882 die Zustellung des Arrestbefehls an den Schuldner erfolgt ist, unter Aufhebung des oberlandesgerichtlichen Urtheils und unter Abänderung des landgerichtlichen Urtheils auszusprechen, daß die von dem Beklagten unterm 23. Dezember 1882 erwirkte Arrestpfändung der Forderung des L. B. an die Konkursmasse des Cölestin H. dem Kläger gegenüber unwirksam sei."

9. Einführungsgesetz zur C. P. O.

17. **Fortdauernde Gültigkeit der Bestimmung der Preuß. Deklaration vom 21. Juli 1843** (daß zur Begründung der Alimentationsklage von Kindern gegen die Eltern nicht der Nachweis gehöre, daß die letzteren Vermögen besitzen) **gemäß der Bestimmung im § 16, 1 des Einf. G. zur C. P. O.** (vergl. § 14 cit.). S. u. Fall 30 S. 60.

10. Gerichtskostengesetz.

18. **Begriff der Worte „im Laufe des Verfahrens" im § 16 des G. K. G.** Beschluß des III. Civilsenats vom 5. Juni 1885 in Sachen der ledigen M. A. zu M., Klägerin, wider F. K. das., Beklagten. Verwerfung der sofortigen Beschwerde des Beklagten gegen den Beschluß des O. L. G. Celle. (III, 79/1885.)

„Der Werth des Streitgegenstandes ist vom O. L. G. mit Recht auf 6000 ℳ angenommen, nachdem auf Ehelichung oder eine Abfindung von 6000 ℳ geklagt und der Klagantrag bis zum bedingten Endurtheile aufrecht erhalten worden ist. Auch war die dem O. L. G.

nach § 16 des G.K.G. zustehende Befugniß, den Beschluß des L.G. vom 8. November 1884 von Amtswegen zu ändern, nicht mit der Rechtskraft des Urtheils vom 8. November 1884 erloschen, da die Aenderung „im Laufe des Verfahrens" erfolgen kann und zum „Verfahren" auch das Kostenfestsetzungsverfahren gerechnet werden muß. Unzutreffend ist auch die Annahme des Beschwerdeführers, daß der Beschluß vom 8. November 1884 mit der Rechtskraft des Urtheils von demselben Tage für die Klägerin und deren Anwalt unanfechtbar geworden sei. Die Festsetzung des Werthes ist nach Maßgabe des § 16 des G.K.G. durch Beschluß erfolgt, welcher von dem gleichzeitigen Urtheile vollständig unabhängig ist und von dem L.G. selbst sowohl von Amtswegen wie auf Beschwerde der Klägerin oder ihres Sachwaltes geändert werden konnte. Daß Klägerin den Beschluß längere Zeit unbeanstandet gelassen hat, erscheint unerheblich. Die ihr zustehende Beschwerde war an eine Frist nicht gebunden und eine ausdrückliche oder thatsächliche Anerkennung des Beschlusses liegt nicht vor. Sie war daher nicht gehindert, im Kostenfestsetzungsverfahren von einem Streitgegenstande von 6000 ℳ auszugehen und gegen den in diesem Verfahren ergehenden Beschluß sofortige Beschwerde nach § 99 der C.P.O. zu erheben."

19. **Nach § 16 der G.K.G. hat nur der Zahlungspflichtige und die Staatskasse, nicht die ohne Kostenpflicht aus dem Rechtsstreite tretende Partei ein Recht der Anfechtung des festgesetzten Streitwerthes.** Beschluß des II. Civilsenats vom 9. Juni 1885 in Sachen J. P. zu B., Klägers, wider K. R. das., Beklagten. Vorinstanz: O.L.G. Köln. Das R.G. beschloß auf die weitere Beschwerde des Beklagten: „Der Beschluß des O.L.G. Köln vom 17. April 1885 wird aufgehoben, die Beschwerde des Klägers vom 9. April 1885 wider den Beschluß des L.G. zu Bonn vom 12. Januar 1885 wird als unstatthaft verworfen." (II, 84/85.)

„Durch die Urtheile des L.G. zu Bonn vom 13. Februar 1883 und des O.L.G. zu Köln vom 12. November 1884 sind dem Beklagten und jetzigen Beschwerdeführer die sämmtlichen Prozeßkosten auferlegt worden. Nachdem der Werth des Streitgegenstandes auf Antrag des Beklagten vom L.G. zu Bonn auf Grund von § 16 des G.K.G. auf 400 ℳ festgesetzt worden war, hat der Kläger durch Beschwerde die Erhöhung der Festsetzung auf 2000 ℳ begehrt. Die angezogene Gesetzesvorschrift gewährt aber nur dem Zahlungspflichtigen und der Staatskasse, nicht auch der ohne Kostenverbindlichkeit aus dem Prozesse tretenden Partei ein Recht zur Beschwerde. Der Kläger hatte an Erhöhung des Streitwerthes kein rechtliches Interesse und war zur Beschwerde nicht legitimirt. Das Interesse des Rechtsanwaltes, welchem § 12 der Geb.O. v. 7. Juli 1879 ein selbständiges Beschwerderecht verleiht, hat die Partei nicht zu vertreten."

Gemeines Recht.

20. **Die Wirkung der approbatio des locator operis: dadurch wird kein Verzicht auf die Ansprüche aus verborgenen Mängeln ausgesprochen.** Urth. des III. Civilsenats vom 12. Juni 1885 in Sachen des Schlachtermeisters St. in N., Beklagten und Revisionsklägers, wider den Zimmermeister J. in N., Kläger und Revisionsbeklagten. Vorinstanz: O.L.G. Kiel. Aufhebung u. Zurückweisung. (III, 63/85.)

„Ob in der Entgegennahme und in dem Ingebrauchnehmen eines hergestellten Werks eine Billigung desselben zu erblicken ist, erscheint als eine wesentlich thatsächliche Frage, deren Beantwortung von den konkreten Umständen abhängt, unter welchen im einzelnen Fall die Abnahme des Werkes erfolgt ist. Wenn im vorliegenden Fall vom B.G. als erwiesen bezeichnet wird, daß der Beklagte die Leistungen des Klägers, als sie gemacht wurden, nicht bemängelt, vielmehr die Weiterführung des Hausbaues auf Grund der klägerischen Leistungen zugelassen habe und erst nach Fertigstellung des Hauses und nachdem er dasselbe theilweise vermiethet hatte, mit seinen Bemängelungen hervorgetreten sei, und darauf hin festgestellt wird, daß der Beklagte die Leistungen des Klägers als Vertragserfüllung angenommen habe, so ist hierin ein Rechtsirrthum nicht zu finden, da das B.G. ersichtlich voraussetzt, daß der Beklagte, soweit er dazu als Nichtsachverständiger im Stande war, die Arbeiten des Klägers controlirt habe. Unter dieser Voraussetzung ist es auch nicht rechtsirrthümlich, wenn das B.G. auf den Protest des Beklagten gegen schlechte Lieferung deshalb kein Gewicht gelegt hat, weil Beklagter demselben eine weitere Folge nicht gegeben habe.

Die Billigung eines unvollständigen oder mangelhaften Werkes beraubt aber den locator operis keineswegs aller seiner Rechte auf eine vertragsmäßige Lieferung. Gestützt auf l. 24 pr.: D. Loc. cond. 19, 2 wird zwar vielfach der Satz aufgestellt, daß die Billigung der Unternehmer von jeder Haftung, namentlich auch wegen verborgener

Fehler — ausgenommen, wenn er dieselben wissentlich verschwiegen hat — befreie. Allein dieser Satz läßt sich aus der fraglichen Gesetzesstelle nicht ableiten, da dieselbe einestheils nur von dem Falle redet, wo der conductor operis kraft spezieller Bestimmung des Verdingungsvertrages dem locator das Werk zu approbiren, d. h. dessen Empfangbarkeit darzulegen hat, anderntheils aber nur ausspricht, daß wenn der conductor operis sich bei dieser approbatio eines dolus schuldig mache, dieselbe eine recta facta sein solle, dagegen keine Entscheidung darüber trifft, ob der conductor im Uebrigen von jeder Haftung frei bleibt. Nach allgemeinen Rechtsgrundsätzen wird man aber der Billigung keine größere Bedeutung beilegen können, als einer Quittung. Wie man die Wirkung der letzteren, je nachdem sie im einzelnen Fall die Bedeutung eines Geständnisses oder eines dispositiven Aktes hat, durch einfachen Gegenbeweis oder den Nachweis eines entschuldbaren Irrthums beseitigen kann, so wird auch die erfolgte Billigung den Ansprüchen des locator an sich nicht entgegenstehen, insofern er nachweist, daß die Billigung in entschuldbarer Unkenntniß der später entdeckten Mängel erfolgt ist.

Die Billigung hat in der Sache selbst nur die Wirkung, daß der locator wegen der offenbaren oder ihm bekannt gewordenen Mängel keine weiteren Ansprüche mehr erheben kann, weil insoweit in der Billigung ein dispositiver Akt liegt und angenommen werden muß, daß er auf die Geltendmachung seiner Ansprüche wegen Mängel dieser Art verzichten wolle. Dagegen darf ein solcher Verzicht nicht auch angenommen werden, wegen solcher Ansprüche, die rücksichtlich verborgener, dem locator ohne sein Verschulden unbekannt gebliebenen Mängel geltend gemacht werden können. Bezüglich dieser Ansprüche hat die Billigung vielmehr nur eine Bedeutung für die Beweislast, indem der locator das in der Billigung liegende Zeugniß gegen sich selbst durch Gegenbeweis entkräften muß, während ohne die dazwischen liegende Billigung der conductor operis einer vorgeschützten Einrede des nicht gehörig erfüllten Vertrages gegenüber den Beweis erbringen müßte, daß die von ihm gemachte Leistung vertragsmäßig sei.

Dies wird vom B.G. rechtsirrthümlich verkannt, wenn es zwar dem Beklagten gestatten will, sein Interesse wegen der ihm ohne sein Verschulden unbekannt gebliebenen Mängel im Wege der Gegenforderung durch Kompensation geltend zu machen, es aber für unzulässig erachtet, daß der Beklagte noch die Beseitigung dieser Mängel und Lieferung eines opus von vertragsmäßiger Beschaffenheit fordert und bis dahin die merces retiniren will. Für eine derartige Unterscheidung geben die Gesetze keinen Anhalt.

Kann der Beklagte den Nachweis erbringen, daß das opus nicht die vertragsmäßige Beschaffenheit gehabt habe und daß ihm die vorhandenen Mängel ohne sein Verschulden zur Zeit der Annahme unbekannt gewesen sind, so wird dem Beklagten das Recht nicht versagt werden können, die Beseitigung dieser Mängel zu verlangen und bis dahin auch die merces innerhalb der durch die Sachlage gebotenen Grenzen zurückzubehalten. In letzterer Beziehung kommt in Betracht, daß das Berufungsgericht festgestellt hat, daß der Kläger nicht ein einheitliches opus, sondern eine Reihe einzelner opera herzustellen übernommen habe. Daraus würde sich ergeben, daß der Beklagte für diejenigen opera, welche von ihm nicht bemängelt sind, die merces zu retiniren überall nicht berechtigt ist. Und ferner würde in Frage kommen, ob der Beklagte bezüglich der bemängelten Arbeiten, ohne sich seinerseits eines dolus schuldig zu machen, den ganzen für diese Arbeiten bedungenen Lohn zurückzubehalten befugt ist (vergl. Entsch. Bd. IV S. 197), eine Frage, deren Beantwortung wesentlich von den Ergebnissen der Beweisführung abhängen wird."

21. 1) **Die Verschweigung der Thatsache seitens der Braut, daß sie der Prostitution ergeben gewesen, bezw. die Unbekanntschaft des Mannes mit dieser Thatsache bei Eingehung der Ehe, ist ein Grund zur Ungültigkeit der Ehe nach Gemeinem protestantischem Eherecht.** 2) **Im Falle der Auflösung der Ehe wegen Ungültigkeit ist es nicht zulässig, den einen Ehegatten für den allein schuldigen Theil zu erklären. Dieser Ausspruch hat nur bei der Ehescheidung Sinn.** Urth. des III. Civilsenats vom 16. Juni 1885 in Sachen der Frau A. M. Ag. D. in Berlin, Beklagte und Revisionsklägerin, wider ihren Ehemann, den Kaufmann J. E. D. zu F., Kläger und Revisionsbeklagten. Vorinstanzen: L.G. Rudolstadt und O.L.G. Jena. Aufhebung der Vorderurtheile, insoweit darin die Beklagte zum schuldigen Theile erklärt wird. (III, 30/85.)

Auf Grund der erhobenen Beweise ist in Verbindung mit der eigenen Darstellung der Beklagten vom B.R. festgestellt worden, daß Letztere sich in den Jahren 1868 und 1869 in Berlin der Prostitution hingegeben und unter sittenpolizeilicher Aufsicht gestanden habe, ingleichen, daß dies dem Kläger erst nach der Klagerhebung bekannt geworden sei, daß namentlich das Gegentheil von dieser letzteren Annahme nicht aus den zum Gegenbeweis angeführten Umständen folge.

„Diese Feststellungen entziehen sich der Nachprüfung in dieser Instanz, sind auch nicht weiter angefochten worden. Wenn der B.R. aber die Unkenntniß des Ehemannes von dem Vorleben seiner Frau als einer längere Zeit unter Polizeiaufsicht gestellt gewesenen, öffentlichen Hure für einen Grund der Ungültigkeit der Ehe erachtet, so setzt er sich dadurch nicht in Widerspruch mit den für das Protestantische Eherecht geltenden Grundsätzen. Denn ist schon nach diesem der Irrthum des Mannes über den Mangel der Jungfräulichkeit seiner Braut bei Abschluß der Ehe in der Regel als Privatnichtigkeitsgrund anzusehen, so ist es jedenfalls ein für den Bestand der Ehe noch weit folgenschwererer Irrthum, falls der Mann bei der Heirath darüber in Unkenntniß gewesen ist, daß seine Frau vor derselben als Prostituirte gelebt und unter polizeilicher Kontrolle gestanden hat. Mit Recht nimmt der B.R. an, daß der Kläger und jeder andere in gleicher Lage befindliche Mann eine Person dieser Art voraussetzlich nicht geheirathet haben würde, wenn er nicht in Unkenntniß über ihr Vorleben gewesen wäre, und daß es sich dabei also nicht bloß um den Irrthum über den Mangel einer je nach Neigung und Individualität vorausgesetzten Eigenschaft, sondern um den Irrthum über einen den wesentlichen Bestand der Ehe überhaupt treffenden Mangel handelt. Ein solcher Irrthum ist ein wesentlicher und geeignet, die Ungültigkeitserklärung der geschlossenen Ehe herbeizuführen.

Ist aber vorliegenden Falls nicht lediglich der Irrthum über den Mangel der Virginität, sondern die Unkenntniß des Klägers von der früheren Prostitution der Beklagten als Klaggrund anzusehen, so ergiebt sich daraus von selbst, daß die Einreden mit Recht verworfen worden sind, welche sich auf einen ausdrücklichen oder thatsächlichen Verzicht auf die lediglich aus erſterem Mangel herzuleitenden Rechte beziehen. Dagegen ist der Beschwerde darüber stattzugeben, daß Beklagte als schuldiger Theil erklärt worden ist. Ein solcher Ausspruch hat nur Sinn bei der Ehescheidung, weil er überhaupt nur besagt, daß dem oder jenem Gatten die Schuld der Trennung der bestehenden Ehe beizumessen ist und er die vom Recht an dieses Verschulden geknüpften nachtheiligen Folgen zu tragen hat. Wenn ein solcher Ausspruch daher hier, wo eine Ehe für ungültig, respektive nichtig erklärt wird, der Grundlage entbehrt, so mußte er auf den auch diesen Nebenpunkt mitumfassenden Antrag der Revisionsklägerin aufgehoben werden, ohne daß dies jedoch Einfluß auf die Entscheidung über den Kostenpunkt zu äußern vermöchte (§ 88 der C.P.O.).

22. **Klaggrund und Klagzweck der Pflichttheilsklage ist derselbe wie bei der Klage auf Anfechtung einer inoffiziösen Schenkung.** Urth. des III. Civilsenats vom 9. Juni 1885 in Sachen der verehel. R. und Genossen in H., Klägerinnen und Revisionsklägerinnen, wider J. K. S. zu D., Beklagten und Revisionsbeklagten. Vorinstanz: O.L.G. Jena. Aufhebung und Zurückverweisung. (III, 59/85.)

„Nach der eigenen Darstellung der Klägerinnen haben die Eltern der Parteien ihr gesammtes Vermögen an den Beklagten abgetreten. Solange diese Abtretungen in Kraft stehen, fehlt es daher der Klage auf Herausgabe des gesetzlichen Erbtheiles an jedem Gegenstande, und damit war ihre Abweisung ohne weiteres gerechtfertigt. Die Anfechtung jener Abtretungsverträge ist aber erst in der Berufungsinstanz erfolgt, indem die Klägerinnen erst da unter Hinweis auf die Schenkungsnatur der ersteren ihren Antrag auf Herausgabe bezw. Ergänzung des Pflichttheiles gerichtet und zu diesem Zweck die Abtretungsverträge als ihr Pflichttheilsrecht verletzend angefochten haben. Der B.R. hat die in dieser Weise modifizirte Klage als eine unstatthafte Klagänderung involvirend zurückgewiesen. Mit Recht machen die Revisionsklägerinnen geltend, daß dies auf einer Verkennung der rechtlichen Natur dieser Klagen beruhe. Klaggrund und Klagzweck ist bei der Pflichttheilsklage derselbe wie bei der Klage auf Anfechtung einer inoffiziösen Schenkung. In beiden ist das Pflichttheilsrecht und seine Verletzung der Grund des Klaganspruches, und verfolgt wird mit beiden der Anspruch auf Herausgabe oder Ergänzung des Pflichttheiles. Diese wesentliche Gleichheit beider Klagen wird nicht aufgehoben, wenn der den Pflichttheil beeinträchtigende Akt zuerst als eine letztwillige Disposition dargestellt worden ist, durch welchen Beklagter als Erbschaftsbesitzer erscheint, und als solcher zur Herausgabe der erbschaftlichen Sachen verpflichtet ist, dann aber derselbe Akt als ein Geschäft unter Lebenden aufgefaßt werden und der Beklagte das dadurch Erworbene bis zur Deckung des Pflichttheiles ohne Rücksicht auf das Geschäft wieder herausgeben soll. Bei beiden Auffassungen handelt es sich um ganze oder theilweise Aufhebung eines und desselben Rechtsaktes auf Grund des klägerischen Pflichttheilsrechtes, und deshalb kann eine Klage der andern ohne unstatthafte Klagänderung substituirt werden.

Nun verhält sich aber die Inoffiziositätsquerel, wie sie partikularrechtlich zur Pflichttheils- und Ergänzungsklage gestaltet worden ist, zur Erbschaftsklage dergestalt, daß sie nur als beschränkte Erbschaftsklage erscheint, indem § 100 des Weimarischen Erbgesetzes vom 6. April 1833 alle von der letztern geltenden Grundsätze auf sie angewendet wissen will. Wenn aber deshalb, wie auch der B.R. voraussetzt, der Erbschaftsklage ohne unzulässige Klagänderung die Pflichttheils- bezw. Ergänzungsklage substituirt werden kann, so beruht es auf Verkennung der lediglich durch das Gemeine Recht bestimmten Natur der querela inofficiosae donationis (cf. § 102 des Gesetzes), wenn in ihrer erst zweitinstanzlich erfolgten Geltendmachung eine unstatthafte Klagänderung der zuerst allein angestellten Erbschaftsklage gegenüber gesehen worden ist, zumal ihre thatsächliche Begründung nur als eine weitere Ausführung des schon in erster Instanz Vorgebrachten erscheint."

Partikularrecht.

1. Preußisches Recht.

23. **Die Vorschriften der §§ 18—21 I, 6 des Allg. L.R. betreffs der Wirkungen des konkurrirenden Verschuldens des Beschädigten können auf Fälle der Tödtung keine Anwendung leiden.** Urth. des III. Civilsenats vom 9. Juni 1885 in Sachen der verw. R. in A., Klägerin und Revisionsklägerin, wider H. M. zu A., Beklagten und Revisionsbeklagten. Vorinstanz: O.L.G. Jena. Aufhebung und Zurückverweisung. (III, 66/85.)

Der B.R. nimmt an, daß der getödtete Ehemann der Klägerin den Unfall durch eigenes grobes Verschulden herbeigeführt habe, dem Beklagten dabei aber nur „ein geringes, höchstens ein mäßiges Versehen" zur Last falle, und darum nach § 20 Th. I Tit. 6 des Allg. L. R. die Klägerin keine Entschädigungsansprüche erheben könne.

„Diese Folgerung enthält eine Verletzung des Gesetzes, indem sie den § 20 cit. auf einen Fall der Beschädigung durch Tödtung anwendet, wo er nicht anwendbar ist, und §§ 98 ff. Th. I Tit. 6 nicht berücksichtigt, die allein direkte Anwendung leiden.

Es kann hier dahingestellt bleiben, ob und in welchem Maße die die Wirkungen des konkurrirenden Verschuldens des Beschädigten regelnden Vorschriften der §§ 18—21 Th. I Tit. 6 des Allg. L.R. auf alle Fälle der Beschädigungen Anwendung zu leiden haben, deren Regulirung besonderen Bestimmungen (§§ 83—138 eod.) unterzogen worden sind. Keinenfalls können sie Anwendung leiden auf die Fälle der Tödtung, denn die die letzteren betreffenden Bestimmungen ruhen auf einer anderen Grundlage als erstere, und lassen sich in ihren Konsequenzen nicht mit ihnen in Einklang setzen. Beide Gruppen von Vorschriften stufen den Umfang der zu leistenden Entschädigung nach dem Maß des Verschuldens des Beschädigers — hier der Tödtenden — ab.

Während aber die §§ 18 und 19 im Fall eines konkurrirenden Verschuldens des Beschädigten den Beschädiger je nach dem Grade seines Verschuldens nicht für den mittelbaren Schaden und den entgangenen Gewinn, sondern nur für den unmittelbaren Schaden bezw. gar nicht haften lassen (§ 20), machen die §§ 98—110 eine solche Unterscheidung nicht, sondern geben der Wittwe und den Kindern eine nach selbständigen Gesichtspunkten abgestufte Entschädigung, deren Abstufung mit der Eintheilung in mittelbaren und unmittelbaren Schaden, wie sie den §§ 18 ff. zu Grunde liegt, gar nicht in Verhältniß gesetzt werden kann. Denn wollte man den Getödteten selbst als den Beschädigten ansehen, so läßt sich der Schaden, wie er nach §§ 98 ff. seiner Wittwe und seinen Kindern zu vergüten ist, überhaupt nicht unter den Gesichtspunkt eines mittelbaren oder unmittelbaren Schadens oder entgangenen Gewinnes bringen. Für den Getödteten selbst oder seine Erben als solche könnte er weder das Eine noch das Andere sein. Sind dagegen die Wittwe und Kinder als die für ihre Person durch die Tödtung ihres Ernährers Beschädigten anzusehen, so kann in dem Verschulden des Ehemannes bezw. Vaters nicht ein konkurrirendes Verschulden des Beschädigten erblickt werden, wie es doch §§ 18 ff. voraussetzen. Beide Gruppen von Vorschriften quadriren also nicht, und die anscheinend als allgemein gedachten Grundsätze der §§ 18 ff. können die die Tödtung betreffenden Spezialbestimmungen der §§ 98 ff. nicht beherrschen. Letztere schließen vielmehr erstere aus, indem der Gesetzgeber davon ausgeht, daß die Wittwe und die Kinder des Getödteten nicht aus der Person dieses abgeleitete Entschädigungsansprüche haben, sondern solche aus eigener Person, weil ihnen durch die Tödtung Derjenige genommen worden ist, der zu ihrer Ernährung, Erziehung, Ausstattung u. s. w. gesetzlich verpflichtet war. Unter diesem Gesichtspunkte muß das Verhalten des Getödteten auf die Bemessung der Ansprüche seiner Wittwe und Kinder ohne Einfluß bleiben, und kann nur insofern in Betracht kommen, als es bei der Feststellung des ursächlichen Zusammenhanges zwischen dem Handeln des Dritten und dem Tode des Ehemannes bezw. Vaters von Bedeutung wird.

Obige Auslegung steht wesentlich in Uebereinstimmung mit Doktrin und Judikatur (cf. Dernburg, Preußisches Privatrecht, Bd. II § 298 Nr. 11; Koch, ed. 8, Anm. 79 zu § 98 und Urtheile des R.G. vom 26. März und 10. Dezember 1881; Gruchot, Beiträge, Bd. 25 S. 951 f. und Bd. 26 S. 948 f.). Indem der B.R. von der entgegengesetzten Ansicht ausging, ist er zu einer mit dem Gesetz unvereinbaren Entscheidung gelangt."

24. **Nach Preußischem Recht müssen bei Klagen, die der Ehefrau das Eigenthum an von ihr dem Manne inferirten Grundstücken bestreiten, beide Ehegatten verklagt werden** (Allg. L.R. I, 1 § 67; I, 21 §§ 82, 83; II, 1 §§ 188, 189, 232, 239, 245, 614; Allg. Ger.O. I, 1 § 19.) **Der § 51 der C.P.O. hat den § 189 II, 1 des Allg. L.R. nicht aufgehoben.** (S. o. Fall 13 S. 31.)

25. **Was durch das Allg. L.R. I, 7 § 200 und I, 21 § 166 für das Verhältniß des redlichen Besitzers und Nutznießers zum Eigenthümer vorgeschrieben wird, ergibt sich auch für den Pächter im Falle der §§ 270, 418 I, 21. Der Pächter hat solchenfalls nur nach Maßgabe seiner Pachtzeit Anspruch auf die Nutzungen des Pachtobjektes und muß sich wegen des überschießenden Betrages mit den Berechtigten vollständig auseinandersetzen** (I, 21 §§ 597, 598). Urth. des V. Civilsenats vom 13. Juni 1885 in Sachen des Grafen v. S. zu P. und Genossen, Beklagte und Revisionskläger, wider den Verwalter der G. D.'schen Konkursmasse, Kläger und Revisionsbeklagten. Vorinstanzen: L.G. Guben, Kammergericht Berlin. Aufhebung der Vorderurtheile. Klagabweisung. (V, 457/84.)

Dem klagenden Konkursverwalter ist vom Beklagten, Grafen v. S., welcher dem Gemeinschuldner das Vorwerk B. vom 1. Juli 1873 an verpachtet hatte, das Pachtverhältniß vertragsmäßig so gekündigt, daß dessen Auflösung im Laufe des am 1. Juli 1883 beginnenden Wirthschaftsjahres, am 1. Oktober desselben, erfolgte, mit welchem Tage der Beklagte 2 als neuer Pächter eintrat.

„Der Kläger hatte hiernach den Pachtzins nur noch für das erste Quartal dieses Wirthschaftsjahres zu zahlen, aber an sich die ganze Ernte des letzteren, weil dieselbe in jenes Quartal fiel, zu beziehen. Allg. L.R. Th. I Tit. 21 §§ 270, 418. Diese Ernte wurde von dem Beklagten, Grafen v. S., beansprucht, ist jedoch unter Vorbehalt seines Anspruches bei den Beklagten vom Kläger für 24777 ℳ verkauft und in Folge dessen von dem Beklagten 2 bezogen.

Der Klaganspruch auf einen Theil des bezeichneten Kaufpreises hängt bei jenem Vorbehalt von der Voraussetzung ab, daß der Beklagte Graf v. S. *keinen* Anspruch an die Ernte hatte. Allein dies läßt sich nicht mit dem B.R. annehmen.

Das Wesen des Pachtvertrages (§§ 259, 262 a. a. O.) besteht darin, daß Nutzung und Pachtzins auch bei verschiedener Fälligkeit sich rechtlich als gleichmäßig fortlaufende Leistungen gegenüberstehen und entsprechen, so daß jeder Theil der einen als Gegenleistung für einen entsprechenden Theil der anderen Leistung anzusehen ist.

Da der Kläger von dem Pachtgelde des letzten Wirthschaftsjahres nur noch 1/4 zu zahlen hatte, so konnte er hiernach auch von dessen Nutzungen nur 1/4 als die entsprechende Gegenleistung für sich beanspruchen, während die übrigen 3/4 dem Beklagten 1 als Verpächter gebührten.

Der Kläger war daher zwar allein berechtigt, die Früchte des gedachten Jahres einzuernten und dadurch eigenthümlich zu erwerben. Aber er hatte daneben die Verpflichtung, sich wegen der Nutzungen desselben, unter Berechnung ihres Reinertrages mit dem Beklagten 1 in der Weise vollständig auseinanderzusetzen, daß jedem von ihnen der bezeichnete Theil davon zufiel.

Was in dieser Beziehung für das Verhältniß des redlichen Besitzers und Nutznießers zum Eigenthümer vorgeschrieben ist (Allg. L.R. Th. I Tit. 7 § 200; Tit. 21 § 166), ergiebt sich nach dem Vorstehenden für den Pächter und Verpächter aus der rechtlichen Natur des Pachtverhältnisses. Auch enthalten die §§ 597 ff. Th. I Tit. 21 des Allg. L.R. nichts Entgegenstehendes.

Der § 597 daselbst bestimmt, daß der Pächter nach geendigten Pachtjahren das Pachtgut nebst Zubehör nur nach dem Anschlage und Inventar zurückzugeben hat, nach welchem es ihm übergeben war. Allein um eine Rückgabe nach geendigten Pachtjahren handelt es sich im vorliegenden Falle nicht.

Ein Gleiches, wie der § 597 vorschreibt, soll nun zwar nach § 598 auch stattfinden, wenn der Kontrakt vor Endigung der Pachtzeit aufgehoben oder der Pächter seiner Pacht entsetzt werden muß. Auch hier wird jedoch vorausgesetzt, daß die Auflösung nicht — wie im vorliegenden Fall — im Laufe, sondern erst am Ende eines Wirthschaftsjahres eintritt, da dies die Regel bildet (vergl. a. a. O. §§ 352, 368, 557, 558) und erst im § 599 von der Entsetzung des Pächters im Laufe des Wirthschaftsjahres besonders gehandelt wird.

Nach der letztgedachten Vorschrift soll bei einer solchen Entsetzung des Pächters das in den §§ 597 und 598 Bestimmte nicht gelten, sondern eine Verwaltung des Pachtgutes für Rechnung des Pächters bis zum Ende des Wirthschaftsjahres stattfinden, während für den Fall der im Laufe eines Wirthschaftsjahres eintretenden vertragsmäßigen Auflösung des Pachtverhältnisses eine besondere Bestimmung nicht getroffen ist, so daß in diesem Falle lediglich die aus der Natur des letzteren sich ergebenden allgemeinen Grundsätze zur Anwendung zu bringen sind.

Da das B.U. auf einer Verkennung der letzteren beruht, so war es aufzuheben. In der Sache selbst mußte die erhobene Klage, weil sie lediglich auf den erwähnten Kauf gestützt ist, dessen Voraussetzung nicht zutrifft, als unbegründet abgewiesen werden, wodurch die eventuelle Widerklage des Beklagten 1 ihre Erledigung findet."

26. **Das nutzbare Eigenthum und das Miteigenthum an der Proprietät, welche dem Fideikommißbesitzer beide gebühren, nach dem System des Preuß. Allg. L.R.** (I, 8 §§ 1, 10—12, 16, 18—20; I, 18 §§ 1 ff., 134 ff., 206 ff.; I, 2 §§ 34, 35; I, 9 §§ 350, 354—359; II, 4 §§ 72 ff.) S. o. Fall 12 S. 29.

27. **Die Erklärung des Verdingers, daß er das Werk keinesfalls abnehmen wolle, berechtigt den Unternehmer auf Schadensersatz zu klagen. Vertheilung der Beweislast in solchem Falle.** (Allg. L.R. I, 11 §§ 952, 947.) Urth. des I. Civilsenats vom 10. Juni 1885 in Sachen H. P. zu L., Beklagten und Revisionsklägers, wider Gebr. St. das., Klägerin und Revisionsbeklagte. Vorinstanz: O.L.G. Stettin. Aufhebung und Zurückverweisung. (I, 121/85.)

Geklagt ist auf Zahlung von 2450,86 ℳ nebst Zinsen gegen Herausgabe der zum Behufe der Ausführung der in Rede stehenden Werkverdingung von der Klägerin angeschafften Eisenbleche; es handelt sich dabei um Ersatz des Schadens, der der Klägerin dadurch entstanden sei, daß der Beklagte sich im Voraus geweigert habe, die von ihm früher bei der Klägerin bestellten sechs Kessel seiner Zeit abzunehmen. Durch das Urtheil des L.G. Stolp vom 1. April 1884 ist dem Beklagten der Eid darüber auferlegt worden, daß er bei der in seiner Wohnung im Frühjahr 1882 vorgenommenen Bestellung der Kessel dem C. E. St. ausdrücklich erklärt habe, daß das Gewicht jedes Kessels 12 bis 15 Centner nicht übersteigen dürfe; im Schwörungsfalle sollte die Klägerin mit ihrer Klage kostenpflichtig abgewiesen werden, im entgegengesetzten Falle der Beklagte verurtheilt werden, an die Klägerin gegen Herausgabe der Eisenbleche 2380,36 ℳ nebst 6 % Zinsen seit dem 13. Februar 1883 zu zahlen und die Kosten des Rechtsstreites zu tragen. Auf Berufung der Klägerin hat das O.L.G. Stettin am 21. Januar 1885 dieses Urtheil dahin abgeändert, daß der Eid über die Negative des erstinstanzlichen Eidessatzes dem C. E. St. auferlegt, und daran jene Eidesfolgen in umgekehrter Weise geknüpft sind.

„Die Annahme des B.U., daß die Klage an sich so wie geschehen als Schadensersatzklage habe angestellt werden können, ist vom Beklagten nicht angegriffen worden. Auch durfte derselben unbedenklich beigetreten werden. Obwohl nämlich nach den Grundsätzen des Preußischen Landrechtes beim Werkverdingungsvertrage nicht, wie bei den Verträgen über Handlungen im Allgemeinen, schlechtweg wegen Abgehens des Gegenkontrahenten vom Vertrage auf Schadensersatz geklagt werden kann, so führt doch die vor der Fertigstellung des Werkes abgegebene bestimmte Erklärung des Bestellers, das Werk auf keinen Fall abnehmen zu wollen, unter Umständen, wie sie hier vorliegen, zu dem gleichen Ergebnisse. Es mag dabei bemerkt werden, daß auch das R.O.H.G. keineswegs, wie der hier vom O.L.G. für die richtige Ansicht angeführte Dernburg (Preußisches Privatrecht, Bd. 2 Aufl. 3 § 199 Anm. 20 S. 567) annimmt, in den Entsch. Bd. 11 S. 159 irgend etwas mit derselben Unvereinbares ausgesprochen hat; vielmehr kam es dort auf diese Frage nach der Art, wie die Nichtigkeitsbeschwerde begründet war, nicht an.

Es fragt sich also nunmehr, ob der Beklagte eine rechtmäßige Ursache zum Rücktritte vom Vertrage hatte. Er hat sein angebliches Rücktrittsrecht zunächst auf die nicht rechtzeitige Fertigstellung der Kessel begründen wollen; dem gegenüber ist jedoch vom O.L.G. die Replik für durchgreifend erachtet worden, daß er auf Geltendmachung dieses Grundes durch sein Verhalten jedenfalls verzichtet haben würde. Mit Unrecht hat der Beklagte diese Entscheidung angegriffen; denn es kann keinem Zweifel unterliegen, daß in der späteren Erklärung des Beklagten, er werde die Kessel noch in seiner zu erbauenden Fabrik verwerthen, ein solcher Verzicht deutlich genug enthalten war.

Dagegen gab die Art, wie das B.G. über die Einrede, daß der Beklagte wegen Mangels einer vorbedungenen Eigenschaft, nämlich wegen zu schweren Gewichtes — da nach dem Gewichte der Preis sich bestimmen sollte —, die Kessel nicht würde abzunehmen verpflichtet gewesen sein, erkannt hat, zur Aufhebung des vorigen Urtheils Veranlassung. Nach § 953 in Verbindung mit den §§ 952 und 947 des Allg. L.R. Th. I T. 11 würde ein solcher Mangel ohne Zweifel den Besteller zum Rücktritte berechtigen, wie auch das O.L.G. nicht verkennt. Streitig ist nur, ob das vom Beklagten als vorbedungen behauptete Maximalgewicht wirklich vorbedungen sei, und hier ist nun das B.G. zum Theil durch Verletzung von Rechtsnormen zu dem Ergebnisse gelangt, den richterlichen Eid, statt dem Beklagten, lieber dem einen Mitinhaber der klägerischen Firma anzuvertrauen. Es ist nämlich einmal dabei, wenigstens dem Wortlaute seiner Gründe zufolge, von einer falschen Vertheilung der Beweislast ausgegangen, indem es den Beklagten als den Beweispflichtigen nennt. Wie für den Kauf daran festzuhalten ist, daß zwar beim Kaufe einer individuell bestimmten Sache die Behauptung eines besonderen dictum et promissum eine wahre Einrede enthält, nicht aber beim Kaufe eines nur generell bestimmten Objektes, wo vielmehr formell nur eine Bestreitung des Klaggrundes darin liegt; vgl. Entsch. des R.O.H.G. Bd. 15 S. 270 und sonst, und Römer in der Zeitschrift für Handelsrecht Bd. 23 S. 14 Anm. u, und im Archiv für die civilistische Praxis, Bd. 62 S. 176; so muß das Entsprechende auch vom Werkverdingungsvertrage gelten, und daher hier die Klägerin zunächst als beweispflichtig dafür angesehen werden, daß die Bestellung der Kessel ohne die fragliche Ausbedingung eines Maximalgewichtes erfolgt sei."

28. **Bei der** (der gerichtlichen Form entbehrenden) **sofort durch Uebergabe erfüllten Schenkung von dem Schenkgeber gehörigen Sparkassenbüchern bedarf es, wenn diese auf den Namen des Schenknehmers lauten, keiner schriftlichen Form.** (Allg. L.R. I, 11 §§ 1063, 1065, 671.) Urth. des IV. Civilsenats vom 8. Juni 1885 in Sachen E. F. G. zu C., Klägers und Revisionsklägers, wider verehel. K. und Gen. das., Beklagte und Revisionsbeklagte. Vorinstanz: O.L.G. Stettin. Verwerfung. (IV, 58/85.)

Der Zweite Richter hat auf Grund des Zeugnisses der Wittwe B. ohne Rechtsirrthum für erwiesen angenommen, daß der Erblasser den Beklagten, seinen Schwestern, die beiden Sparkassenbücher, deren Herausgabe zum Nachlaß der klagende Erbe fordert, am 5. Februar 1881 geschenkt und übergeben hat. Der Mangel der gerichtlichen Form ist nach Annahme des Vorderrichters durch die sofortige Erfüllung des Schenkungsversprechens gehoben worden (§§ 1063, 1065 Th. I Tit. 11 des Allg. L.R.). — Die Revision rügt die Verletzung des § 1065 cit. weil es zur wirksamen Uebertragung der Sparkassenguthaben der schriftlichen Cession derselben bedurft habe.

„Diesem Angriffe steht nicht entgegen, daß der nämliche Entscheidungsgrund des B.G. in dem vorigen Revisionsurtheile gebilligt ist, weil diese Billigung nicht zu derjenigen rechtlichen Beurtheilung gehörte, welche der damals erfolgten Aufhebung des B.U. zu Grunde lag (§ 536 Abs. 2 der C.P.O.). Allein der Revisionskläger läßt bei seinem diesbezüglichen Angriff den wesentlichen Umstand außer Acht, daß die schenkweise übergebenen Sparkassenbücher in Gemäßheit des kundgegebenen Willens des klägerischen Erblassers auf den Namen der Schenknehmer lauteten. Bei dieser Sachlage konnte von der Nothwendigkeit einer schriftlichen Cession des Ersteren an die Letzteren offenbar nicht die Rede sein. Denn das, was durch die schriftliche Cession eines auf den Namen des Erblassers lautenden Sparkassenbuchs zu bewirken gewesen wäre — nämlich der gültige Ausweis des Schenknehmers als nunmehrigen Gläubigers des Sparkassenguthabens im Gegensatze zu der mit dem Besitze des Buchs verbundenen blos thatsächlichen Verfügungsgewalt — wurde im vorliegenden Falle durch die von den Beklagten behauptete und vom B.R. für erwiesen erachtete Manipulation ersetzt, wonach diejenigen Beträge, deren Schenkung beabsichtigt war, von den auf den Namen des klägerischen Erblassers lautenden Sparkassenbücher ab- und auf neue, auf den Namen der Schenknehmer gestellte Bücher umgeschrieben und die letzteren sodann, zur völligen Realisirung der Schenkung, von dem Schenker den Schenknehmern ausgehändigt wurden. Hierdurch waren — und zwar im Wege der Delegation — an die Stelle der Forderung des klägerischen Erblassers an die Sparkasse in Höhe der geschenkten Beträge neue Forderungen der Schenknehmer an die Sparkasse begründet (vgl. auch § 671 Th. I Tit. 11 des Allg. L. R.) und es ist den Schenknehmern durch die Uebergabe der Sparkassenbücher die volle, rechtlich gesicherte Disposition über diese Forderungen eingeräumt. Ein Mehreres aber war zur schenkweisen Uebertragung der Forderungen an die Beklagten im Sinne des § 1065 Th. I Tit. 11 des Allg. L. R. nicht erforderlich. (Vgl. Entsch. des Preuß. Ob. Trib. Bd. 13 S. 190 ff.; Dernburg, Preußisches Privatrecht 3. Ausgabe Bd. II S. 429, 430 Note 12; Förster-Eccius, Theorie 2c. Bd. II S. 16 Note 45). Die Verletzung dieser Gesetzesvorschrift fällt somit dem B. R. nicht zur Last.

Die Präjudikate des Obertribunals beziehungsweise des R. G., auf welche die Revisionsbegründung hinweist (Striethorst, Archiv Bd. 65 S. 77, Bd. 89 S. 111, Bd. 97 S. 237 — Entsch. Bd. 9 S. 246), setzen voraus, daß die übergebenen Sparkassenbücher auf den Namen des Schenkers oder wenigstens auf einen anderen Namen, als den des Schenknehmers lauten. —

Daß der B. R. die fraglichen Sparkassenbücher als Inhaberpapiere angesehen und von diesem — ohne Zweifel rechtsirrthümlichen — Gesichtspunkte aus die bloße Uebergabe derselben zur schenkweisen Uebertragung der darin verbrieften Forderungsrechte für ausreichend erachtet hätte, läßt seine, allerdings sehr knappe, Begründung nicht ersehen. Aber selbst, wenn dies der Fall wäre, würde die Revision zurückzuweisen sein, da jedenfalls die getroffene Entscheidung nach dem festgestellten Thatbestande aus vorstehenden Gründen gerechtfertigt ist (§ 526 der C. P. O.)."

29. **Die Anfechtung der Rechtmäßigkeit eines Kindes erfolgt durch Erklärung der Anfechtungsabsicht bei Gericht** (förmliche Anfechtungsklage ist also nicht erforderlich, Allg. L. R. II, Abs. 2 § 7). **Diese Erklärung muß als gerichtliche Protestation im Sinne von Allg. L. R. I, 14 §§ 466, 467 dem Gegentheil bekannt gemacht werden.** Urth. des IV. Civilsenats vom 8. Juni 1885 in Sachen der unmündigen J. zu B., Beklagte und Revisionsklägerin, wider C. J., Kläger und Revisionsbeklagten. Vorinstanz: O. L. G. Breslau. Verwerfung. (IV, 60/85.)

Der Klagantrag geht dahin: „zu erkennen, daß das am 30. Mai 1881 von der Ehefrau des C. J. (des Klägers) geborene, auf die Namen H. O. M. J. im

Standesamtsregister eingetragene Mädchen (die Beklagte) nicht als Kind des C. J. (Klägers) zu erachten ist." Kläger ist durch landgerichtliches Urtheil mit dieser Klage abgewiesen, dagegen ist auf seine Berufung durch das Urtheil des O.L.G. nach dem Klagantrage erkannt.

„Die Fassung des Allg.L.R. Th. II Tit. 2 § 7, nach welchem der Ehemann, welcher die Rechtmäßigkeit eines Kindes anfechten will, sich darüber binnen Jahresfrist gerichtlich erklären muß, weist schon darauf hin, daß der Gesetzgeber das Innehalten der Frist nicht (wie Förster in der ersten Auflage Bd. III § 219 S. 574 und Förster-Eccius Bd. IV § 219 Anm. 31 annehmen) an die Voraussetzung knüpft, daß innerhalb der Frist die Anfechtungsklage erhoben ist, sondern daran, daß der Ehemann überhaupt nur einem Gericht seine Anfechtungsabsicht erklärt. Diese Erklärung wird man mit Dernburg (Bd. III § 43 Not. 7 S. 129) als eine gerichtliche Protestation im Sinne des Allg.L.R. Th. I Tit. 14 §§ 466, 467 auffassen müssen, deren gerichtliche Bekanntmachung an den Gegentheil der Ehemann zugleich zu veranlassen hat.

Diese Auffassung findet ihre Bestätigung in § 8, nach welchem die Erklärung vor irgend einem Gericht abgegeben werden kann. In diesem Falle soll das betreffende Gericht dieselbe dem ordentlichen Gericht des Orts, wo die Mutter des Kindes wohnt, abgeben und unter diesem ordentlichen Gericht ist nach § 9 das für die Einleitung einer Kuratel für das Kind örtlich zuständige Gericht verstanden.

Der Gedanke des Gesetzgebers in diesen allerdings, wie man Koch (zu §§ 8, 9 Not. 11) zugeben muß, nicht ganz klaren Bestimmungen ist offenbar der, daß der Ehemann binnen der einjährigen Frist die bezeichnete Erklärung abgeben soll, um das Vormundschaftsgericht zu veranlassen, zur Ermöglichung der Anfechtungsklage dem prozeßunfähigen Kinde einen Vertreter zu schaffen. Es kann mit der Erklärung nicht die Erhebung der Anfechtungsklage gemeint sein und der Zweck der Erklärung ergiebt auch, daß es genügen muß, wenn die Erklärung dem Gericht nur schriftlich eingereicht ist. Der § 14 giebt auch geradezu an, welchen Inhalt die Erklärung haben soll, nämlich: „daß er das Kind nicht für das seinige erkenne". Die Erklärung braucht also nicht dahin zu lauten: „daß er beantrage, das Kind als nicht von ihm in der Ehe erzeugt zu erklären."

Auch läßt sich aus der Bestimmung des § 20, „daß der Erbe des Ehemannes die eheliche Geburt nur innerhalb der Zeit anfechten kann, wo der Verstorbene dazu berechtigt sein würde," ein Argument für die Förster'sche Ansicht nicht entnehmen; man darf vielmehr das Wort: „anfechten" nicht auf die Erhebung der Anfechtungsklage beschränken, muß vielmehr auch dasjenige darunter begreifen, was für den Ehemann nach dem Obigen zur Wahrung der Frist genügt.

Nun läßt sich neben dem Erörterten noch eine ganze Reihe von Zweifeln aufwerfen, so namentlich: „ob eine Kenntnißnahme von der Geburt seitens des zur Zeit derselben schon in der Irrenanstalt untergebrachten, wenn gleich noch nicht formell entmündigten Ehemannes?" „Ob eine solche Kenntnißnahme durch den dem Ehemann bestellten Vormund die Frist des § 7 überhaupt in Lauf setzt?" „Ob der Lauf der Frist nicht ruhte, bis die Anfechtungsklage durch die Bestellung eines Pflegers der Beklagten überhaupt erst möglich gemacht war?" Indessen diese Fragen können bei der Lage der vorliegenden Sache unerörtert bleiben. Denn davon, daß der Ehemann überhaupt diese Kenntniß erlangt hat, ist nicht die Rede und die Frist ist nach den Feststellungen des Berufungsrichters gewährt, auch wenn man die andern beiden Fragen in der der Beklagten günstigen Weise beantwortet.

Es steht fest, daß dem entmündigten Ehemann und dessen Kindern, insbesondere auch der Beklagten, zu allererst am 16. Mai 1882 der Kaufmann P., nach dessen Entlassung am 15. März 1883 der Zimmermeister Th. J. welcher Namens des Ehemannes C. J. die vorliegende Klage erhoben hat, zu Vormündern bestellt sind. Die Frist konnte daher höchstens vom 16. Mai 1882 an laufen. Schon in dem Antrage vom 26. Februar 1883, in Veranlassung dessen Th. J. als Vormund bestellt wurde, hatte er angezeigt, daß die beiden im Jahre 1881 und Mitte Dezember 1882 geborenen Kinder (das Erstere ist die Beklagte) uneheliche seien. In seinem demnächst am 25. April 1883 (also innerhalb der Jahresfrist) zu den Vormundschaftsakten eingegangenen Schriftstücke erklärte er, daß er hiermit Widerspruch dagegen erhebe, daß die H. O. M. J. eine leibliche Tochter des (entmündigten) C. J. sei.

Hiermit hat er die nach § 7 zum Innehalten der Frist erforderliche Erklärung bei Gericht abgegeben. Diese Eingabe führte denn auch ganz, wie die §§ 8, 9 es sich als Regel denken, zur Bestellung eines Pflegers für die Beklagte. Erst damit wurde überhaupt die Erhebung der Anfechtungsklage möglich. Denn bis dahin hatte die Beklagte einen gesetzlichen Vertreter nur in ihrem Vormunde Th. J., welcher in seiner gleichzeitigen Eigenschaft als Vormund des C. J. die Klage gegen sie beabsichtigte. Es ist nach dem Obigen unerheblich, daß die Bestellung des Pflegers und die Erhebung der vorliegenden Klage (letzteres am 18. Oktober 1883) erst nach Ablauf der Frist erfolgt ist."

30. **Alimentationspflicht des Vaters gegenüber dem Sohn, wenn dieser den vom Vater gebilligten Beruf fortsetzt. Unzulässigkeit des väterlichen Verlangens, daß der Sohn einen lohnenderen Beruf ergreife** (Allg. L.R. II, 2 §§ 64, 65, 251). **Zur Begründung der Klage gehört nicht der Nachweis, daß der Vater Vermögen besitzt** (Deklaration vom 21. Juli 1843; §§ 14, 16 des Einf.-Ges. zur C.P.O.). Urth. des IV. Civilsenats vom 11. Juni 1885 in Sachen des Rentiers H. A. G. zu C., Beklagten und Revisionsklägers, wider den Referendar E. G. zu B., Kläger und Revisionsbeklagten. Vorinstanz: O.L.G. Naumburg. Verwerfung. (IV, 64/85.)

„Gegenstand des Streites ist die Alimentationspflicht des Beklagten, und diese erzeugt einen klagbaren Anspruch. Wenn die Entscheidung über die Alimentationspflicht von der Frage abhängt, ob und inwieweit Beklagter eine Abänderung des vom Kläger gewählten Berufes fordern darf, wozu der Revisionskläger sich befugt erachtet, so ist beim Mangel eines verbietenden Gesetzes das Gericht auch zur Entscheidung hierüber zuständig; die Bestimmung des Berufes des Klägers ist hier überhaupt nicht zum Gegenstand des eingeklagten Anspruches gemacht.

Kläger fordert seinen Unterhalt vom Beklagten mit der Behauptung, daß er sich selbst zu ernähren nicht im Stande sei, und der unter dieser Voraussetzung erhobene Anspruch bleibt bestehen und unterliegt derselben Beurtheilung, mag er aus §§ 64, 65 oder § 251 Th. II Tit. 2 des Allg. L.R. abgeleitet werden, weshalb gemäß der allerdings bestrittenen Behauptung des Beklagten davon ausgegangen werden kann, daß Kläger aus der väterlichen Gewalt entlassen ist. Es braucht auch kein Gewicht darauf gelegt zu werden, daß Beklagter erst in der Berufungsinstanz mit der Behauptung hervorgetreten ist, er habe neuerdings durch ein Schreiben den Kläger aus der väterlichen Gewalt entlassen, daß nach Angabe des Klägers mit dem Schreiben ein Schriftstück vom 23. August 1884 gemeint ist, und daß die Alimente schon von einem früheren Zeitpunkte, dem 1. September 1883 ab gefordert werden.

Beide Theile sind, wie festgestellt und unstreitig ist, bis in die neueste Zeit darüber einverstanden gewesen, daß Kläger sich seinem gegenwärtigen Berufe widme; Beklagter hat den Kläger, während er sich diesem Berufe hingab, bis in die neueste Zeit vor Anstellung dieses Prozesses unterstützt und behufs seiner Aufnahme in den Staatsdienst das Sustentationsattest vom 30. November 1882 ausgestellt. Er hat also bestimmend auf die Wahl des seit einer Reihe von Jahren vom Kläger verfolgten Berufes eingewirkt, und nachdem einmal seinem Willen Folge gegeben ist, darf er selbstverständlich nicht einseitig und willkürlich seinen Willen ändern, und gegen den Willen des Klägers einen Wechsel in dessen Berufe verlangen. Er muß den von ihm genehmigten Beruf dauernd gelten lassen, und wenn dieser Beruf den Kläger in eine Lage bringt, auf Grund deren nach Vorschrift der Gesetze dem Beklagten eine gewisse Verpflichtung obliegt, so ist letzterer nicht berechtigt, eine Aenderung in der Berufsart zu fordern, damit der Kläger sich in eine andere Lage versetze, in welcher er, der Beklagte, von jener Verpflichtung nach den Gesetzen befreit sein würde. Er kann daher seine aus der gegenwärtigen Lage des Klägers entstehende Alimentationspflicht nicht aus dem Grunde ablehnen, daß Kläger bei seinen Fähigkeiten und Kenntnissen sehr wohl im Stande sei, seinen Unterhalt im Bureau- oder Kanzleidienst, als Korrespondent oder Buchhalter sich selbst zu verdienen. Der B.R. nimmt an, daß Kläger als Gerichtsreferendar in der Vollendung der Ausbildung für seinen Beruf begriffen, und daß er während seines Vorbereitungsdienstes sich selbst zu ernähren außer Stande ist. Dies ist vom Beklagten auch nicht bestritten, und ein Bedenken hiergegen waltet nicht ob. Namentlich kann davon keine Rede sein, daß Kläger neben seiner Berufsthätigkeit sich auf andere Art Mittel zum Unterhalt erwerben könne; dies würde ihm schon durch die bestehenden dienstlichen Vorschriften untersagt sein. Der B.R. hat daher keine Rechtsnorm verletzt, indem er bei der Anwendung der §§ 251, 252 a. a. O. deren Voraussetzung, daß Kläger ohne eigene Verschuldung sich selbst zu ernähren außer Stande ist, als vorhanden annimmt, und hieraus folgt nach den genannten Paragraphen, daß Beklagter verbunden ist, dem Kläger, so lange jene Voraussetzung vorliegt, d. i. während der Dauer des Vorbereitungsdienstes, anständigen Unterhalt nach seinem, des Beklagten Vermögen zu verabreichen. Anständiger Unterhalt ist gleichbedeutend mit angemessenem, standesgemäßem Unterhalt, und wenn Beklagter wegen der Aufhebung der väterlichen Gewalt seine Verpflichtung auf den nothdürftigen Unterhalt eingeschränkt wissen will, so steht ihm der ausdrückliche Wortlaut im § 251 entgegen.

Die Alimentationspflicht des Beklagten ist dadurch eingeschränkt, daß er dieselbe nur nach seinem Vermögen zu erfüllen hat, und er behauptet sein Unvermögen dazu wegen Vermögenslosigkeit und Erwerbsunfähigkeit. Beide Theile haben ihre bezüglichen, entgegenstehenden Behauptungen mit näheren Angaben und Beweisen unterstützt. Die Deklaration vom 21. Juli 1843 verordnet, daß bei Prozessen gegen Eltern über Erfüllung ihrer Alimentationspflicht aus § 251 d. T. dem Kläger nicht obliegt, zur Begründung seiner Klage den Nachweis zu führen, daß der Beklagte hinreichende Kräfte und Vermögen besitze, seiner Verbindlichkeit zu genügen, dem Beklagten jedoch unbenommen bleibt, die aus seinen persönlichen und Vermögensverhältnissen zu entnehmenden, dem Anspruch entgegenstehenden Gründe als Einwendungen geltend zu machen. Diese Vorschrift erläutert den Grundsatz des § 251 und bestimmt, daß das dort aufgestellte Erforderniß des Vermögens des Verpflichteten nicht zum Nachweise des Anspruches gehört und den Gegenstand eines dagegen zu erhebenden Einwandes ausmacht, betrifft daher nicht formelles Prozeßrecht und ist nicht durch § 14 des Einf.-Ges. zur C.P.O. oder letztere aufgehoben, vielmehr nach § 16 Nr. 1 des ebengenannten Gesetzes in Geltung geblieben. Demgemäß hat der Beklagte den Nachweis seines Unvermögens zu führen, und er ist bezüglich dieses Nachweises nicht dadurch beschwert, daß der B.R. angenommen hat, im Allgemeinen habe der Sohn das Vorhandensein des erforderlichen Vermögens des Vaters zu beweisen; im vorliegenden Fall habe aber Kläger so viel für seine Behauptungen bewiesen, daß vom Beklagten ein schlüssiger Beweis der Negative zu erbringen sei. Die Beweispflicht des Beklagten legt ihm auch die Verpflichtung auf, den Zustand seines Vermögens genau anzugeben und nachzuweisen, weil er nur hierdurch die Grundlage für die Prüfung liefern kann, ob und inwieweit er zum Unterhalt des Klägers vermögend ist; er ist dieser Verpflichtung nicht nachgekommen, und unbegründet ist daher der dem vorigen Richter gemachte Vorwurf, daß der Umfang der Alimentationspflicht des Beklagten bestimmt worden ist, ohne daß zugleich die Höhe des von ihm besessenen Vermögens festgestellt ist. Der B.R. zieht aus mehreren thatsächlichen Umständen, nämlich dem Inhalt der §§ 5 und 6 des Auseinandersetzungsrezesses vom 23. April 1883, dem Besitz eines geständlich dem Beklagten eigenthümlich zugehörigen Packets von 3000 ℳ im Mai 1883, den Aeußerungen gegen verschiedene Frauenspersonen über den Besitz eines Vermögens von 24 000 ℳ in neuerer Zeit und namentlich aus dem Inhalt des Attestes vom 30. November 1882 die Folgerung, daß Beklagter noch erhebliches Vermögen besitzen muß; er erachtet deshalb und insbesondere gegenüber dem vom Beklagten in dem gedachten Attest im Bewußtsein von dessen voller Tragweite abgegebenen, auf die gegenwärtige Zeit bis 1887 sich erstreckenden Eingeständniß seiner Sustentationsfähigkeit den Beklagten zu dem Gegenbeweise verpflichtet, daß er jetzt zur Sustentation des Klägers nicht mehr im Stande ist, und er bürdet hiermit dem Beklagten nicht eine weitergehende Beweispflicht auf, als demselben nach den Gesetzen obliegt."

31. Unwiderruflichkeit von Verträgen, welche eine über die ursprüngliche Ausstattungspflicht des Vaters (Allg. L.R. II, 2 §§ 232, 234, 243, 244) **hinausgehende weitere Ausstattung des eine besondere Haushaltung führenden Sohnes bezwecken** (Allg. L.R. I, 5 § 270; I, 11 § 1047). Urth. des IV. Civilsenats vom 8. Juni 1885 in Sachen K. J. L. zu W., Klägers und Revisionsklägers, wider H. L. zu W., Beklagten und Revisionsbeklagten. Vorinstanz: O.L.G. Breslau. Verwerfung. (IV, 129/85.)

Der Kläger hat für seinen beklagten Sohn auf seinem Grundstücke das Recht eintragen lassen, dasselbe aus seinem dereinstigen Nachlasse unter gewissen Modalitäten für einen bestimmten Preis zu erwerben, und verlangt jetzt die Löschung dieses Vermerkes, weil er auf einer für ihn unverbindlichen Schenkung beruhe. Der widersprechende Beklagte hat dagegen eingewendet, daß Kläger dadurch nur seine gesetzliche Ausstattungspflicht ihm gegenüber erfüllt, und er selbst auch die dafür übernommenen Handlungen — Gründung eines Hausstandes durch Heirath und Geschäftsübernahme — sämmtlich geleistet habe. In beiden Vorinstanzen ist der Kläger abgewiesen worden.

„Seine Revision erscheint nicht begründet. Das angefochtene Urtheil stützt sich auf zwei Gründe. Zunächst ist angenommen, daß weder eine Schenkung unter Lebenden, noch eine letztwillige Verfügung vorliege, sondern ausschließlich ein die Ausstattung des Sohnes durch den Vater bezweckender Vertrag, der — weil verwirklicht — nicht einseitig widerruflich sei. Diese Auffassung ist nicht rechtsirrthümlich.

Söhne, welche eine abgesonderte Wirthschaft anfangen, müssen zu deren ersten Einrichtung und zur Anschaffung der Geräthschaften, welche zum Betriebe ihres Gewerbes unentbehrlich sind, bei eigenem Unvermögen vom Vater mit einer Ausstattung versehen werden, §§ 232, 234 Th. II Tit. 2 des Allg. L.R., und sind in Bezug darauf kollationspflichtig, §§ 303 f. a. a. O. Darüber hinaus haben sie von dem Vater nichts zu fordern und ist dieser auch, wenn er eine weitere Mitgabe versprochen haben sollte, nicht verpflichtet. §§ 243, 244 a. a. O. Allein diese gesetzlichen Vorschriften stehen doch einer anderweiten Vereinbarung der betheiligten Interessenten nicht entgegen und in dieser Beziehung stellt der B.R. fest, daß sich das Eintragungsgesuch des Klägers vom 10. Mai 1878 als die Erfüllung einer vom Beklagten angenommenen Ausstattungszusage darstellt, indem der Kläger, der Beklagte und dessen Schwiegervater gemeinsam bei dem Notar A. bis zum Einverständnisse darüber verhandelt haben, wie die Anwartschaft des Beklagten auf das Hausgrundstück, welche er vom Kläger erhalten, zu sichern sei, und daß also die streitige Eintragung lediglich das vereinbarte Ergebniß dieser gemeinsamen Verhandlung gewesen ist. Dieser solchergestalt unter Mitwirkung aller Betheiligten abgeschlossene und durch die Eintragung in das Grundbuch erfüllte, die Ausstattung des Beklagten bezweckende Vertrag kann nicht ohne Weiteres von dem Kläger einseitig aufgerufen und annullirt werden; Kläger ist vielmehr an den Vertrag gebunden, § 270 Th. I Tit. 5, § 1047 Th. I Tit. 11 des Allgem. L.R. Die Behauptung des Klägers, soweit sie den Abfindungsvertrag vom 1. August 1872 betrifft, hat der Berufungsrichter erwogen, allein dem Inhalte dieses Vertrages keinen rechtlichen Einfluß auf das gegenwärtig streitige Rechtsverhältniß beigemessen."

32. **Voraussetzungen dafür, daß eine Landstraße durch Anlegung einer zweiten ihre Eigenschaft mit der Wirkung verliert, daß damit auch die Unterhaltungspflicht geändert wird** (Allg. L.R. II, 15 § 1). Urth. des IV. Civilsenats vom 10. Juni 1885 in Sachen des Grafen S. u. Gen., Kläger und Revisionskläger, wider den Preuß. Fiskus, Beklagten und Revisionsbeklagten. Vorinstanz: O.L.G. Posen. Verwerfung. (IV, 62/85.)

„Den Vorderrichtern ist darin beizutreten, daß nach den bis zum 1. April 1884 in Geltung gewesenen Gesetzen der vorliegende Rechtsstreit dem Rechtswege nicht entzogen gewesen ist. Da die Parteien den Streit bei der Verwaltungsbehörde vor dem 1. April 1884 anhängig gemacht haben, so ist in der Zuständigkeit der Gerichte auch durch die §§ 55 ff. des Gesetzes vom 1. August 1883 über die Zuständigkeit der Verwaltungs- und Verwaltungsgerichtsbehörden nichts geändert. Zu vergleichen § 164 des Zuständigkeitsgesetzes und § 153 Nr. 3 des Gesetzes über die allgemeine Landesverwaltung.

Die Klage ist mit dem Antrage erhoben, den Beklagten zu verurtheilen, anzuerkennen, daß die Unterhaltung der Landstraße von Kempen nach Pitschen einschließlich der darauf befindlichen Brücken, insoweit dieselbe die Gutsbezirke von Slupia, Rackow und Siemianice berühre, nicht den Klägern als Eigenthümern der genannten Güter, sondern dem Beklagten mit der durch das Gesetz vom 21. Juli 1875, betreffend die anderweite Regelung der Verpflichtung zur Leistung von Hand- und Spanndiensten für die Unterhaltung der Land- und Heerstraßen in der Provinz Posen verordneten Maßgaben obliege. Es steht unter den Parteien fest, daß diejenige Wegestrecke, über deren Unterhaltungspflicht die Parteien streiten, ein Theil der Landstraße ist, welche bis zu der in den Jahren 1855 und 1856 erfolgten Anlegung einer Chaussee zwischen Kempen und Pitschen die beiden genannten Städte verbunden hat. Und die Entscheidung des B.G., mit welcher die auf Anerkennung der fiskalischen Unterhaltungspflicht in Ansehung der bezeichneten Wegestrecke gerichtete Klage für unbegründet erachtet wird, beruht auf der Annahme, daß durch die Anlegung der Chaussee zwischen Kempen und Pitschen die frühere Landstraße als solche mit der Wirkung aufgegeben sei, daß damit die fiskalische Unterhaltungspflicht für die von der alten Landstraße noch übrig gebliebene Wegestrecke zwischen Slupia und Siemianice nicht mehr bestehe. Da der Streit der Parteien sich auf die Unterhaltungspflicht dieser Strecke beschränkt, so erweist sich der von den Revisionsklägern gegen das B.U. in erster Reihe erhobene Angriff, daß mit der getroffenen Entscheidung die Klage nicht erschöpft sei, als unhaltbar. Das Klagebegehren ist in seiner vollen, dem Streitstande entsprechenden Bedeutung gewürdigt worden.

Ueber die Frage, ob und unter welchen Voraussetzungen ein Weg, der die Eigenschaft einer Landstraße (§ 1 Th. II Tit. 15 des Allg. L.R.) hat, durch Anlegung einer anderen zur Landstraße bestimmten Straße jene Eigenschaft mit der Wirkung verlieren kann, daß damit auch die Unterhaltungspflicht geändert wird, sind mehrere Entscheidungen des vormaligen höchsten preußischen Gerichtshofes ergangen. Zu vergleichen das Urtheil vom 7. Oktober 1833 (Simon und v. Strampff, Rechtssprüche Bd. IV S. 180), das Urtheil des III. Senats vom 22. März 1861 (Striethorst, Archiv Bd. 41 S. 86 ff.) und das Urtheil des II. Senats vom 18. Juli 1861 (Striethorst, Archiv Bd. 42 S. 288); ferner zu vergleichen Dernburg, Privatrecht Bd. 1 § 257 Note 3. Bei dem vorliegenden Sach- und Streitstande muß der Annahme des B. G. beigetreten werden, daß mit der Anlegung der Chaussee zwischen Kempen und Pitschen die Landstraße, welche bis dahin die Verbindung der beiden Städte vermittelt hat, als solche nicht mehr besteht. Es sind nicht zwei vollständige Straßenzüge zwischen Kempen und Pitschen neben einander vorhanden. Für die neu angelegte Kunststraße ist vielmehr der ältere Straßenzug zum Theil, nach der Darstellung der Kläger von Kempen bis Slupia und von Siemianice, wo der neue Straßenzug in den älteren wieder einmündet, bis Pitschen benutzt worden. Es handelt sich also darum, ob die ältere Straße zwischen Slupia und Siemianice die Eigenschaft einer Landstraße beibehalten hat. Für sich allein betrachtet kann sie als solche Mangels der Kriterien des § 1 Th. II Tit. 15 des Allg. L.R. nicht in Betracht kommen. Sie vermittelt für sich allein nur die Verbindung von Dörfern. Es fragt sich also nur, ob sie noch als Theil der älteren Straße zwischen Kempen und Pitschen, die im Uebrigen in eine Kunststraße umgewandelt ist, angesehen werden kann und als solcher die Eigenschaft dieser Straße als einer Landstraße theilt. Diese Frage ist von dem B. G. verneint worden, weil die neue Straße in ihrer ganzen hergestellten Richtung den nunmehrigen Verbindungsweg zwischen Kempen und Pitschen, also eine Landstraße darstelle, so daß neben dieser neuen Straße der Weg, der noch von der alten Straße in der früheren Beschaffenheit übrig geblieben ist, als Verbindung der beiden Städte nicht mehr in Betracht komme und damit die Bedeutung einer Landstraße verloren habe. In dieser Auffassung ist ein Rechtsirrthum nicht zu erkennen."

33. **Bei Trennung der Ehe wegen Ungültigkeit ist keine richterliche Entscheidung darüber zu erlassen, welcher Ehegatte der schuldige Theil ist.** (S. o. Fall 21 S. 47.)

34. **Fortdauernde Gültigkeit der Preußischen Deklaration vom 21. Juli 1843 gemäß § 16 des Einf.Ges. zur C.P.O.** (S. o. Fall 17 und 30 S. 60.)

2. Weimarisches Recht.

35. **Die Inoffiziositätsquerel erscheint** (nach dem Weimarischen Erbgesetz vom 6. April 1833, § 100) **als beschränkte Erbschaftsklage. Sie kann daher der Letzteren ohne Klagänderung auch in zweiter Instanz substituirt werden** (§ 102 cit.). (S. o. Fall 22 S. 48.)

3. Rheinisches Recht.

36. **Bei der Kollision zwischen Eigenthum und Servitut** (Art. 701 und 702 des Code civil) **ist die Frage, inwieweit die kollidirenden Befugnisse zu beschränken seien, quaestio facti d. h. nach den Verträgen, der Parteiabsicht und den örtlichen Verhältnissen zu entscheiden.** Urth. des II. Civilsenats vom 16. Juni 1885 in Sachen F. A. zu B., Beklagten und Revisionsklägers, wider die Eheleute K. das., Kläger und Revisionsbeklagte. Vorinstanz: O.L.G. Köln. Verwerfung. (II, 130/85.)

Der Beklagte ist Eigenthümer eines zu Brühl zwischen der Chaussee nach Wesselingen und einem Ackerfelde der Kläger gelegenen Villen-Grundstücks, an welches westlich eine von ihm in eine Gartenanlage umgewandelte frühere Kiesgrube anstößt. Das früher ebenfalls den Klägern zugehörige Villen-Terrain ist von denselben in drei Abschnitten veräußert worden. Zunächst ein an die Chaussee anstoßender Theil bis zur Kiesgrube hin an den Pastor S. durch Akt vom 12. Januar 1869 mit dem Vorbehalte, den westlichen längs der Kiesgrube gelegenen Wegestreifen, welchen Abkäufer als guten Fahrweg einzurichten habe, zum Fahren, Gehen und Reiten zu benutzen. Sodann verkauften die Kläger durch Akt vom 24. Mai 1872 an den Kontroleur B. den südlich an S. anstoßenden Abschnitt mit dem Rechte, den in dem S.'schen Kaufakte ausbedungenen und von demselben ausgeführten Weg mit zu benutzen, sowie mit der Auflage, letzteren nach Süden hin in gleicher Weise bis zum klägerischen Restgrundstück fortzuführen, wobei aber die neue Wegefläche Eigenthum der Kläger verblieb. Nachdem der Beklagte die beiden genannten Parzellen von S. und B. erworben hatte, kaufte derselbe von den Klägern durch Akt vom 23. Juni 1880 einen weiter südlich angrenzenden Abschnitt nebst dem Terrain des von B. fortgesetzten Weges und übernahm die Verpflichtung, letztere in der durch die früheren Kaufverträge festgesetzten Weise bis zum klägerischen Resteigenthum weiter zu führen, während die Kläger sich das in jenen Verträgen bedungene Benutzungsrecht auch hinsichtlich des neuen Wegetheiles vorbehielten.

Da nun der Käufer A. verschiedene Veränderungen an dem Wegeterrain vornahm, so erhoben die Eheleute K. mittelst Zustellung vom 14. September 1881 Klage mit dem Antrage, zu erkennen, daß der Beklagte nicht berechtigt sei, den fraglichen Weg durch auf demselben errichtete Thore zu schließen, Theile desselben behufs Niederführung von Fußpfaden nach der Grube abzuböschen 2c. Der Beklagte, welcher innerhalb der Grenzen seines Rechtes gehandelt zu haben behauptete, beantragte Abweisung der Klage. Durch Theilurtheil vom 3. Dezember 1881 wurde zunächst der Beklagte verurtheilt, das auf dem Wege an der Grenze nach dem klägerischen Grundstück hin angebrachte Thor nebst Pfeilern binnen vierzehn Tagen nach Rechtskraft des Urtheils zu entfernen, für den Unterlassungsfall wurden die Kläger ermächtigt, dies auf Kosten des Beklagten vornehmen zu lassen, dagegen wies das L.G. ein weiteres Petitum der Klage, welches hier nicht mehr interessirt, als unbegründet ab. Bezüglich der übrigen Klagepunkte wurden zunächst Beweise durch richterlichen Augenschein sowie Vernehmung von Zeugen erhoben und haben die Kläger ihre Anträge bei der Schlußverhandlung näher präzisirt respektiv ergänzt.

Durch Enderkenntniß vom 10. Juni 1882 ist sodann der Beklagte verurtheilt, 1) die behufs Hinabführung von Wegen in die anstoßende Grube hergestellten beiden Abböschungen zu beseitigen und den Weg an den fraglichen Stellen wieder zu ebnen, 2) die Hecke, welche er auf der Grenze zwischen seiner Gartenanlage und der klägerischen Restparzelle errichtet hat, soweit sie auf dem fraglichen Wege steht, zu entfernen, und zwar binnen vierzehn Tagen nach eingetretener Rechtskraft des Urtheils, widrigenfalls Kläger ermächtigt sein sollen, die vorstehenden Arbeiten auf Kosten des Beklagten ausführen zu lassen. Die weiteren klägerischen Anträge sind zurückgewiesen.

Die Berufung des Beklagten hat das O.L.G. Köln in seinem Erkenntnisse vom 12. November 1884 als unbegründet verworfen. Was zunächst die Anbringung von Thoren auf dem fraglichen Wege betrifft, so erwägt das O.L.G., indem es der erstinstanzlichen Entscheidung beitritt, folgendes: „Durch Anbringung von, selbst nur etwa zur Nachtzeit zu schließenden Thoren wird offenbar eine Erschwerung des in den Verträgen ohne jede Einschränkung und zwar ausdrücklich auch für den Fall parzellenweisen Verkaufes des klägerischen Restgrundstückes vorbehaltenen Rechtes zum Fahren, Gehen und Reiten herbeigeführt und insbesondere der Werth desselben für weitere Villenanlagen erheblich vermindert."

Bezüglich der Beseitigung der Abböschungen und der Hecke, soweit letztere hier in Frage steht, führt das angegriffene Urtheil dann aus: „Andererseits müssen aber die vom Beklagten behufs Niederführung zweier Fußwege zur Gartenanlage hin vorgenommenen Abböschungen, welche nach dem richterlichen Augenschein auf eine Länge von acht beziehungsweise fünf Meter hin fast die ganze Breite der Tannenpflanzung von 2,70 Meter unterbrechen, für unzulässig erklärt werden. Inhaltlich der drei Kaufakte ruht die Gerechtsame der Kläger auf dem ganzen Wegeterrain. Dies darf daher nicht zu Sonderzwecken des Beklagten geschmälert werden, am wenigsten in so erheblichem Maße, daß die Gefahr eines Abstürzens von Fuhrwerk nach den Abböschungen hin nicht ausgeschlossen erscheint. Die Eingriffe des Beklagten in das Wegeterrain können auch nicht um deswillen für berechtigt erachtet werden, weil derselbe durch seine Anlagen an der Wand der Kiesgrube dieser im Allgemeinen eine größere Haltbarkeit gegeben haben mag. Wie hiernach die Berufung bezüglich der Anordnung der Beseitigung der Abböschungen und Wiederherstellung gleichmäßiger Wegebreite zu verwerfen ist, so gilt dasselbe von der Anordnung der Beseitigung der Hecken, soweit solche neben dem errichteten Thore auf dem Wegeterrain stehen, indem auch in diesen eine Beeinträchtigung der auf dem ganzen Wegeterrain ruhenden Gerechtsame der Kläger zu erblicken ist."

„Es handelt sich hier um eine Kollision zwischen Eigenthum und Servitut (Art. 701 und 702 des Code civil) speziell um die Frage, inwiefern die dem Herrn des dienstbaren Grundstücks zustehende gesetzliche Befugniß letzteres einzuschließen (Art. 647 l. cit.), dadurch, daß auf demselben ein Wegerecht der hier fraglichen Art lastet, beschränkt wird? Diese Frage ist, wie die Jurisprudenz anerkennt, eine nach den Umständen des gegebenen Falles zu beurtheilende quaestio facti, d. h. nach den maßgebenden Vertragsstipulationen, der Absicht der Kontrahenten und den bestehenden örtlichen Verhältnissen zu entscheiden. Laurent, Bd. VII Nr. 447, Bd. VIII Nr. 273; Aubry & Rau Bd. III S. 176; Zachariä-Puchelt Bd. I § 254a und Note 2.

In Uebereinstimmung mit dem ersten Erkenntniß nimmt nun das O.L.G. an, daß zum Vortheil des klägerischen Grundstücks — namentlich auch für den Fall des parzellenweisen Verkaufs desselben — das Recht, das in Rede stehende Terrain zum Gehen, Fahren und Reiten zu benutzen, vertraglich ohne jede Einschränkung vorbehalten sei, durch die Anbringung von Thoren nebst Hecke auf letzterem aber, auch wenn jene nur zur Nachtzeit geschlossen würden, eine Erschwerung dieses Rechts herbeigeführt und namentlich auch der Verkaufswerth des klägerischen Grundstücks erheblich vermindert werde. Hieraus ergiebt sich zunächst, daß das O.L.G. die bezügliche Vertheidigung des Beklagten, namentlich auch, was das Anerbieten der Thorschlüssel betrifft, bei seiner Beurtheilung nicht übersehen, vielmehr in Betracht gezogen hat. Einer näher eingehenden Ausführung bedurfte es hier aber nicht. Wenn daher das O.L.G., indem es den Umfang und

Zweck der stipulirten Dienstbarkeit hervorhebt, zu dem Ergebnisse gelangt ist, daß durch dieselbe das Eigenthum des Beklagten an dem belasteten Wegeterrain in der hier fraglichen Richtung beschränkt und das Anbringen von Thoren auf letzteren ausgeschlossen sei, so sind damit die Art. 701 und 702 cit., von denen ersterer das Prinzip ausspricht, daß der Eigenthümer des dienenden Grundstücks nichts vornehmen darf, was die Ausübung der Servitut schmälern oder beeinträchtigen könne, ersichtlich nicht verletzt und ebensowenig läßt sich ein Mangel an Motivirung im Sinne von § 513 Nr. 7 der C.P.O. erkennen.

Was sodann die Abböschungen betrifft, so erscheint den Feststellungen der Vorinstanzen gegenüber, wonach sich dieselben als eine lediglich den Sonderzwecken des Beklagten dienende, erhebliche Schmälerung des Wegeterrains darstellen, der erhobene Angriff in gleicher Weise verfehlt."

37. **1) Die Art. 1382 ff. des B.G.B., welche die Folgen der Nichterfüllung gesetzlicher Verpflichtungen bestimmen, sind durch § 120 der R.Gew.O., welche nur die gesetzlichen Verpflichtungen des Unternehmers festsetzt, nicht abgeändert. 2) Die Bestimmung des Art. 1384 überhebt keinen Arbeiter der Verpflichtung, die ihm vom Prinzipal vorgeschriebenen Vorsichtsmaßregeln auch für seine Person zu befolgen.** (S. o. Fall 11 S. 27.)

38. **Unterschied der Zahlungseinstellung und der Konkurseröffnung nach** Art. 437, 441, 442, 444 des Code de commerce. **Attraktionsrecht nach Art. 576 ff.** (S. u. Fall 39 S. 69.)

Ausländisches Recht.

Warschauer Recht.

39. **Unterschied der Zahlungseinstellung und der Konkurseröffnung auch nach Warschauer Recht** (Art. 437, 441, 442, 444 des Code de commerce). **Verfolgungsrecht** (Art. 576 ff.). Urth. des V. Civilsenats vom 13. Juni 1885 in Sachen R. M. & Co. zu Danzig Klägerin und Revisionsklägerin, wider den Kaufmann E. R. das., Beklagten und Revisionsbeklagten. Vorinstanz: O.L.G. Marienwerder. Aufhebung und Zurückverweisung. (V, 456/84.)

Die Klägerin beantragt, das B.U. aufzuheben und den Beklagten nach dem Berufungsantrage zu verurtheilen, eventuell ihn zu verurtheilen a) zur Einwilligung in die Auszahlung des hinterlegten Auktionserlöses (1431,69 ℳ) an die Klägerin, b) zum Ersatz des durch die Pfändung und Versteigerung der streitigen Waaren entstandenen Schadens. Gegenstand des Streits in den Vorinstanzen war das Eigenthum und die Freigabe der für den Beklagten gepfändeten Waaren; sie sind inmittelst für 1535,50 ℳ versteigert. Die Klägerin hatte behauptet, daß sie im Januar 1884 das Eigenthum und den Besitz der streitigen Waaren wieder erlangt habe, nämlich dadurch, daß der Kaufmann S. zu Warschau ihr durch einen Beauftragten den Rücktritt von dem Kaufvertrage habe erklären und ihr dort die Ladescheine habe ausfolgen lassen. Die gegen S. vom Beklagten später vollstreckte Arrestpfändung der Waaren habe also ein nicht mehr dem S. gehöriges Objekt getroffen. Diese Folgerung hat der B.R. deshalb verworfen, weil nach dem in Warschau geltenden und in diesem Falle anzuwendenden Code de commerce (Art. 437, 442) der Kaufmann, welcher seine Zahlungen eingestellt hat, sein Verfügungs- und Verwaltungsrecht über sein zur Konkursmasse gehöriges Vermögen verloren habe, die angebliche Disposition des S. also ungültig sei.

„Der B.R. scheint also unterstellt zu haben, daß über das Vermögen des S. der Konkurs eröffnet, das förmliche Falliment erkannt sei. Wenigstens kann nicht ohne weiteres angenommen werden, daß der B.R., in Abweichung von den allgemeinen Regeln des Konkursrechtes, dafür gehalten hätte, die mit der Zahlungseinstellung beginnende Verfügungsunfähigkeit des Gemeinschuldners trete auch dann ein, wenn das Konkursverfahren nicht erkannt und nicht eröffnet werde, und die Nichtigkeit der nach der Zahlungseinstellung getroffenen Rechtshandlungen des Gemeinschuldners sei eine absolute, nicht aber eine blos in Ansehung der Masse und der Gesammtgläubiger relative. (Vergl. Art. 441, 444, auch 446 neuer Fassung; Laroque, Formulaire des faillites, Note 102, 107, 130, 132, 147, 148, 156.) Nun ist zwar nach dem Thatbestand des Urtheiles erster Instanz die Eröffnung des Konkurses behauptet, aber auch bestritten; jedenfalls ist sie vom B.R. nicht festgestellt. Es entbehrt daher sein Entscheidungsgrund der thatsächlichen Stütze.

Es war also das B.U. aufzuheben und zur Ergänzung des Thatbestandes in die Berufungsinstanz zurückzuweisen.

Bei der anderweiten Entscheidung wird eventuell zu prüfen bleiben, ob und kraft welchen Vorganges die im Januar 1884 nicht im Russischen, sondern im Preußischen Gebiet lagernde Waare vom Warschauer Konkurse attrahirt ist (vergl. Entsch. des R.O.H.G. Bd. II S. 73, Bd. III S. 68, 69, Bd. IX S. 7 ff.; v. Bar, Internationales Privat- und Strafrecht S. 489; Motive zur R.Konk.O. S. 456 ff. und Wilmowski, Konk.O. 3. Aufl. S. 16, 17), inwieweit etwa durch das im § 207 der R.Konk.O. zum Ausdruck gelangte Prinzip diese attrahirende Kraft einzuschränken." (Annalen Bd. V

S. 448; Entsch. Bd. VI S. 407, Bd. III S. 327) „ferner ob in dem von der Klägerin geschilderten Warschauer Rechtsakt die Ausübung des Verfolgungsrechtes des Absenders rechtlich erkannt werden muß, auch wenn derselbe von der Klägerin als solche nicht bezeichnet ist, ob also die angebliche Einwilligung des S., falls sie als solche ungiltig wäre, die berechtigte Verfolgung vitiiren könnte (Entsch. des R.O.H.G. Bd. X S. 72 und B. XXIV S. 351; Laroque a. a. O. Note 342), und ob auch für das gegen einen Warschauer Falliten zu übende Verfolgungsrecht, falls im Uebrigen seine thatsächlichen Voraussetzungen bestehen, die Eröffnung des förmlichen Konkurses Vorbedingung ist oder Zahlungseinstellung genügt. (Vergl. Goldschmidt, Handbuch des Handelsrechtes § 82 Note 27; Entsch. des R.O.H.G. Bd. X S. 83, Bd. XII S. 396; Laroque a. a. O. Note 1593, 1630, 1637, (1633); Code de commerce Art. 576 ff.)“

Generalia des Reichsgerichts.

A. Die Geschäftsvertheilung bei den Civilsenaten des Reichsgerichts

für das Geschäftsjahr 1886 (vom 1. Januar an).

Nach Oberlandesgerichts-Bezirken alphabetisch zusammengestellt*).

Abkürzungen:

Banksachen = Streitigkeiten aus § 50 des Bankgesetzes vom 14. März 1875.

Flößereiabgaben-Ablösungssachen = Streitigkeiten aus § 2 des Flößereigesetzes vom 1. Juni 1870.

Haftpflichtsachen = Streitigkeiten aus dem Reichsgesetz vom 7. Juni 1871 und aus § 120 der R. Gew. O. von 1878.

Handelssachen = Streitigkeiten im Sinne des § 13 Ziff. 1 und 3 und Abs. 2 des Gesetzes vom 12. Juni 1869.

Patentsachen = Streitigkeiten aus den §§ 32 und 37 des Patentgesetzes vom 25. Mai 1877.

Rechtshilfe = Streitigkeiten im Sinne des § 160 des G. V. G.

Rechtsweg = Streitigkeiten im Sinne des § 17 des G. V. G. in Verbindung mit § 17 des Einführungsgesetzes zur Gerichtsverfassung.

Seesachen = Streitigkeiten im Sinne von § 101 Ziff. 3g des G. V. G.

Strandungssachen = Streitigkeiten aus § 44 der Strandungsordnung vom 17. Mai 1874.

Urheberrecht, Schutz von Photographien, Marken u. s. w. = Streitigkeiten aus den Reichsgesetzen vom 11. Juni 1870, 30. November 1874, 9. Januar 1876.

Versicherungssachen = Rechtsstreitigkeiten aus dem Geschäftsbetriebe der Versicherungsgesellschaften auf Gegenseitigkeit.

Vorentscheidung bei Civilansprüchen gegen Beamte = Streitigkeiten und Anträge im Sinne des § 11 des Einführungsgesetzes zum G. V. G.

Wechselsachen = Streitigkeiten aus § 101 Abs. 2 des G. V. G.

Zuständigkeitssachen = Streitigkeiten und Anträge aus § 36 der C. P. O. und § 9 des Einführungsgesetzes zur C. P. O.

---

*) Nach einer Verfügung des Präsidenten Dr. Simson vom 29. November 1885.

In Civilsachen aus dem Oberlandesgerichtsbezirk:	Entscheidender Senat:
Augsburg.	
1. Flößereiabgaben-Ablösungssachen, Bergungssachen, Banksachen, Strandungssachen, Seesachen, Patentsachen. .	I. C. S.
2. Urheberrecht, Schutz von Photographien, Marken, Mustern und Modellen	II. „
3. Zuständigkeits-Sachen, Vorentscheidung bei Civilansprüchen gegen Beamte, Rechtsweg, Rechtshülfe	IV. „
4. Sachen nach dem Reichsgesetz v. 15. März 1881 § 1 Ziff. 1—11 . . .	V. „
5. Alle übrigen Civilsachen	II.
Bamberg wie Augsburg.	
Berlin. (Kammergericht u. Geheimer Justizrath.)	
1. wie bei Augsburg.	
2. Urheberrecht, Schutz von Photographien, Marken, Muster und Modellen .	I. „
3—4 wie bei Augsburg.	
5. Handels-, Versicherungs- und Wechselsachen . .	I. „
6. Haftpflichtsachen . . .	III. „
7. Schadensersatz aus unerlaubten Handlungen oder außerkontraktlichen Gründen und Anfechtung von Rechtshandlungen in und außerhalb des Konkurses, Bergrecht	V. „
8. Sachenrecht, Ablösungs- und Enteignungssachen	V. „
9. Die nach § 2 der Verordnung vom 26. September 1879 dem R.G. übertragenen Preuß. Sachen	IV. C. S.
10. Alle übrigen Civilsachen	IV. „
Braunschweig.	
1—4 wie bei Berlin.	
5. Alle übrigen Civilsachen	III. „
Breslau wie Berlin, nur urtheilt in Haftpflichtsachen der . . .	V. „
Cassel.	
1—4 wie bei Berlin.	
5. Bergrecht	V. „
6. Alle übrigen Civilsachen	III. „
Celle wie Cassel.	
Cöln wie Augsburg.	
Colmar wie Augsburg.	
Darmstadt.	
I. Landgerichtsbezirk Mainz wie Augsburg.	
II. Landgerichtsbezirke Darmstadt und Gießen wie Braunschweig.	
Dresden wie Augsburg.	
Frankfurt a. M.	
I. Landgerichtsbezirk Frankfurt a. M., soweit derselbe mit dem Bezirke des vormaligen Appellationsgerichts Frankfurt a. M. (Stadt und Kreis Frankfurt a. M.) zusammenfällt.	
1—4 wie bei Augsburg.	
5. Bergsachen	V. „
6. Alle übrigen Civilsachen	I. „
II. Landgerichtsbezirke Hechingen, Limburg, Neuwied, Wiesbaden und die übrigen Theile des Landgerichtsbezirks Frankfurt a. M.	
1—4 wie bei Berlin.	

In Civilsachen aus dem Oberlandesgerichtsbezirk:	Entscheidender Senat:
5. Bergsachen	V. C. S.
6. Alle übrigen Civilsachen	III. =
Hamburg.	
1—4 wie bei Berlin.	
5. Urheberrecht, Schutz von Photographien, Marken, Mustern und Modellen	I. =
6. Alle übrigen Civilsachen (mit Ausnahme der aus dem Fürstenthum Lübeck)	I.
7. Alle übrigen Civilsachen aus dem Fürstenthum Lübeck	III. =
Hamm wie Berlin.	
Jena.	
1—4 wie bei Berlin.	
5. Alle übrigen Civilsachen	III. =
Karlsruhe wie Augsburg.	
Kiel wie Cassel.	
Königsberg wie Breslau.	
Marienwerder wie Breslau.	
München wie Augsburg.	
Naumburg.	
I. **Thüringische und Anhaltische Landestheile.**	
1—4 wie bei Berlin.	
5. Handels-, Versicherungs- und Wechselsachen . .	I. =
6. Sonstige Civilsachen .	III. =
II. **Preußische Landestheile.**	
1—4 wie bei Berlin.	
5. Handels-, Versicherungs- und Wechselsachen . .	I. =
6. Haftpflichtsachen . . .	V. =

In Civilsachen aus dem Oberlandesgerichtsbezirk:	Entscheidender Senat:
7. Bergrecht, Schadensersatz aus unerlaubten Handlungen oder außerkontraktlichen Gründen und Anfechtungen von Rechtshandlungen in und außerhalb des Konkurses	V. C. S.
8. Sachenrecht	V. =
9. Die nach § 2 der Verordnung vom 26. September 1879 dem R. G. übertragenen Preuß. Sachen	IV. =
10. Alle übrigen Civilsachen	IV. =
Nürnberg wie Augsburg.	
Oldenburg wie Braunschweig.	
Posen wie Breslau.	
Rostock wie Hamburg.	
Stettin wie Breslau.	
Doch treten hier für den L.G.-Bezirk Greifswald folgende Spezialbestimmungen ein:	
1. Handels-, Wechsel-, Versicherungs-, See-, Strandungs-, Flößerei-, Bank-, Patentsachen. .	I. =
2. Urheberrecht, Schutz von Photographien, Marken, Mustern und Modellen	I. =
3. Alle übrigen Civilsachen	III. =
Stuttgart.	
1—4 wie bei Berlin.	
5. Alle übrigen Civilsachen	III. =

In Civilsachen aus dem Oberlandesgerichtsbezirk:	Ent-scheidender Senat:	In Civilsachen aus dem Oberlandesgerichtsbezirk:	Ent-scheidender Senat:
Zweibrücken wie Augsburg.		5. Handels- und Wechselsachen.	I. C.S.
Konsularbezirke. 1—4 wie bei Berlin.		6. Haftpflichtsachen . . .	V. "
		7. Alle übrigen Civilsachen	IV. "

Anmerkungen. Die Angelegenheiten des § 2 der Verordnung vom 26. September 1879 in Hessischen und Waldeck'schen Sachen gehören vor den III. Civilsenat.

Die durch Kaiserliche Verordnung dem R.G. zugewiesenen Rechtssachen, für welche in zweiter Instanz das Revisions-Kollegium in Berlin zuständig ist, gelten im Sinne der vorstehenden Bestimmungen als Rechtssachen aus denjenigen O.L.G.-Bezirken, in welchen die von dem Verfahren betroffenen Grundstücke belegen sind.

B. Die persönliche Zusammensetzung der Civilsenate des Reichsgerichts im Jahre 1886.

a) Hinsichtlich der Führung des Vorsitzes in den einzelnen Senaten und den Vereinigten Civilsenaten ist es bei der bisherigen Einrichtung belassen *).

b) Als Mitglieder sind zugeordnet:

dem I. Civilsenate:

die Reichsgerichtsräthe Dr. von Hahn, Dr. Gallenkamp, Dr. Boisselier, Dr. Schlesinger, Dr. Wiener, Dr. von Meibom, Dr. Hambrook, Dr. Bolze;

dem II. Civilsenate:

die Reichsgerichtsräthe Dr. von Wernz, von Gmelin, Wielandt, Rüger, Wulfert, Dr. Dreyer, Derscheid, Jser;

dem III. Civilsenate:

die Reichsgerichtsräthe Peterssen, von Streich, Hullmann, Buff, Dähnhardt, Maßmann, Dr. Agricola;

dem IV. Civilsenate:

die Reichsgerichtsräthe Hennecke, Hartmann, Lesser, Schlomka, Meischeider, Wienstein, Engländer;

dem V. Civilsenate:

die Reichsgerichtsräthe Rappold, Langerhans, von Forcade de Biaix, Meyer, Rassow, Beer, Zander.

c) Es vertreten sich untereinander:

die Mitglieder des I. und II. Civilsenats,
sowie die des IV. und V. Civilsenats.

Die Mitglieder des III. Civilsenats werden von den Mitgliedern des I. Civilsenats vertreten.

Dabei wird das jüngere Mitglied vor dem älteren zur Vertretung herangezogen.

---

*) Zu vergl. Annalen des R.G. Bd. I S. 1 ff., S. 18 ff., S. 333; Bd. III S. 122—126; Bd. V S. 105—110; Bd. VII S. 99 ff.; Bd. IX S. 288, S. 473 ff. Urtheile und Annalen Bd. I S. 168—172.

Reichsrecht.

1. Handelsrecht.

40. **Der Prinzipal ist nicht verpflichtet, dem Handlungsgehülfen alle Entlassungsgründe bei der Entlassung selbst anzugeben. Es ist zulässig, andere, selbst erst nach der Entlassung eingetretene bezw. bekannt gewordene Ereignisse während des Prozesses zur Rechtfertigung der Entlassung zu verwerthen.** Urth. des I. Civilsenats vom 24. Juni 1885 in Sachen der Handlung H. & Schl. zu J. und Gen., Beklagte und Revisionsklägerinnen, wider S. Schl. und Gen. zu B., Kläger und Revisionsbeklagte. Vorinstanz: Kammerger. Berlin. Aufhebung und Zurückverweisung. (I, 141/85.)

Unter der Firma „H. & Schl. Sonnenburger Filzmanufaktur" hatten A. H. und S. Schl. (der eine jetzige Kläger), am 17. März 1878 eine offene Handelsgesellschaft gegründet in Berlin und in Sonnenburg, Regierungsbezirk Frankfurt a. O. Durch Vertrag vom 7. Juni 1878 trat P. Kn. in die Firma ein und S. Schl. (der jetzige Kläger) aus. Derselbe sollte aber als Reisender im Geschäfte bleiben mit jährlichem Gehalt von 1800 ℳ, täglichen Reisespesen von 15 ℳ während der Reisen innerhalb Deutschlands und 3% Provision von den Nettobeträgen derjenigen Kommissionen, welche er überschreibt und die von der Firma zur Ausführung gelangen, und ebenso von denjenigen Bestellungen, welche durch seine Vermittelung direkt von der Kundschaft erfolgen. Diese 3% werden seiner Schwester S. gutgeschrieben und am Schluß des Jahres ausbezahlt. „Diese Stellung als Reisender ist nur in dem Fall kündbar, wenn die im Art. 64 des H.G.B. vorgesehenen Fälle eintreten, dagegen wird dieses Engagement nicht aufgehoben durch eine Firmenänderung, den Austritt eines Socius oder den Eintritt eines neuen Gesellschafters." Schl. wird das Recht des Wiedereintrittes als Gesellschafter vorbehalten, wenn er eine Baareinlage von 12000 ℳ machen kann, und diese Eventualität geregelt. Der Vertrag ist von H., Kn., Schl. unterschrieben. Mehrere Monate vor Mai 1879 trat H. aus der Gesellschaft aus. Kn. blieb alleiniger Inhaber des Geschäftes. Am 12. Mai 1879 entließ Kn. den S. Schl. aus seiner Stellung. Dieser protestirte in vier Briefen vom Mai und Juni und bot sich damals für die Zukunft zur ferneren Dienstleistung als Reisender an. Er wurde nicht zur Wiederaufnahme seiner Thätigkeit aufgefordert.

Die Vorinstanz hat auf die von ihm erhobene Klage verurtheilt. Dagegen ist Revision eingelegt.

„Gegen die Verurtheilung der Beklagten im B.U. wird geltend gemacht: Der Kläger habe durch sein Verhalten nach der Entlassung genügenden Grund zur Rechtfertigung derselben gegeben, es lägen die in Art. 64 des H.G.B. unter Nr. 2 und 4 aufgeführten Entlassungsgründe vor.

Was die Entlassungsgründe betrifft, so würden diese allerdings noch in Betracht gezogen werden können, soweit sie nach der Publikation jenes Urtheils vorgekommen, bezw. dem Beklagten bekannt geworden wären. Betreffs des ersten behaupteten Entlassungsgrundes führt der B.R. mit Recht aus, daß der nach der Entlassung des Klägers und dem vergeblichen Versuch der Wiederaufnahme erfolgte Eintritt in fremde Geschäfte nicht als ein Verstoß gegen die vertragsmäßigen Verpflichtungen des Klägers aufgefaßt werden könne, und zwar um so weniger, als nicht erhelle, daß der Kläger durch die Uebernahme anderweiter Funktion sich außer Stand gesetzt habe, in das Geschäft des Beklagten wieder einzutreten. Ob die in dem Briefe des Klägers vom 5. Februar 1881 an M. betreffs des Kn. gebrauchten Ausdrücke dem letztern das Recht zur Entlassung des Klägers gegeben haben würden, läßt der B.R. dahin gestellt, weil der Beklagte die Aufhebung des Vertrages auf Grund jener Ausdrücke nicht innerhalb derjenigen Zeit ausgesprochen habe, für welche im gegenwärtigen Rechtsstreit ein Anspruch erhoben wird. Der Brief sei erst mit dem Schriftsatz vom 15. Dezember 1882 vom Beklagten vorgebracht worden.

Diese Auffassung ist eine rechtsirrthümliche. Allerdings kann dem Eintritt eines Entlassungsgrundes keine rückwirkende Kraft beigelegt werden, allein, wie der Prinzipal nicht verpflichtet ist, dem Handlungsgehülfen bei der Entlassung selbst alle Gründe, aus welchen dieselbe erfolgt, anzugeben, vielmehr berechtigt ist, in dem über die Berechtigung zur Entlassung erhobenen Rechtsstreit auch andere als die ursprünglich angegebenen Gründe geltend zu machen, so kann auch ein später eingetretenes Ereigniß, welches an sich einen genügenden Entlassungsgrund bildet, geltend gemacht werden, um darzulegen, daß die schon früher ausgesprochene Entlassung wenigstens vom Eintritt dieses Ereignisses an, sich als rechtmäßig darstellt. Daß der Prinzipal sofort nach Eintritt oder Bekanntwerden des Ereignisses dem bereits entlassenen Handlungsgehilfen eine Erklärung, daß er dasselbe als Entlassungsgrund bezw. eventuellen Entlassungsgrund geltend mache, ist nicht erforderlich. Die Entscheidung des B.R. ist mithin eine rechtsirrthümliche. Derselbe hätte feststellen müssen, ob der Brief des Klägers vom 5. Februar 1881 dem Beklagten ein Recht zur Entlassung gegeben habe, und wenn er zur Bejahung dieser Frage gelangte, so mußte er dem Kläger dies Recht auf Entschädigung für die spätere Zeit aberkennen. Das angefochtene Urtheil war daher, soweit es den mitbeklagten Kn. zur Zahlung verurtheilt, aufzuheben und die Sache zur anderweiten Verhandlung und Entscheidung in die Berufungsinstanz zurückzuverweisen.

Dabei ist jedoch zu bemerken, daß, wie bei der Prüfung der Frage, ob ein Entlassungsgrund vorliegt, überhaupt alle Umstände des Falles zu berücksichtigen sind, im vorliegenden Fall namentlich auch zu erwägen ist, ob die Thatsachen, daß der Kläger sich, als er jenen Brief schrieb, thatsächlich nicht mehr im Dienst des Beklagten befand, daß seiner Meinung nach der Beklagte ihn mit Unrecht entlassen hatte, und daß er nicht annehmen durfte, derselbe werde ihn in Zukunft wieder in seine Stellung einsetzen, für die Beurtheilung der Frage, ob in dem Verhalten des Klägers ein wichtiger Grund für die Entlassung zu finden sei, bedeutsam erscheinen."

41. 1) **Der einem Kaufmann (Spediteur) ertheilte Auftrag, eine Waare zur Verfügung eines Dritten zu halten, kann vom Auftraggeber so lange widerrufen werden, bis der Beauftragte sich dem Destinatär zur Auslieferung bereit erklärt hat** (Art. 302 des H.G.B.). **2) Der Beauftragte hat, bei rechtzeitigem Widerruf** (vergl 1), **kein Retentionsrecht an den Waaren wegen Forderungen, die ihm an den Destinatär zustehen** (Art. 314, 315 des H.G.B.). Urth. des II. Civilsenats vom 26. Juni 1885 in Sachen der Firma B. & F. in M., Beklagter, Widerklägerin und Revisionsklägerin, wider die Firma B. in Pf., Klägerin, Widerbeklagte und Revisionsbeklagte. Vorinstanz: O.L.G. Karlsruhe. Verwerfung. (II, 143/85.)

Kaufmann A. Sch. in Barmen bestellte am 1. November 1883 bei der Firma J. A. B. in Pforzheim (der Klägerin) 7 Faß Weinsteinsäure mittels folgenden Telegramms: „Bitte umgehend 7 Originalfaß Mannheim senden". Die Firma J. A. B. vollzog diese Bestellung, indem sie unterm 2. desselben Monats von ihrem Geschäft in Ludwigshafen a. Rh. aus die gewünschte Anzahl Fässer, gezeichnet A B 622/28, mittels Bahn an die Speditionsfirma B. & F. (die Beklagte) in Mannheim abgehen ließ und dieselbe brieflich dahin benachrichtigte: „Von meiner Fabrik in Ludwigshafen erhalten Sie wieder 7 Fässer Weinsteinsäure, die Sie gef. nachzüglich Spesen zur Verfügung des Herrn A. Schm. in Barmen halten wollen". Am 8. November 1883 telegraphirte die Firma B. der Firma B. & F.: „Bitte alle noch greifbaren Fässer Weinsteinsäure meiner Sendungen an A. Schm. für mich zurückhalten". Am gleichen Tage erschien auch der Theilhaber der Firma B., E. R., bei der Firma B. & F., bestätigte dieses Telegramm und verlangte die Zurückgabe der Waare, beides mit der schlechten Vermögenslage des Schm. motivirend; die Firma B. & F. verweigerte jedoch die Rückgabe und führten auch weitere Verhandlungen nicht dazu.

Die Firma B. & F. hat die Fässer noch in Händen und wurde nun von der Firma B. auf Herausgabe derselben, sowie — worüber jedoch in beiderseitigem Einverständniß bis jetzt nicht verhandelt wurde — auf Entschädigung belangt. Der Anspruch auf Herausgabe wurde darauf gestützt: 1) „daß die Klägerin noch Eigenthümerin der, der Beklagten zugegangenen Waare sei; 2) daß sie den der Beklagten ertheilten Auftrag noch rechtzeitig widerrufen habe; 3) daß auch ohne Konkurs ein kaufmännisches Verfolgungsrecht des unbezahlten Verkäufers (stoppage in transitu) bestehe und dessen Voraussetzungen vorlägen. Vorbehalten ist jedoch dabei der Beklagten der Anspruch auf Zahlung der ihr für die Spedition der fraglichen Waare zukommenden Spesen und das ihr deshalb zukommende Pfand- bezw. Retentionsrecht an derselben.

Die Beklagte verlangte Abweisung der Klage und eventuell im Wege der Widerklage den Ausspruch, daß sie die Waare nur gegen Zahlung von 2010,73 ℳ herauszugeben habe, da ihr das Retentionsrecht an derselben auch für Spesen aus sonstigen Geschäften mit Schm. zustehe. Sie machte hierbei geltend:

Schm. habe in dem Zeitpunkte, als Klägerin sie (die Beklagte) angewiesen, die Waare zurückzuhalten, solche bereits „veräußert" gehabt. Er habe nämlich schon Tags zuvor, am 7. November, Schm. ihr (der Beklagten) telegraphisch die Weisung gegeben, die Waare an H. in Antwerpen zu senden und dieser habe sodann auch alsbald ihr (der Beklagten) angezeigt, daß ihm die Waare von Schm. zur Verfügung überlassen sei, auch sie (Beklagte) gleichzeitig gebeten, solche für ihn (H.) auf Lager zu halten. Hieraus folge, daß sie (Beklagte), nachdem Schm. bereits am 7. November über die Waare verfügt gehabt, der ihr am 8. November seitens der Klägerin zugegangenen Weisung nachzukommen nicht mehr verpflichtet, sie (Beklagte) dagegen berechtigt gewesen sei, in dem Momente, wo die Waare bei ihr (Beklagten) eingegangen, an solcher, weil dieselbe um diese Zeit Eigenthum ihres Schuldners, des Destinatärs, geworden, das Retentionsrecht für ihre Ansprüche an Letzteren geltend zu machen. Sie habe deshalb auch dem Schm. auf dessen Telegramm am 7. November alsbald erwidert: „Geben Sie uns Baaranschaffung für unser Guthaben, bis dahin halten wir die Waare zurück", und ebenso dem H., als dieser am 10. November bei ihr erschienen, erklärt, daß sie, bevor sie mit ihrer Forderung gedeckt sei, die Waare „nicht ausfolge". Richtig sei zwar, daß gedachter Verkauf der 7 Fässer zwischen Klägerin und Schm. einerseits und zwischen diesem und H. andererseits — wie Klägerin behaupte — später wieder aufgelöst worden sei; es sei dies jedoch erst am 8. Januar 1884 definitiv der Fall gewesen; dadurch habe aber das einmal von ihr erworbene Retentionsrecht nicht alterirt werden können.

Mit Urtheil vom 18. April 1884 erkannte das L.G. Mannheim die Beklagte, unter Abweisung ihrer eventuellen Widerklage, für schuldig, die in ihrem Gewahrsam befindlichen 7 Fässer Weinsteinsäure an die Klägerin herauszugeben, vorbehaltlich ihres Pfand- und bezw. Retentionsrechtes an denselben zu Gunsten der durch deren Spedition verursachten Spesen, und auf die Berufung der Beklagten erkannte das O.L.G. mit Urtheil vom 15. November 1884 (verkündet 2. Dezember 1884) bestätigend. Das O.L.G. erörterte den Klagegrund des Eigenthums (1) nicht besonders, da dieser inhaltlich des Thatbestandes seines Urtheils im Berufungstermine nicht geltend gemacht wurde. Den Klagegrund 3 hält es nicht für gerechtfertigt, da, wie es ausführlich erörtert, ohne Konkurs das geltend gemachte Verfolgungsrecht des unbezahlten Verkäufers, sei es nach speziellem Badischen Recht oder nach Reichsrecht, nicht bestehe. Dagegen hält das O.L.G. (wie auch das L.G.) die Klage als actio mandati directa gerechtfertigt und andererseits ein solches Retentionsrecht, welches die Beklagte geltend machte, gegenüber dem Kläger nicht für begründet. Das O.L.G. nimmt bezüglich der actio mandati directa zunächst an — was es näher thatsächlich begründet — die Beklagte sei die Beauftragte der Klägerin gewesen; diese habe ihr nicht etwa im Namen des Destinatärs, sondern in eigenem Namen Auftrag ertheilt. Was sodann den Zeitpunkt betreffe, bis zu welchem der Auftrag, das Gut zur Verfügung des Destinatärs zu halten, durch den Auftraggeber (Absender) widerrufen werden könne, so sei der Widerruf dann ausgeschlossen, wenn der Beauftragte sich zur Ausfolgung des ihm zugegangenen Gutes bereit erklärt habe. Im vorliegenden Falle sei nun in dem Zeitpunkte, als die Klägerin den der Beklagten ertheilten Auftrag widerrufen habe, eine solche Bereiterklärung seitens der Beklagten noch nicht erfolgt, Klägerin deshalb noch dominus negotii bezw. für sie res integra gewesen. Die Beklagte wolle zwar durch ihre Mittheilung vom 7. November an den Destinatär „geben Sie uns Baaranschaffung für unser Guthaben, bis dahin halten wir die Waare zurück", diesen als Eigenthümer der Waare bereits anerkannt, Besitz für diesen ergriffen haben; allein bei Beurtheilung der Frage, ob noch res integra sei, könnten nur solche Handlungen des Spediteurs in Betracht kommen, zu welchen dieser den Umständen nach als autorisirt zu betrachten sei, während eigenmächtige, auftragswidrige Akte des Spediteurs als nicht geschehen und folgelos zu behandeln seien. Letzteres sei aber hier der Fall. Die Mittheilung vom 7. November habe die Beklagte an Schm. nicht in Vollzug des ihr gewordenen Auftrages, sondern lediglich zur Wahrung ihres eigenen Interesses gerichtet; im Widerspruch mit dem ihr ertheilten Auftrage habe sie die Waare damals zurückgehalten, sich geweigert, solche auszufolgen, und zwar in der ausgesprochenen Absicht, sich an derselben für ihr eigenes Guthaben zu erholen. Der Widerruf, den Klägerin Tags nachher (am 8. November) der Beklagten habe zugehen lassen, sei deshalb noch rechtzeitig erfolgt; das dominium negotii sei an diesem Tage noch nicht auf den Destinatär übergegangen gewesen.

Bezüglich der Unbegründetheit des Einwandes, „daß die Beklagte nur gegen Zahlung des ihr angeblich an den Destinatär zustehenden Guthabens für Spesen aus ihrer früheren Geschäftsverbindung mit diesem zur Herausgabe der Waare schuldig sei" bezw. eines Retentionsrechts hierfür, führt das O.L.G. aus: Es sei zwar in dem Zeitpunkte, als die Beklagte dem Destinatär die Absicht zu erkennen gegeben habe, das Retentionsrecht an der Waare auszuüben, auf Letzteren bereits das Eigenthum an derselben übergegangen gewesen; auf die Geltendmachung des Verhältnisses zwischen der Klägerin und Schm. könne sich aber die Beklagte ohne den Willen des Letzteren oder ohne daß die Beklagte als Repräsentantin desselben zu betrachten sei, nicht berufen; es liege sonst eine exceptio ex jure tertii vor. Der Beklagten stehe gegen die Klägerin, als ihre Kommittentin, in ihrer Eigenschaft als Spediteur lediglich das Pfandrecht des Art. 382 des H.G.B. für die durch die Spedition der hier in Frage stehenden Fässer erwachsenen Spesen zu; dagegen könne der Rechtsbehelf des Art. 313 des H.G.B., weil nicht dinglicher, sondern nur persönlicher Natur, von der Beklagten nur ihrem Schuldner, dem Destinatär, nicht aber der Klägerin gegenüber, welche bezüglich des mehrgedachten Guthabens in keinem Obligationsnexus zu der Beklagten stehe, geltend gemacht werden.

Die Beklagte sei zu einer Retention aber auch deshalb nicht berechtigt, weil inzwischen — in Folge der Wiederauflösung des seiner Zeit von der Klägerin mit Schm. und später von diesem mit H. abgeschlossenen Kaufes — das Eigenthum an dieser Waare wieder auf die Klägerin übergegangen sei und deshalb von einem Eigenthum des Schuldners der Beklagten an fraglicher Waare nicht mehr die Rede sein könne; mit dieser Vertragsauflösung, weil in Folge der resolutio ex tunc (L.R.S. 1184), auf die Zeit des ursprünglichen Vertragsabschlusses vom 1. November 1883 zurückwirkend, sei ein etwa früher erlangtes Retentionsrecht wieder aufgehoben. Nur wenn in der Zwischenzeit zwischen der Absendung der Waare und der späteren Wiederauflösung des ursprünglichen Kaufes ein Dritter in gutem Glauben ein dingliches Recht an der Waare erlangt hätte, könne demselben die Wiederaufhebung des Kaufes nicht entgegengehalten werden, das Retentionsrecht sei jedoch kein dingliches Recht.

„1) Das O.L.G. hat ohne Rechtsirrthum angenommen, es sei in dem Augenblick, als die Firma B. den der Firma B. & F. ertheilten Auftrag widerrief, das Recht zum Widerruf des Auftrages noch nicht erloschen gewesen. Das Rechtsverhältniß, in welchem die Firma B. & F. zur Firma B. in Bezug auf die ihr zugesandten 7 Fässer Weinsteinsäure stand, war zwar nicht dasjenige eines „Spediteurs" und sind daher auch jene thatsächlichen Erörterungen des B.G. nicht entscheidend, welche sich an die rechtliche Unterstellung eines unmittelbaren Speditionsverhältnisses der Firma B. & F. gegenüber der Firma B. anlehnen. Dagegen steht — und zwar unabhängig von letzteren Erörterungen — schon jetzt thatsächlich fest, daß die Firma B. & F. in Beziehung auf die ihr von der Firma B. aus ihrem Geschäft in Ludwigshafen a./Rh. zugesandten 7 Fässer Weinsteinsäure von der Firma B. die Weisung erhielt, sie zur Verfügung von A. Schm. in Barmen zu halten. In dieser Hinsicht war, ohne daß es noch einer weiteren Feststellung bedürfte, die Firma B. & F. die Beauftragte der Firma B. und stand als solche mit der Firma B. in rechtlicher Beziehung. Schon nach den jetzt festgestellten thatsächlichen Verhältnissen ist ferner nicht zweifelhaft, daß die Zusendung der 7 Fässer Weinsteinsäure an B. & F. und der erwähnte daran geknüpfte Auftrag an B. & F. im Hinblick auf ihre Eigenschaft als Speditionsfirma und in Beziehung auf die von B. & F. hinsichtlich dieser 7 Fässer zu entwickelnde Bethätigung dieser Eigenschaft erfolgte. Es ist daher auch hinsichtlich der Frage, bis zu welchem Zeitpunkt die Firma B. den von ihr der Firma B. & F. ertheilten Auftrag abändern oder widerrufen konnte, das Handelsrecht maßgebend.

Dieses entscheidet nun zwar nicht unmittelbar die vorwürfige Frage; dagegen ergiebt eine analoge Anwendung des Art. 402 des H.G.B.; daß Derjenige, welcher eine Waare einer Speditionsfirma mit dem Auftrage zugehen läßt, sie zur Verfügung eines bezeichneten Dritten zu halten, diesen Auftrag wenigstens bis zu dem Zeitpunkte abändern oder widerrufen kann, wo Derjenige, welchem er diesen Auftrag ertheilte, sich gegenüber dem Dritten, zu dessen Verfügung er die Waare halten sollte, zur Ausfolgung der Waare bereit erklärt hat, daß sonach das Recht des Absenders zur Abänderung oder zum Widerruf seines Auftrages nicht etwa auch ohne eine solche Bereiterklärung schon mit der Thatsache einer von Seiten des Dritten eingetretenen Verfügung erlischt.

Im vorliegenden Falle war nun in dem Zeitpunkte, in welchem von der Firma B. die Firma B. & F. die — einen Widerruf ihres Auftrages, die Waare zur Verfügung von A. Schm. zu halten, bildende — telegraphische Weisung erhielt, von Seiten der Firma B. & F. eine Bereiterklärung gegen Schm., dessen Disposition zu befolgen, nicht eingetreten. Rechtlich unerheblich ist in dieser Beziehung, wer überhaupt Eigenthümer der von B. an B. & F. gesandten Waare sei und, sofern dies B. gewesen, in welchem Zeitpunkte das Eigenthum der Waare von B. auf Schm. überging und ob in der Mittheilung der Firma B. & F. an Schm.: „Geben Sie uns Baaranschaffung für unser Guthaben, bis dahin halten wir die Waare zurück", wenigstens eine Anerkennung des Schm. als Eigenthümer gelegen. Wenn das O.L.G. in dieser Mittheilung statt einer Bereiterklärung vielmehr eine Weigerung die Waare auszufolgen gefunden hat, liegt hierin kein Rechtsirrthum."

„Zu 2. Auch die Annahme des O.L.G., daß gegenüber der klägerischen Rückforderung der 7 Fässer Weinsteinsäure der beklagten Firma ein Retentionsrecht für Ansprüche der beklagten Firma an Schm. nicht zur Seite stehe, ist nicht rechtsirrthümlich. Der Anspruch der Firma B. gegen die Firma B. & F. auf Rückausfolgung der von ihr dieser Firma zugesandten Fässer ist ein solcher aus eigenem Recht der Klägerin, nämlich der Anspruch aus einem Vertrag mit der Firma B. & F. Gegenüber diesem auf eigenes, vertragsmäßiges Recht sich stützenden Anspruch kann sich Derjenige, welcher die Waare mit dem nun widerrufenen Auftrag, sie zur Verfügung eines bezeichneten Dritten zu halten, zugesendet erhalten hat, nicht auf den Umstand berufen, eine dritte Person (hier jene, zu deren Verfügung die Waare gehalten werden sollte) sei Eigenthümer der Waare und es stehe ihm gegen diese dritte Person eine solche Forderung zu, welche nach Art. 313 des H.G.B. zu einem Retentionsrecht führe. Wie schon bemerkt, gründet sich der Rückforderungs-Anspruch auf ein eigenes, aus dem Vertrag der Klägerin mit der beklagten Firma hervorgehendes Recht, nicht etwa auf ein von derjenigen Person, für deren Schulden an die beklagte Firma das Retentionsrecht ausgeübt werden will und welche Eigenthümerin der Waare geworden sein soll, abgeleitetes Recht. Das in Art. 313 und 314 des H.G.B. festgesetzte Recht ist aber, wenngleich es noch mit den Wirkungen des Art. 315 des H.G.B. verknüpft ist, kein dingliches Recht in dem Sinne, daß es allgemein von einem Gläubiger auch gegenüber Demjenigen, welcher bezüglich seines Guthabens in keinem Obligationsnexus mit ihm steht, mit der Wirkung einer dessen Ansprüche auf Ausfolgung der Sache hemmenden Zurückbehaltung ausgeübt werden könnte. Eine so weit gehende Wirkung folgt weder aus den besonderen Bestimmungen des Art. 315, noch aus dem Wortlaut des Art. 313, noch aus den Bedürfnissen des Handelsverkehrs. Es erscheint zwar billig, dem Gläubiger, welcher eine Sache seines Schuldners in seinen Besitz bekommen hat, unter gewissen Voraussetzen die Befugniß zu ertheilen, dessen Ansprüche auf Ausfolgung der Sache wegen Forderungen des Gläubigers zurückzuweisen und so den die Ausfolgung Begehrenden in seiner Eigenschaft als Schuldner zu nöthigen, seinen eigenen Verbindlichkeiten gerecht zu werden, sowie diesem Gläubiger bezüglich der Befriedigung aus der Sache gewisse Erleichterungen oder Vorrechte vor anderen Gläubigern zu gewähren; dagegen erschiene es nicht billig, den selbstständigen Ansprüchen dritter Person auf Herausgabe einer Sache ein Hemmniß deshalb zu bereiten, weil der Besitzer derselben gegen eine andere Person beliebige Forderungen der im Art. 313 des H.G.B. bezeichneten Art hat, welche die zum Verlangen der Herausgabe der Sache berechtigte Person durchaus nicht berühren."

42. **Der Art. 362 des H.G.B. regelt nur das Verhältniß zwischen Kommittenten und Kommissionär und ist für das Verhältniß zwischen dem Dritten zu dem Kommissionär und Kommittenten ganz belanglos. Der Dritte tritt auch dann nur zu dem Kommissionär in ein Vertragsverhältniß, wenn ihm der Name des Kommittenten bekannt war** (Art. 360, 368 des H.G.B.). **Unterschied zwischen Geschäftsabschluß auf fremden Namen und auf fremde Rechnung** (Art. 360 des H.G.B.). **Keine Antwortspflicht** (nach Art. 323 des H.G.B.) **auf die Anfrage eines geschäftsfremden Kaufmannes.** Urtheil des II. Civilsenats vom 23. Juni 1885 in Sachen der Firma G., B. & St. in E., Beklagte und Revisionsklägerin, wider J. B. L. & Co. in London, Klägerin und Revisionsbeklagte. Vorinstanz: O.L.G. Cöln. Aufhebung und Zurückverweisung. (II, 216/85.)

Im Sommer 1883 verkaufte der Seidenhändler C. B. in Elberfeld an die dortige Firma Gl., B. & St. (die Beklagten) 2 Ballen Seide. B. hatte dieses Geschäft zwar in seinem Namen, jedoch für Rechnung der Firma J. B. L. & Co. in London (die Käuferin) abgeschlossen. Letztere Firma schrieb am 24. Juli 1883 an die Klägerin: „Herr C. B. theilt uns mit, daß er Ihnen Kov 200 Woolam's Best Blue Organ 4¹/₄ Drams für unsere Rechnung verkauft hat. Wie instruirt, versandten wir daher heute an die dortige Seidenkondition 2 Ballen — die konditionirt und zu Ihrer Verfügung gehalten werden. Den ungefähren Gegenwerth der Seide ersuchen wir Sie, an J. W. Sohn dort für unsere Rechnung zu remittiren oder uns direkt Anschaffung zu machen, falls Ihnen dies besser passen solle. Etwaige Spesen wollen Sie der Kondition vergüten; wir werden Ihnen solche dann in der Faktura gutbringen." Diesem Schreiben entsprechend hatte sie 2 Ballen Seide an die „Seiden-Trocknungsanstalt" zu Elberfeld gesendet, von welcher die Firma Gl., B. & St. am 7. August 1883 den einen bezog, während sie den Bezug des anderen ablehnte. Betreffs des bezogenen Ballens war ihr Faktura des C. B. vom 7. August zugekommen für den Betrag von 4993,5 ℳ, welche Summe sie auf Anweisung des B. an einen gewissen A. Bu. zu zahlen sich verpflichtete. B. kam bald darauf in Konkurs und wurde wegen betrügerischen Bankerutts in Untersuchung gezogen. Die Firma J. B. L & Co. forderte nun von der Firma Gl., B. & St. Zahlung des Preises des von ihr bezogenen Ballens Seide und erhob, da diese verweigert wurde, Klage gegen besagte Firma vor dem L.G. Elberfeld, in welcher sie beantragte, die Beklagte zur Zahlung von 4993,5 ℳ und zwar am 31. Mai 1884 in Zweimonats-Rimessen verpflichtet zu erklären. Sie stützte diese Klage hauptsächlich auf die Thatsache, daß die Beklagte auf ihren Brief vom 24. Juli 1883 keine Antwort gegeben und demungeachtet die Waare bezogen habe, woraus sich ergebe, daß sie zu ihr (Klägerin) in ein Vertragsverhältniß getreten sei.

Die Beklagte entgegnete, daß sie nur mit B. kontrahirt habe und ein Vertragsverhältniß zwischen ihr und der Klägerin nicht bestehe. Das L.G. erkannte durch Urtheil vom 7. November 1883 nach dem Klagantrage. Die Beklagte legte Berufung ein, zu deren Begründung sie Beweis erbot, daß in Folge des von der Klägerin am 2. August 1883 an B. gerichteten Schreibens die Seiden-Trocknungsanstalt die Gewichtsnotizen an B. übermittelt habe, damit dieser die Faktura ausstellen könne. Die Klägerin beantragte, die Berufung zurückzuweisen, jedoch mit der Modifikation, daß wegen mittlerweile eingetretener Fälligkeit der Forderung die Beklagte zur sofortigen Zahlung der Klagsumme mit Zinsen vom 31. Mai 1884 an verurtheilt werde.

Das O.L.G. Köln erkannte durch Urtheil vom 20. Dezember 1884 diesem Antrage der Klägerin gemäß. In den Gründen dieses Urtheils ist im wesentlichen Folgendes erörtert: „Wenn die Beklagte betone, daß sie die Seide von B. gekauft habe, so sei dies für die Gültigkeit der an B. geleisteten Zahlung nicht entscheidend. B. sei nicht Kommissionär der Klägerin für alle, sondern nur für die von der Kommittentin genehmigten Kaufgeschäfte gewesen und ergebe sich aus der Korrespondenz zwischen der Klägerin und B., daß diesem schon am 12. Juli 1883 die Weisung ertheilt gewesen sei, an größere Elberfelder Fabrikanten (zu denen die Beklagte gehöre) nur direkt auf Faktura und Namen der Klägerin (also nicht per Kommission) zu verkaufen. Da bei Empfang des Briefes vom 24. Juli 1883 die Waare noch nicht geliefert gewesen sei, so sei die Klägerin befugt gewesen, den ordnungswidrig geschlossenen Verkauf als Kommissionsverkauf nicht gelten zu lassen (Art. 362 des H.G.B.) und das Geschäft als auf ihren Namen und unter Verpflichtung direkter Zahlung an sie durch Vermittelung des B. als Bevollmächtigten abgeschlossen, aufrecht zu erhalten. Dies sei nun nicht nur durch besagten Brief in verständlicher und unzweideutiger Weise geschehen, sondern die Beklagte sei auch dadurch, daß sie den Brief unbeantwortet gelassen und die darin avisirte Waare einfach von der Seidenkondition empfangen habe, stillschweigend auf das durch den Brief offerirte Kaufgeschäft eingegangen. Sei auch zuzugeben, daß der von der Direktion der Seiden-Trocknungsanstalt ausgestellte, von der Beklagten vorgelegte Zettel für die Natur des Geschäfts an sich nicht erheblich sei, so dürfe er doch dem besagten Briefe nicht entgegengesetzt werden, sondern erhalte für die Beklagte gerade erst in Verbindung mit jenem Briefe seine volle Bedeutung, indem er die demselben konforme Ausführung der Sendung feststelle. Der bezeichneten Auslegung des Briefes stehe auch nicht entgegen, daß darin von den „für unsere Rechnung verkauften Waaren die Rede, sowie gesagt sei „wie durch B. instruirt ꝛc." Denn diese Ausdrucksweise passe ebensogut für das durch Bevollmächtigten als durch Kommissionär abgeschlossene Geschäft. Auch dem Umstande, daß die Klägerin dem B. als ihrem Lokalagenten für Elberfeld Auftrag zur Ausstellung der Faktura ertheilt und B. diese Faktura in ungehöriger Weise auf seinen Namen ausgestellt habe, könne dem gedachten Briefe sowie dem nachfolgenden Verhalten der Beklagten gegenüber kein Gewicht beigelegt werden. Auch die neben besagtem Briefe in Betracht kommende Korrespondenz zwischen den Parteien sowie die Korrespondenz zwischen der Klägerin und B., soweit es auf diese letztere überhaupt ankomme, seien vom Ersten Richter richtig gewürdigt.

„Die Revision erscheint begründet. Zunächst ist es verfehlt, wenn das O.L.G. aus Art. 362 des H.G.B. Folgerungen für die vorliegende Streitsache ziehen zu können glaubt. Diese Gesetzesbestimmung regelt nur das Verhältniß zwischen dem Kommittenten und dem Kommissionär. Wenn bestimmt ist, daß der Kommittent nicht gehalten sei, das Geschäft für seine Rechnung gelten zu lassen, welches der Kommissionär unter Ueberschreitung des ihm ertheilten Auftrages abschließt, so folgt hieraus nur, daß der Kommittent in solchen Fällen nicht verpflichtet ist, zur Erfüllung des auftragswidrig geschlossenen Geschäfts mitzuwirken, vielmehr es dem Kommissionäre überlassen darf, wie er sich mit dem Dritten auseinandersetzt. Für das Verhältniß zwischen dem Kommittenten und Kommissionär einerseits und dem Dritten, mit welchem der letztere das Geschäft abschloß, andererseits ist Art. 362 a. a. O. völlig belanglos. Dieser Dritte tritt unter allen Umständen nur mit dem Kommissionär in ein Vertragsverhältniß, auch wenn er wußte, daß für fremde Rechnung kontrahirt sei, ja selbst wenn ihm der Name des Kommittenten bekannt gegeben war (Art. 360 Abs. 2 und Art. 368 Abs. 1 des H.G.B.).

Es beruht daher auf Verkennung des Art. 362 a. a. O., wenn das O.L.G. auf Grund seiner Feststellung: B. habe auftragswidrig in eigenem Namen statt im Namen seiner Kommittentin verkauft, folgern zu dürfen glaubt, die letztere sei befugt gewesen, das fragliche Geschäft als von B. auf ihren Namen und unter Verpflichtung direkter Zahlung an sie abgeschlossen, aufrecht zu erhalten, d. h. mit anderen Worten, sich in dem zwischen B. und der Beklagten geschlossenen Vertrag als Kontrahent einzudrängen. —

Auf dieser irrigen Rechtsansicht beruht auch die sich anschließende Feststellung, durch welche das Entstehen eines Vertragsverhältnisses zwischen der Klägerin und der Beklagten näher darzulegen versucht wird; denn sie ist offenbar nicht dahin zu verstehen, daß ein neuer selbständiger Vertrag zwischen diesen beiden geschlossen worden sei, neben welchen der mit B. geschlossene Vertrag fortbestehe und zu vollziehen sei, sondern dahin, daß die Klägerin in den mit B. geschlossenen Vertrag als Kontrahentin eingetreten sei. Um Letzteres zu bewirken, gab es nur einen Weg, nämlich eine zwischen den drei Betheiligten getroffene Uebereinkunft; außerdem stand es der Klägerin frei, sich die Rechte von B. sofort abtreten zu lassen, um als dessen Cessionarin gegen Erfüllung seiner Vertragspflichten, seine Vertragsrechte für sich geltend zu machen. In der Weise, wie das O.L.G. den Eintritt in die Vertragsrechte des B. herbeizuführen sucht, erscheint dies rechtlich unmöglich. —

Dies genügt, die angefochtene Entscheidung aufzuheben, übrigens giebt dieselbe auch noch in anderen Beziehungen Anlaß zur Rüge, sowohl was die Anwendung von Rechtsgrundsätzen, als was die Begründung betrifft. — Wenn das O.L.G. erklärt, daß der Brief der Klägerin vom 24. Juli 1883 in unzweideutiger Weise die Offerte eines Kaufgeschäfts erkennen lasse, so begründet es diese Erklärung insbesondere auch mit der Bemerkung, daß der Ausdruck: B. hat für unsere Rechnung verkauft, ebenso gut für das durch einen Bevollmächtigten als für das durch einen Kommissionär vermittelte Geschäft passe. Dabei ist übersehen, daß nach Art. 360 des H.G.B. ein Gegensatz besteht zwischen dem Geschäftsabschlusse, der auf fremden Namen und dem Geschäftsabschlusse, der lediglich für fremde Rechnung stattfindet, indem Ersteres die Thätigkeit des gewöhnlichen Bevollmächtigten, Letzteres die Thätigkeit des kaufmännischen Kommissionärs kennzeichnet. Es beruht daher auf Verkennung des Gesetzes, wenn das O.L.G. ausspricht, der Ausdruck „für unsere Rechnung" passe ebenso gut für die eine als für die andere Art des Geschäftsabschlusses, vielmehr durfte die Beklagte, wenn ihr die Klägerin nur mittheilte, B. habe für ihre Rechnung, nicht aber auch, er habe auf ihren Namen verkauft, davon ausgehen, daß gemeint sei, B. habe als Kommissionär verkauft. In der That kann im vorliegenden Falle kein Zweifel obwalten, daß die Klägerin Letzteres sagen wollte; denn, wie aus der Korrespondenz sich ergiebt, wußte sie genau, daß B. das in Frage stehende Geschäft auf seinen Namen abgeschlossen hatte, konnte also, ohne Lüge, etwas Anderes gar nicht sagen.

Wäre das O.L.G. davon ausgegangen, daß die Beklagte den Brief vom 24. Juli 1883 so lesen durfte: „B. hat, wenn auch in seinem Namen, doch für unsere Rechnung den Verkauf geschlossen, so würde es vielleicht auch den übrigen Inhalt jenes Briefes anders, als geschehen, aufgefaßt haben.

Zunächst mußte wohl die Kenntniß, welche die Beklagte davon erlangte, daß es die Waare der Klägerin sei, welche versendet und zu ihrer Verfügung gestellt werde, insofern ohne Bedeutung sein, als es ja der Natur der Verkaufskommission entspricht, daß der Kommissionär seinen Vertrag durch Lieferung der ihm zur Verfügung gestellten Waare des Kommittenten erfüllt.

Was ferner das Ersuchen, den Kaufpreis direkt an die Klägerin zu zahlen, betrifft, so konnte in Frage kommen, ob nicht die Beklagte nach Lage der Sache dieses Ersuchen dahin verstehen durfte, daß eine bezügliche Vereinbarung mit B. vorausgesetzt werde, wie denn die Klägerin selbst in ihrem späteren Briefe vom 2. August 1883 die Sachlage in dieser Weise aufgefaßt hat, indem sie erklärte, die Beklagte habe keinen Grund, direkte Zahlung zu verweigern, wenn B. damit einverstanden sei, und diesen anwies, eine bezügliche Vereinbarung zu treffen. Wollte die Klägerin, welche wußte, daß B. auf seinen Namen verkauft habe, ihren Willen, nur auf Grund eines mit der Beklagten abzuschließenden Kaufvertrages, die Waare zu liefern, dieser kund geben, so mußte sie, um loyal zu handeln, klar sprechen und bestimmt erklären, daß sie, da B. auftragswidrig auf seinen Namen kontrahirt habe, die Waare nur liefere unter der Bedingung, daß die Beklagte mit ihr in ein Vertragsverhältniß trete und dementsprechend auch an sie den Kaufpreis zahle. Einer solchen Erklärung gegenüber würde die Beklagte veranlaßt gewesen sein, in Kenntniß der Sachlage ihre Entschließung zu treffen und entweder auf die Offerte einzugehen, falls es ihr gelang, das mit B. geschlossene Geschäft rückgängig zu machen, oder aber die Offerte einfach unbeachtet zu lassen und sich an ihren Vertrag mit B. zu halten.

Was die weitere Feststellung betrifft, daß die Beklagte die im Briefe vom 24. Juli 1883 enthaltene Offerte angenommen habe, so erscheint es recht bedenklich, auf den Umstand, daß die Beklagte jenen

Brief nicht beantwortete, Gewicht zu legen. Es ist zwar im Gesetze (Art. 323 des H.G.B.) ausgesprochen, daß bei Bestehen einer Geschäftsverbindung der Kaufmann zur Antwort ohne Zögern verpflichtet sei; ferner ist in der Rechtsprechung anerkannt, daß auch in Fällen, wo Kaufleute nur durch ein einzelnes Handelsgeschäft mit einander in Verbindung getreten sind, unter Umständen die Verpflichtung besteht, auf Anfragen oder Mittheilungen, welche dieses Geschäft betreffen, sofort zu antworten, allein, daß ein Kaufmann verpflichtet sei, Jemandem, der mit ihm in gar keinem Vertragsverhältnisse steht, noch je gestanden hat, auf eine Offerte zu antworten, ist nicht anzuerkennen. Uebrigens war auch hier zu beachten, daß Verhandlungen mit der Klägerin nicht dazu führen konnten, den Vertrag mit B. zu beseitigen, daß es also das Nächste und Natürlichste war, wenn sich die Beklagte mit B. ins Benehmen setzte und es diesem überließ, die Sache mit seiner Kommittentin zu bereinigen.

Allerdings ist anzuerkennen, daß das O.L.G. bei seiner besagten Feststellung das Hauptgewicht nicht auf die Unterlassung der Antwort, sondern auf das Beziehen der Waare der Klägerin legte. In letzterer Beziehung ist nun zunächst klar, daß, sofern die Beklagte voraussetzen durfte, die Klägerin lasse den B. als Kommissionär gelten, es nichts Auffallendes haben konnte, wenn dieser zur Erfüllung seines Vertrages die Waare der Klägerin benützte. Die Frage, ob die Beklagte den Umständen nach von dieser Voraussetzung ausgehen durfte, war eingehender, als geschehen, zu erörtern. Es war zu beachten, daß B., dem, wie nach dem Beweiserbieten der Beklagten zu unterstellen, von der Seiden-Trocknungs-Anstalt auf Grund des Briefes der Klägerin vom 2. August, die zur Anfertigung der Faktura erforderlichen Notizen ausgehändigt wurden, auf Grund derselben die Faktura *in seinem Namen* fertigte und mit dieser seiner Faktura die Waare der Beklagten zum Bezug anbot, und war zu erwägen, ob nicht, nachdem in dieser Weise die Waare angeboten war, die Beklagte annehmen durfte, die Anstände, zu welchen das Schreiben vom 24. Juli etwa Anlaß gegeben hatte, seien gehoben und sie sei ebenso berechtigt als verpflichtet, die ihr von ihrem Verkäufer angebotene Waare zu empfangen. Dabei war zur Kennzeichnung der Sachlage nicht außer Betracht zu lassen, daß die Klägerin selbst durch besagten Brief vom 2. August den B. in die Lage versetzt hatte, in bezeichneter Weise über die Waare zu verfügen. In jenem Briefe erlaubt sie (*abweichend* von ihrem früheren Entschlusse) ausdrücklich dem B., *seine* Faktura zu geben, was, wie der Inhalt der früheren Briefe darthut, bedeuten sollte, daß er das Geschäft als in seinem Namen geschlossen behandeln und vollziehen dürfe, womit im Einklange steht, daß im nämlichen Briefe dem B. der Auftrag ertheilt wird, wegen der gewünschten direkten Zahlung mit der Beklagten Vereinbarung zu treffen. Allerdings hat nun B. diesem Auftrage nicht entsprochen, vielmehr das ihm geschenkte Vertrauen mißbrauchend, das Gegentheil gethan, allein nach allgemeinen Rechtsgrundsätzen hat unter dem Mißbrauch des Vertrauens nur derjenige zu leiden, der es geschenkt hat, nicht aber der Dritte, wenn er im guten Glauben war."

2. Wechselrecht.

43. Erfordernisse des Protestes bei der Zahlungsstelle nach Art. 88 der A.D.W.O. Urth. des I. Civilsenats vom 24. Juni 1884 in Sachen M. in B., Klägers und Revisionsklägers, wider die Reichsbankhauptstelle Hamburg, Beklagte und Revisionsbeklagte. Vorinstanz: O.L.G. Hamburg. Verwerfung. (I, 156/85.)

Kläger hatte einen von A. H. in Hamburg auf C. Bl. in Hamburg gezogenen, bei der Reichsbankhauptstelle in Hamburg zahlbaren, vom Bezogenen acceptirten und an Kläger indossirten Wechsel über 1700 ℳ an die Beklagte indossirt. Auf Requisition der Beklagten erhob der Notar Dr. D. A. in Hamburg am 11. September 1883 — der Wechsel war am 9. September 1883 fällig geworden — Protest Mangels Zahlung, welcher in dem in Betracht kommenden Theile folgende Fassung erhielt: „... habe ich ... bei meiner Requirentin in dem Geschäftslokal zur Zahlung vorzeigen wollen, da ich aber die Kasse verschlossen fand, habe ich wegen nicht geschehener Zahlung des gedachten Wechsels gegen den Bezogenen protestirt." Kläger löste den Wechsel von der Beklagten ein, wurde aber mit seiner Regreßklage gegen den Trassanten durch Urtheil des L.G. Hamburg, weil der Protest nicht ordnungsmäßig erhoben wäre, abgewiesen. Er beruhigte sich bei diesem Urtheil und wandte sich mit Klage auf Erstattung der im Irrthum über die Gültigkeit des Protestes gezahlten Regreßsumme gegen die Beklagte. Das L.G. Hamburg verurtheilte. Das O.L.G. wies die Klage ab.

„Die von dem Gericht erster Instanz gemachte Unterscheidung, nach welcher der vorliegende Protest genügt hätte, wenn die Reichsbankhauptstelle selbst die Protestatin gewesen wäre, aber ungenügend sein sollte, weil der Protestat ein Anderer war, der aber bei der Reichsbankhauptstelle zahlen wollte, war nicht anzuerkennen. Hat die Erklärung des Notars, „er habe bei seiner Requirentin in deren Geschäftslokal den Wechsel zur Zahlung vorzeigen wollen, aber die Kasse verschlossen gefunden" den Sinn: „er habe diejenigen Räume der Dienstlokalitäten verschlossen gefunden, in welchen allein bestimmungsgemäß auf Zahlungsbegehren auf Grund von Verkehrspapieren Antwort zu erhalten war, so daß das Publikum für diesen Zweck nach diesen Räumen gewiesen war, und lediglich dort diejenigen

Beamten waren, zu deren Geschäftskreis diese Eröffnungen und die Zahlungen gehörten“, so war dies auch für die Nachforschung nach dem Bezogenen ausreichend, ebenso wie zur Konstatirung, daß derselbe da, wo er danach allein gesucht werden konnte, nicht angetroffen worden ist. Hatte der Protest nicht diesen Sinn, so war er auch im Falle wirklicher Domizilirung bei der Bankstelle unzureichend. Der Inhalt des Protestes war aber in dem bezeichneten Sinne aufzufassen.

Es liegt in den thatsächlichen Verhältnissen der nothwendigen Arbeits- und Raumtheilung bei einem Institut wie der hier in Rede stehenden Bankhauptstelle, daß in einer bestimmten Räumlichkeit allein die Zahlungsbegehren auf Verkehrspapiere, zu deren Einziehung die Bankstelle Anweisung haben möchte, zu stellen sind und dort die Beamten sind, welche, mögen sie nun erst deshalb mit anderen anderwärts stationirten Beamten oder gar dem Chef Rücksprache nehmen müssen oder schon die erforderlichen Instruktionen für den Tag haben, dem Publikum gegenüber darüber, ob gezahlt wird, disponiren. Denkbar ist es freilich, daß der Raum, wo gezahlt wird, von dem, in welchem das Zahlungsbegehren gestellt und darüber disponirt wird, verschieden ist. Aber faktisch liegt es nach dem Ueblichen sehr nahe, daß Präsentation und Erklärung auf die Präsentation sowie die Zahlung in einem und demselben Raume, der wegen der Bestimmung zu Zahlungen äußerlich dem Publikum als solcher durch Bezeichnung als „Kasse“ kenntlich gemacht ist, bestimmungsgemäß erfolgen.

Dem Notar stand es nun zu, solchen Zustand zu ermitteln und zu konstatiren, bezw. auf solcher Ermittelung, wenn sie schon durch frühere Protesterhebungen erfolgt war, zu fußen. Wenn er nun von „Kasse“ spricht, so entspricht es geschäftlicher Ausdrucksweise, darunter den zur Erledigung der Wechselzahlungsbegehren bestimmten Geschäftsraum zu verstehen. Ist aber dieses Verständniß das zutreffende, so ist eben damit zugleich implicite konstatirt, daß der Notar eben die für die Beantwortung dieser Begehren und eventuelle Zahlung berufenen Beamten nicht angetroffen habe. Eine ausdrückliche Erklärung dieses Nichtantreffens fordert Art. 88 Nr. 3 der A.D.W.O. nicht.

Wäre nun die Hauptbankstelle selbst die Protestatin gewesen, so lag es dem Notar nicht ob, noch nach dem Bankhauptstellenvorstand zu fragen und dessen Erklärung zu verlangen oder daß er nicht anzutreffen, zu konstatiren. Es wird freilich Sache konkreten vernünftigen Ermessens und damit immerhin schwankend sein, inwieweit eine getroffene Einrichtung den Notar berechtigt, sich bei dem Verschlusse eines bestimmten Geschäftsraumes zu begnügen, während andere Geſchäftsräume noch offen ſind. Daß, wenn ein Einzelkaufmann oder eine Handelsgeſellſchaft außer dem Komptoir, das offen, einen „Kaſſe" bezeichneten Geſchäftsraum hat, der geſchloſſen iſt, ſich der Notar mit der Thatſache, daß er letzteren Raum geſchloſſen findet, begnügen kann, läßt ſich ſchlechthin nicht behaupten. Hier handelt es ſich aber um eine Zweiganſtalt einer mit umfaſſenden Aufgaben betrauten juriſtiſchen Perſon der §§ 12, 13, 36 des Reichsbankgeſetzes vom 14. März 1875, bureaukratiſch organiſirt, bei welcher die Aufgaben naturgemäß unter verſchiedene Perſonen in verſchiedenen Räumen vertheilt ſind, ſo daß der Bankſtellenvorſtand ſelbſt in der Regel gar nicht in der Lage ſein wird, das Begehren entſprechend zu erledigen. Es tritt daher auch dieſe Auffaſſung nicht in Widerſpruch mit der Auffaſſung des III. Civilſenats des R.G." (Annalen Bd. III S. 315; Entſch. Bd. III S. 90), „wonach der Notar, der in einem Geſchäftslokal ſich mit der auf das Zahlungsbegehren ertheilten, eine Zahlungsweigerung enthaltenden Antwort des Kaſſirers begnügte, nicht genug gethan haben ſollte, weil er nicht nach dem Prinzipal gefragt habe.

Die Sache ſteht aber für den Fall, der hier vorliegt, daß ein Dritter bei der Hauptbankſtelle zahlen ſollte — den Fall des uneigentlichen Domizilwechſels — für die Gültigkeit des Proteſtes durchaus nicht ungünſtiger. Die Kontroverſe, ob in ſolchem Falle behufs Erhaltung des Regreſſes an dieſer gewählten Zahlſtelle oder in dem wirklichen Geſchäftslokal, bezw. der Wohnung des Bezogenen, zu proteſtiren, iſt in Uebereinſtimmung mit der in Doktrin und Praxis überwiegenden Anſicht, vergl. Entſch. des R.O.H.G. Bd. XVII S. 53, Bd. XXII S. 402, Bd. XXV S. 108; des Preuß. Ob.Trib. in Striethorſt Bd. XXII S. 233, Bd. XXVII S. 337, im Sinne der erſteren Alternative zu entſcheiden.

Nun giebt es auf dem Boden dieſer Auffaſſung zwei verſchiedene Qualifikationen derſelben (vergl. Striethorſt Bd. XXII S. 233, Bd. XXVII S. 337; Entſch. des R.O.H.G. Bd. XVII S. 55, Bd. XXIX S. 108). Entweder man betrachtet die Zahlſtelle als den zur Zahlung Beauftragten, ſo daß gegen die Zahlſtelle als Vertreter, bezw. Beauftragten des Bezogenen proteſtirt wird. Alsdann greifen die obigen Betrachtungen Platz, oder man betrachtet das Geſchäftslokal der Zahlſtelle als das für den Wechſel vom Bezogenen für ſich gewählte Geſchäftslokal, in dem er geſucht und in dem gegen ihn proteſtirt wird. Letzteres iſt die wechſelrechtlich allein zutreffende Auffaſſung, da ein zur Zahlung Beauftragter, der nicht Domiziliat iſt, überhaupt keine Perſon iſt, gegen welche wechſelrechtliche Handlungen vorgenommen werden können. Tritt man letzterer Auffaſſung bei, ebenso Volkmar & Loewy S. 22; Renaud S. 150, so erscheint es einmal begründet, daß als der Ort, in dem der Bezogene zu suchen war, nicht das ganze Dienstgebäude, sondern der für Wechselzahlungen bestimmte Raum, anzusehen war, aber auch, daß es, wenn dieser offen gewesen, genügen mußte, daß die dort anwesenden Beamten erklärten, er sei nicht da, sowie daß Keiner für ihn daselbst mit Zahlungserbieten auftrat. War also hier geschlossen, so war damit konstatirt, daß der Bezogene nicht, bezw. Niemand, bei dem man nach ihm zu fragen hätte Anlaß haben können, angetroffen worden. In andere Räume oder zum Vorstand der Bankstelle zu gehen, lag bei dieser Auffassung gewiß kein Anlaß vor.

Die Revisionsbegründung scheint dies alles nicht bezweifeln zu wollen. Sie konstruirt sich nun den Fall dahin, der Notar sei so spät gekommen, daß die Kasse schon geschlossen war — das steht gar nicht fest, man weiß nicht, wann er gekommen ist und in den Instanzen hat Kläger Behauptungen in dieser Richtung gar nicht aufgestellt, — und meint, daß, wenn der Notar zwar noch in den Geschäftsstunden, aber nach den Kassenstunden gekommen sei, er auch noch in den übrigen noch offenen Geschäftsräumen habe nachforschen müssen. Das ist weder von der einen, noch von der anderen Auffassung aus richtig. Ist die Kasse geschlossen, dann ist eben der Regel nach für diesen Tag oder Vormittag der Geschäftsverkehr in Bezug auf diese Zahlungserledigungen geschlossen, und thut dies der Geschäftsinhaber noch vor Ablauf der für die Proteste geltenden Geschäftsstunden, so thut er es auf eigene Gefahr. Ein Anhalt dafür, daß in solchem Falle der betreffende Geschäftsverkehr von einem anderen Raume aus auf Verlangen fortgesetzt würde, ist für den Notar nicht vorhanden. Noch weniger kann von der Auffassung aus, daß der bezogene Dritte selbst im Kassenlokal zu suchen sei, ein Suchen desselben anderwärts gefordert werden. Ist die Kasse geschlossen, so ist er eben dort, wo er zu suchen war, nicht zu finden.

Was den gerügten Mangel der Angabe der Stunde des erhobenen Protestes anlangt, so ist diese Angabe ein reichsgesetzliches Erforderniß nach Art. 88 der A.D.W.O. nicht. Die Frage der richtigen Auffassung des § 10 der Hamburger Einführungsverordnung zur A.D.W.O. vom 21. Februar 1849 durch das B.G. entzieht sich aber, da es sich um ein Partikulargesetz handelt, der Kritik des Revisionsgerichts nach § 511 der C.P.O., und es entfällt deshalb auch die Frage, ob, wenn das Partikulargesetz den Sinn hätte, daß die Angabe der Proteststunde als ein weiteres Erforderniß für den Protestinhalt zu gelten hätte, solche Beschränkung durch Erhebung der A.D.W.O. zum Reichsgesetz beseitigt worden wäre."

3. Reichs-Genossenschaftsgesetz.

44. Verfahren bei Auflösungsklagen aus Anlaß einer von der Verwaltungsbehörde verfügten Auflösung einer Genossenschaft (§ 35 der C.P.O.; § 74 Abs. 1 des Einf.Ges. zur C.P.O. § 3; § 13 des G.V.G.). Beschluß des II. Civilsenats vom 26. Juni 1885 in Sachen der Königl. Sächs. Kreishauptmannschaft Bautzen, Klägerin, wider den Homöopathischen Verein zu Ebersbach, Eingetragene Genossenschaft, Beklagten. Vorinstanz: O.L.G. Dresden. Die Beschwerde der Klägerin wird vom R.G. als unzulässig verworfen. (II, 88/85.)

„Das Verfahren, welches nach § 35 des Reichsgesetzes, betreffend die privatrechtliche Stellung der Erwerbs- und Wirthschaftsgenossenschaften vom 4. Juli 1868 wegen Auflösung der Genossenschaft stattfindet, ist ein civilprozessuales, kein Strafverfahren. Dies ergiebt sich schon aus der Bestimmung des zweiten Absatzes. Danach ist das Gericht für zuständig erklärt, bei welchem die Genossenschaft ihren ordentlichen Gerichtsstand hat, also diejenige Behörde, vor welcher sie verklagt werden kann (§ 11 Abs. 1 und 2). Die höhere Verwaltungsbehörde, auf deren Betreiben die Auflösung erfolgen soll, nimmt dabei die Parteistellung des Klägers ein. Durch die Auflösungsklage des § 35 wird somit, mögen immerhin die gesetzlichen Auflösungsgründe dem öffentlichen Rechte entnommen sein, ein bürgerlicher Rechtsstreit eröffnet, welchen § 13 des G.V.G. vor die ordentlichen Gerichte verweist. Auf solche Rechtsstreitigkeiten findet aber die C.P.O. Anwendung (§ 3 des Einf.Ges. zur C.P.O.). Die Vorschriften der C.P.O. sind dabei durchgängig zu beachten. Abweichungen im Einzelnen gestattet das Gesetz nicht, und daraus folgt ohne Weiteres, daß auch die höhere Verwaltungsbehörde sich vor den Landgerichten wie vor allen Gerichten höherer Instanz durch einen bei dem Prozeßgerichte zugelassenen Rechtsanwalt als Bevollmächtigten vertreten lassen muß (§ 74 Abs. 1 der C.P.O.). Die Stellung eines Staatsanwaltes ist der höheren Verwaltungsbehörde nicht eingeräumt, die Staatsanwaltschaft auch nicht etwa mit deren Vertretung beauftragt worden. Von einer entsprechenden Anwendung der Vorschriften in § 586 der C.P.O. könnte darum nicht die Rede sein.

Hiernach geht der von der Königl. Sächs. Kreishauptmannschaft zu Bautzen selbst erhobenen Beschwerde schon die gesetzliche Form ab. Die Beschwerde richtet sich wider den Beschluß des O.L.G. Dresden auf Zurückweisung des von dem L.G. Bautzen bewilligten Gesuchs der Kreishauptmannschaft um Vorladung des Homöopathischen Vereins zu Ebersbach, Eingetragene Genossenschaft, zur mündlichen Verhandlung über die Klage auf Auflösung der erwähnten Genossenschaft, hätte daher im Fall der Einlegung bei dem O.L.G. durch einen dortigen Anwalt bei unmittelbarer Einreichung an das R.G. aber durch einen bei dem R.G. zugelassenen Rechtsanwalt eingelegt werden sollen (§ 532 der C.P.O.). Da dies nicht geschehen ist, so war über die Beschwerde gemäß § 537 der C.P.O. zu entscheiden."

4. Reichs-Gewerbeordnung.

45. **Die vertragsmäßige** (oder gesetzliche) **Verpflichtung eines Wirthes, bei nicht pünktlicher Tilgung seiner Jahresbierschuld an den Brauer, noch für ein weiteres Sudjahr dessen Bier zu beziehen, enthält keinen Verstoß gegen die Gewerbefreiheit** (§ 1 der R.Gew.O.). Urth. des II. Civilsenats vom 16. Juni 1885 in Sachen der Eheleute Bl. in G., Beklagte und Revisionskläger, wider den Graf B. in H., Kläger und Revisionsbeklagten. Vorinstanz: O.L.G. München. Verwerfung. (II, 128/85.)

Die Beklagten schlossen mit dem Kläger am 1. September 1882 einen Bierabnahmevertrag, in welchem sie sich verpflichteten, während des Sudjahres aus dem Bierbezuge nicht auszutreten. Dieses Vertragsverhältniß wurde, als die Beklagten, die früher in Oberndorf wohnten, im April 1883 nach Günzenhausen zogen, aufrecht erhalten. Von Ende September 1883 an bezogen die Beklagten ihr Bier aus einer anderen Brauerei und weigerten sich, trotz Aufforderung, dasselbe ferner vom Kläger zu beziehen. Letzterer erhob im April 1884 Klage gegen die Eheleute Bl. vor dem L.G. Mühlhausen II mit dem Antrage, sie solidarisch zu verurtheilen: 1) den Vertrag bis Ende Oktober 1884 zu erfüllen, im Falle der Nichterfüllung aber für den Rest des Septembers 1883 den Betrag von 108,6 ℳ, für die folgenden Monate aber je 163,33 ℳ nebst Verzugszinsen zu zahlen; 2) für früheren Bierbezug noch 178,31 ℳ nebst Verzugszinsen vom 15. Oktober 1883 zu zahlen. Der Kläger gründete seinen Anspruch darauf, daß 1) die Beklagten nicht rechtzeitig vor Beginn des Sudjahres 1883 auf 1884 gekündigt hätten und daß 2) dieselben ihre Schuld aus dem Sudjahre 1882 auf 1883 nicht vor Weihnachten 1883 berichtigt hätten, also nach Maßgabe der Verordnung vom 25. April 1811 auch bei rechtzeitiger Kündigung nicht hätten austreten dürfen.

Die Beklagten entgegneten: 1) daß sie ihren Austritt rechtzeitig zu Michaeli 1883 dem Kläger erklärt hätten und 2) daß die um Weihnachten noch bestandene Restschuld von 178,31 ℳ deshalb nicht in Betracht kommen könne, weil sie (Beklagte) den gleichen Betrag als Entschädigung wegen nicht gelieferter Treber vom Kläger zu beanspruchen gehabt hätten. Die Beklagten zahlten übrigens die Restschuld von 178,31 ℳ am 4. Juni 1883, noch vor der Verhandlung, jedoch ohne Zinsen.

Durch Urtheil vom 10. Juni 1884 wurden die Beklagten verurtheilt: 1) den Vertrag zu erfüllen, im Falle der Nichterfüllung aber eine Entschädigung von 2231,44 ℳ, zahlbar in Monatsraten, mit Verzugszinsen zu zahlen; 2) die Verzugszinsen der gezahlten 178,31 ℳ bis 4. Juni mit 6,80 ℳ zu zahlen. Die Berufung der Beklagten wurde durch Urtheil des O.L.G. München vom 15. November 1884 zurückgewiesen. In den Gründen dieses Urtheils ist im wesentlichen erörtert: „Die Ansprüche des Klägers seien für den Fall, daß die Beklagten zur Bierabnahme für das Sudjahr 1883 auf 1884 verpflichtet gewesen seien, von diesen nicht bestritten. In Art. 27 der Verordnung vom 25. April 1811 sei ausgesprochen, daß kein Wirth, so lange er zu einem Bräuhause schulde, von diesem austreten könne und daß, wenn er in einem solchen Falle doch austreten wolle, er nicht nur seinen Austritt zu Michaeli erklären, sondern auch seine ganze Schuld vor Weihnachten vollständig zahlen müsse. Dieser Verpflichtung seien die Beklagten nicht nachgekommen, da sie mit der Zahlung von 178,31 ℳ im Rückstande geblieben seien. Die behauptete, zur Kompensation und Retention benutzte Gegenforderung vermöge hieran nichts zu ändern." Die Begründung dieser Rechtsmeinung des O.L.G. interessirt hier nicht, da sie nicht revisibles Recht betrifft.

„Wenn gerügt wird, daß die Bestimmung in Art. 27 der Bayerischen Verordnung vom 25. April 1811 gegen die Prinzipien der Gewerbeordnung verstoße, so erscheint diese Rüge nicht begründet. Es kann offenbar nicht gesagt werden, daß ein Vertrag, durch welchen ein Wirth sich verpflichtet, ein ganzes Jahr hindurch sein Bier nur von einem bestimmten Bräuer zu beziehen und durch welchen er für den Fall der Nichtbezahlung seiner bezüglichen Bierschuld, sich noch für ein weiteres Jahr in gleicher Weise verpflichtet, mit den Prinzipien der Gewerbefreiheit nicht verträglich sei. Gleiches muß aber auch von einem Gesetze gelten, welches dem abgeschlossenen Bierabnahmevertrag die Rechtsfolge giebt, daß bei nicht rechtzeitiger Tilgung der Bierschuld die Verpflichtung zur Bierabnahme noch für ein weiteres Sudjahr gelte."

5. Reichsgesetz vom 11. Januar 1876.

46. Die leitenden Grundgedanken des Musterschutzes, insbesondere des Musterschutzes von Buchstabenformen nach dem Gesetze vom 11. Januar 1876 §§ 1, 5, 6, 7. Urth. des I. Civilsenats vom 8. Juni 1885 in Sachen der B.'schen Gießerei, Klägerin und Revisionsklägerin, wider J. L., Beklagten und Revisionsbeklagten. Vorinstanz: O.L.G. Frankfurt a. M. Aufhebung und Zurückverweisung. (I, 115/85.)

Die Parteien sind Eigenthümer gewerblicher Anstalten, in denen Typen angefertigt werden, welche sie gewerbsmäßig verbreiten und durch Verkauf an Buchdrucker verwerthen. Sie haben ihre Hauptniederlassung und ihren Wohnort zu Frankfurt a. M. Kläger haben am 8. April 1876 bei der (gemäß § 9 des Reichsgesetzes betreffend das Urheberrecht an Mustern und Modellen vom 11. Januar 1876 und der von dem Reichskanzleramt erlassenen Bestimmungen vom 29. Februar 1876) mit der Führung des Musterregisters beauftragten Gerichtsbehörde zu Frankfurt a. M. ein gewerbliches Muster oder Modell unter Angabe, daß dasselbe für plastische Erzeugnisse bestimmt sei, zur Eintragung in das Musterregister angemeldet und offen hinterlegt unter der Bezeichnung „Accidenz-Gothisch (Schriftgießereierzeugniß) Nr. 275". Dieses Muster ist (der Anmeldung entsprechend) an demselben Tage Folio I Nr. 3 des Musterregisters zu Frankfurt a. M. eingetragen worden, und zwar auf eine Schutzfrist von 15 Jahren. Das eingetragene Muster soll bestimmt und geeignet sein zum gewerblichen Vorbilde für die bei gewerblicher Anfertigung von Typen für die Druckerei vermöge des Schriftschneidens und Schriftgießens plastisch zu gestaltenden großen und kleinen Buchstaben des Alphabets, welche anzeiglich zwar dem (seinem allgemeinsten Wesen nach schon früher bekannten) gothischen Buchstabenformstyle angehören, indessen (wegen der konsequenten Durchbildung eines besonderen Gestaltungsprinzips innerhalb des Rahmens jenes Buchstabenformstyles) sich als Verkörperung der originellen Konzeption einer Vereinigung von Formelementen zu einer neuen Individualgesammtform charakterisiren, welche die Formempfindung in spezifisch anderer Weise berühre als die früher auf Typen ausgestalteten Arten von Buchstaben gothischen Styls.

Der Beklagte hat am 19. April 1880 bei dem mit der Führung des Musterregisters in Frankfurt a. M. beauftragten Gerichte zur Eintragung in das Register (unter versiegelter Hinterlegung eines Packets von Exemplaren oder Abbildungen der betreffenden Muster oder Modelle) angemeldet eine Garnitur schmale Gothisch-Schriften in 7 Graden mit Fabriknummer 260—266, als gewerbliches Vorbild (Muster oder Modell) für plastische Schriftgießereierzeugnisse, auf eine Schutzfrist von drei Jahren, und ist die Eintragung (der Anmeldung entsprechend) S. 16 Nr. 161 des Musterregisters erfolgt. Am 16. April 1883 ist an derselben Stelle des Registers auf Antrag des Beklagten die Verlängerung der Schutzfrist auf drei Jahre für Flächenerzeugnisse erfolgt.

Die Kläger haben (mit der Behauptung, daß der Beklagte Nachbildungen ihres durch die obenerwähnte Eintragung Folio I Nr. 3 des Musterregisters als gewerbliches Muster oder Modell geschützten neuen und eigenthümlichen Erzeugnisses ohne ihre Genehmigung, in der Absicht, diese Nachbildungen zu verbreiten, hergestellt habe) in dem vorliegenden Prozesse den Klagantrag gestellt, zu erkennen: 1) daß die von dem Beklagten hergestellte, unter dem Namen „schmale Gothisch" in den Handel gebrachte Schrift eine widerrechtliche Nachbildung der von den Klägern hergestellten und unter dem Namen „Accidenz-Gothisch" in das von dem A. G. zu Frankfurt a. M. geführte Musterregister eingetragene Schrift sei; 2) daß demgemäß die vorräthigen Nachbildungen und die zur widerrechtlichen Vervielfältigung bestimmten Vorrichtungen einzuziehen, und (auf Kosten des Beklagten und nach Wahl desselben) entweder ihrer gefährdenden Form zu entkleiden oder bis zum Ablauf der Schutzfrist amtlich aufzubewahren seien; 3) daß Beklagter schuldig sei, den Klägern wegen widerrechtlicher Nachbildung und Verbreitung der von dieser hergestellten Schrift eine Entschädigung von 3000 ℳ nebst Prozeßzinsen zu bezahlen; 4) dem Beklagten jede weitere Nachbildung und Verbreitung der von den Klägern angefertigten Schrift „Accidenz-Gothisch" (bei namhafter Strafe für jeden Fall des Zuwiderhandelns) zu untersagen; 5) das Urtheil gegen Sicherheitsleistung für vorläufig vollstreckbar zu erklären.

Der Beklagte hat die Abweisung der Klage beantragt und zwar a) in erster Linie aus dem Grunde, daß die Kläger keinen gesetzlichen Schutz für ihr Muster erworben hätten, weil dieses Muster von ihnen als ein für plastische Erzeugnisse bestimmtes angemeldet wäre, während ein Muster für die Form von Buchstaben, welche schließlich doch gedruckt erscheinen sollten, als für Flächenerzeugnisse bestimmt angemeldet werden müsse, um nach dem Reichsgesetz vom 11. Januar 1876 für den Anmeldenden geschützt zu werden; b) eventuell deswegen, weil er (der Beklagte) das für die Kläger eingetragene Muster gar nicht nachgebildet habe.

In erster Instanz hat das L.G. Frankfurt a. M. (nach gefaßtem Beschluß, die Verhandlung auf den Grund des Anspruches zu beschränken) durch Urtheil vom 17. Oktober 1883 die Klage abgewiesen und dabei dahingestellt gelassen, ob der in erster Linie von dem Beklagten geltend gemachte Behelf gerechtfertigt sei. Das Urtheil beruht auf der Feststellung (welche das Gericht ohne Vernehmung der für die betreffende Frage vorgeschlagenen Sachverständigen auf Grund eigener Anschauung und vermeintlicher Sachkenntniß zu treffen sich zugetraut hat), daß das Erzeugniß der Schriftschneide- und -Gießereikunst, welches in Folge der Anmeldung der Kläger als gewerbliches Muster für plastische Erzeugnisse in das Musterregister eingetragen worden sei, nicht als ein neues und eigenthümliches Erzeugniß im Sinne des § 1 Abs. 2 des Reichsgesetzes vom 11. Januar 1876 gelten könne, weil es nicht den Charackter einer selbständigen geistigen Schöpfung an sich trage, also die gesetzliche Voraussetzung des Rechtes auf Musterschutz nicht besitze. Beiläufig wird in dem Urtheil bemerkt, daß ein Gleiches von dem Erzeugniß gelte, welches der Beklagte für sich als Muster in das Musterregister habe eintragen lassen; übrigens seien beide Muster verschieden, so daß (falls in ihrer Konzeption überhaupt eine geistige Schöpfung zu erblicken wäre) ein jedes dieser Muster als von dem anderen unabhängiges geschütztes Muster bestehen würde.

Gegen dieses Urtheil erster Instanz legten die Kläger Berufung ein mit dem Antrage: „unter Aufhebung des Urtheils erster Instanz die erhobene Klage dem Grunde nach für gerechtfertigt zu erkennen und die Sache zur weiteren Entscheidung an das L.G. Frankfurt a. M. zurückzuverweisen." Die Kläger führten aus, daß gewiegte Sachkenntniß dazu gehöre, um richtig zu beurtheilen, ob einer besonderen Art von Buchstaben gothischen Styls eine neue originelle Formenkonzeption zu Grunde liege, sowie ob diese originelle Konzeption von einem Dritten (trotz einzelner anscheinender Verschiedenheiten) nachgebildet sei. Die Kläger führten ferner aus, daß das Urtheil erster Instanz zu Unrecht feststelle, es sei das für die Kläger als Muster für plastische Erzeugnisse eingetragene Muster nicht neu und eigenthümlich im Sinne des Gesetzes, auch nicht von dem Beklagten nachgebildet. Die Kläger bezogen sich zur Klarlegung des Gegentheils auf mehrere Sachverständige, von denen sie (zur vorläufigen Bescheinigung der Richtigkeit des klägerischen Vorbringens) schriftliche Auslassungen beibrachten. Der Beklagte stellte den Antrag, „die Berufung zurückzuweisen", indem er namentlich den vor dem Gerichte erster Instanz prinzipal geltend gemachten Vertheidigungsbehelf (dessen Richtigkeit der Richter erster Instanz dahingestellt hatte) betonte.

In der Berufungsinstanz erkannte das O.L.G. Frankfurt a. M. (ohne Beweis aufzunehmen) durch Urtheil vom 24. Januar 1885 auf Verwerfung der Berufung. Das B.G. läßt in seinem Urtheil die Fragen, ob das für die Kläger in das Musterregister eingetragene Muster im Sinne des Gesetzes ein neues und eigenthümliches Erzeugniß sei, sowie ob der Beklagte dieses Muster nachgebildet habe, ganz dahingestellt. Es beruht auf der Auslegung des Reichsgesetzes vom 11. Januar 1876, daß derjenige, welcher ein Muster als für plastische Erzeugnisse bestimmt angemeldet habe, das Recht auf den Schutz dieses Musters nicht erwerbe, wenn das

Muster seiner Natur nach für Flächenerzeugnisse bestimmt sei, in Verknüpfung mit der Ausführung, daß Muster für die Buchstabenformation auf Typen, welche im Buchdruckereigewerbe zur Verwendung gelangen, nur als für Flächenerzeugnisse bestimmt gelten könnten, weil die Buchstabenform nach bewirktem Druck auf der Fläche des bedruckten Blattes zur Erscheinung komme, schließlich auf der Subsumtion des unstreitigen Thatbestandes unter diese Vordersätze mit dem (angeblich dadurch nothwendig bedingten) Ergebniß, daß die von den Klägern bewirkte Anmeldung und in Folge derselben bewirkte Eintragung Folio I Nr. 3 des Musterregisters zu Frankfurt a. M. eine völlig gegenstandslose sei.

„Die Angriffe der Revisionskläger führen zur Aufhebung des B. U. und Zurückverweisung der (zum Endurtheile noch nicht spruchreifen) Sache zur anderweiten Verhandlung und Entscheidung an das B. G., da die dem B. U. zu Grunde gelegte Annahme eine irrige ist, daß die auf den gewerblichen Erzeugnissen der Schriftgießereianstalten geschnittenen, geprägten, gegossenen Buchstabenformen als Gegenstand des anschauenden Formensinnes erst gelten könnten, nachdem diese Buchstaben (unter Anwendung des Verfahrens in einem von dem Gewerbe der Schriftgießereianstalten verschiedenen Gewerbe, dem Gewerbe der Buchdrucker, welche die in den Schriftgießereianstalten gefertigten und von diesen Anstalten als Waare verbreiteten Typen ankaufen und sich derselben als Werkzeug bedienen) in schwarzer oder sonstiger Farbe auf der bedruckten Blattfläche anschaulich gemacht seien.

Eine Verbindung von Formelementen zu einer neuen Individualform kann in ihrer für die Formempfindung charakteristischen Eigenthümlichkeit in einer sehr großen Zahl von Fällen sowohl in Fläche (durch Punktirung, Linienzeichnung, Farbenanwendung), als auch plastisch (durch Behandlung festen schweren Stoffes in Verhältnissen der Hebung und Senkung, der Ausgestaltung des Materiales über der Fläche, der vertiefenden Beseitigung von Stofftheilen unter der Fläche) zur Anschauung gebracht werden.

Eine neue eigenthümliche Buchstabenform erregt die Formempfindung der Anschauenden sowohl in der plastischen Ausgestaltung jener Form auf den gewerblichen Erzeugnissen der Schriftgießereianstalten (in erhabenem verkehrten Schriftschnitt auf den Patrizen, vertieft eingeprägt, in der beim gewöhnlichen Lesen üblichen Stellung, in den Matrizen, in gleichem Relief wie auf den Patrizen schriftgeschnitten, durch den Guß des Schriftzeuges in die Matrizen hergestellt auf den Typen), als auch in der Fläche des bedruckten Blattes, nachdem der Buchdrucker die Typen gesetzt, die Druckerschwärze, oder das sonstige geeignete Farbemittel, auf die höchsten Stellen der Typen aufgetragen und dieselben auf das Blatt gedrückt hat.

Dementsprechend heißt es in der dritten Auflage des technischen Wörterbuches, von Karmarsch und Heeren Bd. III S. 34: „die Patrizen müssen so beschaffen sein, daß die danach gegossenen Typen beim Aneinanderreihen einen geschmackvollen, angenehm lesbaren Satz bilden". Dabei ist (ersichtlich und zutreffend) vorausgesetzt, daß die Kenner der Erzeugnisse des Schriftschneidens und Schriftgießens in Bezug auf die Erregung ihres Formensinnes bei dem Anschauen der Buchstabenformen in denjenigen Abmessungen und Richtungsverhältnissen, in denen diese Formen auf den Patrizen und Typen zur Erscheinung gebracht sind, in völlig entsprechender Weise afficirt werden, wie diejenigen Personen, auf welche jene Formen beim Lesen des Buchstabens in der dabei üblichen Richtung (wie dieselbe in der Prägung der Matrize und nach bewirktem Druck innegehalten wird) die Formenwirkung äußern.

Daß der Kreis der Anschauenden erfahrungsgemäß in Bezug auf die erste Kategorie der Anschauungsgegenstände ein verhältnißmäßig weniger ausgedehnter sein wird, als in Bezug auf die zweite Kategorie, ändert nicht das Geringste an dem Wesen der Sache.

Es sind ferner die Erzeugnisse der Schriftgießereianstalten gewerbliche Erzeugnisse, welche von den sie anfertigenden Gewerbtreibenden gewerbmäßig verbreitet und verwerthet werden durch Vertrieb als produzirte Waare, sei es nun an andere Schriftgießereianstalten, sei es an Kaufleute, welche jene Waare weiter absetzen, sei es an Buchdrucker, welche in ihrem Gewerbe die Typen als Werkzeuge gebrauchen. Der Preis der gewerblichen Erzeugnisse der Schriftgießereianstalten steht in innigem Zusammenhange mit den auf ihnen ausgestalteten Buchstabenformen. Wenn diese Formen in neuer eigenthümlicher Weise ansprechend erscheinen, wird von den Abnehmern für jene Erzeugnisse ein höherer Preis gezahlt werden, als sonst.

Begrifflich werden die vorentwickelten Gesichtspunkte dadurch in keiner Weise verrückt, daß von den gewerblichen Erzeugnissen der Schriftgießereianstalten die Typen, zu deren Herstellung die Patrizen und Matrizen dienen, für diejenigen, welche das Buchdruckereigewerbe betreiben, Werkzeuge sind (d. h. daß die Typen, vermöge ihrer Anwendung in der Technik des Buchdruckereigewerbes, einen für letzteres Gewerbe wesentlichen materiellen Effekt hervorbringen helfen), sowie daß die Tauglichkeit der Typen zu diesem Gebrauchszwecke die gewerbliche Anfertigung von Typen in das Leben gerufen hat und denselben die Eigenschaft als Waare sichert.

Vorläufig mag es, als eine (demnächst zu beweisende) Thesis, vorausgesetzt werden, daß das Reichsgesetz vom 11. Januar 1876, betreffend das Urheberrecht an Mustern und Modellen, durch keine positive Satzung mit den vorstehend entwickelten Gesichtspunkten in Widerspruch trete; daß es im Sinne dieses Gesetzes weder ankomme darauf, daß das (eine Verbindung von Formelementen zu einer neuen eigenthümlichen Individualform veranschaulichende) gewerbliche Muster oder Modell zum gewerblichen Vorbilde bestimmt sei für erlaubte Nachbildungen jener Form auf oder in den spezifischen Erzeugnissen eines bestimmten einzelnen Gewerbszweiges, als solchen, noch auf einen Gebrauchszweck der gewerblichen Erzeugnisse, auf oder in welchen jene Form zur Nachbildung gelangt; sondern lediglich darauf, daß das zum gewerblichen Vorbilde bestimmte Werk eine (von dem Urheber konzipirte) neue eigenthümliche Individualform für die Anschauung versinnliche, so daß jene eigenthümliche Form auf oder in gewerblichen Erzeugnissen gewerbsmäßig nach dem Vorbilde gebildet, verbreitet und verwerthet werden könne, indessen mit der Bestimmung, daß der Urheber des Vorbildes (wenngleich die in letzterem vorbildlich veranschaulichte neue eigenthümliche Form an sich sowohl in der Fläche als auch plastisch nachgebildet werden könne) doch nicht den gesetzlichen Schutz seines Urheberrechtes im Sinne des Gesetzes vom 11. Januar 1876 gegen beide Weisen der Nachbildung erwirken könne; daß vielmehr der gesetzliche Schutz nur ertheilt werde entweder gewerblichen Vorbildern, welche nach der von dem Urheber (bei der Anmeldung derselben zur Eintragung in das Musterregister) ausdrücklich abgegebenen Erklärung für Flächenerzeugnisse (d. h. als gewerbliche Vorbilder zur Nachbildung der betreffenden neuen und eigenthümlichen Form, welche das Vorbild versinnlicht, in der Fläche) bestimmt seien, in welchen Fällen jedem Anderen die plastische Nachbildung jener Form auch ohne Genehmigung des Urhebers freistehe; oder gewerblichen Vorbildern, welche nach der von dem Urheber bei der Anmeldung ausdrücklich abgegebenen Erklärung für plastische Erzeugnisse bestimmt seien (d. h. als Vorbilder für die Nachbildung der betreffenden neuen und eigenthümlichen Form auf plastische Weise), in welchen Fällen jedem Anderen auch ohne Genehmigung des Urhebers freistehe, jene Form in Fläche nachzubilden; daß eine bestimmte Erklärung in der einen oder der anderen Richtung von dem Urheber bei der Anmeldung abgegeben werden müsse.

Gelingt es, diesen (vorläufig hypothesirten) Inhalt des Reichsgesetzes vom 11. Januar 1876, als bestehenden, klarzulegen: so wird daraus von selbst folgen, daß (da eigenthümliche Buchstabenformen sowohl in Fläche als auch plastisch gebildet werden können) derjenige, welcher als Urheber solcher neuer eigenthümlicher Buchstabenformen eine Veranschaulichung dieser Formen im Relief auf Typen (in der für die letzteren üblichen Technik ausgeführt) als ein für plastische Erzeugnisse bestimmtes gewerbliches Muster oder Modell (unter Niederlegung der erforderlichen Exemplare oder Abbildungen) zur Eintragung in das Musterregister bei der zuständigen Behörde anmeldet, keineswegs (wie solches in dem B.U. angenommen ist) etwas gegenstandsloses, im Sinne des Reichsgesetzes vom 11. Januar 1876 nicht rechtswirksames gethan hat; daß derselbe vielmehr durch das gekennzeichnete Verhalten die in jenem Gesetze geregelten Urheberrechte für sich erwirkt hat, welche er gegen jeden zur Geltung bringen darf, welcher ohne seine Genehmigung in Verbreitungsabsicht jene neuen eigenthümlichen Buchstabenformen plastisch nachbildet (also namentlich gegen denjenigen, welcher eine solche Nachbildung auf Typen in Schriftgießereianstalten anfertigt) und zwar gemäß § 5 des erwähnten Reichsgesetzes auch bei Nachbildungen in anderen räumlichen Abmessungen (welches namentlich in Bezug auf die Matrizen nicht ohne Belang sein kann), oder unter Anwendung eines anderen Verfahrens (was in Bezug auf die Patrizen in Betracht kommt) oder bei Bestimmung der Nachbildung für ein anderes Gewerbe, als das Gewerbe der Schriftgießerei, oder bei Nachbildung unter Abänderungen, welche nur bei Anwendung besonderer Aufmerksamkeit wahrgenommen werden können, oder, wenn die Nachbildung nicht unmittelbar nach dem Originalvorbilde, sondern nach einer Nachbildung desselben hergestellt worden ist.

Daß nun das Reichsgesetz vom 11. Januar 1876 wirklich die vorläufig vorausgesetzten Prinzipien enthält, das ergiebt sich aus folgenden weiteren Erwägungen, vor deren Ausführung darauf hingewiesen werden mag, daß die Doktrin und die Judikatur sich bereits mehrfach mit der Frage beschäftigt hat, in welcher Weise die Eigenthümer von Schriftgießereianstalten die Anmeldungen zur Eintragung in das Musterregister zu realisiren haben, um ein Urheberrecht nach dem Reichsgesetze vom 11. Januar 1876 in Bezug auf von ihnen erzeugte neue und eigenthümliche Buchstabenformen, welche sie in ihren Anstalten auf Typen zur Anschauung gebracht haben, sich wirksam zu sichern.

Im Endergebnisse auf dem Standpunkte des gegenwärtig angegriffenen Berufungsurtheiles stehen

1) der Aufsatz des Dr. J. Landgraf, Spalte 4 bis 6, Jahrgang 45 (1878) des Journals für Buchdruckerkunst, Schriftgießerei und die verwandten Fächer;

2) der in demselben Jahrgange jenes Journals, Spalte 853 bis 855, abgedruckte Aufsatz;
3) der in dem 46. Jahrgange (1879) desselben Journals, Spalte 189 bis 192, befindliche, Berlin M. S. unterzeichnete Aufsatz; (welche Aufsätze zu 2 und 3 ihre These geistvoll vertreten);
4) Professor Dr. Klostermann in Endemanns Handbuch des Deutschen Handels-, See- und Wechselrechtes Bd. II S. 302 Anm. 5;
5) das Urtheil der zweiten Civilkammer des L.G. zu Stuttgart, in Sachen Flinsch wider Weisert vom 15. Februar 1880, mitgetheilt in dem oben erwähnten Journale Jahrgang 47 (1880) Spalte 307 bis 310, 336 bis 339, 382 bis 384 in besonders eingehender Weise.

Letzteres Urtheil ist von dem O.L.G. Stuttgart durch Urtheil vom 21. Mai 1880 in dem Ergebnisse der Abweisung des von dem angeblich Musterberechtigten gestellten Klageantrages bestätigt. Diese Klageabweisung erfolgte indessen in der zweiten Instanz aus einem ganz anderen Grunde, als dem Entscheidungsgrunde des Urtheiles erster Instanz, nämlich unter Anwendung der §§ 7 Abs. 2 und 17 Abs. 2 des Reichsgesetzes vom 11. Januar 1876 auf Grund der Feststellung, daß bereits vor dem Tage der Anmeldung des Musters zur Eintragung nach demselben gefertigte Erzeugnisse verbreitet worden seien.

Die gegen letzteres Urtheil erhobene Nichtigkeitsklage ist zurückgewiesen durch Urtheil des II. Civilsenats des R.G. vom 19. März 1881 Rep. II, 297/1880" (abgedruckt in den Annalen Bd. III S. 519; Entsch. Bd. IV S. 108). „Letzteres Urtheil beruht auf der Ausführung, daß das B.G. (bei seiner entscheidenden Feststellung und den daraus gezogenen Folgerungen) die Bestimmungen der §§ 7 Abs. 2 und 17 Abs. 2 des Reichsgesetzes vom 11. Januar 1876 nicht verletzt habe. Neben diesem Decisivgrunde sind beiläufig nicht decisive Ausführungen gemacht, welche mit den Decisivgründen des gegenwärtigen Urtheiles nicht in Uebereinstimmung stehen, welche indessen (theils wegen ihrer nicht decisiven Natur, theils wegen der nicht bestimmten Fixirung der in Betracht kommenden Prinzipien, theils wegen der Folgerung der gebilligten Sätze aus Voraussetzungen in Bezug auf thatsächliche Momente des Gewerbebetriebes und Verkehrslebens) nicht geeignet erscheinen, einen Fall der Anwendung des § 137 des G.V.G. für gegeben zu erachten.

In einem (Spalte 58 bis 60 des 46. Jahrganges (1879) des oben in Bezug genommenen Journales für Buchdruckerkunst u. s. w.

abgedruckten) Aufsatze hat der Geheime Oberpostrath Prof. Dr. Dambach gegenüber den oben unter Nr. 1 und 2 mitgetheilten Aufsätzen das Ergebniß seiner Auffassung des Reichsgesetzes vom 11. Januar 1876 dahin formulirt: „daß die Erzeugnisse der Schriftgießerei unzweifelhaft als plastische Muster in das Musterregister einzutragen seien“. Bei dem hervorragenden Antheil, welchen Dr. Dambach nicht nur an der Abfassung des Entwurfes zu dem Gesetze, betreffend das Urheberrecht an Mustern und Modellen und der Motive zu diesem Entwurfe, sondern auch, als Kommissar des Bundesrathes, an den Berathungen der Kommission des Reichstages über den Gesetzesentwurf und den Verhandlungen in dem Reichstage über diesen Entwurf genommen hat, in Berücksichtigung ferner, daß Dr. Dambach von dem Reichskanzleramte mit der Ausarbeitung der von diesem Amte (auf Grund der dem letzteren durch den § 9 Abs. 4 des Gesetzes vom 11. Januar 1876 ertheilten Ermächtigung) erlassenen Bestimmungen vom 29. Februar 1876 über die Führung des Musterregisters betraut gewesen ist, verdient seine Auffassung die sorgfältigste Beachtung. Es wird indessen aus den bereits entwickelten Gesichtspunkten und den jetzt folgenden weiteren Erwägungen hervorgehen, daß der von Dr. Dambach formulirte Satz (in seinem scharfen Gegensatze gegen die von ihm kritisirte Ansicht) zu apodiktisch gefaßt ist und zu weit nach dem anderen Extreme geht; daß vielmehr derjenige, welcher neue und eigenthümliche Buchstabenformen durch einen originellen Akt des formenschaffenden Sinnes koncipirt hat und nun als Urheber (unter Niederlegung eines Exemplars oder einer Abbildung eines Erzeugnisses, in welchem er jene Form für die Anschauung versinnlicht hat) bei der zuständigen Behörde sein Originalerzeugniß als gewerbliches Vorbild zur Eintragung in das Musterregister anmeldet, auch wenn jenes Erzeugniß ein gewerbliches Erzeugniß des Gewerbes der Schriftgießereianstalten (sei es nun eine Patrize, Matrize oder Type) sein sollte, ein Urheberrecht nach dem Gesetze vom 11. Januar 1876 erwirbt, mag er bei der Anmeldung erklärt haben, daß sein Originalwerk als Muster für Flächenerzeugnisse bestimmt sei, oder mag er erklärt haben, daß es als gewerbliches Vorbild für plastische Erzeugnisse bestimmt sei; daß aber der Urheber, je nachdem er bei der Anmeldung die eine oder die andere Erklärung abgiebt, in Bezug auf dasjenige, was für ihn in jedem dieser Fälle im Sinne des Gesetzes vom 11. Januar 1876 der eigentliche Gegenstand des Musterschutzes ist (nämlich die neue eigenthümliche Buchstabenform als gewerbliches Vorbild für

Nachbildung auf gewerblichen Erzeugnissen), ein Urheberrecht von verschiedener praktischer Wirkung erlangt.

Für die Abgrenzung des sachlichen Geltungsgebietes des Reichsgesetzes vom 11. Januar 1876 sind zunächst bestimmte Zeichen gesetzt durch die Gliederung des Inbegriffes derjenigen Reichsgesetze, welcher bezweckt, die Energie in dieser Richtung mit Schöpferkraft begabter Menschen zum Erschaffen neuer Güter zu erhöhen, vermöge der anregenden Bestimmung und Regelung eines Rechtes der Schöpfer jener Güter (Urheber, Erfinder) aus ihrer Urheberschaft, bezw. Erfindung, unter gewissen von ihnen zu erfüllenden Bedingungen und innerhalb bestimmter Schranken, einen durch den gesetzlichen Schutz gesicherten Nutzen zu ziehen.

Jenem Inbegriff gehören (als verschiedene Gebiete beherrschende Normen) an

1) das Gesetz vom 11. Juni 1870, welches regelt außer dem Urheberrecht an Schriftwerken, musikalischen Kompositionen und dramatischen Werken auch das, als diesen verwandt gedachte, Urheberrecht an geographischen, topographischen, naturwissenschaftlichen, architektonischen, technischen und ähnlichen Zeichnungen und Abbildungen, welche nach ihrem Hauptzwecke nicht als Kunstwerke zu betrachten sind;

2) das Gesetz vom 9. Januar 1876, betreffend das Urheberrecht an Werken der bildenden Künste mit Ausnahme der Baukunst;

3) das Gesetz vom 25. Mai 1877, welches normirt das Recht auf den Erwerb von Patenten und die aus diesem Erwerbe fließenden Befugnisse der Erfinder neuer, eine gewerbliche Verwerthung gestattender Naturkräftekombinationen in einem bestimmten Gegenstande, für welchen das Patent beansprucht ist, mag dieser Gegenstand nun ein neuer Stoff sein (mit Ausnahme von Nahrungs-, Genuß-, Arzneimitteln oder auf chemischem Wege herstellbaren Stoffen, soweit die Erfindung nicht ein bestimmtes Verfahren zur Herstellung dieser Gegenstände betrifft), oder eine neue Fabrikationsmethode, oder ein, als Ding für sich bestehendes, neues Mittel, durch dessen mechanisch oder physikalisch wirkenden technischen Gebrauch bestimmte materielle Effekte hervorgebracht werden (Maschinen oder sonstige Betriebsvorrichtungen, Werkzeuge und sonstiges Arbeitsgeräth);

4) das Gesetz vom 11. Januar 1876, betreffend das Urheberrecht an Mustern und Modellen.

Setzt man vorläufig voraus, daß es sich bei letzterem Gesetze um die Regelung eines Urheberrechtes an neuen und eigenthümlichen

Formen in einer bestimmten Beziehung handele, so wird man (bei der Coexistenz der erstgenannten drei Gesetze) zu dem Schlusse berechtigt sein, daß bei dem Gesetze vom 11. Januar 1876 die Urheberschaft weder in Betracht kommt als Urheberschaft an Zeichnungen und Abbildungen, welche zur Belehrung über Gegenstände des theoretischen Wissens, als solcher, bestimmt sind, denn letztere Urheberschaft ist geschützt durch das Gesetz vom 11. Januar 1870, noch als Urheberschaft in Bezug auf solche Originalwerke, welche weder bestimmt sind, der Belehrung noch den Interessen des Gewerbes zu dienen, sondern von ihrem Urheber geschaffen sind als Werke der bildenden Kunst, d. h. nicht als Mittel zu einem außerhalb ihres (in sich beschlossenen) Daseins liegenden Zwecke, sondern als schöne, einen individuellen geistigen Inhalt erschöpfend und harmonisch in der Reinheit der Linien, im Scheine der Farben, in der gediegenen Festigkeit des Materiales darstellende Gestaltungen, welche ihren Schöpfer im Erschaffen und den Betrachtenden bei der Anschauung mit der idealen Freude an ihrer Schönheit erfüllen; denn die Urheberschaft des bildenden Künstlers, als solchen, ist geregelt durch das Gesetz vom 9. Januar 1876; noch schließlich als Urheberschaft in Bezug auf Formen, welche zwar zu gewerblicher Verwerthung, indessen nicht deswegen erfunden sind, um eine Erhöhung des Werthes gewerblicher, jene Form an sich tragender Erzeugnisse (in Folge des Reizes der neu erfundenen eigenthümlichen Form auf die Formempfindung der Abnehmer) zu erzielen, sondern deswegen, weil bestimmte Dinge, wenn sie derartig geformt sind, in Folge dieser Formation geeigneter werden, Naturkräfte wirksam zur Erreichung eines bestimmten technischen Effektes in Thätigkeit zu setzen oder zu leiten; denn die Rechte desjenigen, welcher zu diesem Zweck die Formgestaltung von Gegenständen erfindet, regelt das Patentgesetz vom 25. Mai 1877.

Daß die (vorläufig vorausgesetzte) Tendenz des Gesetzes vom 11. Januar 1876 wirklich besteht, daß dieses Gesetz wirklich bestimmt ist, das Urheberrecht an neuen und eigenthümlichen Formen zu schützen, das ergiebt sich aus der sprachlichen Bedeutung der Ausdrücke „Muster" und „Modell", aus der Bezeichnung jenes Gesetzes als des Gesetzes „betreffend das Urheberrecht an Mustern und Modellen", aus dem zweiten Absatz des ersten Gesetzesparagraphen, aus der Erwähnung der Anfertigung der Muster und Modelle von den in einer gewerblichen Anstalt beschäftigten Zeichnern, Malern, Bildhauern im zweiten Paragraphen, aus der Betonung der anderen räumlichen Abmessungen oder Farben in dem § 5 Nr. 2, schließlich aus dem im § 6 Nr. 2 fixirten durchgreifenden Gegensatz der Vorbilder, welche für Flächenerzeugnisse und derjenigen, welche für plastische Erzeugnisse bestimmt seien.

Außer den durch den Unterschied des Gesetzes vom 11. Januar 1876, von den Gesetzen vom 11. Januar 1870, 9. Januar 1876 und 25. Mai 1877 und den soeben berührten Momenten gewonnenen Ergebnissen ist nunmehr heranzuziehen der nähere Inhalt des Gesetzes vom 11. Januar 1876, namentlich der §§ 1 bis 9 und 14 letzteren Gesetzes, in denen im Wesentlichen Folgendes bestimmt ist:

Geschützt werde (unter Voraussetzung der seitens des Urhebers erfolgten Anmeldung des Vorbildes (Musters oder Modelles), unter Niederlegung eines Exemplars oder einer Abbildung desselben, bevor ein nach demselben gefertigtes Erzeugniß verbreitet sei, bei der nach § 9 mit Führung des Musterregisters gemäß der näheren von dem Reichskanzleramt über diese Führung beauftragten Gerichtsbehörde zur Eintragung in das Musterregister) das (durch Erbrecht übergehende, beschränkt oder unbeschränkt durch Vertrag oder Verleihung von Todeswegen übertragbare) Recht des Urhebers eines neuen und eigenthümlichen Erzeugnisses, welches als gewerbliches Vorbild (Muster oder Modell) für Nachbildungen auf gewerbsmäßig zu verbreitenden verwerthbaren gewerblichen Erzeugnissen bestimmt ist, auf ausschließliche gänzliche oder theilweise Nachbildung, oder Ertheilung der Genehmigung zur Nachbildung mit der Befugniß gegen Jeden, welcher eine Nachbildung in der Absicht gewerbsmäßiger Verbreitung ohne die Genehmigung des Berechtigten herstellt, die in dem § 14 des Gesetzes vom 11. Januar 1876, in Verbindung mit den (entsprechend zur Anwendung gelangenden) Bestimmungen der §§ 18 bis 36 und 38 des Gesetzes vom 11. Juni 1870, näher bestimmten Verbietungs-, Verhinderungs-, Strafantrags- und Entschädigungsrechte zur Geltung zu bringen, und zwar auch dann, wenn bei Hervorbringung der Nachbildung ein anderes Verfahren angewendet ist, als bei dem Originalwerke, oder wenn die Nachbildung für einen anderen Gewerbszweig bestimmt ist, als das Original, oder in anderen räumlichen Abmessungen oder Farben hergestellt wird, als das Original, oder sich vom Originale nur durch solche Abänderungen unterscheidet, welche nur bei Anwendung besonderer Aufmerksamkeit wahrgenommen werden können, oder wenn die Nachbildung nicht unmittelbar nach dem Originalwerke, sondern mittelbar nach einer Nachbildung desselben hergestellt ist; indessen mit der sehr wesentlichen Beschränkung der Tragweite des Urheberrechtes, daß als verbotene Nachbildungen nicht anzusehen sind

1) Einzelkopien des Musters oder Modelles, sofern dieselben ohne die Absicht der gewerbsmäßigen Verbreitung und Verwerthung angefertigt werden,

2) die Nachbildungen von gewerblichen Mustern, welche für Flächenerzeugnisse bestimmt sind, durch plastische Erzeugnisse und umgekehrt,

3) die Aufnahme von Nachbildungen einzelner Muster oder Modelle in ein Schriftwerk,

4) die freie Benutzung einzelner Motive eines gewerblichen Musters oder Modelles zur Herstellung eines neuen gewerblichen Musters oder Modelles.

Aus diesen Bestimmungen des Gesetzes vom 11. Januar 1876 (in Verbindung mit der Existenz und dem Inhalt der Gesetze vom 11. Juni 1870, 9. Januar 1876, 25. Mai 1877) ergiebt sich

a) daß es bei dem Urheberrecht an Mustern und Modellen nicht wesentlich darauf ankommt, daß das betreffende Originalwerk Erzeugniß gerade eines bestimmten Gewerbes, noch als Vorbild gerade für die Erzeugnisse eines bestimmten Gewerbes erschaffen sei;

b) daß das Gesetz vom 11. Januar 1876 in Bezug auf die in ihm geregelte Urheberschaft keinen Unterschied zieht zwischen zur Kunstindustrie gehörigen Gewerben, deren Erzeugnisse etwa (als allein geeignet, die Empfindung für die Schönheit und einen geläuterten Geschmack ästhetisch zu befriedigen) bei jener Urheberschaft allein in Betracht kämen, und den nicht der Kunstindustrie angehörigen Gewerben, in Bezug auf deren Erzeugnisse die Urheberschaft im Sinne dieses Gesetzes etwa nicht existire;

c) daß ferner das Gesetz vom 11. Januar 1876 ebensowenig in Bezug auf die in ihm geregelten Urheberrechte für relevant erachtet eine Scheidung der Gewerbe, nach ihrem Verhältnisse in Bezug auf den Gebrauchszweck und die praktische Gebrauchsanwendung ihrer Erzeugnisse, namentlich nicht eine Scheidung zwischen solchen Gewerben, deren Erzeugnisse (was ihren bei dem Gesetze vom 11. Januar 1876 gar nicht in Betracht kommenden Gebrauchszweck und -Anwendung betrifft) als Werkzeuge für ein anderes Gewerbe erscheinen, und diesen anderen Gewerben;

d) daß das Gesetz vom 11. Januar 1876 vielmehr lediglich (im Zusammenhange mit der entsprechenden Beschränkung des dem Urheber zugestandenen Verbietungsrechtes) die industriellen Erzeugnisse, bei denen im Sinne des von ihm geregelten Urheberrechtes Nachbildungen vorkommen, in zwei große Kategorien scheidet, und zwar in die Kategorie solcher Erzeugnisse, in welchen dasjenige, was an dem

Originalwerke als originell in Betracht kommt (dieses Werk im Sinne des Gesetzes zu einem neuen eigenthümlichen Erzeugniß macht), in der Fläche nachgebildet wird, von der Kategorie, in welcher diese Nachbildung plastisch hergestellt wird, wobei das Gesetz davon ausgehen muß, daß dasjenige, was bei dem vorbildlichen Originalwerk (dem Muster oder Modell im Sinne des Gesetzes) in Bezug auf dessen unerläßliche Neuheit und Eigenthümlichkeit den Ausschlag giebt, seinem Allgemeinbegriffe nach (wenigstens unter Umständen und in vielen konkreten Weisen des Daseins) sowohl eine Nachbildung in Fläche, als auch eine plastische Nachbildung ermögliche. —

Aus allen diesen Momenten rechtfertigt sich der Schluß, daß (zunächst abgesehen von der in der letzterwähnten Scheidung liegenden näheren Bestimmung) im Allgemeinen der Gegenstand des Urheberrechtes nach dem Gesetze vom 11. Januar 1876 besteht in bildlichen Ausgestaltungen einer Vereinigung von Formelementen zu einem (nicht etwa nothwendiger Weise schönen, oder die Ansprüche eines geläuterten Geschmacks befriedigenden, wohl aber nothwendiger Weise neuen und eigenthümlichen, d. h. den Formensinn des jene Ausgestaltung Anschauenden in einer eigenartigen, von der Wirkung früher bekannter Verbindungen von Formelementen verschiedenen Weise berührender, und deswegen auch eine originelle Bethätigung der in Formen schöpferischen Kraft des Urhebers bei dieser Schöpfung anzeigenden) individuellen Formganzen, mit der Qualifikation, daß jene bildliche Ausgestaltung als gewerbliches Vorbild gesetzt ist, d. h. als Vorbild für die Nachbildung jenes neuen und eigenthümlichen Formeninbegriffs in Gewerben auf oder in deren Erzeugnissen, um durch die Wirkung dieser eigenthümlichen Formenschöpfung auf den Formensinn die gewerbsmäßige Verbreitung und Verwerthung der betreffenden gewerblichen Erzeugnisse zu fördern. —

Hinzu tritt dann (als Konsequenz der oben gekennzeichneten durchgreifenden Beschränkung der Tragweite des dem Urheber verliehenen Verbietungsrechtes) die weitere Bestimmung, daß das Vorbild nicht bestimmt sein darf als Vorbild für alle gewerbsmäßigen Nachbildungen, mögen dieselben Nachbildungen in der Fläche oder in plastischer Gestaltung sein, sondern, daß der Urheber bei der Anmeldung zur Eintragung in das Musterregister die Bestimmung des einzutragenden gewerblichen Vorbildes (Musters oder Modells) derartig feststellen muß, daß er ausdrücklich angiebt, ob sein neues und eigenthümliches Erzeugniß als gewerbliches Vorbild (Muster oder Modell) für plastische Erzeugnisse oder als gewerbliches

Vorbild für Flächenerzeugnisse eingetragen werden solle; wobei es (unter der Voraussetzung, daß die neue und eigenthümliche Formenverbindung sich in der Fläche oder durch Plastik veranschaulichen läßt) irrelevant sein würde, wenn bei der Anmeldung zur Eintragung eines gewerblichen Vorbildes, als eines für plastische Erzeugnisse bestimmten, nur eine Zeichnung jener Formenverbindung niedergelegt wäre (also eine Veranschaulichung jener Formenverbindung in der Fläche, welche aber als Vorbild für die plastische Darstellung jener Formenverbindung dienen kann), oder, wenn bei der Anmeldung zur Eintragung eines gewerblichen Vorbildes, als eines für Flächenerzeugnisse bestimmten, eine Versinnlichung der neuen eigenthümlichen Formenverbindung in plastischer Ausführung niedergelegt wäre, aus welcher die charakteristische (in der Fläche nicht ohne Einwilligung des Urhebers nachzubildende) neue und eigenthümliche Formenverbindung derartig erhellt, daß dieselbe sich danach in Flächenerzeugnissen nachbilden läßt. —

Die aus dem Verhältnisse der einzelnen, das Urheberrecht einschließlich des Patentrechtes regelnden Reichsgesetze, sowie aus der Fassung und dem Zusammenhange der bezeichneten Bestimmungen des Gesetzes vom 11. Januar 1876 gewonnenen Ergebnisse werden unterstützt durch die Erwägung der Entstehungsgeschichte dieses Gesetzes und den Inhalt der von dem Reichskanzleramte sogleich nach Emanation des Gesetzes in Folge der im § 9 Abs. 4 desselben ertheilten Ermächtigung erlassenen Bestimmungen vom 29. Februar 1876 über die Führung des Musterregisters. —

Zunächst ist, sowohl in den Motiven des Entwurfes eines Gesetzes, betreffend das Urheberrecht an Mustern und Modellen, welcher (nebst jenen Motiven) mittels Anschreibens des Reichskanzlers vom 1. November 1875 im Namen Seiner Majestät des Kaisers dem Reichstage zur verfassungsmäßigen Beschlußnahme vorgelegt worden ist, als auch in dem Bericht der X. Kommission des Reichstages über den Gesetzesentwurf und in den Reichstagsdebatten nachdrücklichst betont, daß in Bezug auf das im Gesetze zu regelnde Urheberrecht ein Unterschied zwischen Erzeugnissen der Kunstindustrie und solchen Erzeugnissen, welche der Kunstindustrie nicht angehörten, nicht gemacht werden könne und solle, daß das Urheberrecht auch für die einfachsten (aus Punkten und Strichen kombinirten) Muster geschützt werden müsse, wenn diese Muster nur (worauf das entscheidende Gewicht zu legen sei) neue und eigenthümliche Kombinationen von Formelementen und als solche Erzeugnisse einer originelle Formen erschaffenden Geistesthätigkeit seien.

Wenn die Vertheidiger des Satzes, daß das Gesetz nur solche neue und eigenthümliche Formen schütze, welche schön seien oder doch einen geläuterten Geschmack befriedigten, oder (wie der Ausdruck sich bei dieser Vertheidigung eingebürgert hat) eine ästhetische Befriedigung gewähren, sich darauf berufen, daß es in den legislativen Vorstadien wiederholt als das Ziel, dessen Erreichung durch das Gesetz betreffend das Urheberrecht an Mustern und Modellen gefördert werden solle, hervorgehoben sei die allmähliche Hebung der deutschen Industrie in der Art, daß dieselbe in Bezug auf die Formschönheit und das Geschmackvolle ihrer Erzeugnisse mit der Industrie des Auslandes, namentlich mit der französischen Industrie konkurrenzfähiger werde als bisher; so ist es zwar vollkommen richtig, daß dieser Gesichtspunkt in jenen Stadien wiederholt und ganz mit Recht geltend gemacht ist; es ist aber verfehlt, daraus die Berechtigung zu entnehmen, eine Beschränkung des durch das Gesetz vom 11. Januar 1876 geregelten Urheberrechtes in dieses Gesetz hineinzutragen, welche durch den Gesetzesinhalt in keiner Weise gerechtfertigt wird, sondern sich mit diesem Gesetzesinhalt geradezu nicht verträgt. —

Der aus jenen (an sich berechtigten) Aeußerungen über das durch das Gesetz zu erstrebende Ziel gezogene Schluß geht zu weit. Diejenigen, welche ihn gezogen haben, verkennen, daß es im Wesen des Menschengeistes liegt, zur höheren Vollkommenheit fortzuschreiten und daß dieser Fortschritt auf einem bestimmten Gebiete von selbst dadurch gezeitigt wird, wenn die originelle Initiative der in Bezug auf dieses Gebiet mit schöpferischer Kraft begabten Menschen durch Institutionen angeregt wird, welche die Bethätigung jener Initiative zu einer nicht blos das Allgemeinwohl, sondern auch speziell das Wohl jener schöpferischen Menschen steigernden macht. —

Die höhere Energie des Wettkampfes befähigter Menschen führt von selbst im Großen und Ganzen zur höheren Vollkommenheit der Leistungen und zu schnellerer Erzielung dieser Vollkommenheit. So führt der gesetzliche Schutz des Urheberrechtes an gewerblichen Vorbildern zur Nachbildung der in ihnen veranschaulichten neuen eigenthümlichen Formverbindungen auf gewerblichen Erzeugnissen von selbst zur schnelleren Hebung der Industrie in Bezug auf die Herstellung von Erzeugnissen, welche durch die auf ihnen erscheinenden Formen das Schönheitsgefühl und den geläuterten Geschmack befriedigen. Die gesteigerte Lust am Schaffen neuer eigenthümlicher Formen, deren Wirkung den gewerblichen Absatz der Erzeugnisse, auf und in welchen jene Formen erscheinen, durch den auf die Formempfindung durch diese Erscheinung geübten Reiz steigern soll, führt im Endergebnisse zur reichen Produktion vorwiegend schöner oder doch für den guten Geschmack gefälliger Erzeugnisse. Dieses Ziel wird sicherer erreicht, wenn (der weisen Mäßigung des Gesetzes vom 11. Januar 1876 entsprechend) in Bezug auf den Schutz der Urheberschaft das entscheidende Gewicht nur auf die Neuheit und Eigenthümlichkeit der erzeugten Form gelegt wird (so daß auch der Möglichkeit des originell Häßlichen ein Spielraum gelassen wird, gegen dessen zu große, den Gewinn des festeren Maßstabes und des freieren Wetteifers der originellen Kräfte überwiegende Ausdehnung die alte Erfahrung sichert, „daß das Häßliche abschreckend wirkt"), als wenn das positive Erforderniß der Schönheit oder des Geschmackvollen des Erzeugnisses als Vorbedingung für den gesetzlichen, ihrem Urheber zu gewährenden Schutz aufgestellt und so der Richter in Streitfällen genöthigt würde, nach einem angeblich richtigen ästhetischen Maßstabe die Entscheidung zu treffen. —

In Bezug auf die demnächst in das Auge zu fassenden Momente, nämlich die Unerheblichkeit des Unterschiedes nach dem Gebrauchszweck ihrer Erzeugnisse, die große Erheblichkeit des Gegensatzes der Nachbildung der in dem gewerblichen Vorbilde veranschaulichten neuen eigenthümlichen Form in Flächenerzeugnissen und plastischen Erzeugnissen, schließlich die Bedeutung des Ausdrucks „bestimmt sind" im § 6 Nr. 2 des Gesetzes vom 11. Januar 1876 ergeben die Vorarbeiten vor Erlaß des Gesetzes und die von dem Reichskanzleramt erlassenen Bestimmungen vom 29. Februar 1876 folgende für die Auslegung des Gesetzes (wegen der besonderen Prägnanz der Erörterungen in den Vorarbeiten und wegen der dem Reichskanzleramt im § 9 Abs. 4 des Gesetzes ertheilten Ermächtigung) relevante Momente. Bei der Berathung des Gesetzentwurfes in der X. Kommission des Reichstages hatten mehrere Mitglieder zum § 4 des Entwurfes geltend gemacht, daß nicht allein die Urheber, sondern auch die Gewerbe geschützt werden sollten, daß jeder Fabrikant den Schutz nur für seinen Gewerbszweig verlange und brauche. Diese Mitglieder wollten daher die (demnächst in das Gesetz übergegangene) Bestimmung des Gesetzentwurfes gestrichen haben, nach welcher auch eine für einen anderen Gewerbszweig bestimmte Nachbildung für eine verbotene erklärt wurde. Der Regierungskommissar warnte dringend vor dieser Aenderung unter Hinweis auf das Urtheil der Sachverständigen und die Gesetzgebung des Auslandes, in welcher das Prinzip anerkannt sei, daß das Nachbildungsverbot sich nicht auf den speziellen Gewerbszweig, in welchem das gewerbliche Vorbild angefertigt worden sei, beschränken, sondern auf die Gesammtindustrie erstrecken müsse. Schließlich einigte sich die Mehrheit der Kommission für einen Mittelweg (welcher bereits in der Enquêtekommission von dem Sachverständigen, späterem Abgeordneten Dr. Websky vorgeschlagen war, auch mit einem anologen Beschluß der Kommission des Reichstages zur Berathung des Entwurfes eines Gesetzes, betreffend das Urheberrecht an Werken der bildenden Künste, dessen Inhalt demnächst auch in das betreffende Gesetz vom 9. Januar 1876 in den § 6 Nr. 2 übergegangen ist, in gedanklichem Zusammenhange steht), nämlich für den Weg zwei große Kategorien zu unterscheiden, nämlich

1) diejenigen Gewerbe, auf deren Erzeugnissen die neuen und eigenthümlichen Formenbilder plastisch zur Erscheinung gebracht würden;
2) diejenigen Gewerbe, auf deren Erzeugnissen jene Formbilder in Fläche gestaltet würden,

und die Gesetzesbestimmung vorzuschlagen, daß nicht verboten sein solle, die Nachbildung von Flächenmustern durch plastische Erzeugnisse und umgekehrt.

Hiergegen wurde ein Bedenken daraus hergeleitet, daß sowohl plastische als auch Flächenerzeugnisse nach Zeichnungen angefertigt würden, und daß bei Annahme der vorgeschlagenen Gesetzbestimmung sich praktisch die Sache so gestalten werde, daß man Zeichnungen zur plastischen Ausführung trotz des gesetzlichen Schutzes des Urheberrechts nicht werde anfertigen können, ohne der Gefahr einer Nachbildung der Zeichnung in plastischer Ausführung, als einer nicht verbotenen, zu unterliegen.

Diese Ansicht wurde von der Mehrheit der Kommission für eine mißverständliche erklärt, weil präparatorische Zeichnungen mit dem Modell zusammenfielen; doch entschied sich die Kommission (um dergleichen Mißverständnissen vorzubeugen) dafür, die vorgeschlagene Bestimmung, wie folgt, zu fassen: § 5. „Als verbotene Nachbildung ist nicht anzusehen .... Nr. 2 die Nachbildung von Mustern, welche für Flächenerzeugnisse bestimmt sind, durch plastische Erzeugnisse und umgekehrt."

Bei der Berathung in der Sitzung des Reichstages vom 13. Dezember 1875 stellte der Abgeordnete Dr. Grimm den Antrag: „den § 5 Nr. 2 des Kommissionsentwurfes zu streichen, eventuell demselben hinzuzusetzen: es sei denn, daß die Ausführung eines für Flächenerzeugnisse bestimmten Musters in plastischer Form oder umgekehrt bei der Anmeldnng ausdrücklich vorbehalten wird."

Dieser Antrag wurde von den Abgeordneten Dr. Oppenheim und Dr. Weigel namentlich aus dem Gesichtspunkte vertheidigt, daß, wenn eine neue eigenthümliche Form sich, als solche, in gleicher Weise zur Bildung in Fläche und in plastischer Weise eigne, gar kein durchgreifender Grund vorliege, dem Urheber nicht den Schutz für sein originelles Erzeugniß, als Vorbild für beide Arten der Nachbildung, zu gewähren; während, wenn die neue und eigenthümliche Formverbindung sich nicht in gleicher Weise für die Ausführung in Fläche und in plastischer Weise eigne und sie als für die ihrem Wesen adäquatere Weise der Ausführung bestimmtes Vorbild angemeldet sei, die Nachbildung in der ihrem Wesen nicht in gleichem Grade entsprechenden Weise aber nicht als verboten gelten solle, dadurch gerade die verkehrte, krankhafte Imitation begünstigt werde. Ueberdies sei die Grenzlinie zwischen beiden Nachbildungsweisen schwer zu ziehen und werde sowohl der Grundgedanke des zu gebenden Gesetzes reiner verwirklicht, als auch dessen Ziel sicherer erreicht, wenn dem Urheber eines zum Vorbilde für die nachbildende Verwirklichung neuer und eigenthümlicher Formen auf Industrieerzeugnissen bestimmten Originalwerkes der Schutz gegen jede (ohne seine Genehmigung in Verbreitungsabsicht), sei es nun in Fläche, sei es plastisch realisirte Nachbildung gewährt werde. Eventuell müsse (wie solches in dem eventuellen Antrage des Dr. Grimm vorgeschlagen sei) dem Urheber die Möglichkeit gewährt werden, sich durch ausdrücklichen Vorbehalt den Schutz gegen Nachbildungen in jeder der beiden Nachbildungsweisen zu verschaffen.

Gegen diesen eventuellen Antrag machte der Berichterstatter Dr. Wehrenpfennig geltend, daß derselbe in der praktischen Wirkung der Streichung des § 5 Nr. 2 ganz gleichstehe; denn wenn man dem Urheber erlaube, einen Vorbehalt der vorgeschlagenen Art zu machen, so werde jeder Urheber (um sicher zu gehen) diesen Vorbehalt erklären und sein Muster für beide großen Gebiete eintragen lassen.

Der Kommissarius des Bundesraths, Geheime Ober-Postrath Professor Dr. Dambach, erklärte: Er wolle gar nicht bestreiten, daß auch die andere Ansicht ihre Bedeutung und Berechtigung habe; indessen spreche er die Bitte aus, es bei dem Beschlusse der Kommission zu belassen, weil die unter Nr. 2 des § 5 vorgeschlagene Bestimmung auf einem Kompromisse der Vertreter sich entgegenstehender Ansichten in der Kommission beruhe und mit der entsprechenden Bestimmung, welche bereits für das Gesetz, betreffend das Urheberrecht an Werken der bildenden Künste, beschlossen sei, in vollem Einklange stehe. Darauf wurde bei der Abstimmung der eventuelle Antrag des Abgeordneten Dr. Grimm abgelehnt und die Bestimmung des § 5 Nr. 2 des Kommissionsentwurfes angenommen.

Demnächst stellte der Abgeordnete Dr. Websky den Antrag zu dem § 6 des Entwurfes, jetzt § 7 des Gesetzes, welcher lautet: „Der Urheber eines Musters oder Modells genießt den Schutz gegen Nachbildung nur dann, wenn er dasselbe zur Eintragung in das Musterregister angemeldet und ein Exemplar oder eine Abbildung des Musters 2c. bei der mit der Führung des Musterregisters beauftragten Behörde niedergelegt hat. Die Anmeldung muß erfolgen, bevor ein nach dem Muster oder Modell gefertigtes Erzeugniß verbreitet wird,“ Als *dritten* Absatz hinzuzufügen: „Bei der Niederlegung eines Musters ist die Erklärung abzugeben, ob dasselbe für Flächen- oder plastische Erzeugnisse bestimmt ist.“

Darauf erklärte der Berichterstatter Abgeordnete Dr. Wehrenpfennig: „Was den Antrag des Kollegen Websky betrifft, so möchte ich ihn bitten, doch diese Sache der *Instruktion* überlassen zu wollen, wobei ich voraussetze, daß der Herr Regierungskommissar sich damit einverstanden erklären werde, daß dieser Abs. 3, welchen der Antrag Websky vorschlägt: „Bei der Niederlegung eines Musters ist die Erklärung abzugeben, ob dasselbe für Flächen- oder plastische Erzeugnisse bestimmt ist“, daß darüber in der Instruktion das Nöthige bestimmt werden kann, wem eine *solche* Erklärung zu geben und wie sie entgegenzunehmen ist.“ Worauf der Kommissarius des Bundesraths Dr. Dambach folgende Erklärung abgab: „Ich glaube dem Herrn Abgeordneten die Versicherung geben zu können, daß in der Instruktion eine Bestimmung enthalten sein wird, die dahin lautet, daß bei der Deposition, bei der Anmeldung *zugleich ausgesprochen sein muß*, ob es sich um ein Muster für Flächenerzeugnisse oder für plastische Erzeugnisse handelt. Die Herren haben bereits für die Instruktion so viele Punkte vorbehalten, bei denen ich in der Kommission erklären konnte, sie würden gewissenhaft berücksichtigt werden, daß sie uns auch wohl glauben können, daß wir diesen Punkt in der Instruktion ebenfalls nicht vergessen werden.“

Schließlich erklärte der Abgeordnete Dr. Websky: „*In Rücksicht auf diese Erklärung des Herrn Regierungskommissars* ziehe ich meinen Antrag zurück, *indem dann das vollständig erreicht wird, was ich zu erreichen wünschte, daß nämlich keine Rechtsstreitigkeiten künftig entstehen könnten!*“

Auf dieser Grundlage wurde der § 6 der Vorlage (jetzt § 7 des Gesetzes) unverändert bei der damaligen zweiten Berathung des Gesetzentwurfes, sowie schließlich (bei der dritten Berathung in der Sitzung vom 18. Dezember 1875) der ganze Gesetzentwurf, wie er zum Gesetze erhoben ist, angenommen. Nachdem das Gesetz alsdann, als Gesetz betreffend das Urheberrecht an Mustern und Modellen vom 11. Januar 1876, in der am 18. Januar 1876 ausgegebenen Nr. 2 des Reichsgesetzblattes für 1876 veröffentlicht war, wurden die (in der Nr. 9 des Centralblattes für das Deutsche Reich vom 3. März 1876 abgedruckten) auf Grund der im § 9 Abs. 4 des Gesetzes dem Reichskanzleramt ertheilten Ermächtigung erlassenen Bestimmungen des Reichskanzleramtes über die Führung des Musterregisters vom 29. Februar 1876 publizirt, in welchen der § 6 lautet: „Bei der Anmeldung muß bestimmt angegeben werden, ob das Muster 2c., dessen Eintragung verlangt wird, für Flächenerzeugnisse oder für plastische Erzeugnisse bestimmt ist (§ 6 Nr. 2 des Gesetzes). Wenn der Anmeldende eine solche Angabe unterlassen hat, so ist er zur nachträglichen Beibringung derselben mit dem Bemerken aufzufordern, daß die Eintragung des Musters 2c. vor Abgabe dieser Erklärung nicht erfolgen könne. Die Anmeldung eines und desselben Musters für Flächenerzeugnisse und für plastische Erzeugnisse ist unzulässig."

Nach der Fassung des § 6 Nr. 2 und des § 7 des Gesetzes vom 11. Januar 1876 in Verknüpfung mit dem referirten Gange der Berathungen über den Entwurf des Gesetzes und dem Inhalt des § 6 der Bestimmungen über die Führung des Musterregisters vom 29. Februar 1876 ist anzunehmen, daß der Inhalt letzterer Bestimmungen mit dem Gesetze in Einklang steht und daß die Worte in dem § 6 Nr. 2 des Gesetzes „bestimmt sind", den Sinn haben „nach der bei der Anmeldung zur Eintragung in das Musterregister abgegebenen Erklärung des Urhebers bestimmt sind". Es ist ersichtlich bezweckt, durch ein unzweideutiges Kriterium die Tragweite des durch die Anmeldung und die Eintragung in das Musterregister erworbenen Urheberrechts für die Interessenten möglichst klar- und festzustellen, während das Kriterium, daß ein gewerbliches Vorbild seinem Wesen nach als Vorbild für Flächenerzeugnisse oder für plastische Erzeugnisse bestimmt sein müsse, eine reiche Quelle von überaus schwer zu lösenden Zweifeln gewesen wäre.

Das durch die betreffenden Normen angestrebte Ziel läßt sich allerdings nicht mit unbedingter Sicherheit erreichen, wohl aber wird die Verwirklichung dessen, was der Gesetzgeber angestrebt hat, in bedeutendem Maße gefördert durch Ablehnung der Auffassung, welche gegen den Gesetzeswillen (durch Scheidung der Gewerbe nach dem Gebrauchszwecke ihrer Erzeugnisse, nach den Kategorien der sogenannten Kunst- oder Geschmacksindustrie und der dieser Industrie nicht angehörigen Gewerbe, oder durch Scheidung der Industriezweige, welche Werkzeuge für andere Gewerbszweige schaffen, und dieser anderen Gewerbszweige, sowie durch abstrakte ästhetische Reflektionen, namentlich durch die (aus solchen Reflektionen entfließende) Distinktion zwischen einer (beispielsweise angeblich bei einem schön geformten gedruckten Buchstaben eintretenden) allgemeinen und nothwendigen, und einer (z. B. angeblich bezüglich der Form schöner Buchstaben, welche auf Patrizen geschnitten, in Matrizen eingeprägt, auf die Type gegossen ist, eintretenden) vereinzelten und zufälligen ästhetischen Wirkung) dem Gesetze entsprechenden Anmeldungen gewerblicher Vorbilder zur Eintragung in das Musterregister ihre Bedeutung, ein Urheberrecht nach dem Gesetze vom 11. Januar 1876 zu erzeugen, entzieht auf Grund einer angeblichen (aus den gekennzeichneten, dem Gesetze fremden Gesichtspunkten hergeleiteten) Divergenz zwischen der von dem Urheber bei der Anmeldung ausdrücklich erklärten, und der an sich aus dem Wesen des Musters angeblich folgenden Bestimmung desselben.

Wie im Eingange dieser Entscheidungsgründe klargelegt ist, können neue und eigenthümliche Buchstabenformen in Fläche und plastisch gebildet, vorgebildet und nachgebildet werden. Aus ihrer Versinnlichung in plastischer Weise (auf der Patrize, Matrize, Type) können an sich jene Formen in der Fläche nachgebildet werden. Aus ihrer Versinnlichung in der Fläche lassen sie sich plastisch nachbilden. Das Exemplar einer Zeichnung oder eines Abdruckes des Buchstaben kann niedergelegt werden bei Anmeldung zur Eintragung in das Musterregister unter der Bestimmung des Urhebers, daß sein Originalwerk als Muster für plastische Erzeugnisse bestimmt sein solle. Patrizen, Matrizen, Typen können niedergelegt werden mit der Erklärung, daß das Originalwerk angemeldet werde als Muster für Flächenerzeugnisse. Dasjenige, was in solchen Fällen neu und eigenthümlich erzeugt ist, was als gewerbliches Vorbild in Betracht kommt, ist die Buchstabenform in ihrer die Nachbildung in der bei der Anmeldung bestimmten Richtung ermöglichenden Veranschaulichung. Das Urheberrecht im Sinne des Gesetzes vom 11. Januar 1876 steht aber demjenigen, welcher in der gekennzeichneten Weise das anschauliche Bild neuer eigenthümlicher Buchstabenformen als gewerbliches Vorbild für plastische Erzeugnisse bei der Anmeldung bestimmt hat, nur gegen jede plastische Nachbildung, welche nicht unter die Ausnahmefälle des Gesetzes fällt, zu. Nicht unmittelbar geschützt dagegen ist er gegen die (auf sehr verschiedenen Wegen mögliche) Nachbildung jener neuen und eigenthümlichen Buchstabenform (in Punkten, Linien, Farben) in der Fläche.

Entsprechend, nur umgekehrt, verhält es sich, wenn bei der Anmeldung zur Eintragung dem betreffenden Vorbilde die Bestimmung für Flächenerzeugnisse gegeben ist. Jede der beiden, an sich möglichen, auch in der bisherigen Praxis (bald in dieser, bald in jener Weise) realisirten Arten der Anmeldung giebt ein Urheberrecht. Hierdurch unterscheidet sich diese richtige Auslegung des Gesetzes in ihrer praktischen Wirkung wesentlich von den (oben gekennzeichneten, im entgegengesetzten Sinne schroffen) unrichtigen Auslegungen, bei deren Sanktionirung diejenige Gruppe der gewerblichen Anstalten, welche die Anmeldung nicht der zur Geltung gebrachten extremen Ansicht entsprechend bewerkstelligt haben, gar keines Urheberrechts im Sinne des Gesetzes vom 11. Januar 1876 theilhaftig sein würden.

Das Urheberrecht aber, welches bei der einen, der oben gekennzeichneten, an sich möglichen Weise der Anmeldung erzielt wird, wirkt verschieden von demjenigen Urheberrecht, welches die andere Weise der Anmeldung erzeugt. Das ist die nothwendige Folge des § 6 Nr. 2 des Gesetzes vom 11. Januar 1876.

Es ist keineswegs richtig, wenn in neuerer Zeit ausgeführt worden ist, daß der Unterschied der Ansichten über die gesetzlich zulässige Art der Anmeldung in so, wie der vorliegende, gearteten Fällen von keiner praktischen Bedeutung sei, weil derjenige, welcher die Anmeldung des betreffenden Musters als eines für plastische Erzeugnisse bestimmten realisirt habe, zwar die Nachbildung in Druck nicht verbieten, aber das Gedrucktwerden durch Einziehung der nachgebildeten Typen verhindern, und derjenige, welcher die Anmeldung des betreffenden Musters als eines für Flächenerzeugnisse bestimmten erklärt habe, die Typen als Vorrichtungen zur widerrechtlichen Nachbildung auf der Fläche des Papiers einziehen könne.

Wenn man erwägt, daß im Falle eines bloßen Versuches einer verbotenen Nachbildung weder eine Bestrafung noch eine Entschädigungsverbindlichkeit eintritt (§ 14 des Gesetzes vom 11. Januar 1876, § 22 Abs. 2 des Gesetzes vom 11. Juni 1870); wenn man ferner erwägt, daß ein Versuch verbotener

Nachbildung (wie man bei der gleichmäßigen Beziehung des in dem § 14 des Gesetzes vom 11. Januar 1876 herangezogenen § 22 des Gesetzes vom 11. Juni 1870 auf das Strafrecht und Civilrecht annehmen muß, auch in Beziehung auf den civilrechtlichen Anspruch) erst mit dem Beginne der Ausführung eines Thatbestandsmomentes der verbotenen Nachbildung vorliegt; wenn man sich schließlich auf die größere oder geringere Leichtigkeit des Klarlegens der für die Geltendmachung der dem Urheber zustehenden Anträge fundamentalen Thatbestände berücksichtigt, so läßt sich nicht verkennen, daß dem gekennzeichneten Unterschiede der Anmeldungsarten eine sehr erhebliche praktische Bedeutung zugeschrieben werden muß, dieselben in Bezug auf ihre praktische Wirkung durchaus nicht äquivalent sind.

Jedenfalls hat die Anmeldung seines Erzeugnisses einer neuen eigenthümlichen Buchstabenform in anschaulichem Bilde, als eines gewerblichen Vorbildes für plastische Erzeugnisse, für den Urheber, welcher Inhaber einer Schriftgießereianstalt ist, die für ihn wünschenswerthe praktische Wirkung, daß derselbe gegen jeden Inhaber einer anderen Schriftgießereianstalt, welcher in Verbreitungsabsicht die neue und eigenthümliche Form jener Buchstaben durch Schriftschneiden auf Patrizen, Prägung von Matrizen, Gießen der Typen und dergleichen nachbildet oder nachbilden läßt, sofort als gegen denjenigen, welcher eine verbotene Nachbildung des für den Anmeldenden in das Musterregister eingetragenen gewerblichen Musters oder Modells bereits realisirt hat, vorgehen kann!

Dieses Recht steht daher (wie hiermit im Gegensatze zu der Auffassung des B.G. maßgebend festgestellt wird), den Klägern gegen den Beklagten zu, falls wirklich (wie Kläger behaupten) die in Betracht kommenden Buchstabenformen von den Klägern neu erzeugte eigenthümliche Buchstabenformen, und von dem Beklagten durch in seiner Schriftgießerei in Verbreitungsabsicht gefertigte plastische Erzeugnisse (Patrizen, Matrizen, Typen) nachgebildet worden sind.

Deswegen mußte das Berufungsurtheil aufgehoben werden.

Ob die gekennzeichneten Voraussetzungen wirklich thatsächlich vorliegen oder nicht, das ist in dem angegriffenen Berufungsurtheile nicht festgestellt worden.

Deswegen mußte die Sache zur anderweiten Verhandlung und Entscheidung an das Berufungsgericht zurückverwiesen werden.

Daraus aber folgt (da zur Zeit eine in dem Rechtsstreite unterliegende Partei noch nicht feststeht), daß die Entscheidung über die Kosten des Rechtsstreites dem Endurtheile vorzubehalten war."

6. Reichs-Civilprozeßordnung.

47. **Prüfung der Anwendbarkeit des § 28 der C.P.O. von Amtswegen. Begriff des „Erbrechts" im Sinne des § 28 der C.P.O. Ausdehnung des Begriffs auf den Fall, wenn ein Vater Ansprüche aus dem Pflichttheilsrecht seiner Kinder, nicht als deren Vertreter, sondern kraft eigenen** (Nießbrauch=) **Rechts geltend macht.** Urth. des IV. Civilsenats vom 18. Juni 1885 in Sachen der verw. F. und Gen., Kläger und Revisionskläger, wider K. zu A., Beklagten und Revisionsbeklagten. Vorinstanz: Kammergericht Berlin. Verwerfung. (IV, 71/85.)

Die Klage ist mit dem Antrage erhoben, die Beklagten zur Anerkennung des Nießbrauchsrechtes an dem den minderjährigen Söhnen des Klägers, F. und M. K., von ihrer Mutter — der geschiedenen Ehefrau des Klägers – zugewendeten, ein Drittel des gesammten Nachlasses betragenden, im besonderen Verfahren zu ermittelnden Pflichttheile, so lange sich die Söhne in väterlicher Gewalt befinden werden, zu verurtheilen. Von den Beklagten ist die Wittwe S. die Testamentserbin der geschiedenen Ehefrau des Klägers. Die beiden mitbeklagten Söhne sollen nach dem Testamente der bezeichneten Erblasserin aus dem Nachlasse derselben nur den Pflichttheil, der für jedes Kind auf 15 000 ℳ festgesetzt wird, erhalten. Das B.G. erörtert in seinen Entscheidungsgründen zuerst die Frage, ob der vom Kläger geltend gemachte Anspruch auf Anerkennung des Nießbrauchsrechts unter die den Gerichtsstand der Erbschaft betreffende Bestimmung des § 28 der C.P.O. falle. Es bejaht die Anwendbarkeit der Bestimmung mit der Ausführung, der Kläger fordere eine andere, als die im Testamente enthaltene Feststellung des seinen Kindern am Nachlasse ihrer Mutter zustehenden Erbanspruches. Von diesem Gesichtspunkte aus sei den Parteien darin beizutreten, daß die Klage Erbrechte zum Gegenstande habe, auf welche die Zuständigkeitsnorm des § 28 Anwendung finde. In der gegenwärtigen Instanz führen die Revisionskläger aus, der erhobene Anspruch beruhe nicht auf einem Erbrechte oder einer letztwilligen Verfügung, sondern lediglich auf der väterlichen Gewalt. Der Kläger fordere nicht als Vertreter der Kinder für diese eine Ergänzung des Pflichttheils, sondern er mache gegen die Kinder und deren Miterbin sein väterliches Nießbrauchsrecht geltend.

„Bei Prüfung dieses Angriffs ist in Betracht zu ziehen, wie weder aus dem Urtheile zweiter Instanz noch aus dem in diesem in Bezug genommenen Thatbestande des Urtheils erster Instanz sich erkennen läßt, daß die Parteien in den Vorinstanzen über die Frage, ob der den Gerichtsstand der Erbschaft normirende § 28 anzuwenden sei, gestritten haben. Der Streit hat danach nur die Frage betroffen, ob bei Annahme des Gerichtsstandes der Erbschaft die Zu=

ständigkeit des L.G. Berlin I. begründet sei. Das B.G. selbst geht davon aus, daß der Streit nur diese Frage betroffen habe, indem es in seinen Entscheidungsgründen sich dahin ausspricht, es sei den Parteien darin beizutreten, daß es sich um eine unter die bezeichnete Bestimmung fallende Klage handele. Es nimmt also ein Einverständniß beider Theile in der Anwendbarkeit des § 28 an. Danach fragt es sich, ob die Frage der Anwendbarkeit des § 28 von Amtswegen zu erörtern war, und ob der in dieser Instanz aus der behaupteten Nichtanwendbarkeit des § 28 hergenommene Angriff gegen das B.U. mit Rücksicht darauf, daß ein Streit in den Vorinstanzen in der fraglichen Richtung nicht bestanden hat, einer Prüfung auf seine rechtliche Begründung überhaupt zu unterziehen und nicht vielmehr schon aus prozessualischen Gründen abzuweisen ist. Diese Frage ist dahin zu beantworten, daß dem Revisionsgerichte die fragliche Erörterung obliegt. — Die Beklagten haben die Einrede der Unzuständigkeit des zur Entscheidung des Rechtsstreites angerufenen L.G. Berlin I erhoben. Danach muß die Frage nach den Voraussetzungen der Zuständigkeit auf Grund des vorgelegten Thatsachenmateriales ohne Beschränkung auf den von den Beklagten bei Erhebung der Einrede eingenommenen rechtlichen Gesichtspunkt nach allen Richtungen hin erörtert werden.

Die Frage der Anwendbarkeit muß bejaht werden. Der Kläger, welcher mit der Klage das ihm als Vater zustehende gesetzliche Nießbrauchsrecht an dem Vermögen, welches seine Kinder aus dem Nachlasse ihrer Mutter zu erhalten haben, zur rechtlichen Anerkennung zu bringen beabsichtigt, klagt nicht für seine Kinder als deren Vertreter. Er macht vielmehr ein eigenes Recht geltend. Dies Recht verfolgt er gegen seine durch ihren Pfleger vertretenen Kinder und gegen die von der Mutter der Kinder eingesetzte Erbin. Die Klage ist also die des Nießbrauchers gegen Diejenigen, die ihm die Nutzungen vorenthalten. Und wenn der Kläger bei Erhebung seines Anspruches damit argumentirt, daß die Erblasserin ihm den Nießbrauch an dem Pflichttheile ihrer Kinder nicht mit rechtlicher Wirkung habe entziehen können, so läßt sich diese Argumentation als die im Voraus erfolgte Bekämpfung eines erwarteten, aus dem Testamente herzunehmenden Rechtsbehelfes gegen die Klage ansehen. Auf der anderen Seite aber ist in Betracht zu ziehen, daß der Kläger mit seiner Klage den Nießbrauch an dem im besonderen Verfahren zu ermittelnden Pflichttheile, also an einem Vermögen fordert, das seine Kinder noch nicht haben, das für sie vielmehr erst kraft ihres Pflichttheilsrechtes ermittelt werden soll. Es wird also mit der Klage Ausscheidung des dem Pflichttheile der Kinder entsprechenden Werthquantums, welches dem behaupteten gesetzlichen Nießbrauchsrechte des Vaters unterliegt, aus der Erbschaft gefordert. Und so wie die Pflichttheilsklage, unbeschadet der Qualifikation des Pflichttheilsrechtes als eines Forderungsrechtes gegen den Erben, unter den Begriff der Klagen zu bringen ist, welche Erbrechte im Sinne des § 28 zum Gegenstande haben, so ist auch die vorliegende Klage, mit welcher der Kläger das Pflichttheilsrecht seiner Kinder, nicht als deren Vertreter, wohl aber kraft eigenen Rechtes, geltend macht, als auf ein Erbrecht im Sinne des § 28 gerichtet aufzufassen."

48. **Keine Befugniß des der armen Partei bestellten Offizialanwalts, die Vertretung der Partei wegen Aussichtslosigkeit der Sache abzulehnen** (§ 106 der C.P.O.). **Kein Beschwerderecht desselben auf Grund der C.P.O., sondern nur nach den §§ 31 und 36 der R.Anw.O.** Beschluß des III. Civilsenats vom 26. Juni 1885 in Sachen des J. B. zu U., Klägers und Berufungsklägers, wider die Firma P. K. S. in S., Beklagte und Revisionsbeklagte, auf die Beschwerde des Rechtsanwalts Dr. E. H. zu D. gegen die Verfügung des O.L.G. Darmstadt vom 11. Mai 1885 beziehungsweise den Beschluß des Senatspräsidenten des genannten O.L.G. vom 24. April 1885, Verwerfung dieser Beschwerde als unbegründet. (B. III 77/85.)

„Die C.P.O. überträgt in § 106 die Vorprüfung, ob die von einer Armenpartei beabsichtigte Rechtsverfolgung muthwillig oder aussichtslos sei, dem zuständigen Gericht. Damit ist zugleich ausgesprochen, daß dem gerichtsseitig der Armenpartei bestellten Offizialanwalte nicht die Befugniß zusteht, seinerseits die Vertretung der Partei wegen Aussichtslosigkeit der Sache abzulehnen. Ein Anwalt könnte sich sonst jeder Vertretung in Armensachen unter dem Vorwande entziehen, daß er die ihm überwiesene Sache für muthwillig oder aussichtslos halte und es würde, wenn alle bei einem Prozeßgerichte zugelassenen Rechtsanwälte die Uebernahme ablehnten, die Partei im Anwaltsprozesse schließlich rechtlos werden.

Die C.P.O. giebt denn auch dem bestellten Armenanwalte kein Beschwerderecht wegen der Bewilligung des Armenrechts an die Partei oder wegen der Beigebung eines Offizialanwalts überhaupt. Nur die R.Anw.O. trifft in den §§ 31 und 36 Vorsorge, daß der Anwalt in bestimmten Fällen von der Uebernahme der ihm angesonnenen Vertretung sich befreien kann — wenn er nämlich zur Versagung seiner Berufsthätigkeit verpflichtet ist (§ 31) und wenn er sich durch die Auswahl des Vorsitzenden beschwert glaubt (§ 36 cit.). Es mag sein, daß der Anwalt auf die in § 31 cit. vorgesehenen Fälle nicht beschränkt ist, sondern dem Gerichte noch andere Gründe vortragen darf, aus denen er die Uebernahme der prozessualischen Vertretung abzulehnen gedenkt; ein Recht auf die Befreiung hat er aber in solchen Fällen nicht.

Im vorliegenden Falle hatte der Beschwerdeführer nach seiner Bestellung zum Offizialanwalte des Berufungsklägers zunächst Berufung eingelegt und sodann an das O.L.G. durch Eingabe vom 21. April 1885 die Bitte gerichtet, „seine Bestellung als Armenanwalt des Klägers aufzuheben, da er sich nach einer persönlichen Unterredung mit dem letzteren von der Unrichtigkeit des angefochtenen Urtheils nicht habe überzeugen können". Mit Recht hat der Senatspräsident des O.L.G. diesen Antrag unter der Motivirung zurückgewiesen, daß die vorgetragenen Umstände den Beschwerdeführer von der Erfüllung der Verpflichtung zur Antragstellung gemäß des ihm ertheilten Auftrags nicht behinderten, während die Art der Begründung seinem pflichtmäßigen Ermessen freigestellt sei. Irgend welche Beschwerde hiergegen stand und steht dem bestellten Offizialanwalt nach dem Vorausgeschickten nicht zu. Ob sich der Beschwerdeführer durch fortgesetzte Weigerung der Uebernahme der Prozeßvertretung des Klägers disziplinär verantwortlich macht — (vgl. Entscheidungen des Ehrengerichtshofes für Rechtsanwälte, Berlin 1885, S. 116, 197) ist hier ebensowenig zu entscheiden, als die Frage der civilrechtlichen Verantwortlichkeit des Anwalts bei etwaigen durch Versäumnisse u. s. w. für die Partei entstandenen Nachtheilen."

49. **Auslegung der Worte „die Zustellung erfolgt an den für die höhere Instanz von dem Gegner bestellten Prozeßbevollmächtigten" in § 164 der C.P.O.** Urth. des I. Civilsenats vom 20. Juni 1885 in Sachen v. Z. in K., Klägers, Widerbeklagten und Revisionsklägers, wider H. L. G. & P. zu G., Beklagte, Widerklägerin und Revisionsbeklagte. Vorinstanz: O.L.G. Marienwerder. Aufhebung und Zurückverweisung. (I, 131/85.)

Der Gutsbesitzer v. Z. in Forstamt K., welches in dem Bezirke des Königl. Preuß. A.G. Strasburg in Westpreußen belegen ist, erhob bei letzterem A.G., als dem nach § 29 der C.P.O. zuständigen Gerichte des Ortes, wo die streitige Verpflichtung der Beklagten zu erfüllen sei, durch den bei jenem A.G. und bei dem L.G. Thorn zugelassenen Rechtsanwalt F. zu Strasburg i. Westpr. eine Wandelungsklage, in Verbindung mit einer Klage auf Vergütung von Futter- und Wartekosten auf Grund der Behauptung, daß Rindvieh, welches er von der beklagten Handlung H. L. G. & S. zu Gröningen in Holland gekauft habe, bei der Uebergabe mit der Klauenseuche behaftet gewesen sei. Rechtsanwalt T. hat uneingeschränkte Vollmacht zur Führung des von dem Kläger vor dem A. G. Strasburg anzustellenden Prozesses am 4. August 1883 überreicht. Der Klagantrag war dahin gestellt: „Beklagte zu verurtheilen, die dem Kläger im Mai 1883 gesandten acht Fersen, sowie einen Stier, ferner die von den Fersen geworfenen Kälber, soweit solche bei der erfolgenden Abnahme noch vorhanden sein würden, von dem Kläger abzunehmen und dem Kläger 6,40 ℳ tägliche Futter- und Wartekosten vom 18. Mai 1883 bis zum Tage der Abnahme des Viehes zu zahlen. Die Beklagte strengte Widerklage an auf Zahlung des Kaufpreises für selbiges Rindvieh im Betrage von 4600 ℳ nebst 6% Zinsen seit dem 18. August 1883. Sie beantragte deswegen die Unzuständigkeit des A. G. auszusprechen und die Sache an das L. G. Thorn zu verweisen. Als ihr Prozeßbevollmächtigter hat sich der bei dem A. G. Strasburg i. Westpr. zugelassene Rechtsanwalt W. legitimirt.

Das A. G. Strasburg i. Westpr. erkannte durch Urtheil vom 20. November 1883: „das Königl. A. G. hier wird für unzuständig erachtet und der Rechtsstreit an das Königl. L. G. Thorn verwiesen." Vor dem L. G. Thorn sind aufgetreten: 1) der bei demselben zugelassene Justizrath S. als Substitut des Rechtsanwalts T. für den Kläger und Widerbeklagten; 2) für die Beklagte und Widerklägerin, als deren Prozeßbevollmächtigter, der bei dem L. G. Thorn zugelassene Rechtsanwalt Dr. v. H. Vollmachtsurkunden haben weder der Justizrath S. noch der Rechtsanwalt Dr. H. überreicht. Vor dem L. G. Thorn wurden die oben mitgetheilten Anträge der Klage und Widerklage wiederholt, sowie von jeder Partei die Abweisung des gegnerischen Antrages beantragt.

Nach erhobenem Zeugen- und Sachverständigenbeweise über den die Krankheit des den Gegenstand des klagefundamentalen Kaufes bildenden Viehes zur Zeit der Uebergabe betreffenden Thatbestand erkannte das L. G. Thorn im Wege des Theilurtheils vom 2. Juli 1884 auf Klagabweisung.

Dieses Theilurtheil vom 2. Juli 1884 ist von dem Rechtsanwalt Dr. v. H. dem Justizrath S. als ständigem Zustellungsbevollmächtigten des Rechtsanwalts T., des Prozeßbevollmächtigten des Klägers, laut Vollmacht vom 4. August 1883 am 22. Juli 1884 zugestellt. Die dagegen eingelegte Berufungsschrift vom 15. August 1884 hat der bei dem B. G., dem O. L. G. Marienwerder, zugelassene Rechtsanwalt K. am 16. August 1884 dem Rechtsanwalt Dr. v. H. zu Thorn, als Prozeßbevollmächtigten erster Instanz der Beklagten, zugestellt, und ihn zur mündlichen Verhandlung über diese gegen das Theilurtheil vom 2. Juli 1884 eingelegte Berufung auf den 12. November 1884 vor das O. L. G. Marienwerder geladen. Rechtsanwalt K. legitimirte sich durch Substitutionsvollmacht des Rechtsanwalt T. vom 13. August 1884.

Darauf reichte der bei dem O. L. G. Marienwerder zugelassene Rechtsanwalt Dr. Schr. mittels Eingabe vom 7. November 1884 eine von dem Rechtsanwalt Dr. v. H. unterzeichnete, vom 5. November 1884 datirte Vollmacht ein, welche überschrieben ist „Instanz-Vollmacht" und deren Kontext lautet: „Ich ertheile hierdurch dem Rechtsanwalt Herrn Dr. Sch. Prozeßvollmacht, mich in Sachen v. Z. wider G. in der zweiten Instanz, als Sachwalter des Beklagten, zu vertreten und räume demselben diejenigen Befugnisse ein, welche mir nach der von meinem Machtgeber auf mich ausgestellten Vollmacht zustehen." Daß der Rechtsanwalt Kn. von dem Inhalt dieser Vollmacht Kenntniß erhalten habe, ist nicht festgestellt.

Der Termin zur mündlichen Verhandlung über die gegen das Theilurtheil vom 2. Juli 1884 eingelegte Berufung vom 18. November 1884 wurde, weil die

Prozeßakten noch nicht eingesendet waren, auf den 12. Dezember 1884 verlegt. In letzterem Termine erschienen: 1) für den Berufungskläger Rechtsanwalt Kn., 2) für die Berufungsbeklagte Rechtsanwalt Dr. Sch. In diesem Termine wurde ein Beweisbeschluß gefaßt auf Erfordern eines Obergutachtens der „Wissenschaftlichen Deputation über das Veterinärwesen in Berlin" darüber, ob das betreffende Vieh bei der Uebergabe an Kläger mit der Klauenseuche behaftet gewesen sei.

Unterdessen war von dem Gerichte erster Instanz in Bezug auf die in erster Instanz noch nicht abgeurtheilte Widerklage weiterer Beweis erhoben durch Vernehmung eines Zeugen J. J. über eine Behauptung des Widerbeklagten, welche dahin ging, daß nach der Kaufsvertragsabrede der für das verkaufte Vieh bedungene Kaufpreis erst im Herbst 1884 gezahlt werden solle. Dieser Zeuge sagte zur Verhandlung vom 23. Oktober 1884 vor dem ersuchten A.G. I Berlin aus, daß er der Vermittler des Kaufvertrages und bei den Kaufsunterhandlungen der Parteien gegenwärtig gewesen sei. Bei diesen Unterhandlungen habe Kläger erklärt, „daß er zur Zeit kein Geld habe", worauf der die Widerklägerin vertretende Kaufmann G. sich in dem Sinne geäußert habe, „daß es ihm auf schnelle Bezahlung nicht gerade ankomme". Von Gewährung einer Zahlungsfrist wegen des Kaufpreises von 4600 ℳ bis Herbst 1884 sei jedenfalls keine Rede gewesen. In der mündlichen Verhandlung erster Instanz vom 17. November 1884 schob der Prozeßbevollmächtigte des Widerbeklagten der Widerklägerin den Eid über jene Abrede der Zahlungsfrist zu, welcher gegnerischerseits zwar acceptirt, aber für unzulässig erachtet wurde.

Durch Urtheil vom 17. November 1884 erkannte der Gerichtshof erster Instanz für Recht: „Kläger und Widerbeklagter wird verurtheilt, an die Beklagte und Widerklägerin 4600 ℳ nebst 6 % Zinsen seit dem 18. August 1883 zu zahlen. Die Kosten der Klage und Widerklage werden dem Kläger und Widerbeklagten auferlegt." In Erwägung der bestimmten Aussage des J. und der begleitenden Umstände wurde der oben erwähnte deferirte Eid gemäß § 411 der C. P. O. für unzulässig erachtet.

Dieses Urtheil vom 17. November 1884 ist in erster Instanz zwölf Tage später gefällt, als der Rechtsanwalt Dr. v. H., nachdem gegen das Theilurtheil vom 2. Juli 1884 Berufung eingelegt und er zur Verhandlung in der Berufungsinstanz auf den 12. November 1884 geladen war, die sogenannte Instanzvollmacht vom 5. November 1884 auf den Rechtsanwalt Dr. Schr. ausstellte, ihn in der zweiten Instanz als Sachwalter der Beklagten zu vertreten.

Gegen das Urtheil erster Instanz vom 17. November 1884 legte Kläger und Widerbeklagter Berufung ein.

Das Urtheil vom 17. November 1884 war von dem Rechtsanwalt Dr. v. H., dem Prozeßbevollmächtigten der Beklagten und Widerklägerin erster Instanz, dem Justizrath S., als dem ständigen Zustellungsbevollmächtigten des Rechtsanwalts T., des Prozeßbevollmächtigten des Klägers und Widerbeklagten, laut Vollmacht vom 4. August 1883 am 2. Dezember 1884 zugestellt.

Die Berufungsschrift vom 30. Dezember 1884 gegen das Urtheil vom 17. November 1884 ist von dem Rechtsanwalt Kn., als Bevollmächtigten des Berufungsklägers, dem Rechtsanwalt Dr. v. H., dem Prozeßbevollmächtigten der Beklagten und Widerklägerin erster Instanz, am 31. Dezember 1884 zugestellt. Diese Zustellung ist erfolgt, nachdem der Rechtsanwalt Kn. in dem Termine vom 12. Dezember 1884 zur mündlichen Verhandlung in der Berufungsinstanz in Bezug auf die Berufung gegen das Theilurtheil vom 2. Juli 1884, als Bevollmächtigter des derzeitigen Berufungsklägers, mit dem Rechtsanwalt Dr. Sch., als Bevollmächtigten der derzeitigen Berufungsbeklagten, verhandelt hatte. Es ist indessen, wie oben erwähnt, nicht festgestellt, daß Rechtsanwalt Kn. Kenntniß von dem Inhalt der Vollmacht des Rechtsanwalts Dr. v. H. auf den Rechtsanwalt Dr. Schr. vom 5. November 1884 erhalten hat.

Bei Zustellung der Berufungsschrift vom 30. Dezember 1884 gegen das Urtheil vom 17. November 1884 lud der Rechtsanwalt Kn. die Berufungsbeklagte zu Händen ihres Prozeßbevollmächtigten Rechtsanwalt Dr. v. H., welcher sie in erster Instanz vor dem L. G. Thorn vertreten hatte, zur mündlichen Verhandlung über diese Berufung auf den 24. Februar 1885. Als später in dem Verfahren über die Berufung gegen das Theilurtheil vom 2. Juli 1884 das Obergutachten der technischen Deputation für das Veterinärwesen zu Berlin vom 24. Januar 1885 bei dem B. G. einging, wurde der, gemäß § 335 der C. P. O. nach Beendigung der Beweisaufnahme von Amtswegen zu bestimmende und den Parteien bekannt zu machende Termin zur mündlichen Verhandlung auf dieselbe Zeit bestimmt, als der Termin zur mündlichen Verhandlung über die Berufung gegen das Urtheil vom 17. November 1884. Thatsächlich ist auch, ausweislich des Protokolles über die mündliche Verhandlung vom 24. Februar 1885 und dem Thatbestande des B. U., in dem Termin vom 24. Februar 1885 über beide Berufungen verhandelt. Daß ein Beschluß des Gerichts, welcher die Verbindung der Verhandlung angeordnet hätte, gefaßt sei, ist nicht ersichtlich.

Namens des Klägers und Berufungsklägers wurde in Bezug auf die Berufung gegen das Theilurtheil vom 2. Juli 1884 der Berufungsantrag gestellt: „unter Abänderung dieses Urtheils die Beklagte zu verurtheilen (und zwar in einer hier nicht interessirenden, durch das eingeholte Obergutachten bedingten Abänderung des Petitum erster Instanz)."

Die Beklagte beantragte die Zurückweisung der gegen das Theilurtheil vom 2. Juli 1884 eingelegten Berufung als unbegründet. In Bezug auf die Berufung gegen das die Widerklage und die Kosten des Rechtsstreites betreffende Urtheil vom 17. November 1884 ist der Berufungsantrag gestellt: „in Höhe von 1500 ℳ nebst Zinsen die Widerklägerin überhaupt, im übrigen wegen der Zinsen bis zum 1. Oktober 1884 abzuweisen." In Bezug auf die Berufung gegen das Urtheil vom 17. November 1884 hat die Berufungsbeklagte beantragt: „in erster Linie dieselbe als unzulässig zu verwerfen, weil die Zustellung der Berufungsschrift nicht, wie geschehen, an den Rechtsanwalt Dr. v. H., sondern an den Rechtsanwalt Dr. Sch. habe erfolgen müssen, also die Nothfrist zur Einlegung der Berufung versäumt sei," eventuell „dieselbe als unbegründet zurückzuweisen". Auch beantragte Widerklägerin, das Urtheil vom 17. November 1884 gegen Sicherheitsleistung für vollstreckbar zu erklären.

Das O. L. G. Marienwerder hat durch das Urtheil vom 24. Februar 1885 erkannt: „1) die Berufung des Klägers und Widerbeklagten gegen das Urtheil der II. Civilkammer des L. G. Thorn vom 17. November 1884 wird als unzulässig verworfen; 2) das Urtheil vom 17. November 1884 wird für vorläufig vollstreckbar erklärt, gegen eine von der Beklagten zu hinterlegende Sicherheit von 5000 ℳ; 3) die Berufung des Klägers gegen das Urtheil der II. Civilkammer des L. G. Thorn vom 2. Juli 1884 wird zurückgewiesen. Die Kosten der Berufungsinstanz werden dem Kläger auferlegt."

Das B. U. ist in Bezug auf die Entscheidung zu 1. des B. U. dahin begründet: „Nach § 162 der C. P. O. sollen Zustellungen, welche in einem anhängigen Rechtsstreite geschehen, an den für die Instanz bestellten Prozeßbevollmächtigten erfolgen, und nach § 164 a. a. O. ersetzt die Zustellung eines Schriftsatzes, durch welche ein

Rechtsmittel eingelegt wird, an den für die höhere Instanz von dem Gegner bestellten Prozeßbevollmächtigten, wenn ein solcher noch nicht bestellt ist, an den Prozeßbevollmächtigten der zunächst nachgeordneten Instanz, in Ermangelung eines solchen an den Prozeßbevollmächtigten der ersten Instanz. Zu der Zeit, als der Schriftsatz vom 30. Dezember 1884 zugestellt wurde, durch welchen die Berufung gegen das Urtheil vom 17. November 1884 eingelegt ist, hatte die Beklagte und Widerklägerin für die Berufungsinstanz, in welcher sich die Sache damals bereits wegen des auf die Klage ergangenen Theilurtheils vom 2. Juli 1884 befand, einen Prozeßbevollmächtigten bestellt, nämlich den Rechtsanwalt Dr. Schr. in Marienwerder, und war dies dem Kläger auch bekannt, da der genannte Anwalt im Termin den 12. Dezember 1884 für die Beklagte als deren Prozeßbevollmächtigter erschienen war und verhandelt hatte. Die Berufungsschrift war daher, und weil Klage und Widerklage einen Rechtsstreit umfassen, an den Prozeßbevollmächtigten der zweiten Instanz zuzustellen. Da dies aber nicht geschehen, die Zustellung vielmehr an den Prozeßbevollmächtigten der ersten Instanz erfolgt ist, so ist diese, der Vorschrift des § 164 der C.P.O. widersprechende Zustellung eine unwirksame und mußte die Berufung als unzulässig verworfen werden."

Die Entscheidung zu den übrigen Punkten des Urtheilstenors interessirt hier nicht.

Gegen dieses B.U. hat der Kläger und Widerbeklagte das Rechtsmittel der Revision eingelegt. In der mündlichen Verhandlung der Revisionsinstanz wurde betreffs des hier allein interessirenden Punktes von demjenigen Rechtsanwalte beim R.G., welcher den Revisionskläger vertrat, beantragt: das angefochtene B.U. aufzuheben, die vom Kläger gegen das Urtheil erster Instanz vom 17. November 1884 eingelegte Berufung für zulässig nnd wirksam zu erklären und auf sie, unter Aufhebung der vorläufigen Vollstreckbarkeit, die Sache zur anderweiten Verhandlung in die Berufungsinstanz zurückzuverweisen.

„Die Entscheidung des B.G., daß die Zustellung des Schriftsatzes vom 30. Dezember 1884, durch welche bezweckt worden sei, Namens des Klägers und Widerbeklagten die Berufung gegen das Urtheil vom 17. November 1884 einzulegen, an den Prozeßbevollmächtigten der Beklagten und Widerklägerin erster Instanz keine gesetzmäßige Einlegung der Berufung sei, daß also die Berufung gegen jenes Urtheil als unzulässig verworfen werden müsse, beruht auf Verletzung des § 164 der C.P.O., insbesondere auf einer unrichtigen Auslegung der Worte des Gesetzes „an den für die höhere Instanz von dem Gegner bestellten Bevollmächtigten."

Bei der Erörterung der Bedeutung dieser Worte wird, mit Rücksicht auf die Lage des vorliegenden Streitfalles, die Terminologie an geeigneter Stelle so gewählt werden, wie sie unter der Voraussetzung angezeigt ist, daß es sich um die gesetzesgemäße Einlegung einer Berufung handle. —

Es ist möglich, daß in demselben Civilprozesse seitens des Prozeßgerichts erster Instanz mehrere Urtheile gefällt werden, von denen ein jedes für sich durch eine Berufung angreifbar ist, z. B. Zwischenurtheile, welche in Betreff der Rechtsmittel als Endurtheile gelten, (§§ 248 Abs. 2; 275; 276 der C.P.O.) und Theilurtheile (§§ 273; 274; 318). Von diesen Urtheilen können unter Umständen alle von derselben Partei, oder einzelne von der einen, einzelne von der anderen Partei, oder schließlich einzelne oder auch, in eigenartigen Fällen, alle Urtheile von beiden Parteien durch Berufung angegriffen werden. Dabei kann, möglicher Weise, eine der Berufungen eingelegt werden, nachdem eine von derselben Partei oder von der Gegenpartei gegen dasselbe Urtheil, welches durch die betreffende Berufung angefochten wird, oder gegen eins oder mehrere der anderen Urtheile früher eingelegte Berufung bereits auf Grund einer kontradiktorischen Verhandlung, als verfrüht eingelegt und deswegen unwirksam, oder als unzulässig, oder als unbegründet zurückgewiesen war, möglicher Weise auch zu einer Zeit, als die Verhandlung über eine früher eingelegte Berufung noch schwebte. —

Es fragt sich nun, ob sich durch Auslegung der C.P.O. die Norm begründen läßt, daß in jedem Falle der Einlegung einer Berufung in einem Civilprozesse, in dessen Verlauf bereits eine Berufung gegen irgend ein Urtheil eingelegt und die bei der einzulegenden Berufung die Stellung als Berufungsbeklagte einnehmende Partei in dem Verfahren über die frühere Berufung durch einen Prozeßbevollmächtigten vertreten worden war, dieser Prozeßbevollmächtigte auch für das Verfahren in Bezug auf die einzulegende Berufung von jener Partei für bestellt erachtet, und derjenige Schriftsatz, durch dessen Zustellung die Berufung eingelegt werden soll, diesem Bevollmächtigten, als dem im Sinne des § 164 der C.P.O. für die höhere Instanz von dem Gegner bestellten Bevollmächtigten, zugestellt werden müsse? —

Ein solcher Grundsatz läßt sich nicht begründen. Die Begründung ist versucht worden aus dem Inhalt der §§ 77, 79 und 83 der C.P.O. durch die Ausführung, daß, weil alle einzelnen Berufungen und das Verfahren über dieselben in einem und demselben Prozesse zu dem Rechtsstreit gehörten, nach dem Inhalt jener Gesetzesstellen mit der Ertheilung einer Prozeßvollmacht an einen Rechtsanwalt für die Berufungsinstanz zur Zeit, als in dem betreffenden Prozesse eine bestimmte Berufung einzulegen oder bereits eingelegt war, auch die Ermächtigung zur Vertretung in dem Verfahren über alle Berufungen ertheilt sei, welche etwa in dem Prozesse noch eingelegt werden würden.

Diese Begründung ist nicht stichhaltig, weil zwar der Prozeß oder Rechtsstreit das Verfahren in allen Instanzen umfaßt, die Prozeßvollmacht zur Vertretung für die höhere Instanz aber nur auf die

Vertretung in einem Abschnitte des Prozesses gerichtet ist, und es deswegen, in Verknüpfung mit dem Unterschiede, welchen das Gesetz in dem § 77 und den §§ 162 bis 164 der C.P.O. zwischen Prozeßbevollmächtigten für die Instanz, bezw. für die höhere und für die zunächst nachgeordnete Instanz zieht, in Verbindung ferner mit den Vorschriften der C.P.O. und R.Anw.O. über die Zulassung der Rechtsanwälte bei bestimmten Gerichten, als durchaus verfehlt erscheint, die Bedeutung des § 164 a. a. O. durch eine Argumentation aus den Bestimmungen des vierten Titels im zweiten Abschnitte des ersten Buches der C.P.O., bei welcher der Begriff des Rechtsstreits im Allgemeinen und der Begriff der Verhandlung des Rechtsstreits in höherer Instanz, wie gleiche Größen behandelt werden, klarlegen zu wollen.

Die aufgeworfene Frage findet ihre korrekte Lösung dadurch, daß man den § 164 in seinem Zusammenhange mit den §§ 162 und 163 der C.P.O. betrachtet. Die Kombination des Inhalts dieser Gesetzesstellen unter adminikulirender Berücksichtigung der Entstehungsgeschichte des § 164 (insbesondere der auf den § 778 des Entwurfs einer C. P. O. für den Norddeutschen Bund sich beziehenden Stelle S. 1502 der Protokolle der Kommission zur Ausarbeitung jenes Entwurfs, sowie des letzten Absatzes der Begründung der §§ 155 bis 157 des Entwurfs der Deutschen C. P. O. von 1874) führt zu dem Ergebnisse, daß die höhere Instanz im Sinne des § 164 der C.P.O. (d. h. diejenige höhere Instanz, für welche derjenige Prozeßbevollmächtigte von der Gegenpartei im Sinne des Gesetzes bestellt ist, an welchen, im Falle dieser Bestellung, die Zustellung eines Schriftsatzes, durch welche die zu der betreffenden höheren Instanz gehörige Einlegung eines Rechtsmittels verwirklicht werden soll, erfolgen muß, damit das Rechtsmittel gesetzesgerecht eingelegt sei) derjenige Abschnitt eines Civilprozesses ist, in welchem die Einlegung von Rechtsmitteln der Streittheile gegen ein und dasselbe in dem betreffenden Civilprozesse gefällte Urtheil sowie die Verhandlung über die gegen dieses Urtheil eingelegten Rechtsmittel vor demjenigen Gerichte sich verwirklicht, welches dem jenes angegriffene Urtheil fällenden Gerichte zunächst übergeordnet ist; wobei von dem Gesetze dieser besondere Prozeßabschnitt, als ein einheitlicher gedacht ist, welcher bei voller Durchführung mit der Entscheidung des höheren Gerichts über die ihm zur Entscheidung in diesem besonderen einheitlichen Abschnitte unterbreitenden Rechtsmittelanträge beendigt wird, indessen mit der nicht über ihre scharfe positive Grenze auszudehnenden Satzung, daß diejenigen Prozeßhandlungen, welche das Verfahren vor dem Instanzgerichte infolge eines Einspruchs, infolge einer Aufhebung des Urtheils des Gerichts der Rechtsmittelinstanz durch das demselben übergeordnete Gericht und der Zurückweisung der Sache an das Gericht der Rechtsmittelinstanz, schließlich infolge einer Wiederaufnahme des Verfahrens zum Gegenstande haben, als zu derselben höheren Instanz gehörig anzusehen sind.

Zu der höheren Instanz im Sinne des § 164 der C.P.O. gehören daher solche Prozeßhandlungen nicht, bei welchen die vorgekennzeichneten Kriterien nicht zutreffen, also namentlich nicht die vor Einlegung einer Berufung bereits durch ein Berufungsurtheil erledigte Verhandlung über eine gegen dasselbe Urtheil erster Instanz verfrüht eingelegte und deswegen für unwirksam erklärte Berufung auch nicht die Einlegung und Verhandlung in Bezug auf Berufungen gegen andere Urtheile erster Instanz in demselben Prozesse, als dasjenige Urtheil, gegen welches die Berufung durch Zustellung eines Schriftsatzes eingelegt werden soll. —

Dadurch wird natürlich nicht ausgeschlossen, daß das Gericht, bei welchem Berufungen gegen verschiedene in demselben Prozesse gefällte Urtheile eingelegt sind und zur Verhandlung gelangen, anordnen kann, daß die Verhandlung und Entscheidung über dieselben verbunden werden solle.

Das berührt die Frage in keiner Weise, ob zur Zeit der Einlegung solcher Rechtsmittel jedes derselben zu einer für sich seienden Berufungsinstanz gehörte oder nicht.

Es liegt in der Natur der Sache, daß in den Worten des § 164 der C.P.O. „an den für die höhere Instanz von dem Gegner bestellten Prozeßbevollmächtigten" von dem Gesetze ein Bevollmächtigter gemeint ist, dessen Bestellung zum Prozeßbevollmächtigten des Gegners für die in Frage stehende bestimmte höhere Instanz der die Zustellung desjenigen Schriftsatzes, durch welche die Einlegung eines zu dieser Instanz gehörigen Rechtsmittels erfolgen soll, betreibenden Partei, bezw. ihrem Prozeßbevollmächtigten für die betreffende Instanz, in einem vor der Zustellung jenes Schriftsatzes liegenden, einen ausreichenden Zeitraum zur Realisirung der Zustellung offen lassenden Zeitpunkte durch ausdrückliche Erklärung oder klar ersichtlich konkludente Akte im Prozesse kundgethan ist. Die Verwirklichung von Schritten behufs Zustellung an den vom Gegner für die höhere Instanz bestellten Prozeßbevollmächtigten setzt die Kenntniß des die Zustellung Betreibenden von der Bestellung jenes Prozeßbevollmächtigten voraus; diese Kenntniß ermöglicht jene Verwirklichung bei der Norm des Gesetzes über die Nothfrist zur Einlegung der Rechtsmittel nur, wenn von dem Eintritt der Kenntniß noch ein solcher Theil der Nothfrist freibleibt, um die Zustellung der Kenntniß gemäß auszuführen. Das Gesetz kann daher verständiger Weise (und ein unverständiger Wille darf bei dem Gesetzgeber nicht angenommen werden), die Zustellung der Berufungsschrift an den Prozeßbevollmächtigten des Berufungsbeklagten nur dann für nicht geeignet erachtet haben, die Einlegung der Berufung zu bewirken, wenn der die Zustellung betreibende Prozeßbevollmächtigte des Berufungsklägers zu einem Zeitpunkte der vorgekennzeichneten Art die Kenntniß von der Bestellung eines Prozeßbevollmächtigten seitens des Berufungsbeklagten für die Instanz der einzulegenden Berufung besaß, oder bei Anwendung derjenigen Sorgfalt und dem Besitz desjenigen Verständnisses der einschlagenden Rechtsnormen, welche bei einem Rechtsanwalte vorauszusetzen sind, besitzen mußte.

Die vorentwickelten Prinzipien scheinen in ihrer Anwendung auf verschiedenartig nüancirte konkrete Thatbestände folgenden Urtheilen zu Grunde zu liegen:

„1) dem Urtheile des Reichsgerichts III. Civilsenat vom 20. September 1881 Rep. III 444/81, Entsch. Bd. V. S. 97" (Annalen Bd. IV S. 326).

„2) dem Urtheile des Reichsgerichts I. Civilsenat vom 14. Oktober 1882 Rep. I 350/82.

3) dem Urtheile des Reichsgerichts II. Civilsenat vom 22. Dezember 1882 Rep. II 410/82, Entsch. Bd. VIII S. 108" (Annalen Bd. VIII S. 176).

„4) dem Urtheile des Reichsgerichts II. Civilsenat vom 27. April 1883 Rep. II 457/82, Entsch. Bd. IX S. 100" (Annalen Bd. VIII S. 83).

„5) dem Urtheile des Reichsgerichts V. Civilsenat vom 19. Mai 1883 Rep. V. 161/83, Entsch. IX. S. 103" (Annalen VIII, S. 245).

„6) dem Urtheile des Reichsgerichts I. Civilsenat vom 10. Dezember 1884 Rep. I 354/84.

7) dem Urtheile des Reichsgerichts I. Civilsenat vom 18. Februar 1885 Rep. I 460/84" (Urth. u. Annalen I, 457).

„8) dem Urtheile des Oberlandesgerichts Stuttgart vom 3. März 1881 (im Württembergischen Gerichtsblatt Bd. XIX S. 268). —

Ein Urtheil des V. Civilsenats des R.G. vom 25. Oktober 1882 Rep. V 506/82 (abgedruckt in Gruchot's Beiträgen Bd. XXVII S. 1077) scheint auf einer abweichenden Anschauung zu beruhen. Ein Fall des Konflikts im Sinne des § 137 des G.V.G. war indessen nicht für gegeben zu erachten, weil das entscheidende Gewicht, welches bei jener Entscheidung auf den § 77 der C.P.O. gelegt war, in dem oben unter 5 aufgeführten Urtheile desselben Senats aufgegeben ist. Jene frühere Entscheidung betraf übrigens nicht den vorliegend zur Beurtheilung vorliegenden Fall, daß die früher eingelegte Berufung gegen ein Theilurtheil eingelegt war, sondern den Fall der früheren Einlegung einer Berufung gegen ein Zwischenurtheil, welches in Bezug auf die Rechtsmittel als Endurtheil anzusehen war.

Mit Rücksicht auf die Lage des vorliegenden Falles ist noch folgende Erwägung angezeigt.

Es ist nicht unmöglich, daß diejenige Partei, welche bei der einzulegenden Berufung die Stellung des Berufungsbeklagten einnimmt, vor Zustellung des Schriftsatzes, durch welchen diese Berufung eingelegt werden soll, in Erwartung, daß diese Berufung eingelegt werden werde, einen Prozeßbevollmächtigten zu ihrer Vertretung in der diese Berufung betreffenden Berufungsinstanz bestellt und diese Bestellung der Gegenpartei in dem oben bezeichneten Sinne kundgethan hat, und wird in einem solchen Falle die Zustellung des Schriftsatzes zur Einlegung der Berufung an den so bestellten Prozeßbevollmächtigten zu erfolgen haben. Es darf indessen eine solche Bestellung und ein solches Kundthun (in Erwägung der oben entwickelten Prinzipien) darin nicht gefunden werden, daß einem Rechtsanwalte, welcher die betreffende Partei in einem nach jenen Prinzipien nicht zu der Instanz des einzulegenden Rechtsmittels gehörigen Berufungsverfahren in demselben Prozesse vertreten hatte, während des zuletzt gekennzeichneten Berufungsverfahrens eine sogenannte Instanzvollmacht zur Vertretung in der Berufungsinstanz oder in der zweiten Instanz ertheilt war; denn diese Vollmacht war (im Hinblick auf die entwickelten Prinzipien) lediglich auf diejenige Berufungsinstanz zu beziehen, in welcher dieselbe ertheilt war; jedenfalls war eine etwa bei ihrer Ausstellung innerlich vorliegende abweichende Absicht des Ausstellers für die Gegenseite nicht offensichtlich.

Deswegen würde es im konkreten Falle auf die Existenz der in dem Thatbestande erwähnten Vollmacht vom 5. November 1884 an den Rechtsanwalt Dr. Schr. bei ihrer mitgetheilten Fassung und den mitgetheilten Umständen, unter welchen dieselbe ertheilt ist, nicht ankommen, selbst wenn der Rechtsanwalt Kn. vor Zustellung der Berufungsschrift vom 30. Dezember 1884 an den Rechtsanwalt Dr. von H. von jener Vollmacht Kenntniß gehabt hätte, wofür übrigens, wie im Thatbestande hervorgehoben ist, es an jeder Grundlage mangelt, während sich eine Pflicht zur Nachforschung, ob eine Vollmacht für den Dr. Schr. bei dem Gericht hinterlegt war, für den Rechtsanwalt Kn. nicht begründen läßt; auch wenn die Nachforschung realisirt wäre, dieselbe nur zu dem Ergebniß geführt hätte, daß der Rechtsanwalt Dr. Schr. zum Prozeßbevollmächtigten der Beklagten und Widerklägerin für die Instanz der Berufung gegen das Theilurtheil vom 2. Juli 1884 bestellt sei, keineswegs aber zum Prozeßbevollmächtigten für eine Instanz einer gegen ein in demselben Prozesse künftig zu fällendes Urtheil einzulegenden Berufung. —

Es war hiernach das Berufungsurtheil, welches zu Nr. 1 des Tenors der Entscheidung vom 24. Februar 1885 die gegen das Urtheil des L.G. Thorn vom 17. November 1884 als unzulässig verwirft, aufzuheben, zu bestimmen, daß die von dem Kläger und Widerbeklagten gegen jenes Urtheil vom 17. November 1884 eingelegte Berufung zulässig sei, und die Sache zur anderweitigen Verhandlung und Entscheidung über diese zugelassene Berufung an das L.G. zurückzuverweisen."

50. **Feststellungs- und Leistungsklage. Begriff des Interesses an alsbaldiger Feststellung** (§ 231 der C.P.O.). Urth. des IV. Civilsenats vom 22. Juni in Sachen G. R. zu E., Klägers und Revisionsklägers, wider die Gemeinde B. und Genossen, Beklagte und Revisionsbeklagte. Vorinstanz: O.L.G. Naumburg. Verwerfung. (IV, 79/85.)

Der Klagantrag lautet dahin: „Beklagte zu verurtheilen, anzuerkennen, daß sie schuldig sind, dem Kläger bei Gelegenheit des Chausseebaues Bibra-Billroda gelieferte Arbeiten, welche im Anschlage nicht vermerkt sind, und deren Feststellung einem besonderen Verfahren vorbehalten wird, zu bezahlen." In der Berufungsinstanz wurde der eventuelle Klagantrag gestellt: „daß die Beklagten veurtheilt werden, anzuerkennen, daß sie schuldig sind, dem Kläger die in dem mit dem Schriftsatz vom 8. März 1884 unter Nr. 2 eingereichten Verzeichniß vom 16. Januar 1881 aufgeführten Arbeiten als bei Gelegenheit des Chausseebaues Bibra-Billroda gelieferte, im Anschlage nicht vermerkte Mehrarbeiten, deren Kostenbetrag der Feststellung in einem besonderen Verfahren vorbehalten wird, zu bezahlen." Bezüglich beider Anträge hält der B.R. die Klage für unzulässig, möge man dieselbe als Feststellungsklage oder als eine auf eine Leistung gerichtete Klage auffassen.

„In diesem Resultate ist ihm beizustimmen. Der B.R. verneint für beide Klageanträge das Vorhandensein des rechtlichen Interesses an der alsbaldigen Feststellung der in den Streit gezogenen prinzipiellen Verpflichtung, indem die vom Kläger angegebenen Gründe, nämlich die Vermeidung eines zweiten Prozesses und die Aussicht auf einen Vergleich zur Annahme dieses Interesses nicht ausreichten, und Kläger schon gegenwärtig im Stande sei, seinen Anspruch in quanto zu beziffern und geltend zu machen, was auch aus der Berechnung Folio 54 ff. der Akten hervorgehe. Diese Annahme verletzt nicht den § 231 der C.P.O. Das Interesse an der alsbaldigen Feststellung knüpft sich nicht an Vortheile, welche allein durch die Prozeßführung und die Art und Wahl des Prozeßverfahrens hervorgebracht werden, sondern muß aus Umständen hervorgehen, welche die materiellen Rechte der Parteien resp. des Klägers auch abgesehen vom Prozesse berühren, und setzt eine Beziehung und einen Einfluß der Feststellungsklage auf die Wirkungen oder die Sicherung des streitig gewordenen Rechtes voraus. Nach der Begründung des Prozeßentwurfes (Hahn, Materialien S. 255) ist die gedachte Klage dem in vielen Fällen obwaltenden Bedürfniß entsprungen, den Bestand eines Rechtsverhältnisses, bevor noch die materiellen Folgen desselben in Anspruch genommen werden, festzustellen, indem nur auf Grund einer solchen Feststellung die Betheiligten ihre Handlungsweise ohne Gefahr wesentlicher Verluste bestimmen könnten, und diese Motivirung deutet mit Sicherheit darauf hin, daß das für die Feststellungsklage erforderliche Interesse aus der Einwirkung auf die materiellen Rechtsverhältnisse und Zustände der Betheiligten, und nicht aus der Bequemlichkeit und etwaigen Kostenersparung für den Feststellungskläger hergeleitet werden soll. Würden die letzteren Momente für die Zulassung der Feststellungsklage genügen, so würde fast ein jeder vermögensrechtliche Anspruch, welcher zu einer erheblichen Beweisaufnahme Veranlassung bieten kann, in zwei Klagebegehren zerlegt und durch zwei auf einander folgende Prozesse geltend gemacht werden können, und dies würde einerseits mit der Absicht des Gesetzgebers in Widerspruch stehen, andererseits in allen Fällen, in welchen es zu zwei auf einander folgenden Prozessen wegen eines und desselben Anspruches gekommen ist, die mit dieser Zerlegung verknüpften Zwecke der Erleichterung und Kostenersparniß für die Betheiligten geradezu vereiteln.

Hiernach ist die Klage vom Gesichtspunkt des § 231 a. a. O. aus nicht zulässig. Will man sie als eine auf eine Leistung gerichtete Klage auffassen und darin das Verlangen sehen, über den Grund des vom Kläger noch nicht bezifferten Anspruches zu entscheiden, so hat allerdings das Reichsgericht in mehrfachen Fällen eine besondere Klage auf Ersatz eines Schadens ohne Forderung eines bestimmten Betrages für zulässig erachtet. Im vorliegenden Fall handelt es sich nicht um die Verpflichtung der Beklagten zum Schadensersatz, sondern um eine Leistung, welche als Gegenleistung für gewisse vom Kläger gewährte, von den Beklagten angenommene Leistungen gefordert ist, also um Erfüllung einer unmittelbar durch Vertrag entstandenen, einer vertragsmäßigen Verpflichtung. Für eine solche auf eine vertragsmäßige Leistung gerichtete Klage ist die Regel, daß eine Zerlegung des Gegenstandes für zwei von einander abhängige Prozesse nicht stattfindet und nicht erst über den Grund oder das Prinzip, demnächst allein über das Quantum der schuldigen Leistung prozessirt werden kann, und von dieser Regel abzugehen, dazu bietet der vorliegende Fall keinen Anhalt. Ein quantitativ bestimmter Anspruch ist in dem Laufe seiner Entwickelung und Entstehung ein einheitlicher, identischer, und kann nicht ohne besonderen Grund in einen Anspruch mit bestimmter Quantität und in einen gleichzeitig daneben existirenden Anspruch ohne bestimmte Quantität aufgelöst werden. Der Gläubiger kann nicht den letzteren für sich allein, ohne ihn nach seinem realen Inhalt zu begrenzen, geltend machen; die Verfolgung des Anspruches ohne die bestimmte Quantität verfehlt den eigentlichen Zweck des Prozesses, welcher darin besteht, die Erfüllung einer Verbindlichkeit zu erzwingen, und es ist nicht ohne einen rechtfertigenden Grund in das einseitige Belieben des Gläubigers gestellt, in einem Falle, in welchem der sofortigen Durchführung des Anspruches auch nach seinem ziffermäßigen Betrage nichts im Wege steht, dem Schuldner die Einlassung in zwei aufeinander folgenden Prozessen aufzunöthigen. In dieser Beziehung wird der Ausführung des Berufungsrichters beigetreten. Der Revisionskläger weist für sein Vorgehen mit der Leistungsklage in geschehener Art mit Unrecht auf § 276 der C.P.O. hin, welcher nur den Fall der Einklagung einer auch quantitativ bestimmten und in ihrem quantitativen Betrage geltend gemachten Leistung ins Auge faßt, und eher dafür spricht, daß die Partei es nicht in ihrer Gewalt hat, die in § 276 dem Ermessen des Richters anheimgestellte Vorabentscheidung durch Anstellung einer allein darauf gerichteten, selbständigen Klage hervorzurufen.

Das Urtheil des R.G. vom 19. Dezember 1883 (Annalen Bd. VIII S. 434, 435; Entsch. Bd. X S. 413) steht hiermit nicht in Widerspruch, indem es sich auf den Fall der Geltendmachung einer Entschädigung für den durch Enteignung verursachten Schaden bezieht."

7. Kaiserl. Verordnung vom 28. September 1879.

51. **Durch die Kaiserl. Verordnung vom 28. September 1879, § 2 ist an den Voraussetzungen des § 511 der C.P.O.** (für die Revisibilität eines Rechtes) **betreffs des Französischen und Gemeinen Rechtes insoweit nichts geändert worden, als auch nach der Verordnung Voraussetzung für die Zulässigkeit der Revision ist, daß dieses Recht im Bezirk des Berufungsgerichtes Geltung habe.** Urth. des I. Civilsenats vom 17. Juni 1885 in Sachen B. C. zu B., Beklagten und Revisionsklägers, wider W. H. zu G., Kläger und Revisionsbeklagten. Vorinstanz: Kammerger. Berlin. Verwerfung. (I, 135/85.)

Außer anderen hier nicht interessirenden Einreden hatte der Beklagte der eingeklagten Forderung die Einrede der Verjährung auf Grund des Braunschweigischen Gesetzes, die Verjährung persönlicher Klage betreffend, vom 3. Juli 1853, wonach die eingeklagte Forderung in zehn Jahren verjähre, entgegengesetzt, indem er ausführte, das streitige Rechtsgeschäft sei nach Braunschweigischem Recht zu beurtheilen. Der Beklagte bestreitet Letzteres, behauptet, das Preuß. Recht sei maßgebend, aber auch wenn das Braunschweigische Recht anzuwenden wäre, sei die Klage nicht verjährt, die Verjährung sei dadurch unterbrochen, daß der Beklagte sich von seinem Aufenthaltsort Braunschweig entfernt und der Kläger trotz verschiedener Nachfragen nicht in Erfahrung gebracht habe, wo er sich aufhalte. Sei aber die Verjährung vollendet, so habe er Anspruch auf in integrum restitutio. Der Beklagte entgegnete darauf, der Kläger sei an der Klaganstellung nicht verhindert gewesen, denn nach der Braunschweigischen C. P. O. habe er den Beklagten an dessen letztbekannten Wohnsitz Braunschweig öffentlich laden lassen können. In erster Instanz wurde die Einrede der Verjährung verworfen, weil nicht Braunschweigisches, sondern Preuß. Recht maßgebend sei. Das Kammergericht wies die Berufung zurück. Es ließ dahin gestellt, welches Recht maßgebend sei, denn auch nach dem in Braunschweig geltenden Recht sei der Verjährungseinwand hinfällig, indem derselbe durch die in integrum restitutio, auf welche der Kläger Anspruch habe, beseitigt werde. Gegen dieses Urtheil hat der Beklagte Revision eingelegt.

„Das R.G. hat den § 2 der Kaiserl. Verordnung, betreffend die Begründung der Revision in bürgerlichen Rechtsstreitigkeiten vom 28. September 1879, von Anfang an so verstanden, daß durch § 2 von den beiden Voraussetzungen, welche § 511 der C.P.O. für die Revisibilität eines Rechts aufstellte — Geltung im Bezirk des Berufungsgerichts und Hinauserstreckung der Geltung über diesen Bezirk — für das Gemeine und das Französische Recht nur die *zweite* Voraussetzung aufgehoben sein könne (Einf.Ges. zur C.P.O. § 6 Abs. 1 Nr. 1) und solle, daß dagegen an der ersten Voraussetzung nichts habe geändert werden können und sollen. (*Entsch.* VI S. 413, VIII S. 88; *Fenner und Mecke*, Archiv III S. 155.) Der Gerichtshof hat auch durch die Gegenausführungen (siehe namentlich

Fels, Revisionsrecht und Sonderrecht S. 72 f.) seine Begründung nicht als widerlegt erachten können. Da nun im Bezirk des Kammergerichts das Gemeine Recht nicht in Geltung ist, so konnte auf die Angriffe des Revisionsklägers gegen die im B.U. enthaltenen Ausführungen über Grundsätze des Gemeinen Rechts in der Revisionsinstanz nicht eingegangen werden."

Gemeines Recht.

---

52. **Spolienklage wegen einer gegen § 713 der C.P.O.** (bezw. § 29 der Verordnung vom 7. September 1879) **verstoßenden Pfändung.** Urtheil des III. Civilsenats vom 16. Juni 1885 in Sachen des Preuß. Fiskus, Beklagten und Revisionsklägers, wider den Konkurs der Aktiengesellschaft H.'sche Torfwerke in H., Kläger und Revisionsbeklagten. Vorinstanz: O.L.G. Celle. Verwerfung. (III, 79/85.)

„Der B.R. nimmt zunächst mit dem L.G. als erwiesen an, daß die am 6. Juni 1882 in das Handelsregister eingetragene und seit diesem Tage bestehende klagende Aktiengesellschaft im juristischen Besitze (welcher nach dem hier maßgebenden Rechte der Provinz Hannover, vergl. Präjudiz vom 26. Januar 1841, die Voraussetzung der von der Klägerin erhobenen Spolienklage bildet) diejenigen Sachen sich befunden haben, welche im Auftrage der Beklagten gegen Ende des Jahres 1882 und zu Anfang des Jahres 1883 behufs Beitreibung der der Beklagten gegen den Fabrikanten v. B. zustehenden Forderungen gepfändet worden sind. Diese Annahme beruht nicht auf der Verletzung des Gesetzes. Bezüglich desjenigen Theils der gepfändeten Gegenstände, welche von dem früheren Eigenthümer und Besitzer, dem Fabrikanten v. B., der klagenden Aktiengesellschaft durch den Vertrag vom 26. Juni 1882 verkauft sind und deren Besitz auf die Gesellschaft durch constitutum possessorium übertragen worden ist, — indem im Vertrage bestimmt worden: „Besitz und Eigenthum der Kaufobjekte werden durch Unterzeichnung dieses Vertrages auf die Käuferin übertragen. Vom Augenblicke der Unterzeichnung an, will und soll daher v. B. die Kaufobjekte nicht mehr für sich, sondern für die Aktiengesellschaft „H.'sche Torfwerke" (deren Direktor er war), als deren Vertreter besitzen, — geht der B.R. von richtigen, mit der Rechtsprechung des R.G. in Einklang stehenden

Grundsätzen über die Uebertragung des Besitzes durch constitutum possessorium aus und findet eine Bestätigung des Vertrages auch in der Aussage der vernommenen Zeugen. Bezüglich der übrigen gepfändeten Sachen, der 11 Treibriemen und des größten Theils des gepfändeten Torfes, beruht aber die Annahme des juristischen Besitzes der klagenden Gesellschaft zur Zeit der Vornahme der Pfändungen auf der Würdigung des Ergebnisses der Beweisaufnahme, indem der B.R. darnach als erwiesen erachtet, daß die Treibriemen im Geschäftsbetriebe der Aktiengesellschaft nach deren Errichtung für sie angeschafft sind und für sie auf der Neustädter Hütte gelagert haben, sowie, daß der nach Abschluß des Vertrages vom 26. Juni 1882 gestochene Torf für die Gesellschaft auf ihre Kosten gestochen und in deren Besitz genommen sei. Bei dieser Beweiswürdigung ist eine Gesetzesverletzung nicht erfindlich.

Wenn sodann der B.R. bei Prüfung der Frage, ob in den im Auftrage der Beklagten vorgenommenen Pfändungen ein Spolium enthalten sei, zunächst annimmt, daß eine nach § 29 der Preuß. Verordnung vom 7. September 1879 ungerechtfertigte Pfändung, mithin eine eigenmächtige Besitzentziehung, vorliege, weil die gepfändeten Sachen im Besitze der zur Herausgabe nicht bereiten klagenden Gesellschaft sich befunden haben, so beruht die Annahme, daß die klagende Gesellschaft zur Herausgabe nicht bereit gewesen sei, nicht, wie die Revisionsklägerin ausführt, auf einer Gesetzesverletzung.

Der B.R. hat die von der Beklagten aufgestellte Behauptung, daß die klagende Aktiengesellschaft gegen keine der früheren, vor der hier in Frage stehenden Pfändungen im Auftrage der Beklagten gegen v. B. vorgenommenen Pfändungen von Torfvorräthen und Inventarienstücken protestirt, Besitz oder Eigenthum an den gepfändeten Gegenständen nicht in Anspruch genommen und Interventionsansprüche nicht erhoben, vielmehr eine Bürgschaftsurkunde vom 18. November 1882 ausgestellt und mit Rücksicht auf den Fortbetrieb der Fabrik die Freigabe der Pfänder beantragt habe und erst, nachdem die Beklagte durch Verfügung vom 18. Oktober 1883 die Steuerkasse zu Neustadt beauftragt habe, die sämmtlichen wegen Pachtrückstände der v. B. gepfändeten Gegenstände zu verkaufen, mit Protesten hervorgetreten sei, keineswegs unberücksichtigt gelassen. Er erachtet dieses Verhalten der Klägerin jedoch nicht für geeignet, eine Zustimmung zur Pfändung der in ihrem Besitze befindlichen Gegenstände zu begründen, weil in ihrem Verhalten lediglich Versuche, die Sache gütlich beizulegen, nicht aber eine Einwilligung in die hier fraglichen Pfändungen zu erblicken sei. In dieser Beurtheilung des Verhaltens der Klägerin den früheren Pfändungen gegenüber ist ein Rechtsirrthum nicht zu finden. Der Revisionsklägerin ist darin beizutreten, daß die in § 29 cit. vorausgesetzte Bereiterklärung des Dritten, in dessen Gewahrsam die zu pfändenden Sachen sich befinden, zur Herausgabe derselben nicht blos ausdrücklich, sondern auch stillschweigend, durch konkludente Handlungen erfolgen kann. Allein dieses verkennt auch der B.R. nicht, er findet aber in dem von der Beklagten behaupteten Verhalten der Klägerin den früher im Zwangsvollstreckungsverfahren gegen v. B. vollzogenen Pfändungen von im Besitze der Klägerin befindlichen Gegenständen gegenüber keine solche Handlungen, aus denen der Wille der Klägerin, die bei den hier in Rede stehenden Pfändungen gepfändeten, in ihrem Gewahrsam befindlichen Sachen herauszugeben, gefolgert werden könnte oder müßte. In dem Schweigen der Vertretung der Aktiengesellschaft, welche bei Vornahme der Pfändungen selbst nicht anwesend war, bis zu dem Zeitpunkte, wo die Beklagte den Verkauf der gepfändeten Gegenstände anordnete, kann eine stillschweigende Einwilligung der Klägerin, eine Bereiterklärung zur Herausgabe der gepfändeten Sachen, nicht gefunden werden, da sie nicht verpflichtet war, ihre Ansprüche sofort geltend zu machen oder Protest zu erheben. Die Frage, ob es gegen Treu und Glauben verstoßen würde, wenn die klagende Gesellschaft die Ansprüche aus dem zwischen der Beklagten und dem Fabrikanten v. B. abgeschlossenen Vertrage über Torfgewinnung auf dem fiskalischen großen Moore bei Neustadt für sich geltend machen, den gestochenen Torf für sich in Anspruch nehmen, sich aber dem Versuche der Beklagten, sich Zahlung der aus dem Vertrage von v. B. geschuldeten Pachtgelder zu verschaffen, widersetzen wollte, kann hier ganz dahin gestellt bleiben, da dieselbe für die allein in Betracht kommende und zu beantwortende Frage, ob die Klägerin zur Herausgabe der in ihrem Besitze befindlichen gepfändeten Sachen bereit gewesen sei, offenbar bedeutungslos ist. Ein Protest der Klägerin gegen den Verkauf der gepfändeten Sachen würde allerdings an der *einmal gültig erfolgten* Pfändung nichts ändern können. Allein um die hier in Rede stehenden Pfändungen als gesetzlich und gültig erfolgt ansehen zu können, ist zunächst der Nachweis erforderlich, daß die klagende Gesellschaft zur Herausgabe der in ihrem Besitze befindlichen Sachen bereit war, und an diesem Beweise fehlt es eben nach den Feststellungen des B.G.

Was dann die weitere Frage betrifft, ob im Uebrigen mit Recht die Voraussetzungen der Spolienklage von dem B.G. als gegeben angenommen seien, so ist die Frage, ob überhaupt im Falle der

Pfändung einer Sache durch den Gerichtsvollzieher oder durch den Vollziehungsbeamten, ob ein Dritter auf Grund der Behauptung, daß er juristischer Besitzer der gepfändeten Sachen sei, Widerspruch gegen die Zwangsvollstreckung im Wege der Klage erheben könne, ob ihm insbesondere die Spolienklage zustehe, bestritten. Wenn auch diese Frage für die Fälle zu verneinen ist, in welchen der Gerichtsvollzieher oder Vollziehungsbeamte im Gewahrsam des Schuldners, gegen welchen die Zwangsvollstreckung gerichtet ist, befindliche Sachen gepfändet hat, die Pfändung also in Gemäßheit der Vorschriften in § 712 der C.P.O. bezw. § 28 der Verordnung vom 7. September 1879 in gesetzlicher Weise erfolgt ist und somit eine widerrechtliche, eigenmächtige Besitzentsetzung durch den Gerichtsvollzieher so wenig, als durch den Gläubiger, in dessen Auftrag jener gehandelt hat, vorliegt, so ist dieselbe doch zu bejahen, wenn, wie im vorliegenden Falle, nach der Feststellung des B.G., der Gerichtsvollzieher oder der Vollziehungsbeamte Sachen gepfändet hat, welche im Gewahrsam und juristischen Besitze eines Dritten sich befunden haben, welcher zu deren Herausgabe nicht bereit war, wenn also entgegen den Vorschriften in § 713 der C.P.O. bezw. § 29 der Verordnung vom 7. September 1879 die Pfändung vorgenommen ist.

In einer solchen ungesetzlichen Pfändung ist eine widerrechtliche, eigenmächtige Besitzentsetzung enthalten. Die Spolienklage ist aber nach der Ausbildung, welche sie durch die Praxis erhalten hat, bestimmt, in umfassendster Weise Schutz gegen Eigenmacht zu gewähren, sie kann von einem Jeden angestellt werden, welcher eigenmächtig aus dem Besitze (nach dem hier in Betracht kommenden Rechte der Provinz Hannover aus dem juristischen Besitze) entsetzt ist (vergl. Entsch. Bd. V S. 165).

Wenn gegen die Zulässigkeit der Spolienklage geltend gemacht wird, derjenige, welcher sich an die vom Staate eingesetzten Vollstreckungsbeamten wende, um sein Recht zu realisiren, mache einer Eigenmacht sich nicht schuldig, wenn in Folge seines Antrages von den staatlichen Exekutivbeamten Sachen gepfändet werden, an welchen ein Dritter juristischen Besitz zu haben behaupte, der Gläubiger vermeide gerade die Eigenmacht, indem er sich an die vom Gesetze verordneten Behörden und Beamten wende, es fehle somit an dem wesentlichsten Erfordernisse der Spolienklage, der eigenmächtigen Besitzentsetzung, so kann dieser Einwand in Fällen der vorliegenden Art für begründet nicht erachtet werden. Es wird dabei nicht berücksichtigt, daß der Gerichtsvollzieher oder Vollziehungsbeamte bei

Vornahme der Zwangsvollstreckung nicht lediglich in seiner Eigenschaft als öffentlicher Beamter, als Organ der Staatsgewalt thätig wird, daß er die Zwangsvollstreckung nicht lediglich im öffentlichen Interesse, sondern vorzugsweise und in erster Linie im Interesse des die Zwangsvollstreckung betreibenden Gläubigers vornimmt, daß er als Mandatar des letzteren thätig wird, und daß der Gläubiger für die Ausführung des dem Gerichtsvollzieher ertheilten Auftrages, soweit derselbe sich innerhalb der Grenzen des Auftrages gehalten, oder sofern der Gläubiger die Handlungen des Gerichtsvollziehers ratihabirt hat, verantwortlich ist. Die Spolienklage ist zwar bei formell legalen Handlungen der Beamten ausgeschlossen, nicht aber bei widerrechtlich vorgenommenen Verfügungen und Exekutionen, sofern nicht durch das Gesetz der Rechtsweg in dieser Richtung beschränkt ist, was vorliegend nicht der Fall ist.

Wenn von einem Beamten zu Gunsten und im Auftrage eines Gläubigers eine Zwangsvollstreckung in einer Weise ausgeführt ist, daß sie eine widerrechtliche, eigenmächtige Besitzentschädigung — wie im vorliegenden Falle — enthält, so kann die Spolienklage auch gegen den den Vollstreckungsbeamten beauftragenden Gläubiger angestellt werden, sofern er als Mandant oder als Ratihabent haftbar erscheint. Diese Voraussetzung ist vorliegend gegeben. Sieht man auch davon ab, daß die Beklagte schon im Oktober 1882, also vor den hier in Frage stehenden Pfändungen, in Anlaß damals stattgehabter Pfändungen von Inventarienstücken und Torfvorräthen von dem v. B. für sich und als Vertreter der jetzt klagenden Aktiengesellschaft angezeigt worden war, daß nicht v. B., sondern die Aktiengesellschaft Eigenthümerin der gepfändeten Gegenstände sei und daß der Fabrikbetrieb auf der Neustädter Hütte und dem Moore für die Aktiengesellschaft betrieben werde, so liegt doch in dem Verhalten der Beklagten, in ihrer Weigerung der Freigabe der gepfändeten Gegenstände, nachdem ihr die nach den jetzigen Feststellungen begründete Mittheilung geworden war, daß die gepfändeten Sachen im Gewahrsam der Klägerin sich befunden haben, und die Pfändung daher in ungesetzlicher Weise erfolgt sei, sowie in dem Verkaufe derselben eine Genehmigung der ungesetzlichen Handlungen des von ihr mit der Zwangsvollstreckung beauftragten Vollziehungsbeamten und damit eine eigenmächtige Besitzentziehung auch durch die Beklagte vor.

Wenn auch das Rechtsgeschäft, auf Grund dessen die klagende Aktiengesellschaft einen Theil der hier in Frage stehenden, gepfändeten Gegenstände und den juristischen Besitz erworben hat, nach den Vorschriften des Gesetzes vom 21. Juli 1879, betreffend die Anfechtung von Rechtshandlungen des Schuldners außerhalb des Konkursverfahrens, anfechtbar und der Beklagten gegenüber für unwirksam zu erklären wäre, so würde die unter Verletzung der Bestimmungen in den §§ 28, 29 der Königl. Verordnung vom 7. September 1879 vorgenommene Pfändung und die Besitzentsetzung der Klägerin nicht aufhören, eine widerrechtliche und eigenmächtige zu sein. Das Gesetz erklärt nur eine Pfändung der im Gewahrsam des Schuldners befindlichen Sachen für statthaft, jede Pfändung von Sachen, welche im Gewahrsam eines Dritten sich befinden, für unzulässig, sofern derselbe zur Herausgabe der Sachen nicht bereit ist; es gewährt im letzteren Falle dem Gläubiger nur das Recht, die Zwangsvollstreckung in den Anspruch des Schuldners auf Herausgabe der Sachen zu vollziehen (§§ 48, 49 der gedachten Verordnung; §§ 745, 746 der C.P.O.). Der die Sachen besitzende Dritte ist nicht gezwungen, dem Gläubiger gegenüber, zu dessen Gunsten die Sachen widerrechtlich aus seinem Besitze entzogen sind, sein Recht auf die Sachen geltend zu machen, sondern er kann zunächst Wiederherstellung seines widerrechtlich und eigenmächtig gestörten Besitzstandes verlangen und sich somit die vortheilhafte Rechtslage wieder verschaffen, welche vor dem eigenmächtigen Eingriff in sein Besitzrecht bestand.

Der Spolienklage gegenüber hat der B.R. mit Recht die Einrede der Beklagten, welche sich auf das Eigenthum der Klägerin an den gepfändeten Sachen beziehen, bezw. aus der Anfechtbarkeit des zwischen ihr und dem Fabrikanten v. B. abgeschlossenen Rechtsgeschäfts entnommen sind, als unstatthaft zurückgewiesen (vergl. Entsch. Bd. V S. 165)."

53. **Eigenthum des Einzahlers an einem Sparkassenbuch, das er auf eines Anderen Namen ausstellen läßt.** Urth. des III. Civilsenats vom 26. Juni 1885, in Sachen C. H. in T., Klägers und Revisionsklägers, wider die verehel. H. geb. R. das., Beklagte und Revisionsbeklagte. Vorinstanz: O.L.G. Celle. Aufhebung und Zurückverweisung. (III, 89/85.)

Durch R.G.Urtheil vom 22. Februar 1884 (Annalen Bd. X S. 182) war diese Sache auf Revision des Klägers zur anderweiten Verhandlung und Entscheidung an die vorige Instanz zurückverwiesen worden. Diese hat nun nach stattgehabter Beweisaufnahme die Berufung des Klägers gegen das L.G. Erkenntniß vom 24. November 1882 abermals verworfen. Kläger legt wiederholt Revision ein mit dem Antrage, das B.U. aufzuheben und nach der Klagbitte zu erkennen.

Das O.L.G. geht bei der Zurückweisung der von dem Kläger verfolgten Berufung im wesentlichen von der Erwägung aus: „Für das Eigenthum am fraglichen Sparkassenbuche komme es darauf an, wer bei der ersten Einzahlung Gläubiger der Sparkasse geworden sei. Stehe dies fest, so müsse in Ermangelung entgegenstehender Umstände angenommen werden, daß der Gläubiger auch Eigenthümer der Urkunde habe werden sollen. Da nun auf dem Umschlage des fraglichen Buches der Name der Beklagten als Einlegerin durch den Rechnungsführer der Sparkasse eingetragen worden sei, so sei daraus zu entnehmen, daß der Kläger dem Beamten der Anstalt die Beklagte als Einlegerin, d. h. Gläubigerin bezeichnet habe. Danach sei das klagend geltend gemachte Eigenthumsrecht des Klägers am Buche nicht erwiesen; jene Umstände widersprächen der Annahme, daß Kläger durch Empfangnahme des Buches für sich das Eigenthum daran habe erwerben wollen und daß ihm zugleich seitens der Sparkasse dieses Eigenthum habe übertragen werden sollen."

„Es kann dahin gestellt bleiben, ob die Behauptung des Revisionsklägers begründet ist, daß der Vorderrichter bei der jetzt angefochtenen Entscheidung lediglich seine früheren, in dem Reichsgerichtsurtheile vom 22. Februar 1884 als rechtsirrthümlich bezeichneten Erwägungen, — mit anderen Worten und in anderem Zusammenhange — wiederholt und damit gegen § 528 der C.P.O. verstoßen habe; denn die Revision ist ohne Zweifel schon deshalb gerechtfertigt, weil nach dem festgestellten Sachverhalte der Kläger allein das Eigenthum am streitigen Sparkassenbuche erworben hat, die Gründe aber, welche der Vorderrichter für den Eigenthumserwerb der Beklagten geltend macht, als rechtlich bedeutungslos erscheinen.

Die Sparkasse zu Sch. giebt sogenannte Quittungsbücher über Baareinlagen aus; diese Bücher sind nach dem Inhalte der ihnen vorgedruckten Statuten als unvollkommene Inhaberpapiere (sogenannte Legitimationspapiere) zu betrachten. Der Kläger hat in den Jahren 1875 bis 1880 sieben Einzahlungen bei der genannten Sparkasse im Gesammtbetrage von 1641 ℳ geleistet und zwar hiervon am 7. Januar 1878 einen Posten von 1211 ℳ unbestritten aus eigenen Mitteln. Das Buch selbst ist auf dem Umschlage mit der Bemerkung: „für E. R. in Tewel" (die Beklagte und Pflegetochter des Klägers) versehen. Für diese letztere sind — nach der thatsächlichen Annahme des Vorderrichters — die einzelnen Beträge bei der Sparkasse eingelegt worden. Gleichwohl ist Kläger im Besitze des Quittungsbuches geblieben; er hat sogar wiederholt Zinsen von den Einlagen erhoben. Im Oktober 1881 hat sich die Beklagte widerrechtlich den Besitz der Urkunde zu verschaffen gewußt.

Wie bereits in dem früheren Reichsgerichtsurtheile" (zu vergl. Annalen Bd. X S. 182) „ausgeführt wurde, ist an Urkunden der fraglichen Art ein selbständiges, von dem Forderungsrecht unabhängiges Eigenthumsrecht möglich. Dieses letztere erwarb der Kläger, auch wenn er dem Rechnungsführer der Sparkasse bei der ersten oder selbst bei allen Einzahlungen zu erkennen gab, daß er für die Beklagte einzahle, — und der Beamte das Quittungsbuch demgemäß auf den Namen der Beklagten ausstellte.

Denn nicht um das persönliche Rechtsverhältniß, in welches dadurch etwa die Beklagte zu der Sparkasse trat, handelt es sich hierbei, sondern um die rechtlichen Beziehungen der streitenden Theile untereinander.

Nun behauptet der Beklagte selber nicht, und der Vorderrichter stellt auch nicht thatsächlich fest, daß sich der Kläger bei irgend welcher Einzahlung ausdrücklich oder stillschweigend als Stellvertreter der Beklagten zu erkennen gegeben habe, noch weniger ist behauptet und festgestellt, daß die Sparkassenverwaltung das fragliche Buch dem Kläger mit der Erklärung übergeben habe, daß sie an diesen als Stellvertreter der Beklagten tradiren wolle, der Kläger auch sich bei einer solchen Erklärung beruhigt habe. Nur unter diesen Voraussetzungen würde die Beklagte sofort den Besitz und damit das Eigenthum am Buche erworben haben, — während nach Lage der Sache nichts entgegenstand, daß der Kläger, als Empfänger und rechtlicher Besitzer der Urkunde durch seinen eigenen bloßen Willen deren Eigenthümer wurde.

Die angestellte Eigenthumsklage ist danach an sich begründet, und es kann sich nur noch fragen, ob die Beklagte mit den Einreden, welche sie gegen den Klaganspruch erhoben hat, zu hören und eventuell, wenn dies der Fall, der Beweis der relevanten Einreden erbracht sei. Zum Erkenntnisse hierüber wird die Sache an die vorige Instanz zurückverwiesen."

54. Aufhebung des Faustpfandverhältnisses durch Abverdienung der Vorschüsse. Urth. des III. Civilsenats vom 19. Juni 1885 in Sachen des Preuß. Fiskus, Beklagten und Revisionsklägers, wider den Eisenbahnunternehmer N., Kläger und Revisionsbeklagten. Vorinstanz: O.L.G. Cassel. Verwerfung. (III, 85/85).

„Das dem Beklagten von Seiten des Klägers am 4. Oktober und 13. November 1873 eingeräumte Faustpfand war nicht als eine Kaution, nicht als Kredithypothek bestellt, sondern ist als Pfandsicherheit für eine individuell bestimmte und begrenzte Forderung, nach deren Abtragung Pfandrecht und Pfandbesitz vertragsmäßig aufhören sollten, aufzufassen. Ist daher die klägerische Behauptung richtig, bezw. durch den Eid des Klägers vollends richtig gestellt, daß diese Abtragung im März 1874 stattgefunden habe, so war das Pfandrecht von hier an erloschen. Aus einem bereits erloschenen Pfande konnte aber für die erst hiernach durch weitere Vorschüsse angeblich entstandenen Forderungen des Beklagten kein Retentionsrecht abgeleitet werden, das die vom Beklagten im Dezember 1875 verweigerte

Herausgabe der Pfandobjekte rechtfertigen würde. Denn die l. unic. Cod. 8, 27 darf nicht ausgedehnt werden auf einen Fall, wo die Pfandschuld getilgt, der Pfandbesitz aber damit ein unberechtigter geworden war und nun erst eine weitere einfache Schuldforderung auf Seiten des Pfandgläubigers erwächst. Hätte jenes singuläre Gesetz das von ihm geschaffene Retentionsrecht auch für einen derartigen Fall einführen wollen, so hätte dies in den Gesetzesworten seinen Ausdruck finden müssen.

Der hauptsächlichste Revisionsangriff ist gegen die Annahme des B.R. gerichtet, daß am 6. März 1874 — unter der in dem Eidesthema ausgedrückten Voraussetzung — die durch Faustpfand sichergestellten Vorschüsse des Beklagten mit 10 000 Thlrn. und mit 5000 Thlrn. durch Arbeiten des Klägers getilgt und dadurch das Pfand erloschen war. In dieser Beziehung stellt der Berufungsrichter thatsächlich fest, daß der Kläger in der Zeit vom 9. Januar bis 3. März 1874 Arbeiten geliefert habe, die ihrem Werthe nach den Betrag der eben gedachten Vorschüsse übersteigen. Sodann legt der vorige Richter die Verpfändungsurkunde ohne Rechtsirrthum dahin aus, daß der Beklagte die von hier an geleisteten Arbeiten des Klägers — soweit nicht diesfalls besondere abweichende Vereinbarungen nachträglich getroffen werden — auf die fraglichen Vorschüsse zu verrechnen gehabt habe, weil dem Beklagten nur unter dieser Bedingung und Voraussetzung das Faustpfand bestellt sei. Des Weiteren nimmt der B.R. an, daß, weil die Pfandforderung (sc. die beiden Vorschüsse) durch die vertragsmäßige Leistung (sc. die der Pfandbestellung nachgefolgten klägerischen Arbeiten) am 6. März 1874 getilgt gewesen, von selbst und ohne Weiteres auch das Pfand erloschen sei. Auch in dieser Annahme ist kein Rechtsverstoß zu erkennen. Dieselbe beruht auf dem bekannten Grundsatz von der accessorischen Natur des Pfandrechtes und geht nicht darin fehl, daß sie diesen Grundsatz, so wie geschehen, zur Anwendung bringt. Denn ist der Pfandvertrag in der Weise zu Stande gekommen, daß das bestellte Faustpfand unwirksam werden solle, sobald die Vorschüsse des Beklagten durch nachfolgende Arbeiten des Klägers abverdient seien, so trat diese Unwirksamkeit von selbst ein und hatte nicht erst eine besondere Verrechnung oder eine sonstige hierauf gerichtete spezielle Willenserklärung der Kontrahenten nöthig. Die Thatsache der Abverdienung, das ist, die ausdrücklich bestimmte, vertragsmäßig vereinbarte datio in solutum entscheidet über die Existenz oder Nichtexistenz des Pfandes; es muß daher als folgerichtig bezeichnet werden, daß der B.R. mit dem Eintritt dieser Thatsache den Wegfall des Pfandes angenommen hat.

Der Umstand, daß der Kläger noch andere, spätere Vorschüsse außer den in Frage stehenden erhalten hat, hindert die Annahme nicht, weil nach dem Pfandvertrag, wie er vom B.R. ohne Rechtsirrthum ausgelegt ist, das Faustpfand nicht als Kautionshypothek und nicht zur Sicherung für beliebige nachfolgende Vorschüsse, sondern nur und ausschließlich für die beiden Darlehen von 10 000 Thlrn. und von 5000 Thlrn. bestellt worden ist. Wenn daher die klägerischen Arbeiten am 6. März 1874 den Betrag dieser Darlehen erreichten, so kann es darauf, daß in Folge anderer nachgefolgter Vorschüsse eine Ueberzahlung zu Gunsten des Beklagten vorlag, für die Frage des Fortbestandes des Pfandrechtes nicht weiter ankommen. Die an dem gedachten Tage vorhandene Ueberzahlung war nur insofern von Bedeutung, als sie, weil ein noch zur Zeit des Bestehens des Pfandes existent gewordenes Guthaben des Beklagten repräsentirend, denselben zur Ausübung des Gordianischen Retentionsrechtes legitimirt haben würde. Diese Berechtigung spricht indessen der B.R. dem Beklagten aus dem Grunde ab, weil diese spezielle Ueberzahlung durch nachfolgende Arbeiten des Klägers im Dezember 1875 längst getilgt gewesen sei, mithin der Beklagte seine zu dieser Zeit erfolgte Verweigerung der Pfandobjekte mit dem Hinweis auf jenes Retentionsrecht nicht habe begründen können. Ein Rechtsirrthum ist auch in dieser Erwägung nicht zu finden, weil der B.R. aus den nach dem 6. März an den Kläger ausbezahlten Vorschüssen und Abschlagszahlungen thatsächlich folgern konnte und gefolgert hat, daß derselbe nach diesem Zeitpunkte so viele Arbeiten geliefert habe, daß dadurch der an diesem Tag bestehende Ueberschuß bis zum Dezember 1875 längst abgetragen war."

55. Auslegung der l. 17 Cod. (de fid. instr.) **4, 21. Erforderniß der Schriftlichkeit von Verträgen.** Urth. des III. Civilsenats vom 19. Juni 1885 in Sachen H. B. zu K., Beklagten und Revisionsklägers, wider die A. Spar- und Leihkasse. Vorinstanz: O.L.G. Kiel. Verwerfung. (III, 74/85.)

„Wie das R.G. bereits wiederholt und insbesondere in dem vom Revisionskläger allegirten Urtheil vom 14. Juni 1881" (Annalen Bd. IV S. 182; Entsch. Bd. IV S. 199) „ausgesprochen hat, ist die l. 17 Cod. de fid. instr. 4, 21 nicht dahin zu verstehen, daß die Verbindlichkeit eines mündlich zum vollkommenen Abschluß gelangten Vertrages, für welchen gesetzlich eine bestimmte Form nicht vorgeschrieben ist, durch die unter den Kontrahenten getroffene Verabredung, daß derselbe schriftlich abgefaßt werden, oder eine sonstige Form hinzutreten solle, stets von der Errichtung und Unterschrift der

Vertragsurkunde bezw. von der Beobachtung der sonstigen Form abhängig sei. Die Bestimmung hat vielmehr nur die Bedeutung, daß im einzelnen Fall der ausdrücklich ausgesprochene oder aus den Umständen mit Sicherheit zu entnehmende Wille der Kontrahenten dafür maßgebend ist, ob durch die verabredete schriftliche Beurkundung oder sonstige Form des Vertrages ein Beweismittel für den bereits vollendeten Vertrag geschaffen oder der Vertrag selbst erst zum Abschluß gebracht werden soll. Eine Präsumtion, daß im Zweifel letzteres anzunehmen sei, wenn die Parteien die schriftliche Aufzeichnung des Vertrages vorgesehen haben, existirt nicht."

56. **Von der Lohnforderung ist der Werth der Aufwendungen abzuziehen, welche der Berechtigte zur vollständigen Ausführung des** (durch Unmöglichkeit unausgeführt gebliebenen) **Vertrages hätte machen müssen.** Urth. des III. Civilsenats vom 19. Juni 1885 in Sachen H. in L., Widerklägers und Revisionsklägers wider die Aktienges. N. in H., Widerbeklagte und Revisionsbeklagte. Vorinstanz: O.L.G. Celle. Aufhebung und Zurückverweisung. (III, 72/85.)

„Daß der unter den Parteien abgeschlossene Vertrag nicht ein Mandatsvertrag, sondern ein Miethsvertrag und zwar eine locatio conductio operis ist und daß sonach die Widerbeklagte zu der von ihr vorgenommenen Kündigung desselben nicht befugt gewesen ist, kann keinem Zweifel unterliegen. Der Vorinstanz ist auch darin beizustimmen, daß dem Widerkläger, welchem die Vertragserfüllung, zu welcher er bereit war und mit welcher er bereits begonnen hatte, durch die Widerbeklagte unmöglich gemacht worden ist, keineswegs bloß ein Schadensersatzanspruch, sondern vielmehr der an sich begründete Anspruch auf die kontraktmäßige Gegenleistung zusteht; dies folgt nicht bloß aus den von der Vorinstanz angewandten Grundsätzen über die Folgen einer nur auf Seiten des einen Kontrahenten eingetretenen Unmöglichkeit der Vertragserfüllung (über die Anwendung dieser Grundsätze auf Miethverträge, vergl. auch Entsch. des R.G. Bd. III Nr. 51 S. 179), sondern außerdem auch insbesondere noch daraus, daß die Widerbeklagte sich im Annahmeverzug befand und daß eine durch Annahmeverzug unmöglich gewordene Leistung nach ausdrücklicher Gesetzesvorschrift l. 39 D. de R. J. (50, 17) l. 72 pr. D. de sol. (46, 3) als erfolgt („pro facto", „pro soluto") zu gelten hat.

Die Vorinstanz nimmt aber auch weiter mit Recht an, daß der Widerkläger sich an seiner Lohnforderung den Werth der Aufwendungen abziehen lassen muß, welche er zur vollständigen Ausführung des Vertrages noch hätte machen müssen und welche ihm jetzt durch die Unmöglichkeit derselben erspart geblieben sind. Hierfür kann man sich freilich auf besondere Gesetzesvorschriften nicht berufen; denn die von der Vorinstanz angeführte l. 19 § 9, 10. D. loc. cond. (19, 2) besagt, wie auch die l. 4. D. de off. ass. (1, 22), weiter nichts, als daß derjenige, welcher seine Dienste einem Anderen vermiethet hat, den Anspruch auf den bedungenen Lohn verliert, wenn er, nachdem ihm die Leistung der vermietheten Dienste durch ein in der Person des Miethers eingetretenes Hinderniß unmöglich geworden ist, sich auch seinerseits außer Stande setzt, dieselben leisten zu können. Die gedachte Annahme kann vielmehr nur aus Billigkeitsrücksichten gerechtfertigt werden (vergl. auch Windscheid in der Heidelberger kritischen Zeitschrift II S. 139).

Darf nun auch die von der Widerbeklagten verschuldete Unmöglichkeit der Leistung dem Widerkläger in keiner Weise zum Nachtheil gereichen, so kann es doch andererseits vom Standpunkte der Billigkeit aus nicht für statthaft erachtet werden, daß der Widerkläger sich in Folge hiervon auf Kosten der Widerbeklagten bereichere, und eine solche Bereicherung würde ihm zu Theil werden, wenn er den bedungenen Lohn ohne Abzug seiner ersparten Aufwendungen erhielte. Demnach muß der Widerbeklagten das Recht zugesprochen werden, mittelst einer exc. doli generalis den Abzug dieser Ersparnisse zu beanspruchen. Hierbei ist es jedoch ihre Aufgabe, die thatsächlichen Voraussetzungen des verlangten Abzuges zu beweisen." Die Aufhebung des Urtheiles erfolgte aus hier belanglosen prozessualen Gründen.

57. **Der Gläubiger, der sich außer Stand gesetzt hat, dem Bürgen jura cessa zu ertheilen, geht seines Anspruchs gegen den Bürgen nicht ohne Weiteres dadurch verlustig.** Urth. des III. Civilsenats vom 26. Juni 1885 in Sachen P. Ch. in T. und Genossen, Beklagten und Revisionskläger, wider die S.'er Spar- und Leihkasse, Klägerin und Revisionsbeklagte. Vorinstanz: O.L.G. Kiel. Verwerfung. (III, 77/85.)

„Die Revisionskläger gehen in erster Linie von der Auffassung aus, daß der Gläubiger, der sich außer Stand gesetzt habe, dem Bürgen jura cessa zu ertheilen, damit ohne Weiteres seines Anspruchs gegen den Bürgen verlustig werde, ohne daß es darauf ankomme, ob dem Bürgen durch den Untergang der ihm zu cedirenden Rechte ein Nachtheil erwachsen sei oder nicht, wie solches im Römischen Recht für das mandatum qualificatum ausdrücklich normirt sei. Dieser Ansicht kann nicht beigetreten werden. Ob beim mandatum qualificatum der Mandatar unter allen Umständen seiner Verpflichtung ledig wird, wenn der Gläubiger außer Stande ist, ihm jura cessa zu ertheilen, kann unerörtert bleiben. Denn jedenfalls können die Grundsätze, welche für den Kreditauftrag gelten, nicht ohne Weiteres auf den regelmäßigen Bürgschaftsvertrag zur Anwendung gebracht werden, weil bei ersterem der Gläubiger aus dem Auftrage nicht blos berechtigt, sondern auch seinerseits dem Auftraggeber verpflichtet wird, während beim Bürgschaftsvertrage der Gläubiger an sich nur berechtigt wird. Dem Bürgen steht zwar das beneficium cedendarum actionum zur Seite; allein dies beneficium ist ihm wesentlich aus dem Gesichtspunkte der Billigkeit gewährt. Ob von dieser Grundlage aus der Gläubiger nur verpflichtet ist, dem Bürgen diejenigen Klagen gegen den Hauptschuldner und accessorisch Verpflichteten zu übertragen, welche er zur Zeit der Klagerhebung noch hat, oder auch dafür einzustehen hat, daß die Klagen nicht durch seine Schuld verloren gehen, ist bestritten. Zu einer Entscheidung dieser Kontroverse giebt aber der vorliegende Fall keinen Anlaß. Denn das O.L.G. geht in dem angefochtenen Urtheil von der letzteren, den Revisionsklägern günstigeren Ansicht aus. Es nimmt jedoch an, daß die Beklagten dadurch, daß Klägerin in die Exnexuation der vom Hauptschuldner J. an H. vertauschten Grundstücke gewilligt habe, einen Nachtheil nicht erlitten hätten, weil Kläger für die Bewilligung der Exnexuation eine Summe erhalten hätte, welche sie als Zahlung auf die Hauptschuld abgerechnet habe. Diese Summe betrage aber mehr, als diejenige, welche nach Befriedigung der der Klägerin vorgehenden Gläubiger auf die Klägerin gefallen sein würde, wenn der Marktwerth der aus dem Pfandnexus entlassenen Grundstücke zu Grunde gelegt werde. Ist diese letztere Feststellung frei von Rechtsirrthum, so haben die Beklagten keinen Anlaß, sich über das angefochtene Urtheil zu beschweren, da sie vom Standpunkte der Billigkeit aus sich nicht auf die Unmöglichkeit der Cession der Pfandklagen berufen können, wenn die Exnexuation ihnen auf der andern Seite einen Vortheil verschaffte, welcher den Verlust des Pfandrechtes vollständig deckte. Jene Feststellung wird nun allerdings von den Revisionsklägern angefochten; sie behaupten, der zweite Richter verletze die Grundsätze über Kausalität, wenn er die Klägerin nur haften lassen wollte für den Schaden, den sie durch Verweigerung der Entpfändung zu verhindern in der rechtlichen Lage war, nicht aber für den Schaden, den sie blos thatsächlich durch Verweigerung der Entpfändung fern halten konnte. Die Revisionskläger weisen darauf hin, daß sie sich in der Vorinstanz darauf berufen hätten, daß durch die

Lostrennung der Parzelle von dem Gesammtbesitz beide Theile, die losgetrennte Stammparzelle und das beim Schuldner verbliebene Restgrundstück, als Einzelgrundstücke weniger Werth hätten, als in ihrer Verbindung, und daß daher nicht der von den Sachverständigen geschätzte Werth des Trennstücks als Einzelgrundstücks, sondern der Werth maßgebend sei, welchen das Trennstück in seiner Verbindung mit der Gesammtbesitzung gehabt habe. Allein, wenn das B.G. den Marktwerth des Trennstücks als Einzelgrundstücks in der Erwägung für maßgebend erklärt, daß die Klägerin durch die Verweigerung der Exnexuation die Abtrennung der Parzelle zu verhindern nicht in der rechtlichen Lage gewesen sei, so will es damit nur sagen, daß der Hauptschuldner zum Verkaufe des Grundstücks trotz der Verweigerung der Exnexuation befugt gewesen sein würde, daß dann zwar das Pfandrecht stehen geblieben wäre, daß aber bei der Realisirung desselben nicht mehr erzielt worden wäre, als der Marktwerth der Parzelle als Einzelgrundstück betragen hätte. In dieser Erwägung ist ein Rechtsirrthum nicht zu erkennen. Es ist freilich die Möglichkeit nicht ausgeschlossen, daß die Verweigerung der Exnexuation thatsächlich den Handel zwischen J. und H. unmöglich gemacht haben würde. Allein da eine Behauptung nach dieser Richtung von den Beklagten gar nicht aufgestellt war, so hatte das B.G. keine Veranlassung, diese bloße Möglichkeit in den Kreis seiner Erwägung zu ziehen. Dazu kommt aber, daß die Klägerin, als ihr die L.'sche Obligation für die Bewilligung der Exnexuation von J. angeboten wurde, mit der Möglichkeit zu rechnen hatte, daß der Handel trotz der Verweigerung der Exnexuation abgeschlossen werden könne. Und wenn die Klägerin sich unter diesen Umständen für die Annahme des Anerbietens entschieden hat, so würde sie, auch wenn man sie den Beklagten gegenüber zur Diligenz für verpflichtet erachtet, den Beklagten doch nur dann verantwortlich sein, wenn die getroffene Wahl gegen das Verfahren eines verständigen Hausvaters verstoßen haben würde. Dafür liegt aber nicht der mindeste Anhalt vor. Im Gegentheil ergiebt die getroffene Feststellung, daß eine Veräußerung des Trennstücks unter Beibehaltung des Pfandrechtes für die Klägerin und folgeweise für die Bürgen entschieden nachtheiliger gewesen sein würde, als die Bewilligung der Entpfändung gegen das ihr angebotene Aequivalent."

58. Vermuthung für die Gesetzmäßigkeit richterlicher Amtshandlungen, wenn in gehöriger Form ein Vorgang amtlich bezeugt wird. Urth. des I. Civilsenats vom 24. Juni 1885 in Sachen F. O. zu B.,

Beklagten und Revisionsklägers, wider A. J. zu N. und Genossen, Kläger und Revisionsbeklagte. Vorinstanz: O.L.G. Rostock. Verwerfung. (I, 136/85.)

Das L.G. Rostock hat in dem am 8. Mai 1884 in dieser Prozeßsache verkündeten Urtheile festgestellt, daß das vom verstorbenen Domänenrath O. auf W. unter dem 3. April 1879 vor dem Patrimonialgerichte W. errichtete Testament gültig sei, und daß demnach dem Beklagten Intestaterbrechte an dem Nachlasse des genannten Erblassers nicht zustehen. Das O.L.G. ist dieser Entscheidung beigetreten.

Der Revisionskläger rügt Verletzung des Gemeinen Rechts, weil der als Beisitzer bei der Testamentserrichtung zugezogene Kaufmann Sp. niemals als Beisitzer beeidigt, und also auch insofern das Gericht nicht gehörig besetzt gewesen sei. Daß, falls wirklich Sp. kein beeidigter Beisitzer gewesen sein sollte, das Testament ungültig sein würde, nimmt auch das O.L.G. an. Er betrachtet aber den Beklagten in diesem Punkte als beweispflichtig und folgeweise, da die Beweisaufnahme ergebnißlos geblieben sei, als sachfällig. Diese Vertheilung der Beweislast soll eben nach der Meinung des Beklagten den gemeinrechtlichen Grundsätzen widerstreiten.

„Aber wenn man auch gemeinrechtlich keine allgemeine Rechtsvermuthung für die Gesetzmäßigkeit der Amtshandlungen eines Richters gelten lassen will, so ist doch jedenfalls der Satz anzuerkennen, daß, falls in der gehörigen Form ein Hergang amtlich bezeugt wird, zu vermuthen ist, daß alles dabei ordnungsmäßig hergegangen sei. Dieser Fall liegt vom Standpunkte des Gemeinen Rechtes aus hier vor, da das von dem vorsitzenden Richter und dem Aktuar unterzeichnete gerichtliche Protokoll allen Anforderungen dieses Rechtes genügt, wobei es als gleichgültig erscheint, daß das Protokoll außerdem auch von Sp. unterzeichnet ist. Das Protokoll entspricht freilich nicht der Vorschrift der Mecklenburgischen Patrimonialgerichts-Ordnung, wonach ein generell vereidigter Beisitzer als „bestellter" oder „beeidigter" Beisitzer im Protokolle ausdrücklich aufgeführt werden sollte; allein wenn nun das O.L.G. ausgesprochen hat, daß diese Vorschrift nur instruktioneller Natur sei, und durch ihre Nichtbeachtung die sonst dem Protokolle zukommende Bedeutung nicht beeinträchtigt werde, so ist dieser Entscheidungsgrund wiederum nach § 511 der C.P.O. nicht nachzuprüfen, weil das Berufungsgericht sich dabei lediglich auf dem Gebiete des nicht revisibeln Partikularrechtes bewegt."

Partikularrecht.

1. Preußisches Recht.

59. Anfechtbarkeit eines Vergleichs wegen Irrthums über die Willensabsicht. Simulation. (Preuß. Allg. L.R. I, 4 § 84.) Urtheil des IV. Civilsenats vom 25. Juni 1885 in Sachen E. W. zu B., Klägers und Revisionsklägers, wider A. G. daselbst, Beklagten und Revisionsbeklagten. Vorinstanz: Kammerger. Berlin. Aufhebung und Zurückverweisung. (IV, 86/85.)

Kläger hat das B.U. bezüglich der Beurtheilung der der Vollziehung des schiedsmännischen Vergleiches vom 28. Januar 1883 vorangegangenen Verhandlung angegriffen, indem er behauptet, der Vergleich habe nur über die vom Beklagten vorzuschießenden 630 ℳ geschlossen werden sollen, Beklagter habe denselben dem Schiedsmann in die Feder diktirt, er (Kläger) habe sofort widersprochen, Beklagter habe aber erklärt: „Wenn Sie das nicht unterschreiben, dann zahle ich die 630 ℳ nicht, dann ist es mir egal, und lasse ich Ihnen Ihre Sachen verkaufen; übrigens ist es nur pro forma, ich werde nie Gebrauch davon machen."

„Daß in diesem Verhalten des Beklagten ein die Erklärung des Klägers entkräftender Zwang nicht zu finden ist, darin ist dem B.R. aus den von ihm angeführten Gründen beizupflichten; wenn dann aber die Behauptung der absichtlichen Irrthumserregung resp. des Dolus mit dem Bemerken zurückgewiesen wird, die getäuschte Erwartung, daß der andere Kontrahent ein für die Zukunft gegebenes Versprechen halten werde, stelle keinen zur Zeit der abgegebenen Willenserklärung vorhanden gewesenen Irrthum dar und enthalte auch keine Simulation des Vertrages, so kann dieser Entscheidungsgrund nicht als ein sich vollständig mit der Behauptung des Klägers deckender angesehen werden. Selbstverständlich muß ein Irrthum, welcher eine Willenserklärung unverbindlich macht, sich auf einen zur Zeit der letzteren vorhandenen Zustand beziehen und in einem Glauben bestehen, welcher mit der in diesem Zeitpunkte bestehenden Wirklichkeit in Widerspruch steht. Die klägerische Behauptung der absichtlichen Irrthumserregung zielt daher auf einen Irrthum über etwas Gegenwärtiges, und wenn dieser Irrthum durch den vom Beklagten erklärten Willen, er werde von dem Vergleiche nie Gebrauch machen, erzeugt sein soll, so hat er zum Gegenstand den Willen des Beklagten, welcher in der Gestalt, wie er dem Kläger gegenüber geäußert worden ist, angeblich nicht mit dem wirklichen Willen, der damaligen Absicht, übereingestimmt hat. Läßt sich feststellen, daß Beklagter jenes Versprechen abgegeben hat, obwohl er gleichzeitig nicht den Willen und die Absicht hatte, dem Versprechen gemäß zu handeln, so hat er über seinen gegenwärtigen Willen den Kläger getäuscht, und in einen Irrthum versetzt, welcher nach §§ 84 ff. Th. I T. 4 des Preuß. Allg. L.R. geeignet ist, die durch denselben hervorgerufene Willenserklärung des Klägers unwirksam zu machen. Es handelt sich dann nicht nur um eine getäuschte Erwartung für die Zukunft und es ist noch zu prüfen, ob die thatsächlichen Angaben des Klägers Raum zu einer Auffassung und Feststellung geben, nach welcher eine absichtliche Irrthumserregung in der gedachten Art seitens des Beklagten stattgefunden und die Willenserklärung des Klägers veranlaßt hat.

Abgesehen hiervon ist das Vorbringen des Klägers noch von einem anderen Gesichtspunkte zu beurtheilen. Simulation ist nicht ausdrücklich behauptet; es bedarf aber nicht einer ausdrücklichen Bezeichnung, und sie liegt schon in der Darstellung eines Thatbestandes, wonach Willenserklärungen abgegeben sind, welche gewisse Vertragsabreden als nicht ernstlich gewollte erkennen lassen. Wenn Kläger erst auf die Aeußerung des Beklagten, „es sei nur pro forma und er werde nie Gebrauch davon machen", die Unterschrift gegeben haben will, so behauptet er, bei Vollziehung des Vergleiches sei der Wille der Kontrahenten dahin gegangen, daß der Vergleich niemals realisirt werden solle, und dieser zur Unwirksamkeit des Vergleiches führende Wille läßt den in Wirklichkeit erklärten Vertragswillen als einen simulirten erscheinen. Auch in dieser Richtung muß geprüft werden, ob nach den thatsächlichen Angaben des Klägers eine Simulation vorliegt, und ist event. behufs Feststellung des bestrittenen Thatbestandes eine Beweisaufnahme zu veranlassen, — zu welchem Behufe die Sache in die zweite Instanz zurückzuverweisen war."

60. **Begriff der Gebrauchsuntüchtigkeit der vermietheten Sache** (im Sinne des § 383, I, 21 des Preuß. Allg. L.R.), **Wahlrecht des Abmiethers, Erlaß des Miethzinses zu beanspruchen, oder vom Vertrag zurückzutreten** (§§ 299, 383 cit.). Urtheil des V. Civilsenats vom 20. Juni 1885 in Sachen L. & S. in B., Klägerin, Revisionsklägerin, wider W. & Sp. daselbst, Beklagte, Revisionsbeklagte. Vorinstanz: Kammerger. Berlin. Verwerfung. (V, 466/85.)

Die Klägerin hatte der Beklagten verschiedene Räume ihres Fabrikgebäudes zur Fabrikation von Steinnußknöpfen für die Zeit vom 1. April 1880 bis 1885 vermiethet. Nachdem am 12. Oktober 1883 ein zu diesen Räumen gehöriger Saal durch Brand zerstört war, theilte ihr die Beklagte am 20. desselben Monats mit, daß sie in Folge dessen die gemietheten Räume verlassen habe und das Miethsverhältniß als gelöst betrachte. Die Klägerin ließ den abgebrannten Saal repariren und stellte nach Vollendung dieser Reparatur, welche etwa zwei Monate dauerte, am 15. Dezember 1883 denselben mit den übrigen Miethsräumen der Beklagten für die weitere vertragsmäßige Benutzung zur Disposition. Sie beantragte darauf klagend, zu erkennen, daß das Miethsverhältniß fortbestehe. Die Klage ist jedoch von den Vorinstanzen abgewiesen. Der B.R. stellt unter Berücksichtigung der unbestrittenen thatsächlichen Verhältnisse fest, daß durch die Zerstörung des für den Fabrikbetrieb der Beklagten bestimmten Hauptsaales, in welchem die Maschinen aufgestellt waren, die gemietheten Räume zu dem Zwecke, zu dem sie gemiethet wurden, zum größten Theil und für längere Zeit unbrauchbar und untüchtig geworden sind, und hält hierdurch das Rücktrittsrecht der Beklagten gemäß § 383 Th. I Tit. 21 des Preuß. Allg. L.R. für begründet, weil nach dieser Vorschrift dasselbe nicht davon abhänge, daß der räumlich oder dem Werthe nach größere Theil des Miethsobjektes unbrauchbar werde, sondern es genüge, daß durch eine auch nur dem kleineren Theil desselben betreffende Veränderung der vertragsmäßige Zweck größtentheils vereitelt wird.

„Diese Annahme enthält nichts Rechtsverletzendes. Der § 383 a. a. O. bestimmt: „Ist die gemiethete Sache zu dem bestimmten Gebrauche ganz oder größtentheils ohne Verschulden des Miethers untüchtig geworden, so kann der Miether noch vor Ablauf der kontraktmäßigen Zeit von dem Vertrage wieder absehen." In ähnlicher Weise bewilligt der § 299 daselbst dem Miether eines Gebäudes, welcher durch Zufall des Gebrauchs desselben entsetzt ist, einen Zinserlaß.

Wie am letztgedachten Orte offenbar nur von einer gänzlichen oder theilweisen Gebrauchs-Entsetzung die Rede ist, so kann auch der § 383 nur von einer gänzlichen oder zum größten Theil eintretenden Gebrauchsuntüchtigkeit der gemietheten Sache verstanden werden. Diese aber ist nicht dadurch bedingt, daß der größere Theil der Sache äußerlich als beschädigt erscheint. Es kann vielmehr schon bei der Beschädigung eines kleineren Theiles die ganze Sache mit ihren äußerlich unbeschädigten Theilen für den Zweck, zu welchem sie durch den Vertrag bestimmt ist, ganz unbrauchbar oder der Art in ihrer Brauchbarkeit beeinträchtigt werden, daß sie als größtentheils unbrauchbar sich darstellt, weil die Integrität des äußerlich beschädigten Theiles für die Benutzung der ganzen Sache eine wesentliche Voraussetzung bildete. (Vergl. die in Gruchot's Beiträgen, Bd. 26 S. 699 mitgetheilte Entscheidung des I. Hülfssenats des R.G. vom 25. März 1881.) So verhält es sich nach der Feststellung des B.R. und den Ausführungen, mit welchen er dieselbe motivirt, in dem vorliegenden Falle und nur in diesem Sinne ist seine Auslegung des § 383 a. a. O. aufzufassen.

Ohne Grund rügt die Revision ferner die Nichtberücksichtigung des Umstandes, daß der Beklagten bei ihrem Rücktritt vom Vertrage -- am 20. Oktober 1883 — die Dauer der eingetretenen Gebrauchsuntüchtigkeit der Miethräume nicht bekannt sein konnte, und der klägerischen Behauptung, daß die längere Dauer der erforderlichen Reparatur von der Beklagten selbst verschuldet sei, deren Beweis überdies nicht angetreten ist. Denn nach § 383 a. a. O. berechtigt schon der Eintritt einer Gebrauchsuntüchtigkeit der Sache, wenn man von dem Falle absieht, daß dieselbe nur einen ganz vorübergehenden Charakter hat (vergl. Dernburg, Preußisches Privatrecht, Bd. II § 168 S. 437), den Miether zum Rücktritt vom Vertrage, so daß es auf deren längere Dauer überhaupt nicht ankommt. Es kann auch auf diese deshalb nicht ankommen, weil der Miether, wenn er, um zurücktreten zu dürfen, erst die mögliche Wiederherstellung der Brauchbarkeit der Sache längere Zeit abwarten müßte, gerade hierdurch erheblichen Nachtheil leiden könnte, während ihn das Recht des sofortigen Rücktritts eben vor Nachtheil schützen soll. Hiergegen kann auch nicht eingewendet werden, daß der Miether bei nur zeitweiser Gebrauchsuntüchtigkeit der Sache § 299 a. a. O. einen Erlaß am Miethzinse beanspruchen dürfe, da diese Vorschrift unabhängig von der des § 383 besteht, so daß der Miether bei zeitweiser Gebrauchsuntüchtigkeit, in soweit im Uebrigen die Voraussetzungen beider Vorschriften zutreffen, die Wahl hat, entweder nach § 299 nur Erlaß zu beanspruchen, oder nach § 383 vom Vertrage zurückzutreten. Insofern ein Urtheil des II. Civilsenats des R.G. vom 12. Januar 1882 in Sachen Pape wider Günther (168/85) hiervon abweicht, ist demselben daher nicht beizustimmen.

Unbegründet ist endlich die Rüge, der B.R. habe nicht berücksichtigt, daß die Unterbrechung des klägerischen Fabrikbetriebes auch durch die Zerstörung der Arbeitsmaschinen herbeigeführt sei. Denn bei eintretender Gebrauchsuntüchtigkeit der gemietheten Sache ist es nach § 383 unerheblich, ob der Miether etwa auch, abgesehen von einer solchen, die Sache nicht benutzt haben würde oder nicht hätte benutzen können."

61. **Auslegung des § 65 der Preuß. Städteordnung vom 30. Mai 1853. Rechtsweg.** Urth. des IV. Civilsenats vom 18. Juni 1885 in Sachen der Stadtgemeinde B., Beklagten und Revisionsklägerin, wider den Gemeindevorsteher D. zu F., Kläger und Revisionsbeklagten. Vorinstanz: Kammerger. Berlin. Verwerfung. (IV, 75/85.)

„Was zunächst den von der Revision aufrecht erhaltenen Einwand der Unzulässigkeit des Rechtsweges anlangt, so besteht darüber kein Zweifel, daß die vorliegende Streitsache an sich zu denjenigen Bürgerlichen Rechtsstreitigkeiten gehört, welche gemäß § 13 des G.V.G. durch die ordentlichen Gerichte zu entscheiden sind (vergl. v. Rönne, Preuß. Staatsrecht, 4. Aufl., Bd. I S. 495 Note 1a). Eine zeitweise bezw. gänzliche Verschließung des Rechtsweges hat jedoch die Bestimmung des Abs. 3 des § 65 der Städteordnung für die sechs östlichen Provinzen der Preuß. Monarchie vom 30. Mai 1853 zur Folge, welche dahin lautet: „Ueber die Pensionsansprüche der Bürgermeister, der besoldeten Magistratsmitglieder und übrigen besoldeten Gemeindebeamten entscheidet in streitigen Fällen die Regierung. Gegen den Beschluß der Regierung, soweit derselbe sich nicht auf die Thatsache der Dienstunfähigkeit oder darauf bezieht, welcher Theil des Diensteinkommens als Gehalt anzusehen ist, findet die Berufung auf richterliche Entscheidung statt. Ungeachtet der Berufung sind die festgesetzten Beträge vorläufig zu zahlen."

Allein mit Recht haben die Vorderrichter angenommen, daß sich diese Vorschrift nur auf die Feststellung der den genannten Beamten gebührenden Pension bezieht. Dies ergiebt sich nicht nur aus deren Zusammenhange mit den beiden ersten Absätzen des § 65 cit., welche den Betrag der den Bürgermeistern und besoldeten Magistratsmitgliedern bezw. den besoldeten Gemeindebeamten zu gewährenden Pension normiren, so daß unter den im Abs. 3 erwähnten „Pensionsansprüchen" nicht füglich andere, als die bei eintretender Pensionirung erhobenen verstanden werden können, sondern auch aus ihrem Wortlaute, besonders dem letzten Satze, der die vorläufige Zahlbarkeit der „festgesetzten Beträge" anordnet.

Es kann daher auch die den Regierungen überwiesene Beschlußfassung darüber, welcher Theil des Diensteinkommens als Gehalt anzusehen sei, nur auf die Festsetzung des der Berechnung der Pension zu Grunde zu legenden seitherigen Diensteinkommens des zu Pensionirenden bezogen werden. — Vorliegend aber handelt es sich nicht um die Festsetzung der an sich unstreitigen Pension des Klägers, sondern um die Frage, ob von dem gegenwärtigen Diensteinkommen des Klägers etwas und eventuell wie viel auf seine festgesetzte Pension anzurechnen sei. Hierüber verhält sich erst der Abs. 4 des § 65 cit., welcher eine vorgängige oder gar definitive Beschlußfassung der Regierung nicht vorschreibt, und auf den die Bestimmung des Abs. 3 bei deren exzeptioneller Natur und der Verschiedenartigkeit der beiden Fälle nicht ohne den ausgesprochenen Willen des Gesetzgebers zu erstrecken ist. Hinsichtlich der Zulassung des Rechtsweges ist durch den § 20 des Zuständigkeitsgesetzes vom 1. August 1883, welcher an die Stelle der Regierung den Bezirksausschuß gesetzt und das Verfahren in einigen Beziehungen abweichend geordnet hat, nichts geändert, so daß die Anwendbarkeit dieses Gesetzes auf den Streitfall dahin gestellt bleiben kann.

Ebensowenig trifft den B. R. bei der Sachentscheidung selbst der Vorwurf einer der Revisionsklägerin zum Nachtheil gereichenden Gesetzesverletzung. Der erwähnte Abs. 4 des § 65 cit. bestimmt: „Die Pension fällt fort oder ruht insoweit, als der Pensionirte durch anderweitige Anstellung im Staats- oder Gemeindedienste ein Einkommen oder eine neue Pension erwirbt, welche mit Zurechnung der ersten Pension sein früheres Einkommen übersteigen." Bei der Auslegung dieser Gesetzesvorschrift ist unbedenklich davon auszugehen (worüber auch die Parteien einig sind), daß das anderweitige Diensteinkommen nur insoweit in Anrechnung kommen kann, als es wirklich eine Vergütung für die dienstliche Thätigkeit des Pensionirten bildet, nicht aber soweit es zur Bestreitung von Repräsentations- und Dienstaufwandskosten gewährt wird. Die nämliche Rücksicht, welche diesen Theil des Diensteinkommens von der Einrechnung in das der Pensionsberechnung zu Grunde zu legende Einkommen ausschließt (vergl. § 60 des Preuß. Pensionsgesetzes vom 27. März 1872, § 42 des Reichs-Beamtengesetzes vom 31. März 1873) verbietet auch dessen Anrechnung auf die festgestellte Pension. Es ist nicht Gehalt oder Besoldung, sondern nur Entschädigung für die mit der Dienstführung verbundenen, also dienstlichen Aufwendungen.

Der Kläger ist festgestelltermaßen Gemeinde- und Amtsvorsteher, sowie Standesbeamter des Gemeindebezirks F. und bezieht aus diesen amtlichen Stellungen ein Gesammteinkommen von jährlich 2520 ℳ. Nach seiner Meinung ist dieses jedoch zu keinem Theile als ein gemäß § 65 Abs. 4 cit. auf die Pension anzurechnendes Einkommen, sondern im vollen Umfange nur als *Entschädigung* für die mit der Bekleidung der genannten Ehrenämter verknüpften Aufwendungen und Aufopferungen anzusehen, und das vom Ersten Richter eingeholte Gutachten des Landrathes ist ihm hierin beigetreten. Dagegen haben die Vorinstanzen übereinstimmend angenommen, daß nur derjenige Theil des in einer Pauschsumme gewährten Einkommens, welcher *durchschnittlich* zur Bestreitung des dienstlichen Aufwandes erforderlich, von der Anrechnung auszunehmen, der verbleibende Rest hingegen als Vergütung für die Dienstleistungen anzusehen und daher *geeignetenfalls* von der Pension abzurechnen sei. Sie haben jedoch auf Grund des landräthlichen Gutachtens den letzterwähnten Betrag nur in Höhe von 680 ℳ für festgestellt erachtet, so daß derselbe unter Hinzurechnung der dem Kläger an sich gebührenden Pension von 1400 ℳ dessen früheres Diensteinkommen von 2100 ℳ noch nicht erreicht und der Fall des § 65 Abs. 4 cit. also nicht gegeben ist. — Seitens der Revision ist hiergegen geltend gemacht, daß als reines Diensteinkommen des Klägers dasjenige anzusehen sei, was er in jedem der fraglichen Jahre vor den ihm für seine Amtsführung und zur Bestreitung des Dienstaufwandes gewährten Pauschquantums von 2520 ℳ nach Abzug der wirklich aufgewendeten Kosten erübrigt habe, und daß der Kläger den Betrag dieses Aufwandes nachzuweisen habe, weil er ein den Betrag seines früheren übersteigendes Diensteinkommen beziehe, mithin die Voraussetzungen des Abs. 4 des § 65 cit. an sich vorlägen.

Diese Auffassung kann jedoch als richtig nicht anerkannt werden. Sie würde nur dann eine gewisse Berechtigung haben, wenn das dienstliche Einkommen des Klägers im wesentlichen die Natur einer Abgeltung der amtlichen Thätigkeit desselben hätte und nur nebenbei auch zur Bestreitung der etwaigen Dienstunkosten bestimmt wäre. Nach Lage der einschlägigen Gesetzgebung verhält es sich aber hiermit anders. Fürs Erste unterliegt es keinem Zweifel, daß der Kläger für die Geschäfte des Standesbeamten, welche er als Vorsteher der Gemeinde F. für den Bezirk derselben kraft Gesetzes (§ 4 des Reichsgesetzes über die Beurkundung des Personenstandes vom 6. Februar 1875) wahrzunehmen verpflichtet ist, keine persönliche Remuneration, sondern nur Vergütung seiner Unkosten von der gemäß § 8 des citirten Gesetzes zur Tragung der sächlichen Kosten verpflichteten Gemeinde zu beanspruchen hat. Die vom Ersten Richter angezogenen §§ 7 und 9 des citirten Gesetzes sprechen nur von der Entschädigung anderer Standesbeamten bezw. der mit der Wahrnehmung der desfallsigen Geschäfte in solchen Standesamtsbezirken betrauten Gemeindevorsteher, welche aus mehreren Gemeinden gebildet sind, was vorliegend nicht der Fall ist (vergl. Hinschius, Kommentar Anm. 32 zu § 7 cit.). Die dem Kläger für diese Dienstgeschäfte gewährte Entschädigung kann daher nur als Dienstunkostenentschädigung in Betracht kommen.

Das Nämliche gilt von der dem Kläger als Amtsvorsteher gewährten Vergütung, welche im § 69 der Kreisordnung vom 13. Dezember 1872 und 19. März 1881 als Dienstunkostenentschädigung bezeichnet wird, und — im Gegensatze zu der dem kommissarischen Amtsvorsteher bewilligten Remuneration —

nicht Entgelt für persönliche Mühewaltung, sondern ausschließlich dazu bestimmt ist, dem Amtsvorsteher die zur Führung seiner Geschäfte erforderlichen sachlichen Mittel zu überweisen. Vergl. von Brauchitsch, Neue Preußische Verwaltungsgesetze (Ausgabe von Studt und Braunbehrens), Bd. II S. 110 Anm. 198; Entscheidung des Preußischen Oberverwaltungsgerichts Bd. IV S. 80; Preußisches Ministerialblatt für die innere Verwaltung, Jahrgang 1881 S. 75.

Anlangend endlich die Funktion des Klägers als Gemeindevorstehers, so hat er als solcher nach § 28 der Kreisordnung Anspruch auf Ersatz seiner baaren Auslagen und auf die Gewährung einer mit seinen amtlichen Mühewaltungen im billigen Verhältnisse stehenden Entschädigung. Zufolge der gutachtlichen Aeußerung des Landraths ist auch diese Entschädigung nicht als fixirte Remuneration der Dienstleistungen des Gemeindevorstehers und eine Einnahmequelle, sondern als eine Ausgleichung der mit der Verwaltung des fraglichen Ehrenamts verknüpften Opfer und Verluste des Vorstehers in seinen bürgerlichen Erwerbsverhältnissen zu betrachten. Hiermit scheint übereinzustimmen, daß das Amt des Gemeindevorstehers vom Gesetze zu den unbesoldeten Ehrenämtern gerechnet wird, zu dessen Uebernahme jeder dazu Gewählte, welchem ein gesetzlicher Ablehnungsgrund nicht zur Seite steht, unter Androhung eventueller Nachtheile für verpflichtet erklärt ist (§§ 8, 21, 25 der Kreisordnung; v. Stengel, Die Organisation der Preußischen Verwaltung, S. 145, 202), und daß in dem § 34a der neuen Redaktion der Kreisordnung vom 19. März 1881, welcher an die Stelle des gleichlautenden § 47 Abs. 1 des Zuständigkeitsgesetzes vom 26. Juli 1876 getreten ist, die dem Gemeindevorsteher zu gewährende Entschädigung, im Gegensatz zu der „Remuneration" der stellvertretenden Gutsvorsteher und zu den „Besoldungen und Remunerationen" anderer Gemeindebeamten, als „Dienstunkostenentschädigung" bezeichnet ist. — Theilt man diese Auffassung, so ergiebt sich, daß von demjenigen Pauschquantum, welches Kläger für die Verwaltung der von ihm bekleideten Ehrenämter empfängt, sich kein Theil zur Anrechnung auf seine Pension eignet, weil das als Entschädigung für dienstlichen Aufwand und durch den Dienst verursachten Vermögensnachtheile Gewährte nicht die Natur der Honorirung der persönlichen Thätigkeit des Bediensteten hat und diese Natur auch in soweit nicht annimmt, als etwa der Beamte von der für die erwähnten Zwecke bestimmten Summe Ersparnisse macht (vergl. Striethorst's Archiv Bd. XVII S. 231). — Es kann indeß die Richtigkeit dieser Auffassung dahin gestellt bleiben. —

Denn wenn man auch mit dem B.R. einen Theil jenes Pauschquantums als Aequivalent für die dienstlichen Mühewaltungen des Klägers ansehen will, so hat derselbe keinesfalls rechtlich gefehlt, indem er bei Feststellung dieses Theilbetrages dem Gutachten des dem Kläger vorgesetzten Landraths gefolgt ist, welcher als Leiter der Geschäfte des mit der Festsetzung der Pauschal-Entschädigung betrauten Kreisausschusses und als Vorsitzender desselben (§§ 34a, 136, 137 der Kreisordnung) zur Ertheilung sachverständiger Auskunft über die zu entscheidende Frage vorzugsweise in der Lage war. Mit Recht ist auch die Ermittelung der vom Kläger in jedem Jahre gemachten wirklichen Dienstaufwendungen, welche den Kläger zu einer ihm nicht anzusinnenden speziellen Rechnungslegung über die Verwendung des ihm bewilligten Pauschquantums genöthigt haben würde, von der Hand gewiesen. Denn da nach dem Vorbemerkten die etwaigen Ersparnisse des Klägers von dem ihm zur Bestreitung der Dienstunkosten Gewährten nicht die Natur einer Remuneration für seine persönlichen Dienste (Gehalt oder Besoldung) annehmen, so kommt es nicht auf die Feststellung der effektiven Aufwendungen, sondern auf die Ermittelung derjenigen objektiven Verhältnisse an, welche bei Bemessung des Pauschquantums dem hierzu berufenen Verwaltungsorgane vorgelegen haben und voraussetzlich maßgebend gewesen sind. Hierüber hat sich der Landrath in erschöpfender Weise ausgesprochen und den B.R. trifft nicht der Vorwurf einer Rechtsnormverletzung, wenn er demgemäß von dem dem Kläger gewährten Pauschquantum den Betrag von 1840 ℳ jährlich als Ersatz der dienstlichen Ausgaben des Klägers qualifizirt. Ohne Zweifel ist der B.R. davon ausgegangen, daß ein gleicher Betrag des Pauschquantums im Sinne der festsetzenden Instanz auch die Bestimmung erhalten habe, als Ersatz für solche Aufwendungen zu dienen. Die hiergegen gerichteten Angriffe der Revision sind daher unzutreffend."

62. **Das Rohrnetz einer Gasanstalt ist Zubehör derselben. Haftung des Bergwerksbesitzers für die Schäden (Gasverluste) welche eine durch seinen Bergwerksbetrieb herbeigeführte Lockerung eines Gasrohrnetzes der Gasanstalt zufügt.** (§ 148 des Allg. Berggesetz vom 24. Juni 1885; § 3 des Allg. L.R. I, 6.) Urth. des V. Civilsenats vom 24. Juni 1885 in Sachen der Gewerkschaft der Zeche C. M. zu B., Beklagter und Revisionsklägerin, wider die B.er Gas-Aktiengesellschaft, Klägerin und Revisionsbeklagte. Vorinstanz: O.L.G. Hamm. Aufhebung und Zurückverweisung. (471. V. 84.)

Durch das angefochtene Urtheil ist die Beklagte verurtheilt worden: der Klägerin allen Schaden zu ersetzen, welcher zufolge des Bergbaues der Beklagten der Klägerin an den in ihrem Eigenthume stehenden Gasleitungsröhren in der Gemeinde B. durch Brüche und Undichtigkeiten derselben, sowie durch den dadurch verursachten Gasverlust entstanden sind. Die Revision der Beklagten rügt Verletzung des § 148 des Allg. Berggesetzes vom 24. Juni 1865, indem sie ausführt, daß die Gasröhren, zumal wenn sie sich nicht innerhalb des Grundstückes der Gasanstalt befinden, nicht als Zubehörungen des Grundeigenthumes im Sinne dieses Paragraphen zu betrachten seien, jedenfalls aber der Schade, den Klägerin angeblich durch Entweichen des Gases erlitten, nicht als solcher angesehen werden könne, welcher dem Grundeigenthum oder dessen Zubehörungen zugefügt worden sei.

„Der Angriff ist nicht begründet. Das Rohrnetz einer Gasanstalt, deren Betrieb nicht nur die Erzeugung, sondern auch die Zuleitung des Gases an die Konsumenten umfaßt, stellt sich, wenn nicht als Bestandtheil, so doch mindestens als Zubehör der Gasanstalt selbst und der für letztere errichteten Gebäude dar, deren Zwecken es dient und mit denen es in feste und dauernde Verbindung gesetzt ist. Es erscheint hierbei gleichgültig, in wessen Grund und Boden die Röhren sich befinden, da der die Zubehöreigenschaft bedingende äußere und innere Zusammenhang mit der Hauptsache dadurch nicht aufgehoben wird, daß ein Zubehörstück räumlich in den Bereich eines fremden Grundstückes sich erstreckt. Mit Recht also hat der B.R. die beschädigten Gasleitungsröhren — soweit sie im Eigenthum der Klägerin stehen — als Zubehör des Grundeigenthums der Letzteren angesehen und demgemäß den § 148 des Allg. Berggesetzes vom 24. Juni 1865 auf den infolge des Bergbaues der Beklagten an denselben unmittelbar entstandenen Schaden angewendet.

Ebensowenig fällt dem B.R. eine Verletzung des § 148 des genannten Gesetzes um deshalb zur Last, weil er die Erstattungspflicht der Beklagten auch in Ansehung desjenigen Schadens ausspricht, welcher der Klägerin aus dem durch die Brüche und Undichtigkeiten der Gasleitungsröhren verursachten Gasverlust erwachsen ist. Die Revisionsklägerin geht, indem sie diesen Theil der Entscheidung anficht, offenbar von der Unterstellung aus, daß der infolge des Bergbaues eingetretene Verlust an Gas den Grund des Entschädigungsanspruches bildet, dergestalt, daß das Gas selbst — eine bewegliche Sache — als Objekt der Beschädigung erscheine. So ist aber der Grund des klägerischen Anspruches und die darauf ergangene Entscheidung des B.R. nicht aufzufassen. Der Letztere läßt es ausdrücklich dahingestellt, ob nicht dem Gas als Produkt der Fabrik die Eigenschaft als Zubehör derselben abzusprechen sei. Er erwägt aber weiter, daß der Gasverlust bei (infolge) Undichtigkeit der Röhren einen Theil der thatsächlichen Vermögensverluste bildet, für welche die Gasaktiengesellschaft zu entschädigen sei, weil sie durch den Gasverlust veranlaßt worden ist, andere Gasquanta statt der entzogenen ihrer Verpflichtung gemäß den Gaskonsumenten zuzuführen. Diese Erwägung beruht im Wesentlichen auf richtigem Rechtsprinzip.

Der Grundeigenthümer muß sich vermöge gesetzlicher Bestimmung den die Integrität seines Grundstückes stets mehr oder minder gefährdenden Bergbau gefallen lassen; dafür verpflichtet § 148 des Allg. Berggesetzes den Bergwerksbesitzer, unabhängig von einem etwaigen Verschulden, für allen Schaden, welcher dem Grundeigenthum oder dessen Zubehörungen durch den Betrieb des Bergwerks zugefügt wird, vollständige Entschädigung zu leisten. Das Gesetz unterscheidet nicht zwischen unmittelbarem und mittelbarem Schaden; da aber die Entschädigung für allen Schaden und vollständig zu leisten ist, so muß unbedenklich auch der mittelbare Schade (§ 3 Tit. 6 Th. I des Allg. L.R.) in die Entschädigungspflicht des Bergwerksbesitzers einbezogen werden; (vgl. Dernburg, Preußisches Privatrecht, IV. Aufl. Bd. I S. 640. Entscheidung des R.G. vom 9. Oktober 1882. Brassert, Zeitschrift für Bergrecht Bd. 24 S. 500). Vorausgesetzt ist nur, daß der Schade an dem Grundeigenthum oder seinen Zubehörungen entstanden ist. Ein dem Grundeigenthum erwachsener Schade liegt aber vor, wenn und insoweit dasselbe entwerthet worden ist, und zwar ist hierbei nicht nur der Werth der Substanz, sondern auch der Nutzungs- resp. Gebrauchswerth in Betracht zu ziehen und nicht blos eine dauernde, sondern auch eine vorübergehende Entwerthung zu entschädigen, demgemäß aber auch für die bis zur Wiederherstellung der beschädigten Sache oder Ersatz des Kapitalwerthes eingetretenen Ausfälle an Nutzungen und die durch Verminderung des Gebrauchswerthes des Grundstücks dem Eigenthümer etwa erwachsenen vermögensrechtlichen Nachtheile dem Letzteren Ersatz zu leisten. Andernfalls würde der Grundeigenthümer nicht zu der ihm gebührenden vollständigen Entschädigung gelangen. (Vgl. Erkenntniß des Reichsgerichts vom 20. Oktober 1882, Brassert, a. a. O. Bd. 25 S. 396.)

Im vorliegenden Fall ist der Schade unmittelbar an den Gasleitungsröhren, also nach der bereits oben gebilligten Annahme des B.R. an Zubehörungen des Grundeigenthums der Klägerin entstanden. Nun ist es unzweifelhaft ein den Ertragswerth der Gasanstalt selbst bedingendes Moment, ob die Röhren, welche dazu bestimmt sind, das erzeugte Gas in sich aufzunehmen und den Konsumenten zuzuführen, gut funktioniren oder nicht. Eine Gasanstalt mit brüchigen, schlecht zusammengefügten Röhren wird infolge des dadurch verursachten Gasverlustes theurer produziren, deshalb weniger Nutzen abwerfen und folglich einen geringeren Werth haben, als unter sonst gleichen Umständen eine Gasanstalt mit fehlerlosem Röhrensystem. Es ist also klar, daß wenn infolge des Bergbaues der Beklagten die Gasleitungsröhren der Klägerin Brüche erlitten haben und undicht geworden sind, hierdurch in erster Linie der Gebrauchswerth der beschädigten Röhren aufgehoben oder doch beeinträchtigt, dadurch aber der Ertragswerth der Gasanstalt selbst vermindert worden ist. Insofern liegt ein dem Grundeigenthum der Klägerin selbst erwachsener Schade vor, der sich keineswegs deckt mit den durch zur Ausbesserung der Brüche und Undichtigkeiten erforderlich gewordenen Kosten, sondern auch den der Klägerin durch das infolge jener Brüche und Undichtigkeiten eingetretene, resp. vermehrte Entweichen des Gases erwachsenen Verlust umfaßt. Das Quantum des entwichenen Gases bildet hierbei nicht sowohl das Objekt des Schadensersatzes, als vielmehr den Maßstab, nach welchem die durch die Beschädigung der Röhrenleitung eingetretene Entwerthung der Gasanstalt, also des Grundeigenthums der Klägerin zu bemessen ist." Die Aufhebung erfolgte aus prozessualen Gründen.

63. Der Uebergang des Grundeigenthums nach den Grundbuchgesetzen (§ 1 des Gesetzes vom 5. Mai 1872). Urth. des V. Civilsenats vom 20. Juni 1885 in Sachen D. W. und Gen. zu B., Beklagten und Revisionskläger, wider G. J. das., Kläger und Revisionsbeklagten. Vorinstanz: O.L.G. Marienwerder. Aufhebung und Zurückverweisung. (V. 468/84.)

Die Parteien streiten über das Eigenthum an dem Streitstücke. Der B.R. nimmt an, daß dasselbe durch die bei Zurückführung des Grundbuches auf die Steuerrolle erfolgte Eintragung des Streitstückes in das Grundbuch als Bestandtheil des Grundstückes B. Nr. 12 in das Eigenthum des damaligen Eigenthümers des letzteren Grundstückes übergegangen sei. Er stellt fest, daß sodann der Kläger das Streitstück in gutem Glauben an die Richtigkeit des Grundbuches gegen Entgelt verworfen habe, und erachtet den Umstand, daß von dem Streitstücke 1859 Theile den Grundstücken der Beklagten im Hypothekenbuche zugeschrieben sind, für unerheblich, weil die Besitztitelberichtigung an dem Streitstücke für die Beklagten vor Geltung des Gesetzes vom 5. Mai 1872 erfolgt ist.

„Der letzte Entscheidungsgrund verstößt gegen das Gesetz. Die Beklagten haben nicht lediglich behauptet, daß der Besitztitel für sie berichtigt ist, sondern, daß die Zuschreibung der fraglichen Grundstückstheile auf Grund der in gesetzlicher Weise erfolgten Feststellung des Eigenthums der Beklagten geschehen sei. Die Beklagten haben sich überhaupt nicht auf den § 7 des Gesetzes vom 5. Mai 1872 berufen; sie bedurften desselben auch nicht, um ihr Eigenthum, welches sie vor der Gültigkeit dieses Gesetzes wirklich erworben hatten und welches auch in das Grundbuch eingetragen war, geltend zu machen. War das Streitstück, oder waren Theile desselben schon 1859 den Grundstücken der Beklagten zugeschrieben — nach der Feststellung des ersten Richters war dies auf dem Titelblatt ihrer Besitzungen geschehen — so war, da eine Wiederabschreibung nicht behauptet ist, gegenüber dem geltend gemachten Erwerbe in gutem Glauben auf das Grundbuch durch die Beklagten, zu prüfen, ob nicht die Parzelle Nr. 25 oder doch Stücke derselben im Grundbuche doppelt auf verschiedenen Blättern verschiedener Eigenthümer verzeichnet waren. War dies der Fall, so konnte Kläger sich nicht zum Nachweise des Erwerbes in gutem Glauben auf das eine Folium berufen, während die Beklagten auf den anderen Folien als Eigenthümer eingetragen waren — wie das R.G. bereits, in Uebereinstimmung mit dem Preußischen Obertribunal (dessen Entsch. Bd. 75 S. 333) in mehreren Urtheilen ausgesprochen hat.

Rechtsirrthümlich ist auch die Annahme des B.R., daß schon durch die Zurückführung des Grundbuchblattes auf die Grundsteuerrolle das Eigenthum des Streitstückes auf den damaligen Eigenthümer der Stelle übergegangen sei. Nach § 1 des Gesetzes vom 5. Mai 1872 geht das Eigenthum an einem Grundstücke durch die infolge der Auflassung erfolgte Eintragung des Eigenthums über; nirgend aber ist der Uebergang des Eigenthums an die Eintragungen geknüpft, welche bei Zurückführung des Grundbuchs auf die Grundsteuerrolle erfolgen. Der Kläger kann sich daher auch nicht darauf berufen, daß er die Auflassung von einem wirklichen Eigenthümer erhalten habe."

64. **Der § 1 des Gesetzes vom 4. März 1879 umfaßt zwar** (mit Rücksicht auf die Bestimmung des § 30 des Eigenthumserwerbsgesetzes vom 5. Mai 1872) **auch die dem Eigenthümer zufallenden Versicherungsgelder. Aber nicht Alles, was zur Immobiliarmasse gehört, wird Gegenstand des Zwangsverkaufs. Voraussetzungen dafür, daß der Ersteher des Grundstücks den Anspruch auf die Versicherungsgelder mit erwerbe.** Urth. des V. Civilsenats vom 13. Juni 1885 in Sachen F. M. zu M., Klägers und Revisionsklägers, wider T. in M., Beklagten und Revisionsbeklagten. Vorinstanz: O.L.G. Stettin. Verwerfung. (V. 455/84.)

Kläger ist Ersteher eines in nothwendiger Subhastation versteigerten Grundstückes, dessen Gebäude vor Einleitung der Subhastation abgebrannt sind. Er ist der Ansicht, daß er mit dem Erwerbe des Grundstückes zugleich den Anspruch auf die noch nicht gezahlten Versicherungsgelder erworben habe, weil diese als Zubehör des Kaufgegenstandes angesehen werden müßten. Er hat deshalb Klage erhoben auf Aufhebung eines vom Beklagten auf die Versicherungsgelder ausgebrachten Arrestes. Beklagter verlangt Abweisung. Der B.R. hat die verurtheilende erste Entscheidung abgeändert, den Kläger abgewiesen, weil das Zuschlagsurtheil die Versicherungsgelder mit Stillschweigen übergangen und diese nicht durch besondere Kaufbedingungen zum Gegenstand des Zwangsverkaufes gemacht worden seien.

„Die dagegen eingelegte Revision konnte keinen Erfolg haben. Sie geht mit dem ersten Richter davon aus, daß durch § 1 des Gesetzes vom 4. März 1879 betreffend die Zwangsvollstreckung in das unbewegliche Vermögen Abs. 2 die streitigen Versicherungsgelder der Immobiliarkasse überwiesen und damit zum Theil des Kaufgegenstandes gemacht worden seien. Sie ist ferner der Ansicht, der Anspruch auf diese Gelder sei ein Zubehör des Grundstücks deshalb, weil dieselben nach den betreffenden Statuten der Magdeburger Feuerversicherungsgesellschaft nur behufs Wiederherstellung der abgebrannten Gebäude gezahlt würden und gar nicht gezahlt zu werden brauchten, wenn die Gesellschaft selbst wieder aufbaue. Mit Rücksicht auf diese Statutenbestimmung sei auch ein Eintritt in die Versicherung von Seiten des Klägers anzunehmen.

Weder das Eine, noch das Andere, kann als richtig zugegeben werden. Von einem Eintritt in eine laufende Versicherung kann bezüglich des Theiles der Versicherung, welche durch den Brand seine Erledigung gefunden hat, nicht die Rede sein. Der Vertrag besteht nur fort in Bezug auf die noch versicherten Gegenstände.

Der angezogene § 1 des Gesetzes vom 4. März 1879 befaßt zwar mit Rücksicht auf die Bestimmung des § 30 des Eigenthumserwerbsgesetzes vom 5. Mai 1872 auch die dem Eigenthümer zufallenden Versicherungsgelder, wenn sie nicht statutenmäßig zur Wiederherstellung der Gebäude verwendet werden müssen oder verwendet worden sind. Aber der Berufungsrichter hat mit Recht hervorgehoben, daß nicht Alles, was zur Immobiliarkasse gehöre, d. i. der abgesonderten Befriedigung der Realgläubiger diene (§ 39 der Konkursordnung), Gegenstand des Zwangsverkaufes werde. Der Zwangsverkauf hat den Zweck, durch den Erlös das Zahlungsmittel zu beschaffen, er ist deshalb unnöthig, wo bereits ein Umsatz eines Theiles oder Zubehöres des Pfandes in baares Geld stattgefunden hat, er ist auch nicht geboten, wo ein den Realgläubigern zustehender Geldanspruch direkt gegen den Schuldner realisirt werden kann.

Derselbe Gesichtspunkt läßt erkennen, daß nur dann, wenn der Anspruch auf die Versicherungsgelder ausdrücklich zugleich mit dem Grundstück zum Verkaufe ausgesetzt worden ist, oder besondere Umstände des Falles eine solche Absicht klarstellen, der Ersteher diesen

Anspruch miterwirbt. Auch in dem Falle, wo diese Gelder statutenmäßig zum Wiederaufbau der abgebrannten Gebäude verwendet werden müssen, kann im Mangel ausdrücklicher Bestimmung der Bieter nicht ohne Weiteres annehmen, daß der Anspruch auf Zahlung derselben einen Theil des Kaufgegenstandes bilden solle. Ist eine solche statutarische Bestimmung lediglich im Interesse der Realgläubiger gegeben, so mangelt es für diese im Falle der nothwendigen Subhastation an jedem Interesse an dem Wiederaufbau durch den Ersteher, welcher durch Zahlung des Kaufgeldes das Grundstück von allen Ansprüchen der Gläubiger losgelöst hat. Möglich ist zwar auch, daß eine solche Bestimmung im Interesse der versichernden Gesellschaft getroffen worden ist. Indes schließt auch dies eine besondere Abmachung zwischen der Gesellschaft und den Realgläubigern auf Zahlung der Immobiliarmasse nicht aus. Jedenfalls läßt sich auch in dem vorausgesetzten Falle eine feste Regel für den vermuthlichen Willen nicht aufstellen, wie ihn Verkäufer und Käufer übereinstimmend haben müssen, darüber, ob der Anspruch auf ausstehende Versicherungsgelder auf den Ersteher übergehen solle oder nicht, wenn dieserhalb eine ausdrückliche Bestimmung fehlt. Besondere Umstände des Falles für die Klagbegründung hat der B.R. nicht festgestellt, seine Entscheidung entspricht also der vorstehend entwickelten Auffassung, von welcher das R.G., IV. Civilsenat, sich auch bereits hat leiten lassen in seinem Urtheil vom 23. Oktober 1884, ergangen in einer mit der vorliegenden ganz gleichartigen Sache Nürnberg wider Seelig & Co. IV. 160/84 (abgedruckt in Rassow und Küntzel Bd. 29 Heft 6)."

2. Rheinisches Recht.

65. Eigenthumsübertragung und Erfüllung seitens des Verkäufers nach dem Code civil (Art. 1138, 1583, 1604). Urth. des II. Civilsenats vom 19. Juni 1885 in Sachen Graf z. L. und Gen., Kassationskläger, wider J. L. zu O., Kassationsbeklagten. Vorinstanz: O.L.G. Köln. Verwerfung des Kassationsrekurses. (II 4/85.)

„In Erwägung, daß die Oppositen und Kassationskläger nicht verkennen, daß der Verkäufer einer Liegenschaft gemäß Art. 1135 des B.G.B. verbunden sein könne, dem Käufer die Eigenthumstitel auszuhändigen, wenn dieser an deren Besitze ein Interesse habe, dieselben jedoch behaupten, die Nichterfüllung dieser neben der Ueberlieferungspflicht bestehenden Nebenverbindlichkeit könne nur einen Schadensanspruch erzeugen, nicht aber das auf die Fälle des Art. 1653 beschränkte Retentionsrecht begründen; daß jedoch diese Ausführung nicht als gerechtfertigt anerkannt werden kann; daß es nämlich nach dem Systeme des B.G.B. der Ueberlieferung nicht bedarf, um auf den Käufer das Eigenthum des Grundstückes zu übertragen, indem dieser gemäß Art. 1138 und 1583 schon kraft des Vertrages Eigenthümer geworden ist, die Ueberlieferung daher nach französischem Rechte nicht als eine symbolische Eigenthumsübertragung aufzufassen ist, sondern gemäß Art. 1604 die Bedeutung hat, die verkaufte Sache in die Gewalt und den Besitz des Käufers zu bringen, also die bereits geschehene Rechtsübertragung thatsächlich zu vollziehen; daß diese Hauptverbindlichkeit des Verkäufers demnach erst dann als erfüllt angesehen werden kann, wenn der Verkäufer den Käufer in die Lage gesetzt hat, nicht nur die Sache zu besitzen und deren Früchte zu beziehen, sondern auch dieselbe als ein Eigenthümer zu genießen und an denselben die im Eigenthume enthaltenen Rechte, insbesondere das Recht der Veräußerung und Verpfändung auszuüben; daß es nun lediglich als eine nach den Umständen zu beurtheilende Thatfrage erscheint, ob der Käufer im Einzelfalle zur Ausübung der Eigenthumsrechte der Eigenthumstitel bedürfe und zu deren Forderung berechtigt sei, im Falle der Bejahung dieser Frage aber die Verbindlichkeit zur Uebergabe der Titel als eine nothwendig in der Ueberlieferungspflicht einbegriffene Verbindlichkeit aufgefaßt werden muß, da alsdann ohne die Uebergabe der Titel der Käufer thatsächlich verhindert sein würde, seine Eigenthumsrechte auszuüben."

66. **Unklagbarkeit der Spielschuld nach Art. 1965 Code civil. Maßgebendes Recht des Ortes, an welchem geklagt wird. Merkmale des Kaufes und verbotenen Spieles.** Urth. des II. Civilsenats vom 23. Juni 1885 in Sachen J. Bi. in Horburg, Beklagten und Revisionsklägers, wider den Bankier E. Bo. in Paris, Kläger und Revisionsbeklagten. Vorinstanz: O.L.G. Colmar. Aufhebung und Zurückverweisung. (II, 153/85.)

Der Kläger fordert im Urkundenprozesse die Bezahlung von 9600 ℳ mit Zinsen: die Urkunde, aus welcher geklagt ist, lautet: Horbourg 13. Avril 1883. Le 31. Mai prochain je payerai à l'ordre de Monsieur Bo. (Kläger), 7. rue d'Amboise à Paris, la somme de douze mille francs pour solde de compte. Bon pour douze mille francs; signé: Bi. Unter Bezugnahme auf Art. 1965 des Bürgerl. G.B. hat Beklagter eingewendet, daß die Urkunde ein Anerkenntniß einer aus reinen Differenzgeschäften entstandenen Schuld enthalte und deshalb nicht klagbar sei. Es wurde dem Kläger in beiden Instanzen der Eid zugeschoben: daß das Schuldbekenntniß nicht über einen Rechnungssaldo ausgestellt worden sei, welchen Beklagter dem Kläger auf Grund der mit ihm und für ihn an der Pariser Börse abgeschlossenen Geschäfte verschuldete, daß diese sämmtlichen Geschäfte nicht ausschließlich reine Differenzgeschäfte waren, der Art, daß die vom Kläger kontrahirten An- und Verkäufe von Papieren nach feststehender Vereinbarung mit dem Beklagten nicht in Wirklichkeit effektuirt werden sollten, sondern daß nur die an einem bestimmten Stichtage etwa bestehende Preisdifferenz gegenüber dem Kurse am Tage des Auftrages zu Gunsten der einen oder anderen Partei ausbezahlt werden sollte, daß bei Abschluß aller dem Saldo von 9600 ℳ zu Grunde liegenden Geschäfte mit dem Beklagten es weder ausdrückliche noch stillschweigende Vereinbarung zwischen den Parteien gewesen sei, daß die vom Kläger zu bewirkenden An- und Verkäufe von Papieren in Wirklichkeit nicht zu effektuiren seien, daß die vom Beklagten dem Kläger ertheilten Aufträge, An- und Verkäufe zu kontrahiren, vielmehr vom Kläger dahin verstanden worden seien, daß er berechtigt und verpflichtet sein sollte, die An- und Verkäufe zu realisiren und nicht die Kursdifferenzen zu berechnen.

Das L.G. hat mit Urtheil vom 27. September 1884 die Klage abgewiesen; auf Berufung des Klägers hat das O.L.G. mit Urtheil vom 26. Januar 1885 abändernd nach dem Klagantrage erkannt. Während das L.G. in rechtlicher Beziehung davon ausging, daß ein reines Differenzgeschäft und folgeweise Spiel oder Wette dann vorliege, wenn schon bei Abschluß des Geschäftes die Kontrahenten darüber einig sind, daß die Verträge nicht durch Lieferung der Papiere, sondern durch Zahlung oder Stundung der Kursdifferenz erfüllt werden sollen, erachtet das B.G. dies nicht für genügend. Es müsse vielmehr feststehen, daß die eine Partei die Lieferung, die andere die Abnahme der Waare vertragsmäßig gar nicht verlangen dürfe, daß mithin beide Parteien von vornherein sich gegenseitig verpflichtet haben, die Effektuirung gar nicht zu fordern. Nur in einem solchen Falle sei ein Kauf ausgeschlossen, nicht aber auch dann, wenn der Vertrag anstatt durch Lieferung auch durch Bezahlung des der einen oder anderen Partei entstandenen Gewinnes erfüllt werden könne. Es wird sodann ausgeführt, daß der Beklagte den ihm obliegenden Beweis, daß ein solches Geschäft abgeschlossen worden, nicht erbracht habe. Der Eid sei unerheblich, weil derselbe nicht darüber zugeschoben worden, daß die Lieferung und die Abnahme der Papiere durch Uebereinkommen ausgeschlossen gewesen sei.

„Es bedarf keiner Erörterung der Frage, ob der Art. 1965 des code civil revisibles Recht wäre, wenn derselbe deshalb, weil das Rechtsgeschäft unter den Parteien seinen Sitz in Paris hat und dort zu erfüllen ist, als ebendaselbst geltendes, mithin als französisches Recht angewendet worden wäre; denn er war auch als in Elsaß-Lothringen geltendes Recht entscheidend, weil die Frage, ob eine Spielschuld klagbar sei, als mit der öffentlichen Ordnung und den guten Sitten zusammenhängend, lediglich nach den Gesetzen des Ortes, an welchem geklagt wird, zu beurtheilen ist (v. Savigny, System Bd. VIII S. 275. 276. 277, Laurent, droit intern. pr. Bd. VIII Nr. 109 ff. und R.O.H.G. Entsch. Bd. XIV Nr. 89 S. 277).

Das erwähnte Gesetz ist auch richtig ausgelegt, indem die Uebereinstimmung mit der Rechtsprechung des R.O.H.G. und der neueren Auslegung seitens des Pariser Kassationshofes (z. B. Urtheil vom 21. August 1885 in Sirey, réc. 84. 1. 425) das unterscheidende

Merkmal zwischen einem Kaufgeschäfte und einem verbotenen Spiele darin erkannt wird, daß bei letzterem der Wille der Kontrahenten jedes Recht, die wirkliche Lieferung zu fordern oder zu leisten, von vornherein ausgeschlossen hat. Der Vertreter des Revisionsklägers hat auch diese Auslegung nicht angefochten, sondern nur die Rüge erhoben, daß das B.G. von seinem eigenen Standpunkte aus die dem Kläger zugeschobenen Eide mit Unrecht für nicht erheblich erklärt habe. Dieser Angriff mußte auch für begründet erachtet werden. Der Eid ist nämlich zunächst dahin zugeschoben, daß nach feststehender Vereinbarung die vom Kläger kontrahirten An- und Verkäufe nicht effektuirt, vielmehr **nur** die Kursdifferenzen ausbezahlt werden sollten. Eine durch Eidesverweigerung festgestellte Vereinbarung, daß **nur** die Differenzen ausbezahlt werden sollten, wäre aber gerade eine solche, wie sie das B.G. als ein unter den Art. 1965 fallendes Spiel bezeichnet; denn danach wären Recht auf Lieferung und Pflicht zu derselben ausgeschlossen. Die weitere Eideszuschiebung ist sodann auf den Gegensatz gerichtet, ob bei Abschluß aller in Frage kommenden Geschäfte die Vereinbarung darauf gerichtet gewesen sei, daß Kläger **berechtigt** und eventuell **verpflichtet** sein solle, die Käufe zu realisiren und nicht lediglich die Kursdifferenz zu berechnen, oder aber, ob er zur Effektuirung weder berechtigt noch verpflichtet gewesen sei. Wäre nun in Folge der Eidesverweigerung letzteres für erwiesen zu erachten, so läge ein Kauf nicht vor. Demnach ist das Berufungsgericht, indem es diese Eide für unerheblich erklärt, entweder von seiner richtigen Auslegung des Art. 1965 abgegangen oder es hat in Verletzung des Gesetzes (§§ 285 ff., 516 Abs. 3 der C.P.O.) den bestimmt festgestellten Inhalt der Eideszuschiebung übersehen oder ohne jede Begründung, also in Verletzung des § 284 Abs. 4 ff., § 513 Abs. 7 der C.P.O., diesem klaren Wortlaute eine andere ihm widersprechende Auslegung gegeben."

3. Badisches Recht.

67. **Schadensersatzpflicht für wider besseres Wissen, wenn auch ohne beschädigende Absicht abgegebene, einen Anderen zur Kreditbewilligung veranlassende Erklärungen** (gemäß L.R.S. 1382, 1382a und 1382b). Urth. des II. Civilsenats vom 26. Juni 1885 in Sachen E. Schl. zu Pf., Beklagten und Revisionsklägers, wider H. & W. das., Klägerin und Revisionsbeklagte. Vorinstanz: O.L.G. Karlsruhe. Verwerfung. (II, 142/85.)

Die klagende Firma verlangt vom Beklagten Zahlung der Summe, welche sie auf dessen Empfehlung einem gewissen A. N. in Neapel kreditirte. Zur Begründung ihrer Klage trug sie Folgendes vor: Im Mai 1883 sei der Beklagte auf ihr Komptoir gekommen und habe einem Theilhaber der Firma folgende Mittheilung gemacht: „Ich habe gehört, daß Sie auch für Italien arbeiten. Ich habe ein sehr feines Haus an der Hand, mit dem ich schon längere Zeit arbeite und bin von demselben immer pünktlich bezahlt worden. Ich habe schon Fakturen von 5000 bis 8000 Frcs. mit diesem Hause gemacht und sind die Wechsel jedesmal pünktlich bezahlt worden. Wenn Sie mit diesem Hause arbeiten wollen, so will ich Ihnen die Adresse aufschreiben (was auch geschehen sei). Es ist aber gut, wenn Sie dem Hause 3 Monate Kredit geben, obschon dasselbe nach meinen Erkundigungen 50 000 Frcs. Vermögen hat und ein eigenes Haus in Neapel besitzt, und wer in Neapel ein eigenes Haus besitzt, ist sehr wohlhabend. Allein das Haus ist jetzt erst recht im Entstehen und will das Geschäft in größerem Maßstabe betreiben, wozu es Kredit braucht. Ich war ja selbst in Neapel und habe mich darüber erkundigt und sehr gute Auskunft erhalten. Machen Sie also diesem Hause eine Probesendung ꝛc." Auf diese Empfehlung hin habe sie (die Klägerin) dem N. zunächst eine Probesendung zu 1047 Frcs. 98 Ct. und sodann auf Bestellung des N. eine weitere Waarensendung zu 1530 Frcs. 34 Ct. gemacht. Alsbald habe sich jedoch ergeben, daß N. nicht für einen Pfennig Kredit in Neapel genoß, daß er nicht einmal ein Bureau, geschweige ein eigenes Haus besaß und Zahlung von ihm nicht zu erlangen war. Der Klagantrag ging auf Verurtheilung des Beklagten zur Zahlung der Summe von 2063,46 ℳ.

Der Beklagte gestand zu, den A. N. der klägerischen Firma empfohlen zu haben, erklärte jedoch, daß er nichts weiter gesagt habe, als daß er (Beklagter) schon für 8000 Frcs. Geschäfte mit N. gemacht habe und die Wechsel jedesmal pünktlich eingegangen seien, sowie daß er über N. gute Auskunft habe, was alles der Wahrheit entsprochen habe, da er erst später von der Kreditunwürdigkeit des N. Kenntniß erhalten und hiervon sofort der Klägerin Mittheilung gemacht habe. Uebrigens habe er bei seiner Empfehlung beigefügt: „Erkundigen Sie sich aber selbst, da ich keine Verantwortlichkeit, nicht einmal eine moralische übernehme."

Das L.G. Karlsruhe wies durch Urtheil vom 18. Juni 1884 die Klage ab. Auf Berufung der Klägerin erkannte das O.L.G. Karlsruhe durch Urtheil vom 3. Dezember 1884, daß der Beklagte den Eid zu leisten habe: „Es ist nicht wahr, daß ich, als ich im Mai 1883 den Klägern die Eingehung einer Geschäftsverbindung mit A. N. in Neapel antrug, denselben namentlich versicherte, daß dieses Haus nach meinen eingezogenen Erkundigungen 50 000 Frcs. Vermögen und ein eigenes Haus in Neapel besitze; daß, wer in Neapel ein eigenes Haus besitze, sehr wohlhabend sei und daß ich mit diesem Hause schon Fakturen von 5000 Frcs. und von 8000 Frcs. gemacht habe." Die Eidesfolgen wurden dahin bestimmt, daß die Klage für den Fall der Eidesleistung abzuweisen, für den Fall der Nichtleistung des Eides zuzusprechen sei. In den Gründen dieses Urtheils, auf dessen Thatbestand verwiesen wird, ist im wesentlichen erörtert: „Die Klage könne weder auf ein Handelsgewohnheitsrecht noch auf die L.R.S. 1381 aa oder 1383 gegründet werden, wohl aber auf L.R.S. 1381 ab. Nach letzterer Bestimmung sei der Empfehlende schon haftbar, wenn er, ohne Rücksicht auf ein bestimmtes abzuschließendes Rechtsgeschäft, dem Dritten gewisse Eigenschaften des Vermögens oder der Person namentlich versichere, welche nicht vorhanden seien und durch deren Mangel der Dritte, welcher im Vertrauen auf die Zusicherungen eine Rechtshandlung vorgenommen habe, benachtheiligt worden sei. Dabei werde vorausgesetzt, daß die Versicherungen nicht blos einen Ausdruck persönlicher Auffassung, sondern solche Aeußerungen enthielten, welche den Dritten zu der Unterstellung berechtigen, daß sie ernstlich gemeint seien und daß er sich vollständig auf sie verlassen könne. Außerdem müsse der Kausalzusammenhang vorliegen. Unter den von der Klägerin behaupteten Aeußerungen seien es nun hauptsächlich zwei, welche erheblich erschienen, nämlich, daß das Haus N. nach den vom Beklagten eingezogenen Erkundigungen in Neapel ein eigenes Haus besitze, was nur bei sehr wohlhabenden Personen der Fall sei, und daß derselbe ein Vermögen von 50 000 Frcs. habe. Diese Versicherungen für sich allein und in Verbindung mit der weiteren, daß der Beklagte mit N. schon Fakturen von 5000 Frcs. und 8000 Frcs., also einzelne Geschäfte von diesem Betrage gemacht habe, seien geeignet gewesen, die Klägerin zur Kreditbewilligung zu bestimmen, in Folge deren der eingeklagte Verlust eingetreten sei. Fragliche Versicherungen seien aber um so schwerwiegender, als damit zugleich ein doloses Handeln festgestellt werde. Er habe dann wider besseres Wissen behauptet, Geschäfte in besagten Beträgen mit N. gemacht zu haben, während er nach seinen eigenen Buchauszügen Geschäfte von solchem Umfange nie mit demselben geschlossen habe; er habe dann ferner wider besseres Wissen behauptet, N. habe 50 000 Frcs. Vermögen und besitze ein eigenes Haus in Neapel, während er nicht habe behaupten können, daß ihm ein derartiger Vermögens- und Hausbesitz von irgend einer Seite mitgetheilt worden sei. Der Beklagte wäre daher auch wegen Arglist nach L.R.S. 1382 haftbar wegen des der Klägerin dadurch entstandenen voraussehbaren Schadens. Er wäre selbst dann nicht von dieser Haftung befreit, wenn er, wie er behaupte, von vornherein erklärt hätte, keine Verantwortlichkeit, nicht einmal eine moralische, zu übernehmen; denn er durfte jedenfalls keine unwahren, den Klägern im Vertrauen auf die Wahrheitsliebe des Beklagten glaubhaft erscheinende bestimmte Versicherungen machen. Dieser Dolus würde weder durch Mangel einer beschädigenden Absicht, noch durch den Umstand, daß der Beklagte die Geschäftsverbindung mit N. fortsetze, beseitigt. Auf die erbotenen Beweise komme es hiernach nicht an."

„Die Revision erscheint nicht begründet. Auf L.R.S. 1381 und b, welchen das O.L.G. an erster Stelle zur Anwendung bringt, könnte allerdings die Entscheidung nicht gegründet werden; denn es stände hier die, mangels bezüglicher Beweiserhebung zunächst als wahr zu unterstellende Thatsache im Wege, daß Schl. bei Gelegenheit der in Frage stehenden Empfehlung erklärte, er übernehme keine Verantwortlichkeit, nicht einmal eine moralische. Einer solchen Erklärung gegenüber könnte von einer Versicherung im Sinne der besagten Gesetzesbestimmung nicht die Rede sein; auch ist klar, daß der Gedanke einer stillschweigenden Garantieübernahme, von welchem das Gesetz bei dem fraglichen Halbvertrage ausgeht, sich mit einer ausdrücklichen Protestation gegen jede Garantieübernahme nicht vereinigen läßt. Es bedürfen daher die weiteren auf diesen Entscheidungsgrund sich beziehenden Angriffe keiner näheren Erörterung.

Rechtlich gerechtfertigt erscheint jedoch die Entscheidung, insofern sie sich weiter auf Anwendung des L.R.S. 1382 stützt. Das O.L.G.

stellt unter Darlegung seiner bezüglichen Gründe thatsächlich fest, nicht blos, daß die den Gegenstand der Eidesauflage bildenden Erklärungen geeignet gewesen seien, die Klägerin zur fraglichen Creditbewilligung zu bestimmen, sondern auch, daß dieselben, ihren Beweis vorausgesetzt, von Schl., welcher den Schaden hätte voraussehen können, wider besseres Wissen gegeben worden seien, also ein doloses Handeln desselben stattgefunden habe, um die Klägerin zur Creditgewährung zu bestimmen. Wenn auf Grund dieser Feststellungen das O.L.G. annimmt, daß eine wissentlich vorgenommene widerrechtliche Handlung im Sinne der L.R.S. 1382 bezw. 1382a vorliege und daher Schl. für den durch dieselbe verursachten Schaden haftbar sei, so ist hierin eine Verkennung der bezüglichen Rechtsnormen nicht zu finden (vergl. Entsch. des R.O.H.G. Bd. 9 Nr. 45 S. 152).

Auch die Bemerkung, dieser dolus werde durch den Mangel einer auf Beschädigung gerichteten Absicht nicht beseitigt, kann als unrichtig nicht bezeichnet werden; denn in der That verlangt das Gesetz keine besondere auf Beschädigung gerichtete Absicht, sondern nur, daß in widerrechtlicher Weise wissentlich gehandelt worden sei. Vergl. L.R.S. 1382b. Ebensowenig ist die weitere Erklärung, einem dolosen Handeln gegenüber würde auch die vorbezeichnete Protestation nicht zu beachten sein, als rechtsirrthümlich zu erachten, da das O.L.G. davon ausgeht, daß trotz dieser Protestation die unwahren Versicherungen des Beklagten geeignet gewesen seien, die Klägerin zur Creditgewährung zu bestimmen."

Reichsrecht.

1. Handelsrecht.

68. **Vertretungspflicht der Versicherungsgesellschaft für falsche Angaben ihres Agenten in dem von ihm für den Versicherungsnehmer ausgefüllten Antrag** (Art. 271 Absatz 3, 47 des H.G.B.). Urth. des I. Civilsenats vom 27. Juni 1886 in Sachen J. St. in W., Klägers und Revisionsklägers, wider die A.-L. Versicherungs-Actiengesellschaft zu A., Beklagte und Revisionsbeklagte. Vorinstanz: O.L.G. Marienwerder. Aufhebung und Zurückverweisung. (I, 147/85.)

„Dem Revisionskläger ist zunächst darin beizutreten, daß das B.G. mit Unrecht den von dem Kläger angebotenen Beweis abgelehnt hat, die Ausfüllung des Fragebogens sei dadurch zu Stande gekommen, daß der Agent der Beklagten L. selbst die Versicherungsgegenstände, beziehungsweise die Gebäude, in welchen sich dieselben befanden, besichtigt, die erforderlichen Vermessungen vorgenommen und seine Ermittelungen schriftlich fixirt, auch den Situationsplan selbst an Ort und Stelle gefertigt habe, worauf der des Lesens und Schreibens unkundige Kläger den Antrag durch seine Tochter habe unterzeichnen lassen. Man mag immerhin davon ausgehen, daß der Lokalagent bei der Entwickelung solcher Thätigkeit im Interesse des Antragstellers die Versicherungsgesellschaft nicht vertritt. Wenn aber der Antragsteller im Vertrauen darauf, daß der Agent die Beantwortung der Fragen in dem Sinne, welchen die Gesellschaft damit verknüpft, am besten verstehe, diesem die Beantwortung in solchen Dingen überläßt, welche von dem Agenten wie von jedem Dritten unmittelbar wahrgenommen werden können, bei denen es also auf die Mittheilung dessen, was von dem zu Versichernden (über seine früheren Versicherungen, die erlittenen Brandschäden u. s. w.) zu erfahren ist, nicht ankomme, und wenn der Antragsteller, ohne Kenntniß von dem, was der Agent etwa der Wahrheit zuwider niedergeschrieben, zu nehmen, die von diesem niedergeschriebenen Antworten unterschreibt oder unterschreiben läßt, so läßt sich nicht sagen, der Antragsteller habe die Fragen schuldvoll falsch beantwortet oder die falsche Beantwortung schuldvoll herbeigeführt. Der Versicherungsgesellschaft steht also eine auf diesem Wege gewonnene falsche Beantwortung ihres Agenten entgegen. Zu einem ähnlichen Resultate ist auch bereits eine Entscheidung des R.G. III. Civilsenats vom 3. Juli 1883 III 75/83" (Annalen Bd. VIII S. 332) Entsch. Bd. IX S. 197) „gelangt. Nach der Behauptung des Klägers, hat er sich die Beantwortung der Fragen nicht vorlesen lassen; damit steht in Widerspruch, wenn an einer anderen Stelle des Urtheils behauptet wird, Kläger mache nicht geltend, daß L. ihm die niedergeschriebenen Antworten nicht mitgetheilt resp. ihm dieselben nicht vorgelesen habe. Hat er auf die ihm vorgelegte Frage jene Antwort gegeben, so ist ihm eben diese Behauptung zu gut zu rechnen und, soweit es auf den Beweis derselben ankommt, Beweis zu erheben."

69. **Sind die Zinscoupons österreichischer Eisenbahnobligationen** (welche früher auf Goldwährung (deutsche Währung) lauteten und später auf Silberzahlung umgeändert wurden) **ohne Vorbehalt angenommen worden, so hat der Inhaber nur Anspruch auf Zahlung der darin verschriebenen Valuta.** (Art. 336 des H.G.B.; Reichs-Münzgesetz vom 9. Juli 1873.) Urth. des I. Civilsenats vom 1. Juli 1885 in Sachen der Kaiser-Ferdinands-Nordbahn in Wien, Beklagte und Revisionsklägerin, wider die Handelsgesellschaft N. in N., Klägerin und Revisionsbeklagte. Vorinstanz: O.L.G. Breslau. Aufhebung und Zurückverweisung. (Die Vorinstanzen hatten verurtheilt.) (I, 162/85.)

„Die hier in Betracht kommenden Schuldverschreibungen der Beklagten sind in Betreff ihrer Zusagen in Bezug auf die Münze von Kapital und Zinsen, sofern deren Zahlung im Gebiete der Deutschen Währung gefordert wird, so wiederholt und konstant vom R.G. im Sinne der Gründe der Instanzgerichte im vorliegenden Prozesse ausgelegt worden, daß es genügt, auf diese Vorentscheidungen zu verweisen.

Die Nichtberücksichtigung des Einwandes der rechtskräftigen Sache, gestützt auf das in Oesterreich unter Anwendung des sogenannten Kuratorengesetzes vom 24. April 1874 wider einen den Inhabern der Schuldverschreibungen wie der Zinscoupons bestellten Kurator ergangenen Urtheils auf Anerkennung, daß auch an den auswärtigen Zahlstellen nur Einlösung der Schuldverschreibungen und Zahlung der Zinsbeträge in Silber, den Silberwerth in der am Einlösungsorte gangbaren Silbermünze, gefordert werden könne, beruht auf der Auslegung des gedachten österreichischen Gesetzes dahin, daß auf diese zwischen Inhabern der Schuldverschreibungen, beziehungsweise Zinscoupons und der Beklagten streitige Währungsfrage die Bestellung eines Kurators unanwendbar sei. Diese Auffassung des österreichischen Gesetzes durch das B.G. kann gemäß § 511 der C.P.O. in der Revisionsinstanz nicht nachgeprüft werden. Da es sich danach um ein österreichisches Urtheil handelt, welches nicht gegen einen Inhaber von Schuldverschreibungen oder Zinscoupons selbst ergangen ist, vielmehr gegen eine dritte Person, welche nach dem ausgelegten österreichischen Gesetz einen Inhaber von Schuldverschreibungen oder Zinscoupons nicht vertreten konnte, so ist es völlig konsequent, wenn das B.G. auch den Einwand der Beklagten, Klägerin erhebe ihren Anspruch lediglich für einen österreichischen Inhaber der Schuldverschreibungen und Zinscoupons, verworfen hat. Es handelt sich nicht um die Wirkungen der Urtheilsrechtskraft, sondern um die Frage einer Rechtsveränderung durch ein gegen einen Dritten ergangenes Urtheil. Die Annahme des diesseitigen Gerichts, daß solche Rechtsveränderung nicht bewirkt sei, weil es in Wahrheit an einem sie begründenden Rechtsatz nach dem entsprechenden örtlichen Rechte fehle, muß auch zu Gunsten des österreichischen Inhabers von Schuldverschreibungen oder Zinscoupons, der hier sein Recht verfolgt, durchgreifen.

Bisher nicht zur Erörterung bei dem R.G. gelangt ist aber die Frage, ob in Betreff der Zinsen der Schuldverschreibungen noch Ansprüche wie bisher, auf Zahlung in Reichsgoldwährung erhoben werden können, obwohl für die betreffenden Zeiträume auf die Schuldverschreibungen die neuen Zinscoupons, welche einen veränderten Inhalt haben, ohne Vorbehalt angenommen worden sind.

In den betreffenden Schuldverschreibungen heißt es auf dem Mantel:

Dieser Betrag wird mit jährlichen Fl. pp. ö. W. Silber-Vereinsthaler-Fl. pp. südd. W. verzinst und werden die Zinsen halbjährig gegen Beibringung des betreffenden Coupons ohne Steuerabzug ausbezahlt.

Die Coupons werden bei der Gesellschaftshauptkasse in Wien, bei Herrn S. Bleichröder in Berlin, bei der Direktion der Diskontogesellschaft in Berlin, bei den Herren M. A. von Rothschild & Söhne in Frankfurt a. M. und bei der Allgemeinen Deutschen Creditanstalt i. Leipzig ausbezahlt.

In den im Text der Schuldverschreibungen enthaltenen Anleihebedingungen heißt es unter Nr. 4:

Die Bezahlung der Zinsen und gezogenen Schuldverschreibungen erfolgt nach Wahl des Besitzers sowohl bei der gesellschaftlichen Hauptkasse in Wien als auch (nun folgen wieder alle oben bezeichneten Kassen).

Der Text der ersten ausgegebenen Zinscouponsserie lautete:

Coupon Nr. (Nummer der Schuldverschreibung) zahlbar am ..... Serien-Coupon mit Fl. 7. 50 ö. W. in Silber = 5 Vereinsthaler = Fl. 8. 45 südd. Währung bei der gesellschaftlichen Hauptkasse in Wien, bei S. Bleichröder in Berlin, bei der Direktion der Diskonto-Gesellschaft in Berlin, bei M. A. von Rothschild & Söhne in Frankfurt a. M. und bei der Allgemeinen Deutschen Kredit-Anstalt in Leipzig.

Kaiser-Ferdinands-Nordbahn.

Dazu war ein Talon ausgegeben:

Nr. (ebenfalls Nummer der Schuldverschreibung).

Die Kaiser-Ferdinands-Nordbahn erfolgt dem Ueberbringer dieses Talons im November 1882 den zweiten Couponbogen zur entsprechenden Obligation pp.

Nachdem die erste Couponserie verbraucht worden, hat aber die Beklagte bei Ausreichung der neuen Couponbogen den Inhalt der Coupons geändert. Dieselben lauten nunmehr dahin:

Coupon Nr. ..... zahlbar am .....

Coupon mit Fl. 7.50 ö. W. in Silber bei der gesellschaftlichen Hauptkasse in Wien, bei S. Bleichröder in Berlin, bei pp.

Es fehlen also die Angaben der anderen Währungen. Diese Couponbogen sind unstreitig auch auf die in diesem Prozesse in Betracht kommenden Schuldverschreibungen ohne Widerspruch erhoben worden. Gleichwohl will Klägerin auf Grund des Besitzes der Schuldverschreibungen und von zu diesen Couponbogen gehörigen Coupons die Zinsen des entsprechenden Zeitabschnitts in der nach den Schuldverschreibungen und den früheren Zinscoupons versprochenen deutschen Goldwährung bezahlt verlangen Die Instanzrichter haben dieses Verlangen für begründet erklärt. Allein ihre Auffassung verkennt das Wesen der in der Annahme der betreffenden Couponbogen bethätigten Willenserklärung. Das Geschäft der Erhebung des neuen Couponbogens gegen Aushändigung des Talons ist freilich dahin zu qualifiziren, daß nicht irgend ein beliebiger Inhaber des Talons als eines selbständigen Papiers, sondern daß der Inhaber der betreffenden Hauptobligation, der nur von der Vorlegung dieser selbst durch

Schaffung des besonderen, für die Ausreichung des neuen Couponbogens bestimmten Legitimationspapiers entbunden ist, sich die neuen Coupons geben läßt. Allein weder hierdurch noch durch den Umstand, daß der Zinscoupon keine völlig selbständige, sondern eine Zubehörschuld, eine Schuld, die den Zinscharakter hat, verbrieft, kann die Thatsache verdunkelt werden, daß der Zinsschein die Bestimmung hat, der Träger der Zinsschuld zu sein und für sich allein die Zinserhebung zu vermitteln. Dies nimmt das Berufungsgericht selbst an, indem es ausführt, daß, sobald unter Gebrauchnahme von einem der in dem neuen Couponbogen enthaltenen Zinscoupons der in demselben angegebene Zinsbetrag ohne Vorbehalt erhoben sei, alsdann Niemand mehr für den betreffenden Zeitabschnitt das in der entsprechenden Schuldverschreibung verbriefte Mehr an Zinsen auf Grund der Schuldverschreibung erheben könne. Aber — so meint das Berufungsgericht — trotz der widerspruchslosen Annahme des Couponbogens verbleibe bei Eintritt jedes der Zahlungstermine das Wahlrecht entweder auf Grund des für denselben bestimmten Zinscoupons den in demselben verbrieften Minderbetrag zu erheben oder den betreffenden Zinscoupon zurückzugeben und auf Grund der Schuldverschreibung den darin verbrieften größeren Betrag zu erheben. Diese Auffassung, wonach also zu den verschiedenen Zeitabschnitten, über welche sich die neu ausgegebene Couponserie erstreckt, bald einmal die Erhebung auf Grund des Coupons bethätigt, bald wieder im Sinne der Zurückweisung des Coupons abgelehnt und Zahlung auf Grund der Obligation gefordert werden könnte, ist unhaltbar und folgt aus dem an sich in Betreff der verschiedenen Währungen für die Zahlungszeit in den Schuldverschreibungen eingeräumten Wahlrecht keineswegs. Der Willen, welcher sich in der Annahme des neuen Couponbogens bethätigt, erstreckt sich auf alle in demselben enthaltenen Zinscoupons und er kann nicht zugleich auf Annahme dieser Coupons als die Erhebung der Zinsen vermittelnder Papiere und doch auch wieder auf eventuelle Zurückweisung derselben nach einer noch in Zukunft zu den einzelnen Fälligkeitsterminen zu treffenden Wahl gerichtet sein. In Betracht kommen kann nur die Auffassung, von welcher auch Klägerin ausgeht, daß die Annahme der bloß den geringeren Betrag verbriefenden Zinscoupons in der That gewollte Annahme dieser Zinscoupons als Zinserhebungspapiere sei, aber keinen Verzicht auf das in der Schuldverschreibung verbriefte Mehr enthalte, da der Gläubiger doch auch den geringeren Betrag zu fordern habe, daß daher zu den Fälligkeitsterminen auf den Zinscoupon dessen Betrag, aber außerdem auch auf Grund der Schuldverschreibung noch der überschießende Betrag erhoben werden könne. Danach würde auch die vorbehaltlose Annahme des niederen Betrages auf den fällig gewordenen Zinscoupon das Recht nicht vergeben, noch nachträglich den überschießenden Betrag auf Grund der Schuldverschreibung zu fordern und man kommt so zu der unvermeidlichen Konsequenz, daß noch nach Jahren, so lange die Zinsforderung noch nicht verjährt ist, auf Grund der Schuldverschreibung frühere Zinsbeträge, soweit sie den im betreffenden Zinscoupon enthaltenen Betrag übersteigen, trotz erfolgter Einlösung der Zinscoupons nachgefordert werden könnten. Daß dies eine völlige Destruktion des Zinszahlungsgeschäfts wäre, deren ökonomische wie juristische Wirkungen sich gar nicht übersehen lassen, leuchtet ohne Weiteres ein. Zu solchen Konsequenzen kommt man, wenn man es unterläßt, die rechtsgeschäftliche Bedeutung der Ausreichung und Empfangnahme der neuen Couponbogen nach deutlichem Willen unter Berücksichtigung von Treue und Glauben zu würdigen. Was die Beklagte mit der Ausreichung der inhaltlich geänderten Coupons wollte, konnte Niemandem zweifelhaft sein. Sie hatte stets den Standpunkt vertreten, daß sie lediglich Zahlung in österreichischem Silber versprochen und die fremden Währungen nur zur Vergleichung entsprechend den zur Zeit der Ausgabe der Schuldverschreibungen bestandenen Relationsverhältnissen angegeben habe. Insbesondere perhorrescirte sie die Anwendung des neuen deutschen Münzgesetzes auf ihre Papiere. Indem sie, als es zur Ausreichung neuer Couponbogen kommen mußte, diese in einem veränderten Inhalte, der klar die Verpflichtung zur Zahlung der Zinsen als eine nur auf österreichisches Silber auch an den fremden Zahlungsplätzen gerichtete kennzeichnete, anbot, erklärte sie deutlich, daß sie in Betreff dieser Zinsen nicht weiter haften wolle und sie durfte die Annahme der neuen Coupons seitens der betreffenden Gläubiger als Einverständniß damit auffassen. Wer seinen Standpunkt wahren wollte, mußte diese Coupons zurückweisen; wer sie aus Irrthum genommen hatte, mußte dies geltend machen. Setzte man den Fall, daß vor der Empfangnahme der Coupons der betreffende Streit noch nicht die Notorietät angenommen hätte, welche die sogenannten Couponprozesse haben, und daß bei solcher Sachlage Inhaber der Schuldverschreibungen neue Couponbogen dieses Inhalts genommen hätten, so würde das richterliche Ergebniß, daß, auch wenn sich aus dem Inhalt der Schuldverschreibungen ein weiter gehendes Recht herleiten ließe, doch die Gläubiger durch Annahme dieser neuen Couponbogen, sofern nicht ein Irrthum vorlag, auf jenes Recht verzichtet hätten, kaum zweifelhaft sein. Jene besonderen Verhältnisse müssen aber bei Beurtheilung der

Bedeutung der Annahme der neuen Coupons ferngehalten werden. Mit demselben Rechte, mit welchem man von der einen Seite als denjenigen, der jene Coupons in Empfang genommen, einen auf dem Standpunkte der deutschen Rechtsprechung Stehenden, die Austragung der Differenz im Prozeßwege Anstrebenden unterstellt, kann man von der anderen Seite einen mit der steten Zahlung in österreichischem Silber zufriedenen Empfänger unterstellen. Es kommt, so lange der Empfänger nicht durch eine besondere Erklärung bei der Annahme den Empfangsakt besonders individualisirt hat, nur darauf an, die Bedeutung des Aktes entsprechend allgemeinen Interpretationsgrundsätzen, also unter Berücksichtigung dessen, was treue Männer durch ein solches Verhalten ausdrücken, zu würdigen. Schon aus diesem Gesichtspunkte, aber auch abgesehen von demselben, kann es nicht in Betracht kommen, daß die Beklagte, eben weil jetzt die bisherigen Coupons ihre Erledigung gefunden hatten, in der Lage war, eine Pression auszuüben. Die Nichterfüllung der Verpflichtung seitens des einen Contrahenten giebt dem anderen kein Recht, sich gegen die Beurtheilung ihres eigenen Verhaltens entsprechend ihrem natürlichen Sinne aufzulehnen.

Es soll übrigens nur noch bemerkt werden, daß Gläubiger, welche die Annahme der neuen Coupons ablehnten, deshalb nicht jedes Rechts entbehrten, da die Beklagte, soweit sie überhaupt in Deutschland wirksam verfolgt werden kann, sich solcher Verfolgung in einer oder der anderen Richtung daselbst nicht dadurch entziehen könnte, daß sie sich weigert, den Inhabern der Schuldverschreibungen Zinscoupons mit solchem Inhalt, wie ihn die Inhaber der Schuldverschreibungen zu fordern berechtigt sind, auszureichen.

Hiernach mußte das angegriffene Urtheil in Betreff der zuerkannten Zinscouponbeträge, zugleich aber in Betreff der zuerkannten Protestkosten, da jedenfalls in Betreff der Zinscouponbeträge eine Zuvielzahlung gefordert ist, sowie in Betreff der Prozeßkosten aufgehoben werden. Es bedarf in dieser Beziehung einer weiteren Verhandlung, um festzustellen, welche Beträge für die Zinscoupons entsprechend der österreichischen Silberwährung zu zahlen sind. Obwohl die Annahme der veränderten Couponbogen die Rechte bezüglich der Währung für die ausgegebenen Schuldverschreibungen nicht zu beeinträchtigen vermag, wie dies bereits in dem Urtheil des I. Civil-Senats des R.G. vom 28. Juni 1884 in Sachen S. Barchwitz Sohn wider dieselbe Beklagte Rep. I 176/84 ausgesprochen worden ist, erschien es der Sachlage entsprechend, das ganze B.U. aufzuheben, weil es sich fragen kann, ob etwa, soweit die vor Erhebung der Klage erfolgte Präsentation von Schuldverschreibungen in einem und demselben Akte mit der unter einer Zuvielforderung erfolgten Präsentation von Zinscoupons stattgefunden hat, wegen dieses einheitlichen, aber eben wegen der Zurückforderung nicht begründeten Verlangens auch diese Präsentation der Schuldverschreibungen als wirkungslos zu erachten und etwa deren Besitz von Neuem darzuthun wäre. Da über die Sache unter diesem Gesichtspunkte bisher nicht verhandelt worden ist, mußte Anstand genommen werden, dies ohne Weiteres zu verneinen. Eine Ausscheidung derjenigen Schuldverschreibungen, bei welchen eine solche Präsentation gleichzeitig mit durch Zuvielforderung geltend gemachten Zinscoupons nicht stattgefunden hat, um in Betreff dieser auf Zurückweisung der Revision zu erkennen, erschien wegen der Verbindung auch dieser Posten mit den anderen durch die Entscheidung über die Vollstreckbarkeit des Urtheils gegen eine bestimmte Sicherstellung nicht angemessen. Aus diesen Gründen ist das ganze Urtheil aufgehoben und die Sache zur anderweiten Verhandlung und Entscheidung an das Berufungsgericht zurückverwiesen worden."

2. Vereinszollgesetz vom 1. Juli 1869.

70. **Wirkungen der Konfiskation nach § 156. Der Fiskus tritt hierdurch nicht in die rechtliche Stellung eines redlichen Besitzers** (I, 15 § 2 f.; Tit. 7 §§ 189 ff. des Preuß. L.R.). Urth. des II. Civilsenats vom 30. Juni 1885 in Sachen des Preuß. Fiskus, Beklagten und Revisionsklägers, wider A. E. zu J., Kläger und Revisionsbeklagten. Vorinstanz: O.L.G. Köln. Verwerfung. (II, 147/85.)

Die erhobene Klage, welche von dem Preuß. Steuerfiskus einen Schadensersatz im Betrage von 207,2 ℳ fordert, stützt sich auf folgendes Sachverhältniß: Im Januar 1880 sei bei dem Kläger wegen Verdachtes der Zolldefraude eine Partie Kaffee im abgeschätzten Werthe von 731,20 ℳ in Beschlag genommen, und als es sich demnächst nach erfolgter Freisprechung des Klägers um die Rückgabe des Kaffees gehandelt, habe sich herausgestellt, daß derselbe, der in einem feuchten Raume aufbewahrt gewesen, inzwischen müffig und stickig geworden sei. Auf seine Weigerung, den Kaffee in diesem Zustande zurückzunehmen, sei dann die Steuerbehörde zur Versteigerung desselben geschritten, und habe ihm den Erlös mit 524,10 ℳ ausgehändigt. So sei ihm durch das fahrlässige Verhalten der Steuerbehörde bei Aufbewahrung des Kaffees ein Schaden im eingeklagten Betrage entstanden, welchen der Fiskus zu ersetzen verpflichtet sei. Seitens des Beklagten wurde Abweisung der Klage beantragt, indem derselbe bestritt, daß durch das Verfahren der Steuerbehörde eine Werthverminderung des Kaffees verursacht sei, und namentlich auch jede Haftung des Staates für ein etwaiges Versehen der Beamten ablehnte. Nachdem zunächst ein Beweisbeschluß erlassen war und eine Zeugenvernehmung stattgefunden hatte, ist von dem L.G. Köln durch Urtheil vom 26. September 1883 dem Klagantrage gemäß erkannt. Die Berufung des letzteren hat das O.L.G. Köln in seinem Erkenntnisse vom 19. November 1884 als unbegründet verworfen.

In den Gründen wird erwogen: In der Annahme, daß der hier fragliche Kaffee durch die vorläufige Beschlagnahme in die freiwillig übernommene Verwahrung der Steuerbehörde gelangt sei, und daß daher die Regeln des Verwahrungsvertrages, wie sie das in Emmerich geltende Preuß. L.R. aufstelle, zur Anwendung zu bringen, könne dem Ersten Richter nur beigepflichtet werden. Der § 156 des Vereinszollgesetzes betrifft nur die wirklich konfiszirten, nicht aber auch die vorläufig beschlagnahmten Gegenstände. Bezüglich dieser kann nur der Verwahrungsvertrag, dessen sämmtliche Erfordernisse übrigens vorliegen, zur Anwendung kommen und muß demnach Berufungskläger für grobe Versehen haftbar erscheinen. Da es sich um eine vertragliche Verbindlichkeit handelt, so ist selbstredend die Frage, ob der Staat für Versehen seiner Beamten haftbar erscheint, unbedingt zu bejahen, denn in Bezug auf vertragliche Verbindlichkeiten ist zwischen der Person des Staates und anderen Personen ein Unterschied nicht vorhanden und auch nirgendwo in den Gesetzen begründet. Der Staat muß daher ebenso für die Folgen einer Nichterfüllung aufkommen wie jede andere Person, mag die Nichterfüllung auch Folge eines Verschuldens seiner Beamten sein. Nur für solches Verschulden seiner Beamten, welches außerhalb der vertraglichen Verbindlichkeiten liegt (culpa aquilia) ist der Staat nicht haftbar und von einer solchen culpa kann hier keine Rede sein. Es ist nun, wie der Erste Richter mit Recht erwogen hat, durch die Zeugenaussagen bewiesen, daß der Kaffee durch Lagern in einem ungeeigneten, feuchten Raume schimmelig und schlecht geworden. Daß der Kaffee bei der Versteigerung etwas über 2/3 des früheren Schätzungspreises eingebracht, kann den Zeugenaussagen gegenüber keinen Beweis dafür liefern, daß er sich noch in dem früheren Zustande befunden. In dem Lagernlassen in einem feuchten Raume muß aber ein grobes Verschulden seitens der Steuerbehörde gefunden werden und erscheint dieselbe daher für den durch dasselbe verursachten Schaden verantwortlich.

„Das O.L.G. nimmt unter Anwendung der Vorschriften des Allgemeinen Preußischen Landrechts, welche im vorliegenden Falle maßgebend sind, an, daß der Beklagte hier nach den Regeln des Verwahrungs-Vertrages — Th. I Tit. 14 § 9 ff. — haftet. Die genannten Vorschriften bilden aber im Bezirke des O.L.G. Köln kein revisibles Recht — § 511 der C.P.O. und § 1 der Kaiserlichen Verordnung vom 28. September 1879 —, und erscheint daher die Nachprüfung dieser Annahme in der gegenwärtigen Instanz ausgeschlossen. Auch die Rüge, daß durch letztere gegen den § 156 des Vereins-Zollgesetzes vom 1. Juli 1869 verstoßen werde, ist unzutreffend, da die bezogene Vorschrift lediglich die Wirkung der ausgesprochenen Konfiskation zum Gegenstande hat, und aus derselben nicht mit dem Beklagten der Satz abgeleitet werden kann, daß der Fiskus durch die Beschlagnahme als solche in die rechtliche Stellung eines redlichen Besitzers im Sinne von Th. I Tit. 15 § 27, Tit. 7 §§ 189 ff. des Allg. L.R. eintrete. Vergl. im übrigen § 219 am zuletzt genannten Orte."

3. Reichs-Haftpflichtgesetz.

71. **Entscheidend für die Frage, ob § 1 des Haftpflichtgesetzes auf Unfälle beim Ein- und Ausladen stillstehender Eisenbahnwagen anwendbar sei, ist: ob der Eisenbahnverkehr mit seinen besonderen Gefahren auf das Geschäft des Ein- und Ausladens einwirkt.** Urth. des III. Civilsenats vom 23. Juni 1885 in Sachen des Arbeiters T. A. zu D., Klägers und Revisionsklägers, wider die Baugesellschaft O. & J. zu C., Beklagte und Revisionsbeklagte. Vorinstanz: Kammergericht Berlin. Aufhebung und Zurückverweisung. (III,81/85.)

„Der B.R. erkennt an, daß die Arbeitsbahn, um die es sich vorliegenden Falles handelt, als eine „Eisenbahn" im Sinne des § 1 des Reichs-Haftpflichtgesetzes anzusehen ist, nimmt aber nicht an, daß der Kläger „beim Betrieb" derselben verunglückt ist, weil es sich um Entleerung am Ziel angekommener stillstehender Wagen gehandelt habe, ohne daß durch den Eisenbahnverkehr selbst eine besondere Hast und Eile geboten gewesen wäre. Damit verkennt er, daß in diesem letztern Umstand zwar ein Moment, aber doch nicht das einzige Moment für die Annahme liegt, daß ein beim Ausladen stillstehender Eisenbahnwagen vorgekommener Unfall als ein Unfall beim Eisenbahnbetriebe angesehen werden muß. Entscheidend für die Frage, ob Letzteres anzunehmen, kann nur sein, ob der Eisenbahnverkehr mit seinen besonderen (nicht ausschließlich in der Beeilung aller Manipulationen liegenden) Gefahren in das Geschäft des Ein- und Ausladens einwirkt. Eine solche Einwirkung ist aber vorliegenden Falles nach dem Hergang, wie ihn der Kläger schildert und unter Beweis gestellt hat, allerdings anzunehmen. Es handelt sich um möglichst rasche Beförderung verhältnißmäßig großer und schwerer Erdmassen auf einer schmalspurigen Eisenbahn mittelst Dampfkraft. Die Fortbewegung erfolgt in eigens für den Fahrbetrieb auf Schienen und für die massenweise Entleerung konstruirten Kipplowries, dergestalt, daß dieselben nicht an einem bestimmten und dazu hergestellten Ausladeplatz, sondern bald hier bald dort, wo es angeordnet wird, gekippt und ihres Inhalts auf einmal entledigt werden. Vorliegenden Falles hatte das Kippen der Bahn stattgefunden, wo die Lowry durch die höhere Lage des Außenstranges von vornherein eine größere Neigung nach der inneren Seite gehabt hat. Wenn nun bei dieser von dem Aufseher kommandirten und beeilten Manipulation nicht bloß der obere Kasten, sondern die ganze Lowry umgeschlagen ist und durch eigene Schwere oder die Schwere der ihren Inhalt bildenden großen Erdmasse den Kläger verletzt hat, so hängt dieser Unfall doch so wesentlich mit der Bahnanlage selbst, mit der eigenthümlichen Konstruktion der verwendeten Kipplowries und der durch die ganze Einrichtung des Bahnbetriebes gebotenen Art und Weise der Ausladung zusammen, daß man annehmen muß, er ist bei und in Folge desselben eingetreten und der Fall keineswegs dem gleichzustellen, wo aus einem an seinem Ziel auf dem Bahnhof angelangten und stillstehenden Güterwagen die Frachtstücke ausgeladen werden. Indem der B.R. obige Momente für gleichgültig erklärt und darum auch von einer thatsächlichen Würdigung derselben absieht, verletzt er den § 1 des Haftpflichtgesetzes."

72. **Der Betriebsunternehmer haftet aus § 2 des Reichs-Haftpflichtgesetzes auch für Unfälle, welche sich bei einer von ihm in Akkord vergebenen Arbeit ereignen, zu welcher er eigene Arbeiter mit verwendet.** Urth. des II. Civilsenats vom 23. Juni 1885 in Sachen Ch. & B. zu S., Beklagte und Revisionsklägerin, wider den Tagelöhner H. zu S., Kläger und Revisionsbeklagten. Vorinstanz: O.L.G. Köln. Verwerfung. (II, 137/85.)

Das O.L.G. stellt thatsächlich fest, daß die in Frage stehende Arbeit (Abnahme eines blechernen Kamins in der Glashütte der klägerischen Firma) dem Zimmermeister Br. zwar in Akkord gegeben, jedoch demselben seitens der Hüttendirektion mehrere ihrer eigenen Arbeiter, worunter auch der Kläger H., zur Hülfeleistung überwiesen worden seien. Es erklärt nun, daß im Hinblick einerseits auf das Abhängigkeitsverhältniß besagter Arbeiter, gemäß dessen sie der Weisung der Hüttendirektion Folge leisten mußten, sowie andererseits auf die außergewöhnliche und schwierige Arbeit, zu welcher sie beordert wurden, es Pflicht des Hüttendirektors Be. gewesen sei, die nöthige Fürsorge zum Schutze derselben gegen Gefahren, soweit diese bei gewöhnlicher Aufmerksamkeit zu erkennen gewesen seien, aufzuwenden.

„Diese Auffassung der Pflichten eines Arbeitgebers, der seine Arbeiter zu einer außergewöhnlichen und gefahrbringenden, zudem im Interesse seines eigenen Geschäftsbetriebes vorzunehmenden Arbeit beordert, ist eine Verkennung von Rechtsnormen nicht zu finden. Verfehlt erscheint insbesondere die Bezugnahme auf das Urtheil des R.G." (Annalen Bd. VIII S. 536) „Entsch. Bd. X S. 287; „sie könnte nur zutreffend erscheinen, wenn es sich um einen im Dienste des Br. stehenden, bezw. von ihm angenommenen Arbeiter handeln würde. Ebensowenig ist ein Rechtsirrthum ersichtlich bei den weiteren Feststellungen, daß der Hüttendirektor B. die bezeichnete Pflicht vernachlässigt habe, indem er unterließ, sich betreffs des Gebrauchs eines tauglichen Haspels zu vergewissern, sowie, daß durch dieses Verschulden der Unfall verursacht worden sei."

73. Haftpflicht einer Bahnverwaltung aus § 2 des Reichs-Haftpflichtgesetzes und § 120 der R.Gew.O. **für Unfälle in Hilfsgewerben.** Urth. des III. Civilsenats vom 23. Juni 1885 in Sachen des Preuß. Eisenbahnfiskus, Beklagten, Revisionsklägers, wider den Maschinisten v. B. zu B., Kläger, Revisionsbeklagten. Vorinstanz: Kammergericht Berlin. Verwerfung. (III, 84/85.)

Der Beklagte verwendet in dem Stadtbahnhofe „Friedrichsstadt" zu Berlin mehrere hydraulische Fahrstühle zur Gepäckbeförderung aus den Gepäckräumen auf den Perron. Seit Juni 1882 waren der Maschinist K. und der Kläger mit der Bedienung dieser Fahrstühle betraut. An der Stopfbüchse eines Fahrstuhles des ersteren war am 1. März 1883 eine Reparatur nöthig geworden, deren sich K. und Kläger unterzogen. Hierbei fuhr der Fahrstuhl mit großer Geschwindigkeit herab und schlug dem unterhalb der Plattform stehenden Kläger den rechten Oberarm ab. Letzterer hat Entschädigungsklage erhoben und solche in erster Instanz auf § 1 des Haftpflichtgesetzes vom 7. Juni 1871, in zweiter Instanz auf § 2 dieses Gesetzes und § 120 der R.Gew.O. gestützt. Die erste Instanz hat abgewiesen, die zweite verurtheilt.

„Nach den thatsächlichen Feststellungen des B.R. muß angenommen werden, daß die Verwaltung der Stadtbahn zu Berlin eine Reparaturwerkstatt besitzt und die Wiederherstellung schadhaft gewordener Fahrstühle in dem Stadtbahnhofe „Friedrichsstraße" von jener Hauptwerkstatt aus zu erfolgen hatte. Für dieses Hilfsgewerbe untersteht die Bahnverwaltung in derselben Weise den Vorschriften des § 2 des Reichs-Haftpflichtgesetzes und des § 120 der R.Gew.O., wie jeder Privatunternehmer eines ähnlichen Etablissements. Wenn daher, wie die Vorinstanz weiter feststellt, der Vorgesetzte des Klägers, Ingenieur und Betriebswerkmeister W., zuließ, daß die Bedienungsmannschaft der Fahrstühle die an diesen erforderlich werdenden Reparaturen, namentlich die gefährliche Arbeit der Verpackung der Stopfbüchsen vornahm, ohne die Mannschaft über Zweck und Gebrauch der vorhandenen, an den Fahrstühlen zu befestigenden Fangketten näher zu instruiren, so muß hierin mit dem B.R. ein grobes Versehen des genannten Betriebsbeamten gefunden werden, für welches die Beklagte nach § 2 cit. aufzukommen hat. Das angefochtene Erkenntniß stützt sich überall nicht darauf, daß die Verwendung von Fahrstühlen zur Gepäckbeförderung einen Fabrikbetrieb im Sinne jener gesetzlichen Vorschrift enthalte, wie der Vertreter des Revisionsklägers behauptet, während die Feststellung, daß die Bahnverwaltung die Reparaturen ihrer Maschinen und Maschinentheile von einer Hauptwerkstatt aus selbst besorge und aus diesem Grunde als Gewerbeunternehmerin zu betrachten sei, bei dem Zugeständnisse der Beklagten und mit Rücksicht auf den Inhalt der von dem Kläger vorgelegten, und der Beklagten nicht bestrittenen Instruktion vom 12. Juni 1883 einer weiteren Begründung nicht bedurfte. Aus dem Seitherigen ergiebt sich schon, daß der Beklagte nicht als Transportunternehmer und ebensowenig als bloßer Besitzer von Fahrstühlen zur Gepäckbeförderung in zweiter Instanz belangt und verurtheilt worden ist. Die Rüge aber, daß ein Fahrstuhl keine Maschine sei, und die Reparatur der Stopfbüchse eines Fahrstuhls nicht mit der Reparatur einer Maschine identifizirt werden könne, ist offensichtlich hinfällig; denn selbst wenn dem so wäre, würde in der entgegenstehenden Annahme des Vorderrichters nicht die Verletzung einer Rechtsnorm zu finden sein."

74. **Begriff der Worte „eine in Folge der Verletzung eingetretene Erwerbsunfähigkeit oder Verminderung der Erwerbsfähigkeit" in § 3 Ziff. 2 des Reichs-Haftpflichtgesetzes. Zulässigkeit der Beachtung äußerer, durch den Unfall herbeigeführter Umstände** (z. B. Kündigung von Agenturen in Folge der durch den Unfall veranlaßten Krankheit des Verletzten), **welche die Erwerbsfähigkeit mindern.** Urth. des II. Civilsenats vom 19. Juni 1885 in Sachen des Bad. Fiskus zu K., Beklagten und Revisionsklägers, wider den Agenten J. H. zu M., Kläger und Revisionsbeklagten. Vorinstanz: O.L.G. Karlsruhe. Verwerfung. (II, 133/85.)

Der Kläger hat bei einem am 29. Mai 1882 erfolgten Zusammenstoß zweier Eisenbahnzüge Verletzungen erlitten. Auf die von ihm erhobene Klage hat das L.G. Mannheim den Beklagten, dessen Haftpflicht außer Streit ist, durch Urtheil vom 22. Dezember 1883 für schuldig erkannt, dem Kläger eine lebenslängliche Rente a) für die Zeit vom 29. Mai 1882 bis 10. Mai 1883 von 6000 ℳ pro Jahr, b) für die Zeit vom 10. Mai 1883 an von 2000 ℳ pro Jahr, sowie weitere 95 ℳ — abzüglich bereits bezahlter 2500 ℳ — zu bezahlen. Auf Berufung des Beklagten und Anschlußberufung des Klägers hat das O.L.G. Karlsruhe am 12. Dezember 1884 erkannt: „der Beklagte ist schuldig, dem Kläger a) 5182,67 ℳ nebst 5% Zinsen aus 2495 ℳ vom Tage der Klagzustellung an bis 1. März 1883, aus 3995 ℳ vom 1. März 1883 an bis 10. Mai 1883 und aus 5182,67 ℳ vom 10. Mai 1883 an, abzüglich der bereits geleisteten Zahlungen im Gesammtbetrage von 3367,72 ℳ von den Tagen der jeweiligen Zahlungen an, zu bezahlen; b) eine mit dem 10. Mai 1883 beginnende jährliche Rente von 3000 ℳ in Vierteljahrsraten nebst 5% Zinsen aus den bis zur rechtskräftigen Erledigung des Rechtsstreites verfallenden Beträgen von den jeweiligen Verfalltagen an zu entrichten." Die Revision des Beklagten bezweckt Abänderung der Vorentscheidung, soweit dieselbe dem Kläger eine jährliche Rente von 3000 ℳ nebst Zinsen zubilligt und fordert Abweisung des Anspruches des Klägers auf Zahlung dieser Rente unter entsprechender Zutheilung der Kosten.

Nach dem Ausspruch der vernommenen Aerzte ist Kläger zwar als hergestellt zu betrachten und fähig, seinen Beruf wieder aufzunehmen, seine Erwerbsfähigkeit jedoch um ein Drittel gemindert, und die Verletzung wird überdies frühere Invalidität nach sich ziehen. Von der Revision wird geltend gemacht, der zuletzt angeführte Umstand sei für den vorliegenden Prozeß unerheblich.

„Einer Erörterung hierüber bedarf es nicht; denn das angefochtene Urtheil beruht nicht auf der Annahme, daß die Invalidität des Klägers früher eintreten werde, als dies ohne den Unfall geschehen würde. Der B.R. geht von der zutreffenden Erwägung aus, Kläger könne den Anspruch machen, daß er nur eine seinen Kenntnissen, seinem Bildungsgrad und seiner gesellschaftlichen Stellung entsprechende Beschäftigung zu ergreifen habe. Er stellt fest, daß dem Kläger in Folge seiner langen Krankheit die sehr einträglichen Tabaksagenturen, welche er längere Zeit hindurch besorgt hatte, entzogen wurden, und daß nicht absehbar sei, ob es ihm gelingen werde, neue Agenturen oder anderen Verdienst als Kaufmann zu erlangen, daß somit dem Kläger die Möglichkeit einer angemessenen Erwerbsthätigkeit zur Zeit in Folge des Unfalls unmöglich gemacht sei, und erachtet die Forderung einer Jahresrente von 3000 Mk., etwa 30 % weniger, als Kläger vor dem Unfall verdient hat, für gerechtfertigt, wenngleich nach dem ärztlichen Gutachten die Erwerbsfähigkeit des Klägers an sich nur um ein Drittel gemindert sei. Eine Verkennung des § 3 des Reichs-Haftpflichtgesetzes ist hierin nicht zu finden. Das Gesetz gewährt Ersatz des Vermögensnachtheils, welchen der Verletzte durch die in Folge der Verletzung eingetretene Erwerbsunfähigkeit erleidet. Erwerbsunfähigkeit liegt auch dann vor, wenn dem Verletzten die Ausübung der Erwerbsthätigkeit, die ihm zugemuthet werden kann, durch äußere in Folge des Unfalls eingetretene Verhältnisse unmöglich gemacht ist. Auf Grund der Feststellung, wonach dem Kläger die Möglichkeit, die ihm verbliebene Arbeitskraft zu Ausübung einer solchen Thätigkeit zu verwenden, in Folge des Unfalls entzogen ist, nimmt daher der B.R. mit Recht an, daß der Kläger im Sinne des Gesetzes erwerbsunfähig sei und daß der von dem Gesetz verlangte ursächliche Zusammenhang zwischen der Verletzung und der eingetretenen Erwerbsunfähigkeit dargethan sei."

4. Reichs-Patentgesetz vom 25. Mai 1877.

75. **Schutz des Patentberechtigten gegen eine partielle unbefugte Benutzung der patentirten Erfindung** (§§ 1 und 4). Urth. des I. Civilsenats vom 13. Juli 1885 in Sachen der Aktiengesellschaft für Anilinfabrikation in Berlin, Beklagte und Revisionsklägerin, wider die Aktiengesellschaft Farbenfabriken vormals F. B. & Co. in Elberfeld, Klägerin und Revisionsbeklagte. Vorinstanzen: L.G. II

Berlin, Kammerger. Berlin. Aufhebung des zweiten, Bestätigung des ersten (klagabweisenden) Urtheils. (I. 153/85.)

Die klagende Aktiengesellschaft ist Inhaberin eines vom 18. März 1881 ab wirkenden deutschen Reichspatents Nr. 18 027, betreffend Verfahren zur Darstellung des Croceinscharlachs, des Croceingelb und anderer rother und gelber Farbestoffe aus einer neuen Monosulfosäure des Betanaphtols. Von der beklagten Aktiengesellschaft wird ein als Ponceau 4 R. B. bezeichneter Farbestoff mittels eines Verfahrens, welches nach der Behauptung der Klägerin mit dem ihr patentirten, im Patentanspruch 1 der Patentschrift Nr. 18 027 beschriebenen Verfahren übereinstimmt, hergestellt und in den Handel gebracht. Die erstere Aktiengesellschaft hat daher gegen letztere Klage erhoben mit dem Antrage, die Beklagte zu verurtheilen: 1) anzuerkennen, daß sie durch ihr bisheriges Verfahren der Darstellung des Farbestoffes Ponceau 4 R. B. das deutsche Reichspatent Nr. 18027 verletzt hat; 2) sich dieses Verfahrens fernerhin bei Vermeidung einer fiskalischen Geldstrafe von 5000 ℳ für jeden Uebertretungsfall zu enthalten; 3) der Klägerin eine durch ein besonderes Prozeßverfahren der Höhe nach festzustellende Entschädigung zu zahlen.

In erster Instanz wurde Klägerin durch Urtheil des L.G. II Berlin vom 10. April 1884 mit sämmtlichen Anträgen abgewiesen. Das Kammerger. dagegen verurtheilte die Beklagte nach den Anträgen 1 und 2.

„Durch das Patent Nr. 18027, soweit es im gegenwärtigen Rechtsstreit in Betracht kommt, welcher nur den Patentanspruch 1, der dazu gehörigen Patentschrift betrifft, sind nicht mehrere Erfindungen unter Patentschutz gestellt, so daß die im Patentanspruche 1 zusammengefaßten Operationen: „Verfahren zur Darstellung eines in Alkohol leicht löslichen neutralen Natronsalzes der Monosulfosäure des Betanaphtols und zur Darstellung von neuen Farbstoffen durch Einwirkung dieses Salzes auf Diazoverbindungen" als Gegenstände verschiedener nur äußerlich in einer Patenturkunde vereinigter Patente anzusehen wären. Geschützt ist vielmehr ein Verfahren, welches nach dem Ausdruck des B.G. „aus mehreren konsekutiven Stadien zusammengesetzt" ist, und dessen einzelne Abschnitte durch den gemeinsamen Zweck, welcher dadurch verfolgt wird, die Farbestoffgewinnung, als Mittel zur Erreichung dieses Zwecks zu einem einheitlichen Ganzen verbunden sind. Diese Auffassung des Patents war zwar unter den Parteien streitig. Sie steht aber für das Revisionsgericht fest, da die auf Anerkennung der Selbständigkeit der einzelnen Theile des Patentanspruchs 1 gerichteten Klaganträge von dem B.G. abgewiesen worden sind und diese Entscheidung von der Klägerin weder durch selbständige Revision noch vermittelst der Anschließung an die Revision der Beklagten angefochten worden ist. Der im gegenwärtigen Rechtsstreit zur Beurtheilung in der Revisionsinstanz vorliegende Thatbestand ist mithin ein wesentlich anderer, als derjenige, welcher dem von der Klägerin beigebrachten Urtheile des I. Straffenats des R.G. vom 13. April 1885 zum Grunde lag, da durch das in letzterem beurtheilte Patent Nr. 3229 nach der für das Revisionsgericht maßgebenden Feststellung eine Mehrheit von chemisch-technischen Verfahren geschützt war, deren gemeinschaftlicher Endzweck zwar die Herstellung gewisser Fabrikate war, deren jedes aber für sich ein selbständiges patentfähiges Verfahren bildete.

Muß demnach das im Patentanspruche 1 bezeichnete Verfahren in seiner Gesammtheit als geschützt angesehen werden, so ist hiervon auch bei Beantwortung der Frage auszugehen, ob in der vom Patentinhaber nicht gestatteten Anwendung eines Theils des patentirten Verfahrens eine Verletzung des durch die Patentertheilung begründeten Rechts zu finden ist. Obgleich das Patentgesetz vom 25. Mai 1877 nicht wie die Gesetze über das Urheberrecht an Schrift- und Kunstwerken vom 11. Juni 1870 § 4, vom 9., 10. und 11. Januar 1876 § 1 den ausdrücklichen Ausspruch enthält, daß der Schutz des Gesetzes auch gegen eine nur partielle unbefugte Benutzung gewährt wird, so ist doch schon durch die bisherige Rechtsprechung des R.G. anerkannt, daß der Patentschutz sich auf die Erfindung in allen ihren Theilen erstreckt, mithin auch gegen denjenigen gewährt wird, welcher sich die Erfindung dem § 4 des Patent-Gesetzes zuwider zwar nicht vollständig, aber in einem wesentlichen Theile aneignet. Vergl. Urth. des I. Civilsenats vom 9. April 1884 im Patentblatt 1884 Nr. 23" (Annalen Bd. X S. 500), „Urtheil des II. Strafsenats vom 1. März 1881" (in Annalen Bd. III S. 374, Entsch. in Strafsachen Bd. IV S. 13). „Handelt es sich aber um einen aus mehreren Bestandtheilen zusammengesetzten Patentgegenstand, insbesondere um ein aus mehreren ineinandergreifenden Abschnitten zusammengesetztes Verfahren, mit welchem das ohne Gestattung des Patentinhabers von einem Andern angewendete Verfahren theilweise übereinstimmt, während es theilweise davon abweicht, so kann nicht ohne Weiteres angenommen werden, daß eine Verletzung des Rechts aus dem Patente durch eine theilweise unbefugte Benutzung vorliege. Vielmehr muß eine Vergleichung zwischen dem patentirten Gesammtverfahren einerseits und dem gesammten angeblich gegen das Patent verstoßenden Verfahren andererseits angestellt werden, um zu prüfen, ob die in einem Theile vorhandene Abweichung von dem patentirten Verfahren so beschaffen ist, daß sie dem Verfahren im ganzen den Charakter eines gegenüber dem patentirten Verfahren neuen anderen Verfahrens verleiht und somit die Identität beider ausschließt, oder ob die Abweichung eine solche ist, daß sie sich als eine die Identität mit dem patentirten Verfahren im ganzen nicht aufhebende Veränderung einzelner Bestandtheile darstellt. Diese Untersuchung muß, wenn es sich darum handelt, ob eine Patentrechtsverletzung vorliege, ebenso vorgenommen werden, wie wenn es sich um Ertheilung eines Patents auf das abweichende Verfahren handelte. Im letzteren Falle hängt es von dem Ergebniß dieser Untersuchung ab, ob nur ein Verbesserungspatent ertheilt werden kann, dessen Benutzung an die Zustimmung des Inhabers des früheren Patents gebunden ist, soweit dieselbe ohne Benutzung der früheren Erfindung nicht erfolgen kann, oder ob ein Patent auf das gesammte abgeänderte Verfahren zu ertheilen ist, zu dessen Benutzung die Zustimmung des Inhabers des früheren Patents nicht nöthig ist. Ebenso hängt es in dem ersteren Falle von dem Ergebniß derselben Untersuchung ab, ob in der Anwendung des veränderten Verfahrens die unbefugte Benutzung eines Theils des patentirten Verfahrens zu finden oder ob derselben der Charakter einer Patentrechtsverletzung gänzlich abzusprechen ist.

Dies hat das B.G. verkannt, indem es an die Spitze der Entscheidungsgründe den allgemeinen Satz stellt, daß, wenn ein Patent auch ein aus mehreren konsekutiven Stadien zusammengesetztes Verfahren ertheilt ist, nicht blos der einen Patentbruch begeht, welcher das gesammte kombinirte Verfahren in allen seinen Einzelstadien nachahmt, sondern auch der, welcher das eine oder andere dieser Stadien durch einen neuen Prozeß ersetzt, im übrigen aber das patentirte Verfahren innehält. Aus dem hinzugefügten Grunde „weil auch bei Einschaltung eines neuen Abschnittes an Stelle eines verworfenen Stadiums die gewerbliche Thätigkeit doch im Rahmen des patentirten Verfahrens verbleibt", ist ersichtlich, daß das B.G. in allen Fällen, wo nur ein Abschnitt des patentirten zusammengesetzten Verfahrens durch einen andern ersetzt wird, im übrigen die Identität des patentirten Verfahrens mit dem abgeänderten annimmt. Die Unrichtigkeit dieser Annahme tritt besonders klar hervor in dem Falle, wenn nur die Kombination bereits bekannter Bestandtheile zur Hervorbringung einer neuen technischen Wirkung den Gegenstand des Patentes bildet; werden an die Stelle derjenigen Bestandtheile, insbesondere Verfahrensabschnitte, deren Kombination patentirt ist, theilweise andere gesetzt, so findet keine Patentverletzung statt, weil gerade diejenige Kombination, welche den Gegenstand des Patents bildet, nicht angewendet ist. Im gegenwärtigen Rechtsstreit handelt es sich nun zwar um einen solchen Fall nicht, da nach der Feststellung des B.G. nicht etwa nur die Kombination der einzelnen Abschnitte des Verfahrens, sondern auch diese Abschnitte selbst, namentlich der Sulfonirungsprozeß und die Farbstoffgewinnung, als neu und patentfähig unter Patentschutz gestellt worden sind. Aber auch hierbei bedurfte es der Untersuchung, ob ungeachtet der vorgenommenen Veränderung das Verfahren der Beklagten noch „im Rahmen des patentirten Verfahrens" verblieb, oder ob die Veränderung so beschaffen war, daß sie die Identität des Verfahrens der Beklagten mit dem patentirten Verfahren im ganzen ausschloß. Da das Berufungsgericht diese Untersuchung unterlassen hat, muß die Aufhebung des angefochtenen Urtheils erfolgen.

In der Sache selbst konnte auf Grund der unbestrittenen und vom B.G. festgestellten Thatsachen ohne Zurückverweisung der Sache in die Berufungsinstanz alsbald endlich erkannt werden. Vergleicht man die in der Patentschrift enthaltene Beschreibung des im Patentanspruche 1 zusammengefaßten Verfahrens mit der in dem Gutachten des Dr. Bischoff enthaltenen, von beiden Parteien als richtig anerkannten Beschreibung des von der Beklagten angewandten Verfahrens, so stellt sich das Ergebniß heraus, daß Uebereinstimmung zwischen jenem und diesem Verfahren insofern besteht, als aus demselben Stoffe der mit Alpha bezeichneten Monosulfosäure des Betanaphtols, durch Einwirkung des daraus gewonnenen Salzes auf Diazoverbindungen derselbe Farbstoff hergestellt wird und die Gewinnung der Alphamonosulfosäure durch Behandlung des Betanaphtols mit englischer Schwefelsäure auf wesentlich gleiche Weise bewirkt wird. Dagegen ergiebt sich keine Uebereinstimmung in Ansehung der hierauf folgenden Abschnitte des Verfahrens, weder hinsichtlich des Trennungsprozesses, welcher im patentirten Verfahren durch Alkohol, im Verfahren der Beklagten durch Diazopylot sich vollzieht, noch hinsichtlich des Farbstoffgewinnungsprozesses, indem das Salz, durch dessen Einwirkung auf Diazoverbindungen der Farbstoff gewonnen wird, im patentirten Verfahren neutrales Natronsalz, im Verfahren der Beklagten saures Natronsalz der vorerwähnten Säure ist. Es entsteht daher die Frage, ob das Verfahren der Beklagten ungeachtet dieser Unterschiede im einzelnen wegen der im übrigen bestehenden Uebereinstimmung als Ganzes betrachtet für eine Anwendung des patentirten Verfahrens zu erklären ist, welche der Beklagten ohne Gestattung des Patentinhabers nicht freistand. Diese Frage aber ist zu verneinen. Die Eigenschaften, bezüglich deren zwischen beiden Verfahren Uebereinstimmung besteht, sind nicht von solchem Belang, daß dadurch die Annahme gerechtfertigt würde, das Verfahren der Beklagten trage trotz einzelner Abweichungen die wesentlichen Merkmale des patentirten Verfahrens an sich und sei deshalb als eine Anwendung des letzteren zu betrachten. Wenn für diese Annahme geltend gemacht wird, das Wesen der patentirten Erfindung bestehe in der Auffindung der Möglichkeit, die Alphamonosulfosäure des Betanaphtols zur Herstellung gewisser Farbstoffe zu benutzen, und diese Erfindung habe Beklagte sich patentwidrig angeeignet, so ist entgegenzuhalten, daß die bezeichnete Erfindung nur in der besondern Ausgestaltung, welche die Patentschrift beschreibt, patentirt worden ist und deshalb auch nur die Anwendung des in der Patentschrift beschriebenen Verfahrens als eine patentwidrige Benutzung der Erfindung betrachtet werden kann, wogegen die möglicherweise durch das Patent der Klägerin angeregte Erfindung eines andern zu demselben Endziel führenden Verfahrens einen Eingriff in das Recht des Patentinhabers nicht enthält. Wenn ferner geltend gemacht wird, die Beklagte wende das patentirte Verfahren mindestens insofern an, als sie die unter Patentschutz stehende Gewinnung der Alphamonosulfosäure des Betanaphtols auf wesentlich gleiche Weise bewirke, wie in der Patentschrift beschrieben worden, so ist dem gegenüber die von der Beklagten aufgestellte und vom B.G. (unter Nr. 2 der Entscheidungsgründe) als bewiesen erachtete Behauptung, daß dieses Verfahren schon zur Zeit der Patentanmeldung nach dem damaligen Standpunkte der chemischen Technik nicht neu gewesen sei, für erheblich zu erachten. Zwar kann der im Urtheil erster Instanz ausgesprochene Grundsatz, daß im Zweifel nach der Absicht des Patentamts nur dasjenige als patentirt anzusehen ist, was neu und patentfähig war, dann nicht zur Anwendung kommen, wenn erwiesen wird, daß etwas, was in Wahrheit nicht neu war, von dem Patentamte als neu angesehen und deshalb unter Patentschutz gestellt ist, was hinsichtlich des Sulfonirungsprozesses von dem B.G. angenommen wird. Auch ist es richtig, daß der Mangel der Neuheit der angemeldeten Erfindung zur Zeit der Patentanmeldung keinen Grund abgiebt, dem aus dem ertheilten Patente entspringenden Recht den gerichtlichen Schutz zu versagen, so lange das Patent nicht aus diesem Grunde in dem durch die §§ 27 u. f. des Patentgesetzes geordneten Verfahren für nichtig erklärt worden ist. Während aber Beklagte auf den Weg des Nichtigkeitsverfahrens nicht verwiesen werden kann, weil der Mangel der Neuheit eines Bestandtheils des patentirten Gesammtverfahrens keinen Grund abgeben würde, das Patent in Betreff des aus diesem und andern Bestandtheilen zusammengesetzten Verfahrens für nichtig zu erklären, erscheint die Behauptung, daß der Sulfonirungsprozeß schon vor dem Patente Nr. 18027 bekannt gewesen sei, gegenüber der Klage wegen Patentrechtsverletzung insofern erheblich, als auf diesen Umstand bei Beantwortung der Frage, ob das patentirte Verfahren dem § 4 des Patent-Gesetzes zuwider angewendet worden sei, Rücksicht zu nehmen ist. War der Sulfonirungsprozeß, wie das B. G. feststellt, bereits anderweit bekannt, so ist in der Anwendung desselben nicht mit Nothwendigkeit die Anwendung des patentirten Verfahrens zu finden, am wenigsten wenn derselbe nicht in Verbindung mit den übrigen Abschnitten des patentirten Verfahrens, sondern in Verbindung mit einem davon abweichenden Verfahren angewendet worden ist.

Aus diesen Gründen kann nicht angenommen werden, daß das von der Beklagten angewendete Verfahren eine unbefugte Anwendung des durch das Patent Nr. 18027 unter Schutz gestellten Verfahrens, mithin eine Verletzung des durch dieses Patent begründeten Rechts der Klägerin enthält. Sämmtliche Klageanträge sind demnach unbegründet."

5. Reichs-Anfechtungsgesetz.

76. **Der § 720 der C.P.O. berührt die Anfechtbarkeit eines Zwangsvollstreckungsaktes seitens Dritter nicht.** S. u. Fall 82 S. 199. (V, 22/85.)

6. Reichs-Viehseuchengesetz vom 23. Juni 1880.

77. **Die Entschädigungspflicht für die Tödtung rotzkranker Pferde ist nicht nach Gemeinem Recht, sondern ausschließlich nach dem Reichsgesetz vom 23. Juni 1880 (§§ 57, 58) zu entscheiden, und zwar nach den betreffenden landesgesetzlichen Bestimmungen.** Urth. des I. Civilsenats vom 20. Juni 1885 in Sachen v. O. zu L., Klägers und Revisionsklägers, wider die Mecklenb.-Strelitz'sche Landesregierung, Beklagte, Revisionsbeklagte. Vorinstanz: O.L.G. Rostock. Verwerfung. (I, 125/85.)

Auf Grund eines Erlasses der Großherzogl. Mecklenburg-Strelitz'schen Landesregierung zu Neustrelitz vom 23. April 1881 ist eine Anzahl dem Kläger gehöriger Pferde als der Ansteckung durch Rotz verdächtig am 29. April 1881 zu B. getödtet worden. Kläger hat deshalb gegen die Großherzogl. Landesregierung zu Neustrelitz Klage erhoben mit dem Antrage, die Beklagte schuldig zu erkennen: Entschädigung und Abschätzungskosten im Betrage von 3236 ℳ mit Verzugszinsen zu 5% vom 17. April 1883 ab gerechnet an ihn zu zahlen," eventuell „den Engeren Ausschuß zur Anweisung der Zahlung zu veranlassen", eventuell „zu veranlassen, daß der Betrag aus den Beiträgen der Pferdebesitzer zur Bestreitung solcher Entschädigung und Abschätzungskosten gebildeten Masse gezahlt werde." Durch Urtheil des L.G. Neustrelitz vom 28. Oktober 1884 ist Kläger mit der erhobenen Klage abgewiesen und in die Kosten des Rechtsstreites mit Einschluß der durch die Nebenintervention des Engeren Ausschusses verursachten verurtheilt und die von ihm unter Wiederholung des Klagantrages gegen dieses Urtheil erhobene Berufung unter Verurtheilung des Klägers in die Kosten der zweiten Instanz durch ein am 23. Februar 1885 verkündetes Urtheil des O.L.G. Rostock als unbegründet zurückgewiesen worden.

„Der Kläger fordert nicht Schadenersatz wegen widerrechtlicher Tödtung ihm gehöriger Pferde, sondern wegen rechtmäßiger auf Grund des Reichsgesetzes vom 23. Juni 1880 (Reichsgesetzblatt S. 153) erfolgter Tödtung die nach § 57 dieses Gesetzes zu gewährende Entschädigung. Die Frage, wer zur Gewährung dieser Entschädigung verpflichtet ist, ist daher nicht nach den gemeinrechtlichen Grundsätzen über widerrechtliche Schadenszufügung, sondern nach dem angeführten Reichsgesetze und gemäß § 58 Nr. 1 desselben nach der von dem betreffenden Einzelstaate getroffenen landesgesetzlichen Bestimmung zu entscheiden. Das B.G. nimmt an, daß nach § 1 der Mecklenburg-Strelitz'schen Verordnung vom 20. Januar 1882, betreffend die Aufbringung der Entschädigungsgelder und Abschätzungskosten für die auf Grund des Viehseuchengesetzes getödteten oder nach Anordnung der Tödtung gefallenen Thiere (Oeffentl. Anzeiger 1882 Nr. 5), die Entschädigung, soweit Kläger eine solche zu fordern berechtigt ist, nicht von der im gegenwärtigen Rechtsstreit beklagten Landesregierung, sondern aus einer durch Beiträge der Pferdebesitzer zu bildenden, bei dem Landkasten von dem Engeren Ausschuß von Ritter- und Landschaft zu verwaltenden Kasse zu gewähren ist, mithin die Klage nicht gegen die Beklagte, sondern gegen die zahlungspflichtige Kassenverwaltung zu richten war. Diese Entscheidung verstößt nicht gegen das Reichsgesetz vom 23. Juni 1880, denn dasselbe bestimmt nicht, von wem die Entschädigung zu gewähren und wie dieselbe aufzubringen ist, sondern überläßt es im § 58 Nr. 1 den Einzelstaaten, hierüber Bestimmung zu treffen. Ob die angefochtene Entscheidung gegen die Ausführungs-Verordnung vom 20. Januar 1882 verstößt, kann in der Revisionsinstanz nicht nachgeprüft werden, weil diese Verordnung zu den Rechtsnormen gehört, auf deren Verletzung nach § 511 der C.P.O. die Revision nicht gestützt werden kann, und nach § 525 der C.P.O. die Entscheidung des B.G. über den Inhalt von Gesetzen, auf deren Verletzung die Revision nach § 511 nicht gestützt werden kann, für die auf die Revision ergehende Entscheidung maßgebend ist. Es ist daher kein Grund ersichtlich, welcher zur Aufhebung des angefochtenen Urtheils führen könnte. Insbesondere ergiebt sich ein solcher Grund nicht aus dem von dem Revisionskläger zur Begründung seines Revisionsantrages Vorgetragenen. Wenn er geltend macht, es könne bei Erlaß der Verordnung vom 20. Januar 1882 nicht beabsichtigt worden sein, die Eigenthümer getödteter Pferde mit ihrer Entschädigungsforderung an die bei dem Landkasten zu verwaltende Kasse zu verweisen, weil aus der Ueberweisung der Verwaltung dieser Kasse an die zur Verwaltung des Landkastens berufenen Personen noch nicht die Fähigkeit der Kasse folge, als Partei vor Gericht zu stehen, und weil eine Klage gegen dieselbe, bevor die zur Deckung bestimmte Abgabe ausgeschrieben und eingegangen sei, erfolglos, eine Klage auf Erklärung des Einverständnisses zur Ausschreibung der Abgabe aber nicht zulässig sein würde, so bewegen sich alle diese Einwände auf demjenigen Gebiete, auf welchem eine Nachprüfung des Revisionsgerichts durch § 525 der C.P.O. ausgeschlossen ist."

7. Reichs-Stempelgesetz von 1881.

78. **Stempelfreiheit von Briefen mit dem Inhalt von Schlußnoten. Unerheblich ist, ob das Geschäft schon vorher durch Depeschen geschlossen war, denn auch Briefe über das abgeschlossene Geschäft sind stempelfrei** (R.Stempelges.-Tarif 4a Anm. 3 und „Befreiungen" Ziffer 3). Urth. des IV. Civilsenats vom 9. Juli 1885 in Sachen des Preuß. Fiskus, Beklagten und Revisionsklägers, wider die Berl. Handelsges. z. B., Klägerin und Revisionsbeklagte. Vorinstanz: Kammerger. Berlin. Verwerfung. (IV, 109/85.)

„Die in Rede stehenden Briefe haben den Inhalt von Schlußnoten; sie stellen sich als von der Klägerin einerseits und der Handelsgesellschaft M. & Co. resp. dem Bayer'schen Bankverein andererseits im Bundesgebiet ausgestellte Schriftstücke über den Abschluß resp. die Prolongation von Kaufgeschäften über Aktien und andere für den Handelsverkehr bestimmte Werthpapiere dar. Sie fallen daher an sich unter die Tarifposition 4a, und zwar nach Anmerkung 3 trotzdem, daß sie die Briefform haben. Es fragt sich daher nur, ob für sie die Ausnahmebestimmung, welche der Tarif unter der Ueberschrift „Befreiungen" sub 3 aufstellt, zutrifft.

Es leuchtet ein, daß sie nicht um deswillen dieser Ausnahmebestimmung entzogen sind, weil ihr Inhalt ein Geschäft, wie es soeben bezeichnet ist, darstellt. Denn, wenn dies nicht wäre, so würden die Briefe von vornherein nicht unter 4a des Tarifs fallen; es könnte von einer besonderen Befreiung nicht die Rede sein.

Unerheblich ist auch, ob das betreffende Geschäft schon vor den Briefen durch Depeschenverkehr geschlossen war. Denn Nr. 3 der Befreiungen bezeichnet als befreit von der Abgabe nicht blos Briefe, durch welche das Geschäft abgeschlossen wird, sondern Briefe, über die unter a bezeichneten Geschäfte. Darunter fallen aber auch Briefe, welche über ein früher durch Depeschen abgeschlossenes Geschäft sich verhalten, oder mit dem Zweck geschrieben sind, wegen der nicht vollständigen Zuverlässigkeit des telegraphischen Verkehrs den Abschluß des Geschäfts zu bestätigen.

Ebensowenig giebt das Gesetz einen Anhalt für die Beschränkung dieser Befreiung auf die eigentliche Handelskorrespondenz. Ob aber die Befreiung dann nicht Platz greifen würde, wenn das betreffende Schriftstück deshalb nicht als Brief anzusehen wäre, weil ihm die Form eines solchen nur ganz äußerlich gegeben wäre?" (vergl. Annalen Bd. IX S. 529, 532; Entsch. Bd. XI S. 87) „kann dahingestellt bleiben, da der B.R. im vorliegenden Falle eine Thatsache, welche den Begriff des Briefes ausschließen könnte, nicht feststellt und zu einer Erörterung nach dieser Richtung in den Parteianführungen der Vorinstanzen auch keinerlei Veranlassung lag. Das Gesetz erfordert zur Begründung der Befreiung nur Briefe überhaupt, welche auf Entfernungen von mindestens 15 Kilometer befördert werden und diese Voraussetzungen hat der B.R. thatsächlich festgestellt. Er hat hierbei und insbesondere bei der Subsumtion der vorliegenden Schriftstücke unter dem Begriff „Brief" im Sinne der Nr. 3 der Befreiungen rechtlich nicht gefehlt."

8. Reichs-Civilprozeßordnung.

79. **Ein Sachverständiger muß auch als Zeuge vereidet werden, wenn er als solcher Aussagen macht** (§§ 379, 357, 375 der C.P.O.). Urth. des II. Civilsenats vom 19. Juni 1885 in Sachen der Eheleute W. zu M., Kläger und Revisionskläger, wider den Bauunternehmer L. A. das., Beklagten und Revisionsbeklagten. Vorinstanz: O.L.G. Darmstadt. Aufhebung und Zurückverweisung. (II, 280/95.)

Die Klage stützt sich auf die Behauptung, daß Beklagter unter Zuwiderhandlung wider den § 120 der R.Gew.O. die zur gefahrlosen Ausführung der Erdarbeiten erforderlichen und von den Arbeitern wiederholt begehrten Werkzeuge nicht geliefert habe, und daß diese schuldhafte Unterlassung als die Ursache des Unfalles angesehen werden müsse, weil der Verunglückte dadurch genöthigt worden sei, den schweren Stein von unten mittels eines Pickels zu lösen. Das B.U. stellt nun thatsächlich fest, daß es an geeigneten Werkzeugen nicht gefehlt und sich der Verunglückte eines solchen bedient habe, es schließt daraus, daß ein Verschulden des Beklagten nicht vorliege und der Unfall dem eigenen Verschulden des Verunglückten zugeschrieben werden müsse.

„Diese Entscheidung konnte aber nicht aufrecht erhalten werden, weil die ihr zu Grunde liegende thatsächliche Feststellung auf einer Verletzung prozessualer Vorschriften beruht. Der B.R. erklärt die Aussagen zahlreicher Arbeiter, welche das Fehlen der erforderlichen Werkzeuge bekundet hatten, für widerlegt, weil durch die Aussagen der Zeugen B. und Pf. das Vorhandensein von Stoßbohrern bekundet werde und dieses Vorhandensein von Stoßbohrern von 1 bis 1½ Meter Länge auch durch den Sachverständigen Z. bestätigt werde. Der Richter nimmt ferner an, daß sich der Verunglückte eines Werkzeuges von 1½ Meter Länge wirklich bedient habe. Er verkennt nicht, daß es für diese Annahme an einem ausdrücklichen Zeugnisse fehle, er hält aber dessenungeachtet die Feststellung für begründet, weil die in den Zeugenaussagen vorhandene Lücke ausgeglichen werde durch die Aussagen des J. B., Pf. und des Sachverständigen Z.

Wenn der Sachverständige Z. bekundet hat, daß am Unfalltage geeignete Werkzeuge vorhanden gewesen seien und der Verunglückte sich eines solchen bedient habe, so konnte er diese außerhalb des Rahmens eines Gutachtens liegenden Wahrnehmungen nur als Zeuge machen, und war daher gemäß § 379 der C.P.O. als solcher nach § 357 zu beeidigen. Da durch die Leistung des Sachverständigeneides (C.P.O. § 375) das Zeugniß nicht gedeckt wird, ein ausdrücklicher oder stillschweigender Verzicht der Parteien (§§ 356 und 267 der C.P.O.) nicht vorliegt, und das Urtheil nicht erkennen läßt, ob der Richter auch ohne das prozessual unstatthafte Zeugniß die gleiche Feststellung getroffen haben würde, so war die Aufhebung der Entscheidung und die Zurückverweisung der Sache geboten."

80. **Darstellung des Thatbestandes im Berufungsurtheil.** Urtheil des I. Civilsenats vom 11. Juli 1885 in Sachen W. St. zu B., Beklagten und Revisionsklägers, wider verw. W., Klägerin und Revisionsbeklagte. Vorinstanz: Kammerger. Berlin. Aufhebung und Zurückverweisung. (I, 175/85.)

„Das B.U. beruht auf Verletzung von Prozeßgesetzen. Es mangelt demselben an einem den Normen der C.P.O. entsprechenden Thatbestande, welcher dem Revisionsgericht eine brauchbare Grundlage zur Fällung eines den Rechtstreit definitiv entscheidenden Urtheils dadurch gewährt, daß der Thatbestand die Prüfung ermöglicht, ob die thatsächlichen Feststellungen des B.G. (der Vorschrift des § 259 der C.P.O. entsprechend) unter Berücksichtigung des gesammten Inhalts der Verhandlungen und Beweisergebnisse getroffen seien, sowie ob bei der Beurtheilung des Streitfalles sämmtliche von den Parteien geltend gemachten Momente vergegenwärtigt und das B.U. in Bezug auf alle diese Momente (im Sinne des § 284 Nr. 4 der C.P.O.) mit Entscheidungsgründen versehen sei.

Nach der Bestimmung des § 505 der C.P.O. ist es allerdings nicht ausgeschlossen, daß bei der Darstellung des Thatbestandes in dem B.U. auf das Urtheil erster Instanz Bezug genommen werde. Diese Bezugnahme darf erfolgen in Bezug auf bestimmte Theile des von dem Richter erster Instanz gegebenen Thatbestandes zur Klarlegung eines bestimmten relevanten Momentes des Sachverhalts, welches bei der Bezugnahme in dem B.U. im Allgemeinen gekennzeichnet ist. Es darf auch in dem B.U. auf den Thatbestand des ersten Urtheils im Ganzen (unter Hinzufügung des neuen Vorbringens und der neuen Beweisergebnisse in der Berufungsinstanz) Bezug genommen werden, wenn dieser Thatbestand (welcher durch eine solche Bezugnahme zu einem integrirenden Theile des B.U. wird), der Norm des § 284 Abs. 1 Nr. 3 und Abs. 2 der C.P.O. genügt. Nach diesen Gesetzesbestimmungen ist bei der Darstellung des Thatbestandes (d. h. bei der gedrängten Vergegenwärtigung des Sach- und Streitstandes auf Grundlage der mündlichen Vorträge der Parteien unter Hervorhebung der gestellten Anträge) eine Bezugnahme auf den Inhalt der vorbereitenden Schriftsätze und die zum Sitzungsprotokolle erfolgten Feststellungen nicht ausgeschlossen; indessen ist im Sinne des Gesetzes solches nur in der Art statthaft, daß die gedrängte, in dem Urtheil unmittelbar gegebene Darstellung des Sach- und Streitstandes (durch Bezugnahme in bestimmten Beziehungen auf bestimmte Schriftsätze, in deren betreffender Stelle der Inhalt des stattgehabten mündlichen Vortrags der Parteien richtig fixirt sei) eine klare, präzise Ergänzung erhält. —

In dem B.U. heißt es nun: „Der Erste Richter hat darauf durch Urtheil vom 29. Mai 1884, auf dessen von den Sachwaltern vorgetragenen Thatbestand hierdurch Bezug genommen wird, u. s. w." In dem Thatbestande des ersten Urtheils heißt es: „Hinsichtlich der hier nicht erwähnten Einzelheiten und sonstigen Anführungen der Parteien wird auf die vorbereitenden Schriftsätze Bezug genommen." In der ersten Instanz sind dreizehn vorbereitende

Schriftsätze gewechselt, welche (ganz abgesehen von ihren umfänglichen Anlagen) mehr als zweihundert und dreißig Seiten umfassen und eine Fülle von thatsächlichen Behauptungen und Beweisantretungen enthalten. Das B.U. erfüllt hiernach in Bezug auf die Herstellung eines festumgrenzten, zur Urtheilsprüfung eine geeignete Grundlage herstellenden Thatbestandes seine Aufgabe nicht."

81. **Urtheile in Ehesachen, welche nach erfolgter Scheidung nur die Schuldfrage betreffen, sind nicht von Amtswegen zuzustellen** (§§ 582, 288 Abs. 1 der C.P.O.). Urth. des IV. Civilsenats vom 29. Juni 1885 in Sachen H. K. zu B., Beklagten, Widerklägers und Revisionsklägers, wider uxorem, Klägerin, Widerbeklagte und Revisionsbeklagte. Vorinstanz: O.L.G. Naumburg. Die eingelegte Revision wird für wirkungslos erklärt. (IV, 90/85.)

„Durch das Urtheil erster Instanz ist die Ehescheidungsklage der Klägerin abgewiesen, aber auf die Widerklage des Ehemannes die Ehescheidung ausgesprochen und die Ehefrau für den allein schuldigen Theil erklärt worden. Die Berufung der Klägerin richtet sich nicht gegen die in erster Instanz erkannte Trennung der Ehe, sondern ist mit dem Antrage erhoben, unter Trennung der Ehe, also unter Aufrechterhaltung der in erster Instanz auf die Widerklage ausgesprochenen Trennung der Ehe, keinem Theile ein Uebergewicht der Schuld beizulegen. Die Ehe ist also durch das im Punkte der erkannten Ehescheidung von der Berufung der Klägerin nicht betroffene Urtheil erster Instanz rechtskräftig geschieden. Das B.U. spricht zwar in seinem dispositiven Theile aus, daß auf Klage und Widerklage die Ehe der Parteien getrennt und kein Theil für überwiegend schuldig erklärt werde. Aber da zur Zeit der Abgabe des B.U. die Ehe bereits rechtskräftig geschieden war, und eine rechtskräftig geschiedene Ehe nicht nochmals geschieden werden kann, so fehlt es dem B.U. für die Frage der Ehescheidung selbst an jeder Bedeutung. Und die ungenaue Fassung des Urtheils, welche es äußerlich als ein auf Ehescheidung ergangenes erscheinen läßt, während virtuell nur die Schuldfrage zur Entscheidung vorlag und entschieden ist, kann nicht die Wirkung haben, daß die getroffene Entscheidung unter die Bestimmung des § 582 der C. P. O. fällt, nach welcher Urtheile, durch die auf Trennung der Ehe erkannt ist, den Parteien von Amtswegen zuzustellen sind. Die Zustellung des Urtheils unterliegt vielmehr der Rechtsregel des § 288 Abs. 1 a. a. O. Und da die hier vorgeschriebene Zustellung nicht erfolgt ist, so bleibt nur übrig, die Revision nach dem Schlußsatze des § 514 a. a. O. als wirkungslos eingelegt zurückzuweisen."

82. **Begriff der Worte „als Zahlung von Seiten des Schuldners" in § 720 der C.P.O.** (§ 676). **Der § 720 entscheidet nicht über die Anfechtbarkeit des betreffenden Zwangsvollstreckungsaktes seitens dritter Personen.** Urth. des V. Civilsenats vom 8. Juli 1885 in Sachen W. B. zu M., Beklagten und Revisionsklägers, wider G. & G. zu A., Klägerin und Revisionsbeklagte. Vorinstanz: O.L.G. Hamm. Verwerfung. (V, 22/85.)

Die Ehefrau G., welche der Klägerin aus einem rechtskräftigen Urtheil vom 31. März 1883 2806,40 ℳ schuldet, stellte dem Beklagten, ihrem Bruder, am 10. Februar 1883 eine vollstreckbare Schuldurkunde über 2300 ℳ aus, durch deren Vollstreckung dieser 1075,57 ℳ an Auktionserlös bezahlt erhielt, und war seitdem unpfändbar. Der B.R. hält bezüglich dieser Summe die erhobene Anfechtungsklage, auch wenn die mittels der gedachten Urkunde gesicherte angebliche Forderung des Beklagten nicht simulirt sein sollte, nach § 3 Nr. 2 des Gesetzes vom 21. Juli 1879 für begründet, weil vom Beklagten nicht nachgewiesen ist, daß er von der Absicht seiner Schwester, durch die Ausstellung jener Urkunde zu seinen Gunsten ihre übrigen Gläubiger, insbesondere die Klägerin, zu benachtheiligen, keine Kenntniß gehabt habe. Der B.R. geht hierbei mit dem Ersten Richter von der Annahme aus, daß in dem Geben und Nehmen der fraglichen Schuldurkunde, durch welche der Beklagte wegen einer Forderung an seine Schwester gesichert wurde, ein zwischen beiden abgeschlossener entgeltlicher Vertrag im Sinne der gedachten Vorschrift zu finden ist.

„Diese Annahme erscheint nicht als rechtsverletzend. Da nun aber der bezeichnete Vertrag nach jener Vorschrift der Anfechtung unterliegt, so ergiebt sich hieraus nach § 7 a. a. O. auch die Folge, daß die Klägerin dem Beklagten die Summe abfordern kann, welche durch die Vollstreckung der fraglichen Urkunde, also mittelbar *durch die anfechtbare Handlung*, aus dem Vermögen der Schuldnerin an den letztern gelangt ist. Insbesondere kann dieser Anspruch nicht von der Frage abhängig gemacht werden, ob die Klägerin auch eine freiwillige Zahlung, welche die Schuldnerin dem Beklagten geleistet hätte, würde haben anfechten können. Denn mit Unrecht beruft sich die Revision hierfür auf die Vorschrift im § 720 der C. P. O., nach welcher die Empfangnahme des Erlöses einer Zwangsversteigerung durch den Gerichtsvollzieher „als Zahlung von Seiten des Schuldners" gilt. Hierdurch ist nur ausgesprochen, daß der Schuldner in Folge der Ablieferung jenes Erlöses an den Gerichtsvollzieher ebenso wie durch Zahlung an den Gläubiger *liberirt* wird, weil der Gerichtsvollzieher nach § 676 der C.P.O. als Bevollmächtigter der letztern erscheint. Ueber die Anfechtbarkeit des betreffenden Zwangsvollstreckungs-Akts von Seiten dritter Personen entscheidet der § 720 a. a. O. hiernach nicht. Namentlich ist in den Motiven zur C.P.O. ausdrücklich hervorgehoben, daß durch denselben der Entscheidung der Frage, ob die im Wege der Zwangsvollstreckung an den Gerichtsvollzieher geschehene Zahlung als eine vom Schuldner geleistete angefochten werden kann, nicht vorgegriffen werden solle (vergl. Struckmann und Koch, C.P.O. 4. Aufl. Anm. 3 zu § 717). Etwas Entgegenstehendes ist auch in dem Urtheile des dritten Civilsenats des Reichsgerichts vom 7. Dezember 1883 in Sachen Wöhler wider Goldhammer (III, 211/83.)" (Annalen Bd. IX. S. 167) „nicht angenommen. Denn, wenn dasselbe hervorhebt, daß die Empfangnahme von baarem Gelde durch den Gerichtsvollzieher als „Zahlung" von Seiten des Schuldners gelte, so ist damit nach dem Zusammenhange der Entscheidungsgründe nur ausgedrückt, daß durch dieselbe nicht bloß eine Sicherstellung des Schuldners, sondern dessen Liberation bewirkt werde, nicht aber, daß die zwangsweise Zahlung an den Gerichtsvollzieher in Bezug auf ihre Anfechtbarkeit einer freiwilligen Zahlung des Schuldners gleichstehe."

9. Gebührenordnung für Rechtsanwälte.

83. **Begriff der „kontradiktorischen Verhandlung" im Sinne von § 16 der Geb.O.** vom 7. Juli 1879 (§ 19 des G.K.G.). Beschluß des II. Civilsenats vom 30. Juni 1885 in Sachen verw. D. zu K., Klägerin, wider Allg. Vers.-Anst. im Großh. Baden zu K., Beklagte. Vorinstanz: O.L.G. Karlsruhe. Verwerfung der sofortigen Beschwerde der Klägerin als unbegründet. (II, 74/85.)

„Die Beschwerde ist deshalb unbegründet, weil das O.L.G. mit Recht annahm, es habe über den Antrag auf Vereinigung des Urtheils eine kontradiktorische Verhandlung nicht stattgefunden. In welchem Sinne die Anwaltsgebührenordnung den Begriff „kontradiktorische Verhandlung" versteht, muß nach § 16 der Geb.O. aus § 19 des G.K.G. entnommen werden. Nach letzterer Bestimmung gilt aber die Verhandlung als kontradiktorisch, „soweit in derselben von beiden Parteien einander widersprechende Anträge gestellt werden." Es kommt daher, soweit es sich um eine Gebühr für einen speziellen Akt handelt und die Geb.O. die Höhe der Gebühr für den speziellen Akt von dem Umstande abhängig macht, ob eine kontradiktorische Verhandlung stattgefunden oder nicht, darauf an, ob hinsichtlich des speziellen Akts einem Antrag ein demselben widersprechender Antrag entgegensteht; ist Letzteres nicht der Fall, so liegt hinsichtlich jenes speziellen Akts der Begriff eines kontradiktorischen Verfahrens im Sinne der Geb.O. auch dann nicht vor, wenn im Allgemeinen kontradiktorisch verhandelt wurde. Da nun ausweislich der Akten gegenüber dem nach der Eidesleistung gestellten Antrag des klägerischen Vertreters auf Vereinigung des Urtheils ein widersprechender Antrag nicht gestellt wurde, liegt bezüglich dieses Antrags eine kontradiktorische Verhandlung nicht vor."

Gemeines Recht.

---

84. **Möglichkeit des theilweisen Erlöschens einer Realservitut. Fortdauernde Gültigkeit des Prinzips der Antheilbarkeit der Servituten.** Urth. des III. Civilsenats vom 3. Juli 1885 in Sachen G. Sch. in G., Klägers und Revisionsklägers, wider W. R. das., Beklagten und Revisionsbeklagten. Vorinstanzen: L.G. Ulm, O.L.G. Stuttgart. Aufhebung und Bestätigung des ersten (verurtheilenden) Erkenntnisses. (III, 95/85.)

Der B.R. hat die angestellte Konfessorienklage zurückgewiesen, weil er annahm, daß die ganze, im Streit befangene Realservitut durch usucapio libertatis erloschen sei. Seine Deduktion geht dahin, daß der Kläger als Besitzer des angeblich herrschenden Grundstückes alle Veranlassung gehabt hätte, auf die Entfernung des vom Beklagten errichteten Bauwesens zu dringen oder zum mindesten sein Recht ausdrücklich zu wahren, und daß, weil er eine derartige Einsprache während der Verjährungszeit unterließ, die ganze Dienstbarkeit durch usucapio libertatis erloschen sei.

„An dieser Ausführung ist ohne Zweifel richtig, daß der Kläger veranlaßt war, die Entfernung des fraglichen Bauwesens zu verlangen, weil das von ihm behauptete Recht dahin geht, daß das dienende Grundstück überhaupt nicht, also in keinem Theile überbaut werde. Aber daraus, daß der Kläger die Geltendmachung seines Rechts dem errichteten Schuppen gegenüber, versäumt hat, kann nicht ohne Weiteres gefolgert werden, daß ihm die ganze Dienstbarkeit verloren gegangen sei. Sonst wäre eine theilweise Erlöschung der Realservituten durch usucapio libertatis gar nicht denkbar, weil in jeder Handlung, die zu dieser Usucapion führen kann, eine Verletzung des betreffenden

Servitutenrechts zu finden ist, die den Berechtigten zur Wahrung seines Rechts veranlassen muß.

Das R.G. geht aber von der in Theorie und Praxis überwiegend angenommenen Ansicht aus, daß die theilweise Erlöschung einer Realservitut durch usucapio libertatis möglich und durch das Prinzip der sogenannten Antheilbarkeit der Servituten nicht beseitigt ist. Wie immer man dieses Prinzip definiren mag, keinenfalls kann dadurch nach dem bestimmten Ausspruch der Rechtsquellen verhindert sein, daß der Servitutberechtigte einen Theil der dienenden Sache selbst unbeschränkt freigiebt, diesen also von der darauf haftenden Last befreit; zu vergl. l. 6. Dig. 8, 1: ad certam partem fundi servitus tam remitti quam constitui potest; dementsprechend muß es aufgefaßt werden, wenn wie vorliegend die Befreiung eines Theils der dienenden Sache nicht durch dispositiven Akt des Berechtigten, sondern durch usucapio libertatis des Verpflichteten bewirkt worden sein soll. Es trifft auf einen derartigen Fall der für die erwerbende Verjährung aufgestellte, aber analoger Weise auch für die usucapio libertatis maßgebende Grundsatz zu: tantum praescriptum quantum possessum, d. h. es wird derjenige Theil des dienenden Objektes frei, in Betreff dessen ein der Servitut widerstreitender Zustand innerhalb der Verjährungszeit besessen worden ist.

Der besondere Inhalt der in Rede stehenden Dienstbarkeit und die Art der Besitzesausübung auf Seiten des Beklagten sind nicht geeignet, die Anwendbarkeit des eben erwähnten Grundsatzes nach den Verhältnissen des konkreten Falles auszuschließen oder zu modifiziren. In dieser Richtung kommt in Betracht, daß, wie der Augenschein lehrt, an einer Ecke des dienenden Grundstücks auf einem Raume, welcher nur einen geringfügigen Theil des gesammten Grundstückes ausmacht, ein verhältnißmäßig niedriges und unbedeutendes Bauwesen, nämlich der in Frage stehende Schuppen, errichtet worden ist und die Verjährungszeit hindurch bestanden hat. Sind die Voraussetzungen einer usucapio libertatis, wie bereits rechtkräftig feststeht, in Betreff dieses Schuppens vorhanden, so läßt sich darum das Gleiche nicht auch in Beziehung auf den übrigen weitaus größten Theil des Grundstücks behaupten, welcher unbebaut geblieben, jedenfalls nicht während der ganzen Verjährungszeit bebaut gewesen ist. Die Erlöschung des ganzen Dienstbarkeitsrechts, beziehungsweise die Befreiung des gesammten dienenden Grundstücks könnte in Frage kommen, wenn das letztere durchweg überbaut oder in dasselbe hinein ein Bauwesen gestellt worden wäre, neben welchem der unüberbaute Theil des Grundstücks, seine Bedeutung und ein Interesse für das herrschende Grundstück verloren hätte. Davon ist aber bei den vorliegenden Verhältnissen das Gegentheil der Fall. Darnach muß es als rechtsirrthümlich bezeichnet werden, daß der vorige Richter Angesichts der konkreten Sachlage das ganze in Streit befangene Dienstbarkeitsrecht als erloschen betrachtet und die angestellte Klage abgewiesen hat.

Das B.U. ist daher aufzuheben und das erste Urtheil wieder herzustellen. Zu einer Zurückverweisung in die vorige Instanz, um die von dem Berufungsrichter dahingestellt gelassene Frage von der rechtlichen Beschaffenheit der streitigen Dienstbarkeit zur Entscheidung zu bringen, liegt keine Veranlassung vor, weil alle thatsächlichen Elemente für ein definitives Urtheil über die Frage bereits gegeben sind. Richtig führt der Erste Richter aus, daß der Vertrag von 1824 eine Realservitut konstituirt habe und daß die partikularrechtlichen Voraussetzungen für die Entstehung eines solchen dinglichen Rechtes erfüllt seien. Was dagegen in zweiter Instanz eingewendet worden, verdient gegenüber den allein entscheidenden Vertragsworten keine Beachtung; insbesondere sind die Thatsachen, welche nach der Behauptung des Beklagten dem Vertrage nachgefolgt sein sollen, sämmtlich von der Art, daß sie die Existenz und den rechtlichen Fortbestand der Servitut nicht in Frage zu stellen sich eignen."

85. **Voraussetzungen für die Anwendung des Grundsatzes: qui tacet consentire videtur.** Urth. des III. Civilsenats vom 7. Juli 1885 in Sachen A. M. zu K., Beklagten und Revisionsklägers, wider K. W. zu K., Kläger und Revisionsbeklagten. Vorinstanz: O.L.G. Jena. Aufhebung und Zurückweisung. (III, 101/85.)

„Die Entscheidung der Vorinstanz beruht auf einer unrichtigen Anwendung des Grundsatzes: qui tacet consentire videtur. Denn eine Verpflichtung zur Willensäußerung auf eine ausgesprochene Willenserklärung hat vor Allem zur Voraussetzung, daß Letztere einen unzweideutigen zur Gegenäußerung auffordernden Inhalt hat. Und nach der Feststellung der Vorinstanz, hat die Erklärung des Klägers, welche Beklagter unerwidert gelassen, nur darin bestanden, daß auf den vom Beklagten geäußerten Wunsch, auch den bereits an einen gewissen G. verkauften Landplan zu übernehmen, Kläger erklärt hat, „daß er versuchen wolle, den G. zum Rücktritt zu bewegen und daß, wenn dieser Versuch gelinge, der Beklagte den Plan unter der Bedingung haben solle, daß dann alle gegenseitigen Ansprüche ausgeglichen seien". Eine so allgemein und unbestimmt lautende Aeußerung, welche nicht erkennen ließ, daß ein Verzicht auf die jetzt in Frage stehende Forderung und außerdem noch derselbe Preis, den G. zahlen sollte, zur Bedingung für den Erwerb gestellt werde, konnte aber den Beklagten zur Erklärung nicht verpflichten, er durfte vielmehr abwarten, bis ihm durch eine nähere Fixirung der von ihm geforderten Gegenleistung eine Aufforderung zur Erklärung gegeben wurde. Nun hat zwar der Zeuge St., wie weiter die Vorinstanz feststellt, dem Beklagten am selbigen Tage erklärt: „wenn G. vom Kaufe zurücktrete, solle er den Plan für denselben Preis (von 3850 *M*, den jener geboten) erhalten und damit hat sich Beklagter einverstanden erklärt." Aber dabei ist nicht zu erkennen gegeben worden, daß außer dem genannten Preise auch noch eine weitere Gegenleistung zur Bedingung gemacht werde. Und mochte nun St. in Abwesenheit des Klägers, als dessen Vertreter jene Erklärung abgeben oder mochte dieselbe im Beisein des Klägers erfolgen, immer war es doch Sache des Klägers, sich über die von ihm aufzustellenden Bedingungen klar und bestimmt auszusprechen. Der Beklagte seinerseits mochte zu der Frage berechtigt sein, was Kläger mit der vorgedachten Aeußerung, daß alle gegenseitigen Ansprüche ausgeglichen sein sollten, im Sinne gehabt, verpflichtet zu einer Fragstellung war er nicht. Er hatte, als ihm erklärt wurde, daß er eventuell den Plan für denselben Preis, den G. geboten, erhalten solle, sich nur darüber zu erklären, ob er diesen Preis zahlen wolle. Damit hat er sich ausdrücklich einverstanden erklärt und wenn nun daraus, daß er zu jener Aeußerung stillgeschwiegen, unter Berufung auf den Grundsatz qui tacet consentire videtur, die Folgerung gezogen wird, daß Beklagter mit seiner ausdrücklichen Erklärung zugleich stillschweigend sich mit einem Verzicht auf die fragliche Forderung einverstanden erklärt habe, so liegt hierin eine rechtsirrthümliche Anwendung des gedachten Satzes. Da auf der Annahme des Verzichtes das angefochtene Urtheil beruht, so war letzteres aufzuheben, die Sache war, da sie unter diesen Umständen noch nicht spruchreif erscheint, an die vorige Instanz zurückzuverweisen."

86. **Die Mäklergebühr kann nur dann auch bei Nichtzustandekommen des Geschäfts gefordert werden, wenn der Geschäftsherr das Geschäft absichtlich vereitelt** (nicht schon dann, wenn er es ohne genügenden Grund ablehnt). Urth. des III. Civilsenats vom 13. Juni 1885 in Sachen Dr. L. J. in U., Klägers und Revisionsklägers, wider die D. Hypothekenbank in M., Beklagte und Revisionsbeklagte. Vorinstanz: O.L.G. Jena. Verwerfung. (III, 108/85.)

„Der B.R. geht davon aus, daß ein Anspruch auf Mäklergebühr nur dann begründet ist, wenn das Geschäft durch Vermittelung des Mäklers zu Stande gekommen ist. Dieser Satz ist zweifellos richtig, auch vom Revisionskläger nicht angefochten worden. Er meint nur, daß die vom B.R. angenommene Beschränkung des Satzes, daß nämlich die Gebühr doch für verdient gelten müsse, wenn der Geschäftsherr das Zustandekommen des Geschäfts absichtlich verhindere, zu eng sei, indem das Verdientsein auch schon dann eintrete, wenn der Geschäftsherr den Abschluß ohne genügenden Grund ablehne. Diese Ansicht ist unhaltbar, da sie voraussetzen würde, daß Ersterer dem Mäkler gegenüber verpflichtet sei, von diesem offerirte günstige Geschäfte anzunehmen. Eine solche Verpflichtung im Interesse des Mäklers besteht nicht. Mit Recht nimmt der B.R. daher an, daß der Anspruch auf die eingeklagte Gebühr nur dann begründet erscheinen würde, wenn sie schlechthin für alle Fälle des Verkaufs versprochen worden wäre, namentlich also wenn sie einen Theil des fest zugesicherten Honorars für die vom Kläger geführten Gutsverwaltungen gebildet hätte. Der B.R. stellt aber auf Grund des Vertrags vom März 1876 und der vorausgehenden respektive nachfolgenden Korrespondenz der Parteien fest, daß eine solche Zusage von der Beklagten nicht ertheilt oder, was das in Aussicht gestellte Honorar von 1% für nicht vom Kläger vermittelte Geschäfte betrifft, auf solche Geschäfte beschränkt worden ist, welche während der klägerischen Administrationszeit zum Abschluß gediehen. Ein solcher hat aber, wie feststeht, nicht stattgefunden. Aus dem Vertrag vermochte Kläger daher einen Anspruch der geklagten Art nicht herzuleiten. Um ihn aber als einen Entschädigungsanspruch auf Grund eines dolosen Verhaltens der Beklagten geltend zu machen, konnte weder der Nachweis genügen, daß Beklagte wohlgethan haben würde, den vom Kläger angebahnten Gutsverkauf abzuschließen, noch der, daß sie den von einem Anderen vermittelten Verkauf wirklich abgeschlossen hat. Weder das Eine noch das Andere stellt sich ohne Weiteres als ein im Verhältniß zum Kläger unredliches Handeln dar."

87. **Der Bürgschaftscharakter der selbstschuldnerischen Verpflichtung.** Urth. des I. Civilsenats vom 1. Juli 1855 in Sachen der Aktiengesellschaft Vorschußverein zu N., Klägerin und Revisionsklägerin, wider E. L. und Genossen zu N., Beklagte und Revisionsbeklagte. Vorinstanz: O.L.G. Rostock. Verwerfung. (I, 164/85.)

Die klagende Aktiengesellschaft fordert von den Beklagten als Erben des Amtsraths W. in D. die Zahlung von 7500 ℳ nebst 6% Zinsen seit dem 25. Februar

1878 als Antheil desselben an einer von ihm mit dem Gutsbesitzer H. H. zu H. übernommenen selbstschuldnerischen Bürgschaft für ein dem G. H. sen. in St. von der Klägerin laut Schuldverschreibung vom 28. Mai 1877 gegebenes, zu 6 % zu verzinsendes Darlehn von 15 000 ℳ. Die Klägerin wurde durch Urtheil des L.G. Neustrelitz vom 13. Mai 1884 auf Grund des Art. 25 des Assekurationsreverses von 1621 mit ihrer Klage abgewiesen und in die Kosten des Rechtsstreites verurtheilt. Auf Berufung der Klägerin erkannte das O.L.G. Rostock durch ein am 12. März 1885 verkündetes Urtheil unter Aufhebung des Urtheils erster Instanz auf einen von drei namhaft gemachten Mitgliedern des Vorstandes der klagenden Aktiengesellschaft zu leistenden Eid: „daß der Vater der Beklagten bei Unterschrift der Schuldurkunde vom 28. Mai 1877 erklärt hat, er wolle hiermit auch seine Erben verpflichtet haben," zu der Folge, daß im Falle der Leistung des Eides die Verurtheilung der Beklagten nach dem Klagantrage erfolgen, im Falle der Nichtleistung desselben die Klägerin mit der Klage abgewiesen werden soll, gesammte Kosten des Rechtsstreites zu tragen. Gegen dieses Urtheil hat Klägerin Revision eingelegt.

„Die Abweisung der Klage soll im Falle der Nichtleistung des der Klägerin obliegenden Eides erfolgen auf Grund des Assekurations-Reverses von 1621 Art. 25, eines Gesetzes, dessen Verletzung die Revision nach § 511 der C.P.O. nicht begründen würde. Das B.G. erklärt die Bestimmung desselben auch bei selbstschuldnerischer Verbürgung für anwendbar; diese Entscheidung ist nach § 525 der C.P.O. für die auf die Revision ergehende Entscheidung maßgebend. Wenn Revisionsklägerin behauptet, die Frage, ob und wieweit das revisibele gemeine Recht durch das Landesrecht abgeändert sei, unterliege der Nachprüfung des Revisionsgerichtes, so ist hieran zwar richtig, daß nur in Ansehung des Bestehens und des Inhalts von Gesetzen, auf deren Verletzung die Revision nach § 511 nicht gestützt worden, nicht aber in Ansehung des Verhältnisses derselben zu Gesetzen, deren Verletzung die Revision begründet, die Entscheidung des B.G. für maßgebend erklärt ist; aber das Verhältniß des vom gemeinen Recht (§ 2 J. de fidejuss. 3, 20) abweichenden Art. 25 der Landesreversalen von 1621 zum gemeinen Recht ist gemäß der Regel „Landrecht bricht gemeines Recht," richtig beurtheilt worden. Auch die Behauptung, daß die Entscheidung des B.G. über die Anwendbarkeit des angeführten Art. 25 bei selbstschuldnerischen Bürgschaften gegen das Wesen der selbstschuldnerischen Bürgschaft nach gemeinem Recht verstoße, welche „fast" nur den Namen einer Bürgschaft führe, ist unhaltbar. Eine Bürgschaft, bei welcher der Bürge sich als Selbstschuldner verpflichtet, erzeugt zwar in Ansehung der Verweisung des Gläubigers an den Hauptschuldner eine strengere Verpflichtung, als eine gewöhnliche Bürgschaft; sie ist aber nichts Anderes als eine Bürgschaft, was um so weniger zweifelhaft ist, da dieselbe Wirkung, welche jetzt in Folge der selbstschuldnerischen Verbürgung eintritt, vor

Nov. 4 c. 1 bei allen Bürgschaften eintrat. Sind deshalb die von Bürgschaften überhaupt geltenden Grundsätze, abgesehen von der Vorausklagung des Hauptschuldners, auch bei selbstschuldnerischen Bürgschaften anwendbar, so verstößt auch die Anwendung des von Bürgen „ohne Unterschied handelnden Art. 25 der Landesreversalen von 1621 nicht gegen die gemeinrechtlichen Grundsätze über die selbstschuldnerische Bürgschaft.

Ebensowenig wie durch die Bürgschaft an sich wurde die Haftung der Beklagten für die Bürgschaftsschuld ihres Erblassers durch das seitens desselben erfolgte Anerkenntniß herbeigeführt. Nach der Behauptung der Klägerin erfolgte dieses Anerkenntniß in der Weise, daß der Erblasser der Beklagten im August 1878 vor den konkursmäßigen Einleitungen wider den Hauptschuldner in einer Unterredung mit einem Mitgliede des Vorstands der klagenden Aktiengesellschaft über den bevorstehenden Konkurs seine selbstschuldnerische Bürgschaft anerkannte, sich zur sofortigen Zahlung seines Antheils an der Bürgschaftsschuld bereit erklärte, jedoch bat, die Forderung zunächst auf seine, des Bürgen, Kosten im Konkurse geltend zu machen und ihn mit der Zahlung bis dahin zu befristen, daß sich ergebe, was aus der Konkursmasse zu erlangen sei. Daß hiermit nicht blos ein Geständniß hinsichtlich des Bestehens der Verpflichtung, sondern zugleich eine rechtsgeschäftliche Willenserklärung erfolgte, verkennt das B.G. nicht. Es untersucht, ob diese Erklärung den Sinn hatte, daß an die Stelle der bisherigen Verpflichtung aus der Bürgschaft eine Verpflichtung aus einem anderen Schuldgrunde treten sollte, was insbesondere in der Weise geschehen konnte, daß die von dem Bürgen als Selbstschuldner sofort zu zahlende Summe ihm als Darlehen belassen wurde, oder ob die Erklärung nur die Bedeutung eines Versprechens der Erfüllung der bestehenden und in Bestand bleibenden Verbindlichkeit aus der Bürgschaft hatte. Indem das B.G. der Willenserklärung des Erblassers die letztere Bedeutung beimißt und ihr die Bedeutung eines novirenden Schuldvertrags abspricht, weil sie gerade mit Bezugnahme auf das bestehende Schuldverhältniß, die Bürgschaft, abgegeben worden sei, verstößt es in keiner Weise gegen einen gemeinrechtlichen Rechtssatz, insbesondere nicht gegen die von der Revisionsklägerin als verletzt bezeichneten Grundsätze vom Anerkenntniß als Verpflichtungsgrund. Der Wille des Erblassers der Beklagten, sich aus einem anderen Schuldgrunde als dem der Bürgschaft zu verpflichten, ist gemäß l. 8 Cod. de novat. 8, 42 verneint. Hierdurch rechtfertigt sich die Annahme, daß auch nach erfolgtem Anerkenntniß des Bürgen die Erben desselben für die Bürgschaftsschuld nach Landesrecht nicht haften."

88. Voraussetzungen der Ehescheidung wegen böslicher Verlassung.
Urth. des III. Civilsenats vom 7. Juli 1885 in Sachen M. Z. zu H., Klägers und Revisionsklägers, wider uxorem, Beklagte und Revisionsbeklagte. Vorinstanzen: L.G. Hannover, O.L.G. Celle. Aufhebung und Bestätigung des Urtheils erster Instanz (welches die Ehe vom Bande scheidet). (III, 96/85.)

„Der an die Spitze der Entscheidungsgründe gestellte, die Entscheidung des B.G. bedingende Satz, daß der Anspruch auf Ehescheidung wegen böslicher Verlassung nur dann gerechtfertigt sei, wenn der Kläger nachweisen könne, daß er alle zulässigen und ausführbaren Mittel, um den beklagtischen Ehegatten zur Rückkehr zu vermögen, erfolglos versucht habe, weil nur dann die Absicht des entwichenen Ehegatten, für immer die eheliche Gemeinschaft mit dem anderen Ehegatten aufheben zu wollen, mit Sicherheit zu erkennen sei, ist als ein im Gemeinen Rechte bestehender Satz nicht anzuerkennen. Die bösliche Verlassung setzt nur voraus, daß der eine Ehegatte von dem anderen sich entfernt hat und sich beharrlich von dem anderen Ehegatten fernhält unter Umständen, welche erkennen lassen, daß derselbe eine Wiederherstellung des ehelichen Lebens nicht will. Wenn das B.G. ohne Angabe näherer Gründe davon ausgeht, daß die nach dem Hannoverschen Rechte dem verlassenen Ehegatten gegebenen, nicht einmal näher bezeichneten gerichtlichen Zwangsmittel durch das Gesetz vom 1. März 1869 nicht beseitigt seien, so ist die Richtigkeit dieser Annahme zwar in der Revisionsinstanz nicht nachzuprüfen, da sie auf das Partikularrecht sich bezieht, allein unrichtig ist es, wenn der B.R., ausgehend von dem an die Spitze seiner Gründe gestellten Grundsatze, die fruchtlose Anwendung dieser seiner Ansicht nach zulässigen Zwangsmaßregeln zu einer Voraussetzung für die Klage auf Scheidung wegen böslicher Verlassung macht. Nachdem die Beklagte dem in Gemäßheit der Vorschriften des gedachten Gesetzes vom 1. März 1869 erlassenen Rückkehrbefehle keine Folge geleistet hatte, war von dem B.G. zu prüfen, ob aus den Umständen des vorliegenden Falles zu entnehmen sei, daß eine bösliche Verlassung vorliege, nicht aber aus dem Grunde die Klage abzuweisen, weil der Kläger nicht behauptet habe, daß er zur Erzwingung der Rückkehr der Beklagten gerichtliche Zwangsmittel ohne Erfolg zur Anwendung gebracht habe. Es war daher das angefochtene Urtheil aufzuheben und die Berufung der Beklagten gegen das Urtheil des

L.G. Hannover vom 5. Juli 1884, soweit durch dasselbe auf die Vorklage die zwischen den Parteien bestehende Ehe dem Bande nach getrennt wird, zurückzuweisen, weil das L.G. mit Recht in den feststehenden und von ihm festgestellten Thatsachen die gesetzlichen Voraussetzungen der böslichen Verlassung als gegeben gefunden hat."

89. **Der Anspruch auf Ehescheidungsstrafen verjährt nach Gemeinem Recht nicht innerhalb eines Jahres.** Urth. des III. Civilsenats vom 23. Juni 1885 in Sachen H. in R., Beklagten und Revisionsklägers, wider dessen geschiedene Frau, Klägerin und Revisionsbeklagte. Vorinstanz: O.L.G. Jena. Aufhebung und Zurückverweisung. (III, 76/85.)

„Es ist rechtsirrig, wenn der B.R. annimmt, daß der Anspruch auf die Ehescheidungsstrafe nach Gemeinem Rechte binnen Jahresfrist verjähre. Mag man auch mit demselben davon ausgehen, daß die Klage auf die Scheidungsstrafe im Gebiet des gemeinen Sächsischen Rechts ihren pönalen Charakter nicht dadurch eingebüßt habe, daß der Gegenstand des Anspruchs dort mit Rücksicht auf die Einbuße an erbrechtlichen Vortheilen, welche der unschuldige Ehegatte durch die Schuld des anderen erleiden könnte, bestimmt wird, und mag hier auch unerwogen bleiben, ob das sächsische Prinzip auch für ein Statut mit ausgesprochen Fränkischer ehelicher Güterordnung, wie das Frankenhäuser von 1558 ist, maßgebend werden kann, keinenfalls berechtigt der römisch rechtliche Grundsatz, wonach pönale Klagen der kurzen Verjährung von Einem Jahr unterworfen sind, zu der Annahme, daß dies auch von den fraglichen Privationsklagen zu gelten habe. Der römische Grundsatz, daß Pönalklagen binnen Jahresfrist verjähren, gilt nämlich nicht, wie der Berufungsrichter voraussetzt, allgemein von allen Strafklagen, sondern nur von denjenigen, welche aus dem Edikt stammen (honorariae actiones) und dieses trifft bei den Klagen auf die Scheidungsstrafen, welche auf Kaiserlichen Konstitutionen und Novellen beruhen, nicht zu. Die gedachte Beschränkung wird durch die Römischen Rechtsquellen auf das Unzweideutigste bezeugt. Pr. Inst. de perp. et temp. act. 4, 12, L. 35 pr. D. de obl. et act. 44, 7, cf. L. 3, 84 D. de naut. caup. 4, 9, L. 21, 85 D. de rer. am. 25, 2 etc. Wenn sie nun auch vielleicht ihren Grund nur Einrichtungen verdankt, welche heut zu Tage nicht mehr bestehen, so kann dies doch nicht berechtigen, die betreffenden Bestimmungen als nicht mehr in Kraft stehend anzusehen, und wenn sie auch heut zu Tage nur in äußerst seltenen Fällen zur Geltung kommen wird, weil fast alle heut zu Tage noch praktischen Pönalklagen solche sind, die ursprünglich auf dem Prätorischen Edikt beruhen, so läßt sich doch eben deshalb nicht annehmen, daß sie gewohnheitsrechtlich außer Uebung gekommen sei. Wie sie daher in der Theorie (anscheinend ausnahmslos) auch heute noch als gültigen Rechtens angesehen wird. (Vgl. Unterholzner-Schirmer, Verjährungslehre § 12 und 273 ff.; Savigny, System Bd. 5, S. 353; Puchta, Pandekten § 91, N.; Mühlenbruch, Pandekten § 481, Nr. 7 und 8; Windscheid, Civilrecht § 110, Nr. 4 ff.); so hat auch die Praxis keine Berechtigung von den unzweideutigen Bestimmungen der Gesetze abzugehen. Wenn dies Ortloff, Jurist. Abhandlungen Bd. II, S. 74 gerade für den Fall der Scheidungsstrafen gleichwohl wegen deren Aehnlichkeit mit den Injurienklagen thun zu dürfen glaubt, so kann ihm hierin nicht beigetreten werden. Denn abgesehen von dem Mangel einer wahren Analogie muß auch angenommen werden, daß auch die Injurienklage zwar soweit sie (wie in der Regel) auf Prätorischem Edikt beruht, einjährig, soweit sie sich dagegen auf die Lex Cornelia stützt, auch heut Tage noch perpetua ist und hiergegen auch aus der L. 5 C. de inj. 9, 35 nichts hergeleitet werden darf. (Vgl. Windscheid, Civilrecht § 472, Nr. 2, 4 und 5; Seitz in der Zeitschrift für Civilrecht und Praxis N. J. 19, S. 235 ff.; Unterholzner-Schirmer, § 282 Nr. 790)."

90. 1) Die Nov. 115 berührt das Pflichttheilsrecht der Geschwister überhaupt nicht. Betreffs der Voraussetzungen und Wirkungen der querela inofficiosi testamenti gilt daher noch das ältere Römische Recht. Nach diesem ist der querela gegenüber die Berufung auf die Kodizillarklausel unwirksam. 2) Die querela inofficiosi testamenti der Geschwister wird durch eine Heirath des Erblassers (Bruders) mit einer turpis persona nicht grundlos. Urth. des III. Civilsenats vom 30. Juni 1885 in Sachen der gesch. S. in H., Beklagte und Revisionsklägerin, wider die verw. C. in H., Klägerin und Revisionsbeklagte. Vorinstanz: O.L.G. Kiel. Verwerfung. (III, 90/1885.)

Der am 13. Januar 1880 gestorbene Mobilienhändler H. in Altona hat in seinem am 27. September 1879 errichteten Testament die Beklagte, seine damalige Braut und spätere Ehefrau, zu seiner Universalerbin eingesetzt. Die Beklagte hat die Erbschaft angetreten und sich später mit einem gewissen Sch. wieder verheirathet. Die letztere Ehe ist demnächst wegen Ehebruches der Beklagten geschieden. Die Klägerin ist eine vollbürtige Schwester des Erblassers H.; nähere oder gleich nahe Verwandte hat dieser nicht hinterlassen. Auf Grund der Behauptung, daß die eingesetzte Erbin eine persona turpis sei, hat die Klägerin mittels der querela inofficiosi testamenti beantragt, das Testament zu rescindiren und die Beklagte zur

Herausgabe des Nachlasses nach Maßgabe eines zu errichtenden Inventars oder zur Herausgabe der Hälfte des Gesammtvermögens des H. und der Beklagten zu verurtheilen. In erster Instanz ist die erhobene Klage abgewiesen, wesentlich deshalb, weil eine Ehefrau im Verhältnisse zu ihrem Ehemanne nicht als eine persona turpis erscheinen könne, durch deren Bevorzugung dieser sich einer Lieblosigkeit gegen seine Geschwister schuldig mache. Auf Berufung der Klägerin ist in zweiter Instanz nach stattgehabter Beweisaufnahme dem Klagantrage gemäß erkannt. Als Ergebniß der Beweiserhebung stellt das B.G. fest, daß die Beklagte längere Zeit, und zwar jedenfalls vor 1864—1870 als öffentliches Mädchen in verschiedenen Bordellen gewesen und demnächst, wahrscheinlich seit 1874, Zuhälterin des Erblassers H. geworden ist, als welche sie anfangs in einem seiner Häuser gewohnt hat, später aber, wahrscheinlich seit 1877 und zwar während H.'s erste Frau noch lebte, in dessen Familienwohnung gezogen ist. Während sie die Zuhälterin des H. war, hat sie sich auch anderen Männern preisgegeben. Als nicht erwiesen wird bezeichnet, daß dies auch noch zu der Zeit geschehen sei, als sie in H.'s Wohnung lebte und daß sie, während sie mit H. verheirathet war, Ehebruch getrieben hat. Auf Grund dieser Thatsachen stellt das B.G. zunächst fest, daß, wenn die Thatsache ihrer Verheirathung nicht vorliegen würde, die Beklagte unbedenklich als eine persona turpis charakterisirt werden müßte. Des Weiteren wird ausgeführt, daß, da für die Frage, ob eine eingesetzte Erbin turpis persona sei, die Zeit des Todes des Erblassers maßgebend sei, ferner zu entscheiden sei, ob eine Ehefrau im Verhältniß zum Erblasser als Ehegatten und dessen Geschwistern überhaupt als turpis persona angesehen werden dürfe. Diese Frage wird bejaht. Aus dem Wesen der Ehe könne nicht abgeleitet werden, daß eine Querel aus dem hier geltend gemachten Grunde gegen eine Ehefrau überhaupt nicht erhoben werden dürfe, vielmehr komme es dabei auf die Lage des Falles an. Im vorliegenden Fall könne aber die Thatsache, daß H. die Beklagte geheirathet habe, nicht zur Folge haben, daß ihr guter Ruf wieder hergestellt und sie nicht mehr als verächtliche Person zu betrachten sei, da H. die Beklagte geheirathet habe mit Kenntniß ihres Vorlebens, und diese Thatsache daher nur als ein Beweis der niedrigen Gesinnung des H., nicht aber als eine Verzeihung anzusehen sei, welche auch von anderen Personen respektirt werden müsse.

Gegenüber diesen Erwägungen wird von der Revisionsklägerin zunächst anheimgegeben, ob nicht die frühere turpitudo dadurch beseitigt sei, daß der Beklagten nach der Feststellung des Zweiten Richters seit 1877 bis zu dem im Januar 1880 erfolgten Tode ihres Ehemannes ein unehrenhaftes Verhalten nicht zur Last zu legen sei.

„Allein abgesehen davon, daß bei diesem Bedenken übersehen wird, daß die Beklagte im Jahre 1877 bei Lebzeiten der ersten Ehefrau des H. in dessen Wohnung gezogen ist und dort das ehebrecherische Verhältniß mit ihm fortgesetzt hat, ist die Frage, ob die Beklagte noch zur Zeit des Todes des Erblassers als eine persona turpis angesehen werden müsse, an sich eine thatsächliche, deren Beantwortung einer Nachprüfung in dieser Instanz nur insofern unterzogen werden kann, als in Frage kommen könnte, ob das B.G. von einer richtigen Auffassung des Begriffs der turpitudo ausgegangen ist und die darauf hin getroffene Feststellung genügend begründet hat.

Nach beiden Richtungen giebt jedoch das angefochtene Urtheil zu Bedenken keinen Anlaß, und sind solche auch von der Revisionsklägerin nicht erhoben worden. Dagegen ist allerdings die Frage, ob nicht durch die erfolgte Heirath unter allen Umständen die querela inofficiosi testamenti ausgeschlossen werde, eine Rechtsfrage, welche der freien Nachprüfung des Revisionsgerichts unterliegt. Die Revisionsklägerin erachtet es für rechtsirrthümlich, daß das B.G. diese Frage verneint hat. Sie macht geltend, daß der Rechtsgrund der Inofficiositätsquerel in der kränkenden Lieblosigkeit und der Verletzung des officium pietatis von Seiten des Testators gegen seine Geschwister durch Bevorzugung einer persona turpis liege, und daß sich daher manche Verhältnisse denken ließen, in welchen die besondere persönliche Beziehung der turpis persona zum Erblasser geeignet sein möchte, die aus jenen Gesichtspunkten begründete Querel zu beseitigen. Insbesondere erscheine es bei der heutigen Auffassung des ehelichen Verhältnisses schlechthin unzulässig, in der Einsetzung der Ehefrau, die als solche schon ein unentziehbares Recht auf die Hälfte des Nachlasses habe, eine ungerechtfertigte Bevorzugung der Ehefrau und eine Verletzung der den Geschwistern schuldigen Pietät zu erblicken. Diese Ausführungen sind indeß nicht zutreffend. Das Gesetz giebt den im Testamente nicht bedachten Geschwistern des Erblassers, vorausgesetzt, daß nicht in ihrer Person Gründe vorliegen, welche ihre Ausschließung von der Erbschaft rechtfertigen, ganz allgemein die querela inofficiosi testamenti, wenn die eingesetzte Erbin eine persona turpis ist. Es macht insbesondere auch keine Ausnahme für den Fall, daß die besonderen Beziehungen des Erblassers zur persona turpis ihre Einsetzung an sich vielleicht erklärlich erscheinen lassen, denn immerhin wird eine Lieblosigkeit gegen die Geschwister darin gefunden, daß diesen nicht einmal der Pflichttheil hinterlassen ist. Das Gegentheil läßt sich auch nicht aus der von der Revisionsklägerin angeführten l. 27. Cod. de inoff. test. 3,28 ableiten. Erscheint es schon nach der Fassung dieser gesetzlichen Bestimmung (consanguinei . . . . . . de inofficioso quaestionem movere possunt, si scripti heredes infamiae vel turpitudinis vel levis notae macula adspergantur vel liberti, qui perperam et non bene merentes maximisque beneficiis suum patronum adsecuti, instituti sunt) nicht völlig unzweifelhaft, ob überhaupt die liberti zu denjenigen Personen zu rechnen sind, welche mit einer levis notae macula behaftet waren, und ob diese nicht vielmehr kraft positivrechtlicher Beziehung jenen nur gleichgestellt sind, so würde man doch, auch wenn man diese Frage im ersteren Sinne zu entscheiden hätte, aus der Entscheidung bezüglich einer ohne ihr Verschulden mit einer levis notae macula behafteten Person, doch keine Folgerungen auf den Fall ziehen dürfen, wo eine Person durch eigene Schuld infam oder thatsächlich verächtlich geworden ist. Hiernach erscheint der gegen diese Feststellung erhobene Angriff der Revisionsklägerin unbegründet, und kann es dahingestellt bleiben, ob das gegen die Auffassung des B.G., daß für die Frage der turpitudo der Zeitpunkt des Todes des Erblassers entscheidend sei, erhobene Bedenken der Revisionsbeklagten zutreffend ist.

Was sodann die weiteren Angriffe der Revisionsklägerin anlangt, so ist es allerdings bestritten, ob die quer. inoff. test. nur mit der hered. petitio verbunden werden **kann**, oder ob sie eine qualifizirte hereditatis petitio ist. Folgt man der letzteren Ansicht, so darf der Klagantrag nicht bloß auf Rescission des Testaments gerichtet sein, es muß zugleich die Herausgabe der Erbschaft gefordert werden. Daraus ergiebt sich weiter, daß der Beklagte nur dann passiv legitimirt ist, wenn er gegenwärtiger Besitzer der Erbschaft im Sinne der hereditatis petitio ist. Diese Streitfrage bedarf indeß im vorliegenden Fall keiner Entscheidung. Die Klägerin hat nicht bloß auf Rescission des Testaments, sondern auch auf Herausgabe der Erbschaft geklagt und in beiden Richtungen ist die Beklagte die rechte Beklagte. Denn sie ist im Testament, dessen Rescission gefordert wird, als Erbin eingesetzt; sie hat die Erbschaft aus dem Testament angetreten und besitzt, wie sich aus dem vorgetragenen Urtheil des B.G., betreffend die beantragte Erbanschließung, ergiebt, auch zur Zeit jedenfalls noch einen Theil der Erbschaft pro herede.

Endlich beschwert sich die Beklagte noch darüber, daß ihre eventuelle Berufung auf die Kodizillarklausel verworfen ist. Auch dieser Angriff konnte einen Erfolg nicht haben. Zunächst ist daran zu erinnern, daß die Nov. 115 das Pflichttheilsrecht der Geschwister überhaupt nicht berührt, daß daher bezüglich der Voraussetzungen und Wirkungen der querela inofficiosi testamenti der Geschwister noch das ältere Römische Recht maßgebend ist. Nach diesem kann es aber nicht zweifelhaft sein, daß der querela inoff. test. gegenüber die Berufung auf die Kodizillarklausel unwirksam ist. Die genannte Querel beruhte auf der Fiction, daß der Erblasser, welcher sich einer solchen Lieblosigkeit schuldig mache, seinen nächsten Verwandten nichts zu hinterlassen, wahnsinnig gewesen sein müsse, und ihm die testamenti factio gefehlt habe (l. 17 § 1 D. de inoff. test. 5, 2). Sind nun auch die Konsequenzen aus diesem Satze vom Römischen Recht nicht überall mit voller Schärfe gezogen, so ist doch bezüglich der Kodizillarklausel in den vom B.G. angeführten Gesetzen (l. 13 Dig. de inoff.

test. 5,2 und l. 36 de leg. III) ausdrücklich anerkannt, daß durch Beifügung der Kodizillarklausel die Erbeseinsetzungen auch nicht als Fideikommisse aufrecht erhalten werden könnten, weil sie quasi a dementi hinterlassen seien. Hierüber herrscht auch unter den Rechtslehrern kaum Streit. Dagegen ist allerdings vielfach die Ansicht vertreten (vgl. v. Vangerow Pandekten Bd. II § 527 Anm. 2, Windscheid Pandekten Bd. III § 631 bei Note 8—10, Fein in Glücks Kommentar Bd. 45 S. 344, Weiske Rechtslexikon Bd. 10 S. 1005—1007, Mayer die Lehre von den Legaten § 25 S. 130 Note 10, Vering Erbrecht S. 705), daß der eingesetzte Erbe sich dadurch die Rechte aus der Kodizillarklausel sichern könne, daß er die Erbschaft aus dem Testament nicht antrete und letzteres destitut werden lasse. Ob diese Ansicht richtig ist, kann hier unerörtert bleiben. Denn im vorliegenden Fall hat die Beklagte, wie vom B.G. festgestellt ist, die Erbschaft angetreten; und für diesen Fall versagte auch nach der Ansicht der angeführten Schriftsteller der von ihnen für zulässig erachtete Ausweg."

Partikularrecht.

1. Preußisches Recht.

91. **Haftung für außerkontraktliche Vermögensbeschädigung findet nach Preuß. L.R. (I, 6 §§ 40 ff.) nur im Falle des Vorsatzes oder vertretbaren Versehens statt.** Urth. des V. Civilsenats vom 1. Juli 1885 in Sachen der Schw. zu W., Klägerin und Revisionsklägerin, wider die Stadt W., Beklagte und Revisionsbeklagte. Vorinstanz: O.L.G. Hamm. Verwerfung. (V, 11/85.)

Die Klägerin hat in den Vorinstanzen den von ihr erhobenen Anspruch auf Schadensersatz auf die Behauptung eines Verschuldens der Beklagten gestützt; die Schuld der Beklagten sollte darin liegen, daß sie, obwohl sie gewußt oder doch bei Anwendung der nöthigen Aufmerksamkeit hätten wissen müssen, dem Erblasser der Klägerin stehe ein durch Verjährung erworbenes Staurecht zu, dennoch durch ihre Beschwerde die Herabsetzung der Stauhöhe durch den Regierungserlaß vom 20. Dezember 1877 erwirkt und dadurch das Recht der Klägerin verletzt hätten. Nun ist zwar unstreitig durch die rechtskräftige Entscheidung des Vorprozesses auf Grund des geführten Ersitzungsbeweises dem Erblasser der Klägerin das Recht auf höheren Stau, als jener Regierungserlaß gestattet, zugesprochen; aber der B.R. hat in unanfechtbarer Weise den Beweis der Kenntniß der Beklagten von dem Rechte des

Besitzvorgängers der Klägerin für nicht geführt erachtet und er hat hinzugefügt, daß den Beklagten vorsätzliche oder versehentliche Beschädigung nicht zur Last falle. Hiergegen richtet sich der Angriff der Klägerin; sie meint, da feststehe, daß die Beklagten widerrechtlich in den Besitzstand der Klägerin und ihres Rechtsvorgängers eingegriffen hätten, so habe Klägerin nur zu beweisen, daß die Beklagten den Besitz des klägerischen Rechtsvorgängers gekannt haben, oder doch hätten kennen müssen; ob sie das Recht ihres Rechtsvorgängers gekannt hätten, sei nicht entscheidend.

„Dieser Angriff erscheint nicht begründet. Für eine außerkontraktliche Vermögensbeschädigung ist nach den Bestimmungen des Preuß. Allg. L.R., namentlich nach den §§ 10 ff. Th. I Tit. 6 Ersatz nur im Falle des Vorsatzes oder vertretbaren Versehens zu leisten. Davon ist auch keine Ausnahme für diejenigen Fälle gemacht, in denen auf Antrag eines Interessenten Maßnahmen von Behörden eintreten, welche für den Gegner schädliche Folgen haben. Vergl. Dernburg, Preußisches Privatrecht Bd. II § 261. Dasjenige Versehen der Beklagten, welches die Klägerin in den Vorinstanzen behauptet hat, ist nicht erwiesen. Nun kann zwar unter Umständen der Eingriff in fremden Besitz ohne Weiteres den dolus oder das Versehen der Eingreifenden thatsächlich ergeben; im vorliegenden Falle griffen aber die Besitzhandlungen der Klägerin, beziehungsweise ihres Rechtsvorgängers, die Ausübung des Stauens, in das Eigenthum der Beklagten ein, für dessen Freiheit die Vermuthung spricht; darin, daß die Beklagten der Regierung Veranlassung gaben, von der ihr nach § 6 des Gesetzes vom 15. November 1811 zustehenden Befugniß Gebrauch zu machen, liegt deshalb nicht ohne Weiteres ein vertretbares Versehen, wenn auch die Anordnung der Regierung in den Besitzstand des Erblassers der Klägerin eingriff. Der B.R. war auch nicht veranlaßt oder verpflichtet, besonders zu begründen, daß darin ein solches nicht liege; denn die Klägerin hatte dies nicht behauptet."

92. Begriff der Bekanntmachung „von Gerichts wegen" im Sinne des Preuß. L.R. I, 11 § 414. Urth. des IV. Civilsenats vom 7. Juli 1885 in Sachen M. N. Wwe. zu S. und Gen., Klägerinnen und Revisionsklägerinnen, wider O. zu S., Beklagten und Revisionsbeklagten. Vorinstanz: O.L.G. Naumburg. Verwerfung. (IV, 103/85.)

Nach den Feststellungen der Vorinstanzen bildet die jetzt eingeklagte Forderung einen Theil derjenigen Forderung, welche der Kaufmann L. R. im Jahre 1880 gegen den jetzigen Beklagten eingeklagt und durch rechtskräftig gewordenes Urtheil des O.L.G. Naumburg vom 15. Juni 1883 in Höhe von 6537,10 ℳ nebst 6% Zinsen seit dem 20. April 1880 erstritten hat. Während der Anhängigkeit jenes Prozesses hat R. den in Frage stehenden Forderungsantheil mittels Cession vom 11. Juni 1882 an den Kaufmann M. L. und dieser solchen durch Cession vom 22. desselben Monats an die jetzigen Klägerinnen abgetreten. Sämmtliche Cessionsurkunden sind bezüglich ihrer Unterschriften notariell beglaubigt. Der Gerichtsvollzieher B. hat im Auftrage des L. eine durch ihn beglaubigte Abschrift der Cessionsurkunde vom 11. Juni 1882 dem Beklagten am 19. desselben Monats und im Auftrage der mitklagenden Handlung M. N. Wittwe eine durch ihn beglaubigte Abschrift der Cessionsurkunde vom 22. Juni 1882 dem Beklagten am 30. Juni 1883 durch die Post unter Beobachtung der Vorschriften des § 177 der C.P.O. zugestellt, ohne daß aus den zugestellten Schriftstücken zu ersehen gewesen wäre, in wessen Auftrage der Gerichtsvollzieher handelte. Sodann ist am 11. Oktober 1883 der ganze durch das gedachte Urtheil vom 15. Juni 1883 festgestellte Forderungsbetrag im Auftrage des Justizraths B. als Prozeßbevollmächtigten des R. für Letzteren von dem Beklagten im Wege der Zwangsvollstreckung eingezogen. Den vorliegenden auf nochmalige Zahlung des abgetretenen Forderungstheils gerichteten Klaganspruch hat der Erste Richter für begründet erachtet, weil die erfolgte Cession dem Beklagten gehörig bekannt gemacht sei, indem derselbe nach Lage der Sache nicht habe darüber im Zweifel sein können, daß die vorerwähnten Zustellungen im Auftrage der Cedenten oder Cessionare bewirkt seien, und der Beklagte nach geschehener Bekanntmachung nicht mehr gültig an den ersten Cedenten habe zahlen dürfen, vielmehr gegen die Zwangsvollstreckung und die Ertheilung der Vollstreckungsklausel für R. in Gemäßheit der §§ 668 und 687 der C.P.O. Einwendungen hätte erheben müssen. Nur wenn solche Einwendungen erhoben aber verworfen wären, hätte Beklagter geltend machen können, daß er zur Zahlung an R. gezwungen wäre.

Dagegen hat der B.R. das Vorliegen einer gehörigen Bekanntmachung der Cessionen im Sinne der §§ 414 ff. Th. I Tit. 11 des Allg. L.R. verneint und, da auch die Voraussetzungen des § 417 das. nicht gegeben seien, die Klägerinnen mithin die an ihren Auktor geleistete Zahlung gegen sich gelten lassen müßten, auf Abweisung des Klagantrages erkannt.

„Diesem durchgreifenden Entscheidungsgrunde des B.R. war zuzustimmen. Nach § 414 l. c. ist jede von dem Cedenten oder von Gerichts wegen erfolgte Bekanntmachung der Cession hinreichend, um den Schuldner zu verpflichten, daß er sich über die abgetretene Forderung mit dem Cedenten nicht weiter einlasse. Nach §§ 415, 416 daselbst genügt zu diesem Zwecke auch eine durch den Cessionar bewirkte Bekanntmachung, sofern die Cession innerhalb dreier Tage bescheinigt oder von dem Cedenten nicht in Abrede gestellt wird. Der § 417 daselbst endlich gewährt dem Cessionar noch einen weiteren Schutz gegen den Schuldner, welcher sich, obwohl er um die Cession gewußt, in doloser Absicht in Verhandlungen mit dem Cedenten eingelassen hat. Der B.R. verkennt nun nicht, daß die in Frage stehenden Bekanntmachungen *inhaltlich* dem Erfordernisse des § 415 cit. entsprochen haben; aber er erachtet dieselben um deswillen für nicht gehörige, weil sie nicht hätten ersehen lassen, in wessen Auftrage sie erfolgt wären; der Ansicht des ersten Richters, daß der Beklagte darüber nicht hätte in Zweifel sein können, daß die Bekanntmachung entweder vom Cedenten oder Cessionar ausginge, und daß derselbe deshalb an den Cedenten nicht mehr gültig habe zahlen dürfen, könne nicht beigetreten werden.

In dieser Begründung ist nicht der Ausdruck der Rechtsmeinung zu erblicken, daß der hervorgehobene Mangel grundsätzlich nicht aus den obwaltenden Umständen zu ergänzen sei, sondern eine, von der erstrichterlichen abweichende thatsächliche Feststellung dahin, daß nach Lage des Falls für den Beklagten nicht ersichtlich gewesen sei, daß die fragliche Mittheilung entweder vom Cedenten oder vom Cessionar ausgegangen sei. Diese aus Rechtsgründen nicht zu beanstandende Feststellung rechtfertigt aber die daraus gezogene Folgerung, da eine in einem wesentlichen Stücke unvollständige Bekanntmachung für eine gehörige im Sinne der §§ 414, 415 cit. offenbar nicht erachtet werden kann. Von der Anwendbarkeit des § 417 l. c. kann zweifellos nicht die Rede sein, weil der Beklagte sich nicht seines eigenen Vortheils wegen und zur Benachtheiligung der Kläger in Verhandlungen mit dem Cedenten eingelassen, sondern auf Grund eines zu Gunsten des Letzteren ergangenen vollstreckbaren Urtheils zur Zahlung an denselben im Wege der Zwangsvollstreckung genöthigt ist. Es könnte mithin nur in Frage kommen, ob nicht etwa eine von Gerichtswegen erfolgte Bekanntmachung der Cession vorliegt. Allein auch dies ist mit dem B.R. zu verneinen. Denn wenn auch nach § 1 Abs. 3 des Preuß. Ausführungsgesetzes zur C.P.O. vom 24. März 1879 (Gesetzsamml. S. 281) die im Auftrage der Betheiligten bewirkten Zustellungen die Stelle gerichtlicher Bekanntmachungen vertreten, so ist doch unter der im § 414 cit. erwähnten Bekanntmachung „von Gerichts wegen" nicht eine solche zu verstehen, bei welcher das Gericht lediglich die Zustellung einer Kundgebung des Cedenten oder Cessionars an den Schuldner vermittelt hat, sondern nur eine solche, bei welcher das Gericht von Amts wegen eine eigene Mittheilung über die stattgehabte Cession (z. B. als Grundbuchrichter oder als Fideikommiß-Aufsichtsbehörde, nach früherem Rechte auch als Vormundschaftsrichter) an den Schuldner hat ergehen lassen. Nur eine solche würde dem Schuldner die begründete Ueberzeugung von ihrer sachlichen Richtigkeit, ohne weitere Unterlagen für deren Prüfung zu gewähren vermögen und könnte eben deshalb der, gleicherweise von jeglichen Nachweisen befreiten, Bekanntmachung des Cedenten gleichgestellt werden. Dagegen bleibt jede im Auftrage des Cessionars durch den Gerichtsvollzieher zugestellte Bekanntmachung der Cession immer eine solche des Cessionars und unterliegt rücksichtlich ihrer Erfordernisse den über diese gegebenen Vorschriften. Vergl. Dernburg, Preußisches Privatrecht Bd. II, 3. Aufl., S. 199 Note 8; Förster-Eccius, Theorie rc. Bd. I S. 751."

93. Bedingte Gültigkeit der Veräußerung einzelner Nachlaßgegenstände vor der Erbtheilung (Preuß. Allg.L.R. I, 11 Abschn. 4). Urtheil des IV. Civilsenats vom 7. Juli 1885 in Sachen M. E. und Gen. zu Ch., Kläger und Revisionskläger, wider J. v. Z. zu S., Beklagten und Revisionsbeklagten. Vorinstanz: O.L.G. Posen. Aufhebung und Zurückverweisung. (IV, 104/85.)

Die am 11. Oktober 1882 zu G. im Kreise Inowraclaw verstorbene Wittwe v. G., früher verwittwet gewesene v. Z., hat testamentarisch ihre Kinder aus beiden Ehen zu ihren Erben eingesetzt. Zu diesen gehören C. v. Z. und J. v. Z. (der Beklagte). C. v. Z. hat am 21. Oktober 1882, also 10 Tage nach dem Tode der Erblasserin, in gerichtlicher Verhandlung die ihm zustehende Quote an dem noch ungetheilten Nachlasse dem Beklagten mit allen Rechten und Pflichten abgetreten. Der Letztere hat diese Cession acceptirt. Von einer Cessionsvaluta ist in der Urkunde nicht die Rede. Demnächst erst hat C. v. Z. in drei notariellen Urkunden an zwei in Russisch-Polen domizilirende Kaufleute, die jetzigen Kläger von verschiedenen auf den in der Provinz Posen belegenen Rittergütern T. und G. für die Erblasserin eingetragenen Forderungen Theilbeträge von 4000, 15 000 und 14 000 ℳ cedirt, bezüglich welcher inhaltlich der Urkunden von der Annahme ausgegangen wurde, daß sie dem Cedenten bei der Erbtheilung zufallen würden. Auch wurde die Umschreibung auf den Namen der Cessionare bewilligt. Als die Letzteren von der Cession vom 21. Oktober 1882 Kenntniß erhielten, durch welche C. v. Z. sein Erbrecht an dem Nachlasse seinem Bruder abgetreten hatte, erhoben sie gegen diesen die dem jetzigen Prozesse zum Grunde liegende Klage, indem sie behaupteten, daß diese Cession nur zum Scheine erfolgt, also ungültig sei, und den von ihnen erworbenen Rechten nicht entgegen stehe. In erster Instanz ist ihrem Klagantrage entsprechend erkannt worden, während auf die Berufung des Beklagten die Klage abgewiesen wurde.

„Die von den Klägern eingelegte Revision erscheint begründet. Durch die Cessionen, aus welchen die Kläger ihre Ansprüche herleiten, ist ihnen, wie der B.R. richtig annimmt, nicht das Erbschaftsrecht des Cedenten C. v. Z. an dem noch ungetheilten Nachlasse seiner Mutter abgetreten; ein Erbschaftskauf im Sinne des Abschnitts 4 Th. I Tit. 11 des Allg.L.R. ist nicht abgeschlossen worden. Es sind den Klägern nur Theilbeträge von zum Nachlasse gehörenden Hypotheken, in den bestimmten Summen von 4000, 15,000 und 14,000 Mk. abgetreten worden Nach den Grundsätzen des Preuß. L.R. steht den einzelnen Miterben, so lange sie in Gemeinschaft leben, ein bestimmter verhältnißmäßiger Antheil an den einzelnen Nachlaßstücken nicht zu. Erst durch die Erbtheilung erwirbt der einzelne Miterbe ein wirkliches Verfügungsrecht über die einzelnen ihm zugetheilten Nachlaßobjekte. Diese rechtliche Auffassung ist von dem vormaligen Preuß. Ob.-Trib. in dem Plenarbeschlusse vom 16. März 1857 (Entsch. Bd. 35 S. 352) ausführlich begründet und seitdem ohne Ausnahme festgehalten worden (vergl. auch Urth. des R.G. vom 21. Mai 1883 Bd. IX S. 273).

Hieraus folgt aber noch nicht die schlechthin anzurechnende rechtliche Unwirksamkeit einer von einem einzelnen Erben vor der Erbtheilung erklärten Veräußerung oder Verpfändung einzelner Nachlaßgegenstände. Das Recht, welches der Cessionar oder Pfandnehmer ꝛc. dadurch erwirbt, ist freilich ein hypothetisches. Wenn aber demnächst die betreffenden Objekte dem Miterben bei der Erbtheilung zufallen, so convalescirt die Abtretung beziehungsweise Verpfändung, ohne daß es einer Wiederholung der entsprechenden Erklärung bedarf.

Das vormalige Preuß. Ob. Trib. — welchem hierin beizutreten ist — führt in einer Anzahl dem erwähnten Plenarbeschlusse nachfolgenden Erkenntnissen überzeugend aus, daß derselbe sich nur auf das Verhältniß der Miterben zu einander beziehe, und daß Verfügungen eines einzelnen Miterben über ein bestimmtes Nachlaßobjekt oder einen bestimmten Antheil an demselben vor der Nachlaßtheilung nur relativ d. h. nur insofern ungültig seien, als dadurch den übrigen Erben kein Präjudiz erwachse, aber dritten Personen gegenüber, zu deren Gunsten verfügt worden, eine solche Verfügung nicht schlechthin ungültig, der einzelne Miterbe vielmehr befugt sei, über seinen Antheil an bestimmten Nachlaßstücken soweit zu disponiren, als sie ihm bei der künftigen Erbauseinandersetzung zufallen würden. (Erkenntnisse vom 31. März 1862, vom 23. Mai 1862, vom 18. Dezember 1876, vom 12. Januar 1863, vom 7. Oktober 1864 — Entsch. Bd. 47 S. 146 speziell 151, Bd. 47 S. 153, Bd. 80 S. 76 speziell S. 79, 80, Striethorst, Archiv Bd. 47 S. 303, Bd. 56 S. 221.)

Geht man hiervon aus, so sind die Ausführungen des B.R. hinfällig; es besteht vielmehr für die Kläger ein nicht zu bezweifelndes rechtliches Interesse bezüglich der Frage, ob die schon 10 Tage nach dem Tode der Erblasserin vor dem Amtsgerichte von C. v. Z. erklärte Abtretung seiner ihm an dem Nachlasse zustehenden Quote zum freien und unbeschränkten Eigenthume an seinen jetzt verklagten Bruder — als eine ernst gemeinte oder aber nur zum Scheine erfolgte anzusehen ist. Die Beantwortung dieser Frage ist von entscheidender Bedeutung für den Klageantrag, welcher dahin geht, zu erkennen: „daß die gerichtliche Cession vom 21. Oktober 1882, durch welche C. v. Z. seine Forderungen an den Nachlaß seiner Mutter dem Beklagten J. v. Z. abgetreten hat, — den Klägern gegenüber für unwirksam, und der Beklagte demgemäß nicht für berechtigt zu erachten, auf Grund derselben die Ansprüche des C. v. Z. an jenen Nachlaß für sich geltend zu machen.“ Zur Begründung dieses Antrages haben die Kläger nicht nur in der zweiten Instanz geltend gemacht, daß die Abtretung der Nachlaßquote des C. v. Z. an dem Nachlasse seiner Mutter an den Beklagten in der Absicht erfolgt sei, die Rechte der Gläubiger des ersteren zu beeinträchtigen, sondern auch — wie der von dem B.R. in Bezug genommene erstrichterliche Thatbestand ergiebt — schon in erster Instanz behauptet, daß im Jahre 1883 C. v. Z. mit zwei Kaufleuten aus Ch. in Polen (den Klägern) zu dem Beklagten gekommen sei und von demselben Geld zur Befriedigung seiner Gläubiger verlangt, Beklagter aber erklärt habe, daß er ihm, dem C. v. Z., kein Geld verschulde, und daß er ja selbst wisse, „die Cession sei nur deshalb gemacht, damit die Kläger ihm — dem C. — nichts anhaben könnten." Diese Behauptungen hat der B.R. bezüglich der von den Klägern behaupteten Scheincession nicht gewürdigt. Deshalb mußte das angefochtene Urtheil aufgehoben und die Sache zur anderweiten Verhandlung und Entscheidung in die Berufungsinstanz zurückverwiesen werden, wobei auch die unstreitige Thatsache in Betracht zu ziehen ist, daß in der Cessionsurkunde von einer Cessionsvaluta überhaupt keine Rede ist."

94. **Folgen der Unterlassung der Aufforderung an den Bevollmächtigten, die Vollmacht anzuzeigen** (Allg. L.R. I, 13 § 91). Urth. des V. Civilsenats vom 8. Juli 1885 in Sachen R. K. in G., Beklagten und Revisionsklägers, wider H. in L., Kläger und Revisionsbeklagten. Vorinstanz: O.L.G. Hamm. Verwerfung. (V, 24/85.)

Dem Kläger ist in dem Kaufkontrakte vom 2. Januar 1873 für drei Jahre der Wiederkauf der an den Beklagten verkauften Gegenstände vorbehalten. Nach dem vom B.R. in Bezug genommenen Thatbestande des ersten Urtheils hat er am 31. Juli 1875 durch seinen hierzu bevollmächtigten Halbbruder M. S. dem Beklagten den Wiederkaufspreis aufzählen und die Erklärung abgeben lassen, daß er von dem Wiederkaufsrechte Gebrauch machen wolle, worauf von dem Beklagten die Herausgabe der verkauften Gegenstände und die Annahme des Geldes verweigert worden ist. Der Beklagte setzte der erhobenen Klage in erster Instanz nur den Einwand entgegen, daß das Wiederkaufsrecht des Klägers erloschen sei, und machte nach Verwerfung desselben erst in zweiter Instanz geltend, daß S. das vorbehaltene Wiederkaufsrecht nicht ausdrücklich im Namen des Klägers ausgeübt und daß dieser deshalb keinen Anspruch dadurch erworben habe. Nachdem aber von dem B.R. thatsächlich festgestellt ist, daß S. das Wiederkaufsrecht in der That ausdrücklich im Namen und als Bevollmächtigter des Klägers ausgeübt hat, und daß die ihm zu diesem Zwecke ertheilte notarielle Vollmacht am 28. Dezember 1875 ausgestellt war, rügt jetzt die Revision, daß das Wiederkaufsrecht des Klägers nicht als begründet angesehen werden könne, weil der gedachte Bevollmächtigte sich durch Vorzeigung der Vollmacht hätte legitimiren müssen, aber nicht einmal behauptet und festgestellt sei, daß dieselbe am 31. Dezember 1875 bereits ausgefertigt und ihm übergeben gewesen sei.

„Nach dem Vorstehenden erscheint diese Rüge schon deshalb als hinfällig, weil sie das Vorbringen eines neuen, in den Vorinstanzen nicht geltend gemachten Einwandes enthält. Der letztere würde aber, wenn er rechtzeitig erhoben wäre, zu verwerfen gewesen sein. Nach § 91 Th. 1 Tit. 13 des Allg. L.R. hat der Dritte, welcher mit einem Bevollmächtigten zu unterhandeln im Begriff steht, das Recht, die Vorzeigung der Vollmacht zu fordern. Hieraus folgt nun allerdings, daß ein Bevollmächtigter, welcher diesem Verlangen nicht nachkommen kann oder sich dessen weigert, als zu der betreffenden Verhandlung nicht legitimirt anzusehen ist. Nicht minder ergiebt sich aber daraus, daß der Dritte, welcher das bezeichnete Verlangen nicht sofort bei der Verhandlung mit dem Bevollmächtigten ausspricht, diesen als zu derselben legitimirt annimmt und als legitimirt gelten lassen muß, wenn nur das Vorhandensein der Vollmacht nachträglich nachgewiesen werden kann. In dem vorliegenden Falle ist aber nachgewiesen, daß der Halbbruder des Klägers am 31. Dezember 1875 zu der fraglichen Erklärung bevollmächtigt war, und von dem Beklagten ist nicht geltend gemacht, daß er von demselben damals die Vorzeigung der Vollmacht erlangt habe. Unter diesen Umständen war es unerheblich, ob der gedachte Bevollmächtigte zu seiner Zeit sich schon im Besitz der ausgefertigten schriftlichen Vollmacht befand und ebenso, ob sie bereits ausgefertigt war."

95. **Die Erklärung, kompensiren zu wollen, ist an keine andere als die für Einreden im Prozeß vorgeschriebene Frist gebunden. Rückwirkende Kraft der rechtzeitigen Erklärung** (Allg. L.R. I, 16 §§ 301, 361). Urth. des V. Civilsenats vom 1. Juli 1885 in Sachen F. H. zu D., Beklagten und Revisionsklägers, wider G. H., das., Kläger und Revisionsbeklagten. Vorinstanzen: L.G. Duisburg, O.L.G. Hamm. Aufhebung und Abänderung. (V, 14/85.)

„Dem B.R. fällt eine die Revision begründende Gesetzesverletzung insofern zur Last, als er auch für den Fall, daß die Hauptforderung des Klägers nicht, wie dieser behauptet, 30 000 ℳ, sondern der Angabe des Beklagten entsprechend, nur 13 000 ℳ beträgt, die Fälligkeit des Kapitals auf Grund der der Klage vorausgegangenen Kündigung angenommen und demgemäß für den Nichtschwörungsfall des dem Kläger auferlegten Eides den Beklagten zu Zahlung der Kapitalssumme von 13 000 ℳ verurtheilt hat. Es steht nämlich nach Inhalt des B.U. fest, daß die Zinsen von 13 000 ℳ für die Zeit vom 1. Juni 1881 bis dahin 1884 gegen eine dem jetzigen Beklagten wider den jetzigen Kläger in einem besonderen

Prozeß zugesprochene höhere Forderung aufgerechnet worden sind, und es ergiebt sich aus den im Thatbestand des B.R. in Bezug genommenen Entscheidungen vom 2. November 1882 und 8. Februar 1884, daß die Gegenforderung des Beklagten früher entstanden ist, als die Fälligkeit der ersten Zinsenrate vom 1. Dezember 1881 eintrat, durch deren Nichtbezahlung der Kläger die Befugniß zur Aufkündigung des Kapitals vor dem vereinbarten Fälligkeitstermine erlangt haben will.

Wenn der B.R. den hierauf bezüglichen dilatorischen Einwand des Beklagten aus dem Grunde verworfen hat, weil der letztere seine Gegenforderung nicht rechtzeitig d. h. nicht zur Zeit der Fälligkeit der ersten Zinsenrate oder doch in der vertragsmäßigen Frist von 6 Wochen ausdrücklich zum Zwecke der Aufrechterhaltung geltend gemacht habe, so ist zwar richtig, daß das bloße gleichzeitige Bestehen von Forderung und Gegenforderung nicht deren Kompensation bewirkt, daß es vielmehr zu letzterer eines Willensakts, der Erklärung, kompensiren zu wollen, bedarf; aber unrichtig ist, daß diese Erklärung an eine andere Frist gebunden wäre, als die für Einreden im Prozeß vorgeschriebene: wird sie gegenüber der Klage auf Bezahlung der Forderung vom Beklagten zu rechter Zeit als Einrede erklärt, so ist sie rechtzeitig geltend gemacht; sind dann die objektiven Voraussetzungen der Kompensation vorhanden, so tritt sie kraft dieser Geltendmachung mit rückwirkender Kraft ein, dergestalt, daß alle aus der Nichtbezahlung der Forderung herzuleitenden Rechtsfolgen und Nachtheile beseitigt sind. Vergl. §§ 301 u. 361 des Allg. L.R. Th. I, Tit. 16; Entsch. des Ob.Trib. Bd. 46 S. 112; Striethorst Archiv Bd. 77 S. 154.

Beklagter hat nun die ihm in dem Nebenprozeß zugesprochene Forderung im vorliegenden Prozeß als Kompensationsforderung gegenüber dem am 1. Dezember 1881 fällig gewordenen, hier mit eingeklagten Zinsenanspruche von 13 000 ℳ geltend gemacht, indem er nach dem im B.U. in Bezug genommenen Thatbestand des ersten Urtheils erklärt hat: die Zinsen (des Kapitals von 13 000 ℳ) habe Kläger nicht zu fordern gehabt, weil dieser ihm ausweise der Prozeßakten O. 204, 81 einen weit größeren Betrag für ihm verbliebene Saldos verschulde. Es ist denn auch, wie bereits bemerkt, thatsächlich im Laufe des Prozesses die Aufrechnung der miteingeklagten Zinsen von 13 000 ℳ bis zum 1. Juni 1884 gegen die in dem Nebenprozeß erstrittene vor der Fälligkeit der ersten Zinsenrate entstandene Gegenforderung des Beklagten erfolgt und daß dies geschehen, durch Zurücknahme der Klage wegen dieser Zinsen anerkannt worden. Hiernach aber ist unter der Voraussetzung, daß die eingeklagte Kaufgeldforderung nur 13 000 ℳ beträgt, die Zinsenforderung des Klägers, durch deren Nichtzahlung das Kündigungsrecht des Klägers und die davon abhängige Fälligkeit des Kapitals begründet sein würde, als schon mit dem Moment der Entstehung erloschen, mithin auch das Kündigungsrecht des Klägers als nicht existent geworden zu erachten (§ 301 Tit. 16 Th. I des Allg. L.R.). Hieraus folgt, daß für den Fall der Nichtleistung des dem Kläger auferlegten Eides die Klage auf Zahlung des Kapitals von 13 000 ℳ vorzeitig erhoben, und in Folge dessen unter Abänderung des ersten Urtheils auf die Anschlußberufung des Beklagten insoweit zur Zeit abzuweisen ist."

96. **Unverträglichkeit und Zanksucht ist schon dann** (nach § 703 II, 1 des Allg. L.R.) **Ehetrennungsgrund, wenn ein Nachtheil für Leben oder Gesundheit des andern Ehegatten entstehen kann** (nicht blos, wenn solcher Nachtheil bereits entstanden ist). Urth. des IV. Civilsenats vom 2. Juli 1885 in Sachen C. M. zu H., Klägers und Revisionsklägers, wider uxorem das., Beklagte und Revisionsbeklagte. Vorinstanz: O.L.G. Naumburg. Aufhebung und Zurückverweisung. (IV, 98/85.)

„Die Klage ist auf die Vorschrift des § 703 II, 1 des Allg. L.R., Unverträglichkeit und Zanksucht, gestützt, und der B.R. stellt fest, und die Akten lassen darüber auch keinen Zweifel, daß die Beklagte seit Jahren in hohem Grade unverträglich und zanksüchtig, namentlich auch im Verhältnisse zu dem Kläger, gewesen ist. Allein der B.R. vermißt für diese Ausbrüche eines leidenschaftlichen Gemüthes, die selbst bis zu Thätlichkeiten gegen den Kläger geführt haben, den Nachweis, daß dadurch das Leben und die Gesundheit des Klägers in Gefahr gesetzt würden, indem er einen in dieser Beziehung von dem Kläger angetretenen Sachverständigen-Beweis — als zu allgemein und unbestimmt — abgelehnt hat. Der Kläger hat nämlich behauptet, daß durch die Zanksucht der Beklagten und den ihm dadurch verursachten Aerger seine Gesundheit schon mehrfach erschüttert und daß bei fernerem Zusammenleben mit der Beklagten seine Gesundheit, ja selbst sein Leben gefährdet sei. Das erachtet der B.R. nicht für genügend; er verlangt, daß der Kläger angeben soll, in welcher Art, in welcherlei Krankheit oder Unwohlsein seine Gesundheit in Folge der Zanksucht der Beklagten erschüttert worden sei, indem ein ärztliches Gutachten nur auf Grund spezieller Thatsachen erfordert werden kann. Allein darin geht der

B.R. viel zu weit. Das Gesetz verlangt im § 703 a. a. O. überhaupt nicht den Eintritt eines effektiven Nachtheiles oder Schadens an Leben oder Gesundheit, sondern ist fürsorglich auch in Fällen, in welchen solcher Nachtheil entstehen kann. Dann setzt das, was der B.R. von dem Kläger verlangt, selbst schon sachverständige, insbesondere ärztliche Kenntnisse voraus und fällt somit in den Rahmen des Gutachtens. An sachlichem Material fehlt es für dasselbe auch nicht, da die Ausschreitungen der Beklagten in den Akten niedergelegt sind und der Sachverständige beurtheilen wird, welcher Einfluß denselben für die Gesundheit des Klägers — nach dessen körperlicher Konstitution und Gemüthsart — beizulegen ist."

97. **Das Rechtsverhältniß der väterlichen Gewalt wird von den am Wohnorte des Gewalthabers geltenden Recht beherrscht. Der Rechtsnachtheil des Th.** II **Tit. 1 der §§ 1001, 1002 des Preuß. L.R. wird nur für die unter Herrschaft dieses Gesetzbuches geschlossenen weiteren Ehen angedroht.** Urth. des I. Civilsenats in Sachen Dr. O. S. zu P., Beklagten und Revisionsklägers, wider R. G. zu F., Kläger und Revisionsbeklagten. Vorinstanz: O.L.G. Rostock. Verwerfung. (I, 180/85.)

„Der Beklagte hat das vorige Urtheil nur insofern angegriffen, als es den gegen die Berechtigung des Klägers, vermöge väterlicher Gewalt im Namen seines Sohnes zu klagen, erhobenen Einwand verworfen hat, daß er nach dem Preuß. Allg. L.R. Th. II, Tit. 1 §§ 1001, 1002 die Verwaltung des Vermögens seiner Kinder deshalb verloren habe, weil er zur weiteren Ehe geschritten sei, ohne sich mit denselben auseinandergesetzt zu haben. Aber da der Kläger zur Zeit der Eingehung seiner zweiten Ehe seinen Wohnsitz in Hannover hatte, wo das Preuß. L.R. nicht gilt, so war der Entscheidung des O.L.G. durchaus beizustimmen; denn einerseits steht es außer allem Zweifel, daß das Rechtsverhältniß der väterlichen Gewalt von den an dem jedesmaligen Wohnorte des Gewalthabers geltenden Rechtsnormen beherrscht wird, und andererseits droht das Preuß. L.R. jenen Rechtsnachtheil nur als sofortige Folge bei weiteren Ehen, die unter *seiner* Herrschaft geschlossen werden, an; läge übrigens dieser letztere Punkt selbst anders, so würde dies nicht einmal einen Revisionsgrund abgeben, da die Normen des Preuß. L.R. nach § 511 der C.P.O. im Bezirke des O.L.G. zu Rostock nicht revisibel sind."

98. Die Befugniß des Bevollmächtigten zur Wechselzeichnung für den Machtgeber erfordert eine Spezialvollmacht (Allg. L.R. I, 17; II, 6 §§ 11—14). Urth. des I. Civilsenats vom 4. Juli 1885 in Sachen R. zu B., Klägers und Revisionsklägers, wider die D. Vieh-vers.-Ges. P. zu B., Beklagte und Revisionsbeklagte. Aufrechterhaltung des Versäumnißurtheils des Reichsgerichts. (I, 157/85.)

Die Beklagte ist weder eine Aktiengesellschaft noch eingetragene Genossenschaft, noch betreibt sie Handelsgeschäfte, namentlich besteht der Gegenstand ihres Unternehmens nicht in der Uebernahme von Versicherungen auf Prämie, sondern sie ist eine nach den Grundsätzen der Gegenseitigkeitsversicherung gegründete, landespolizeilich genehmigte Gesellschaft zur Versicherung der Mitglieder gegen ihre Verluste im Viehstande. In den Urtheilen beider Instanzen sind die dem Kläger ungünstigen Entscheidungen darauf gestützt, daß nach den maßgebenden Grundsätzen des Preuß. Allg. L.R. die von O. U. in der Beklagten Namen vollzogene Wechselacceptation, da er eine Spezialvollmacht zur Eingehung von Wechselverpflichtungen für die Beklagte nicht besessen habe, die Beklagte nicht verpflichte.

„Die im Namen des Revisionsklägers gegen das B.U. geltend gemachten Angriffe treffen nicht zu. Es ist bei denselben übersehen, daß die herangezogenen oberstrichterlichen Entscheidungen sich auf Wechselausstellungen durch die Willensorgane juristischer Personen beziehen, während die Beklagte der juristischen Persönlichkeit entbehrt. Ebensowenig sind (was von Amts wegen erwogen ist), die Normen von den Befugnissen eines Liquidators einer offenen Handelsgesellschaft, Kommanditgesellschaft oder Aktiengesellschaft auf den vorliegenden Fall anwendbar. Die Beklagte ist nicht unter irgend eine dieser Gesellschaftsarten zu subsumiren, ist vielmehr eine Gesellschaft im Sinne des Tit. 17 Th. I des Preuß. Allg. L.R. Höchstens könnte in Frage kommen, ob dieselbe etwa eine erlaubte Privatgesellschaft im Sinne der §§ 11—14 Tit. 6 Th. II desselben Gesetzbuches sei. Diese ist aber nach der ausdrücklichen Vorschrift des Gesetzes im Verhältniß zu anderen keine moralische Person. Es kann daher die Frage, inwieweit eine solche Gesellschaft durch in ihrem Namen von Vertretern vollzogene Rechtshandlungen im Verhältniß zu Anderen verpflichtet werde, ebenso, wie die gleiche Frage bezüglich einer Gesellschaft nach Tit. 17 Th. I des Preuß. Allg. L.R. nur nach den allgemeinen Grundsätzen des Preuß. Allg. L.R. von Vollmachten, oder Geschäftsführung ohne Auftrag u. s. w. beurtheilt werden. Im vorliegenden Falle ist keine Grundlage für einen anderweitigen Verpflichtungsgrund behauptet, als diejenige der Existenz einer Vollmacht. Nach den betreffenden Normen des Preuß. Allg. L.R. muß aber (wie das B.G. in Uebereinstimmung mit den zutreffenden hierdurch in Bezug genommenen Ausführungen des in den Entsch. des R.O.H.G. Bd. XXII S. 114 folgenden Urtheils vom 17. März 1877 klargelegt hat), eine Spezialvollmacht zur Eingehung von Wechselverbindlichkeiten für den Machtgeber vorliegen, wenn letzterer durch in seinem Namen von einem Mandatar gezeichnete Wechsel verpflichtet werden soll. An einer solchen Vollmacht mangelt es in vorliegendem Falle. Die Wechselforderung des Klägers ist daher nicht begründet."

99. **Umfang der Leistungsfähigkeit der Kirchenkasse und der subsidiär eintretenden Beitragspflicht des Patrons.** (Allg. L. R. II, 11, § 713, Märk. Provinzialrecht.) Urth. des IV. Civilsenats vom 9. Juli 1885 in Sachen der Stadtgemeinde Berlin, Klägerin und Revisionsklägerin, wider die Kirchengemeinde Rixdorf, Beklagte und Revisionsbeklagte. Vorinstanz: Kammerger. Berlin. Verwerfung (IV, 108/85.)

„Die Vorentscheidung stützt sich auf den mit Recht auch für das Allg. L. R. aufgestellten Grundsatz des Märkischen Provinzial-Rechts, daß die kirchliche Baulast des Patrons zwar eine subsidiäre ist, aber im Fall ihres Eintritts wie bei anderen nur an eine Bedingung geknüpften Verbindlichkeiten den Patron zum eigentlichen Schuldner macht, und ihm eine eigene Schuld im Gegensatz zur Haftung für eine fremde Schuld auferlegt, so daß seine Leistung zum Kirchenbau nicht als ein einstweiliger Vorschuß für die zunächst und vor ihm verhaftete Kirchenkasse zu betrachten, und er nicht berechtigt ist, gegen letztere, nachdem er seinen Beitrag geleistet und in einem späteren Zeitpunkt die Vermögenslage der Kirchenkasse sich gebessert hat, einen Erstattungsanspruch geltend zu machen. Dieser Grundsatz ist als ein aus dem Märkischen Provinzialrecht abgeleiteter eine nicht revisibele Rechtsnorm, daher hier maßgebend, und beseitigt den klägerischen Anspruch, insofern derselbe daraus hergeleitet ist, daß der von der Klägerin zum Bau der Kirche der Beklagten geleistete Beitrag die Natur eines Vorschusses habe, und das Vermögen der Beklagten durch den im Jahre 1884 erfolgten Verkauf der alten Kirche um 6300 ℳ vermehrt worden sei.

Klägerin hat in der Berufungsinstanz noch ausgeführt, bei dem dem Regierungsresolute vom 24. Juli 1879 zu Grunde gelegten Etat habe das alte Kirchengrundstück mit dem darauf befindlichen Kirchengebäude in Betracht gezogen werden müssen, dies sei nicht geschehen, das Grundstück habe schon damals ein Vermögensstück der Beklagten dargestellt, welches nur noch nicht in seinen Werth umgesetzt, noch nicht flüssig gewesen sei, und das damals wegen vorübergehenden

Unvermögens der Beklagten Geleistete müsse erstattet werden, soweit es die Vermögenslage der Beklagten zulasse.

Zunächst ist festzuhalten, daß der Umfang der Leistungsfähigkeit der Kirchenkasse sowie der subsidiär eintretenden Beitragspflicht des Patrons zum Kirchenbau sich nach dem Zustande der Kirchenkasse in dem Zeitpunkte bestimmt, in welchem die Baukosten erforderlich sind; dieser Zeitpunkt ist gekommen, wenn die Beiträge resolutorisch festgesetzt und der Kirchenkasse resp. dem Patron aufgelegt sind, und ist jedenfalls abgelaufen, nachdem die Beiträge gezahlt und durch Vollendung des Baues aufgewendet sind. Das erst nach Ausführung des Neubaues verkaufte Grundstück nebst Kirche ist selbstverständlich kein geeignetes Geldmittel zur Bestreitung der Baukosten gewesen und die Möglichkeit und Zulässigkeit seiner damaligen Verwerthung und Umwandlung in Geld ist weder behauptet noch ohne Weiteres anzunehmen. Ebensowenig ist etwas dafür vorgebracht, daß schon damals der spätere Verkauf des Grundstücks wenigstens in Aussicht genommen war. Es liegt also die Sache nur so, daß Beklagte zur Zeit des Neubaues und der Einzahlung des klägerischen Kostenbeitrages das alte Kirchengrundstück eigenthümlich besessen und erst später dasselbe für 6300 ℳ verkauft hat, und hieraus folgt nur, daß Beklagte erst durch diesen Verkauf ein zur Bestreitung von Baukosten verwendbares Objekt erworben, nicht aber daß sie schon vorher in dem verkauften Grundstück ein für den gedachten Zweck dienliches Vermögensstück besessen hat. Hieran wird auch nichts durch den von der Revisionsklägerin hervorgehobenen Umstand geändert, daß das verkaufte Grundstück erst durch den Kirchenbau disponibel geworden ist. Das Verlangen der Klägerin, den Kaufpreis für das alte Kirchengrundstück als ein nur noch nicht in seinen Werth umgesetztes, nur noch nicht flüssig gemachtes Vermögensstück dem Etat behufs Repartition der Baukosten zuzusetzen, ist daher nicht gerechtfertigt.

Außerdem leuchtet ein, daß die Leistungsfähigkeit der Kirchenkasse gemäß des mit dem Märkischen Provinzialrecht übereinstimmend erklärten § 713 Th. II Tit. 11 Allg. L.R. nach den kirchlichen Bedürfnissen in demjenigen Zeitpunkte zu beurtheilen ist, in welchem die Kirchenkasse sich im Besitze solcher Geldmittel, um deren Verwendung es sich handelt, befindet und deren Verwendung vorzunehmen im Stande ist, und da Beklagte die 6300 ℳ (deren Zahlung an sie auch noch nicht feststeht) erst durch Verträge vom Jahre 1884 erworben hat, so beruht der klägerische Anspruch auf der Feststellung, daß der Kaufpreis der 6300 ℳ ohne Nachtheil der aus der Kirchenkasse neuerdings zu bestreitenden jährlichen Ausgaben zu den Baukosten verwendet werden könne. Klägerin hat dies auch allgemein unter Bestreiten der Beklagten behauptet, aber nichts angeführt, woraus auf die Richtigkeit ihrer Behauptung geschlossen werden könnte, und es fehlt jeder Anhalt, um die Entbehrlichkeit der 6300 ℳ für die gegenwärtigen kirchlichen Bedürfnisse, insoweit die richterliche Kognition hierüber eintreten kann, zu beurtheilen und als festgestellt anzusehen. Auch dieser Mangel steht dem klägerischen Anspruche entgegen, und es bedarf nicht weiter des Eingehens auf die Wirkung der rechtskräftig entschiedenen Sache des Vorprozesses."

100. **Bauten an Flüssen müssen, so lange eine Normaluferlinie noch nicht festgesetzt ist, nicht gänzlich unterbleiben** (Allg. L.R. II, 15 §§ 61, 62; I, 8 § 65). Urth. des V. Civilsenats vom 27. Juni 1885 in Sachen L. zu B., Klägers und Revisionsklägers, wider die Stadtgemeinde Berlin und Genossen, Beklagte und Revisionsbeklagte. Vorinstanz: Kammerger. Berlin. Aufhebung und Zurückverweisung. (V, 234/84.)

Nach dem Thatbestand des B.U. hat der Kläger prinzipaliter gebeten, die Beklagte zur Zahlung des von ihm angegebenen Betrages zu verurtheilen, event. aber die früher von ihm allein gestellten Anträge, die Verpflichtung zum Schadensersatz vorbehaltlich der Ermittelung des Betrages auszusprechen, wiederholt. Der B.R. hat über den prinzipalen Antrag definitiv erkannt, und ihn abgewiesen, weil ein Schaden für den Kläger überhaupt nicht erwachsen sei. Für die Zurückweisung des Antrages, die Beklagte zum Ersatz desjenigen, in bestimmter Summe angegebenen Schadens, welcher aus der Verhinderung des vorgelegten Projektes dem Kläger erwachsen ist, zu verurtheilen, führt der B.R. an, daß dem Kläger durch die Versagung des Baukonsenses seitens der städtischen Behörde für die hier fragliche Zeit ein Schaden überhaupt nicht erwachsen sei, weil der Beweis erbracht worden, daß Kläger an der Spree, also an einem öffentlichen Flusse, vor Feststellung der Normaluferlinie, d. h. vor dem 2. Oktober 1877, nicht habe bauen dürfen, also die Versagung den Schaden nicht habe verursachen können.

„Die hiergegen erhobenen Beschwerden des Klägers sind für begründet erachtet. Nach dem Allg. L.R. Th. I Tit. 8 § 65 ist in der Regel jeder Eigenthümer befugt, seinen Grund und Boden mit Gebäuden zu besetzen. Der hierin sanktionirte Grundsatz der Baufreiheit des Eigenthümers wird in Bezug auf Bauten an Flüssen durch die §§ 61, 62 des Allg. L.R. Th. II Tit. 15 nicht in der Weise eingeschränkt, daß dieselben, so lange eine Normaluferlinie überhaupt noch nicht festgesetzt ist, gänzlich unterbleiben müssen. Das Preuß. Ober-Verwaltungsgericht hat vielmehr mit Recht ausgesprochen (Entsch. Bd. II S. 362, 371), daß nach dem Gesetze vom 2. Juli 1875 der Baukonsens deshalb nicht versagt werden darf, weil eine dem Gesetze entsprechende Baufluchtlinie thatsächlich noch nicht festgestellt ist. Denselben Rechtsgrundsatz wendet das Ober-Verwaltungsgericht in dem vom Kläger mit der Revisionsbegründung abschriftlich überreichten Urtheil vom 13. März 1882 auf Fluchtlinien an einem Festungsgraben in Berlin an. Ist dies richtig, so wird die Entscheidung des B. R., daß dem Kläger ein Schaden nicht erwachsen sei, durch den hierfür angegebenen Grund nicht gerechtfertigt."

101. **Begriff der Position „Verträge" im Tarif zum Stempelgesetz vom 7. März 1822. Stempelpflicht der unausgefertigten „Charte-Partie".** Urth. des IV. Civilsenats vom 2. Juli 1885 in Sachen des Preuß. Fiskus, Beklagten und Revisionsklägers, wider die Aktiengesellschaft N. D.-K. zu St., Klägerin und Revisionsbeklagte. Vorinstanzen: L. G. und O. L. G. Stettin. Aufhebung und Bestätigung des Urtheils erster Instanz (Klageabweisung). (IV, 94/85.)

„Die Position „Verträge" im Tarif zum Stempelgesetz vom 7. März 1822 bestimmt nicht eine Befreiung von der Stempelpflicht überhaupt, sondern verordnet nur, daß der dort ausgeworfene Stempelbetrag von 15 Sgr. keine Anwendung erleidet, sofern für einzelne Gattungen von Verträgen ein durch den Tarif besonders bestimmter Stempel zu entrichten ist. Da verschiedene Vertragsgattungen im Tarif mit einem besonderen Stempel belegt sind, so ist es nur erforderlich gewesen, für die zu diesen namentlich aufgeführten Gattungen nicht gehörigen Verträge eine Bestimmung zu treffen und, damit nicht eine Doppelbesteuerung oder Unsicherheit in der Wahl des anwendbaren Stempels eintrete, zu verordnen, daß der allgemeine Vertragsstempel allein bei denjenigen Verträgen stattfindet, welche nicht in einer besonderen Tarifposition einem anderweitigen Stempel unterworfen sind. Hiernach ist von vornherein anzunehmen, daß das Gesetz bei der Position „Verträge" hat aussprechen wollen, daß alle Verträge, welche nicht nach einer anderen Position einen besonderen Stempel erfordern, einem Stempel von 15 Sgr. unterliegen, und hieraus würde mit Nothwendigkeit zu folgern sein, daß gemäß der Position „Verträge" *alle* Verträge stempelflichtig sind, und einem Stempel entweder nach den besonderen Bestimmungen im Tarif oder nach der allgemeinen Position „Verträge" verfallen. Die Position „Charte-Partie" bezieht sich allein auf dergleichen Urkunden, welche bei einer Behörde ausgefertigt sind, nicht auf solche, welche der Ausfertigung entbehren, und letztere würden daher nach dem eben Gesagten unter die allgemeine Position „Verträge" fallen, und den dort bestimmten Stempel von 15 Sgr. erfordern. Daß dies die Absicht des Gesetzes ist, hat auch darin bestimmten Ausdruck gefunden. Nicht nur ist mit dem Ersten Richter anzunehmen, daß die Position „Charte-Partie" nicht eine Gattung, sondern nur eine formell ausgezeichnete Art einer Gattung von Verträgen behandelt, sondern in der Position „Verträge" können die Worte „sofern für . . . . . . zu entrichten ist" nur auf diejenigen Verträge bezogen werden, welche in anderen Positionen mit einem besonderen Stempel belegt sind, nicht auf diejenigen, welche in anderen Positionen zwar genannt, aber nicht mit einem Stempel belegt sind, und jene Worte haben ganz dieselbe Bedeutung wie der bei der Position „Amtliche Ausfertigungen" befindliche Zusatz: „insofern sie in gegenwärtigem Tarif nicht besonders taxirt werden," was nichts Anderes heißt, als daß amtliche Ausfertigungen stets stempelpflichtig sind, zunächst nach den speziellen Positionen und bei deren Ermangelung nach der allgemein davon handelnden Position.

Unerheblich ist, daß die Positionen „Verträge" und „Charte-Partien" einen geringen Unterschied in den von ihnen bestimmten Stempelbeträgen zeigen, wonach für die als amtliche Ausfertigungen zu taxirenden Chartepartien nach dem Ermessen der Behörden ausnahmsweise in Berücksichtigung gewisser konkreter Umstände der die Regel bildende Stempel von 15 Sgr. auf 5 Sgr. herabgemindert werden kann. Diese Besonderheit und unter Umständen zugelassene Minderbesteuerung der behördlich ausgefertigten Chartepartien ist von zu geringer Bedeutung und giebt keinen ausreichenden Grund, um die privatschriftlichen Chartepartien, welchen die gleiche Begünstigung nicht zugestanden ist, als von dem allgemeinen Vertragsstempel befreit anzusehen. Der angeblich entgegenstehende Standpunkt in der bisher befolgten praktischen Anwendung des Gesetzes ist für die richterliche Auslegung ohne Einfluß."

102. **Eine Straßenbahnanlage kein Immobile im Sinne des § 5 des Stempelgesetzes vom 7. März 1822.** Urth. des IV. Civilsenats vom 2. Juli 1885 in Sachen des Steuerfiskus, Beklagten und Revisionsklägers, wider die Aktiengesellschaft Cr.-Uerd. Lokalbahn, Klägerin und Revisionsbeklagte. Vorinstanz: Kammerger. Berlin. Verwerfung. (IV, 95/85.)

„Der B.R. hat die alleinige Streitfrage: ob die Straßenbahnanlage, bestehend in den auf fremdem Grund und Boden festgelegten eisernen Geleisen, als ein Grundstück oder unbewegliches Zubehör eines solchen anzusehen und deshalb mit dem Immobiliarkaufstempel von 1% zu belegen ist, mit Recht verneint. Er stellt zunächst thatsächlich angriffsfrei fest, daß die Straßenbahn selbst unabhängig von den sogenannten Depotgrundstücken, auf denen das Betriebsmaterial — Pferde oder Lokomotiven und Wagen — aufbewahrt werde, besteht, daß der nicht unbedingt nothwendige Anschluß an dieselben sich beliebig verändern und der Aufbewahrungsort verlegen lasse, ohne den Betrieb der Bahn zu beeinflussen, und daß letztere sich als Hauptsache zu dem Betriebsmaterial als Nebensache verhalte, weshalb auch die Depotgrundstücke selbst nicht nothwendig seien zum Betriebe und der Bahninhaber sie nicht eigenthümlich zu besitzen brauche. Unter diesen Voraussetzungen kann die Straßenbahnanlage nach §§ 42, 46 Th. I, Tit. 2 des Allg. L. R. weder als ein Bestandtheil, noch als ein unbewegliches Pertinenzstück jener Grundstücke in Betracht kommen. Aus § 108 a. a. O. folgt, daß sie auch nicht ein Zubehör des in fremdem Eigenthum befindlichen Straßenterrains sein kann, auf dem sie angelegt ist.

Der Richter charakterisirt sodann die Straßenbahnanlage zwar nach § 6 a. a. O. als eine unbewegliche Sache und als ein Bauwerk auf fremdem Grund und Boden, er spricht ihr aber die Eigenschaft eines Immobile im Sinne des maßgebenden § 5 des Stempelgesetzes vom 7. März 1822 um deswillen ab, weil ihre Verbindung mit dem — fremden — Grundstück nicht von rechtlicher Dauer ist und nicht auf einem dinglichen Rechte des Bauenden, sondern allein auf einem vorübergehend auf bestimmte Zeit durch Vertrag eingeräumten persönlichen Rechte beruht. Dieser Ansicht ist beizustimmen, weil die Annahme einer Pertinenz nicht Platz greift und das Straßenbahngeleise nicht den Grundstücken und Grundgerechtigkeiten, von denen allein der bezogene § 5 redet, beizuzählen ist. Der Beklagte macht hiergegen geltend, daß die Veräußerung des Geleises nicht zum Zweck des Abbruchs, sondern der fortgesetzten Benutzung in der Gestalt, wie es bei Abschluß des Veräußerungsvertrages vorhanden war, erfolgt sei, und daß es nicht darauf ankomme, ob ein derartiges Bauwerk an sich zu einer dauernden Verbindung mit dem Grund und Boden bestimmt ist, sondern darauf, welche Bestimmung es in dieser Beziehung nach Inhalt des abgeschlossenen Vertrages haben soll. Dem steht entgegen, daß der Richter aus dem mitgetheilten Inhalt der bezogenen Verträge thatsächlich fehlerfrei im Wege der ihm zustehenden Auslegung entnommen hat: „auch von den Eigenthümern des Grund und Bodens einerseits und der Klägerin beziehungsweise ihren Rechtsvorgängern anderseits sei eine dauernde Verbindung nicht beabsichtigt, vielmehr den Eigenthümern nur das Recht eingeräumt worden, die Anlage nach Ablauf der Konzession selbst zu übernehmen und wenn sie dies nicht wollen, die Klägerin verpflichtet, die Anlage wieder zu entfernen und den alten Zustand wiederherzustellen." Danach ist weder, wie Beklagter irrig annimmt, die Bahnanlage zu dauernder Fortbenutzung verkauft, noch durch den Kaufvertrag eine dauernde Benutzung daran zugesichert worden."

103. Ersitzung eines im Grundbuch eingetragenen Grundstückes nach § 6 des Grundbuchgesetzes. Urth. des V. Civilsenats vom 8. Juli 1885 in Sachen der A. K. zu B., Beklagte und Revisionsklägerin, wider E. daselbst, Kläger und Revisionsbeklagten. Vorinstanz: Kammerger. Berlin. Verwerfung. Die Vorinstanzen haben verurtheilt. (V, 21/85.)

In den Gründen des Kammerger. ist bemerkt, daß Gegenstand des Rechtsstreites nur der auf der Zeichnung mit b c d h umschriebene Theil des Durchfahrtsraumes von der Kronenstraße aus sei, und der an dieser Straße vorliegende Theil der Durchfahrt — a b c g — unstreitig Gegenstand des ausschließlichen Rechts des Klägers sei. Sodann ist ausgeführt, daß laut Grundbuch der Beklagten der gemeinschaftliche Vorbesitzer der Parteien an den Vorbesitzer der Beklagten, J., das Grundstück der Letzteren nur in dem gegenwärtigen Umfange abveräußert habe, und es daher nicht darauf ankomme, ob zu diesem Grundstücke Anfang des Jahrhunderts noch mehr (der ganze Durchgang von der Kronenstraße aus) gehört habe; daß andererseits dahin gestellt werden könne, ob das streitige Stück zu den von dem Vorbesitzer des Klägers bei dem Abverkauf vorbehaltenen und abgetrennten Theilen des Grundstückes Kronengasse gehört habe, weil erwiesen worden, daß dieses Stück jedenfalls durch dreißigjährige Ersitzung Eigenthum des Klägers geworden, da dieser vom 22. Juni 1833 bis mindestens dahin 1863 eine Reihe benannter Handlungen vollständigen Eigenthumsbesitzes daran vorgenommen habe, und daß dieser Eigenthumserwerb durch die später erfolgte Auflassung des Grundstückes in der Kronengasse an Beklagte nicht berührt worden, weil das streitige Stück nicht zu diesem Grundstücke gehörte, endlich daß damit der Nachweis des klägerischen Eigenthumes erbracht worden.

„Von Seiten der Revisionsklägerin ist dem Vorderrichter in Ansehung seiner Beurtheilung des klägerischen Eigenthumserwerbes durch Ersitzung Verletzung der §§ 511, 601, 627 Th. I Tit. 9, §§ 1, 3, 50, 53 Th. I Tit. 7, § 14 der Einl. des Allg. L.R. und § 6 des Gesetzes vom 5. Mai 1872 schuldig gegeben, aber mit Unrecht. Die Ersitzung eines im Grundbuche eingetragenen Grundstückes war durch § 511 a. a. O. nicht ausgeschlossen (O.Trib.-Entsch. Bd. 34 S. 133); der § 6 des angeführten Gesetzes schließt dieselbe nur für die Zukunft aus; die vorher vollendete Ersitzung des streitigen Grundstückstheiles war also gesetzlich nicht verhindert, auch wenn es richtig wäre, daß derselbe vom Grundbuchblatt der Beklagten umfaßt ist. Allerdings war zu dieser Ersitzung die Ergreifung und Ausübung des Eigenbesitzes durch die Verjährungszeit erforderlich (§§ 7, 50 ff.

Th. I Tit. 7, §§ 625, 627 Th. I Tit. 9 des Allg. L.R.) und zwar die eines den Grund und Boden umfassenden Besitzes; aber in diesem Punkte ist die thatsächliche Feststellung des Richters entscheidend und jedes Bedenken ausschließend."

104. **Auslegung von § 73 der Grundbuchordnung.** Urth. des V. Civilsenats vom 8. Juli 1885 in Sachen H. G. zu H., Beklagten und Revisionsklägers, wider E. v. W. zu F., Kläger und Revisionsbeklagten. Vorinstanz: Kammergericht Berlin. Verwerfung. (V, 20/85.)

Die Grundlagen der Entscheidung des B.R. bilden die Feststellungen, daß 1) Beklagter seinem Verkäufer A. G. gegenüber die Abgabe (Erbpachtskanon) kontraktlich übernommen, und 2) daß er demnächst in dem am 24. April 1882 beurkundeten Vertrage dem Kläger gegenüber die Fortzahlung und hypothekarische Eintragung derselben versprochen hat.

„Diese Feststellungen tragen die Entscheidung. Der Beklagte wurde durch das von ihm dem Kläger abgegebene Versprechen für die Fortzahlung und Eintragung der Abgabe verhaftet. Die Ansicht des ersten Richters, es habe die Abgabe durch Versäumung der Eintragung ihre Wirksamkeit als dingliches Recht verloren, und könne dieselbe durch ein Anerkenntniß des Beklagten nicht wieder erlangen, ist unrichtig. § 73 der Grundbuchordnung hat nicht die Bedeutung, daß auf einem privatrechtlichen Titel beruhende dingliche Rechte diese Eigenschaft durch das Unterlassen der Eintragung verlieren, sondern bestimmt nur, daß sie als solche dritten Personen gegenüber nicht geltend gemacht werden können (cf. Achilles, Kommentar zur Grundbuchordnung § 73 Note 4 und die dort angezogenen Urtheile des früheren Ob.Trib.). Ueberdies hat Beklagter die Eintragung in der gedachten Urkunde ausdrücklich versprochen. In wiefern es aber diesem Versprechen, durch welches Beklagter in Erfüllung einer Verpflichtung gegen seinen Verkäufer A. G. die von letzterem dem Kläger verschuldete Leistung übernommen hat, an der für die Rechtsgültigkeit nothwendigen causa fehlen soll, läßt sich nicht absehen. Unter diesen Umständen kommt es auf eine Prüfung der Beschwerde des Beklagten, daß der B.R. den Beitritt des Klägers zu dem Uebernahmevertrage zwischen dem Beklagten und A. G. mit Einwilligung des letzteren zu Unrecht festgestellt habe, nicht an."

105. **Nur die Entscheidung des Regierungsbeschlusses wird demjenigen Theil gegenüber, welcher die Anfechtung unterläßt** (mit dem Vorbehalt des § 31), **unabänderlich, nicht die Entscheidungsgründe** (§ 29). **Die einzelnen Ansätze** (für die Werthsermittelung des abgetretenen

Theils und den Minderwerth des zurückbleibenden) **bilden keinen Theil der Entscheidung selbst und können daher angefochten und geändert werden, wenn dadurch nur die Gesammtentschädigung keine Aenderung zu Gunsten der Partei, welche den Regierungsbeschluß nicht anficht, erleidet.** Urth. des I. Civilsenats vom 24. Juni 1885 in Sachen Ph. L. B. zu F., Klägers und Revisionsklägers, wider den Magistrat der Stadt Frankfurt a. M., Beklagten und Revisionsbeklagten. Vorinstanz: O.L.G. Frankfurt a. M. Verwerfung. (I, 143/85.)

Die Entschädigung für die auf Antrag des Beklagten im Jahre 1883 zum Zweck der Freilegung der verlängerten Löwengasse enteigneten Theile der dem Kläger gehörigen Grundstücke Gew. 1 Nr. 188a und Gew. 21 III Nr. 22a der Bornheimer Gemarkung wurde durch Beschluß der Königl. Preuß. Regierung zu Wiesbaden vom 19. Mai 1883 auf 1668,66 ℳ festgestellt. Kläger beschritt hiergegen den Rechtsweg, indem er außerdem noch den Betrag von 5632,98 ℳ nebst 6% Zinsen seit dem 4. August 1883 forderte. Durch Urtheil des L.G. Frankfurt a. M. vom 3. Oktober 1884 wurden dem Kläger weitere 359,48 ℳ nebst 6% Zinsen seit dem 4. August 1883 zuerkannt, die Mehrforderung dagegen abgewiesen, und die Kosten des Rechtsstreites zu 3/4 dem Kläger, zu 1/4 dem Beklagten auferlegt. Auf Berufung des Klägers bestätigte das O.L.G.

Kläger macht geltend, daß wenigstens der im Regierungsbeschlusse vom 19. Mai 1883 ihm zugesprochene Betrag von 864,29 ℳ als Entschädigung wegen Minderwerthes des Restgrundstückes Gew. 21 III Nr. 22a ihm hätte zuerkannt werden müssen, weil dieser Beschluß von Seiten des beklagten Magistrats innerhalb der durch § 30 des Gesetzes über die Enteignung von Grundeigenthum vom 11. Juni 1874 bestimmten Frist nicht angefochten worden sei. Die in dem Regierungsbeschlusse vom 19. Mai 1883 enthaltene Entscheidung geht dahin, daß von der Stadtgemeinde Frankfurt a. M. für die in dem angehefteten Verzeichniß aufgeführten Enteignungsobjekte die daselbst verzeichneten Entschädigungen von insgesammt 1668,66 ℳ zu zahlen sind. In dem angehefteten tabellarischen Verzeichniß sind als Entschädigungsobjekte in der ersten Spalte die beiden Grundstücke Gew. 1 Nr. 188 und Gew. 21 III Nr. 22, sodann in weiteren Spalten die Entschädigung für den abzutretenden Theil, für Minderwerth des Restgrundstückes, für Einfriedigung u. s. w. aufgeführt; bei dem Grundstücke Gew. 21 III Nr. 22 findet sich als Entschädigung für den abzutretenden Theil 2 ℳ pro Quadratmeter, für Minderwerth des Restgrundstückes der Betrag von 864,29 ℳ berechnet. Nach Beschreitung des Rechtsweges seitens des Klägers ist in den beiden ersten Instanzen die Entschädigung für den abzutretenden Theil auf 11 ℳ pro Quadratmeter erhöht, die Entschädigung für Minderwerth des Restgrundstückes, weil ein solcher verneint wurde, gestrichen und die Gesammtentschädigung über den von der Regierung festgestellten Betrag hinaus um 359,48 ℳ erhöht worden.

„Es unterliegt keinem Bedenken, mit dem B.G. anzunehmen, daß infolge der Nichtanfechtung des Regierungsbeschlusses nur die darin enthaltene Entscheidung gegenüber demjenigen Theile, welcher die Anfechtung unterläßt, — mit dem in § 31 des Gesetzes vom 11. Juni 1874 enthaltenen Vorbehalt — unabänderlich wird, nicht die Entscheidungsgründe, mit welchen nach § 29 der Beschluß der Regierung versehen werden soll. Eher könnte bezweifelt werden, ob die einzelnen in dem angehefteten tabellarischen Verzeichniß enthaltenen Ansätze einen Bestandtheil der Entscheidung selbst bilden oder, wie das Berufungsgericht annimmt, als die Rechnungsfaktoren, aus welchen sich die Gesammtentschädigung berechnet, nur die Bedeutung von Motiven für die Ziffer der letzteren haben. Letztere Auffassung ist aber als die dem Gesetze entsprechende anzuerkennen. Die Entschädigung wird nach § 8 desselben für die Abtretung des Grundeigenthums gewährt, also nicht für den bei dem Eigenthümer zurückbleibenden Theil desselben. Die Entschädigung für den abzutretenden Theil „umfaßt" auch den Minderwerth, welcher für den übrigen Grundbesitz durch die Abtretung entsteht. Bei Ermittelung des durch die Abtretung entstehenden Schadens wird auch die dem Restgrundstück dadurch erwachsende Werthverminderung in Anschlag gebracht, aber nicht als Entschädigung für ein neben dem abgetretenen Grundstück anzunehmendes selbständiges Enteignungsobjekt, sondern als Bestandtheil der für das abgetretene Grundstück zu gewährenden vollen Entschädigung. Die zu leistende Entschädigung kann sich aus verschiedenen Ansätzen zusammensetzen. Rechtlich aber erscheint, wie von dem R.G. (Entsch. in Civilsachen Bd. II S. 243) in anderer Richtung bereits angenommen worden ist, die Summe dieser Ansätze als eine einheitliche, für das abzutretende Grundstück im Ganzen zu gewährende Entschädigung. Insbesondere gilt dies auch, wenn nur ein Theil des Grundbesitzes desselben Eigenthümers in Anspruch genommen wird, von den Ansätzen für den Werth des abzutretenden und für den Minderwerth des zurückbleibenden Theils; nicht diese einzelnen Ansätze, sondern die daraus berechnete Gesammtentschädigung bildet den Gegenstand der Entscheidung der Regierung. Daraus folgt, daß nach Beschreitung des Rechtswegs nur von der einen Seite die einzelnen Ansätze, aus welchen die Entschädigung sich zusammensetzt, auch zum Vortheil derjenigen Partei, welche den Regierungsbeschluß nicht angefochten hat, in der gerichtlichen Entscheidung geändert werden können, sofern nur die Gesammtentschädigung keine Aenderung zum Vortheil derselben erleidet."

106. **Anwendbarkeit des Gesetzes vom 20. Juni 1875 auf Pfarrgemeinden** (§ 1) **und Succursalen, Filial-Kapellen-**(u. s. w.)**Gemeinden und Rektorats-Gemeinden** (§ 2). Urth. des II. Civilsenats vom 2. Juli 1885 in Sachen der katholischen Kirchengemeinde zu Merzenich, Klägerin und Revisionsklägerin, wider die katholische Kirchengemeinde

zu Langendorf, Beklagte und Revisionsbeklagte. Vorinstanz: O.L.G. Köln. Aufhebung und Zurückverweisung. (II, 152/85.)

Das O.L.G. nimmt an, daß die Kirche Merzenich ihre rechtliche Persönlichkeit, welche sie, wie alle kirchlichen Institute nach Kanonischem Rechte, bis zur Vereinigung der links-rheinischen Departements mit Frankreich besessen, dadurch verloren habe, daß sie unter Herrschaft der Französischen Gesetzgebung, nicht als Pfarr- oder Succursalkirche aufrecht erhalten bezw. nicht als solche errichtet sei. Daraus folgert dann das O.L.G., daß die Klägerin als eine Kirchengemeinde im Sinne des § 2 des Gesetzes vom 20. Juni 1875 nicht angesehen werden könne, daß ferner die Errichtung des Kirchenvorstandes, von welchem die Klage erhoben worden, der gesetzlichen Grundlage entbehre, mithin Letztere, insoweit der Erste Richter darüber erkannt habe, abzuweisen sei.

„Die vorstehende Annahme des O.L.G. beruht nur auf einer rechtsirrthümlichen Auffassung und damit zerfällt die angegriffene Entscheidung. Es kann daher von einer Erörterung der Frage, ob das O.L.G. seinerseits, nachdem die Klägerin als eine Kirchengemeinde im Sinne des genannten Gesetzes von der zuständigen weltlichen und geistlichen Behörde anerkannt worden, diese Eigenschaft derselben und die Legalität ihres Kirchenvorstandes in der Art, wie geschehen, habe verneinen dürfen, hier abgesehen werden.

Das Gesetz vom 20. Juni 1875, welches den Zweck hat, den katholischen Kirchengemeinden eine Mitwirkung bei der Besorgung der kirchlichen Vermögensangelegenheiten, namentlich auch der Vermögensverwaltung zu sichern und zu diesem Ende Vertretungsorgane, welche regelmäßig aus der Wahl derselben hervorgehen, zu schaffen, findet nun nicht bloß (§ 1) auf Pfarrgemeinden, zu welchen anerkanntermaßen auch die Succursalen des Rheinisch-Französischen Rechts zu zählen sind — vergl. Hinschius, Kirchengesetz 1875 p. 123 — sondern auch nach § 2 auf Filial-Kapellen u. s. w. Gemeinden Anwendung, für welche besonders bestimmte kirchliche Vermögensstücke vorhanden sind, oder deren Gemeindegliedern besondere Leistungen zur Bestreitung der Bedürfnisse dieser Gemeinde obliegen. Die Fassung des § 2 läßt nun zunächst keinen Zweifel darüber, daß, wenn eine dieser Voraussetzungen vorliegt, auch andere, als die namentlich aufgeführten Gemeinden, z. B. Rektorats-Gemeinden, nicht ausgeschlossen sind, und es ergiebt sich weiter aus dem § 5 leg. cit., daß die Anwendung des Gesetzes nicht dadurch bedingt ist, daß eine solche Gemeinde einen eigenen Geistlichen hat. Was speziell noch die Bezeichnung „Kapellen-Gemeinden" betrifft, so wird in den Motiven zu § 2 cit. hervorgehoben, daß diese namentlich auch auf die unter Herrschaft des Dekrets vom 30. September 1807 errichteten Kapellen des Rheinisch-Französischen Rechts sich bezieht.

Wenn es sich nun um die Prüfung der Frage handelt, ob die Klägerin den § 2 leg. cit. für sich anrufen kann, so ist dabei zuvörderst in eine Erörterung über die rechtliche Stellung, welche der Kirche Merzenich nach den hierfür maßgebenden Vorschriften jenes Rechts zukommt, einzutreten. Nach dem angegriffenen Urtheile steht nun thatsächlich fest, und von dieser Grundlage ist auszugehen — daß die Kirchen von Langendorf und Merzenich vor der französischen Okkupation Nebenkirchen der Pfarre St. Peter in Zülpich waren und von einem Vikare derselben in der Weise, daß die Festgottesdienste abwechselnd in beiden Kirchen stattfanden, versehen wurden, daß ferner beide Kirchen nach der Vereinigung des Rördepartements mit Frankreich bei Bildung der Diözese Aachen der Suppression entgingen, Langendorf formell als Succursal-Pfarrkirche, Merzenich dagegen als Nebenkirche aufrecht erhalten und der Gottesdienst abwechselnd in beiden Kirchen durch einen und denselben Pfarrer, welcher in Langendorf wohnte, abgehalten wurde. Das O.L.G. gelangt nun von dieser Grundlage aus in Anwendung des hier wesentlich maßgebenden Gouvernementsbeschlusses vom 2. Nivose des Jahres XII, an welchen sich das Circumscriptionsdekret des Bischofs Berdolet vom 10. Ventose ejd. anschließt, zu der Annahme, daß die Nebenkirche Merzenich lediglich als ein unselbständiger Theil der Succursal-Pfarrei Langendorf ohne juristische Persönlichkeit anzusehen sei. Dieser Annahme kann aber nicht beigepflichtet werden.

Während das Dekret über die Civilkonstitution des Klerus vom 12./24. Juli 1790 in Art. 17 die Aufrechterhaltung respektive Errichtung von paroisses, annexes ou succursales bei der angeordneten Circumscription vorgesehen hatte und der Art. 18 unter den dort angegebenen Voraussetzungen, bezüglich der Kapellen, in welchen durch einen vom Pfarrer abgeschickten Vikar an Sonn- und Festtagen Gottesdienst zu halten, ein Gleiches bestimmte, enthielt das Gesetz vom 18. Germinal des Jahres X in Art. 60 und 61 nur die Vorschrift, daß in jedem Friedensgerichtsbezirk mindestens eine Pfarrei — paroissse — und außerdem die erforderliche Anzahl von Succursalen — Hülfspfarreien — errichtet werden sollten. Die Bezeichnung „annexe" gebraucht das genannte Gesetz nicht, und über die Errichtung öffentlicher Kapellen — der Art. 44 desselben bezieht sich nur auf Hauskapellen — findet sich darin keinerlei Vorschrift. Wie sich aus dem Eingange des Gouvernementsbeschlusses vom 2. Nivose des Jahres XII ergiebt, war es die Absicht der Konsularregierung, behufs Verminderung der Zahl der zu errichtenden Succursalen die Sprengel derselben möglichst zu erweitern. Die Ausführung dieser Absicht stieß aber in den belgischen und linksrheinischen Departements auf widerstrebende Stimmungen, und man schritt deshalb vielfach zu dem Auskunftsmittel, bisher bestandene Pfarrkirchen u. s. w. mit den zu errichtenden Succursalen als Nebenkirchen — annexes —, für welche ein unter der Aufsicht des Hülfspfarrers stehender Vikar den Gottesdienst versah, zu vereinigen. Diesen Vikaren wurde durch den genannten Beschluß — wie es bei den Pfarreien und Succursalen zu Art. 72 des Gesetzes vom 18. Germinal X stattfand — um die Lage derselben zu verbessern und die Last der Gemeinden zu erleichtern, die vorhandenen Pfarrhäuser und Gärten zur Verfügung gestellt. So blieben die bisherigen kirchlichen Verbände, wenn auch nicht in unveränderter Verfassung, da sie in die Sprengel der neu errichteten Succursalen eingefügt wurden, aber doch, wie es der Veranlassung und dem Zwecke des Beschlusses entsprach, als wesentlich selbständige Nebenkirchen, welche ein eigenes Kultussystem hatten, bestehen.

Daß nun die Kirche Merzenich bei der Bildung der Diözese Aachen durch das Circumscriptions-Dekret vom 10. Ventose XII als eine solche Nebenkirche aufrecht erhalten worden ist, steht thatsächlich fest, und es ist auch nicht bestritten, daß die in dem Verzeichnisse zu dem genannten Dekrete aufgeführten Nebenkirchen, wie es gesetzlich erforderlich war, die staatliche Anerkennung erlangt haben. Eines Eingehens auf den Antrag der Klägerin, behufs Vorlegung des bezüglichen Dekrets vom 12. Juli 1806 die Präfektur-Akten des ehemaligen Rör-Departements vom Jahre 1809 einzufordern, bedurfte es daher nicht. Diese vom Staate anerkannten Nebenkirchen stellen sich nun, wie die Klägerin zutreffend geltend macht, als établissements publics dar, welchen nach den Grundsätzen des französischen Rechts juristische Persönlichkeit zukommt.

Für die abweichende Auffassung des O.L.G., nach welcher diese Nebenkirchen nur als unselbständige Theile der respektiven Succursal-Pfarren anzusehen, läßt sich nun zunächst aus dem Wortlaute des Nivose-Beschlusses ein Argument nicht herleiten, denn wenn es in demselben, wie hervorgehoben, heißt, daß die Vikare der Nebenkirchen in Beziehung auf die Ausübung des Gottesdienstes von dem respektiven Hülfspfarrer abhängig sein sollen, so ist das eine Abhängigkeit, welche sich auf das spirituelle Gebiet beschränkt, und für die rechtliche Stellung der Nebenkirche ohne Einfluß ist. Auch der vom O.L.G. betonte Umstand, daß das Gesetz vom 18. Germinal X, sowie der speziell die links-rheinischen Departements betreffende Konsularbeschluß vom 20. Prairial ejd. der Kapellen nicht erwähnen, — und ein Gleiches gilt bezüglich der Annexen — kann nicht entscheidend in Betracht kommen, da es sich hier um eine kirchliche Einrichtung handelt, welche den besonderen Verhältnissen und Bedürfnissen der obengenannten Departements, die erst bei der Ausführung der durch das bezogene Gesetz angeordneten Circumscription hervortraten, ihre Entstehung verdankt. Auf die Bezeichnung der Nebenkirchen als Annexen legt das O.L.G. selbst kein Gewicht; diese Bezeichnung ist ersichtlich in der Gesetzessprache jener Zeit in verschiedener Bedeutung gebraucht, und das angegriffene Urtheil erkennt namentlich an, daß die Nebenkirchen des Nivose-Beschlusses nicht mit den auf Grund des Dekrets vom 30. September 1807 errichteten Annexen in gleiche Linie zu stellen sind. Wenn das O.L.G. sich dann noch auf die Ausdrucksweise in dem Circumscriptions-Dekrete bezieht und hervorhebt, daß dasselbe die Nebenkirchen in seinem ersten und dreizehnten Absatze als annexes ou chapelles auxiliaires bezeichne, so beruht das auf einem Irrthum, denn an der erstgenannten Stelle heißt es: nous y comprenons les annexes, et les chapelles auxiliaires que la difficulté du service a exigé de conserver . . . und an der letzteren nous avons erigé . . autant d'églises succursales ou d'annexes et même de chapelles auxiliaires, que la population, les besoins et la commodité des fidèles nous ont paru le demander. Hiernach kann aber das O.L.G. für seine Annahme auf die Fassung des Circumscriptions-Dekrets sich nicht stützen.

Weiter hat nun das angegriffene Urtheil einen bei der Erörterung der vorliegenden Frage erheblich in Betracht kommenden Gesichtspunkt außer Acht gelassen. Dasselbe weist in einer längeren Ausführung die Behauptung der Klägerin, daß ihre rechtliche Stellung jederzeit thatsächlich die einer Succursale gewesen sei, zurück. Auf diese Ausführung kommt es aber für die Entscheidung der Sache nicht wesentlich an, da die Succursalen des Rheinisch-Französischen Rechts, wie oben hervorgehoben, unter den § 1 des Gesetzes vom 20. Juni 1875 fallen. Vielmehr war danach die Frage zu prüfen, ob nicht die rechtliche Stellung der Nebenkirchen des Nivose-Beschlusses derjenigen, der auf Grund des späteren Dekrets vom 30. September 1807 errichteten Kapellen gleich zu achten, und erstere deshalb die Vorschrift des § 2 leg. cit. für sich anrufen könnten. Was nun die genannten Kapellen angeht, so sind dies für einzelne Gemeinden innerhalb eines Pfarrsprengels zufolge eines Beschlusses ihrer Vertreter mit Zustimmung der staatlichen und geistlichen Behörde errichtete, und von dem dazu gehörigen Eingesessenen unterhaltene Nebenkirchen, bei welchen ein unter Aufsicht des Pfarrers oder Hülfspfarrers stehender Vikar oder Kaplan den Gottesdienst versieht. Daß solche Kapellen, auf welche namentlich die Vorschriften des Cirkulars vom 11. März 1809 und des Staatsraths-Gutachtens vom 7./14. Dezember 1810 sich beziehen, juristische Persönlichkeit und Vermögensfähigkeit besitzen, ist von den Rechtslehrern fast übereinstimmend anerkannt, und bedarf hier keiner näheren Ausführung. Vergleiche de Syo, Kirchenfabrik. Dekret S. 105; Dalloz, repert. „culte" Nr. 438; Vesillefroy administr. du culte cathol. p. 118 sq. Affre, administr. des paroisses 4. Ausgabe S. 24 und 25; Baudenesch, die Kapellen u. s. w. des linken Rheinufers S. 24 seq. 34.

Es ist nun aber nach den maßgebenden Vorschriften kein Grund ersichtlich, der es rechtfertigen könnte, zwischen den Kapellen des genannten Dekrets und den Annexen des Nivose-Beschlusses, welche kirchliche Institute ganz wesentlich gleicher Art bilden, einen Unterschied zu machen und letzteren nicht die gleiche rechtliche Stellung, als den Kapellen einzuräumen. Daß, was Letztere betrifft, der Umstand, daß die Kirche Merzenich, wenigstens bis in die jüngste Zeit hinein, keinen besonderen Vikar gehabt hat, der Gottesdienst vielmehr von dem in Langendorf wohnenden Pfarrer versehen worden ist, nicht zu Ungunsten derselben gereichen kann, das nimmt auch das O.L.G. an. Nach dem Ausgeführten ist der grundsätzliche Standpunkt, von welchem aus das O.L.G. die Anwendung des § 2 des Gesetzes vom 20. Juni 1875 im vorliegenden Falle verneint hat, rechtsirrthümlich."

107. **Für die Forderung der Bestellung einer Kaution, welche für die Erfüllung der nach Ortsstatut dem Kautionspflichtigen obliegenden Beiträge bei Anlegung einer neuen Straße haften soll, ist der Rechtsweg weder reichsgesetzlich noch nach Preuß. Recht** (Fluchtliniengesetz vom 2. Juli 1875 §§ 15, 8, 9) **ausgeschlossen.** Urth. des IV. Civilsenats vom 9. Juni 1885 in Sachen A. W. zu B., Beklagten und Revisionsklägers, wider die Stadtgemeinde Breslau, Klägerin und Revisionsbeklagte. Vorinstanz: O.L.G. Breslau. Verwerfung. (IV, 186/85.)

„Das Gesetz vom 2. Juli 1875 (Gesetzsamml. S. 561) bestimmt im § 15, daß bei der Anlegung einer neuen Straße dem Unternehmer der neuen Anlage oder den angrenzenden Eigenthümern durch Ortsstatut die Freilegung, erste Einrichtung u. s. w. der Straße in der, dem Bedürfnisse entsprechenden Weise, sowie deren zeitweise Unterhaltung, beziehungsweise ein verhältnißmäßiger Beitrag oder

der Ersatz der zu allen diesen Maßnahmen erforderlichen Kosten auferlegt werden kann und daß die näheren Bestimmungen innerhalb der Grenze dieser Vorschrift durch das Ortsstatut festzusetzen sind. Auf Grund dieser gesetzlichen Anordnung ist in der Stadt Breslau ein Ortsstatut erlassen, wonach bei Anlegung einer neuen Straße die Besitzer der angrenzenden Grundstücke im Falle der Bebauung der Straße verpflichtet sind, der Gemeinde die Kosten für die Freilegung u. s. w. der Straße zu erstatten und, falls zur Zeit der Ertheilung der Bauerlaubniß der Beitrag des betreffenden Adjazenten noch nicht feststeht, eine von dem Magistrate zu bestimmende Kaution zu bestellen, aus welcher die Tilgung des demnächst ermittelten Beitrages in erster Linie erfolgt (§ 8). Die Beitreibung der nach dem Ortsstatute zu leistenden Beiträge, als öffentliche Wegebaulast, erfolgt nöthigenfalls im Wege der administrativen Exekution (§ 9). Auf Grund dieser statuarischen Bestimmungen und noch gemäß besonderer protokollarischer Erklärung vom 17. Juli 1880 hat der Beklagte eine Kaution gestellt, welche er, weil angeblich zu Unrecht erfordert, von der Stadtgemeinde zurückverlangt. Die letztere, im Beschwerdewege zur Rückzahlung der Kaution angehalten, klagt gegen den Beklagten auf Anerkennung seiner Hinterlegungspflicht, ist aber in erster Instanz wegen Unzulässigkeit des Rechtsweges abgewiesen, während in zweiter Instanz der Rechtsweg — und hierum handelt es sich in gegenwärtiger Instanz allein — für zulässig erklärt worden ist. Gegen diese Entscheidung ist die Revision des Beklagten gerichtet. Dieselbe erscheint jedoch nicht begründet.

Reichsgesetzlich ist der Rechtsweg für den streitigen Anspruch nicht verschlossen. Und das gilt auch nach Landesrecht. Bei Prüfung der Frage ist allerdings davon auszugehen, daß die öffentlichen Straßen und Plätze in einer Stadt nicht im privaten Eigenthume der Ortsgemeinde stehen, sondern, als res publicae, dem gemeinen Gebrauche dienen (§ 7 Allg. L.R. Th. II Tit. 15); daß die Gemeinde aber — wenn nicht besondere Ausnahmen vorliegen — verpflichtet ist, die Straßen — als öffentliche Gemeindeanstalten im Sinne der §§ 56, 66 der Städteordnung vom 30. Mai 1853 — zu unterhalten, und daß daher die, von der Ortsgemeinde ausgeschriebenen, also auch die auf Grund eines in Gemäßheit des Gesetzes vom 2. Juli 1875 errichteten Statutes zur Einziehung gestellten, der administrativen Exekution unterworfenen allgemeinen Auflagen für den Straßenbau, als dem kommunalen Besteuerungsrechte entflossen, den öffentlichen Lasten beizuzählen und daher — gleich den Staatsabgaben — von dem ordentlichen Rechtswege ausgeschlossen sind (§§ 78, 4—8 a. a. O. Th. II Tit. 14; Präjudiz 2430 vom 2. Februar 1853 Sam. II S. 69). Diese — an sich richtigen — Grundsätze wendet der B.R. auf die in Rede stehende Kaution aber nicht an, weil er die letztere — inhalts des Ortsstatutes — nicht als Ausfluß des kommunalen Besteuerungsrechtes, also nicht als Gegenstand des öffentlichen Rechtes, sondern als Ergebniß eines Vertrages ansieht, welcher von dem Beklagten mit der klagenden Stadtgemeinde abgeschlossen ist und in Beziehung auf welchen — mit privater Wirkung — die Kaution die Gegenleistung für die, von der Klägerin dem Beklagten ertheilte Bauerlaubniß bildet. Soweit diese Auffassung durch Auslegung des Ortsstatutes gewonnen ist, bleibt sie maßgebend für die gegenwärtige Instanz; soweit sie aber auf rechtlicher Basis beruht, erscheint sie nicht gesetzverletzend. Denn daß die Stadtgemeinde für die, hier in Frage stehende Thätigkeit nur in ihrer Eigenschaft als kommunale Körperschaft, als städtisches Gemeinwesen in Betracht kommt, das ergiebt der Umstand, daß es sich um Straßenbau handelt, der zunächst — wie bereits erwähnt — der Stadtgemeinde — als solcher — obliegt und für welchen — auch im Sinne des Gesetzes vom 2. Juli 1875 § 14 — die Gemeinde die Kosten aufzubringen hat. Hiermit steht auch der Inhalt des Ortsstatutes in vollständiger Uebereinstimmung. Wenn nun überhaupt schon — auch über Gegenstände des öffentlichen Rechtes — vertragliche Vereinbarungen unter den betheiligten Interessenten nicht ausgeschlossen sind, so kann von der gesetzlichen Zulässigkeit einer Vertragseinigung, wie sie der B.R. über die Kaution unter den Parteien annimmt, gewiß nicht gezweifelt werden. Ist nun aber über das im Ortsstatut erwähnte Kautionsverhältniß eine vertragsmäßige Vereinigung an sich zulässig, und ist darüber — wie der B.R. annimmt — eine solche Vereinbarung unter den Parteien in Wirklichkeit getroffen, so gehört das hierdurch begründete Rechtsverhältniß dem Privatrechte an, und der darüber entstehende Rechtsstreit ist der Gerichtsbarkeit der ordentlichen Gerichte untergeordnet (§§ 78 fg. Allg. L.R. Th. II Tit. 14; §§ 9, 10 des Gesetzes vom 24. Mai 1861). Um eine allgemein gesetzliche Abgabe an den Staat oder an die Gemeinde (§ 78 des Allg. L.R. Th. II Tit. 14; Städteordnung vom 30. Mai 1853 § 68) handelt es sich nicht, sondern um einen auf privatrechtlichem Fundamente ruhenden Anspruch."

108. Umfang der Anzeigepflicht nach § 9 des Seuchengesetzes vom 23. Juni 1880 und Folgen der Unterlassung derselben nach § 63.

Urth. des V. Civilsenats vom 27. Juni 1885 in Sachen M. zu S., Beklagten und Revisionsklägers, wider den Prov.-Verband der Prov. Ostpreußen, Kläger und Revisionsbeklagten. Vorinstanz: O.L.G. Königsberg. Verwerfung. (VI, 3/85.)

„Der B.R. hat aus der Beweisaufnahme die Ueberzeugung gewonnen, daß unter den Pferden des Beklagten mindestens seit Herbst 1881 der Rotz geherrscht, und daß Beklagter seit dieser Zeit den Verdacht des Bestehens habe gehabt haben müssen. Weil es unstreitig ist, daß Beklagter erst am 24. Januar 1882 der im § 9 des Seuchengesetzes vom 23. Juni 1880 vorgesehenen Anzeigepflicht genügt hat, so ergiebt sich nach § 63 daselbst die vom B.R. getroffene Entscheidung, es habe der Beklagte keinen Entschädigungsanspruch auf Ersatz des durch Tödtung seiner Pferde erlittenen Verlustes, als die gesetzliche Folge jener Feststellung. Daß diese, welche an sich als thatsächliche bindend ist für den Revisionsrichter, erfolgt sei unter Verletzung einer Rechtsnorm, ist nicht ersichtlich. Insbesondere bietet sich kein Anhalt für den Vorwurf der Revision, der B.R. habe die Bedeutung der angezogenen Gesetzesstellen verkannt. Es kann der Revision nicht zugegeben werden, daß die Anzeigepflicht erst erwachse mit dem und durch den thatsächlich in dem anzeigepflichtigen subjektiv entstandenen Verdacht der Seuche. Grund und Zweck des Gesetzes ist die Nothwendigkeit, einer großen Gemeingefahr vorzubeugen und die dadurch bedingten Einrichtungen zu treffen. Daraus folgt schon allein, daß das Gesetz die Unaufmerksamkeit des Einzelnen, mit welcher er das nicht erkennt, was jeder Andere unter gleichen Verhältnissen erkannt haben würde, nicht hat für genügend ansehen können, von der Anzeigepflicht zu entbinden. Diese Pflicht besteht für alle objektiv „verdächtigen" Erscheinungen, d. h. für solche, welche unter den gegebenen Umständen begründete Veranlassung bieten für den Verdacht einer Seuche. Ganz derselbe Grundsatz ist in der von der Revision mit Unrecht für ihre Auffassung angezogenen Sache, Reichsfiskus wider Raehse (V. 146/84) zum Ausdruck gebracht worden. Die Feststellung des B.R., der betreffende Fall der Krankheit eines Pferdes des Beklagten habe in diesem den Seuchenverdacht erwecken müssen, ist also vollständig ausreichend für die Anwendung des Gesetzes."

2. Rheinisches Recht.

109. Beweglicher Charakter einer Geldforderung, auch wenn diese (im Verhältniß der Ehegatten zu einander) **zum Sondergut** (des jetzt von der Tochter beerbten Vaters) **gehörte. Keine Anerkennung der Fiktion „pretium succedit in locum rei"** (Art. 526, 529 des Code civil). Urth. des II. Civilsenats vom 7. Juli 1885 in Sachen der in den Gütern getrennten Ehefrau B. zu K., Klägerin und Revisionsklägerin, wider P. M. zu B., Beklagten und Revisionsbeklagten. Vorinstanz: O.L.G. Köln. Verwerfung. (II, 157/85.)

Zufolge des notariellen Aktes vom 15. Mai 1876, welcher über die Auseinandersetzung der zwischen Peter H. und Gertrud W., den Eltern der Klägerin, bestandenen ehelichen Gütergemeinschaft, sowie über den Nachlaß des ersteren errichtet ist, steht fest, daß das Aktivvermögen der genannten Gemeinschaft nur aus dem Immobiliar bestanden hat, dessen zum Zweck der Theilung vorgenommener Verkauf einen Erlös von 7507,50 ℳ ergab, und daß dieser Erlös durch Schulden, durch eine Reprisenforderung der Wittwe H., ferner eine gleiche Forderung des Peter H. im Betrage von 4236 ℳ bis auf einen Rest von 186,50 ℳ absorbirt worden ist. In gleicher Weise steht fest, daß jene Reprisenforderung des H., welche aus dem Erlöse des gütergemeinschaftlichen Immobiliars gedeckt ist, dessen ganzen Nachlaß bildete, und die Klägerin auf denselben für ihre Erbquote mit 1059 ℳ Anweisung erhielt. Eine gleiche Anweisung wurde dem Nachlasse der Katharina H., einer vorverstorbenen Schwester der Klägerin, zu Theil, und es gehörte zu diesem Nachlasse, an welchem letztere zu einem Viertel betheiligt war, außerdem eine Forderung von 400 ℳ. Endlich hat die Klägerin in dem Theilungsakte noch Anweisung auf eine Pachtzinsforderung als Antheil an den Revenüen der Masse mit 190 ℳ erhalten. Unbestritten sind sämmtliche vorangeführten Beträge in die zwischen der Klägerin und ihrem Ehemanne bestandene Gütergemeinschaft geflossen. Nachdem später gegen letzteren ein Ackergütchen subhastirt und über dessen Erlös das Kollokationsverfahren eingeleitet war, hat die Klägerin, von der zuvörderst durch Urtheil des L.G. Köln vom 23. März 1882 die Gütertrennung erwirkt und der Verzicht auf die Gemeinschaft erklärt worden, eine Reprisenforderung von 1675 ℳ angemeldet und auf erfolgte Zurückweisung der letzteren Einspruchsklage erhoben, mit dem Antrage, daß die genannte Forderung unter Abänderung des provisorischen Statuts unmittelbar nach den Betreibungskosten und vor der sub b lozirten Forderung des Beklagten H. Anweisung erhalte.

Auf die erhobene Klage, welcher der Beklagte vor Allem entgegensetzte, daß es sich bei der Forderung der Klägerin überall um Ansprüche handele, welche, weil mobiliarer Natur, in die zwischen ihr und dem Subhastaten bestandene Gütergemeinschaft gefallen seien, und somit einen Reprisenanspruch nicht begründen könnten, hat das L.G. durch Urtheil vom 22. Februar 1884 unter Annahme des Einspruches verordnet, daß die Klägerin für ihre angemeldete Forderung in Höhe von 1059 ℳ nebst 5 % Zinsen vom 23. August 1882 nebst Produktions- und Löschungskosten unmittelbar nach den Betreibungskosten und vor der sub b angewiesenen Forderung des Beklagten lozirt werde. In den Gründen nahm das L.G. an, daß, was die einzelnen Posten der bei der Verhandlung auf den Betrag von 1613,75 ℳ herabgesetzten klägerischen Forderung angehe, bezüglich der Beträge von 264,75 ℳ und 100 ℳ, welche aus dem Nachlasse der Katharine H. herrührten, ferner der der Klägerin zugewiesenen Nutzungsvergütung von 190 ℳ der Einwand des Beklagten begründet erscheine, daß es aber mit dem Antheile derselben an der den väterlichen Nachlaß bildenden Reprisenforderung sich anders verhalte, da es sich hier um den Preis veräußerten Sonderimmobilars handele, und jene Forderung an die Stelle des letzteren trete, daher immobilarer Natur sei. Die Klägerin übe aber nach Art. 1491, 724 des Code civil dieselben Rechte als ihr Erblasser aus.

Gegen die landgerichtliche Entscheidung hat der Beklagte die Berufung eingelegt, und dieser die Klägerin in Ansehung der zurückgewiesenen Posten sich angeschlossen. Von dem O.L.G. Köln ist in seinem am 10. Dezember 1884 erlassenen Erkenntnisse, auf dessen Thatbestand Bezug zu nehmen, unter Verwerfung der Anschlußberufung die erhobene Klage abgewiesen, und sind der Klägerin die Kosten beider Instanzen auferlegt. Das O.L.G. führt zunächst aus, daß die Anschlußberufung unbegründet erscheine, da es sich hier lediglich um Ansprüche handele, welche mobilare Natur hätten und in die zwischen der Klägerin ihrem Ehemanne bestandene Gütergemeinschaft gefallen seien. Zur Hauptberufung wird dann erwogen: „Zunächst ist nun die Behauptung der Berufungsbeklagten, daß es sich um die Betheiligung an einer aus Immobilar bestehenden Theilungsmasse handele, hinfällig, denn es handelt sich, wie der Theilungstatus ganz bestimmt ergiebt, lediglich um die Betheiligung an einem Reprisenanspruche des Vaters, welcher allerdings aus dem Erlöse des gütergemeinschaftlichen Immobilars befriedigt worden ist, nachdem letzteres theilungshalber verkauft worden war. Auf den ratirlichen Theil des Steigpreises hat Berufungsbeklagte aber nicht als Erbin ihres Vaters in dessen Eigenschaft als Miteigenthümer der Gütergemeinschaft, sondern in dessen Eigenschaft als Reprisenforderungsberechtigter Anweisung erhalten. Es kann daher lediglich die Betheiligung an einer zur Befriedigung einer Reprisenforderung gewährten Summe hier in Frage sein. Der Erste Richter hat nun bereits richtig ausgeführt, daß die Reprisenforderung des Vaters den Preis des veräußerten Sondergutes zum Gegenstand gehabt, also an sich mobilarer Natur gewesen sei, während sie im Verhältnisse der ehelichen Gütergemeinschaft der Eltern Sondergut des Vaters gewesen. Unrichtig ist es jedoch, wenn der Erste Richter hieran auf Grund der Art. 1491 und 724 des Code civil die Folgerung knüpft, daß diese Forderung nun auch nicht nur für die Ehe des Vaters und Erblassers, sondern auch für die Ehe der Tochter und Erbin, nämlich der Berufungsbeklagten, einen Bestandtheil an deren Sondergut bilde. Aus den citirten Art. 724 und 1491 geht für den vorliegenden Fall lediglich hervor, daß nach dem Tode des Peter H. dessen Erben berechtigt waren, die Reprisenforderung gegen die Gütergemeinschaft Peter H. geltend zu machen. Für die Ehe der Berufungsbeklagten bildet die fragliche Summe lediglich ein Vermögensobjekt, welches sie vor ihrer im Jahre 1875 abgeschlossenen Ehe, ihr Vater ist im Jahre 1862 gestorben, erworben hatte, und die Beantwortung der Frage, ob dieses Vermögensobjekt in die in ihrer Ehe bis zum 23. März 1882 bestandene Gütergemeinschaft oder in ihr Sondergut gefallen ist, richtet sich daher, wie bereits bemerkt, lediglich darnach, ob ein mobilares oder immobilares Objekt vorliegt. Daß nun eine Forderung, welche sich auf Erstattung einer bestimmten Summe Geldes, nämlich des Preises des verkauften Sondergutes (Art. 1433, 1435, 1470 Nr. 2 des Code civil) erstreckt, mobilarer Natur sei, kann, da das Gesetz nirgendwo derartigen Forderungen eines Ehegatten Immobilarqualität beilegt, nicht bezweifelt werden. Der Umstand, daß die Reprisenforderung Sondergut ist, macht dieselbe nicht zu einer immobilaren Forderung. Aber wollte man selbst annehmen, dieselbe sei kraft gesetzlicher Fiktion immobilarer Natur, so würde diese Fiktion doch nur zu Zwecken der bestehenden ehelichen Güterverhältnisse geschaffen sein und mit Auflösung der Gütergemeinschaft von selbst fortfallen, da hiermit die Voraussetzung der Fiktion weggefallen. Für den Erben des Forderungsberechtigten ist diese Forderung daher, wie jede andere Geldforderung, mobilarer Natur. Der Ehegatte resp. dessen Erbe muß seinen Anspruch zunächst aus der vorhandenen Baarschaft befriedigen, darf demnächst erst zu dem vorhandenen übrigen Mobilarvermögen und erst, wenn auch dieses unzureichend, zu den Immobilien der Gütergemeinschaft greifen (Art. 1471 des Code civil). Auch aus dieser Bestimmung, wonach das prélévement nur äußerst subsidiarisch aus den Immobilien geschieht, ergiebt sich die Mobilarqualität."

„Es steht thatsächlich fest, daß dem Vater der Klägerin auf Grund von Art. 1470 ff. des Code civil eine Reprisenforderung in Höhe von 4236 ℳ gegen die Gütergemeinschaft seiner Ehe zugestanden hat, daß dieser demnächst zu einem Viertel auf die Klägerin übergegangen und der entsprechende Betrag (1059 ℳ) von dem Ehemanne derselben eingezogen worden ist. Die in Frage stehende Forderung war nun -- wie das O.L.G. zutreffend angenommen hat — weil auf eine Summe Geldes gerichtet, nach Art. 526, 529 des Code civil beweglicher Natur. Daran kann auch der Umstand, daß dieselbe im Verhältniß der Eltern der Klägerin, Eheleute H., untereinander zum Sondergute des Vaters gehörte, nichts ändern, weil nicht alles, was Sondergut ist, gesetzlich auch Immobilarqualität hat. Ebensowenig kommt es ferner darauf an, daß die genannte Forderung von veräußertem Sonderimmobilar herrührte; denn für den hier in Frage stehenden Charakter derselben ist nicht, wie das R.G. bereits in einem ähnlichen Falle ausgesprochen hat, deren Entstehung, sondern der Gegenstand entscheidend. Wenn demgegenüber die Klägerin eine an den Satz „pretium succedit in locum rei" sich knüpfende Fiktion hier geltend machen will, so entbehrt das jeder gesetzlichen Unterlage — und endlich ist nicht ersichtlich, wie aus den angerufenen Art. 724, 1491 des Code civil etwas zur Begründung der Revision Dienliches hergeleitet werden soll."

110. **Grenzen der Rückforderung wegen Irrthums. Der Irrthum muß das Wesen der Sache, nicht blos den Beweggrund betreffen** (Art. 954, 955, 1131, 1184, 1110, 1117, 1372, 1375 des Code civil). Urth. des II. Civilsenats vom 10. Juli 1885 in Sachen der Kaiserl. Generaldirektion der Eisenbahnen in Elsaß-Lothringen, Beklagten und Revisionsklägerin, wider den Bauunternehmer M. in M., Kläger und Revisionsbeklagten. Vorinstanz: O.L.G. Colmar. Theilweise Aufhebung (wegen Post VIII) und Zurückverweisung. (II, 158/85.)

Im Jahre 1874 hat der Kläger bei der Beklagten im Submissionswege den Bau des vierten Looses der Eisenbahn von Zabern nach Wasselnheim übernommen. Bei der Schlußabrechnung ergaben sich Differenzen, welche der Kläger in zehn Klageposten geltend machte, von welchen die Nummern I, II, III, V, VI, IX und X rechtskräftig erledigt sind. Wegen der Posten IV, VII und VIII, mit welchen das L.G. den Kläger ebenfalls abgewiesen hatte, hat das O.L.G. am 11. Juni 1883 Beweisbeschluß erlassen und sodann mit weiterem Urtheile vom 8. Dezember 1884 unter entsprechender Abänderung des landgerichtlichen Urtheils die Beklagte zu Posten VII zur Bezahlung von 21 968,51 ℳ und zu Posten VIII zur Bezahlung von 11 962,27 ℳ verurtheilt. Die Beklagte hat rechtzeitig Revision eingelegt und beantragt, das B.U. zum Klageposten VIII und zum Kostenpunkt aufzuheben und die eingelegte Berufung zu diesem Klageposten zurückzuweisen. Mit diesem Klageposten hat der Kläger ursprünglich 26 000 ℳ, im Laufe der Verhandlungen aber nur noch 21 760 ℳ gefordert und diesen Anspruch auf folgende Behauptungen gestützt: Im Vertrage mit der Beklagten sei vorgesehen gewesen, daß von der Tunnelausbruchsmasse 6500 cbm Material zu den Bettungsarbeiten verwendet werden könne und solle; es hätten aber höchstens 15 % von der Ausbruchsmasse verwendet werden können, das übrige Material habe Kläger sich anderwärts verschaffen müssen. Der Preis für die fraglichen Arbeiten sei gerade in der Voraussetzung, daß Kläger das Material unentgeltlich erhalten werde, nur auf 1,60 ℳ per cbm angesetzt worden. Da nun diese Voraussetzung nicht zugetroffen, gebühre dem Kläger der höhere Aufwand von 4 ℳ per cbm.

Die Beklagte hat hiergegen eingewendet: 1) Die betreffende Stelle des Kostenanschlages laute: „6400 cbm Bettungsmaterial nach Pos. 39 des Preisverzeichnisses zu liefern pro cbm 16 Sgr.; ein Theil des Materials kann aus den zwischen K. 10—10,5 ausgesetzten Tunnelmassen entnommen werden.“ Indem hiernach die Verwaltung dem Kläger gestattet habe, das Bettungsmaterial zum Theil aus den vorhandenen tauglichen Ausbruchsmassen zu entnehmen, habe sie keine Garantie dafür übernommen, daß taugliches Material vorgefunden würde; 2) das verwendete Bettungsmaterial rühre zum größten Theil, wenn auch nicht aus dem Tunnel selbst, doch aus den Voreinschnitten zu demselben her; 3) durch Schreiben der Generaldirektion vom 22. und 30. August 1876 sei dem Kläger freigestellt worden, entweder die Arbeit aus geeignetem anderwärts zu beschaffenden Material zu den Vertragspreisen zu bewirken oder die Ausführung zu unterlassen. Da Kläger die Ausführung der Arbeit vorgezogen, könne er auch nur den Vertragspreis verlangen. Auf diesen Einwand hat Kläger erwidert, daß die Arbeit zu der Zeit, als ihm freigestellt worden, sie nicht auszuführen, zum größten Theile beendigt gewesen sei.

Das B.G. begründet seine Entscheidung in diesem Punkt, wie folgt: „bei dem außerordentlich niedrigen Preise, welcher für die in Frage stehende Arbeit angesetzt worden, erscheine die Annahme gerechtfertigt, daß bei der Preisnormirung die Voraussetzung maßgebend gewesen sei, der Unternehmer werde einen Theil der Ausbruchsmasse dazu verwenden können. Die Beklagte habe dies auch in einem bei den produzirten Akten befindlichen Berichte an den Reichskanzler anerkannt. Wenn nun auch solchen einseitigen Erwartungen gegenüber eine Veränderung der Umstände belanglos sei, da es sich nur um einen Irrthum in den Beweggründen handele, so liege hier die Sache anders, weil beide Theile bei der Preisofferte und Preisabnahme von der Voraussetzung ausgegangen seien, daß ein Theil der tauglichen Materialien sich vorfinden werde. Der Eintritt dieses Umstandes erscheine als Voraussetzung der Willenseinigung über den angesetzten Preis. Erweise sich in der Folge die Voraussetzung ganz oder zu einem erheblichen Theil als falsch, so müsse, wenn die Arbeit vollendet worden ist, die Preisnormirung nach den Grundsätzen der nützlichen Verwendung entsprechend geändert werden.

Nach dem Ergebnisse der Beweisführung sei anzunehmen, daß zu der Zeit, als die Bahnverwaltung dem Kläger anheimgestellt habe, die Arbeit nicht auszuführen, das von diesem anderwärts beschaffte Material zum größten Theile verwendet gewesen sei. Demnach könne ein Verzicht des Klägers auf einen den vertragsmäßig festgesetzten übersteigenden Preis aus der Ausführung der Arbeit nicht hergeleitet werden, derselbe habe sich auch die Geltendmachung seiner desfallsigen Ansprüche stets vorbehalten, wofür auf dessen Briefe vom 16., 27. August und 7. September 1876 Bezug genommen wird. Der § 4 Abs. 3 der allgemeinen Bedingungen sei nicht anwendbar, da diese Bestimmung ihrem ganzen Inhalte nach nur von solchen Mehrarbeiten verstanden werden könne, welche nicht nothwendig sind und der Beklagten überflüssige Kosten machen würden, während die Ausführung der Pos. 33 für den Bahnbau unter allen Umständen erfolgen mußte.

Die Berechnung der zuerkannten Summe beruht darauf, daß die 6400 cbm Material noch für andere Positionen als Posten 33 zu verwenden waren, auf letzteren etwa die Hälfte. Für die anderen Arbeiten hätte er, wenn auch das Material für Pos. 33 sich ergeben hätte, immer noch 3150 cbm beschaffen müssen, wofür ihm nur der Vertragspreis von 1,60 ℳ = 5040 ℳ zukäme. Auf die 3250 cbm für Pos. 33 hätten sich nach dem Beweisergebnisse 1830 cbm vorgefunden, für welche ebenfalls nur der Vertragspreis, also 2928 ℳ anzusetzen sei. Für den Rest von 1420 cbm sei der von den Sachverständigen begutachtete Preis von 3,50 ℳ per cbm zu berechnen. Weil das wirklich aufgebrachte Bettungsmaterial nicht 6400 cbm, sondern nur 6398,32 cbm betrage, wurden noch 5,83 ℳ in Abzug gebracht und von den hiernach sich ergebenden 12 932,17 ℳ noch das Abgebot von 7½ %, so daß sich die urtheilsmäßige Summe auf 11 962,27 ℳ beziffert.

„Die angefochtene Entscheidung über das Klagbegehren VIII beruht nicht etwa auf einer Auslegung des Vertrages dahin, daß derselbe eine Zusicherung der Beklagten enthalte, daß der Kläger einen Theil des Bettungsmaterials aus der zwischen Kilom. 10—10,5 ausgesetzten Tunnelmasse gewinnen werde, und der Annahme, daß ein Vergütungsanspruch des letzteren sich daraus ergebe, daß dieses Versprechen nicht erfüllt worden sei. Es wird auch nicht festgestellt, daß nach dem Willen beider Theile die Annahme der Preisofferte von nur 1,60 ℳ von der Bedingung abhängig gemacht worden sei, wenn ein Theil des Bettungsmaterials aus den Tunnelmassen entnommen werden könne, so daß etwa der Anspruch auch die angemessene Vergütung an Stelle der vereinbarten aus dem Nichteintreten der Bedingung hergeleitet würde. Die Feststellung geht vielmehr nur dahin, daß beide Theile bei der Preisofferte und Preisannahme davon ausgegangen seien, daß ein Theil tauglichen Materials sich vorfinden werde, daß der Eintritt dieses Umstandes als Voraussetzung der Willenseinigung über den festgesetzten Preis erscheine, und es wird dem Kläger die Mehrforderung deshalb zugesprochen, weil sich diese Voraussetzung in der Folge zu einem erheblichen Theile als falsch erwiesen habe.

Diese Grundlage der Entscheidung ist aber mit den Prinzipien des Bürgerl. G.B. nicht vereinbar. Wenn es darnach auch in bestimmten Fällen zulässig ist, dasjenige zurückzufordern, was ein Anderer ohne materiell rechtfertigenden Grund empfangen hat oder besitzt (z. B. Art. 954, 955, 1131, 1184 des Bürgerl. G.B.) und wenn auch, wie schon angenommen wurde (Windscheid, Zur Lehre von der Ungültigkeit der Rechtsgeschäfte S. 270 ff.) dieser materiell rechtfertigende Grund als „cause" bezeichnet werden könnte, so findet sich doch kein Rechtssatz im Gesetze, wonach jede Unterstellung, von welcher beide Theile bei der Willenseinigung ausgegangen sind, und welche auf dieselbe von Einfluß gewesen ist, auch wenn sie nicht zur ausdrücklichen Zusage oder Bedingung (Art. 1168) gemacht worden ist, die Bedeutung und Wirkung habe, daß im Falle ihrer Unrichtigkeit die darauf beruhende Leistung je nach den Umständen zurückgefordert, erhöht oder gemindert werden könne. Mit der Annahme eines solchen Rechtssatzes, wie er auch einem Urtheile des Pariser Kassationshofes vom 23. Juni 1873 in einem dem vorliegenden ähnlichen Falle (Sirey 73, 1, 330) zu Grunde zu liegen scheint, werden die Bestimmungen des Gesetzes über den Irrthum (Art. 1110, 1117) verletzt. In Wirklichkeit nämlich ist dasjenige, was im angefochtenen Urtheile als gemeinsame falsche Voraussetzung bezeichnet wird, nur ein gemeinsamer Irrthum der Parteien. Dieser hat aber nur rechtliche Wirkung, wenn er das Wesen der Sache und nicht blos den Beweggrund betrifft; diese rechtliche Wirkung besteht auch nicht in Erzeugung eines anderen Anspruches aus dem Vertrage, sondern in der Befugniß, den Vertrag anzufechten. Auch von einer Entschädigungsforderung kann keine Rede sein, weil nicht festgestellt ist, daß die Beklagte den Irrthum schuldhaft veranlaßt habe. Endlich können auch die Grundsätze über die nützliche Geschäftsführung (Art. 1372, 1375 des Bürgerl. G.B.) keine Anwendung finden, weil auf Grund eines bestehenden Vertrages geleistet worden ist."

111. **Die französische Konsulargesetzgebung steht der Anerkennung der juristischen Person von Succursalen und Filialkapellen** (und demgemäß der Anwendbarkeit des Preuß. Gesetzes vom 20. Juni 1875 auf diese Nebenkirchen) **nicht entgegen.** S. o. Fall 106 S. 235. (II, 152/85.)

112. Auch in dem Falle, wenn der Schuldner dasjenige zu zahlen versprach, was ihm durch Konkordat erlassen war (Art. 519 des Code de commerce), **wird durch einfache Anerkennung einer natürlichen Verbindlichkeit ein klagbarer Anspruch erzeugt.** Urth. des II. Civilsenats vom 22. September 1885 in Sachen J. C. zu A., Klägers und Revisionsklägers, wider J. W. C.'s Konkurs, Beklagten und Revisionsbekagten. Vorinstanz: O.L.G. Köln. Verwerfung.

Nach Behauptung des Klägers soll ihm der im Jahre 1875 in Fallimentszustand gerathene Holzhändler J. W. C., damals wegen verschiedener ihm gegebener und eingelöster Gefälligkeitsaccepte den Betrag von 13 554 ℳ schuldig gewesen sein. Im Fallimentsverfahren seien hiervon nur 6168,2 ℳ angemeldet worden, worauf zufolge abgeschlossenen Konkordats eine Dividende von 7% entfallen und bezahlt worden sei. Nach Abzug dieser Zahlung sei noch eine unberichtigte Schuld von 13 122,24 ℳ verblieben, welche C. im Jahre 1882 anerkannte, und wofür er ratenweise Zahlung mit Zinsen zu 6% versprochen habe. In den Jahren 1882 und 1883 seien auch wirklich 1200 ℳ auf diese Schuld bezahlt worden. Am 6. Oktober 1883 gerieth C. wiederholt in Konkurs. Der Kläger meldete im Konkursverfahren seine besagte Restforderung, die er jetzt auf 17 496,65 ℳ berechnet, an, und erhob, da der Konkursverwalter die Forderung bestritt, im März 1884 Klage gegen diesen auf Feststellung derselben vor dem L.G. Köln. Der Konkursverwalter wendete ein, daß die fragliche Forderung in Folge des Konkordats erloschen und deren spätere Anerkennung rechtsunwirksam sei, bestritt auch die Höhe der Forderung. Die Vorinstanzen wiesen die Klage ab, das O.L.G. aus folgenden Gründen: „Das Konkordat des Code de commerce tilge allerdings die Forderungen nicht gleich einem freiwilligen Erlasse, lasse vielmehr für den ausfallenden Theil der Forderung eine natürliche Verbindlichkeit bestehen. Das *einfache* Versprechen, eine natürliche Verbindlichkeit zu erfüllen, könne aber nicht hinreichen, demselben rechtliche Wirkung zu verleihen, und es sei auch kein Grund gegeben, die in Frage stehende natürliche Verbindlichkeit anders zu behandeln, wie sonstige Verbindlichkeiten dieser Art. Namentlich sei die Gleichstellung vorliegenden Falles mit dem Falle, wo die Einrede der Verjährung entgegenstehe, unstatthaft. Auch der Umstand, daß Kläger behaupte, nicht seine ganze Forderung im Fallimentsverfahren angemeldet zu haben, sei belanglos."

„Was die Frage betrifft, ob nach den Prinzipien des Französischen Rechts, durch einfache Anerkennung einer natürlichen Verbindlichkeit mit Zahlungsversprechen, ein *klagbarer* Anspruch erzeugt werden könne, so hat das R.G. bei neuerlicher Prüfung keinen Anlaß gefunden, von seiner in früheren Erkenntnissen ausgesprochenen Ansicht, wonach diese Frage zu verneinen ist, abzugehen und kann auf die bezüglichen Gründe" (*Annalen* Bd. VII S. 410; *Entsch.* Bd. VIII S. 316) „verwiesen werden.

Es kann sich daher nur fragen, ob jener Grundsatz auch im vorliegenden Falle, wo der Schuldner dasjenige zu zahlen versprach, was ihm durch Konkordat (Art. 519 ff. des Code de commerce) erlassen war, Anwendung zu finden habe. Dies ist zu bejahen. Zunächst kann nicht zweifelhaft sein, ist auch jetzt nicht mehr bestritten, daß der Kläger, mag er nun seine ganze Forderung oder nur einen Theil derselben beim Fallimente angemeldet haben, von den Wirkungen des Konkordats betroffen wurde. Diese Wirkungen bestehen, wie in Doktrin und Praxis anerkannt ist, darin, daß betreffs des erlassenen Theiles der Schuld, der Klaganspruch gegen den Gemeinschuldner erlischt, jedoch eine natürliche Verbindlichkeit desselben, auch diesen Theil zu zahlen, übrig bleibt.

Einige Schriftsteller (Laurent, Demolombe, Alauzet) sind nun der Ansicht, daß im Hinblicke auf Art. 605 des Code de commerce, welcher bestimmt, daß nur derjenige Fallite rehabilitirt werden könne, welcher nachweise, seine Gläubiger vollständig befriedigt zu haben, sogar mehr als eine natürliche Verbindlichkeit anzunehmen sei, und hieraus soll gefolgert werden, das hier ausnahmsweise das Zahlungsversprechen ein Klagrecht begründe bezw. das erloschene wiederherstelle. Dieser Ansicht kann jedoch nicht beigepflichtet werden. Aus der Bestimmung in Art. 605 a. a. O. ergiebt sich allerdings zweifellos, daß das Gesetz hier eine natürliche Verbindlichkeit im Sinne des Art. 1235 des Code civil für gegeben erachte, allein mehr auch nicht. Der Umstand, daß das Gesetz die Erfüllung dieser natürlichen Verbindlichkeit besonders begünstigt, indem es die Rehabilitirung des Falliten davon abhängig macht, kann kein Grund sein, von Anwendung der allgemeinen Prinzipien abzusehen, insbesondere anzunehmen, daß hier das einfache Zahlungsversprechen eine Wirkung äußere, die ihm bei den anderen nntürlichen Verbindlichkeiten versagt sei. Es ist im Auge zu behalten, daß Art. 605 a. a. O. eine wirkliche durch Quittungen nachgewiesene Zahlung verlangt, für die Gültigkeit eines bloßen Zahlungsversprechens also kein Anhalt in ihm zu finden ist.

Ferner ist darauf hinzuweisen, daß Art. 605 a. a. O. eine vollständige Befriedigung sämmtlicher Gläubiger des Falliten voraussetzt, also Fälle, wie der vorliegende, wo es sich nur um Begünstigung einzelner Gläubiger handelt, unberührt läßt.

Wenn weiter geltend gemacht wird, es handele sich im wesentlichen nur um einen Verzicht auf die Einrede aus dem Konkordate, und ein solcher Verzicht könne ähnlich, wie der Verzicht auf die Verjährung, rechtsgiltig geschehen, so erscheinen auch diese Ausführungen nicht zutreffend. Zunächst erscheint es völlig verfehlt, den Verzicht auf die Geltendmachung des Konkordates, dem Verzichte auf die Verjährung gleichzustellen. Die Verjährung hat nach Französischem Rechte nicht das Erlöschen des Klaganspruches von Rechts wegen zur Folge, vielmehr bleibt dieser Anspruch bestehen und ist dem Schuldner nur die Befugniß gewährt, denselben durch Vorschützen einer Einrede zu beseitigen (Art. 2223 des Code civil). Ein Verzicht auf diese Einrede, dessen Statthaftigkeit übrigens das Gesetz ausdrücklich anerkennt (Art. 2220 des Code civil) enthält daher kein neues Schuldversprechen; es bedarf dessen nicht, da der Klaganspruch noch fortbesteht.

Ganz anders ist die Wirkung des Konkordates. Dasselbe tilgt die Schuld (soweit sie erlassen ist) zu Gunsten der Falliten; es bedarf daher des Eingehens einer neuen Verpflichtung seinerseits, um den erloschenen Klaganspruch wieder aufleben zu lassen. Allerdings ist richtig, daß im Falle eines Konkordates, gleich wie in allen Fällen, wo eine bestandene Forderung getilgt wurde, auch von einem Verzichte auf die bezügliche Einrede (der Zahlung, des Schulderlasses, des Konkordates) gesprochen werden kann, allein insofern ein solcher Verzicht die Folge haben soll, einen bereits erloschenen Klaganspruch wieder aufleben zu lassen, liegt eben dem Wesen nach das Eingehen einer neuen Verpflichtung vor. Wer z. B. verspricht, eine bereits gezahlte Schuld nochmals zu zahlen, macht, wenn er es wissentlich thut, eine Schenkung, und es kann nicht angehen, dieser Schenkung dadurch Wirksamkeit zu verschaffen, daß man sagt, es handele sich nur um Verzicht auf die Einrede der Zahlung."

Reichsrecht.

1. Handelsrecht.

113. **Persönliche Verpflichtung des Vorstandes einer Aktiengesellschaft zur Buchführung und Bilanzziehung** s. u. „Civilrechtliches aus den Strafsenaten" am Ende des Heftes. Urth. der Vereinigten Strafsenate vom 9. Januar 1886.

114. **Auslegung der Art. 59, 298 des H.G.B.** (S. u. Fall 131 S. 286.)'

115. **Gültigkeit eines Vertrages, welcher dem aus einer offenen Handelsgesellschaft, die aus mehr als zwei Gesellschaftern besteht, austretenden Gesellschafter, den Wiedereintritt gestattet. Die Behauptung und der Nachweis der Zustimmung der übrigen Gesellschafter gehört solchenfalls nicht zur Begründung der Klage auf Wiedereintritt** (Art. 98, 90, 86, 78 des H.G.B.). Urth. des I. Civilsenats vom 1. Juli 1885 in Sachen B. & S. zu D., Klägers und Revisions-Klägers, wider C. S. das., Beklagten und Revisions-Beklagten. Vorinstanz: Kammergericht Berlin. Aufhebung und Zurückverweisung. (I, 163/85.)

Als der Kläger aus der Handelsgesellschaft, welche aus ihm, dem Beklagten und H. C. bestand, austrat, stellte der Beklagte ihm folgenden Revers aus: „Ich räume hiermit ein, daß Herr B. (der Kläger) mit seinen alten Rechten und Pflichten wieder eintreten könne in das Straßburger Geschäft von S., B. & Co. nach Ablauf eines halben Jahres." Aus diesem Revers und angeblich entsprechenden mündlichen Vereinbarungen klagt der Kläger mit dem Antrag, den Beklagten zu verurtheilen: „a) zu gestatten, daß der Kläger als offener Handelsgesellschafter in das unter der Firma Kunstmöbelhalle C. S. (Beklagten) und C. (dem dritten Gesellschafter) zu Straßburg bestehende Handelsgeschäft eintrete unter Innehaltung der Bestimmungen des Sozietätsvertrages vom 31. Dezember 1880, und alsdann b) in beglaubigter, zur Eintragung in das Handelsregister zu Straßburg geeigneter Form zu erklären, daß er den Wiedereintritt des Klägers als offener Handelsgesellschafter in die

Firma ... gestatte." Nachdem in erster Instanz auf einen Eid erkannt war, wurde in zweiter Instanz die Klage abgewiesen. Gegen das B.U. hat der Kläger Revision eingelegt mit dem Antrage auf Aufhebung des angefochtenenen Urtheils und Zurückweisung der gegen das erstinstanzliche Urtheil vom Beklagten eingelegten Berufung.

„Es ist anzuerkennen, daß eine Vereinbarung, welche einem aus einer Handelsgesellschaft, die aus mehr als zwei Gesellschaftern besteht, austretenden Gesellschafter unter gewissen Voraussetzungen den Wiedereintritt einräumt, gültig getroffen werden kann. Die Rechtsgültigkeit kann namentlich nicht aus dem Grund bestritten werden, daß der einzelne Gesellschafter zur Aufnahme eines neuen Gesellschafters nicht befugt ist. Der einzelne Gesellschafter kann sich sehr wohl verpflichten, seinerseits den Eintritt eines Dritten in die Gesellschaft zu gestatten bezw. zu betreiben. Dies kann dem anderen Kontrahenten, welcher der Zustimmung des oder der übrigen Gesellschafter sicher ist oder diese ebenfalls ergänzen zu können hofft, genügen. Es gehört deswegen nicht zur Begründung der Klage aus einem solchen Vertrag, daß die Zustimmung der übrigen Gesellschafter behauptet und dargethan werde. Insofern stünde also der Verurtheilung des Beklagten nach dem Klagantrag ein Bedenken nicht entgegen.

Allein eine Verurtheilung des Beklagten ist deshalb noch nicht möglich, weil eine wesentliche Differenz der Parteien nicht aufgeklärt ist." Dies wird näher erörtert an der Hand der thatsächlichen Vorbringer, die hier nicht interessiren.

116. In der Oeffnung der Verpackung einer zur Verfügung gestellten Waare liegt an sich noch keine Verfügung über dieselbe. Urth. des H.G.B. Art. 279 des I. Civilsenats vom 11. Juli 1885 in Sachen der Aktiengesellschaft Zuckerfabrik K. zu K., Beklagte und Revisionsklägerin, wider H. & H. in B., Klägerin und Revisionsbeklagte. Vorinstanzen: R.G. Bromberg, O.L.G. Posen. Aufhebung und Zurückverweisung. (I, 176/85.)

Die Klägerin fordert von der beklagten Aktiengesellschaft die Zahlung des Kaufpreises für angeblich von der Beklagten bestellte und mit Faktura vom 6. September 1882 ihr gelieferte Zuckersäcke und getheerte Jutefäden in Höhe von 4118,15 ℳ nebst 6% Zinsen seit dem 6. September 1882. Durch Urtheil des L.G. Bromberg vom 14. Mai 1884 wurde Klägerin mit ihrer Klage abgewiesen und verurtheilt, die Kosten des Rechtsstreites zu tragen. Kläger erhob Berufung und stellte, da nach dem ersten Urtheil die Säcke und Theerfäden von der Beklagten auf Anordnung der Klägerin an deren Agenten E. H. in Inowrazlaw ausgeliefert worden waren, den Antrag, die Beklagte zu verurtheilen, den Kaufpreis nebst Zinsen Zug um Zug gegen Wiederübergabe der ihr im September 1882 übersandten Zuckersäcke und getheerten Fäden zu zahlen. Gemäß diesem Antrage wurde die

Beklagte durch ein am 28. März 1885 verkündetes Urtheil des O.L.G. Posen verurtheilt, an Klägerin 4118,15 M nebst 6 % Zinsen seit dem 6. September 1882 Zug um Zug gegen Wiederübergabe der ihr im September 1882 übersandten 10 255 Zuckersäcke und 122,58 Pfund getheerter Jutefäden zu zahlen. Gegen dieses Urtheil hat Beklagte Revision eingelegt.

„Begründet ist der Revisionsangriff, welcher sich gegen die Annahme des B.G. richtet, daß die Beklagte die angeblich nicht oder doch nicht in rechtsverbindlicher Weise bestellte Waare durch Oeffnung der Ballen, worin die Säcke und Jutefäden verpackt waren, nachträglich angenommen habe. Es handelt sich nicht darum, ob Beklagte befugt war, die von ihr der Klägerin zur Verfügung gestellten, von ihr in Verwahrung genommenen Ballen zu öffnen, eine durch rechtswidriges Verhalten in dieser Beziehung etwa begründete Entschädigungsforderung steht nicht in Frage. Vielmehr handelt es sich darum, ob in der Oeffnung der Ballen die stillschweigende Erklärung des Willens zu finden sei, die Waare als gekauft anzunehmen. Die Oeffnung der Verpackung enthielt an sich weder eine rechtliche Verfügung über die darin befindliche Waare, noch eine thatsächliche Einwirkung auf dieselbe, welche die Rückgabe an den Absender in unverändertem Zustand hinderte; es lag daher hierin allein keine Erklärung des Willens, die Waare behalten zu wollen. Ein gesetzlicher oder gewohnheitsrechtlicher Rechtssatz, welcher der Oeffnung der Verpackung der zur Disposition gestellten Waare diese Bedeutung beilegt, besteht nicht.

Auch das B.G. geht nicht von der Unterstellung eines solchen Rechtssatzes, sondern einer thatsächlichen nach Art. 279 des H.G.B. für die Bedeutung der Handlungen im Handelsverkehr zu berücksichtigenden Uebung aus, indem es ausspricht, das Aufschneiden der Ballen widerspreche so sehr dem Handelsgebrauche, daß es sich nicht anders als durch die Annahme, daß Beklagte die Waare habe behalten wollen, erklären lasse. Es ist aber weder ersichtlich, in welchem Umfange das B.G. das Bestehen eines solchen Handelsgebrauchs annimmt, noch worauf seine hierauf bezügliche Annahme sich gründet. Daß unter Umständen aus der Oeffnung zur Disposition gestellter Waaren auf die Absicht geschlossen werden kann, die Stellung zur Disposition des Absenders zurückzunehmen und die Waare zu behalten, ist nicht zu bestreiten. Aber im vorliegenden Falle sind einerseits von der Klägerin keinerlei Umstände behauptet, welche darauf schließen lassen, daß die Oeffnung der Ballen in solcher Absicht geschehen sei, andererseits hat Beklagte die Behauptung aufgestellt und unter Beweis-gestellt, daß die Ballen in anderer Absicht, nämlich zu dem Zwecke geöffnet worden seien, um sie behufs Aufbewahrung für die

Klägerin in den Lagerraum der Beklagten bringen und daselbst zweckmäßig lagern zu können. Paßte diese Erklärung nicht auf die Oeffnung des Ballens Jutefäden, so konnte dies doch keinen Grund abgeben, sie auch in Betreff der übrigen Ballen unberücksichtigt zu lassen."

117. **Der Zahlungsort ist für denjenigen, der eine Zahlung zu leisten hat, Erfüllungsort** (Art. 325 des H. G. B., § 29 der C. P. O.). S. u. Fall 129 S. 281.

118. 1) **Die Formalitäten bei Zustellung durch die Post** (§§ 177, 178 der C. P. O.). 2) **Der Selbsthülfeverkauf muß an dem Orte geschehen, an dem die Waare sich zur Zeit der Annahmeverweigerung des Käufers befindet** (Art. 343 des H. G. B.). Urth. des III. Civilsenats vom 18. September 1885 in Sachen der Firma F. W. M. zu Hameln, Klägerin und Revisionsklägerin, wider die Firma F. N. zu Hannover, Beklagte und Revisionsbeklagte. Vorinstanz: O. L. G. Celle. Verwerfung. (III, 110/85.)

Zu 1) „Der gegen die formelle Zulässigkeit der Revision erhobene Einwand erscheint nicht begründet. Wenn es auch für angemessen und zweckmäßig erachtet werden muß, daß im Falle der Zustellung durch die Post eine Abschrift der Urkunde, welche der Gerichtsvollzieher nach § 177 der C. P. O. auf die Urschrift des zuzustellenden Schriftstückes zu setzen hat, abschriftlich auf die Abschrift des zuzustellenden Schriftstückes übertragen werde, da nur in diesem Falle der Partei, an welche die Zustellung erfolgt, die Person, für welche zugestellt wird, bezeichnet wird, so kann doch in der Unterlassung der abschriftlichen Uebertragung jener Urkunde auf die Abschrift des zuzustellenden Schriftstückes ein die Gültigkeit und Wirksamkeit der Zustellung aufhebender Mangel nicht gefunden werden. Bei der Zustellung durch die Post hat ein Gerichtsvollzieher und ein mit der Zustellung beauftragter Postbote mitzuwirken. Die Thätigkeit des ersteren ist im § 177, die des letzteren im § 178 geregelt, und es sind in diesen Paragraphen diejenigen Normen gegeben, welche für die Zustellung durch die Post maßgebend sind. Im § 177 ist aber nur vorgeschrieben, daß der Gerichtsvollzieher auf der Urschrift des zuzustellenden Schriftstückes oder auf einem mit derselben zu verbindenden Bogen zu bezeugen habe, daß die Uebergabe des zuzustellenden Schriftstückes an die Post in der im § 177 vorgeschriebenen Art geschehen sei, nicht auch, daß eine Abschrift dieser Urkunde auf die Abschrift des zuzustellenden Schriftstückes zu übertragen sei. Letzteres bildet also kein gesetzliches, die Gültigkeit der Zustellung durch die Post bedingendes Erforderniß.

Die Zustellung selbst, welche durch den Postboten erfolgt, ist aber im vorliegenden Falle ordnungsmäßig, unter Beobachtung der im § 178 der C. P. O. enthaltenen Vorschriften geschehen."

Zu 2.) „Das B. G. geht mit Recht davon aus, daß der im Falle des Annahmeverzuges zulässige Selbsthülfeverkauf, wenn nicht ausdrückliche oder stillschweigende Vertragsbestimmungen entgegenstehen oder besondere Umstände eine Ausnahme rechtfertigen, an dem Orte erfolgen müsse, an welchem die Waare zur Zeit der Annahmeverweigerung durch den Käufer sich befindet. Dasselbe nimmt ferner ohne Rechtsverletzung an, daß Göttingen bezüglich der hier zunächst in Rede stehenden, im Dezember 1882 gelieferten Quantitäten Mehl als Empfangs- und Ablieferungsort anzusehen sei, und gelangt daher mit Recht zu der Annahme, daß der von der Klägerin in Hameln vorgenommene Verkauf der der Beklagten nach Göttingen gelieferten, dann aber auf ihre Anordnung nach Hameln zurückgesandten Quantitäten Mehl für die Beklagte nach Art. 343 des H. G. B. nicht verbindlich sei, indem es weiter feststellt, daß das Vorhandensein besonderer Umstände, welche ein Abweichen von der aufgestellten Regel rechtfertigen könnten, von der Klägerin nicht dargethan seien; insbesondere die Behauptung, daß der Verkauf in Hameln für beide Theile vortheilhafter gewesen sei, nicht unter Beweis gestellt sei. Auch die Annahme des B. G., daß die Beklagte durch ihr Schreiben vom 29. Dezember 1882 mit dem eventuellen Verkaufe der in Frage stehenden Quantitäten Mehl in Hameln sich nicht einverstanden erklärt habe, beruht nicht, wie Revisionsklägerin vermeint, auf der Verletzung des Gesetzes, vielmehr auf thatsächlichen und richtigen rechtlichen Erwägungen. Die Ausführung der Revisionsklägerin: durch die Annahme des B. G., daß der von ihr in Hameln vorgenommene Selbsthülfeverkauf für die Beklagte nicht verbindlich sei, werde jedenfalls nicht die Abweisung des Anspruchs auf Erstattung der Frachtkosten für den Transport des Mehls von Hameln nach Göttingen gerechtfertigt, wenn, wie sie behauptet und unter Beweis gestellt habe, die im Dezember 1882 von ihr gelieferten Quantitäten Mehl empfangbare Waare gewesen und deren Annahme mit Unrecht von der Beklagten verweigert sei, ist nicht zutreffend. Der Anspruch auf Ersatz dieser Kosten ist nicht begründet, weil sie den Vertrag erfüllt, vielmehr die gelieferte Waare zurückgenommen hat und weil der von ihr vorgenommene Selbsthülfeverkauf der gelieferten Waare bei dem Mangel der Voraussetzungen des Art. 354 des H. G. B. als Erfüllung nicht gelten kann."

119. **Bei gewöhnlichen Lieferungsgeschäften mit Fristbestimmung** (im Gegensatz zu Fixgeschäften, Art. 357 des H. G. B.) **erlischt die Verpflichtung des Verkäufers noch nicht damit, daß der Käufer seine Verfügungen nicht innerhalb der vertragsmäßigen Lieferungsfrist trifft.** (Art. 354 des H. G. B.) Urth. des I. Civilsenats vom 8. Juli 1885 in Sachen C. H. in St., Klägerin und Revisionsklägerin, wider die Aktiengesellschaft H. in Sch., Beklagte und Revisionsbeklagte. Vorinstanz: O. L. G. Naumburg. Aufhebung und Verurtheilung. (I, 170/85.)

Nach dem Thatbestande der Vorerkenntnisse hat die Klägerin der Beklagten am 21. Februar 1883 den Auftrag ertheilt, „3000—5000 Ballons 20/22 % Salzsäure zur successiven Abnahme nach Wahl der Klägerin im Laufe des Jahres zu 1 ℳ pro 100 Kilo exkl. Ballons, welche Klägerin der Beklagten frachtfrei Schönebeck stellt und von der Beklagten kostenfrei zu füllen sind. Für alle etwa nothwendigen Reparaturen zahlt Klägerin der Beklagten eine Durchschnittsvergütung von 15 ₰ pro Ballon, gleichviel ob eine Reparatur nothwendig war oder nicht. Alle übrigen Bedingungen gleich wie bei den letzten Kontrakten." Darauf hat Beklagte am 22. Februar geantwortet: „Wir haben den uns ertheilten Auftrag wie folgt in Nota genommen: 3000—5000 Ballons Salzsäure 20/22 zum Preise von 1 ℳ pro 100 Kilo exkl. Ballons, die Sie uns frachtfrei zu liefern haben. Für etwa nothwendige kleine Reparaturen an den Körben zahlen Sie pro Stück 15 ₰, gleichviel ob eine Reparatur überhaupt nothwendig ist oder nicht, während Sie uns für total unbrauchbare Körbe, namentlich solche, die ohne Böden hier ankommen, den vollen Kostenpreis nebst Stroh zu zahlen haben. Die Lieferung erfolgt Ihren Dispositionen entsprechend im Laufe dieses Jahres."

Das B. G. legt den durch diese Korrespondenz zu Stande gekommenen Vertrag dahin aus, daß Beklagte der Klägerin zur Lieferung der Salzsäure während des ganzen Jahres 1883 verpflichtet war, daß Klägerin jedoch ihre Aufforderung zur Lieferung so zeitig zu machen hatte, daß Beklagte im Stande war, diese Lieferung im gewöhnlichen Geschäftsbetriebe noch im Laufe des Jahres 1883 auszuführen. Das B. G. entnimmt der ferneren Korrespondenz, daß Klägerin erst kurz vor Schluß des Jahres 1883 die Lieferung der bis dahin noch nicht gelieferten 2692 Ballons gefordert habe. Diese Forderung habe aber der muthmaßlichen Absicht der Parteien nicht entsprochen. Da aber die Forderung als nicht rechtzeitig gestellt ungerechtfertigt war, so habe die Berufung zurückgewiesen werden müssen.

„Diese Schlußfolgerung ist rechtsirrthümlich. Wenn Beklagte im Laufe des Jahres 1883 zu liefern hatte, so folgt daraus noch nicht, daß, wenn Klägerin so spät im Laufe des Jahres 1883 die der Lieferung vorherzugehenden Dispositionen traf, daß die Lieferung im Jahre 1883 nicht mehr erfolgen konnte, Beklagte nun überhaupt von der Lieferung befreit gewesen wäre. Das würde nur anzunehmen sein, wenn weiter feststünde, daß die Zeitbestimmung für das abgeschlossene Geschäft die Bedeutung des Art. 357 des H. G. B. gehabt hätte, daß also ein Fixgeschäft vorlag. Daß dies der Fall gewesen wäre, hat das B. G. selbst nicht festgestellt. Auch spricht dafür nicht ein einziger

Umstand. Vielmehr lag eine ganz gewöhnliche Fristbestimmung vor. Bei einer solchen erlischt aber die Verpflichtung des Verkäufers keineswegs damit, daß der Käufer seine Verfügungen nicht innerhalb der verabredeten Lieferungsfrist trifft, vielmehr konnte Verkäufer den Käufer dadurch in Verzug setzen, daß er sich erbot, die 2692 Ballons Salzsäure zu liefern, sobald Käufer sich erklärt haben würde, ob er rohe oder gereinigte Salzsäure fordere und die Ballons übersende — vgl. Entscheidungen des R.O.H.G. Bd. 15 S. 148 ff. — Kam der Käufer der hieran geknüpften Aufforderung nicht nach, so konnte der Verkäufer entweder die entsprechende Quantität Salzsäure unter den eingegangenen Lieferungsbedingungen nach vorgängiger Androhung auf Gefahr und Kosten des Klägers öffentlich verkaufen und er war dann von der Verbindlichkeit, der Klägerin zu liefern frei, oder er konnte vom Vertrage abgehen, als wenn derselbe nicht geschlossen war — (vgl. Art. 354 des H.G.B.). Wählte er diesen Weg nicht, so blieb er der Klägerin, wie diese ihm auch nach Ablauf des Jahres 1883 auf Vertragserfüllung verhaftet."

2. Reichs-Haftpflichtgesetz.

120. Die Haftpflicht des § 1 beruht nicht auf dem Verschulden des Betriebsunternehmers oder seiner Leute. Zufall und höhere Gewalt. Urth. des II. Civilsenats vom 18. September 1886 in Sachen des minderjährigen W. W. zu Köln, Klägers und Revisionsklägers, wider die Kölner Straßenbahngesellschaft, Beklagte und Revisionsbeklagte. Vorinstanz: O.L.G. Köln Aufhebung und Zurückverweisung. (II, 251/85.)

Am 15. Dezember 1882 ist der Kläger, damals 4 Jahr alt, von einem Pferdebahnwagen der Beklagten an der rechten Ferse überfahren worden. Mit der beim L.G. Köln erhobenen Klage wird 10000 ℳ Kapitalsentschädigung für die Folgen dieses Unfalles oder eine Rente von 400 ℳ bis zur Großjährigkeit, und von 600 ℳ jährlich von da ab gefordert.

Durch das erstinstanzliche Urtheil vom 18. Juni 1884 ist die Klage abgewiesen und der Kläger in die Kosten des Rechtsstreites verurtheilt worden. Er legte Berufung ein, indem er die Zusprechung des Klageantrages begehrte. Das O.L.G. Köln hat in dem Urtheile vom 31. Dezember 1884 die Berufung kostenfällig verworfen. In den Urtheilsgründen wurde zwar ausgesprochen, daß Pferdeeisenbahnen unter § 1 des Reichs-Haftpflichtgesetzes zu subsumiren seien, daß der Kläger auch bei dem Betriebe der beklagtischen Pferdeeisenbahn verletzt worden sei und daß von einem eigenen Verschulden des Klägers, welcher zur Zeit des Unfalles noch handlungsunfähig war, nicht die Rede sein könne. Es wurde jedoch als thatsächlich festgestellt erachtet:

„Der Pferdebahnwagen fuhr vom Severinsthor nach dem Waidmarkte zu Köln in gewöhnlicher Geschwindigkeit. Vom Severinsthor aus läuft das Bahngeleis dicht am rechten Trottoir hin. Nachdem die Rosenstraße passirt war, gab der Kutscher einen Warnungsruf, weil auf dem rechten Trottoir drei Jungen sich balgten, denen der Kläger zusah. Einer von ihnen lief darauf dicht vor dem Pferde des Wagens nach der anderen Seite der Straße. Der Kutscher bremste sofort. Der Kläger aber trat vom Trottoir auf die Straße und stand plötzlich zwischen Pferd und Wagen. Der auf der rechten Seite des vorderen Wagenperrons befindliche Kondukteur faßte ihn schnell am Arme, gerieth aber hierbei zu Falle und so kam der Kläger unter das Rad des Wagens."

„Bei dieser Sachlage" — fahren die Gründe fort — „erscheine die Annahme gerechtfertigt, daß der Unfall durch höhere Gewalt herbeigeführt sei. Denn die Bediensteten der Beklagten hätten nicht unterstellen können, daß der Kläger unversehens vom Trottoir aus zwischen Pferd und Wagen treten werde, namentlich da ihre Aufmerksamkeit noch durch den dicht vor dem Wagenpferde quer über die Straße laufenden Jungen in Anspruch genommen und der Unfall fast das Werk eines Augenblickes war. Der Unfall würde ebenso eingetreten sein, wenn der Pferdebahnwagen im Schritt gefahren wäre oder ein vierjähriger Junge sich plötzlich vor das Rad eines im Fahren begriffenen gewöhnlichen Wagens gestellt hätte. Vernünftigerweise könne man auch nicht verlangen, daß der Kutscher sofort hätte bremsen müssen, als er die balgenden Knaben auf dem Trottoir bemerkte. Er habe aber gebremst, als sich dazu beim Vorüberlaufen des älteren Jungen Veranlassung bot. Auch der Kondukteur sei nach Kräften und mit eigener Gefahr den Kläger dem ihm drohenden Verderben zu entziehen bemüht gewesen. Also sei die Unabwendbarkeit der schädlichen Folgen des Ereignisses anzunehmen. Selbstverständlich sei ein Verschulden der Bediensteten der Beklagten ausgeschlossen und deren Haftpflicht nicht begründet."

„Dem B. U. liegt, wie sich aus dem Schlußsatze der Gründe ergiebt, die Ansicht unter, daß der Betriebsunternehmer einer Eisenbahn nach § 1 des Reichsgesetzes vom 7. Juni 1871 für den Schaden, welcher durch die Tödtung oder Verletzung eines Menschen entstanden ist, nur dann hafte, wenn ihn oder seine Bediensteten ein zu unterstellendes Verschulden an dem Unfalle treffe. Diese Auffassung entspricht nicht der wahren Bedeutung des Gesetzes. Dasselbe stellt nicht eine Vermuthung für das Verschulden des Betriebsunternehmers oder seiner Bediensteten hin, leitet überhaupt nicht dessen Haftpflicht aus einem Verschulden ab, sondern macht ihn schlechthin für den angerichteten Schaden verantwortlich mit der einzigen Ausnahme, wenn höhere Gewalt oder eigenes Verschulden des Getödteten oder Verletzten den Schaden verursacht hat. Sonach trifft das Gesetz an sich auch solche Fälle, wo erwiesenermaßen kein Verschulden des Unternehmers oder seiner Gehülfen, sondern ein zufälliges Vorkommniß den Schaden herbeiführte; und lediglich ein Zufall, der sich zugleich als höhere Gewalt kennzeichnet, schließt die Ersatzpflicht des Unternehmers aus. Für die Annahme der höheren Gewalt genügt aber nicht der Mangel eigener Verschuldung des Unternehmers oder seiner Angestellten, vielmehr muß dargethan werden, daß ein mit aller denkbaren

Umsicht unabwendbares Ereigniß den Unfall bewirkte. Für diese Annahme lassen die Ausführungen des O.L.G. die nöthige Begründung vermissen. Im Wesentlichen wird nur dargelegt, daß den Bediensteten der Beklagten ein Verschulden nicht beizumessen sei. Darauf kommt es nach dem Gesagten nicht an. Die Behauptung aber, daß der Unfall ebenso eingetreten sein würde, wenn der Pferdebahnwagen im Schritt gefahren wäre, ist durch nichts belegt und die weitere Bemerkung, der Unfall wäre auch dann vorgekommen, wenn ein vierjähriger Knabe sich plötzlich vor das Rad eines im Fahren begriffenen gewöhnlichen Wagens gestellt hätte, erscheint völlig einflußlos, weil das Gesetz sich nicht auf den Verkehr mit gewöhnlichem Fuhrwerk, sondern nur auf den Betrieb von Eisenbahnen bezieht. Gerade die Verwendung von Eisenschienen für die Pferdebahn erhöht die Unfallsgefahr. Eben deshalb hat der Betriebsunternehmer sogar für den Zufall einzustehen, wenn er sich nicht durch den Nachweis einer höheren Gewalt befreien kann. Eine Unabwendbarkeit des schädigenden Vorganges im Sinne dieses Begriffes ist aber bisher thatsächlich noch nicht festgestellt."

121. **Anwendbarkeit des § 1 des Reichs-Haftpflichtgesetzes auf Schienentransportwege, insbesondere unterirdische, welche nur dem Betriebsverkehr in Bergwerken dienen.** Urth. des V. Civilsenats vom 16. September 1885 in Sachen des Bergfiskus zu Breslau, Beklagten und Revisionsklägers, wider die verw. G. und Gen., Kläger und Revisionsbeklagte. Vorinstanz: O.L.G. Breslau. Verwerfung. (V, 98/85.)

Die Vorinstanz hat ausgeführt, daß die in Rede stehende, in der Königin-Louise-Grube zur Fortschaffung geförderter Kohlen hergestellte Bahn unter den Begriff der Eisenbahn im Sinne § 1 des Reichs-Haftpflichtgesetzes falle, und dem nicht entgegenstehe, daß die Bahn eine unterirdische sei, lediglich einem bestimmten Privatzwecke diene, und nicht nach einem Reglement, regelmäßig und mit Schnelligkeit, betrieben werde. Demgemäß ist festgestellt, daß der Ehemann und Vater der Kläger am 16. Februar 1882 beim Betriebe einer Eisenbahn getödtet worden ist, und andererseits der Beweis, daß der die Tödtung veranlassende Unfall durch eigenes Verschulden des Getödteten oder durch höhere Gewalt verursacht worden, für nicht geführt und durch die Gesammtlage der Sache auch nicht erbracht erachtet.

„Die Beschwerden sind lediglich gegen die Annahme gerichtet worden, daß der Unfall bei einem Eisenbahnbetriebe stattgefunden hat, indem unter Bezugnahme auf die bei der Berathung des Gesetzes vom 7. Juni 1871 geäußerten Ansichten behauptet ist, daß unter den Eisenbahnbegriff des § 1 genannten Gesetzes Transportwege, welche nur Bestandtheile von Bergwerkseinrichtungen und nicht für den öffentlichen Verkehr bestimmt sind, und namentlich auch unterirdische

Eisenbahnen nicht fallen. Es ist aber in übereinstimmender Rechtsprechung des R.G. ausgeführt, daß eine derartige Auffassung im Gesetze keinen Ausdruck gefunden, der Begriff der Eisenbahn nicht in dieser generellen Beschränkung aufzufassen, sondern das durchgreifende Kriterium bei demselben in der gleichartigen Gefährlichkeit des Betriebs der Anlage für Publikum oder Betriebspersonen zu suchen, und nach deren Vorhandensein im einzelnen Falle die Anwendbarkeit der Vorschrift zu bestimmen sei" (vergl. unter Anderm Annalen Bd. VI S. 105, Entsch. Bd. 7 S. 40) „und daß dementsprechend auch unterirdische Eisenbahnen unter den Begriff des § 1 cit. fallen. Der Vorderrichter hat sich im vorliegenden Falle der erforderlichen Prüfung unterzogen, und die Gefährlichkeit des Betriebs der in Rede stehenden Bahn mit Bezug auf deren Konstruktion, bewegende Kraft und Gewicht des Transportgegenstandes ohne anderweiten Rechtsirrthum festgestellt, außerdem eine Verschuldung des Getödteten und eine in höherer Gewalt zu suchende Ursache des Unfalls verneint; das Rechtsmittel erscheint danach unbegründet."

122. **Erfordernisse der Klagbegründung und Begriff der unzulässigen Klagänderung bei Haftpflichtansprüchen aus § 2 des Reichs-Haftpflichtgesetzes und § 120 der R.Gew.O.** Urth. des III. Civilsenats vom 7. Juli 1885 in Sachen W. H. in A., Klägers und Revisionsklägers, wider den preußischen Eisenbahnfiskus, Beklagten und Revisionsbeklagten. Vorinstanz: O.L.G. Jena. Aufhebung und Zurückverweisung. (III, 167/85.)

„Die Vorinstanz weist die Berufung des Klägers lediglich aus dem Grunde zurück, weil dieselbe sich auf eine unzulässige Klagänderung stützt. Diese Entscheidung beruht auf Gesetzesverletzung. Denn die Annahme, daß in den neuen thatsächlichen und rechtlichen Anführungen des Klägers eine Klagänderung enthalten sei, ist für rechtsirrthümlich zu erachten.

Der Kläger hat allerdings in erster Instanz nur geltend gemacht, daß seine Verunglückung durch den Bauführer M. verschuldet sei und daß der beklagte Fiskus für dessen Verschulden gemäß § 2 des Reichs-Haftpflichtgesetzes zu haften habe; dagegen in der Berufungsverhandlung zur besseren Begründung seines Anspruchs nicht blos die Schuld seiner Verunglückung auch noch anderen Personen, für welche der Beklagte gleichfalls nach diesem Gesetze zahlen müsse, beigemessen, sondern außerdem auch in Bezug auf die von ihm neu angeführten Umstände des Falls darzulegen gesucht, daß die Ersatzpflicht des Beklagten auch wegen einer demselben selbst zur Last fallenden Vernachlässigung der Vorschrift des § 120 der R.Gew.O., sowie nach den Grundsätzen der lex Aquilia begründet sei. Allein nach Inhalt der Vorschriften des § 2 des Reichs-Haftpflichtgesetzes ist zur Begründung einer auf dieselben sich stützenden Klage nur die Behauptung wesentlich und nothwendig, daß der genügend bezeichnete Unfall durch das Verschulden einer in Gemäßheit dieser Vorschriften als Repräsentant des beklagten Unternehmers anzusehenden Person herbeigeführt worden sei; ob der eine oder andere von mehreren Repräsentanten des Beklagten der Schuldige ist und ob derselbe den Unfall in dieser oder jener Richtung verschuldet hat, ist unwesentlich und nebensächlich. Müßte man nur eine richtige Bezeichnung der schuldigen Person und eine zutreffende Darlegung der Umstände der stattgefundenen Verschuldung als einen nothwendigen Bestandtheil einer gehörigen Klagbegründung ansehen, so würde, da in häufigen Fällen den Verletzten und noch mehr den Hinterbliebenen des Getödteten eine so genaue Kenntniß des Hergangs nicht zugeschrieben werden kann, hiermit auch eine prozessualische Anforderung aufgestellt sein, durch welche die Verfolgung eines wohlbegründeten Rechts häufig unmöglich gemacht wäre. Man muß demnach annehmen, daß durch die Anstellung der Haftpflichtklage der behauptete Unfall in seinem ganzen Umfange und mit allen seinen Umständen, so wie derselbe sich in Wirklichkeit zugetragen hat, der richterlichen Kognition unterbreitet und somit zum thatsächlichen Klaggrunde gemacht ist. Muß deshalb der Richter bei seiner Entscheidung des Falles auch diejenigen aus der Beweisaufnahme sich ergebenden näheren Umstände berücksichtigen, welche weder von der einen noch von der anderen Partei behauptet worden sind, so kann auch in der von dem Kläger nachträglich vorgenommenen Berichtigung und Vervollständigung seiner Darlegung dieser Umstände eine unzulässige Klagänderung nicht gefunden werden. Und da der Richter verpflichtet ist, auf den festgestellten Sachverhalt alle zutreffenden Gesetze zur Anwendung zu bringen, ohne durch die rechtlichen Anführungen der Parteien eingeschränkt zu sein, so kann man auch dem Kläger die Befugniß nicht versagen, zur besseren rechtlichen Begründung seiner in thatsächlicher Hinsicht nach wie vor lediglich auf die Umstände des Unfalles sich stützenden Klage sich, wie vorliegend geschehen, nachträglich auf Gesetzesvorschriften zu berufen, welche er in der ursprünglichen Klagbegründung noch nicht geltend gemacht hatte. Hiernach bewegte sich das neue Anbringen des Klägers sowohl in thatsächlicher als auch in rechtlicher Hinsicht in den Grenzen einer nach § 240

Ziff. 1 der C.P.O. statthaften Ergänzung und Berichtigung seiner Klageanführungen."

123. **Berechnung des Schadens, wenn ein Eisenbahnangestellter in Folge des Bahnunfalles aus dem Dienst ausscheiden muß. Maßgebend ist das Diensteinkommen zur Zeit des Ausscheidens. Beweislast der haftpflichtigen Bahn** (§ 3 Abs. 3 des Reichs-Haftpflichtgesetzes). Urth. des III. Civilsenats vom 7. Juli 1885 in Sachen des früheren Weichenstellers J. F. in B., Klägers und Revisionsklägers, wider den preußischen Eisenbahnfiskus, Beklagten und Revisionsbeklagten. Vorinstanz: O.L.G. Hamm. Aufhebung und Zurückverweisung. (III, 106/85.)

„Wenn der Kläger durch einen von dem Beklagten zu vertretenden Unfall zu dem zur Zeit des Unfalles von ihm versehenen Dienste eines Weichenstellers untauglich geworden ist und aus seiner dienstlichen Stellung hat ausscheiden müssen, so besteht sein Schade in dem Verluste des bisher im Eisenbahndienste erworbenen Lohnes. Die erhobene Klage, mit welcher der Kläger die Hälfte seines früheren Diensteinkommens unter verstattetem Abzuge der ihm auf Grund des Abkommens vom 30. Oktober 1883 gezahlten und noch zufließenden Beträge fordert, ist daher durch die Behauptung begründet, daß der Kläger Dienst und Diensteinkommen durch den Unfall verloren habe und liegt dem Beklagten der Nachweis solcher Umstände ob, durch welche der Umfang der Schadensersatzpflicht sich mindern kann. Auch ist das vom Kläger zur Zeit seines Ausscheidens bezogene Diensteinkommen zu Grunde zu legen, wenn sich das zur Zeit des Unfalles nur bezogene Einkommen in regelmäßigem Dienstgange bis zum Ausscheiden des Klägers erhöht hat. Der Beklagte hatte daher zur Elidirung der Klage nachzuweisen, daß der Kläger, welchem nach dem Abkommen vom 30. Oktober 1883 selbst unter Einrechnung eines Invaliden-Benefiziums des Rheinischen Pensionsvereins nur 324 ℳ von seinem früheren Diensteinkommen von 972 ℳ gewährt werden, mit den ihm verbliebenen Kräften sich jederzeit einen regelmäßigen und dauernden Verdienst von 648 ℳ pro Jahr zu verschaffen im Stande ist. Daß der Beklagte diesen Nachweis erbracht hat, hat das angefochtene Urtheil nicht festgestellt. Die Entscheidungsgründe lassen auch erkennen, daß der B.R. bei Erwägung der Entschädigungsfrage von unzutreffenden rechtlichen Gesichtspunkten ausgegangen ist. Der Kläger war zur Zeit des Unfalles keineswegs „nichts weiter als Handarbeiter", er war eben Weichensteller mit der Stellung und dem Diensteinkommen eines solchen. Er muß daher nach dieser seiner Erwerbslage zur Zeit des Unfalles entschädigt werden, nicht nach der Erwerbslage eines gewöhnlichen Tagelöhners. Auch ist es für die Entschädigungsfrage ohne Bedeutung, ob der Verunglückte ein Recht auf dauernde Beschäftigung besaß oder nach voraufgegangener Kündigung seines Dienstes entlassen werden konnte, und wenn der B.R. dieser letzteren von ihm erwogenen Möglichkeit bei seiner Annahme, daß der Kläger durch 1/3 des zuletzt bezogenen Gehalts reichlich entschädigt sei, Einfluß gewährt hat, so beruht auch insoweit sein Urtheil auf Rechtsirrthum."

124. **Der Einwand, daß der Verletzte wieder theilweise erwerbsfähig geworden sei, kann auch gegenüber einem Vergleich über Zahlung einer Rente erhoben werden. Grenzen der Beweislast des Verpflichteten solchen Falles** (§ 7 Abs. 3 des Reichs-Haftpflichtgesetzes). Urth. des V. Civilsenats vom 16. September 1885 in Sachen des preußischen Eisenbahnfiskus, Klägers und Revisionsklägers, wider den pensionirten Eisenbahnschaffner St. zu K., Beklagten und Revisionsbeklagten. Vorinstanz: O.L.G. Königsberg. Aufhebung und Zurückverweisung. (V, 35/85.)

Der B.R. stellt fest, daß der Vergleich vom 11. Juli 1878, durch welchen der Kläger sich verpflichtet, dem Beklagten für den von ihm erlittenen Unfall eine Entschädigungsrente zu zahlen, behufs Feststellung der dem Beklagten aus dem Haftpflichtgesetze vom 7. Juni 1871 zustehenden Ansprüche geschlossen ist, und er geht mit dem Ersten Richter davon aus, daß nach Lage des Falles das in dem Vergleiche dem Kläger eingeräumte Recht auf Minderung oder Fortfall der Rente nach § 7 Abs. 2 jenes Vertrages auszulegen ist.

„Danach hat der Kläger zur Begründung seiner jetzigen Klage auf Minderung der Rente nach § 7 a. a. O. zu beweisen, daß diejenigen Verhältnisse, welche für die Höhe der Rente maßgebend waren, wesentlich verändert sind.

Durch den Vergleich ist dem Beklagten neben der Pension der ganze Betrag, um welchen diese geringer ist als sein bisheriges Einkommen, zugebilligt, also nach § 3 Nr. 2 a. a. O. eine Entschädigung für völligen Verlust der Erwerbsfähigkeit.

Der Kläger hat Sachverständigenbeweis dafür angetreten, daß Beklagter seine Erwerbsfähigkeit zu einem Viertel wiedererlangt hat und im Stande ist, vermöge dessen durch Selbstthätigkeit ein Viertel seines früheren Einkommens zu verdienen.

Dadurch, daß der B.R. diese Angaben zur Begründung der Klage nicht für ausreichend erklärt, verletzt er den § 7 Abs. 2 a. a. O.

Bei Feststellung der Höhe der Rente kam es nur darauf an, ob die Erwerbsfähigkeit des Beklagten durch den Unfall aufgehoben oder in welchem Grade sie vermindert war. Darüber, daß der Beklagte die früher verlorene Erwerbsfähigkeit in erheblichem Grade wieder erlangt hat, ist der Beweis angetreten, also gerade über das, was der § 7 fordert. Der Kläger ist auch nicht, wie der B.R. meint, verpflichtet, eine bestimmte Art der Selbstthätigkeit anzugeben, durch welche der Beklagte den behaupteten Erwerb sich verschaffen kann; der § 7 erfordert für einen Fall der vorliegenden Art nur den Beweis, daß die Erwerbsfähigkeit nicht mehr ganz aufgehoben, sondern zu einem erheblichen Theile zurückgekehrt ist. Zur Begründung des Gutachtens des oder der Sachverständigen wird es gehören, darzulegen, in welcher Weise der Beklagte wieder erwerbsfähig ist; erachtete hierzu der Berufungsrichter die benannten ärztlichen Sachverständigen nicht für ausreichend, so stand ihm nach § 369 der C.P.O. frei, selber Sachverständige zu wählen, um sie über Arbeits- und Erwerbsverhältnisse Auskunft geben zu lassen.

Zu Unrecht zieht der B.R. den § 119 Th. I T. 6 Allg. L.R. zur Begründung seiner Ansicht an, denn nach § 115 ebenda haftet der Entschädiger dem Beschädigten, der außer Stand gesetzt ist, sein Amt oder Gewerbe auf die bisherige Art zu betreiben, für die dadurch entzogene Einnahme und nach § 119 kann der Beschädiger darauf nur dasjenige abrechnen, was der Beschädigte wirklich erwirbt. Hiervon ist der § 3 des Reichs-Haftpflichtgesetzes im Prinzip abgegangen, er gewährt nur Entschädigung für die aufgehobene oder geminderte Erwerbsfähigkeit und § 7 läßt dementsprechend die Minderung der Rente zu, soweit die Erwerbsfähigkeit wieder eintritt oder erhöht wird; entscheidend ist die Fähigkeit etwas zu erwerben. Inwiefern bei der verursachten Unmöglichkeit, einen Beruf, welcher eine wissenschaftliche oder technische Vorbereitung erfordert, weiter zu betreiben, bis auf besonderen Nachweis eines bestimmten möglichen Erwerbes eine Erwerbsunfähigkeit anzunehmen ist, worüber die vom Berufungsrichter angezogenen Urtheile sprechen, vergl. auch Entsch. des R.O.H.G. Bd. 14 S. 43, bedarf hier der Entscheidung nicht, denn einen solchen Beruf hat der Kläger nicht betrieben."

3. Reichs-Gewerbeordnung von 1878.

125. **Verschuldung und Beweislast nach § 120 der R.Gew.O.** (S. o. Fall 122 S. 262 und u. Fall 145 S. 308.)

126. **Beweislast bei Ansprüchen aus § 120 der R.Gew.O.** Urth. des II. Civilsenats vom 18. September 1885 in Sachen der verw. B. und Gen. in K., Kläger und Revisionskläger, wider den Anstreicher-

meister P. D. das., Beklagten und Revisionsbeklagten. Vorinstanz: O.L.G. Köln. Verwerfung. (II, 85.)

Der im Dienste des Anstreichermeisters P. D. stehende H. B. verlor am 25. Oktober 1879, während er mit dem Anstreichen des Stationsgebäudes zu Longerich beschäftigt war, durch den Sturz von einem Hängegerüste das Leben. Seine Wittwe klagte darauf in eigenem Namen und als Vormünderin ihrer minderjährigen Kinder beim L.G. Köln wider P. D. auf Entschädigung mit der Behauptung, der Tod ihres Ehemannes sei durch ein Verschulden des Beklagten veranlaßt worden, weil das Gerüste von mangelhafter Beschaffenheit gewesen sei und dessen Boden an jeder Seite über die Lehne herausgeragt habe, weil Beklagter, obwohl ein viermaliges Umhängen nöthig gewesen sei, die Arbeiter angewiesen habe, das Gerüste nur dreimal umzuhängen, und weil die zur Befestigung der Lehnen erforderlichen Stricke nicht geliefert worden seien. Beklagter beantragte Klageabweisung, indem er die klägerischen Behauptungen bestritt und eigenes Verschulden des Verunglückten behauptete. Diesem Antrage schloß sich die Schlesische Lebens-Versicherungs-Aktiengesellschaft an, welche auf Streitverkündigung als Nebenintervenientin in den Rechtsstreit eingetreten war.

Nachdem das L.G. die beiderseits erbotenen Beweise erhoben hatte, wies es durch Urtheil vom 17. Oktober 1882 die Klage ab, weil der Unfall in einem eigenen Verschulden des Verunglückten seinen Grund habe. Die Klägerin erhob Berufung mit dem Antrage auf klagegemäße Verurtheilung des Beklagten. Sie erbot Zeugenbeweis, daß das Gerüste auf ausdrücklichen Befehl des Beklagten nur dreimal umgehängt worden sei, und Beweis durch Sachverständige, daß es mit Rücksicht auf die Oertlichkeit angezeigt gewesen wäre, den Arbeitern statt des Hängestuhles ein stehendes Gerüste zu überweisen und die Unterlassung dieser Ueberweisung ein Verschulden des Beklagten darstelle. Von dem Beklagten und der Intervenientin wurde Verwerfung der Berufung beantragt. Nachdem das O.L.G. die von der Staatsanwaltschaft aufgenommenen Verhandlungen über den Unfall eingefordert und den Anwälten zur Einsicht mitgetheilt hatte, wurden die Verhandlungen wieder eröffnet und die nochmalige Vernehmung von Zeugen verordnet. Alsdann wurde das Urtheil erster Instanz bestätigt. Es heißt in den Gründen:

„Es sei unbestritten, daß ein viermaliges Umhängen erforderlich gewesen, das Gerüste aber am Tage des Unfalles nur auf dreimaliges Umhängen eingerichtet worden sei. Das darin liegende Verschulden sei aber nicht dem Beklagten, sondern dem Verunglückten und dem Zeugen P. L. beizumessen, denn Beklagter habe viermaliges Umhängen angeordnet und vor dem Unfalle sei auch hiernach verfahren worden. L. habe dies bei seiner polizeilichen Vernehmung ausgesagt und seine spätere abweichende Erklärung erscheine nicht glaubwürdig.

Durch die Einrichtung des Gerüstes auf dreimaliges Umhängen sei die sonst nicht gebotene Befestigung der Lehnen in den Oesen durch Binden mit Stricken nothwendig geworden. L. behaupte zwar, der Beklagte habe nur zwei Stricke geliefert und die Arbeiter angewiesen, sich der auf dem Speicher des Stationsgebäudes befindlichen Waschleinen zu bedienen. Zeuge M. aber bekunde, daß bei Ablieferung des Stuhles und während er mitarbeitete die Lehnen durch vier Stricke befestigt gewesen seien. Jedenfalls sei der Unfall dadurch herbeigeführt worden, daß B. außerhalb der Bügel stehend, sich seitwärts gebogen habe. Zu diesem Hinaustreten sei er aber nicht durch eine Anordnung des Beklagten bestimmt worden, dasselbe sei bei viermaligem Umhängen auch offenbar unnöthig gewesen. Wollte man aber auch annehmen, daß Beklagter das dreimalige Umhängen angeordnet habe, so bleibe entscheidend, daß der Unfall durch die unvorsichtige Art herbeigeführt worden sei, wie die Arbeiter versucht hätten, die aus der Oese ausgeglittene Lehne wieder in dieselbe einzustecken. Mit dem Sachverständigen müsse nämlich angenommen werden, daß der Unfall nicht eingetreten sein würde, wenn die Arbeiter behufs Befestigung der Lehne den Stuhl zur Erde herabgelassen hätten. Dieselben hätten aber bei dem Versuche, die ausgeglittene Lehne wieder in die Oese zu bringen, eine weitere große Unvorsichtigkeit begangen. Nach der Aussage des L. habe sich nämlich B. hierbei mit dem Rücken gegen die andere Lehne gestützt. Sonach habe dieser selbst das Reißen dieser zweiten Lehne und deren Ausgleiten und damit seinen Sturz herbeigeführt. B. habe als erfahrener Arbeiter die nöthige Einsicht haben müssen, um die mit seiner Handlungsweise verbundene Gefahr zu erkennen, der Unfall sei daher seinem Verschulden zuzuschreiben. Demnach sei die Berufung zu verwerfen, ohne daß es auf die, insbesondere über den Leichtsinn B.'s erbotenen Beweise noch ankommen könne.

„Ob § 120 der Gew.O. vertragsmäßige Verpflichtungen des Gewerbeunternehmers gegenüber seinen Arbeitern begründe, oder ob derselbe nur präventiv-polizeiliche Vorschriften enthalte, kann dahin gestellt bleiben (vgl. Urtheile und Annalen Bd. I S. 104, 300; Entsch. Bd. XII, S. 45, 130); denn wenn man auch annimmt, daß der Gewerbeherr dem Arbeiter gegenüber, sei es auf Grund von § 120 der R.Gew.O., sei es schon kraft des Dienstverhältnisses zu thunlichst sichernden Anordnungen und Einrichtungen vertragsmäßig verpflichtet sei, so hat doch zur Begründung einer Entschädigungsforderung wegen Vernachlässigung dieser Pflicht immerhin zunächst der klagende Verletzte zu behaupten und zu beweisen, welche (nicht erfüllte) Anordnung oder Einrichtung im Einzelnen erforderlich gewesen wäre.

Wenn nun Klägerin behauptet und unter Beweis gestellt hatte, daß die Anwendung eines stehenden Gerüstes erforderlich gewesen wäre, so ist zwar nicht zu billigen, daß der B.R. diese Behauptung mit Stillschweigen übergeht. Hierdurch wird aber die Aufhebung der Entscheidung nicht geboten; denn das Urtheil führt aus, daß die Arbeit auch mittels eines Hängestuhles in völlig gefahrloser Weise ausgeführt werden konnte, wenn das Gerüste, wie es durch die Breite des Gebäudes geboten war, nicht dreimal sondern viermal umgehängt worden wäre. Diese Ausführung widerlegt die klägerische Behauptung, daß die Anwendung eines stehenden Gerüstes erforderlich gewesen sei.

Was aber das viermalige Umhängen betrifft, so nimmt das B.G. als erwiesen an, daß der Beklagte dasselbe angeordnet, somit seiner Verpflichtung genügt habe. Wenn dieser Anordnung zuwider gehandelt wurde, so war es Aufgabe der Klägerin, welche nicht etwa behauptet, daß der Beklagte außer der einmaligen Anordnung seinerseits noch Weiteres hätte vorkehren müssen, darzuthun, daß das Unterbleiben des öfteren Umhängens auf einer Duldung des Beklagten beruhe, um hieraus einen Entschädigungsanspruch stützen zu können. Eine Verkennung der Beweislast von Seiten des B.R. liegt daher nicht vor, auch konnte derselbe auf Grund des Beweisergebnisses annehmen, daß ein solcher Nachweis nicht erbracht worden sei"

4. Reichs-Konkursordnung.

127. 1) **Der Mitschuldner darf im Konkurse des Schuldners seine Regreßforderung, auch wenn solche auf einem selbständigen Rechtsgrunde beruht, nicht neben dem Gläubiger mit Anspruch auf Konkursdividende geltend machen** (§§ 61, 152 Abs. 1, 168 der R.Konk.O.). 2) **Dasselbe gilt betreffs der Akkordrate im Zwangsvergleiche.** Urth. der Vereinigten Civilsenate vom 15. Februar 1886 in Sachen des B. H. in N. und Gen., Beklagte und Revisionskläger, wider die Konkursmasse E. zu A., Klägerin und Revisionsbeklagte. Vorinstanzen: L.G. Neuburg a. D., O.L.G. Augsburg. Aufhebung und Klagabweisung. (II, 183/85.)

H. E., alleiniger Inhaber der Firma E. & Söhne zu A., hatte dem Kaufmann B. H. in N. in dessen Auftrage Acceptkredit gewährt und demzufolge in den Monaten November und Dezember 1881 sowie Januar 1882 sechs von demselben auf ihn gezogene Wechsel im Gesammtbetrage von 19400 ℳ in Erwartung künftiger Deckung acceptirt. Am 8. Februar 1882 wurde gegen E. und am folgenden Tage gegen H. der Konkurs eröffnet.

Im Konkurse H. wurden besagte Wechselforderungen von den Wechselinhabern (Bayrische Notenbank mit 14000 ℳ, E. H. mit 1400 ℳ und H. B. mit 4000 ℳ) angemeldet, anerkannt und festgestellt. Namens der Konkursmasse E. wurde für den Fall, daß sie wegen fraglicher Wechsel in Anspruch genommen würde, die bezügliche Regreßforderung im Betrage von 194000 ℳ angemeldet, jedoch bestritten.

Schon vorher hatte B. H. unter Verbürgung von S. H. und L. M. einen Zwangsvergleich vorgeschlagen und zwar nach Protokollerklärung vom 15. Februar 1882 folgenden Inhalts: „Sämmtliche nicht bevorrechtete Konkursgläubiger, deren Forderungen festgestellt sind, erhalten 50% der ursprünglichen Forderung als Abfindungssumme." Durch Beschluß der Gläubigerversammlung vom 14. April 1882 wurde dieser Vergleichsvorschlag angenommen und durch Gerichtsbeschluß vom nämlichen Tage der Zwangsvergleich genehmigt. Die genannten Bürgen zahlten sofort 50% auf bezeichnete Wechselforderungen.

Im Konkurse E. wurden die Wechselforderungen der Bayrischen Notenbank und des H. B. im vollen Betrage von 14000 ℳ bezw. 4000 ℳ angemeldet, während H. E. nur die im Konkurse H. ausgefallene Hälfte mit 700 ℳ anmeldete. Diese Forderungen wurden anerkannt und festgestellt. An die Konkursgläubiger des E. wurden im August 1882 20% und im April 1883 6% ihrer Forderungen gezahlt; eine Schlußvertheilung von etwa 4% steht noch in Aussicht.

Im Oktober 1882 erhob die Konkursmasse E. vor dem L. G. Neuburg a. D. Klage gegen B. H. und die Bürgen des Zwangsvergleiches, indem sie beantragte, dieselben zur Zahlung von 50 % der von ihr auf besagte Wechselforderungen bereits gezahlten, sowie der noch zu zahlenden Beträge zu verurtheilen. Durch Urtheil des L. G. vom 16. Oktober 1883 wurden die drei Beklagten solidarisch verurtheilt, an die Klägerin eine Gesammtsumme von 2431 ℳ nebst 5 % Zinsen von dem Zahlungstage, sowie weiter 50 % von den ferner aus der Konkursmasse E. auf besagte Wechselforderungen treffenden Beträgen nebst entsprechenden Zinsen zu zahlen.

Gegen dieses Urtheil legten die drei Beklagten Berufung ein. Das O. L. G. Augsburg wies mit Urtheil vom 22. November 1884 die Berufung zurück und zwar im Wesentlichen aus folgenden Gründen: „Nach den Umständen sei der Zwangsvergleichsvorschlag und der auf Grund desselben angenommene Zwangsvergleich nicht anders als dahin zu verstehen, daß sämmtliche Konkursgläubiger, d. h. alle jene persönlichen Gläubiger des Gemeinschuldners, welche einen zur Zeit der Konkurseröffnung begründeten Vermögensanspruch an diesen hatten, und deren Vermögensanspruch entweder sofort oder später festgestellt werde, 50 % ihrer ursprünglichen Forderungen erhalten sollten. Es sei nun schon zur Zeit der Konkurseröffnung ein selbständiger, wenngleich erst noch bedingter Anspruch der Konkursmasse E. an B. H. auf Ersatz der in Ausführung des der Firma E. & Söhne ertheilten Auftrages zur Acceptirung der gezogenen Wechsel entstehenden Auslagen begründet gewesen; somit könne jene Konkursmasse, soweit sie bereits Zahlung geleistet habe oder künftig Zahlungen leisten werde, nach den im Urtheile des R. G. (Annalen Bd. IV S. 512; Entsch. Bd. VII S. 80) anerkannten Prinzipien die Akkordrate verlangen.

Gegen dieses Urtheil legten die drei Beklagten rechtzeitig Revision ein. Durch Beschluß des O. L. G. München vom 10. Februar 1885 wurde die Sache vor das R. G. verwiesen.

Auf Grund der Verhandlung der Sache vor dem II. Civilsenat des R. G. vom 29. September 1885 gelangte dieser Senat zur Ansicht: 1) daß der Mitschuldner im Konkurse des Schuldners seine Regreßforderung, auch wenn solche auf einem selbständigen Rechtsgrunde beruhe, nicht mit Anspruch auf Konkursdividende neben dem Gläubiger geltend machen dürfe; 2) daß in Folge hiervon es sich ebenso beim Zwangsvergleiche betreffs der Akkordrate verhalten müsse; 3) daß diese Rechtsansicht dazu führe, das angefochtene Urtheil aufzuheben.

Da sich ergab, daß zwei Entscheidungen des I. Civilsenats des R. G. vom 29. Oktober 1881 (Annalen Bd. IV S. 512; Entsch. Bd. VII S. 80) und vom 9. Mai 1885 in Sachen der Aktiengesellschaft Winter'sche Papierfabrik zu Hamburg gegen die Firma Andrew Israel & Co. das. (Rep. I 57/85, Urtheile und Annalen Bd. II S. 367) auf entgegenstehender Rechtsansicht beruhten, so wurde beschlossen, die Verhandlung und Entscheidung der Sache vor die Vereinigten Civilsenate zu verweisen.

„Die zunächst zu erörternde Frage ist: „ob neben dem Gläubiger, welcher Konkursdividende für seine volle Forderung empfängt, auch der Mitverpflichtete, welcher einen selbständigen Regreßanspruch geltend macht, Konkursdividende beanspruchen könne."

Vor Einführung der R. Konk. O. bestanden hierüber verschiedene Ansichten.

Sowohl das französische Fallimentsgesetz vom 28. Mai 1838 (Code de commerce Art. 542 und 543) als die Preußische Konk.O. vom 8. Mai 1855 (§§ 86 und 87) enthielten Bestimmungen, welche neben dem Prinzipe, daß Theilzahlungen eines Mitverpflichteten nach der Konkurseröffnung, das Recht des Gläubigers, für seine volle, zur Zeit der Konkurseröffnung bestehende Forderung Konkursdividende zu beanspruchen, nicht beeinträchtigten, das weitere Prinzip, daß neben diesem Dividendenbezuge des Gläubigers nicht auch der Mitverpflichtete wegen seiner Regreßforderung Dividende beanspruchen könne, ausdrücklich anerkannten. Die Berechtigung dieses letzteren Prinzipes wurde jedoch für Fälle, wo dem Mitverpflichteten ein selbständiger vertragsmäßiger Regreßanspruch zur Seite steht, von C. F. Koch in seinen, allerdings zunächst den Fall des Akkordes treffenden Ausführungen, Note 14 zum § 198 der Preußischen Konk.O., sowie in mehreren Erkenntnissen des Preußischen Ob.Trib. (Striethorst Bd. 41 S. 329, Bd. 43 S. 147, Bd. 46 S. 323) bestritten.

In den deutschen Rechtsgebieten, wo keine gesetzliche Regelung dieser Frage bestand, insbesondere im Gebiete des Gemeinen Rechtes, hatte sich in Doktrin und Praxis die Ansicht Geltung verschafft, daß Hauptforderung und Regreßforderung im Konkurse nur als eine einheitliche Forderung in Betracht kommen könnten, ohne Rücksicht darauf, ob die Regreßforderung eine selbständige sei oder der Mitverpflichtete nur in den Rechten des Hauptgläubigers auftrete.

So wurde entschieden vom O.A.G. Dresden (Annalen desselben, Neue Folge Bd. 2 S. 92), vom Ob.Trib. in Stuttgart (Württembergische Monatsschrift für die Justizpflege Bd. 8 S. 50), vom O.A.G. Berlin (Seyffert's Archiv Bd. 27 Nr. 284) und vom Badischen Hofgericht des Unterrheinkreises (Annalen der Badischen Gerichte Bd. 19 S. 331).

Die gleiche Ansicht ist geltend gemacht von Wolffson (Archiv für Handelsrecht von Voigt Bd. 2 S. 289 ff.), von Sarwey im vorbezeichneten Bande der Württembergischen Monatsschrift, S. 34, in der Note, von Günther (Konkurs der Gläubiger nach Gemeinem Rechte, S. 61) und von Reichardt (Ordnung der Gläubiger im Konkurse nach dem in Sachsen geltenden Rechte, S. 88).

Was nun die R.Konk.O. anbelangt, so spricht sie zwar im § 61 das Prinzip, daß der Gläubiger, ohne Rücksicht auf Theilzahlungen Mitverpflichteter, bis zu seiner vollen Befriedigung, seine ganze zur Zeit der Konkurseröffnung bestehende Forderung im Konkurse geltend machen dürfe, klar und bestimmt aus, giebt jedoch betreffs der Frage, ob, falls der Gläubiger seine ganze Forderung geltend macht, auch noch der Mitverpflichtete mit selbständigem Regreßrechte neben ihm Dividende beanspruchen könne, keine Bestimmung. Die bezügliche Bestimmung der Preußischen Konk.O. ist weggelassen. Nur in den Motiven zu § 69 des Entwurfes (jetzt § 60 der R.Konk.O.) ist die bezeichnete Frage erörtert. Der Verfasser der Motive bezeichnet die Regreßforderungen der Bürgen und Mitschuldner als bedingte Forderungen, welche nach § 60 zur Sicherung berechtigten, und erörtert sodann, daß in Fällen, wo der Rückgriff des Mitverpflichteten auf einem Eintreten in die Rechte des Gläubigers beruhe, dessen Rückgriffsforderung durch konkursmäßige Befriedigung des Hauptgläubigers konsumirt sei, daß aber in Fällen, wo dem Mitverpflichteten eine selbständige Regreßforderung auf Grund Mandats ꝛc. zustehe, er für diese Forderung neben dem Hauptgläubiger Dividende beanspruchen könne.

Diese Ausführungen gehen von der, wie vorerwähnt, vom Preußischen Ob.Trib. vertretenen Ansicht aus, daß die bezügliche Bestimmung der Preußischen Konk.O., auf selbständige Regreßforderungen angewendet, prinzipwidrig sei, und der Verfasser derselben war offenbar der Meinung, in Folge der Beseitigung jener Bestimmung würden sich, nach Maßgabe der richtigen Prinzipien, von selbst und ohne gesetzliche Bestimmung, die von ihm bezeichneten Folgen ergeben.

Erweist sich diese Ansicht als unrichtig, so fallen selbstverständlich auch die Folgen weg. Denn so wichtig auch die Motive eines Gesetzes unter Umständen sein mögen, um den Sinn zweifelhafter Gesetzesbestimmungen zu ermitteln; die Bedeutung können sie nie gewinnen, eine Gesetzesbestimmung, die erforderlich gewesen wäre, zu ersetzen.

In der That muß man nun bei näherer Prüfung dazu gelangen, die bezeichnete Ansicht als unhaltbar zu erklären; es führt dazu die Konsequenz der Bestimmungen des § 61 a. a. O., welche es dem Gläubiger gestatten, ohne Rücksicht auf spätere Theilzahlungen Mitverpflichteter, seine ganze zur Zeit der Konkurseröffnung bestehende Forderung im Konkurse geltend zu machen, in Verbindung mit dem Grundsatze, daß die Forderung des Hauptgläubigers und die Regreßforderung des Mitverpflichteten, soweit sie die nämlichen Forderungsbeträge treffen, dem Hauptschuldner gegenüber nur als eine einheitliche Forderung in Betracht kommen.

Sieht man zunächst vom Falle des Konkurses ab, so steht die Regreßforderung des Mitverpflichteten zu der Forderung des Gläubigers in dem Verhältnisse, daß sie immer nur wirksam wird, soweit diese erlischt. Der Hauptschuldner hat nur entweder an den Gläubiger oder an den regreßberechtigten Mitverpflichteten zu zahlen; er kann nie in die Lage kommen, für die nämliche Forderung zugleich Beiden Zahlung leisten zu müssen; die Schuld ist daher für ihn eine einheitliche, möge die Regreßforderung auf einem selbständigen Rechtsgrunde beruhen oder nicht.

Der Umstand, daß gegen den Hauptschuldner der Konkurs eröffnet ist, kann dieses Verhältniß nicht wesentlich umgestalten; er kann nicht bewirken, daß der Konkursmasse gegenüber eine Forderung sich vervielfältige, die Schuld, welche vorher nur eine einheitliche war, nun eine mehrfache werde und die Verpflichtungen der Konkursmasse sich in Folge dessen erhöhen.

Die rechtliche Folge des Konkurses besteht darin, daß die Ansprüche der Konkursgläubiger sich auf den Betrag der nach dem Bestande der Konkursmasse auf sie fallenden Dividende herabmindern. Hat daher die Konkursmasse für eine Konkursforderung die volle konkursmäßige Befriedigung gewährt, so ist für sie diese Forderung getilgt und es kann aus Anlaß derselben weder direkt noch indirekt ein Anspruch weiter gegen sie erhoben werden. Diese konkursmäßige Tilgung der Forderung muß für die Konkursmasse ebenso die Tilgung des Regreßanspruches bewirken, wie eine vollständige Zahlung außerhalb des Konkurses, mag auch dem Gemeinschuldner gegenüber jener Anspruch fortbestehen (§ 152 Abs. 1 der R. Konk. O.).

Soweit der Anspruch des Regreßberechtigten dahin gerichtet ist, daß der Hauptschuldner ihn von der Mithaftung befreie, gewährt die Konkursmasse diese Befreiung im Sinne des Konkursrechtes, indem sie dem Gläubiger für seine ganze Forderung die konkursmäßige Dividende zahlt, d. h. die ganze Forderung konkursmäßig tilgt.

Mit Unrecht wird eingewendet, der Mitverpflichtete könne von seiner Haftung nur befreit werden durch volle Zahlung, nicht durch Theilzahlung, wie sie in Gewährung einer Dividende zu finden sei; man beachtet dabei nicht die eigenthümlichen Wirkungen des Konkurses, zufolge deren die Zahlung der vollen Dividende für die Konkursmasse der vollen Zahlung gleich zu achten ist. Diese eigenthümlichen Wirkungen sind im Wesen des Konkursrechtes begründet und müssen eintreten, wenn der Zweck desselben, allen nicht bevorrechteten Konkursgläubigern gleichheitliche Befriedigung zu verschaffen, erreicht werden soll; es würde mit diesem Zwecke im offensten Widerspruche stehen, wenn für eine Schuld, welche außerhalb des Konkurses nur einmal zu zahlen ist, doppelte Dividende gewährt werden müßte.

Obgleich daher der Regreßberechtigte ohne Zweifel Konkursgläubiger ist, so kommt doch, soweit der Hauptgläubiger die Forderung geltend macht und so lange dieser nicht voll befriedigt ist, sein Konkursanspruch nicht neben dem Konkursanspruch des Hauptgläubigers in Wirksamkeit, weil er eben mit diesem und durch diesen seine Befriedigung erhält.

Die Richtigkeit der vorerörterten Ansicht tritt insbesondere auch hervor, wenn man den Zweck der Bestimmung des § 61 a. a. O. ins Auge faßt.

Wäre diese Bestimmung nicht gegeben, würde vielmehr als Prinzip angenommen, daß auch solche Theilzahlungen, welche von Mitverpflichteten nach der Konkurseröffnung geleistet werden, an der Forderung des Gläubigers in Abzug kämen, dieser also nur seine Restforderung im Konkurse geltend machen könnte, so würde ohne Zweifel der Mitverpflichtete berechtigt sein, für seine Theilzahlung, sei es unter Eintritt in die Rechte des Gläubigers, sei es auf Grund selbständigen Regresses, Konkursdividende zu beanspruchen. Dieser Dividendenabzug würde jedoch insofern dem Mitverpflichteten nichts nützen und die Minderung der Dividende des Gläubigers diesem nichts schaden, als Ersterer ja doch für den ganzen Ausfall einstehen muß. Das Endergebniß würde immer nur sein, daß der Mitverpflichtete den ganzen Ausfall, welchen die Forderung erleidet, zu tragen hätte. Nur im Falle der Insolvenz des Mitverpflichteten würde sich ergeben, daß der Gläubiger dadurch, daß er nicht seine Forderung im Konkurse des Hauptschuldners geltend machen dürfte, beschädigt wäre. Dies zu verhüten, ist Zweck des § 61 a. a. O., weshalb er denn auch in seiner ursprünglichen Fassung übereinstimmend mit Art. 542 des Code de commerce und § 87 der Preuß. Konk. O. sich darauf beschränkte, den Fall, wo mehrere für dieselbe Leistung haftende Personen in Konkurs gerathen, zu regeln. Es erhellt hieraus, daß die Absicht des § 61 a. a. O. nur darauf gerichtet ist, den Hauptgläubiger vor Schaden zu bewahren, nicht aber den Mitverpflichteten zu Lasten der Konkursmasse sowie des Hauptgläubigers günstiger zu stellen, wie es der Fall sein würde, wenn er neben diesem Letzteren und in Konkurrenz mit demselben zum Bezuge von Dividende berechtigt wäre.

Die Unrichtigkeit der bekämpften Ansicht macht sich insbesondere auch in den Folgen bemerkbar, die sich daran knüpfen.

Wird der Mitverpflichtete vom Gläubiger genöthigt, sei es vor, sei es nach der Konkurseröffnung, die ganze Schuld zu zahlen, so zieht er auf Grund seiner Regreßforderung nur die einfache Dividende, also wenn der Konkurs 50% Dividende ergiebt, nur diese 50%; hält aber der Gläubiger sich zunächst an die Konkursmasse und läßt sich vom Mitverpflichteten nur den zu erwartenden Ausfall zahlen, so zieht Letzterer von dieser Zahlung nochmals Dividende, geht also statt mit 50% nur mit 25% in Verlust. In dieser Weise ist es vom Zufalle, oder von der Willkür des Gläubigers oder gar von der Gewandtheit des Mitverpflichteten durch Ausflüchte und Chikane die Zahlung hinauszuschieben, abhängig, ob derselbe den Vortheil zweifacher Dividende zieht und die Masse zweifach belastet wird oder nicht.

Uebrigens läßt der Umstand, daß sofort mit Zahlung der ganzen Schuld jeder Schein des Nebeneinanderbestehens zweier besonderer Forderungen verschwindet und ein einheitlicher Anspruch sich darstellt, klar erkennen, daß die Theorie der Motive die richtige nicht sein kann. Beständen wirklich zwei selbständige Forderungen, so würde es ohne Belang sein, wenn sie in derselben Hand sich vereinigten; sie würden nichts desto weniger beide geltend gemacht werden können.

Schließlich möge erwähnt sein, daß im Auslande die vorerörterten Prinzipien im Wesentlichen allgemein anerkannt sind. (Vergl. für Italien Codici di commercio Art. 776–780; für die Vereinigten Staaten von Nordamerika, Blumenstiel: the law and practice of bankruptcy, New-York 1878, S. 277—281; für Belgien Fallimentsgesetz von 1851, Art. 537—541; für Oesterreich Konkursordnung von 1868, §§ 18 und 19; für die Schweiz Art. 810 des Obligationenrechts.)

Eine weiter zu erörternde Frage ist, ob etwa im Falle des Zwangsvergleichs, wie er im vorliegenden Rechtsstreite gegeben ist, andere Grundsätze betreffs der Regreßforderungen gelten, als im Falle der Durchführung des Konkurses. Dieselbe ist unbedenklich zu verneinen.

Der Zwangsvergleich wird zwischen dem Gemeinschuldner einerseits und den nicht bevorrechteten Konkursgläubigern andererseits geschlossen (§ 160 der R. Konk. O.) und er ist, sobald er rechtskräftig bestätigt ist, wirksam für und gegen alle nicht bevorrechteten Konkursgläubiger (§ 178 der R. Konk. O.).

Der Inhalt des Zwangsvergleichs ist insofern ein gesetzlich bestimmter und der Privatwillkür entzogener, als nach § 168 der R. Konk. O. derselbe allen nicht bevorrechteten Konkursgläubigern gleiche Rechte gewähren muß und Bevorzugungen einzelner Gläubiger, sofern sie nicht die ausdrückliche Zustimmung der zurückgesetzten Gläubiger erhalten, rechtsunwirksam sind. Aus diesen Bestimmungen ergiebt sich klar, daß der Zwangsvergleich nur das Verhältniß der Konkursgläubiger zum Gemeinschuldner regelt, daß er nur den Konkursgläubigern Rechte giebt und Rechte nimmt und daß ein

Gläubiger die Akkordrate nur beanspruchen kann, wenn und insoweit er Konkursgläubiger ist.

Ist nun die vorerörterte Ansicht betreffs der Stellung des regreßberechtigten Mitverpflichteten im Konkurse richtig, so ist dieser zwar Konkursgläubiger, kommt jedoch als solcher nur insofern in Betracht, als der Gläubiger selbst seine Rechte nicht geltend macht oder bereits vollständig befriedigt ist. Für den Ausfall besteht kein Konkursanspruch des Mitverpflichteten neben dem Konkursanspruche des Gläubigers, vielmehr ist der ganze Konkursanspruch des Ersteren durch den Dividendenbezug des Ersteren konsumirt.

Hieraus ergiebt sich von selbst, daß der regreßberechtigte Mitverpflichtete nie befugt sein kann, neben dem Gläubiger, der die Akkordrate für die volle Forderung bezieht, noch eine weitere Akkordrate für den durch ihn zu zahlenden Ausfall zu verlangen.

Man darf nicht entgegnen, daß es sich beim Zwangsvergleiche nur um das Interesse des Gemeinschuldners handele, während im Konkurse selbst das Interesse der durch den Bezug mehrfacher Dividende benachtheiligten Konkursgläubiger in Frage stehe, denn dem klar kundgegebenen Willen des Gesetzes gegenüber können Erwägungen dieser Art keine Beachtung finden.

Uebrigens mußte es aus nahe liegenden Gründen bedenklich erscheinen, beim Zwangsvergleiche Forderungen zu berücksichtigen, die im Konkurse selbst nicht berücksichtigt werden können. Setzt man den Fall, daß bei einem Konkurse gerade den bedeutenderen Forderungen Bürgen zur Seite stehen mit selbständigen Regreßansprüchen, so erscheint ein Zwangsvergleich unmöglich, falls für diese Regreßansprüche besondere Akkordrate verlangt werden kann, während sie im Konkurse selbst nicht dividendenberechtigt sind. Der Gemeinschuldner, welcher, falls nur die Dividendenberechtigten in Frage kommen, 50 % bieten kann, vermag, falls noch die Regreßforderungen hinzutreten, nur 40 % oder noch weniger Akkordrate zu bieten; mit dieser Rate aber würden die Konkursgläubiger nicht zufrieden sein, vielmehr es vorziehen, den Konkurs unter Ausschluß der Regreßforderungen durchzuführen.

Erwägt man nun, daß das Gesetz den Zwangsvergleich begünstigen will, nicht bloß im Interesse des Gemeinschuldners, sondern auch im Interesse der Konkursgläubiger, welche durch denselben (wie die Motive hervorheben) in der Regel höhere Dividende erlangen, weil, abgesehen von den Kosten des Konkursverfahrens, das Vermögen der Masse in der Regel für den Gemeinschuldner, der sein Geschäft weiter betreiben kann, weit höheren Werth hat als für die Konkursmasse, so wird klar, daß allerdings ein gesetzgeberisches Interesse vorlag, fragliche Vervielfältigung der Forderungen, lediglich für die Akkordrate, nicht zu gestatten.

Schließlich ist zu bemerken, daß die Frage, ob dem Regreßberechtigten eine Einwirkung auf den Abschluß des Zwangsvergleichs durch Ausübung des Stimmrechtes zustehe, jedenfalls nur von höchst nebensächlicher Bedeutung ist. Auch wenn man ihm jedes Stimmrecht versagte, würde er nicht schutzlos gestellt sein. Ist er solvent, so kann er durch sofortige Befriedigung des Gläubigers und Eintritt in dessen Rechte sich in die Lage versetzen, sein Interesse vollständig zu wahren; ist er aber insolvent, kann also der Gläubiger nicht darauf rechnen, bei ihm Deckung für seinen Ausfall zu erhalten, so hat der Gläubiger eigenes Interesse, auf einen möglichst vortheilhaften Zwangsvergleich hinzuwirken. Zudem wird auch das Interesse aller sonstigen Gläubiger an einer möglichst hohen Akkordrate in Betracht zu ziehen sein.

Was den vorliegenden Fall betrifft, so ist nach der nicht angefochtenen, auch mit Grund nicht anfechtbaren thatsächlichen Feststellung des O. L. G. der in Frage stehende Zwangsvergleich im Sinne des § 168 der R. Konk. O., d. h. dahin abgeschlossen, daß allen nicht bevorrechteten Konkursgläubigern die vereinbarte Akkordrate von 50 % gezahlt werden solle. Es kann daher unerörtert bleiben, ob, falls der Zwangsvergleich eine Bestimmung enthielte, gemäß deren auch den Regreßberechtigten neben den Hauptgläubigern die Akkordrate gewährt wäre, diese Bestimmung Rechtswirksamkeit beanspruchen könnte.

Aus vorstehenden Erörterungen ergiebt sich nun, daß die angefochtene Entscheidung, welche lediglich auf der irrigen Rechtsansicht beruht, daß neben den Wechselgläubigern, welche für ihre vollen Forderungen im Betrage von 19400 ℳ die vereinbarte Akkordrate von 50 % erhielten, auch die Konkursmasse E. (Klägerin), welche als Mitverpflichtete jenen Wechselgläubigern etwa 30 % ihrer Forderungen gezahlt, bezw. zu zahlen hat, für ihre selbständige Regreßforderung die Akkordrate zu beanspruchen habe, aufzuheben, zugleich aber, die Entscheidung in der Sache betreffend, daß der Anspruch der Konkursmasse E. als unbegründet zu erachten und ihre Klage sofort, und zwar allen drei Beklagten gegenüber, abzuweisen ist."

5. Reichs-Anfechtungsgesetz.

128. **Auch die Anerkennung einer nicht bestehenden vermögensrechtlichen Verpflichtung fällt unter den Begriff einer unentgeltlichen Verfügung im Sinne des § 3 Ziff. 3 des Reichs-Anfechtungsgesetzes.** Urth. des II. Civilsenats vom 7. Juli 1885 in Sachen des Heinrich G. in S., Beklagten und Widerklägers, und der Vorschußbank S. als Nebenintervenientin, der letzteren nunmehr Revisionsklägerin, wider die Firma X. L. zu S., Klägerin, Widerbeklagte und Revisionsbeklagte. Vorinstanz: O.L.G. Karlsruhe. Verwerfung. (II, 159/85.)

Heinrich G. erwirkte am 28. Februar 1883 bei dem A.G. Schopfheim gegen Theodor G. unter dem Vorbringen, es schulde der Letztere an die Vorschußbank Schopfheim 25000 ℳ, für welche Heinrich G. sich verbürgt habe, die Forderung sei verfallen, aber nicht bezahlt worden, es werde deshalb Urtheil auf Schadloshaltung in obigem Betrage beantragt, auf Anerkenntniß von Seiten des Theodor G. ein Urtheil dahin: „Der Beklagte (Theodor G.) wird verurtheilt, dem Kläger (Heinrich G.) oder der Vorschußbank 25000 ℳ zu bezahlen": am 10. September 1883 wurde dem Heinrich G. die Vollstreckungsklausel ertheilt: darauf ließ er am 13. November und am 7. Dezember 1883 dem Theodor G. Fahrnisse pfänden.

Die Firma X. L. in Säckingen stand mit Theodor G. in Kontokorrent, der Rechnungsabschluß auf 30. Juni 1883 ergab einen anerkannten Saldo zu Gunsten der Firma X. L. von 73400,82 ℳ; derselbe war zu etwa zwei Drittel durch die von den Theodor G.'schen Eheleuten bestellte Kredithypothek gedeckt: für den ungedeckten Betrag des Saldos von 24000 ℳ und 6% Zinsen vom 1. November 1883 und 1/3% Provision erwirkte die Firma X. L. gegen die Theodor G.'schen Eheleute bei dem A.G. Säckingen am 6. November 1883 ein Anerkenntnißurtheil und am 20. November 1883 Fahrnißpfändung, welche die am 13. November bereits für Heinrich G. gepfändeten Fahrnisse umfaßte, sowie am 12. Dezember 1883 auf einen weiteren Gegenstand, nämlich jenen, welcher am 7. Dezember 1883 für Heinrich G. gepfändet worden war.

Im Februar 1884 erhob nun die Firma X. L. bei dem L.G. Freiburg gegen Heinrich G. eine Anfechtungsklage auf Grund des § 3 Ziff. 3 des Reichsgesetzes vom 21. Juli 1879 unter der Behauptung, das Anerkenntniß der Schadloshaltungsforderung des Heinrich G. im Betrage von 25000 ℳ seitens des Theodor G. und dessen Folge, die hieran sich anschließenden Akte, Urtheil und Pfändungen, sei eine vom Schuldner im letzten Jahre vorgenommene unentgeltliche Verfügung, da die Bürgschaft wegen Unterganges der Hauptschuld, für welche sie übernommen worden, nicht mehr bestanden habe; eventuell machte die Klage, unter weiteren Behauptungen, § 3 Ziff. 1 des bezeichneten Gesetzes geltend. Das Klagbegehren ging darauf, das Anerkenntniß des Theodor G. vor dem A.G. Schopfheim vom 28. Februar 1883 und die in Folge hiervon am 13. November 1883 und 7. Dezember 1883 vorgenommenen Fahrnißpfändungen dem Kläger gegenüber für unwirksam zu erklären.

Von Seiten des Beklagten wurde um Abweisung der Klage gebeten und zugleich eventuell widerklagend der Antrag gestellt, daß auch die Pfändungen des Klägers vom 20. November und 12. Dezember 1883 dem Beklagten gegenüber für unwirksam zu erklären und demnach der Kläger als Widerbeklagter anzuerkennen habe, daß ihm auf das Ergebniß der von dem Beklagten bei Theodor G. gepfändeten Fahrnisse ein Anspruch auf Befriedigung nur zugleich mit dem Beklagten zustehe und zwar nach Verhältniß der beiderseitigen urtheilsmäßigen Forderungen vom 6. November und 28. Februar 1883.

Mit Urtheil vom 18. September 1884 erkannte das L.G. Freiburg dahin: „das Anerkenntniß des Theodor G. vor dem A.G. Schopfheim vom 28. Februar 1883 und die in Folge hiervon am 13. November 1883 und 7. Dezember 1883 vom Beklagten durch den Gerichtsvollzieher W. bei Theodor G. erwirkte Fahrnißpfändung werden dem Kläger gegenüber für unwirksam erklärt. Mit der erhobenen Widerklage wird Beklagter (Widerkläger) abgewiesen.

Der Beklagte ergriff hiergegen Berufung, beantragte in erster Reihe Abweisung der Vorklage, fürsorglich Erkenntniß im Sinne der Widerklage. Die Vorschußbank Schopfheim, welche in Folge der im zweiten Rechtszuge seitens des Beklagten erfolgten Streitverkündung diesem als Nebenintervenient beitrat, beantragte als solche: „die Klage abzuweisen, soweit dieselbe darauf beruht, daß die Bürgschaft des Beklagten (Berufungsklägers) erloschen sei." Das O.L.G. Karlsruhe bestätigte die erste Entscheidung.

„Aus dem angefochtenen Urtheil ergiebt sich zunächst, daß nach der Annahme des O.L.G. bei Uebernahme der Bürgschaft nicht gewollt war: eine Bürgschaft für den jeweils bei den Abschlüssen sich ergebenden Saldo der Vorschußbank Schopfheim (in Höhe von 25 000 ℳ und zwar bis zur Aufhebung des Kontokorrentverkehrs selbst). Bezüglich dessen, was das O.L.G. andrerseits als den positiven Inhalt der gegenüber der Vorschußbank übernommenen Bürgschaft erachtet hat, enthält die Annahme des O.L.G., es sei die Bürgschaft eine solche „für einzelne Vorschüsse aus der ersten Hälfte des Jahres 1878 und einen Saldo, und zwar denjenigen vom 11. Juli 1878" (nämlich den auf den 1. Juli 1878 gezogenen), keine Unvereinbarlichkeit mit sich selbst.

Gerade im Hinblick auf die eigenthümliche Natur des Kontokorrentverkehrs und der hieraus sich ergebenden Rechtsverhältnisse kann neben der Bürgschaft für einzelne Vorschüsse als solche die Bürgschaft für den ein Kontokorrentverkehr einer gewissen Periode, in welchem jene Vorschüsse als Posten erscheinen, sich ergebenden Saldo, und zwar bis zur Höhe von 25 000 ℳ übernommen worden sein, und das O.L.G. wollte mit jener Feststellung augenscheinlich den aus der Natur des Kontokorrentverkehres erwachsenden Rechtsverhältnissen Rechnung tragen.

Es ist ferner die Annahme einer Bürgschaft für den auf 1. Juli 1878 sich ergebenden Saldo nicht unvereinbarlich mit der Unterstellung, daß spätestens am 1. September 1878 Leistungen des Theodor G. gemacht sein sollten, durch welche der Betrag von 25 000 ℳ, bis zu welchem Heinrich G. die Bürgschaft übernommen, der Vorschußbank zukommen würden; dies läßt sich auch trotz der sonstigen Natur des

Kontokorrentverhältnisses, wonach die Einzelposten nicht als solche, sondern das Ganze der beiderseitigen Leistungen in Betracht kommt, durchführen, und der rechtlichen Natur des Kontokorrentverhältnisses, welche allerdings einer bloßen Gutschreibung von solchen Leistungen des Theodor G. innerhalb des allgemeinen Kontokorrentverhältnisses die Wirkung einer mit der Leistung am 1. September 1878 eintretenden speziellen Tilgung jener 25000 ℳ, für welche Heinrich G. die Bürgschaft übernommen, nicht zukommen läßt, ist durch die weitere thatsächliche Annahme des O. L. G. Rechnung getragen, „es sollte der nächste Saldo vom 1. Januar 1879 wieder zu dem früheren niedern Stand zurückkehren und von den 25000 ℳ entlastet sein"; dies war bei entsprechenden Leistungen des Theodor G. und wenn andererseits die Vorschußbank bei ihren Vorschüssen an Theodor G. sich in bestimmten Grenzen hielt, durchzuführen, auch wenn nicht der auf 1. Juli (laut Aufstellung vom 11. Juli) 1878 berechnete Saldo aus dem Kontokorrentverhältniß vom 1. Juli bis 31. Dezember 1878 ganz herausgezogen und besonderer Tilgung und Verrechnung unterzogen wurde.

Auch wenn Heinrich G. bei Uebernahme der Bürgschaft die Fortdauer des Kontokorrentverhältnisses über den 1. September 1878 hinaus unterstellte, so würde hieraus nicht mit Nothwendigkeit folgen, daß er für den jeweils bei den Abschlüssen sich ergebenden Saldo Bürgschaft übernommen habe; geht man aber von einer Erstreckung der Bürgschaft auf den nächsten nach dem 1. September 1878 regelmäßiger Weise zu ziehenden Saldo, also auf jenen auf 1. Januar 1879 aus, so würde auch der Saldo vom 1. Januar 1879 durch die späteren Saldoziehungen und damit die Bürgschaft für denselben erloschen sein.

Auch die Angriffe wegen Verletzung des § 3 Ziff. 3 des Gesetzes vom 21. Juli 1879 über die Anfechtung von Rechtshandlungen eines Schuldners (R.-Gesetzbl. von 1879 S. 277 ff.) sind verfehlt.

Wie das O. L. G. — nach den bisherigen Ausführungen ohne Rechtsirrthum — angenommen hat, war die Bürgschaft des Heinrich G. wegen Erlöschens der Schuld, für welche sie übernommen wurde, erloschen; es bestand daher in dem Zeitpunkt des von Theodor G. gegenüber Heinrich G. abgegebenen Anerkenntnisses eine rechtliche Verpflichtung des Theodor G. gegenüber Heinrich G. aus einer Bürgschaftsübernahme des letzteren nicht. Unter den Begriff einer unentgeltlichen Verfügung im Sinne des § 3 Ziff. 3 des bezeichneten Gesetzes fällt auch die bewußte Anerkennung einer nicht bestehenden vermögensrechtlichen Verpflichtung, weil der Anerkennende mit einer solchen Anerkennung eine nicht bestandene Verpflichtung übernimmt, ohne hierfür ein Entgelt zu erhalten. Auch wenn man nun davon ausgehen wollte, es sei mit dem auf das Anerkenntniß erfolgten — allerdings rechtlich unkorrekten (L.R.S. 2032) und thatsächlich unklaren — Urtheil des A.G. Schopfheim vom 28. Februar 1883, soweit hierin von einer Zahlung von 25000 ℳ an die Vorschußbank Schopfheim die Rede ist, eine Zahlung dieses Betrages auf die damals überhaupt bestehende Schuld des Theodor G. an die Vorschußbank (nicht eine Zahlung auf frühere bestimmte Posten oder einen früheren bestimmten Saldo, sei es jenen auf 1. Juli 1878 oder auch jenen auf 1. Januar 1879, welche nach der bisherigen Darlegung als solche, und damit zugleich die Bürgschaft, erloschen sind) gemeint, so würde immerhin eine unentgeltliche Verfügung vorliegen. Wenn die Bürgschaft erloschen ist, so liegt schon darin, daß gegenüber dem bisherigen Bürgen eine diesem gegenüber nicht bestehende rechtliche Verpflichtung übernommen wird, eine unentgeltliche Verfügung zu Gunsten des bisherigen Bürgen, nunmehrigen Nichtbürgen, auch wenn der sich so Verpflichtende, sich zur Zahlung eines Betrages an einen Dritten, welchem er an sich diesen Betrag schuldet, verbindlich macht. Schon die Verpflichtung gegen den Nichtbürgen, welcher hierdurch Rechte gewinnt, an sich enthält eine Belastung, welcher ein Entgelt nicht gegenübersteht.

Das Gericht hat ferner thatsächlich festgestellt, daß sowohl Theodor als Heinrich G. bei Zustandekommen des Anerkenntnißurtheils vom 28. Februar 1883 sich bewußt waren, die Bürgschaft sei erloschen. Der Feststellung eines weiteren Bewußtseins oder einer weiteren Absicht bedurfte es nicht, und jenes Bewußtsein wird auch nicht dadurch beseitigt, wenn Heinrich G. zugleich seine Schritte für die Eventualität, daß er gegen seine Auffassung noch als Bürge hafte, unternahm; objektiv lag eine unentgeltliche Verfügung vor und subjektiv lag in demselben festgestellten Bewußtsein der Wille, eine solche vorzunehmen, beziehungsweise sich dieselbe zu eigen zu machen."

6. Reichs-Civilprozeßordnung.

129. **Unterwerfung des Zahlungspflichtigen unter den Gerichtsstand des Erfüllungsortes** (Zahlungsortes) **durch Zustimmung oder konkludente Handlungen gegenüber dem entsprechenden brieflichen Verlangen des Forderungsberechtigten** (§ 29 der C.P.O.). Urth. des I. Civilsenats vom 19. September 1885 in Sachen der Aachener Maschinen-Riemenfabrik J. A. zu A., Beklagten und Revisionsklägerin, wider

die Firma K. B. zu Frankfurt a. M., Klägerin und Revisionsbeklagte. Vorinstanz: O.L.G. Frankfurt a. M. Verwerfung. (I, 181/85.)

Es handelt sich zur Zeit nur um die prozeßhindernde Einrede der Unzuständigkeit des L.G. zu Frankfurt a. M., bei welchem die Klage erhoben worden. Das L.G. hat die Einrede für begründet erachtet und die Klägerin mit der erhobenen Klage wegen Unzuständigkeit des Gerichts unter Verurtheilung der Klägerin zur Tragung der Kosten des Rechtsstreites abgewiesen. Auf die Berufung der Klägerin hat das O.L.G. Frankfurt a. M. das Urtheil des L.G. aufgehoben, die prozeßhindernde Einrede der Unzuständigkeit des Gerichts verworfen, die Sache zur weiteren Verhandlung an das L.G. zurückverwiesen und die Kosten der zweiten Instanz der Beklagten auferlegt.

Die Beklagte hat auf Bestellung von der Klägerin verschiedene Stücke zur Kompletirung einer Mineralwasseranlage geliefert erhalten. Klägerin fordert im vorliegenden Prozesse den nach Abzug der von der Beklagten geleisteten Anzahlung verbliebenen Rest des Vertragspreises. Sie hat gegen die in Aachen wohnende Beklagte beim L.G. Frankfurt. a. M. als dem Gerichtsstande des Vertrages geklagt, weil Frankfurt vertragsmäßig zum Erfüllungsort für die der Beklagten obliegende jetzt eingeklagte Preiszahlung bestimmt sei.

„Der Vertragsabschluß ist durch Korrespondenz erfolgt und es kommt entscheidend darauf an, ob der Satz am Schlusse des klägerischen Briefes vom 8. Mai 1884 „Zahlungsort ist Frankfurt a. M." als eine von der Beklagten angenommene Vertragsbestimmung anzusehen und als zur Stipulation eines besonderen Erfüllungsortes im Sinne des § 29 der C.P.O. geeignet aufzufassen ist. Der erste Richter hat dies verneint, indem er annimmt, daß der Vertrag schon vor dem 8. Mai 1884 perfekt gewesen sei, und daß Klägerin demselben nicht mehr einseitig in dem Briefe vom 8. Mai die gedachte, in der früheren Korrespondenz noch nicht vorkommende Klausel habe beifügen dürfen, daß die Beklagte diesen Zusatz vom 8. Mai auch nicht nachträglich genehmigt, sondern im Gegentheil die Klägerin denselben später habe fallen lassen. Der B.R. hat dagegen angenommen, daß die Klägerin die fragliche Vertragsbestimmung in dem Briefe vom 8. Mai noch habe beifügen dürfen, und daß die Beklagte sich hiermit nachträglich einverstanden erklärt habe.

Es ist zwar nicht ganz zutreffend, wenn der B.R. den klägerischen Brief als eine Zusammenfassung der Bedingungen des zwischen den Parteien schon durch die vorhergegangene Korrespondenz *abgeschlossenen* Kaufvertrages charakterisirt; aber das Resultat, zu welchem der B.R. gelangt, ist als richtig anzuerkennen.

Die zu den Akten übergebene anerkannte Korrespondenz ergiebt Folgendes:

Die Parteien haben schon seit Ende 1883 über die Lieferung des hier fraglichen Apparats verhandelt, aber eine vollständige

Einigung über das Lieferungsobjekt und den Preis und über die Modalitäten der beiderseitigen Leistungen war vor dem 8. Mai 1884 überhaupt noch nicht, namentlich nicht durch den Brief der Klägerin vom 10. April 1884, zu Stande gekommen. In dem Briefe der Klägerin vom 4. Januar 1884 stellte Klägerin die einzelnen zu dem Apparat von ihr zu liefernden Stücke und den Preis der einzelnen Stücke, sowie den Gesammtpreis, letzteren zu ungefähr 3800 ℳ auf. In einem späteren Schreiben vom 1. April 1884 macht Klägerin eine etwas abweichende Aufstellung der Lieferungsobjekte und der Preise, sowohl im Einzelnen als im Ganzen; der Gesammtpreis wurde zu 3580 ℳ berechnet. In dem Briefe vom 8. April 1884 ersucht sodann die Beklagte die Klägerin, die nach ihrer, der Klägerin, Ansicht zu der Mineralwasser-Anlage nöthigen Apparate der Beklagten bis Anfang Mai zu liefern. Darauf schreibt Klägerin der Beklagten am 10. April 1884, daß sie den ihr mit dem Briefe der Beklagten vom 7. April ertheilten Auftrag unter Grundlage ihrer, der Klägerin, Briefe vom 4. Januar und 1. April dankend in Nota genommen habe, daß sie jedoch keine Garantie für rechtzeitige Lieferung bis zum 1. Mai präzise übernehmen, jedoch so viel wie möglich besorgt sein werde, die Apparate so bald wie thunlich zur Ablieferung zu bringen, und daß sie nunmehr vorerst der üblichen Anzahlung von 1/3 des Vertragspreises, welche die Beklagte mit 1200 ℳ an der Reichsbankstelle in Aachen für Rechnung der Klägerin leisten möge, entgegensehe.

In dem Antwortschreiben vom 16. April 1884 machte dann die Beklagte eine ganz neue Aufstellung der zur Kompletirung ihrer Anlage zu liefernden Objekte, die sie unter Beibehaltung der Preise der einzelnen Stücke theils aus dem Briefe der Klägerin vom 4. Januar, theils aus deren Briefe vom 1. April, unter Streichung der übrigen von der Klägerin in den beiden Briefen aufgestellten Stücke, entnahm, und deren Gesammtpreis nur 2468 ℳ betrug. Lieferungs-Objekt und Gesammtpreis waren also durch den Brief vom 16. April im Vergleich mit den Briefen der Klägerin vom 4. Januar und 1. April auf ungefähr 2/3 reduzirt; ebenso reduzirte die Beklagte die von ihr zu leistende Anzahlung von 1/3, welche sie bei ihrem Bankhause Sch. & Co. in Aachen sicherstellen wollte, und welche erst bei Ablieferung geleistet werden sollte, auf 800 ℳ; endlich machte die Beklagte noch den Vorbehalt, daß sie die Anzahlung nur leisten wolle, wenn die Notirungen der Klägerin nicht zu hoch seien, da sie keine Katze im Sack kaufen wolle. Diesem letzteren Vorbehalt widersprach Klägerin bestimmt in ihrem Antwortschreiben vom 18. April, in welchem sie auch noch einige Bemerkungen bezüglich der zu liefernden Stücke zur Erwägung stellte.

Darauf gab die Beklagte durch Brief vom 30. April die Stücke zur Kompletirung ihrer Mineralwasseranlage, ohne solche speziell zu bezeichnen, der Klägerin in Auftrag und übersandte derselben eine Anweisung auf 800 ℳ zur Anzahlung auf ihr Aachener Bankhaus. In Folge dieser Anweisung erhielt Klägerin am 5. Mai die Zahlung von 800 ℳ. Mit Brief vom 8. Mai zeigte dann Klägerin der Beklagten den Empfang der Anzahlung an und stellte nun, „um Irrthümer zu vermeiden", die bestellten, baldmöglichst anzufertigenden, franco Bahnhof Frankfurt zu liefernden Stücke mit Preisangabe wiederholt zusammen; der Gesammtpreis wurde nun zu 2727,7 ℳ, also etwa 260 ℳ höher, als in dem Briefe der Beklagten vom 16. April, festgestellt, und am Schlusse dieses Briefes findet sich dann die in der bisherigen Korrespondenz noch nicht vorgekommene, von der Klägerin neu hinzugefügte Klausel „Zahlungsort ist Frankfurt a. M." Darauf schrieb endlich die Beklagte am 20. Mai, daß sie von dem Schreiben der Klägerin Notiz genommen habe und nunmehr Lieferung erwarte.

Aus dieser Darstellung des wesentlichen Inhaltes der Korrespondenz ergiebt sich, daß die Verhandlungen über Lieferungsobjekt und Preis erst durch die Briefe der Klägerin vom 8. Mai und der Beklagten vom 20. Mai zum Abschluß kamen; in beiden Beziehungen war der Inhalt der Briefe vom 4. Januar, 1. und 10. April wesentlich abweichend von dem Inhalte des Briefes vom 16. April, und auch dieser erlitt noch wieder in beiden Beziehungen eine Aenderung durch die Briefe der Klägerin vom 18. April und 8. Mai, durch den letzteren wurde Objekt und Preis der Lieferung erst bestimmt festgestellt und dann schließlich am 20. Mai von der Beklagten genehmigt. Hieraus ergiebt sich, daß Klägerin auch noch am 8. Mai die fragliche Klausel, daß Frankfurt Zahlungsort sein sollte, hinzufügen durfte, welche dann die Beklagte in ihrem Briefe vom 20. Mai genehmigt hat.

Die Beklagte hat noch geltend gemacht, daß sie ihren Widerspruch gegen die fragliche Klausel dadurch in konkludenter Weise erklärt habe, daß sie ausweise des übergebenen Kontokurrents mit ihrem Aachener Bankier Sch. & Co. zwei Abschlagszahlungen vom 5. Mai im Betrage von 800 ℳ und vom 5. Juni im Betrage von 1000 ℳ nicht baar in Frankfurt, sondern durch Einlösung von Wechseln, welche bei ihrem Aachener Bankier Sch. & Co. domizilirt gewesen, bewerkstelligt habe. Der erste Richter hat hieraus auch entnommen, daß die Beklagte zu der fraglichen Vertragsklausel nicht nur nicht ihre Zustimmung gegeben, sondern im Gegentheil die Klägerin dieselbe habe fallen lassen. In zweiter Instanz hat dann, wie der Thatbestand des B.U. ergiebt, die Klägerin die Behauptung der Beklagten bestritten und behauptet, daß sie die beiden Zahlungen von der Reichsbankhauptstelle und respektive von der Effekten- und Wechselbank in Frankfurt erhalten hat, was wiederum die Beklagte bestritten hat.

Dieses gesammte Partei-Vorbringen hat das B. G. in den Gründen seines Urtheils gar nicht erwähnt und erörtert, und es kann sich daher fragen, ob nicht die Anfechtung des Urtheils wegen Mangels von Gründen (§ 513 Nr. 7 der C. P. O.) sowie eventuell wegen Außerachtlassung der Vorschrift im § 130 ibidem begründet sei.

Allein wenngleich die Gründe des Urtheils den Prozeßstoff nicht erschöpfen, kann eine Aufhebung des Urtheils nicht erfolgen, weil das Vorbringen der Beklagten für unerheblich zu erachten ist. Die Anzahlung von 800 ℳ ist bereits vor dem Briefe vom 8. Mai, in welchem die Klägerin erst die fragliche Klausel aufgestellt hat, erfolgt und kann daher schon deshalb keinen Schluß darauf zulassen, daß Klägerin die fragliche Klausel habe fallen lassen wollen. Ferner kann, nachdem die Beklagte den ganzen Inhalt des Briefes vom 8. Mai ohne Ausschließung der fraglichen Klausel in ihrem Briefe vom 20. Mai genehmigt hat, ein etwaiges Zuwiderhandeln seitens der Beklagten durch die Art der Zahlungsleistung am 5. Juni nicht in Betracht kommen. Ein Verzicht der Klägerin kann darin auch um so weniger gefunden werden, da Klägerin, wenn sie überhaupt Zahlung erhalten hatte, keine zureichende Veranlassung mehr hatte, Erörterungen darüber herbeizuführen, ob die Zahlung vertragsmäßig in anderer Art und an einem anderen Orte hätte erfolgen müssen.

Wenn endlich der B. R. die fragliche Klausel dahin interpretirt, daß dadurch nicht etwa die gesetzliche Vorschrift im Art. 325 des H. G. B. blos habe wiederholt, sondern ein vom Gesetze (Art. 324 des H. G. B.) abweichender Erfüllungsort vertragsmäßig habe bestimmt werden sollen, so ist darin nicht nur nicht ein Rechtsirrthum zu finden, sondern die Auslegung ist für zutreffend zu erachten, da „Zahlungsort" eben den Erfüllungsort für denjenigen Kontrahenten, dessen Vertragserfüllung in einer Zahlung besteht, bedeutet."

130. **Im Falle der Zustellung durch die Post sollte eine Abschrift der Urkunde, welche der Gerichtsvollzieher nach § 177 der C.P.O. auf die Urschrift des zuzustellenden Schriftstücks zu setzen hat, auf die Abschrift des zuzustellenden Schriftstücks übertragen werden. Doch macht die Unterlassung dieser Vorschrift die Zustellung nicht ungiltig und wirkungslos** (§§ 177, 178 der C.P.O.). S. o. Fall 118 S. 256 sub 1.

131. 1) Formerfordernisse der Berufung nach § 20 Abs. 1 des Konsulargerichtsbarkeitsgesetzes. 2) Unthunlichkeit der Ergänzung eines mangelhaften Thatbestandes aus dem Sitzungsprotokoll (§§ 284, 456, 470, 146, 501 der C.P.O.). **3) Auslegung der Art. 55, 298 des H.G.B.** Urth. des I. Civilsenats vom 19. September 1885 in Sachen der deutschen Handelsgesellschaft C. J. & Co. zu Yokohama und Hiogo, Beklagte und Berufungsklägerin, wider die französische Handelsgesellschaft J. de V. & Co. zu Paris, Yokohama und Hiogo, Klägerin und Berufungsbeklagte. Vorinstanz: Kaiserliches Konsulargericht zu Hiogo-Osaka. Aufhebung und Zurückverweisung an dieses Konsulargericht. (I, 142/85.)

Die Klage war gerichtet auf Zahlung eines Schadensersatzes von 163,6 L. Sterl. wegen Nichterfüllung dreier Frachtverträge, mittels welcher die Beklagte nach der Behauptung der Klägerin die Verschiffung von zusammen 2000 englischen Kubikfuß diverser Güter durch das britische Segelschiff „Sattara" von Hiogo nach Havre übernommen hatte, sowie auf Entrichtung von Verzugszinsen zu 1 % monatlich vom 11. Juli 1884 an und auf Erstattung der Prozeßkosten. Durch das am 24. Januar 1885 verkündete Urtheil hat das Kaiserl. Konsulargericht zu Hiogo-Osaka die Beklagte zur Zahlung von 135,46 L. Sterl., sowie von Verzugszinsen zu 8 % jährlich vom 11. Juli 1884 an verurtheilt, mit der Mehrforderung aber die Klägerin abgewiesen; in Betreff der Kosten lautet das Urtheil: „die Kosten sind verhältnißmäßig zu theilen." Dieses Urtheil ist auf Betreiben des Prozeßbevollmächtigten der Klägerin am 30. Januar 1885 der Beklagten zugestellt worden und am 28. Februar 1885 hat letztere dem Konsul eine „dem Hochlöblichen Kaiserlich Deutschen Konsular-Landgericht hierselbst" überschriebene Berufungsschrift eingereicht. In dem für die Berufungsverhandlung angesetzten Termine stellte die Beklagte den Antrag, das angefochtene Erkenntniß dahin abzuändern, daß die Klägerin abgewiesen und zur Zahlung der entstandenen Kosten verurtheilt werde, die Klägerin den Gegenantrag, die Berufung zu verwerfen und der Berufungsklägerin die Kosten des Verfahrens aufzuerlegen. Der Anwalt der Beklagten legte sodann den Sachverhalt im Allgemeinen dar, und trug den Thatbestand und die Entscheidungsgründe des angefochtenen Urtheils vor, wozu von Seiten des Gerichts ergänzende Mittheilungen aus dem Sitzungsprotokolle vom 21. Januar 1885 gemacht wurden, welches die Anwälte nicht zu kennen erklärten. Von Seiten der Beklagten wurde ausgeführt, daß mit Unrecht das Konsulargericht dem Umstande, daß R., der Rheder der „Sattara" zur Zeit des Abschlusses der Frachtverträge, sich nach Zurückziehung der „Sattara" in einer Unterredung mit Rö., einem der Inhaber der beklagtischen Firma, zur Verschiffung der fraglichen Frachtgüter mit der „Flintshire" erboten, und daß Rö. dies abgelehnt habe, Erheblichkeit beigelegt habe, und daß es keinenfalls diesen Umstand lediglich auf Grund des zu einem anderen Prozesse von R. beschworenen affidavit hätte als bewiesen ansehen sollen. Der Anwalt der Klägerin trat diesen Ausführungen entgegen und benannte eventuell den R. als Zeugen über die in dem affidavit bezeugten Thatsachen. Von Seiten des Gerichts darauf hingewiesen, daß die Beklagte in der Verhandlung erster Instanz die klägerische Behauptung, sie habe in eigenem Namen als Verfrachterin kontrahirt, bestritten und vielmehr nur im Namen des Rheders der „Sattara" die Frachtverträge geschlossen zu haben behauptet habe, und daß es möglicher Weise auf diesen Punkt ankommen werde, berief er sich für jene Klagbehauptung auf das Zeugniß des schon in der Klagschrift als Zeugen bezeichneten M. Ren. und schob eventuell den Inhabern der beklagtischen Firma den Eid über dieselbe zu. Der Anwalt der Beklagten wollte sich über diese Eideszuschiebung noch nicht erklären.

Zu 1) „Gegen die Zulässigkeit der eingelegten Berufung konnte das Bedenken entstehen, daß, während nach § 20 Abs. 1 des Gesetzes über die Konsulargerichtsbarkeit die Einlegung „bei dem Konsul" geschehen soll, im vorliegenden Falle die Berufungsschrift an das „Konsular-Landgericht" adressirt worden ist, womit das Konsulargericht gemeint war, welches sich in diesen Akten selbst immer mit jenem, dem Gesetze unbekannten Namen bezeichnet hat. Indessen mußte diese falsche Adressirung doch als unschädlich angesehen werden, weil ungeachtet derselben die Berufungsschrift ohne Zweifel zunächst beim Konsul eingereicht worden ist, und hierin eben nach dem citirten § 20 Abs. 1 die wesentliche Form der Berufungseinlegung besteht.

Zu 2) „In der Sache selbst ist das R.G. zu dem Ergebnisse gelangt, daß das Urtheil der ersten Instanz nach Maßgabe von § 501 der C.P.O. wegen eines wesentlichen prozessualischen Mangels aufzuheben sei. Es fehlt dem angefochtenen Erkenntnisse an einem wesentlichen Bestandtheile, nämlich an einem dem § 284 der C.P.O., welcher nach § 456 daselbst und § 15 des Gesetzes über die Konsulargerichtsbarkeit auch bei den Konsulargerichten Anwendung findet, entsprechenden Thatbestande. Der sog. „Thatbestand" des vorliegenden Urtheils giebt nicht den Sach- und Streitstand wieder, wie er sich nach Maßgabe des beiderseitigen Parteivorbringens darstellte, sondern das Sachverhältniß, wie es dem Gerichte auf Grund seiner thatsächlichen Feststellungen als objektiv wahr, und nur so weit es ihm als erheblich erschien. Dieser „Thatbestand" enthält von widersprechenden Parteiangaben und von Beweisantretungen gar Nichts, ja trotz der besonderen Hervorhebung in § 284 Abs. 1 Nr. 3 der C.P.O. nicht einmal die Parteianträge, sondern nur eine historische Darstellung vorprozessualischer Vorgänge. An und für sich müßte man ihn daher so verstehen, daß Alles, was dort berichtet wird, unter den Parteien unbestritten gewesen sei, und hätte außerdem auch anzunehmen, daß außer dem dort Erwähnten nichts die Sache Betreffendes von den Parteien vorgebracht worden sei. Allein in beiden Beziehungen wird dieser Thatbestand durch das Sitzungsprotokoll widerlegt, was nach § 285 der C.P.O. in Betracht zu ziehen war; ja in einer Beziehung war auch aus den Entscheidungsgründen abzunehmen, daß das Konsulargericht selbst den Thatbestand gar nicht in jenem Sinne gemeint haben konnte.

Im Thatbestande wird wie etwas Unbestrittenes berichtet, daß R. am 24. Mai 1824 sich in einer Unterredung mit Rö. zur Beförderung der Güter mit der „Flintshire" erboten, und daß Rö. dies abgelehnt habe; in den Entscheidungsgründen wird aber erst dargelegt, weßhalb das Konsulargericht dies ungeachtet des Ableugnens von Seiten der Beklagten für wahr halte. Aus dem Protokolle sieht man denn auch, daß die Parteien über diesen Punkt hin und her gestritten hatten, und daß die Klägerin Urkundenbeweis mittelst des R'schen affidavit angetreten hatte. Ferner geht aus dem Protokolle aber auch hervor — nämlich, indem es berichtet, daß von klägerischer Seite die in der Klage, von beklagtischer die in der Klagbeantwortung enthaltenen Angaben wiederholt seien —, daß ein Streit, von dem der Thatbestand Nichts erwähnt, unter den Parteien darüber bestand, ob die Beklagte als Verfrachterin in eigenem Namen, oder im Namen des Rheders kontrahirt habe. Bei dieser Sachlage war die Annahme unabweislich, daß der in dem angefochtenen Urtheile enthaltene „Thatbestand" nicht etwa nur in einzelnen Beziehungen unrichtig und insoweit der Berichtigung durch das Sitzungsprotokoll unterliegend sei, sondern daß das Konsulargericht überhaupt die wahre Bedeutung des vom Gesetze verlangten Thatbestandes ganz verkannt habe und daher einen Thatbestand in dem richtig aufgefaßten Sinne des Gesetzes gar nicht habe seinem Urtheile beigeben wollen.

Es stand nun nach § 501 der C.P.O. im Ermessen des R.G., ob es wegen dieses Mangels im Prozeßverfahren das angefochtene Urtheil aufheben und die Sache nochmals an das Konsulargericht verweisen wollte" (vergl. Annalen Bd. IV S. 78; Entscheidungen Bd. IV S. 432 und Bd. X S. 75). „Es wäre vielleicht allenfalls thunlich gewesen, den Inhalt der Verhandlungen erster Instanz mit Hülfe des Sitzungsprotokolls soweit zu rekonstruiren, daß daraufhin eine sachliche Entscheidung über die Berufung sich ermöglicht hätte. Jedoch war keine Sicherheit dafür gegeben, daß auf diese Weise ein vollständiges Bild des in erster Instanz Vorgebrachten gewonnen würde; denn ein solches darzubieten, ist nach § 146 der C.P.O. vergl. mit § 470 daselbst und § 15 des Gesetzes über die Konsulargerichtsbarkeit das Protokoll gesetzlich gar nicht bestimmt, und dazu kam noch, daß offenbar die Anwälte der Berufungsinstanz über das Sachverhältniß nur mangelhaft unterrichtet waren. Unter diesen Umständen hat sich das R.G. um so mehr für Aufhebung und Zurückverweisung zu neuer Verhandlung in erster Instanz entscheiden zu sollen geglaubt, als es sonst nach der gegenwärtigen Lage der Sache doch zu Anordnung einer Beweisaufnahme hätte schreiten müssen, welche voraussichtlich durch den Konsul zu Hiogo-Osaka als ersuchten Richter vorzunehmen gewesen wäre."

Zu 3) „In materieller Beziehung konnte nämlich derjenigen Auffassung, welche das Konsulargericht seiner Entscheidung zu Grunde gelegt hat, keineswegs beigetreten werden. Unter der Voraussetzung, daß die Beklagte die Frachtverträge nur als Agentin des, gleichviel ob namentlich bezeichneten oder ungenannt gebliebenen, Rheders in dessen Namen abgeschlossen haben sollte, würde es nach Art. 298 Abs. 1 vergl. mit Art. 52 des H.G.B. an jedem Obligationsverhältnisse zwischen ihr und der Klägerin fehlen, da die letztere nicht etwa eventuell behauptet hat, daß die Beklagte zur Eingehung solcher Frachtverträge keine Vollmacht gehabt habe und aus diesem Grunde nach Art. 298 Abs. 2 vergl. mit Art. 55 des H.G.B. ihr persönlich für die Erfüllung derselben einstehen müsse. Es würde dann also nicht erfindlich sein, weshalb die Beklagte verpflichtet gewesen sein sollte, der Klägerin sofort anzuzeigen, daß R. die Verträge nicht erfüllen wolle, oder ihr den Inhalt der mit dem letzteren über diese Angelegenheit gepflogenen Unterredung mitzutheilen; ganz abgesehen von der Frage, ob denn dargethan sei, daß, falls diese Mittheilungen erfolgt wären, die Klägerin von dem jetzt geltend gemachten Schaden nicht betroffen worden wäre.

Die Bestimmungen der §§ 54 und 55 des Preuß. Allg. L.R. Th. I T. 13 können hier überhaupt keine Anwendung finden, da sie sich auf das Verhältniß des Bevollmächtigten zu seinem Machtgeber, nicht auf Dasjenige zu Dritten beziehen; was aber die Art. 55 und 298 des H.G.B. betrifft, so geht schon aus dem oben über ihren wahren Sinn Angedeuteten hervor, daß sie vom Konsulargericht völlig mißverstanden worden sind. Wenn der Anwalt der Klägerin in der Berufungsverhandlung versucht hat, den Anspruch unter dem Gesichtspunkte einer Geschäftsführung ohne Auftrag aufrecht zu halten, welche die Beklagte unternommen habe, indem sie mit R. über den Ersatz der „Sattara" durch ein anderes Schiff verhandelte, so erschien dies als ganz unzutreffend, weil bis jetzt nicht das Mindeste dafür vorliegt, daß die Beklagte sich dabei dem R. gegenüber als Vertreterin der Klägerin gerirt hätte.

Aus diesen Gründen konnte das R.G. nach der ihm erkennbaren Sachlage einzig die Frage für erheblich halten, ob die Frachtverträge von der Beklagten nur als Vertreterin des Rheders, oder in ihrem eigenen Namen abgeschlossen seien; im letzteren Falle würde sie natürlich für die Erfüllung einzustehen haben, ohne daß es auf irgend etwas Weiteres ankäme. Da nun von klägerischer Seite der in der

Klagschrift als Prokurist der Klägerin in Hiogo bezeichnete Max Ren. als Zeuge in der fraglichen Beziehung vorgeschlagen war, so wäre dem R.G., falls es in der Sache selbst hätte weiter verfahren wollen, nichts Anderes übrig geblieben, als die Vernehmung desselben zu beschließen und zunächst den Kaiserlich Deutschen Konsul zu Hiogo-Osaka um dieselbe zu ersuchen.

Wenn durch die bisher entwickelten Erwägungen das R.G. sich zur Aufhebung des vorigen Urtheils und zur Zurückverweisung der Sache in die erste Instanz veranlaßt gesehen hat, so ist zu bemerken, daß formell daneben noch in einem anderen prozessualischen Verstoße, der in dem angefochtenen Urtheile hervortrat, ein Grund zur Aufhebung gefunden werden konnte. Das Konsulargericht hat nämlich die Prozeßkosten nicht in dem Sinne, wie § 88 Abs. 1 der C.P.O. es meint, wirklich verhältnißmäßig zwischen den Parteien getheilt, d. h. dieselben jeder Partei zu der bestimmten entsprechenden Quote auferlegt, sondern nur im Allgemeinen ausgesprochen, daß die Kosten verhältnißmäßig zu theilen seien. Ein Urtheil so unbestimmten Inhalts hätte aber nicht erlassen werden sollen, und auch dies würde eventuell bei der künftigen Entscheidung zu beachten sein".

132. **Inhalt des Urtheils auf erhobenen Einspruch, wenn sich inzwischen der Prozeß bis auf den Kostenpunkt erledigt hat** (§ 308 der C.P.O.). Urth. des II. Civilsenats vom 18. September 1885 in Sachen der Eheleute F. Sch. in M., Beklagte und Revisionskläger, wider A. B. in St., Kläger und Revisionsbeklagten. Vorinstanz: O.L.G. Colmar. Aufhebung und Zurückverweisung. (II, 169/85.)

Der Kläger hat gegen die Beklagten bei dem L. G. Zabern Klage auf Räumung eines Hauses und Zahlung einer Entschädigungssumme von 300 ℳ erhoben und am 10. Juli 1883 ein dem Klagantrag entsprechendes Versäumnißurtheil erwirkt. Die Beklagten haben Einspruch eingelegt. In dem zur Verhandlung hierüber festgesetzten Termin vom 25. Februar 1884 hat der Kläger erklärt: „Nachdem die Beklagten auf Klage des Polizeikommissars Schl., dem Kläger das streitige Haus verkauft hatte, haben räumen müssen, ist das Urtheil vom 10. Juli 1883 gegenstandslos geworden. Dasselbe wurde nur zugestellt, um zur Kostenfestsetzung zu gelangen," und beantragt: unter Beurkundung, daß er seine Entschädigungsforderung unter dem Vorbehalt, dieselbe in abgesondertem Verfahren geltend zu machen, zurückziehe, den Einspruch abzuweisen.

Die Beklagten haben erklärt: „Die mit der Klage erhobenen Ansprüche seien unbegründet gewesen, sie hätten das Haus, welches nun längst geräumt sei, von dem Kläger eigenthümlich erworben gehabt" und dem Kläger einen Eid zugeschoben.

Von dem L.G. wurde hierauf beschlossen, der Kläger habe den deferirten Eid, über dessen Norm und Erheblichkeit die Parteien sich einig erklärt hatten, zu leisten.

Von dem mit Abnahme des Eides beauftragten A.G. Straßburg erklärte nun aber der Kläger, er könne den Eid nur in einer anderen von ihm vorgeschlagenen Fassung schwören. Es fand deshalb am 27. Mai 1884 weitere Verhandlung vor dem L.G. statt und dieses erließ nunmehr ein durch Eid des Klägers bedingtes Urtheil, welches ausspricht: „Der Einspruch gegen das Versäumnißurtheil vom 10. Juli 1883 wird als unbegründet abgewiesen und haben die Beklagten die sämmtlichen Kosten des Streites zu tragen, wenn Kläger den auferlegten Eid leistet. Schwört Kläger diesen Eid nicht, so wird er verurtheilt, die Kosten des Streites, mit Ausnahme der Kosten des Versäumnißurtheils, welche auch dann den Beklagten verbleiben, zu tragen."

Die Beklagten haben Berufung eingelegt und beantragt, unter Aufhebung dieses Urtheils die Klage als unbegründet abzuweisen und dem Berufungsbeklagten die Kosten zur Last zu legen.

Durch Urtheil vom 9. Januar 1885 hat das O.L.G. Colmar die Berufung als unzulässig verworfen. In den Gründen ist erörtert: „Da Kläger die Zulässigkeit des Einspruches nicht beanstandet und das L.G. solchen für statthaft erachtet habe, so sei nicht über den Einspruch zu entscheiden gewesen, sondern der Prozeß sei ohne Weiteres in die Lage zurückversetzt worden, in der er sich vor dem Versäumnißurtheil befunden habe und es sei zu entscheiden gewesen, ob die in diesem enthaltene Entscheidung bezüglich des noch Streitigen aufrecht zu erhalten sei oder nicht. Streitig sei — wird sodann ausgeführt — bei Erlassung des Urtheils nur noch der Kostenpunkt gewesen. Nur hierüber habe denn auch das Urtheil entschieden. Dasselbe enthalte zwar die unrichtige Fassung, daß der Einspruch gegen das Versäumnißurtheil als unbegründet zu verwerfen sei; allein aus dem Schluß des Urtheils und den Gründen ergebe sich, daß damit nichts Anderes habe ausgedrückt werden sollen, als daß die Entscheidung des Versäumnißurtheils bezüglich des noch streitigen Punktes aufrecht erhalten werde. Da hiernach eine Entscheidung in der Sache selbst nicht vorliege und nach § 94 der C.P.O. eine Anfechtung wegen des Kostenpunktes allein nicht zulässig sei, sei die Berufung zu verwerfen."

„Von dem Beklagten war gegen das Versäumnißurtheil vom 10. Juli 1883 in dessen ganzem Umfang Einspruch erhoben worden. Die Frage, ob die in dem Versäumnißurtheil enthaltene Entscheidung über die Hauptsache aufzuheben oder aufrecht zu erhalten sei, konnte daher nicht unentschieden bleiben, wenn auch, wie in den Gründen des Urtheils vom 27. Mai 1884 ausgeführt ist, der Prozeß in der Hauptsache nachträglich gegenstandslos geworden war. Es mußte vielmehr, wenn am 27. Mai 1884 in der Hauptsache kein Streit mehr bestand und die Entscheidung über den noch streitigen Kostenpunkt von Leistung oder Verweigerung eines Eides abhing, das Versäumnißurtheil im Ganzen aufgehoben und über den Kostenpunkt ein neues (bedingtes) Urtheil gefällt werden (C.P.O. § 308). Das Versäumnißurtheil ist, soweit es über die Hauptsache entscheidet, durch die nach Erhebung des Einspruchs erfolgten Parteierklärungen nicht von selbst außer Wirksamkeit getreten und nachdem der Einspruch zulässig erhoben war, konnte der Erfolg desselben nicht von Leistung oder Verweigerung eines Eides abhängig gemacht werden.

Aus der Begründung des Urtheils vom 27. Mai 1884 scheint nun allerdings hervorzugehen, daß das L.G. nur über den Kostenpunkt entscheiden wollte. Gleichwohl kann der Annahme des B.R., daß eine Entscheidung des L.G. über die Hauptsache nicht vorliege und die Berufung deshalb unzulässig sei, nicht beigetreten werden. In dem Tenor des Urtheils vom 27. Mai 1884 ist nämlich der Einspruch für den Fall der Eidesleistung als unbegründet abgewiesen. Hiermit ist für diesen Fall das Versäumnißurtheil im Ganzen, also auch der die Hauptsache entscheidende Theil desselben aufrecht erhalten. Das Urtheil vom 27. Mai 1884 enthält also eine Entscheidung in der Hauptsache, gegen welche Berufung einzulegen gegründeter Anlaß vorlag."

133. **Die Anwendbarkeit des § 775 der C.P.O. folgt nicht ohne Weiteres aus dem Begriffe der negatorischen Klage und der Eigenthumsstörung. Begriff einer Unterlassung im Sinne des § 775.** Beschluß des Feriensenats vom 2. August 1885 in Sachen W. H. zu A., Klägers, wider die Stadtgemeinde Essen, Beklagte. Vorinstanzen: L.G. Essen, O.L.G. Hamm. Aufhebung des Beschlusses zweiter, Bestätigung desjenigen erster Instanz. Verurtheilung des Klägers in die Kosten der Beschwerdeinstanzen. (B. V, 87/85.)

„Mit dem O.L.G. muß zwar angenommen werden, daß die angestellte Klage als Negatorienklage aufzufassen ist, und daß es sich für den Kläger um Vertheidigung seines Eigenthums an dem Bette des Bernebaches gegen einen Eingriff der Beklagten in das Eigenthumsrecht handelt. Allein ein die negatorische Klage begründender Eingriff in das Eigenthum braucht nicht nothwendig in einem Handeln dessen, gegen den die Klage stattfindet, zu bestehen. Auch das Dulden eines das Eigenthum des Klägers beinträchtigenden Zustandes seitens der Beklagten kann die Klage begründen. Und in einem solchen Falle, wenn es sich nämlich darum handelt, einen bestehenden Zustand entweder zu beseitigen oder ihn zu einem dem Eigenthume des Klägers unschädlichen zu machen, stellt sich die Verbindlichkeit des Eigenthumsstörers nicht als eine Verpflichtung zur Unterlassung einer Handlung, sondern als eine Verpflichtung zu positivem Handeln dar. Aus dem Begriffe der negatorischen Klage und der Eigenthumsstörung folgt also nicht von selbst die Anwendbarkeit des § 775 der C.P.O. Es kommt vielmehr auf die Natur der Eigenthumsstörung und der zur Beseitigung derselben in dem verurtheilenden Erkenntnisse festgesetzten Verbindlichkeit an.

Die Eigenthumsstörung liegt im vorliegenden Falle darin, daß die Wassermasse, zu deren Aufnahme und Ableitung das Kanalsystem der Beklagten bestimmt ist, mittelst der beiden in den Bernebach führenden Kanäle auf das von dem Bernebach durchschnittene Grundstück des Klägers gelangt. Die im Urtheile festgesetzte Verbindlichkeit der Beklagten aber geht dahin, das aus ihren Kanälen abfließende Wasser in den Bernebach, soweit er durch das Grundstück des Klägers fließt, nicht abzuleiten und Anstalten zu treffen, durch welche die Kanalwässer gehindert werden, zu dem fraglichen Grundstücke zu gelangen. Nach dem Wortlaute des ersten Satzes der Urtheilsformel wird gegen die Beklagte zwar eine Untersagung ausgesprochen, aber doch nur in derselben Weise, wie dem, gegen den die Negatorienklage Erfolg hat, die Eigenthumsstörung untersagt wird. Die Frage, ob mit solcher Untersagung eine Handlung oder eine Unterlassung auferlegt sein soll, wird in jenem ersten Satze der Urtheilsformel nicht entschieden. Erst der zweite Satz bestimmt die auf die Beseitigung der Eigenthumsstörung berechnete konkrete Verbindlichkeit der Beklagten. Diese Verbindlichkeit aber hat — der Natur des vorliegenden Sach- und Rechtsverhältnisses entsprechend — Handlungen zum Gegenstande, durch welche verhindert werden soll, daß das Kanalwasser auf das Grundstück des Klägers fließe. Die Beklagte würde also ihrer im Urtheile festgestellten Verbindlichkeit nur genügen, wenn sie positive Handlungen vornähme. Handelt sie nicht, läßt sie den Dingen ihren bisherigen Lauf, so bleibt das Urtheil unausgeführt. Der angefochtene Beschluß selbst setzt daher in seiner Ausführung nothwendig Handlungen der Beklagten voraus. Er spricht dies sogar ausdrücklich aus, indem die Beklagte darauf hingewiesen wird, daß sie dem Urtheile entsprechen könne, wenn sie den früheren Zustand wieder herstelle, den Kanal schließe, die Abführung der Abwässer in denselben untersage und die Abwässer, wie früher, wild abfließen lasse. Daß aber ein solches Verhalten nicht unter den Begriff einer Unterlassung im Sinne des § 775, sondern unter den eines Handelns im Sinne des § 773 oder des § 774 zu bringen sein würde, folgt aus dem Inhalte der Strafandrohung selbst. Denn diese bemißt die Strafe nicht —, wie dies der § 775 vorschreibt, — nach der Zahl der Zuwiderhandlungen und konnte dies auch nach der Natur der Sache nicht. Sie nimmt vielmehr zum Maßstabe der Strafe die Zeitdauer des Zustandes, auf dessen Beseitigung das Urtheil abzielt."

134. Zur Auslegung des § 804 der C.P.O. Gegen einen gemäß § 530 der C.P.O. gefaßten Beschluß ist keine Beschwerde, sondern nur Widerspruch gemäß § 804 zulässig (§ 538 der C.P.O.). Beschluß des III. Civilsenats vom 18. September 1885 in Sachen J. W. K. in M., Gläubigers, wider die Eheleute J. J. VI das., Schuldner. Vorinstanzen: L.G. und O.L.G. Darmstadt. Aufhebung des Beschlusses des O.L.G. Verwerfung der Beschwerde der Schuldner gegen den Beschluß des L.G. als unzulässig. (III, 118/85.)

„In Erwägung, daß gegen einen Beschluß, durch welchen ein Arrest angeordnet wird, nur Widerspruch nach Maßgabe der Bestimmung des § 804 der C.P.O. statthaft ist, daß zwar im vorliegenden Falle das L.G. auf die erhobene Beschwerde den Arrest nicht unmittelbar angeordnet, sondern das Amtsgericht in Gemäßheit des § 538 der C.P.O. zur Anordnung des Arrestes angewiesen hat, daß aber auch dieser nicht in den Bereich der Zwangsvollstreckung fallende Beschluß zu denjenigen Beschlüssen nicht gehört, gegen welche nach den Bestimmungen des § 530 der C.P.O. eine Beschwerde zulässig ist, und daß daher die gleichwohl erhobene Beschwerde als unzulässig hätte zurückgewiesen werden müssen und die nicht erfolgte Zurückweisung derselben für den Gläubiger einen neuen selbständigen Beschwerdegrund enthält."

7. Rechtsanwaltsordnung.

135. Gebührenberechnung bei Abwartung von Terminen durch Referendare. Beschluß des III. Civilsenats vom 18. September 1885 in Sachen E. zu R., Beklagten, wider K. zu R., Kläger. Vorinstanz: O.L.G. Celle. Verwerfung der Beschwerde des Beklagten. (Beschw. III, 108/85.)

„Dem Rechtsanwalte, welcher sich bei den Amtsgerichten oder wo es sonst einer Vertretung durch einen Anwalt nicht bedarf, durch einen im Vorbereitungsdienste beschäftigten Rechtskundigen vertreten läßt, stehen die Gebühren, auf welche er bei eigener Ausführung Anspruch gehabt hätte, nur dann zu, wenn der Rechtskundige ihm nach Maßgabe des § 25 Abs. 1 und 2 der Rechtsanwaltsordnung durch Anordnung der Landesjustizverwaltung als Stellvertreter zugewiesen worden ist. Denn nur der zum Stellvertreter bestellte Rechtskundige ist für die Vertretung des Rechtsanwaltes in seiner Berufsthätigkeit einem Rechtsanwalte gleichgestellt. Der nicht zum Stellvertreter bestellte Rechtskundige, welcher den verhinderten Rechtsanwalt in den obenbezeichneten Fällen vertritt, steht an sich jeder anderen als Vertreter auftretenden prozeßfähigen Person gleich und hat vor dieser nur insofern eine bevorzugte Stellung, als § 143 Abs. 1 und 2 der

C.P.O. auf ihn nicht Anwendung findet, wenn er mindestens zwei Jahre im Vorbereitungsdienste beschäftigt ist. Das O.L.G. hat daher mit Recht für die Vertretung des Rechtsanwaltes N. bei den Verhandlungen vor dem ersuchten Amtsgerichte Lüchow durch den Referendar E. den Anspruch auf Erstattung der nach der Geb.O. für Rechtsanwälte liquidirten Reisekosten und Tagegelder zurückgewiesen und lediglich eine angemessene Entschädigung zugebilligt."

8. Gebührenordnung für Zeugen und Sachverständige vom 30. Juni 1878.

136. Anspruch sachverständiger Zeugen auf Sachverständigengebühren (§ 17). Beschluß des I. Civilsenats vom 8. Juli 1885 in Sachen J. S. in K., Klägers und Berufungsklägers, wider D. in H., Beklagten und Berufungsbeklagten. Vorinstanz: O.L.G. Hamburg. Aufhebung auf Beschwerde der sachverständigen Zeugen P. u. Gen. Die Festsetzung der von den Beschwerdeführern berechneten Sachverständigengebühren wird dem O.L.G. überlassen. (B. I, 41/85.)

„Es unterliegt keinem Bedenken, die als „Berufung" bezeichnete Schrift vom 2. Juli 1885 als Beschwerde gegen die Beschlüsse vom 17. Juni 1885, durch welche den Beschwerdeführern anstatt der von ihnen berechneten Sachverständigengebühren nur Zeugengebühren zugebilligt worden sind, aufzufassen. Diese Beschwerde erscheint sowohl zulässig nach § 17 der Gebührenordnung für Zeugen und Sachverständige und § 532 der C.P.O., als auch begründet.

Das O.L.G. gründet seine Entscheidung auf § 379 der C.P.O., geht mithin von der Annahme aus, daß die Beschwerdeführer in der Eigenschaft von sachverständigen Zeugen vernommen worden seien. Für diese Annahme kann allerdings angeführt werden, daß dieselben als sachverständige Zeugen geladen und im Protokoll über ihre Vernehmung als solche bezeichnet sind. Dagegen aber kommt in Betracht, daß nach dem Beweisbeschlusse vom 4. Februar 1885 die Beschwerdeführer über den Werth des in Rede stehenden Platzes Nr. 643 vor dessen Kombination mit dem Platze Nr. 642 als Sachverständige und Zeugen vernommen werden sollten, daß eine Abänderung dieses Beschlusses nicht ersichtlich ist, daß in Gemäßheit desselben die Beschwerdeführer vor ihrer Vernehmung am 6. Mai 1885 mit dem Zeugen- und Sachverständigeneid belegt worden sind, und daß ihre Vernehmung theils auf Wahrnehmungen, welche von Zeugen zu bekunden sind, theils auf ein Urtheil, welches Gegenstand eines

Gutachtens von Sachverständigen ist, sich erstreckte. Soweit ihre Aussagen den Zustand betreffen, in welchem der in Rede stehende Platz und die darauf errichteten Bauten zu dem maßgebenden Zeitpunkte sich befanden, erscheinen sie als Zeugenaussagen, auf welche § 379 der C.P.O. Anwendung findet; soweit sie dagegen eine Abschätzung des Werthes des in Rede stehenden Platzes enthalten, stellen sie sich als ein von Sachverständigen abgegebenes Gutachten dar. Die Beschwerdeführer verlangen daher mit Recht Gebühren gemäß § 378 der C.P.O. und § 3 der Geb.O. f. Zeugen und Sachverständige, woneben sie Zeugengebühren gemäß ihrer ausdrücklichen Erklärung nicht in Anspruch genommen."

9. Reichs-Konsulargerichtsbarkeitsgesetz.

137. **Formerfordernisse der Berufung nach § 20 Abs. 1. Verpflichtung des Konsulargerichts, einen den Vorschriften der C.P.O. entsprechenden Thatbestand in seinen Urtheilen zu geben.** (S. o. Fall 131 S. 286.)

Gemeines Recht.

138. **Die Statuten einer Lebensversicherung auf Gegenseitigkeit dürfen zum Nachtheil der vertragsmäßig erworbenen Rechte des Versicherten nicht abgeändert werden.** (S. u. Fall 141 S. 299.)

Partikularrecht.

1. Preußisches Recht.

139. **Erfordernisse des Vertrages über eine fremde Sache.** Urth. des IV. Civilsenats vom 9. Juli 1885 in Sachen N. S. in S., Beklagten und Revisionsklägers, wider J. S. u. Gen., Kläger und Revisionsbeklagte. Vorinstanz: O.L.G. Breslau. Verwerfung. (IV, 107/85.)

Die Entscheidung des B.R. beruht auf der Annahme, daß der Beklagte, indem er über die fraglichen Parzellen zu Gunsten der Kläger verfügte, ohne sich der Zustimmung seiner Ehefrau, die Miteigenthümerin derselben ist, zu versichern, bei Abschließung des Vertrages seine Pflichten aus grobem Versehen verletzt, und deshalb den Klägern das ganze aus der theilweisen Nichterfüllung des Vertrages erwachsene Interesse gemäß §§ 285 ff. Th. I Tit. 5 des Allg. L.R. zu vergüten habe. Hierbei ist der B.R. in erster Reihe davon ausgegangen, daß der vorliegende Vertrag bezüglich der den Klägern versprochenen Parzelle H. nebst Gebäuden nicht unter die Vorschriften der §§ 46 ff. Th. I Tit. 5 des Allg. L.R. fiele, weil hier nicht ausdrücklich über eine fremde Sache kontrahirt sei, sondern der Beklagte über jene Parzelle als über seine eigene disponirt habe. Die letztgedachte Begründung wird seitens der Revision als unvereinbar mit der weiteren Ausführung des B.R. bezeichnet, daß es auf die Wissenschaft der Kläger von dem Miteigenthume der Ehefrau des Beklagten nicht ankomme.

„Allein mit Unrecht. Denn wenn der § 46 Th. I T. 5 des Allg. L.R. auch nicht dahin zu verstehen ist, daß das Kontrahiren über eine fremde Sache mit expressen Worten erfolgt sein müsse, so kann von seiner Anwendbarkeit doch nur dann die Rede sein, wenn in dem Vertrage die Eigenschaft der den Gegenstand desselben bildenden Sache als einer fremden erkennbar zum Ausdruck gelangt ist, und dieses Erforderniß wird durch das bloße Wissen der Kontrahenten von jener Eigenschaft nicht ersetzt (vgl. § 139 Th. I. T. 11 des Allg. L.G., Präjudiz des vormaligen Preuß. Ob.Trib. Nr. 526 — Präj. Sammlung S. 51 —, Striethorst's Archiv Bd. 75 S. 338 ff.). Das Vorhandensein dieses Erfordernisses aber hat der B.R. auf Grund des Inhalts des schriftlichen Vertrages ohne Rechtsirrthum verneint."

140. Begriff der „außerordentlichen" und „gemeinen" Last im Sinne der §§ 180, 175 I, 11 des Allg. L.R. Urth. des V. Civilsenats vom 11. Juli 1885 in Sachen F. in B., Klägers und Revisionsklägers, wider H. S. und Gen. das., Beklagte und Revisionsbeklagte. Vorinstanz: Kammerger. Berlin. Verwerfung. (I, 28/85.)

Nach dem Ortsstatut von Berlin sind die Anlieger neuer Straßen daselbst, wenn sie an einer solchen ein Gebäude errichten wollen, der Stadtgemeinde zum Ersatz der Kosten der ersten Errichtung, Pflasterung und Entwässerung derselben verpflichtet und ist dieser Ersatz für die neue Hussitenstraße in Berlin durch einen Magistratsbeschluß vom 22. Juni 1880 dem Betrage nach bestimmt. Der B.R. erkennt dem Kläger, welcher ein 1882 gekauftes unbebautes Grundstück an dieser Straße 1883 zu bebauen beabsichtigte und in Folge dessen zur Erfüllung der bezeichneten Verpflichtung aufgefordert wurde, einen Vertretungsanspruch gegen den Verkäufer wegen dieser Verpflichtung nach § 175 Th. I Tit. 11 des Allg. L.R. nur zu, wenn der letztere dieselbe in Abrede gestellt hat. Die Revision hält dagegen seinen Anspruch hierdurch nicht für bedingt, weil die gedachte Verpflichtung nicht nach § 175 a. a. O. als gemeine, sondern nach § 180 das. als außerordentliche Last anzusehen sei, erblickt also — ebenso wie der B.R. — in beiden Arten von Lasten einen Gegensatz.

„Dieser Gegensatz ist nicht anzuerkennen, die „außerordentliche“ Last des § 180 vielmehr nur als eine Unterart der „gemeinen“ Last des § 175 anzusehen. Die „gemeinen“ Lasten, von denen die §§ 175 bis 182 a. a. O. handeln, stehen lediglich im Gegensatz zu den im § 183 erwähnten Privatdienstbarkeiten, Lasten und Abgaben, welche nicht allen Grundstücken derselben Art in der Provinz gemein zu sein pflegen, begreifen also diejenigen Lasten, bei welchen letzteres zutrifft, mit anderen Worten die auf einer Rechtsregel beruhenden öffentlichen Lasten, wie sie auch in den §§ 178, 182 a. a. O. bezeichnet werden.

Der § 180 daselbst aber enthält eine von der Regel des § 175 abweichende Ausnahmebestimmung für diejenigen unter diesen gemeinen Lasten, welche sich als „außerordentliche“ von anderen — „fortwährenden“ — gemeinen Lasten (vergl. § 178) dadurch unterscheiden, daß sie ohne regelmäßige Ordnung (außerordentlich) gehoben werden.

Die hier in Frage stehende Straßenbaulast wird von dem B. R. mit Recht als eine gemeine Last im Sinne des § 175 a. a. O. bezeichnet, weil sie öffentlich rechtlich und nach einer bestehenden Regel allen Grundstücken gleicher Art auferlegt ist. Ob sie aber als eine außerordentliche gemeine Last im Sinne des § 180 daselbst angesehen werden kann, hängt von den konkreten Umständen ab.

Aehnlich den in dieser Vorschrift erwähnten Kriegssteuern und Brandschatzungen sind dazu unvorhergesehene Belastungen zu rechnen, wie solches auch bei den im § 181 a. a. O. beispielsweise angeführten Beiträgen zum Ersatz von Feuerschäden hervortritt, da hierunter nicht mit dem B. R. regelmäßig wiederkehrende Leistungen, sondern nur die Vergütungen bestimmter Feuerschäden verstanden werden können, welche lediglich in den einzelnen Fällen des Eintritts solcher Schäden geleistet werden.

In Ansehung der fraglichen Straßenbaulast kommt in Betracht, daß sie nach dem Berliner Ortsstatut bei allen neu anzulegenden Straßen eintreten soll, daß sie daher insofern die Betheiligten nicht unerwartet trifft, da sie unter gleichen Verhältnissen gleichmäßig wiederkehrt, wenn schon der einzelne Grundbesitzer nur einmal davon betroffen wird.

Ohne Rechtsverletzung hat der B. R. danach unter den Umständen des konkreten Falles das Vorhandensein einer außerordentlichen Last verneint und deshalb mit Recht die für gemeine Lasten nach § 175 a. a. O. geltende Regelbestimmung zur Anwendung gebracht. Nach der letzteren kommt es nicht darauf an, ob die fragliche Last durch die Bebauung des betreffenden Grundstückes erst zur rechtlichen Existenz gelangt oder ob sie bereits vorher als vorhanden anzusehen ist und durch die Bebauung nur fällig wird, wie der § 180 daselbst voraussetzt. In dem vorliegenden Falle kann daher diese Frage dahin gestellt bleiben."

141. Unzulässigkeit der Abänderung der Statuten von Versicherungsgesellschaften auf Gegenseitigkeit zum Nachtheil der vertragsmäßig erworbenen Rechte der Versicherten. Urth. des IV. Civilsenats vom 17. September 1886 in Sachen J. K. zu L., Klägers und Revisionsklägers, wider die Deutsche Verbandskasse für Invaliden der Arbeit zu Berlin, Beklagte und Revisionsbeklagte. Vorinstanz: Kammerger. Berlin. Aufhebung und Zurückverweisung. (IV, 111/85.)

„Die Entscheidung des B.R. beruht ausschließlich auf der Annahme, daß der auf § 32 der Statuten vom Jahre 1882 gestützte Einwand des Schiedsvertrages durchgreife und der gerichtlichen Geltendmachung des streitigen Anspruches entgegenstehe. Diese Annahme muß indeß als eine rechtsirrthümliche bezeichnet werden.

Nach Inhalt des im Thatbestande des ersten Urtheils wiedergegebenen Versicherungsscheines der Beklagten Nr. 1798 vom 15. Mai 1876 ist der Kläger „auf Grund der Statuten" als Mitglied der beklagten Kasse aufgenommen und ihm, gegen Zahlung eines wöchentlichen Beitrages von 15 ₰ für den Fall der Invalidität nach Maßgabe der §§ 6, 8 und 9 der Statuten eine wöchentliche Invalidenpension von 4,50 ℳ zugesichert. Damals waren noch die Statuten vom Jahre 1875 in Kraft, welche, soweit die vorrichterlichen Thatbestände ersehen lassen, bezüglich der Geltendmachung des versicherten Anspruchs nur die, von beiden Vorderrichtern mit Recht für unverbindlich erachtete Bestimmung enthielten, daß alle Streitigkeiten von Mitgliedern in Angelegenheiten der Verbandskasse, insbesondere auch wegen Auszahlung von Invalidengeld, ausschließlich von den Organen der Verbandskasse entschieden werden und die richterliche, sowie die behördliche Entscheidung vollständig ausgeschlossen sein sollte. — Erst die — nach der Behauptung der Beklagten in der Generalversammlung der Delegirten vom 1. Juli 1881 beschlossenen — neuen Statuten vom Jahre 1882 enthalten im § 32 die Bestimmung, daß alle Streitigkeiten zwischen den Mitgliedern und der Verbandskasse bezüglich der Gewährung von Invalidengeld, unter Ausschluß des ordentlichen Rechtsweges, durch Schiedsgerichte entschieden werden sollen, über deren Zusammensetzung das Nähere vorgesehen ist. —

Der B.R. geht ganz richtig davon aus, daß durch eine, wenngleich an sich zulässige und in der geordneten Weise zu Stande gebrachte Statutenänderung gemäß dem im § 68 Th. II Tit. 6 des Allg. L.R. ausgesprochenen Grundsatze in die besonderen Rechte einzelner Mitglieder nicht ohne deren Zustimmung eingegriffen werden dürfe und daß eine den gesetzlichen Erfordernissen entsprechende Zustimmung des Klägers zu der fraglichen Statutenänderung nicht dargethan sei. Er nimmt jedoch an, daß Aenderungen der Statuten, welche die Organisation der Gesellschaft und die Art und Weise der Geltendmachung der Mitgliederrechte gegen die Gesellschaft betreffen, — und zu diesen rechnet er die in Frage stehende Aenderung, — auf sämmtliche Mitglieder sich beziehen, demgemäß durch Stimmenmehrheit beschlossen werden könnten und auch für die vorher beigetretenen Mitglieder (ohne deren spezielle Zustimmung) maßgebend seien, daß aber auch, abgesehen hiervon, ebenso wie Prozeßvorschriften, weil sie wohlerworbene Rechte nicht berührten, sofort gültig würden, so auch im vorliegenden Falle der bei Einführung der neuen Statuten noch nicht erledigt gewesene Anspruch des Klägers in den Formen und in dem Verfahren zu erledigen sei, welche durch die zur Zeit geltenden Statuten vorgeschrieben seien. —

Beide Gründe, welche übrigens keineswegs von einander unabhängig sind, sondern auf dem gemeinsamen Prinzip beruhen, daß durch die fragliche Statutenänderung ein bereits erworbenes Sonderrecht des Klägers nicht alterirt sei, erscheinen unhaltbar. —

Die Beklagte stellt sich nach den in dem erstrichterlichen Thatbestande gegebenen Mittheilungen über Zweck und Organisation derselben als eine Versicherungsgesellschaft auf Gegenseitigkeit dar. Bei einer solchen aber erlangt jedes Mitglied durch den Akt der Aufnahme nicht blos gesellschaftliche Rechte, also namentlich die Betheiligung an dem Gesellschaftsvermögen, sowie die Befugniß der Theilnahme an den Gesellschaftsbeschlüssen nach Maßgabe der Statuten, sondern auch einen Anspruch als Versicherten gegen die Gesellschaft als Versicherer, dessen Inhalt durch die zur Zeit der Aufnahme geltenden Statuten oder sonstige bei der Aufnahme getroffene Vereinbarungen bestimmt wird. Dieser letztgedachte Anspruch ist nicht sowohl ein gesellschaftliches Recht als vielmehr ein besonderes vertragliches Recht, welches jedem Versicherten für sich zusteht. Aus der Natur desselben folgt ohne Weiteres, daß er, wie jedes vertragliche Recht, nicht durch einseitigen Willen eines Theils, sondern nur durch übereinstimmenden Willen beider kontrahirenden Theile geändert werden kann, sofern nicht das Recht einseitiger Abänderung einem Theile im Wege vorheriger Vereinbarung (also etwa in den zu Grunde liegenden Statuten) eingeräumt ist. Alles Bemerkte trifft nun auch auf den eingeklagten Anspruch des Klägers aus dem ihm von dem Vorstande der Beklagten ertheilten Versicherungsscheine zu, und es ist nicht festgestellt, daß der Beklagten die Befugniß einseitiger Abänderung des Vertragsinhalts statutarisch vorbehalten sei. Diese Abänderung konnte mithin, ohne Zustimmung des Klägers, auch nicht durch nachherige Aenderung der Statuten mit Rechtswirksamkeit erfolgen. (Vergl. Entsch. des R.O.H.G. Bd. VIII S. 190 ff., auch Entsch. des Ob.Trib. Bd. XXI S. 277 ff.)

Im Weiteren kann es aber auch keinem gegründeten Bedenken unterliegen, daß durch den § 32 der neuen Statuten, welcher an die Stelle des ordentlichen Rechtsweges die Entscheidung vorkommender Streitigkeiten durch Schiedsrichter setzt, einen nach Vorstehendem unstatthaften Eingriff in den klägerischen Versicherungsanspruch in sich schließt. Denn nach heutigem Rechte ist die Befugniß zur gerichtlichen Geltendmachung (das Klagerecht) ein selbstverständlicher Bestandtheil jedes vollkommenen Privatrechts (vergl. Einleitung zum Allg. L.R. §§ 76, 79, 86, Dernburg, Preußisches Privatrecht, 4. Aufl. I S. 285); die Entziehung dieser Befugniß enthält mithin eine keineswegs unwesentliche Modifikation des Rechtes selbst.

Und dies erscheint vorliegend um so unbedenklicher, als zur Zeit der Einführung der neuen Statuten der Versicherungsanspruch des Klägers nach dessen für die gegenwärtige Beurtheilung als richtig zu unterstellenden Behauptungen bereits vollständig zur Entstehung gelangt war, es sich mithin für ihn nicht mehr um die bloße Möglichkeit eines Rechtserwerbes handelte. —

Wenn der B.R. sodann die fragliche Statutenänderung mit der Einführung neuer Prozeßgesetze auf eine Linie stellt, so ist auch dies verfehlt. Denn die Statuten von Privatgesellschaften (zu denen die Beklagte ohne Zweifel gehört) haben niemals die Kraft der Gesetze, sondern die Natur vertraglicher Stipulationen, mag auch deren Zustandekommen in gewisser Weise (durch Zahlung von bindenden Mehrheitsbeschlüssen und dergl.) erleichtert sein; und überdies handelt es sich vorliegend nicht um die Abänderung des Verfahrens vor der zur Entscheidung von Privatrechtsstreitigkeiten berufenen Instanz, sondern um die Verweisung der Entscheidung an Schiedsgerichte, welche in jedem Falle, sofern nicht besondere Gesetze etwas Anderes bestimmen, eine vertragliche Uebereinkunft der Betheiligten (Kompromiß) voraussetzt und daher für das auf einem Spezialvertrage beruhende

Versicherungsverhältniß zwischen dem Kläger und der Beklagten nicht einseitig von der letzteren angeordnet werden kann. —

Hiernach beruht die angefochtene Entscheidung auf Verkennung der rechtlichen Natur des Klageanspruchs, sowie der Bedeutung der Gesellschaftsstatuten und auf Verletzung des § 68 Th. II Tit. 6 des Allg. L. R. durch unpassende Anwendung."

142. **Maßgebende Voraussetzung für die Korporationsrechte öffentlicher gelehrter Schulen oder Gymnasien ist die staatliche Anerkennung** (Preuß. Allg. L. R. II, 12 § 54; II, 6 § 25). Urth. des V. Civilsenats vom 11. Juli 1885 in Sachen der evangel. Kirchengemeinde W., Klägerin und Revisionsklägerin, wider das Städtische Gymnasium das., Beklagten und Revisionsbeklagten. Vorinstanz: O. L. G. Hamm. Verwerfung. (V, 27/85.)

Die Klage gründet sich auf das Eigenthum der evangelischen Kirchengemeinde zu W. an der ehemaligen Dominikaner-Klosterkirche daselbst. Dieses Eigenthum ist seitens des beklagten Gymnasiums nicht bestritten worden, und es hat demgemäß das B. G. das beklagte Gymnasium nach dem ersten Theil des Klageantrages zur Anerkennung des Eigenthums der Klägerin verurtheilt.

Die Abweisung der Klägerin mit dem weiter gehenden Antrage: das beklagte Gymnasium für nicht berechtigt zu erklären, in der evangelischen Kirche gottesdienstliche Handlungen vorzunehmen, beruht auf der Annahme, daß das beklagte Gymnasium eine zur Zeit noch bestehende Befugniß zum Mitgebrauch der evangelischen Kirche zu katholisch-gottesdienstlichen Zwecken dargethan hat.

Der B. R. geht davon aus, daß durch die Kabinetsordre vom 21. Dezember 1824 die Kirche des säkularisirten Dominikanerklosters in W. der evangelischen Gemeinde daselbst geschenkweise zum Eigenthum übertragen worden, jedoch nicht frei von jeder Einschränkung, sondern mit dem Vorbehalt, daß noch katholischer Gottesdienst, welchen die noch lebenden Klostergeistlichen besorgten, zu gestatten sei, und er bringt diesen Vorbehalt mit den in der Kabinetsordre vom 17. Oktober 1826 (in Bezug genommen in dem Ministerialreskript vom 22. Oktober 1826) und den späteren in dieser Angelegenheit ergangenen Kabinetsordres enthaltenen Bestimmungen, betreffend die Mitbenutzung der evangelischen Kirche für den katholischen Schulgottesdienst seitens des damaligen Progymnasiums in W., in organische Verbindung dergestalt, daß diese Bestimmungen auf der Basis und innerhalb der Grenzen jenes schon in der den Eigenthumstitel der Klägerin bildenden Kabinetsordre vom 31. Dezember 1824 enthaltenen, das Eigenthum der Klägerin einschränkenden Vorbehaltes, welcher durch dieselben authentisch deklarirt wird, getroffen worden sind.

„Diese Auffassung und Auslegung der die Verstattung des Progymnasiums zur Mitbenutzung der evangelischen Kirche aussprechenden und bestätigenden Königlichen Befehle, denen nach §§ 6 und 7 Tit. 13 Th. II des Allg. L. R. Gesetzeskraft beiwohnt, ist nach Inhalt und Zusammenhang derselben durchaus gerechtfertigt und führt zu dem von dem B. R. gewonnenen Resultat, daß die durch Königliche Verleihung, wenn auch widerruflich begründeten Befugnisse unabhängig von der Willkür der dadurch in ihrem Eigenthum eingeschränkten Klägerin so lange fortdauern, als nicht der vorbehaltene Widerruf durch Königliche Entschließung erfolgt, oder im Wege der Gesetzgebung eine Aenderung eintritt. Eine Verkennung des Wesens des Eigenthums oder des Rechtsbegriffs des Prekariums fällt hierbei dem B.R. nicht zur Last. Denn das Eigenthum konnte bei der geschenkweise geschehenen Uebertragung an die Klägerin von dem Königlichen Geschenkgeber durch den Vorbehalt des Mitgebrauchs zu Gunsten eines jetzt oder später zu bestimmenden Rechtssubjekts beliebig beschränkt werden, und die prekarische Einräumung einer Befugniß an einer Sache setzt nur die hier nicht zu bezweifelnde Dispositionsbefugniß des Einräumenden, keineswegs ein Eigenthum des Letzteren voraus. Gegenstand des Prekariums ist solchenfalls eben nicht die Sache selbst, sondern das eingeräumte Recht; die Widerruflichkeit der Einräumung überträgt sich nicht auf den Eigenthümer, sondern verbleibt bei dem Verleihenden, während der Eigenthümer, gleich jedem Dritten, das rechtsgültig, wenn auch widerruflich eingeräumte Recht zu respektiren hat.

Es bleibt noch zu prüfen, ob der B.R. bei der Annahme, daß das jetzige städtische Gymnasium Rechtsnachfolger des vormaligen Königlichen Progymnasiums geworden, rechtlich fehlgegriffen hat, oder durch prozessualischen Verstoß zu derselben gelangt ist. Beides ist zu verneinen. Die Identität (Continuität) beider Lehranstalten hat der B.R. für festgestellt erachtet auf Grund der am Schluß des Thatbestandes mitgetheilten Bekanntmachung des Ministers der geistlichen Angelegenheiten im Centralblatt für die gesammte Unterrichtsverwaltung in Preußen, Jahrgang 1874, wonach das bisherige Progymnasium in W. staatlich als Gymnasium anerkannt ist. Zur Berücksichtigung dieser durch die kompetente Behörde zur öffentlichen Kenntniß gebrachten staatlichen Anordnung war der B.R. selbst dann befugt, wenn dieselbe von der Partei nicht in Bezug genommen worden wäre. Eine Verletzung des § 264 der C.P.O. liegt hierin nicht. Ebensowenig hat der B.R. hierbei gegen materielle Gesetze oder Rechtsgrundsätze verstoßen. Nach § 54 Tit. 12 Th. II. des Allg.L.R. kommen den öffentlichen gelehrten Schulen und Gymnasien als solchen, also schon vermöge ihres Zweckes, die Rechte der Korporationen zu. Vorausgesetzt ist dabei nur die staatliche Anerkennung (§ 25 Tit. 6 Th. II des Allg.L.R.); die finanzielle Fundirung und Verwaltung bildet hierbei kein entscheidendes Moment, ebensowenig der konfessionelle Charakter und noch weniger der der Anstalt beigelegte Name. Wenn also ein bisher unvollständiges Gymnasium (Progymnasium) zu einem Voll-Gymnasium ausgestaltet, wenn — wie der häufigere Fall — eine Gemeinde-Anstalt vom Staat übernommen wird, oder auch, wie hier, der umgekehrte Fall eintritt, wenn endlich bei einer derartigen Veränderung eine Anstalt ihres bisherigen konfessionellen Charakters entkleidet wird, so folgt aus alledem noch nicht, daß die früher bestandene Rechtspersönlichkeit zu existiren aufgehört hat, und eine völlig neu begründet worden ist. Vielmehr ist für die Identität respektive Continuität der früheren und der modifizirten Anstalt die Anordnung der Staatsbehörde maßgebend, auf welcher die geschehene Abänderung beruht. Diese ist vom B.R. dahin aufgefaßt worden, daß nicht eine Aufhebung des Progymnasiums und eine Neugründung des städtischen Gymnasiums, sondern nur eine weitere Ausgestaltung des Progymnasiums stattgefunden hat und hierin ist ein Rechtsirrthum nicht zu erkennen."

143. **Die Stempelpflichtigkeit einer Schuldverschreibung erfordert das Anerkenntniß einer bestehenden Geldschuld auf Seite des Ausstellers** (Preuß. Stempeltarif vom 7. März 1822). Urth. des IV. Civilsenats vom 2. Juli 1885 in Sachen des Preuß. Stempelfiskus, Beklagten und Revisionsklägers, wider die Nordd. K.-Fabrik-Aktiengesellschaft zu K., Klägerin und Revisionsbeklagte. Vorinstanz: O.L.G. Breslau. Verwerfung. (IV, 97/85.)

„Die Annahme des B.R., daß die in Frage stehenden Anerkenntnisse beziehungsweise Bescheinigungen als stempelpflichtige Schuldverschreibungen nicht anzusehen seien, läßt die Verletzung von Rechtsnormen nicht erkennen. Mit Recht bezeichnet der B.R. als ein wesentliches Erforderniß einer Schuldverschreibung im Sinne des preußischen Stempeltarifs vom 7. März 1822, daß darin das Anerkenntniß einer bestehenden Geldschuld auf Seiten des Ausstellers zum Ausdruck gebracht sein müsse. Es genügt also nicht, daß die von dem Schuldner herrührende Urkunde nach ihrem Inhalte geeignet ist, ein Beweismittel für die Existenz einer Schuld abzugeben, sondern es muß auch der Wille der Betheiligten in erkennbarer Weise auf die Schaffung eines direkten urkundlichen Beweismittels für die in der Urkunde bezeichnete Schuld gerichtet gewesen sein, weil sonst von einer „Verschreibung" oder einem schriftlichen Anerkenntnisse der Schuld nicht die Rede sein kann. Wenn nun der B.R. in den vorliegenden schriftlichen Vermerken der Klägerin unter den ihr von der Güterexpedition der Breslau-Schweidnitz-Freiburger Eisenbahn zugefertigten Kontoauszügen, in welchen eine Reihe von Debet-Posten der Ersteren auf Grund (früherer) Anerkenntnisse mit bestimmten Geldbeträgen aufgeführt sind, nur die Bestätigung der kalkulatorischen Richtigkeit derselben und der Uebereinstimmung der beiderseitigen Buchführungen, nicht aber Schuldbekenntnisse der Klägerin findet, so beruht dies auf rechtlich einwandsfreier, an sich thatsächlicher Feststellung des in jenen Vermerken zum Ausdruck gelangten Parteiwillens und genügt allein schon zur Rechtfertigung der ergangenen Entscheidung. Bei dem in dieser Weise festgestellten, für die Stempelpflichtigkeit ausschließlich maßgebenden Inhalte der fraglichen Urkunden ist es selbstverständlich ohne Erheblichkeit, zu welchem Zwecke dieselben nach dem zwischen den Betheiligten bestehenden Frachtkreditirungsvertrage von der Gläubigerin benutzt werden sollten oder durften.

Ebensowenig kann es für rechtsirrthümlich erachtet werden, wenn der Vorderrichter auch eine genügende Bezeichnung des Schuldgrundes, welche für den Begriff einer stempelpflichtigen Schuldverschreibung gleichfalls wesentlich ist, vermißt und die Heranziehung der „Allgemeinen Bedingungen" des Kreditvertrages zur Ergänzung des unzureichenden Inhalts der vorliegenden Urkunden abgelehnt hat, weil in den letzteren eine Bezugnahme auf die ersteren nicht enthalten ist, an sich aber nur der Inhalt der angeblich stempelpflichtigen Urkunde in Betracht kommt.

Das was seitens der Revision hiergegen vorgebracht ist, erscheint unerheblich. Denn wenn in den vom Kläger als richtig bescheinigten Kontoauszügen die Kolonne: „Bezeichnung der Kontirung" mit dem Worte „Anerkenntniß" ausgefüllt ist, so enthält dies nicht oder doch nicht nothwendig eine derartige Bezugnahme auf den Inhalt der Tagesanerkenntnisse, daß dieser als den Kontoauszügen einverleibt gelten und für die Stempelpflichtigkeit der in Frage stehenden Urkunden bestimmend sein könnte, und dem B.R., welcher eine derartige Bezugnahme offenbar nicht angenommen hat, läßt sich demnach ein rechtlicher Verstoß um so weniger vorwerfen, als es nach der von ihm festgestellten Bedeutung der den Kontoauszügen beigefügten Vermerke ohne Zweifel nur auf die Kontrole der gebuchten Beträge, nicht aber auf den sonstigen Inhalt der Tagesanerkenntnisse ankam. Und wenn in den Entscheidungsgründen des angefochtenen Urtheils bemerkt ist, daß „das Monitum des Stempelfiskals diese Spezialanerkenntnisse nicht betroffen habe", so hat damit ersichtlich nur die Beziehung desjenigen Monitums, welches den gegenwärtigen Prozeß veranlaßt hat, auf jene Anerkenntnisse verneint werden sollen, und es ist daher bedeutungslos, ob die letzteren, wie die Revision behauptet, Gegenstand eines weiteren Monitums des Stempelfiskals geworden sind."

144. Der Beginn der Ersitzung ist durch das Gesetz vom 28. Februar 1843 nicht ausgeschlossen. Der § 649 I, 9 Allg. L.R. ist nicht auf solche Rechte zu beziehen, deren Ausübung, wenn auch nicht unausgesetzt, doch alljährlich und zu regelmäßig wiederkehrenden Perioden möglich ist. Urth. des V. Civilsenats vom 1. Juli 1885 in Sachen G. K. zu B., Klägers und Revisionsklägers, wider E. K. das., Beklagten und Revisionsbeklagten. Vorinstanz: O.L.G. Naumburg. Theilweise Aufhebung und Zurückverweisung. (V, 377/84.)

Kläger ist oberhalb liegender Uferbesitzer, der Beklagte ist Eigenthümer einer unterhalb liegenden Wassermühle. Kläger beantragt, den Beklagten zu verurtheilen, anzuerkennen: 1) daß die Höhe des Wasserstandes in dem vor der Mühle gelegenen Ziegelteiche durch einen besonderen Rechtstitel nicht bestimmt sei; 2) daß er nicht berechtigt sei, das Wasser höher zu stauen, als es in einer früheren Verhandlung von einer Kommission des betreffenden Kreisausschusses regulirt worden. Beklagter hat zur Klage Abweisung, zur Widerklage beantragt, ihm die Berechtigung zuzuerkennen, bis zu einer näher bestimmten Höhe zu stauen. Der B.R. hat das erste Urtheil bestätigt, nach welchem zur Klage auf Abweisung, zur Widerklage auf Verurtheilung erkannt worden ist.

Der Beklagte stützt seine Berechtigung auf Ersitzung. Der B.R. hat diese für erwiesen erachtet, durch eine seit 1836—1876 fortgesetzte jährliche Stauung in der dem Antrag der Widerklage entsprechenden Höhe. Er ist der Ansicht, das Gesetz vom 28. Februar 1843 über die Benutzung der Privatflüsse habe die angefangene Verjährung nicht unterbrochen, weil schon seit 1836 ein die Länder des Klägers überschwemmender und versumpfender Rückstau stattgefunden habe. Es sei aber auch seit jenem Gesetze eine neue Verjährung von 30 Jahren abgelaufen, welche genüge, weil das Aufstauen des Wassers bis zur streitigen Höhe zwar nicht fortwährend und nur bei höherem Wasserstande, aber doch alljährlich habe bewirkt werden können. Von den vom Kläger behaupteten Veränderungen seien nur erheblich die angebliche Erhöhung der Umfassung des Ziegelteiches, Kläger habe aber das Maß dieser Erhöhung nicht angeben können. Wenn Kläger behaupte, Beklagter habe früher nicht am Ziegelteiche, sondern oberhalb am Streichteiche gestaut und erst seitdem, seit 1876, jenes geschehen, würden seine Grundstücke überschwemmt und versumpft, so stehe diese Behauptung, soweit sie die Staustelle betreffe, im Widerspruche mit der bisherigen Beweisaufnahme, die Aussage der vorgeschlagenen Zeugen würde daher nur ein Nichtwissen ergeben können. Ein Rückstau, der erwiesen sei seit 1836, bringe aber von selbst Ueberschwemmung und Versumpfung hervor. Der Klageantrag zu 2) sei dem Rechtswege entgegen.

„Es mußte, wie geschehen, erkannt werden. Die Unzulässigkeit des Klageantrages zu 2 in der vom Kläger nicht angegriffenen Auffassung der Vorderrichter ergiebt sich aus § 5 des Gesetzes vom 15. November 1811 und ist vom B.R. zutreffend und erschöpfend nachgewiesen worden. Zuzugeben ist dem B.R. ferner, daß der Beginn der Ersitzung durch das angezogene Gesetz vom 28. Februar 1843 nicht ausgeschlossen ist. Diese Ansicht steht nicht in Widerspruch mit der des früheren Preuß. Ob.Trib., welches in der Bd. 77 Entsch. S. 165 abgedruckten Entscheidung eine Verjährung seit jenem Gesetze nicht für unzulässig erachtet und entspricht einer bereits vom R.G. getroffenen Entscheidung (Bd. IV der Entsch. S. 284). Mit dem B.R. ist auch anzunehmen, daß die 30jährige Verjährung ausreicht, weil der § 649 des Allg. L.R. Th. I T. 9 nicht auf solche Rechte zu beziehen ist, deren Ausübung wie hier, wenn auch nicht unausgesetzt doch alljährlich und gewöhnlich zu regelmäßig wiederkehrenden Perioden möglich ist.

Dagegen ist die Revision begründet, weil der B.R. die Erhebung von Beweisen, welche der Kläger angeboten hat, aus rechtsirrthümlichen Motiven ablehnt in Bezug auf Behauptungen, welche für die Entscheidung von Erheblichkeit sind. Dies gilt von der Ablehnung der Vernehmung von Zeugen, welche darüber vorgeschlagen sind, daß Beklagter vor 1876 nur am Streichteiche gestaut habe, und daß vorher das Vorland des Klägers nicht überschwemmt worden und nicht versumpft sei. Bei Begründung dieser Ablehnung erwähnt der B.R. nur die Stelle des Stauwerks. Auch bei dieser Beschränkung steht die Ablehnung im Widerspruch mit den Grundsätzen, welche das R.G. in der Bd. IV der R.G. Entsch. S. 377 abgedruckten Entscheidung angenommen hat. Aber im Thatbestande des B.U. ist das Stauen am Streichteiche und das Fehlen der Ueberschwemmung und Versumpfung als eine zusammenhängende Behauptung dargestellt und es muß deshalb der Beweisantritt, dessen der Berufungsrichter an diesem Punkte überhaupt erst in den Entscheidungsgründen gedenkt, auf die ganze Behauptung bezogen werden. Die Beweiserhebung über die erst seit 1876 eingetretene Ueberschwemmung und Ueberfluthung kann aber von Erheblichkeit sein sowohl für die Frage, ob der Beklagte ein Staurecht innerhalb fester Grenzen überhaupt durch Verjährung erworben hat, als auch für die Maximalgrenze des Staues. Diese ist jetzt bestimmt nicht nach unfehlbaren Merkmalen, sondern nach einer Bestimmung der Wasserhöhe des Ziegelteichs beim Ueberfließen desselben. Der Kläger hatte behauptet, es sei die Umwallung des Teiches vom Beklagten gegen früher erhöht worden. Nur weil Kläger ein bestimmtes Maß dieser Erhöhung nicht hat angeben können, hat die betreffende Behauptung keine Berücksichtigung gefunden. Wenn sich aber ergeben möchte, es sei vor 1876 der Rückstau mit keiner Ueberschwemmung und Versumpfung des dem Kläger gehörigen Landes verbunden, der Rückstau also so unbedeutend gewesen, daß das den Ländern des Klägers dadurch zugeführte Wasser nicht stehen geblieben sei, so muß, wenn dies nicht auf die nach der Behauptung des Beklagten durch den Kläger seit 1856 veränderten früheren Terrainverhältnisse — höhere Ufer des Mühlgrabens und an der Brücke —

zurückzuführen, die gespannte Wassermasse früher eine kleinere gewesen sein. Der Unterschied zwischen jetzt und früher würde sich dann nach dem Erfolge des Rückstauens bestimmen lassen. Sonach wäre die Möglichkeit einer anderen Entscheidung nicht ausgeschlossen, wenn der vom Kläger angetretene, vom B.R. nicht zugelassene Beweis erhoben würde."

2. Rheinisches Recht.

145. Begriff und Beweis der Verschuldung nach Art. 1382 des code civil und § 120 der R.Gew.O. Urth. des II. Civilsenats vom 18. September 1886 in Sachen verw. Sch. zu N., Klägerin und Revisionsklägerin, wider den Grubenbesitzer J. M. zu A., Beklagten und Revisionsbeklagten. Vorinstanz: O.L.G. Köln. Aufhebung und Zurückverweisung. (II, 303/85.)

Der im Dienste des Grubenbesitzers M. stehende Tagelöhner P. Sch., der Mann der Klägerin, wurde am 30. Juni 1882 in einem Steinbruche bei N. durch einen herabstürzenden Stein getödtet. Er war gemeinschaftlich mit dem Aufseher L. beschäftigt gewesen, einen zwischen den gebrochenen Stein- und Geröllmassen festsitzenden schweren Felsblock durch Wegräumen des darunter lagernden Gerölles ins Rutschen zu bringen und zur Sohle des Steinbruches zu schaffen. Als der Steinblock sich zu senken begann, sprangen beide Arbeiter zur Seite, Sch. wurde aber in dem gleichen Augenblicke durch einen niederstürzenden kleineren Stein an der Schläfe getroffen und ist bald nachher verschieden.

Die Wittwe Sch. klagte darauf wider den Grubenbesitzer M. beim L.G. Koblenz auf Entschädigung, indem sie behauptete, der Tod ihres Ehemannes sei durch ein Verschulden des Beklagten oder des Aufsehers L. herbeigeführt worden. Beklagter bestritt jedes Verschulden und beantragte Abweisung der Klage. Das L.G. ordnete Ortsbesichtigung und Zeugenvernehmung an und beauftragte den Königl. Bergrath Dr. D. mit Erstattung eines Gutachtens. Durch Entscheidung vom 31. Mai 1884 wurde Beklagter zur Zahlung von 450 ℳ nebst Zinsen vom Klagetage und zur Leistung einer Monatsrente von 30 ℳ seit dem 1. Oktober 1883 verurtheilt. Die Entscheidungsgründe besagen, daß der Tod des Sch. auf die Unterlassung der durch den Betrieb gebotenen Vorsichtsmaßregeln zurückzuführen sei. Die gefahrvolle Arbeit habe in der Art, wie geschehen, überhaupt nicht vorgenommen werden dürfen. Ein Verschulden des zur Aufsicht Verpflichteten liege jedenfalls darin, daß derselbe die Arbeit in gefahrbringender Weise habe vornehmen lassen, obwohl es möglich gewesen sei, dieselbe ohne Gefahr, sei es durch Sprengung des Steinblocks, sei es durch Anwendung eines Seiles oder durch Wegräumen des Gerölles mittels längerer Werkzeuge auszuführen.

Beklagter erhob Berufung mit dem Antrage auf Abweisung der Klage, Klägerin beantragte Verwerfung der Berufung. Das O.L.G. Köln gab durch Urtheil vom 14. März 1885 der Berufung statt und wies die Klage ab. Die Gründe des Urtheils führen aus:

Festgestellt sei, daß sich Sch. und L. bemüht hätten, von der Sohle des Steinbruches aus einen bereits abgesprengten, auf der vorgeschobenen Geröllhalde lagernden Block ins Rutschen zu bringen, und daß gleichzeitig mit diesem etwa 2 Meter hohen und langen Blocke ein Stein im ungefähren Gewichte von 20 Kilo herabgestürzt sei und den Sch. getroffen habe. Dieser Stein sei nicht von der festen Felswand abgesprungen, sondern sei jedenfalls durch den Block selbst in Bewegung gesetzt worden. Entweder habe er auf dem Blocke selbst gelegen oder sich hinter demselben in der Geröllhalde befunden. Der Tod des Sch. sei daher durch die von dem Aufseher L. geleitete Arbeit herbeigeführt worden. Ein Verschulden desselben könne aber in der Art der Wegschaffung des Steines nicht gefunden werden. Klägerin erkenne an, daß der Steinbruch im Allgemeinen ordnungsmäßig betrieben worden sei. Wie der Bergrath D. bestätige, habe die Arbeit im vorliegenden Falle trotz der Größe des Blockes in der Weise, wie geschehen, ausgeführt werden können und sei auch nicht polizeilich verboten gewesen. Hierdurch erledigten sich die Ausführungen des Sachverständigen über eine andere Art der Beseitigung des Blockes, sowie die betreffenden Ausführungen des Ersten Richters und die Angriffe des Beklagten.

Es genüge zur Begründung der Klage, daß der Unfall durch eine andere Art der Wegschaffung hätte vermieden werden können, vielmehr sei der Steinbruchsbesitzer nach § 2 des Gesetzes vom 7. Juni 1871 nur haftbar, wenn der Kausalzusammenhang zwischen dem Unfalle und einem Verschulden seines Repräsentanten erwiesen werde. Da die Arbeit von der Sohle aus an sich statthaft gewesen sei, frage es sich daher nur, ob der Unfall in der fehlerhaften Art der Ausführung seine Ursache habe. Wie L. selbst angebe, habe derselbe während der Beseitigung des Gerölles seine Aufmerksamkeit nur auf den Block gerichtet, bei der Bewegung desselben dem Sch. „Fort" zugerufen, und dieser sei so weit zur Seite gesprungen, als der Raum gestattet habe. Hierin liege ein Verschulden, denn der Aufseher sei verpflichtet gewesen, sich so weit von der Arbeitsstelle zu stellen, daß er das ganze Terrain übersehen konnte, auch habe für genügenden Raum gesorgt werden müssen, damit der Arbeiter der Gefahr sich entziehen konnte. Da aber der schädigende Stein durch den Block und gleichzeitig mit demselben in Bewegung gekommen sei, und L. in demselben Augenblicke gewarnt habe, so sei die Annahme ausgeschlossen, daß L. früher den Warnungsruf habe ausstoßen können, wenn er auch abseits gestanden hätte. Durch die Betheiligung des L. an der Arbeit und die vernachlässigte Aufsicht sei daher der Unfall nicht herbeigeführt worden. Auch der Mangel an Raum sei nicht als Ursache des Unfalles dargethan, denn wenn auch Sch. nach Angabe des L. soweit zur Seite gesprungen sei, als er Raum hatte, so folge daraus keineswegs, daß er bei weiterem Raume auch weiter entkommen und der Gefahr entgangen sein würde. Auf das Beweiserbieten des Beklagten, daß Sch. keine Zeit gehabt haben würde, sich zu entfernen, komme es nicht an, da Klägerin den Kausalzusammenhang zu erweisen habe.

Unerheblich sei es, wenn Klägerin behaupte, vor Lösung des Blockes habe geprüft werden müssen, welche Festigkeit derselbe habe und ob nicht loses Gestein darauf liege, sowie daß der Loslösung des Blockes die Entfernung der auf der Halde befindlichen kleineren Blöcke habe vorhergehen müssen. Es sei nämlich nicht ersichtlich, daß die Nichtbeobachtung dieser Vorsicht den Unfall herbeigeführt habe, ganz abgesehen davon, daß eine entsprechende Vernachlässigung nicht feststehe und nicht ermittelt sei, wo der kleinere Stein sich befunden habe.

Die Ansicht des Sachverständigen, daß auch der Beklagte selbst es an den erforderlichen Vorsichtsmaßregeln habe fehlen lassen, könne nur dann eine Verurtheilung rechtfertigen, wenn eine Unterlassung der durch § 120 der R. Gew. O.

erforderten Einrichtungen anzunehmen sei. Von derartigen Einrichtungen sei aber in dem Gutachten nicht die Rede, und Klägerin habe solche nicht bezeichnet. Insbesondere könne dem Beklagten bei dem beschränkten Geschäftsbetriebe mit zwei Arbeitern eine Vermehrung des Aufsichtspersonals nicht zugemuthet werden."

„Die Klage behauptet, die von dem Aufseher L. gewählte Art, den losgesprengten Steinblock durch Untergraben zur Sohle des Steinbruchs zu bringen, sei eine gefahrdrohende gewesen, die Arbeit habe sich aber in völlig gefahrloser Weise ausführen lassen, wenn man entweder den Block gesprengt oder mittels eines Seiles herabgezogen, oder das unter dem Blocke befindliche Geröll durch Werkzeuge mit langen Stielen fortgeschafft hätte. Nach dem von dem B.R. bezogenen Gutachten des Sachverständigen D. würden einsichtsvolle Leute die Gefahr auch dadurch haben vermeiden können, wenn sie die Böschung nicht von unten, sondern von oben her von den Gesteinstücken und Blöcken gesäubert hätten. Der B.R. hat das Gegentheil dieser Behauptungen nicht festgestellt, er erklärt dieselben aber für unerheblich, weil der Stein nach dem Gutachten trotz seiner Größe in der geschehenen Weise habe weggeschafft werden können, und weil diese Weise nicht polizeilich verboten gewesen sei, dieselbe also ein Verschulden nicht darstelle. Dieser Ausführung liegt eine rechtsirrthümliche Auffassung des Begriffes der Verschuldung zu Grunde.

Unter Verschulden im Sinne der Art. 1382 ff. des B.G.B. ist die Nichtbeachtung des nach allgemeinen Grundsätzen erforderlichen Grades von Aufmerksamkeit zu verstehen, welcher von einem vernünftigen und zurechnungsfähigen Menschen bei Vornahme seiner Handlungen vorausgesetzt werden muß. Die Anordnung einer gefahrbringenden Arbeit stellt an sich zwar noch kein Verschulden dar, da mit gewissen Gewerben die Gefahr für Leib und Leben der Arbeiter untrennbar verbunden ist. Wenn aber eine Arbeit sowohl auf eine gefährliche als auf eine ungefährliche Art ausgeführt werden kann, so begeht derjenige ein Verschulden und verstößt wider die Bestimmung des § 120 der Gew.O., welcher ohne zwingenden Grund die gefährliche Art der Ausführung wählt. Der Umstand, daß die gewählte Art an sich statthaft und polizeilich nicht verboten ist, hebt das durch die Wahl begangene Verschulden nicht auf. Der B.R. läßt die Frage unerörtert, ob nicht der Zweck der Arbeit ohne Gefahr erreicht werden konnte, und die Entscheidung entbehrt daher der erforderlichen Begründung.

Demnach bedarf es nicht des Eingehens auf den ferneren Revisionsangriff, daß das angefochtene Urtheil von einer zu strengen Auffassung der Beweislast in Betreff des Kausalzusammenhanges zwischen dem festgestellten Verschulden des Aufsehers und dem Unfalle ausgehe. In dieser Beziehung wird übrigens von der Revision mit Recht hervorgehoben, daß der Richter gemäß § 259 der C.P.O. nach freiem Ermessen zu entscheiden hat, ob der Schaden nach dem regelmäßigen und natürlichen Verlaufe der Dinge als eine Folge des Versehens zu betrachten sei und ob er durch geeignete Vorsichtsmaßregeln hätte vermieden werden können, daß aber der strenge Nachweis der Unmöglichkeit des Unfalles bei Beobachtung der gebotenen Vorsicht nicht gefordert werden könne."

3. Badisches Recht.

146. Auslegung des L.R.Satzes 1293 Ziff. 1, 3. Urth. des II. Civilsenats vom 22. September 1885 in Sachen der K. M. in E., Klägerin und Revisionsklägerin, wider G. und E. Sch. und Gen. in H., Beklagte und Revisionsbeklagte. Vorinstanz: O.L.G. Karlsruhe. Aufhebung und Zurückverweisung. (II, 171/85.)

Der am 29. November 1873 zu Heidelberg verstorbene J. G. Sch., dessen als gesetzliche Erben hinterlassene drei Kinder die väterliche Erbschaft mit der Rechtswohlthat des Erbverzeichnisses angetreten haben, hatte in seinem Testament vom 20. Mai 1873 zu Gunsten der K. M. verordnet: „daß aus seinem Nachlasse seiner Haushälterin K. M., wenn sie alsdann noch in seinen Diensten sei, als Anerkenntniß ihrer Treue und Obsorge für gute Erziehung seiner Kinder, sowie seiner Pflege in Krankheiten, auf ihre Lebensdauer alljährlich in halbjährigen Raten eine Geldrente von 200 fl. ausbezahlt werde, was er ihr hiermit als Stückvermächtniß zuwende." Die Erben zahlten die Rente der K. M. eine Reihe von Jahren auf 1. Juni und 1. Dezember aus, sind nun aber im Rückstande.

Durch Urtheil des L.G. Mannheim vom 14. September 1882, reichsgerichtlich am 16. November 1882 bestätigt, wurde K. M. nämlich wegen Diebstahls einer amerikanischen 1000-Dollarobligation, begangen am Nachlaß Sch.'s, zu einer Gefängnißstrafe von zwei Jahren verurtheilt, welche sie theilweise verbüßt hat, bis sie im Monat Mai 1884 vorläufig entlassen wurde. In Folge der Verurtheilung erhoben die Erben gegen die M. Klage auf Ersatz des ihnen durch den Diebstahl zugegangenen Schadens und auf Widerruf des erwähnten Vermächtnisses; durch Urtheil des O.L.G. Karlsruhe vom 20. November 1883 wurde K. M. zum Ersatz des Schadens (in näher bezeichnetem Betrage) schuldig erklärt, dagegen die Widerrufsklage abgewiesen.

Nach Rechtskraft dieses Urtheils trat nun K. M. gegen die Erben mit der jetzigen Klage bei dem L.G. Mannheim auf, mit welcher sie von denselben Anerkennung ihrer fortdauernden Verbindlichkeit zur Zahlung der jährlichen Rente von 200 fl. = 342,86 ℳ und die nachträgliche Zahlung fällig gewordener Beträge, sowie die zukünftige Zahlung von je 171,42 ℳ am 1. Juni und am 1. Dezember jeden Jahres verlangte. Von beklagter Seite wurde gegen diese Klage eingewendet, daß der klägerischen Forderung die urtheilsmäßige Gegenforderung wegen Ersatz des Schadens durch den Diebstahl gegenüberstehe, dieselbe daher durch Wettschlagung erloschen sei. Die Klägerin bekämpfte diese Einrede damit, daß hier der Ausnahmefall des L.R.S. 1293 Ziff. 3 vorliege, da es sich um eine Unterstützungsrente handele, welche nach § 749 Ziff. 3 der C.P.O. unbeschlagbar sei, indem die Klägerin — wofür Beweise angetreten und erhoben wurden — solche zur Bestreitung des nothwendigen Unterhaltes für sich bedürfe.

Das L.G. Mannheim wies mit Urtheil vom 4. Oktober 1884 die Klage ab. Die Klägerin erhob hiergegen Berufung unter Erweiterung ihres Klagbegehrens. Im zweiten Rechtszuge erklärte der Vertreter der Beklagten, als er von dem Vorsitzenden unter Bezugnahme auf eine Bemerkung in den unterrichterlichen Entscheidungsgründen befragt wurde, ob nicht auch Ziff. 1 des L.R.S. 1293 als für den vorliegenden Fall zutreffend erachtet werde, daß er sich auch diesen Rechtsbehelf zu eigen mache. Von klägerischer Seite wurde dagegen sofort bestritten, daß diese gesetzliche Bestimmung, welche von einem ganz anderen Fall handele, auf den gegenwärtigen Rechtsstreit Anwendung finden könne. Mit Urtheil vom 29. Dezember 1884, verkündet am 9. Januar 1885, bestätigte das O.L.G. das Urtheil des L.G.

Das O.L.G. nahm — abweichend von dem L.G. — an, die in L.R.S. 1293 Ziff. 3 festgesetzte Ausnahme von der Wettschlagung sei nicht beschränkt auf solche Unterhaltsgelder, bei denen dies in dem sie begründenden Titel ausdrücklich ausgesprochen sei, vielmehr sei — wie nach der französischen Jurisprudenz der Wortlaut des Gesetzes allgemein aufzufassen und daher letzteres auf alle für unbeschlagbar erklärten Unterhaltsgelder anwendbar sei, möge die Unbeschlagbarkeit durch Kontrakt oder Testament bestimmt oder durch das Gesetz erklärt sein — die Ausdehnung des L.R.S. 1293 Ziff. 3 auf die Fälle des § 749 Ziff. 3 der C.P.O. nicht zu bezweifeln. In thatsächlicher Beziehung stellte das O.L.G. ferner (gegenüber der Bestreitung von Seiten der Beklagten) fest, es sei der Zweck des Vermächtnisses an K. M. die Zuwendung einer Unterhaltsrente an dieselbe gewesen und sie bedürfe der Rente zu ihrem nothdürftigen Unterhalt.

Dagegen nahm das O.L.G. an, es treffe im vorliegenden Fall L.R.S. 1293 Ziff. 1 zu, wonach bei Erstattung einer Sache, welche dem Eigenthümer auf ungerechte Weise entzogen worden, die Wettschlagung ebenfalls ausgeschlossen sei. Es sei zwar richtig, daß nicht die Klägerin, d. h. diejenige Person, „welche dem Eigenthümer eine Sache auf ungerechte Weise entzogen", dem Rückersatzanspruche gegenüber ihre Rentenforderung wettschlagen wolle, sondern daß gerade umgekehrt die Bestohlenen ihren Ersatzanspruch mit der klägerischen Rentenforderung zu kompensiren beabsichtigen; allein diese Sachlage könne die Anwendung des L.R.S. 1293 Ziff. 1 nicht hindern. Seine Bestimmung beruhe auf dem Rechtssatze „spoliatus ante omnia est restituendus" des Gemeinen Rechts. Habe derselbe nun auch in dem Code civil bezw. dem Badischen L.R. keinen wörtlichen Ausdruck gefunden, so bilde doch seine ratio auch jene in der Bestimmung des L.R.S. 1293 Ziff. 1. Der Sinn jenes Rechtssatzes sei aber der, daß der spoliator unter keinen Umständen berechtigt sein könne, zurückzubehalten, was er sich ungerechter Weise angeeignet bezw. entwendet habe; und wie er daher, so lange seine Ersatzschuld bestehe, diese mit einer eigenen Forderung nicht wettschlagen dürfe, ebenso müsse er sich gefallen lassen, daß die Ersatzforderung so oft und so bald zur Wettschlagung gebracht werde, als er mit einem Anspruch gegen den Ersatzberechtigten auftrete. Sei aber, diesem Grundsatze entsprechend, im L.R.S. 1293 Ziff. 1 die Kompensation zum Vortheile und nicht zum Nachtheile des spoliatus ausgeschlossen, so sei die Stellung der Parteirollen bei seiner Anwendung gleichgültig. Nun stehe aber der Klägerin selbst die Bestimmung des L.R.S. 1293 Ziff. 3, welche ihrer Unterhaltsrente gegenüber die Wettschlagung ausschließe, zur Seite, während Ziff. 1 dieses Satzes die Beklagten begünstige; bei der sich deshalb aufwerfenden Frage, welcher dieser Bestimmungen der Vorzug gebühre, müsse — was näher erörtert wird — derjenigen Bestimmung der Vorzug eingeräumt werden, welche die Rechte des Bestohlenen wahre und ihn damit vor der Verbindlichkeit schütze, einen lebenslänglichen Unterhalt an eine Person zu verabreichen, die sich durch die Entwendung eines bedeutenden Werthbetrages zu seinem Nachtheile, dessen Ersatz sie nicht zu leisten vermöge, auf eine lange Reihe von Jahren gleichsam schon bezahlt gemacht habe.

Der Anwendung des L.R.S. 1293 Ziff. 1 könne auch nicht der Umstand entgegenstehen, daß im vorliegenden Falle der Klägerin, da die von ihr entwendete Obligation eingelöst wurde, deren Rückgabe im Stück unmöglich geworden, sonach „von Erstattung der Sache" nicht die Rede sein könne; denn an Stelle der Sache müsse in diesem Falle deren Werth treten, und es widerspreche dem Geiste des Gesetzes, wenn dem spoliator wegen des Umstandes, daß er das Entwendete nicht in natura ersetzen könne, die Ausnahmebestimmung des Gesetzes zu statten käme. Jetzt stünden sich auch in der That zwei fungible Forderungen, festbestimmte liquide Geldbeträge, gegenüber, womit alle Voraussetzungen zum Eintritt der Wettschlagung gegeben seien.

Sei hiernach die Wettschlagung nicht ausgeschlossen, so werde damit die erhobene Klage insolange elidirt, bis die Klägerin vermöge der Kompensation den Beklagten vollen Ersatz geleistet habe.

„Das angefochtene Urtheil beruht auf Rechtsirrthum. Es kann unerörtert bleiben, ob die Bestimmung des L.R.Satzes 1293 Ziff. 1, wonach die Wettschlagung ausgenommen ist, „bei der Erstattung einer Sache, welche dem Eigenthümer auf ungerechte Weise entzogen worden", überhaupt auch auf den Fall auszudehnen ist, wenn nicht die Zurückerstattung der Sache selbst, welche dem Eigenthümer auf ungerechte Weise entzogen worden, sondern der Ersatz des Schadens aus dieser Entziehung in Frage steht. Wollte man nämlich auch eine derartige Ausdehnung der Bestimmung des L.R.Satzes 1293 Ziff. 1 bejahen, so ist doch jedenfalls die Annahme des O.L.G., daß der klagend geltend gemachten Forderung einer Unterhaltsrente, obgleich ihr an sich die in L.R.Satz 1293 Ziff. 3 festgesetzte Befreiung von der Wettschlagung zustehe, auf Grund des L.R.Satzes 1293 Ziff. 1 die Wettschlagung für die Ersatzforderung der Beklagten entgegenstehe, rechtsirrig.

Die Bestimmung des L.R.Satzes 1293 Ziff. 1 spricht nur aus, daß, wenn ein Anspruch auf Erstattung einer dem Eigenthümer auf ungerechte Weise entzogenen Sache erhoben wird, er nicht beseitigt werden kann durch Berufung des Gegners auf Gegenansprüche. Das Gesetz schützt sonach denjenigen, welcher aus einer Besitzentziehung einen Anspruch geltend macht, vor der Einwendung der Beseitigung seines Anspruchs, vor der Einwendung der Tilgung, die aus einer Gegenforderung abgeleitet werden wollte. Dagegen ist mit

L.R.Satz 1293 Ziff. 1 keine Norm dahin getroffen, daß der Anspruch aus der Besitzentziehung seinerseits in privilegirter Weise dazu benutzt werden könnte, Forderungen des Gegners irgend einer Art aufzuheben; dies ist nicht im Wortlaut des Gesetzes enthalten und ergiebt sich auch nicht aus einer Hereinziehung der Normen des gemeinen Rechts.

Wenn daher die Ersatzforderung dazu benutzt werden will, aus ihrem Entstandensein eine Wettschlagungseinwendung gegen eine klagend geltend gemachte Forderung abzuleiten, so kann dies nur nach Maßgabe der Bestimmungen geschehen, welche das Gesetz auch sonst aufgestellt hat. Es kann dies daher dann nicht geschehen, wenn das Gesetz auch sonst eine Wettschlagung nicht zuläßt. Macht sonach Jemand eine Forderung klagend geltend, welche unter die Norm des L.R. Satzes 1293 Ziff. 3 fällt, das heißt, welcher die dort festgesetzte Vergünstigung der Befreiung von der Wettschlagung zur Seite steht, so steht ihm diese Vergünstigung auch dann zur Seite, wenn gegnerischer- (beklagter-) seits zur Wettschlagung ein Anspruch aus einer in ungerechter Weise erfolgten Besitzentziehung entgegengehalten werden wollte. Es war aber, wie auch das O.L.G. angenommen hat und bei der Revisionsverhandlung nicht bestritten wurde, die von der K. M. eingeklagte Unterhaltsrente unter L.R.Satz 1293 Ziff. 3 unterzuordnen.

Wenn nach dem bisherigen der eingeklagten Unterhaltsrentenforderung die Befreiung von der Wettschlagung zur Seite steht und diese Befreiung nicht durch die Ersatzforderung der Beklagten aufgehoben ist, so steht der klägerischen Berufung auf diese Befreiung auch nicht etwa, wie der Vertreter der Revisionsbeklagten geltend machte, eine „exceptio doli“ entgegen.“

Civilrechtliches aus den Strafsenaten des R.G.

1. Reichs-Strafgesetzbuch.

1. **Der preußische Ehemann hat kein** (Erziehungs- und daher auch kein) **Züchtigungsrecht gegen seine Ehefrau** (§§ 223, 223a des R.Str.G.B.). Urth. des IV. Strafsenats vom 8. September 1885 wider K. Vorinstanz: Strafkammer beim A.G. Waldenburg. Verwerfung der Revision des Angeklagten. (1766/85.)

„Die Revision macht geltend, daß dem Angeklagten als Ehemann gegen seine mißhandelte Ehefrau ein Züchtigungsrecht zugestanden, er daher wegen vorsätzlicher Körperverletzung nicht habe gestraft werden können, und es unterliegt keinem Bedenken, daß der Mißhandlung, die in Ausübung eines Rechtes erfolgt, ohne daß dasselbe wissentlich oder fahrlässig überschritten, der Charakter der Rechtswidrigkeit fehlt. Ob davon hier, wo der Richter unangegriffen Mißhandlung mittels gefährlicher Werkzeuge und lebensgefährdender Behandlung feststellt, überhaupt die Rede sein kann, und ob der Richter prozessual genöthigt war, sich über die Existenz bezw. die Ueberschreitung eines Züchtigungsrechtes auszulassen, welches der Angeklagte, ausweislich des Protokolles über die Hauptverhandlung, selbst nicht in Anspruch genommen hatte, kann dahingestellt bleiben, denn das behauptete Züchtigungsrecht kann nicht anerkannt werden.

Ob dem Ehemanne gegen die Ehefrau ein Züchtigungsrecht zusteht, ist, da reichsgesetzliche Bestimmungen fehlen, nach dem Landesrechte, hier nach dem Preuß. Rechte, zu beurtheilen. Dasselbe erkennt ein solches Recht ausdrücklich nirgends an, und seine Vorschriften in den §§ 173 ff. Th. II Tit. 1 des Allg. L.R. über die persönlichen Rechte und Pflichten der Eheleute gegeneinander sprechen, ebenso wie die daraus hervorgehende Auffassung von dem Wesen der Ehe und des Verhältnisses der Eheleute, gegen die Annahme eines solchen Rechtes. Danach ist die Ehe nicht bloß die geschlechtliche Lebensgemeinschaft, sondern eine Gemeinschaft, welche die Eheleute in allen Lebensbeziehungen umfaßt, mit weittragenden sittlichen und rechtlichen Folgen, welche das Allg. L.R. a. a. O. regelt. Die

Ehefrau theilt Namen, Stand und Staatsangehörigkeit des Mannes (§§ 192, 193 a. a. O.; Gesetz vom 1. Juni 1870, § 5), sie steht seinem Hauswesen vor, beide müssen vereint leben, einander unterstützen, auch in Widerwärtigkeiten einander nicht verlassen (§§ 174—176 a. a. O.), der Ehemann soll Person, Ehre und Vermögen der Ehefrau vertheidigen (§ 188 a. a. O.), Beleidigung ihrer Ehre ist Beleidigung seiner Ehre (§ 565 Th. II Tit. 20 des Allg. L. R.). In dieser sittlichen und rechtlichen Gemeinschaft ist der Ehemann das Haupt, aber das Allg. L. R. leitet daraus nur ab, daß sein Entschluß in gemeinschaftlichen Angelegenheiten den Ausschlag giebt (§ 184 a. a. O.), nicht aber ein Recht zur Disposition über die Person der Ehefrau (§ 197 a. a. O.), die vielmehr ihrerseits an seine Stelle tritt, wenn er verhindert oder abwesend ist (§§ 202 ff. a. a. O.).

Ein Erziehungsrecht oder eine Erziehungspflicht des Mannes gegenüber der Ehefrau ergiebt sich aus diesen Bestimmungen in keiner Weise und ein solches Erziehungsrecht ist die Grundlage eines Züchtigungsrechtes, wie es das Allg. L. R. im Verhältnisse der Eltern zu den Kindern und des Lehrherrn zum Lehrlinge anerkennt (§§ 86 ff. Th. II Tit. 2 und § 298 Th. II Tit. 8 des Allg. L. R., § 172 der Gew. O.). Beim Mangel dieses Rechtes und einer ausdrücklichen gesetzlichen Bestimmung fehlt es für die Annahme eines Züchtigungsrechtes des Ehemannes gegen die Ehefrau im Preuß. Rechte an jeder Grundlage. Ein solches ist denn auch bereits in dem Reskripte vom 28. Januar 1812 (vergl. v. Kamptz, Jahrbücher Bd. XVI, § 30), und seitdem von dem vormaligen Ob. Trib. zu Berlin in konstanter Rechtsprechung verneint (vergl. Goltdammer, Archiv Bd. I S. 710, Bd. II S. 553), und wird von den neueren Preuß. Rechtslehrern überhaupt nicht erwähnt, wie es denn auch bei den Vorarbeiten für das Preuß. Str. G. B. von 1851 niemals behauptet ist. Aus dem § 701 Th. II Tit. 1 des Allg. L. R., welcher die Ehescheidung wegen blos mündlicher Beleidigungen oder Drohungen und wegen geringerer Thätlichkeiten unter Eheleuten gemeinen Standes versagt, ist allerdings mit der Revision gefolgert worden, daß ein Klagerecht wegen solcher Thätlichkeiten und die Verfolgung derselben während der Dauer der Ehe unstatthaft sei (vergl. Goltdammer, Materialien Bd. II S. 326 unter b).

Aber abgesehen davon, daß es sich nach den Feststellungen der Strafkammer hier nicht um geringe Thätlichkeiten handelt, ist die ganze Schlußfolgerung unbegründet, wie dies auch von dem vormaligen Ob. Trib. zu Berlin für den Fall der Beleidigung unter Eheleuten ausgeführt ist (vergl. Goltdammer, Archiv Bd. IV S. 393).

Denn daraus, daß das Gesetz ein Vergehen des einen Ehegatten gegen den anderen nicht für schwer genug erachtet, um die Trennung der Ehe zu rechtfertigen, folgt weder dafür etwas, daß die strafrechtliche Verfolgbarkeit ausgeschlossen, noch dafür, daß dem sonst vorhandenen Vergehen gegen das Strafgesetz ein Thatbestandsmoment entzogen sei. Das landrechtliche Strafrecht selbst hat diese Folgerung auch nicht gezogen, wie sich aus § 652 Th. II Tit. 20 des Allg. L. R. ergiebt, wo nur verordnet wird, daß der Richter wegen geringer Realinjurien zwischen Eheleuten nicht von Amts wegen einschreiten soll. Unter allen Umständen ist für ein Züchtigungsrecht des Ehemannes gegen die Ehefrau daraus nichts zu entnehmen. Kann aber beim Mangel eines solchen nicht behauptet werden, daß der vom Ehemanne gegen die Ehefrau verübten Mißhandlung das Moment der Rechtswidrigkeit überhaupt fehle, so richtet sich die Frage nach der Strafverfolgbarkeit während oder nach Trennung der Ehe lediglich nach dem geltenden Strafgesetze.

Dasselbe schließt, in wesentlicher Uebereinstimmung mit dem landrechtlichen Strafrechte und dem Preuß. Str. G. B., zwar die Verfolgung des Ehebruches während der Ehe und den Thatbestand des Diebstahles, der Unterschlagung und der Entwendung von Nahrungsmitteln (§§ 247, 370 des R. Str. G. B.), sowie des strafbaren Eigennutzes im Sinne des § 289 des R. Str. G. B. unter Eheleuten überhaupt aus, läßt aber die Strafverfolgung des Ehegatten wegen Betruges gegen den anderen auf dessen Antrag zu (§ 263 des R. Str. G. B.) und giebt dadurch und durch das Unterlassen jeder abweichenden Vorschrift über Körperverletzungen unter Eheleuten unzweideutig zu erkennen, daß es weder den Thatbestand der Körperverletzung noch deren Verfolgbarkeit als mit dem Wesen der Ehe unverträglich ansieht."

2. **Anwendbarkeit der Bestimmungen der §§ 315, 316 des R. Str. G. B. auf elektrische Eisenbahnen.** Urth. des I. Straffenats vom 17. September 1885 wider L. Vorinstanz: L. G. Frankfurt a. M. Verwerfung der Revision des Angeklagten. (1643/85.)

„Die Eisenbahn im weitesten Sinne des Wortes ist eine Straße, auf der sich die zur Beförderung von Menschen und Gütern dienenden Fuhrwerke nicht beliebig auf allen Stellen der Straßenbreite, sondern ausschließlich auf fest bestimmten eisernen Spuren bewegen. Es fragt sich nun, ob die §§ 315, 316 des R. Str. G. B. diesen allgemeinen Begriff der Eisenbahn, oder den beschränkteren der durch mechanische Kräfte betriebenen oder den beschränktesten der durch Dampfkraft betriebenen Eisenbahn unterstellen. Die weiteste Auslegung des Begriffes läßt die von dem Instanzgerichte angeführte Entsch. des R. G." (vgl. Annalen Bd. I S. 80, 81, Bd. II S. 185; Entsch. Bd. I S. 247) „zu, welche sich auf das Gesetz, betreffend die Verbindlichkeit zum Schadensersatze für die bei dem Betriebe von Eisenbahnen, Bergwerken &c. herbeigeführten Tödtungen und Körperverletzungen (Reichsgesetzbl. S. 207) bezieht, und welche sich auf die Motive dieses Gesetzes selber stützen kann; die Entsch. des R. G. vom 3. Juli 1884" (vergl. Annalen Bd. X S. 322; Entsch des R. G. in Strafsachen Bd. XI S. 33) „und vom 1. Dezember 1884 gegen R., Rep. 2823/84, geben die Anwendung der §§ 315 ff. des R. Str. G. B. auf die Straßenbahnen mit Lokomotivbetrieb zu; das Urtheil vom 19. Mai 1885 (vergl. Entsch. des R. G. in Strafsachen Bd. XII S. 205) schließt, übereinstimmend mit einer Entsch. des Preuß. Ob. Trib. vom 2. Oktober 1875 (vergl. Oppenhoff's Rechtsprechung Bd. XVI S. 625), die Pferdebahnen aus, läßt aber ausdrücklich die Frage offen, ob Eisenbahnen, die zwar nicht mit Dampf, aber mit gleichwirkenden anderen Naturkräften betrieben werden, unter die §§ 315 ff. des R. Str. G. B. subsumirt werden können. Der Bundesrath sprach sich bei Berathung der Novelle zum Str. G. B. vom 26. Februar 1876 gegen die erweiterte Auslegung des

§ 315 des R.Str.G.B. aus, hatte dabei aber vornehmlich die Pferdeeisenbahnen im Auge (vergl. Drucksachen von 1875 Bd. XI S. 33). Die elektrische Eisenbahn fällt unter die §§ 315, 316 des R.Str.G.B. Dieselbe ist eine Eisenbahn, sie hat mit der dampfbetriebenen nicht allein die Geleise, sondern auch die Anwendung einer elementaren, der menschlichen Führung nicht unbedingt unterworfenen Naturkraft gemein, welche entfesselt gefährlich werden kann; die Wirkung des elektrischen Stromes für die Schnelligkeit der Fortbewegung und die bei Störungen daraus entstehenden Folgen für den Transport von Menschen und Sachen sind annähernd die gleichen; der Grund der strengen Strafbestimmungen in den §§ 315 ff. des R.Str.G.B. trifft also auch bei den elektrischen Bahnen zu. Der Wortlaut ist nicht entgegen, das Strafgesetz enthält nirgends eine Andeutung, daß man nur eine bestimmte Naturkraft im Auge hatte und nur den Dampfbetrieb sichern wollte; daraus, daß man bei Abfassung des Gesetzes zunächst an diese Art der bewegenden Kraft dachte, folgt nicht, daß man den gleich nöthigen Schutz einer etwa künftig angewendeten elementaren Kraft versagen wollte. Wie schon in dem Urtheile vom 1. Dezember 1884 ausgesprochen, ist die Unterstellung nicht berechtigt, daß der Gesetzgeber seine Anordnungen lediglich für die zur Zeit der Entstehung des Gesetzes übliche Konstruktion der Eisenbahn erlassen wollte; deshalb kann auch der Entstehungsgeschichte der Paragraphen keine Bedeutung für vorliegende Frage eingeräumt werden. Völlig unrichtig ist die Behauptung, daß das Gesetz nur auf die von dem Gesetzgeber direkt erwogenen Fälle angewendet werden dürfe, der Gesetzgeber vermag nicht zum voraus die reiche Mannigfaltigkeit des Lebens zu fixiren, das Gesetz gilt für alle Fälle, auf welche es nach richtiger Auslegung paßt, mag der Gesetzgeber an dieselben gedacht haben oder nicht; und es ist in letzterem Falle keine analoge, sondern eine direkte Anwendung des Gesetzes, welcher der Grundsatz des § 2 des R.Str.G.B. nicht entgegensteht. Daß der Mangel von Bahndämmen, Barrieren, allgemeiner Reglements und einer Signalordnung der Anwendung des § 316 des R.Str. G.B. nicht im Wege ist, hat bereits das Urtheil vom 3. Juli 1884 für die Straßenbahnen ausgeführt; übrigens bestehen bereits besondere Verordnungen lokaler Natur über die elektrischen Bahnen."

2. Reichs-Urheberrechtsgesetz.

3. **Begriff der „einzelnen Artikel aus Zeitschriften und anderen öffentlichen Blättern". Dahin gehören auch im Inseratentheil von Zeitungen veröffentlichte Gedichte des Inserenten** (Urheberrechtsgesetz vom 11. Juni 1870, § 7 b). Urth. des III. Strafsenats vom 11. Juli 1885 wider F. Vorinstanz: L.G. Magdeburg. Verwerfung der Revision des Nebenklägers, Bestätigung der Freisprechung. (1676/85.)

Der Nebenkläger J. C. in Berlin, Inhaber der im Handelsregister daselbst eingetragenen Firma „Goldene 110, Konkurrenzgeschäft, Inhaber J. C., in Berlin", hat in früheren Jahren in verschiedenen, in Berlin erscheinenden öffentlichen Zeitungen eine Anzahl von Geschäftsanzeigen inseriren lassen, deren Einleitungen aus kleinen Gedichten bestanden. Diese Gedichte sind später in einer besonderen Sammlung als „Liederalbum der Goldenen 110" besonders erschienen. Angeklagter hat verschiedene in dieser Sammlung enthaltene Gedichte im Magdeburger Generalanzeiger als Einleitung eigener Geschäftsreklamen abdrucken lassen. Diese Abdrücke enthalten „nur ganz unwesentliche, den Magdeburger Lokalverhältnissen entsprechende Abänderungen von dem Texte“, wie solcher in der erwähnten Sammlung veröffentlicht ist. Das L.G. glaubt dem Angeklagten, daß er die von ihm zum Abdrucke gebrachten Gedichte nicht aus der, ihm seiner Angabe nach gar nicht bekannt gewesenen Sammlung, sondern aus den Berliner Zeitungen entnommen habe, in denen sie, wie festgestellt wird, in der That früher veröffentlicht worden sind. Das L.G. bezeichnet die in Rede stehenden „Gedichte“ als „Schriftwerke“ im Sinne des § 1 des Gesetzes, betreffend das Urheberrecht an Schriftwerken &c., vom 11. Juni 1870 auf Grund der Feststellung, daß dieselben Geistesprodukte enthalten, welche in einer bestimmten — poetischen — Form die Gedanken ihres Urhebers zur Anschauung bringen.

„Eine rechtlich irrthümliche Auffassung des Begriffes eines Schriftwerkes im Sinne des angezogenen Gesetzes ist hierin nicht zu erkennen. Insbesondere ist hierfür mit Recht als unerheblich bezeichnet einerseits der geringe Umfang des in Rede stehenden Geistesproduktes, andererseits der größere oder geringere (poetische) Werth desselben. Ebenso wird die Frage, ob es sich bei denselben um individuelle geistige Erzeugnisse handelt, von dem Zwecke, der mit ihrer Veröffentlichung seitens des Urhebers oder seines Rechtsnachfolgers verfolgt wurde, nicht berührt. Es erscheint deshalb für die Frage der Schutzberechtigung gegen Nachdruck an sich gleichgültig, ob die Veröffentlichung Selbstzweck war, oder ob sie anderen, beispielsweise wie in dem vorliegenden Falle, geschäftlichen Zwecken diente.

Die Freisprechung des Angeklagten ist aber darauf gestützt, daß es sich bei dem Wiederabdrucke der betreffenden Gedichte um den Abdruck von einzelnen Artikeln aus öffentlichen Blättern handele, welcher, da die Gedichte weder als novellistische Erzeugnisse, noch als wissenschaftliche Ausarbeitungen oder als größere Mittheilungen anzusehen, auch nicht erwiesen sei, daß an der Spitze jener Artikel in den öffentlichen Blättern deren Abdruck untersagt worden sei, nach § 7b des Gesetzes vom 11. Juni 1870 nicht als Nachdruck angesehen werden könne. Dieser, das objektive Vorliegen eines strafbaren Nachdruckes verneinende Freisprechungsgrund läßt eine rechtsirrthümliche Auffassung des Gesetzes nicht erkennen.

Bei den fraglichen Gedichten hat es sich um in sich abgeschlossene, selbständige Mittheilungen gehandelt, welche in einem öffentlichen Blatte, einer Zeitung, veröffentlicht worden sind. Die Auffassung solcher abgeschlossenen Mittheilungen als „Artikel“ einer Zeitung im Sinne des angezogenen Gesetzes ist nicht zu beanstanden, und es wird deren Subsumtion unter den Begriff eines Zeitungsartikels namentlich auch dadurch nicht ausgeschlossen, daß es sich bei den hier in Rede stehenden Gedichten um Inserate einer Privatperson gehandelt hat, welche, wie nach den getroffenen Feststellungen anzunehmen, in dem sogen. Inseratentheile der betreffenden Zeitung veröffentlicht worden sind. Vor dem Erlasse des Gesetzes vom 11. Juni 1870 ist in Theorie, Praxis und Gesetzgebung einzelner Staaten die Frage vielfach behandelt und in verschiedenem Sinne beantwortet worden, ob und in welchem Umfange „ein Schutz der Tagespresse“ zu statuiren, oder aber die Benutzung des Inhaltes einer Zeitung oder Zeitschrift von Seiten eines anderen gleichartigen Unternehmens durch dessen Abdruck in dem letzteren zu gestatten und von dem Begriffe verbotenen Nachdruckes auszunehmen sei. Die hierauf bezüglichen Erörterungen betrafen im Wesentlichen theils die Frage, ob und unter welchen Voraussetzungen die Zeitung als Ganzes oder in ihren einzelnen Theilen an sich als selbständiges, geistiges (litterarisches) Erzeugniß anzusehen und deshalb des Schutzes gegen Nachdruck ihrer Natur nach fähig sei, theils die Frage, ob und in welchem Umfange trotz der an sich und nach allgemeinen Grundsätzen zu bejahenden Schutzfähigkeit doch mit Rücksicht auf Natur, Aufgaben und Bedürfnisse der periodischen Presse oder auf die in derselben thatsächlich bestehenden Uebungen der Schutz gegen Nachdruck zu versagen und der Abdruck durch andere Organe der Tagespresse zu gestatten sei. Es ist auch anzuerkennen, daß bei der Erörterung und Beantwortung dieser Fragen immer nur das Verhältniß von Redaktion zu Redaktion in Betracht gezogen worden ist, und daß die Gründe, welche für die Beschränkung der Anwendung der allgemeinen Grundsätze gegenüber den Erzeugnissen der Tagespresse aus deren Zweck und Aufgaben, aus den Bedürfnissen und Interessen der Redaktionen wie des lesenden Publikums abgeleitet worden sind, regelmäßig auf diejenigen unter den Begriff der Inserate fallenden Anzeigen oder sonstigen Mittheilungen nicht zutreffen, zu deren Veröffentlichung Privatpersonen sich der Zeitung lediglich als vermittelnder Organe bedienen.

Ebenso hatte der Entwurf zu dem Gesetze vom 11. Juni 1870 (Drucksachen des Reichstages vom Jahre 1870 Nr. 7) in § 6c die Ausnahme von dem allgemeinen Nachdrucksverbote auf den Abdruck von „thatsächlichen Berichten (sogen. Zeitungsnachrichten), Leitartikeln und Korrespondenzartikeln aus Zeitschriften und anderen öffentlichen Blättern", also lediglich auf den Abdruck der von der Redaktion als solcher dem lesenden Publikum gebotenen Mittheilungen beschränkt, während in § 6d der gesetzliche Schutz den „amtlichen und nichtamtlichen öffentlichen Anzeigen und Nachrichten aller Art" schlechthin versagt werden sollte. Die Fassung des Gesetzes, wie solche in § 7b dahin zur Annahme gelangt ist, daß als Nachdruck nicht anzusehen sei: „der Abdruck einzelner Artikel aus Zeitschriften und anderen öffentlichen Blättern, mit Ausnahme von novellistischen Erzeugnissen und wissenschaftlichen Ausarbeitungen, sowie von sonstigen größeren Mittheilungen, sofern an der Spitze der letzteren der Abdruck untersagt ist", wie die Begründung, welche dem dieser Fassung zu Grunde liegenden, in dritter Lesung des Gesetzentwurfes gestellten Antrage des Dr. Oetker (angezogene Drucksachen Nr. 183) gegeben worden ist, lassen aber eine Unterscheidung zwischen Mittheilungen und Veröffentlichungen der Redaktion im redaktionellen Theile der Zeitschrift oder Zeitung und solchen von Privaten in deren Inseratentheile nicht als haltbar und statthaft erscheinen. In dieser Begründung ist u. a. darauf hingewiesen, daß die in § 6c des Entwurfes aufgeführten drei Kategorien völlig unzureichend seien, daß bei Tage- und Wochenblättern die Statthaftigkeit des Abdruckes nach bisherigem Brauche und allgemeiner Rechtsansicht die Regel bilde, daß diese Regel auch als solche im Gesetze ausgedrückt werden müsse und nicht kasuistisch durch unzureichende Kategorien ersetzt werden dürfe 2c. Auf diesen Antrag hin, dessen Begründung bei der Berathung in dritter Lesung von keiner Seite widersprochen worden ist (vergl. Stenographische Berichte S. 1040 ff.), ist die Gesetzesbestimmung in ihrer jetzigen Fassung angenommen worden, in welcher das

Gesetz schlechthin den Abdruck „von einzelnen Artikeln“ aus Zeitschriften und anderen öffentlichen Blättern freigiebt und hiervon nur die obenerwähnten drei bestimmt definirten Ausnahmen macht.

Nichts im Gesetze deutet darauf hin, daß damit zwischen dem Inhalte des redaktionellen und des Inseratentheiles und zwischen Mittheilungen der Redaktionen als solcher und solchen von Privaten hat unterschieden werden sollen. Daß letztere unter den „Artikeln“ schon nach der Bedeutung des Ausdruckes nicht mit verstanden sein können, läßt sich nicht behaupten. Es läßt sich auch nicht vermuthen, daß das Gesetz einen solchen Unterschied machen wollte. Denn die Praxis der Redaktionen ist hinsichtlich der Scheidung des redaktionellen Theiles der Zeitung von dem übrigen Inhalte eine sehr verschiedene. Es beruht nicht selten auf Motiven, die von den Gründen für das Verbot des Nachdruckes und für die Ausnahmen von dem Verbote weit abliegen, wenn Artikel, wie sie Oetker bei seinem Antrage auf Streichung der Exemplifikation des Entwurfes im Auge hatte (Erörterungen und Belehrungen in gewerblichen ꝛc. Angelegenheiten, Kritiken, Besprechungen von Bau- und Verschönerungsplänen, Vorschläge zu öffentlichen Anstalten ꝛc.), in den Inseratentheil überwiesen werden oder unter den Rubriken, wie „Eingesandt“, „Mittheilungen aus dem Publikum“ u. dgl. zu finden sind. Dagegen ist es leicht erklärlich, daß die Erörterung diese Publikationen nicht besonders berücksichtigte. Es war dabei wohl die Anschauung maßgebend, welche der von der Kommission nur zur Vermeidung überflüssiger Kasuistik weggelassenen Entwurfsbestimmung § 6 d zu Grunde lag, die Anschauung nämlich, daß, was insbesondere die Anzeigen betrifft, dieselben nicht als das Resultat einer Autorenthätigkeit anzusehen und daher schon an sich nicht schutzberechtigt sein werden, durch ihre Weiterverbreitung aber auch kein persönliches oder vermögensrechtliches Interesse werde verletzt werden. So erscheint es denn auch ausgeschlossen, den vorliegend in Frage stehenden Gedichten die ihnen auf Grund ihrer Veröffentlichung in einer Zeitung zukommende Eigenschaft als „Artikel“, welche aus dieser Zeitung abgedruckt worden sind, deshalb zu versagen, weil es sich dabei um Inserate in dem mehrbezeichneten Sinne gehandelt hat.

Daß die fraglichen Gedichte ihrem Inhalte nach nicht unter die Ausnahmen des § 7 b fallen, ist von der Vorinstanz ohne Rechtsirrthum angenommen worden und wird von der Revision selbst nicht bestritten.

Hiernach erscheint die Freisprechung des Angeklagten auf Grund der rechtlich einwandsfrei getroffenen Feststellung, daß objektiv ein Nachdruck im Sinne des Gesetzes nicht vorliege, gerechtfertigt.“

3. Reichs-Konkursordnung.

4. Persönliche Verpflichtung des Vorstandes einer Aktiengesellschaft zur Buchführung und Bilanzziehung nach den §§ 210 Nr. 2, 3, 214 der R. Konk. O. Urth. der Vereinigten Strafsenate vom 9. Januar 1886 wider B. Vorinstanz: L. G. Hannover. Verwerfung der Revision des Angeklagten. (1070/85.)

Das L. G. hat gegen den Angeklagten festgestellt, daß derselbe als Vorstand der Aktiengesellschaft „Hannöversche Torfwerke“, über deren Vermögen nach vorausgegangener Zahlungseinstellung am 8. November 1883 das Konkursverfahren eröffnet worden ist, a) Handelsbücher, deren Führung ihm als Vorstand der genannten Gesellschaft gesetzlich oblag, zu führen unterlassen, bezw. so unordentlich geführt hat, daß sie keine Uebersicht des Vermögensstandes der genannten Gesellschaft gewähren: b) es gegen die Bestimmungen des H.G.B. unterlassen hat, die Bilanz des Vermögens der genannten Gesellschaft in der vorgeschriebenen Zeit zu ziehen.

Im Einzelnen ist für erwiesen erachtet, daß nach dem im Mai bezw. Juni 1882 begonnenen Geschäftsbetriebe der Gesellschaft eine Eröffnungsbilanz überhaupt nicht gezogen, daß die einem Buchhalter Rampenthal überlassen gewesene Buchführung zeitweise ganz unterblieben, im Uebrigen in wesentlichen Beziehungen lückenhaft, unvollständig und unzuverlässig gewesen ist, daß Angeklagter, welcher als alleiniges Vorstandsmitglied fungirt hat, und welchem schon im April oder Mai 1883 die in der Buchführung eingerissene Unordnung bekannt sein mußte, es trotzdem verabsäumt hat, durch sofortige Beschaffung geeigneter buchhalterischer Hülfskräfte oder in sonstiger Weise Abhülfe herbeizuführen. Auf Grund dieser Feststellungen ist der Angeklagte unter Anwendung der §§ 210 Nr. 2, 3, 214 der R. Konk. O. wegen einfachen Bankerutts verurtheilt worden.

Die Revision des Beschwerdeführers, gestützt auf die Ausführungen im Urtheil des R.G. vom 9. März 1885 (Entsch. in Strafsachen Bd. XII S. 78), stellt jede ihm persönlich obliegende Pflicht der Buchführung und Bilanzziehung in Abrede, weil eine derartige Verpflichtung aus seiner Vorstandsstellung allein gesetzlich nicht herzuleiten, eine besondere Uebertragung derselben durch Gesellschaftsvertrag oder durch rechtsverbindliche Beschlüsse der Gesellschaftsorgane auf ihn, den Angeklagten, aber weder festgestellt, noch auch in Wirklichkeit erfolgt sei.

„In dieser Beziehung mußte indessen der Rechtsauffassung des Instanzrichters beigepflichtet werden. Die handelsgesetzliche Norm, welche für den Einzelkaufmann, wie für Handelsgesellschaften, Aktiengesellschaften 2c. Buchführung und Bilanzziehung gleichmäßig vorschreibt (Art. 5, 28, 29 des H.G.B.), gehört dem öffentlichen Recht an. Den allgemeinen Bedürfnissen der Verkehrs- und Kreditordnung verdankt sie ihre Entstehung, und nur das öffentlich-rechtliche Interesse hat dahin geführt, die Erfüllung der Gebotsnorm durch Strafandrohungen für den Fall des Bankerutts zu sichern. Wenn daher auf dem Boden dieser Rechtsordnung Art. 239 des H.G.B. in dem Abschnitt „von den Rechten und Pflichten des Vorstandes" von Aktiengesellschaften diesen Vorstand schlechthin verpflichtet, für die Führung der Handelsbücher der Gesellschaft „Sorge zu tragen" und die Bilanz regelmäßig „vorzulegen", so kann solche Vorschrift nicht anders verstanden werden, als daß hier ausdrücklich eine dem Vorstande als solchem obliegende Verantwortlichkeit für die Erfüllung der objektiv bereits anderweitig feststehenden Pflicht der Gesellschaft zur Buchführung und Bilanzziehung gesetzlich konstituirt werden, und die objektive kaufmännische Gesellschaftspflicht in ihrem vollen Umfange mit dem öffentlich-rechtlichen Charakter sich subjektiv als eine persönliche Vorstandspflicht individualisiren sollte.

Kein Bedenken gegen diese nächstliegende Schlußfolgerung kann aus dem Umstande hergeleitet werden, daß Art. 239 des H.G.B. den Vorstand nicht verpflichtet, die erforderlichen Bücher der Gesellschaft zu führen, sondern nur dafür haftbar macht: „Sorge zu tragen", daß die Bücher „geführt werden". Wäre die erstere Wortfassung gebraucht worden, so würde dieselbe die Mißdeutung ermöglicht haben, als habe das Gesetz die Buchführung im Sinne der Buchhalterei zu einer körperlich und persönlich von den Vorstandsmitgliedern auszuübenden Funktion erheben wollen, während überall nur die volle persönliche Verantwortlichkeit der

Vorstandsmitglieder für Dasein und Aufrechterhaltung der gesetzlich vorgeschriebenen buchmäßigen Ordnung ausgesprochen werden sollte. Die Annahme aber erscheint unbedingt ausgeschlossen, daß das Gesetz mit dem Ausdruck „Sorge tragen, daß die Bücher geführt werden", beabsichtigt haben könnte, die Buchführungspflicht, wie sie objektiv für die Aktiengesellschaften besteht, nicht in ihrem vollen gesetzlichen Umfange, sondern in einer irgendwie abgeschwächten Gestalt auf den Vorstand als dessen persönliche Geschäftsführungspflicht zu übertragen.

Und was speziell die Bilanzziehung anlangt, so verpflichtet Art. 239 des H.G.B. allerdings den Vorstand nur zu deren regelmäßiger „Vorlegung", und nicht ausdrücklich zu deren „Anfertigung". Zweifellos bedarf jedoch die hiernach „vorzulegende" Bilanz der allgemein vorgeschriebenen Unterzeichnung (Art. 30 des H.G.B.) durch den Vorstand, und schon hieraus folgt ohne Weiteres, daß Art. 239 des H.G.B. den Vorstand schlechthin dafür haftbar erklärt, daß er der gesetzlichen Pflicht der Bilanzziehung mit den für Aktiengesellschaften speziell vorgeschriebenen Fristen und Formen ordnungsmäßig genügt. Der Gesichtspunkt, daß die Bilanz zu der vom Vorstande als solchem über seine Geschäftsführung regelmäßig zu bewirkenden Rechnungslegung gehört und einen von ihm zu vertretenden Rechnungsausweis darstellt, tritt in der Fassung, welche Art. 239 des H.G.B. im Gesetz vom 18. Juli 1884 (Reichsgesetzbl. S. 123) erhalten hat, noch unzweideutiger hervor. Was aber von der Bilanz überhaupt gilt, gilt auch von der Eröffnungsbilanz, welche gesetzlich die Grundlage aller späteren Jahresbilanzen abgiebt und im Art. 29 des H.G.B. den Handelsgesellschaften wie dem Einzelkaufmann gleichmäßig zur Pflicht gemacht ist.

Das Gesetz unterscheidet nicht und kann nicht unterscheiden, ob der Vorstand einer Aktiengesellschaft thatsächlich und nach Maßgabe des Gesellschaftsvertrages sich aus einer Mehrheit von Personen zusammensetzt, oder nur durch eine Person repräsentirt wird. Die öffentlich-rechtliche Verpflichtung zur Buchführung und Bilanzziehung, welche hier in Frage steht, hat das Gesetz dem Vorstande als solchem aufgebürdet; sie lastet gleichmäßig auf jeder mit den Rechten und Pflichten des Vorstandes ausgestatteten Person. Daraus aber folgt mit Nothwendigkeit, daß die Geschäfts- oder Arbeitstheilung, welche bei einer Mehrheit von Vorstandsmitgliedern unter ihnen gewillkürt ist, gleichviel ob solche Arbeitstheilung schon durch den Gesellschaftsvertrag festgesetzt oder auf Grund des letzteren durch Beschlüsse der Gesellschaftsorgane eingeführt ist, keinen rechtlichen Einfluß auszuüben vermag auf Befreiung oder Abminderung der jedem Vorstandsmitgliede als solchem vom Gesetz unbedingt auferlegten öffentlich-rechtlichen Pflichten. Noch weniger kann davon die Rede sein, daß die gesetzlich zulässige Anstellung von Gesellschaftsbeamten oder Bestellung von Handelsbevollmächtigten (Art. 234 des H.G.B.) die hier fragliche Verantwortlichkeit des Vorstandes irgendwie zu alteriren im Stande wäre. Welche Wirksamkeit derartigen statutarischen Abmachungen oder Einrichtungen innerhalb der Sphäre des bürgerlichen Rechts für die Bestimmung der civilrechtlichen Haftbarkeit einzelner oder aller Vorstandsmitglieder aus ihrer Geschäftsführung den Aktionären gegenüber einzuräumen ist, kann hier unerörtert bleiben. Gewiß ist, daß die kaufmännische Pflicht der

Aktiengesellschaft zur Buchführung und Bilanzziehung weder an sich noch in Gestalt der vom Art. 239 des H.G.B. geschaffenen Vorstandsverantwortlichkeit irgendwie bedingt oder begrenzt ist durch das Interesse der Aktionäre und durch das Rechtsverhältniß, welches zwischen Vorstand und Aktionären besteht. Jene Verpflichtungen ruhen vielmehr, wie schon oben hervorgehoben, auf den öffentlichen Interessen des Rechtsverkehrs, des Kreditwesens überhaupt, und auf der Grundlage einer absolut gebietenden Gesetzesnorm. Deshalb ist die mit jenen Pflichten verknüpfte öffentlich-rechtliche Verantwortlichkeit in ihrem Bestande und in ihrem Umfange jeder Einwirkung privater Autonomie schlechthin entrückt.

Nun verordnet § 214 der R.Konk.O. bezüglich der Mitglieder des Vorstandes einer Aktiengesellschaft, daß gegen sie die Strafvorschriften der §§ 209—211 der R.Konk.O. Anwendung erleiden sollen, „wenn sie in dieser Eigenschaft die mit Strafe bedrohten Handlungen begangen haben.“ Bis zum Inkrafttreten der R.Konk.O. vom 10. Februar 1877 stand der Anwendbarkeit der Strafvorschriften des R.Str.G.B. gegen den kaufmännischen Bankerutt auf die Vorstandsmitglieder von Aktiengesellschaften, eingetragene Genossenschaften ꝛc. das rechtliche Bedenken entgegen, daß jene Strafvorschriften Personenidentität zwischen demjenigen, der seine Zahlungen einstellt, und demjenigen, welcher die Bankerutthandlung verübt, vorauszusetzen schienen, eine Identität, welche bezüglich der in Konkurs verfallenen Gesellschaften und ihrer Vorstandsmitglieder verneint werden mußte (Plenarerkenntniß des Preuß. Ob.Trib. vom 9. November 1874; Oppenhoff, Rechtsprechung Bd. XV S. 753; Goltdammer's Archiv für Strafrecht Bd. XXIII S. 31 f.).

Wesentlich, um diesen Bedenken zu begegnen und die „unmittelbare“ Anwendbarkeit der §§ 209—211 der R.Konk.O. auf die Repräsentanten der Aktiengesellschaften ꝛc. als voll verantwortliche Träger der juristischen Persönlichkeit der letzteren zu sichern, erging nach der ausgesprochenen Absicht der Motive (Hahn, Materialien zur R.Konk.O. Bd. IV S. 406) der § 214 der R.Konk.O. Aus diesen Motiven ergiebt sich zugleich, was ohnehin schon aus dem allgemein für anwendbar erklärten § 210 der R.Konk.O. folgt, daß die Gesetzgebung bewußt bestrebt war, gerade auch dem „leichtfertigen“ Gebahren der Vorstandsmitglieder strafrechtlich vorzubeugen, während man im § 212 der R.Konk.O. gegen fraudulose Handlungen derselben schon einigen Schutz zu besitzen glaubte. Nichts aber in der Entstehungsgeschichte des § 214 der R.Konk.O. deutet auch nur entfernt darauf hin, daß die unmittelbare Anwendbarkeit der hauptsächlich gegen kaufmännische Leichtfertigkeit bestimmten Ordnungsvorschriften der § 210 Nr. 2 und 3 der R.Konk.O. auf die Vorstandsmitglieder von Aktiengesellschaften irgendwie nur als eine noch von besonderen vertragsmäßigen Voraussetzungen abhängige oder sonst invidell eingeschränkte beabsichtigt worden wäre. Gegen jede solche Unterstellung spricht von vornherein die Thatsache, daß die Entstehung der R.Konk.O. in eine Zeit fällt, in der die ausgesprochene Tendenz der Gesetzgebung vorherrschte, die Verantwortlichkeit des Vorstandes von Aktiengesellschaften nicht abzuschwächen, sondern zu verschärfen.

Am allerwenigsten vermag der Wortlaut des § 214 der R.Konk.O. eine Handhabe für eine einschränkende Auslegung der Strafnorm in ihrer

Beziehung auf Buchführung und Bilanzanfertigung darzubieten. Die Wortfassung, „wenn sie in dieser Eigenschaft die mit Strafe bedrohten Handlungen begangen haben", schließt für den Thatbestand des § 214 der R. Konk. O. im Allgemeinen zwei Requisite ein: 1) die fragliche Bankerutthandlung, wie sie in den §§ 209—211 der R. Konk. O. normirt ist, muß von einem Vorstandsmitgliede „begangen" sein und 2) der Thäter muß das fragliche Bankeruttdelikt „in seiner Eigenschaft" als Vorstandsmitglied begangen haben. Wo also das fragliche Bankeruttdelikt zu seinem Thatbestand einen bestimmten Vorsatz oder einen positiven individuellen Thätigkeitsakt des Delinquenten voraussetzt (§§ 209 Nr. 1—4, 210 Nr. 1 der R. Konk. O.), kann selbstredend nur bei denjenigen Vorstandsmitgliedern von der Anwendung der betreffenden Strafnorm die Rede sein, in deren Person die subjektiven und objektiven Thatbestandsmerkmale strafbarer Bankeruttbegangenschaft sich erfüllen. Der Thatbestand des § 210 Nr. 2 und 3 der R. Konk. O. dagegen verlangt weder einen strafbaren Vorsatz, noch auch (von der „Verheimlichung" und „Vernichtung" der Handelsbücher abgesehen) irgend einen positiven Thätigkeitsakt; er enthält wesentlich ein Unterlassungsdelikt, bestehend in der Verabsäumung der handelsgesetzlichen Pflichten ordentlicher, den Vermögenszustand klarstellenden Buchführung und rechtzeitigen regelmäßigen Bilanzziehung.

Verpflichtet nun, wie oben dargelegt ist, das Gesetz jedes Vorstandsmitglied ohne Weiteres persönlich zur Erfüllung derjenigen kaufmännischen Obliegenheiten, welche bezüglich der Buchführung und Bilanzziehung gesetzlich auf der Gesellschaft lasten, so folgt daraus, daß jedes Vorstandsmitglied der Strafbestimmung des § 210 Nr. 2, 3 der R. Konk. O. unterliegt, wenn es diese ihm gesetzlich auferlegte Vorstandspflicht verletzt hat. Eine solche Pflichtverletzung aber liegt gleichmäßig vor, ob nun gänzliche Unterlassung jeder Buchführung oder nur eine ungenügende, unordentliche, unübersichtliche Buchführung in Frage steht. Der Unterschied zwischen Omissionen der ersteren und der letzteren Art ist nur ein quantitativer. Und so unbedenklich dem Einzelkaufmann im Sinne des § 210 Nr. 3 der R. Konk. O. zur Last gelegt werden muß, die Handelsbücher unordentlich „geführt zu haben", sobald deren unordentliche, keine Uebersicht des Vermögenszustandes gewährende Beschaffenheit feststeht, gleichviel ob er thatsächlich die Buchführung persönlich und eigenhändig besorgt oder dieselbe einem Dritten überlassen hat, so unbedenklich haftet an sich auch jedes Vorstandsmitglied für die fraglichen Unordnungen der Buchführung, ohne Rücksicht darauf, ob nach Gesellschaftsvertrag oder statutarischen Einrichtungen die Führung der Handelsbücher der Gesellschaft unmittelbar nur *einem* Vorstandsmitgliede ausschließlich, oder ob sie einem hierfür speziell bestellten Gesellschaftsbeamten übertragen worden ist. Was handelsgesetzlich und strafrechtlich gefordert wird, ist nicht die an sich absolut bedeutungslose Thatsache der Anstellung eines Buchhalters oder der Existenz irgend welcher Handelsbücher, sondern eine ordnungsgemäße, den Vermögenszustand der Gesellschaft stetig und vollständig erkennen lassende Buchführung. Hierfür ist der Vorstand als solcher nach Art. 239 des H. G. B. verantwortlich, und hierfür haftet er strafrechtlich nach §§ 210 Nr. 2, 214 der R. Konk. O.

Nach alledem hat der Instanzrichter mit Recht die unbestritten feststehende Eigenschaft des Angeklagten als Vorstand der Aktiengesellschaft

„Hannöversche Torfwerke" für sich allein als genügend erachtet, um die Verantwortlichkeit des Angeklagten für die Erfüllung der der genannten Gesellschaft gesetzlich obliegenden Pflichten der Buchführung und der Bilanzziehung im Allgemeinen als hergestellt anzusehen. Im Besonderen erklärt das angefochtene Urtheil aber auch für erwiesen, daß die festgestellten Mängel der Handelsbücher durch pflichtwidriges Verhalten des Angeklagten verursacht worden sind, daß er es verabsäumt hat, den unfähigen Buchhalter durch eine geeignetere Persönlichkeit zu ersetzen. Damit ist zugleich diejenige schuldhafte Pflichtverletzung festgestellt, welche der Thatbestand einfachen Bankerutts an sich voraussetzt."

4. Handelsgesetzbuch.

5. **Auch die mündliche Vereinbarung zwischen den Gesellschaftern einer offenen Handelsgesellschaft, daß ein Gesellschafter von einem bestimmten Zeitpunkt an nur noch stiller Gesellschafter sein solle, entbindet Letzteren von der Mitverpflichtung zur Buchführung und Bilanzziehung von dem mündlich vereinbarten Zeitpunkt des Ausscheidens aus der offenen Gesellschaft an, nicht erst von dem Zeitpunkt der Anzeige seines Ausscheidens bei der Firmenbehörde an.** Urth. des I. Strafsenats vom 25. Januar 1886 wider S. Vorinstanz: L.G. Duisburg. Aufhebung. (15/86.)

Der Angeklagte rügt, die Strafkammer habe seine Behauptung, zwischen ihm und seinem Bruder sei bereits im Jahre 1877 mündlich vereinbart worden, daß er von da ab nur stiller Gesellschafter sein solle, mit Unrecht als rechtlich unerheblich zurückgewiesen, weil eine derartige Vereinbarung in das Handelsregister nicht eingetragen worden sei. Dieser Entscheidungsgrund wird als rechtsirrthümlich bezeichnet und geltend gemacht, die Annahme der Strafkammer, eine mündliche Vereinbarung zwischen dem Angeklagten und seinem Bruder habe den Austritt des Ersteren aus der zwischen den beiden Brüdern bestandenen Handelsgesellschaft nicht herbeiführen können, beruhe auf einer Verkennung der in den Art. 123 Ziff. 4 und 129 des H.G.B. enthaltenen Vorschriften.

„Die Beschwerde erscheint gerechtfertigt. Gegen den Angeklagten wurde das Hauptverfahren eröffnet, weil er hinreichend verdächtig sei, zu M. als Schuldner, über dessen Vermögen am 8. April 1884 das Konkursverfahren eröffnet sei, 1) Handelsbücher, deren Führung ihm gesetzlich obgelegen habe, so unordentlich geführt zu haben, daß sie keine Uebersicht seines Vermögensstandes gewährten; 2) gegen die Bestimmung des H.G.B. unterlassen zu haben, die Bilanz seines Vermögens in der vorgeschriebenen Zeit zu ziehen. Diese Anklage wurde darauf gestützt, daß seitens der unter der Firma „Gebrüder S." bestehenden offenen Handelsgesellschaft, deren Theilhaber der Angeklagte gewesen, in der Zeit von 1877—1883 nicht jährlich die Bilanz gezogen worden, zudem auch die Buchführung so unordentlich bewerkstelligt worden sei, daß eine Uebersicht des Vermögenszustandes dadurch nicht gewährt werde.

Damit der Angeklagte nach § 210 Ziff. 2, 3 der R.Konk.O. verurtheilt werden konnte, mußte hiernach festgestellt werden, derselbe sei in der Zeit von 1877—1883 Theilhaber der offenen Handelsgesellschaft und als solcher verpflichtet gewesen, die Bücher der Gesellschaft zu führen und die Bilanz über deren Vermögen zur vorgeschriebenen Zeit zu ziehen.

Nun hat der Angeklagte, wie sich aus den Urtheilsgründen ergiebt, zu seiner Vertheidigung geltend gemacht, nach der zwischen ihm und seinem Bruder getroffenen Vereinbarung sei er vom Jahre 1877 an nicht mehr Theilhaber der offenen Handelsgesellschaft, sondern nur stiller Gesellschafter gewesen.

Nach Art. 123 Ziff. 4 des H.G.B. wird die offene Handelsgesellschaft durch gegenseitige Uebereinkunft der Gesellschafter aufgelöst. Auch genügt ein solches Uebereinkommen nach den Vorschriften dieses Gesetzbuches, um das Ausscheiden eines Gesellschafters in wirksamer Weise herbeizuführen. Die Strafkammer hatte sonach zu prüfen, ob der Austritt des Angeklagten aus der Gesellschaft bezw. deren Auflösung wirklich in der von ihm angezogenen Weise geschehen, und ob dieselbe schon vor der Zeit erfolgt sei, in der die in Frage stehenden strafbaren Handlungen begangen worden sind. Eine solche Prüfung ist nach den Urtheilsgründen nicht vorgenommen worden. Vielmehr wurde die Vertheidigung des Angeklagten lediglich mit der Bemerkung zurückgewiesen, jeder Mitinhaber einer Firma sei verpflichtet, die Bücher zu führen und alljährlich die Bücher zu ziehen; nur ein gesetzlicher Grund könne ihn hiervon befreien, ein solcher Entbindungsgrund liege aber nicht vor.

Nach den Urtheilsgründen ist die Strafkammer von der Auffassung ausgegangen, der zwischen den Gesellschaftern nach der Behauptung des Angeklagten getroffenen Vereinbarung sei die rechtliche Wirksamkeit zu versagen, weil sie in die Handelsbücher nicht eingetragen worden sei. Von der Eintragung in das Handelsregister ist in den Urtheilsgründen nicht die Rede. Doch scheint es, daß das Gericht auf die Unterlassung dieser Eintragung Gewicht gelegt hat. Eine derartige Auffassung würde aber als rechtsirrthümlich anzusehen sein, weil das Gesetz die einer Vereinbarung unter den Gesellschaftern beigelegten Wirkungen weder davon abhängig macht, daß dieselbe aus den Büchern ersehen werden kann, noch an die Voraussetzungen knüpft, daß dieselbe in das Handelsregister eingetragen worden ist. Art. 129 Abs. 3 des H.G.B. schreibt zwar vor, daß die Auflösung der Gesellschaft und ebenso das Ausscheiden oder die Ausschließung eines Gesellschafters in das Handelsregister eingetragen werden muß. Aber die Unterlassung dieser Eintragung hat nicht zur Folge, daß die Vereinbarung schlechtweg als unwirksam anzusehen ist. Vielmehr bestimmt Abs. 5 dieses Artikels bloß, daß *dritten Personen* die Auflösung der Gesellschaft bezw. das Ausscheiden oder die Ausschließung eines Gesellschafters aus derselben nur insofern entgegengesetzt werden kann, als hinsichtlich einer solchen Thatsache die Voraussetzungen vorhanden sind, unter welchen nach Art. 25 des H.G.B. bezüglich des Erlöschens der Firma oder der Aenderung ihrer Inhaber die Wirkung gegen Dritte eintritt.

Es wird hiernach der Eintritt der Auflösung der Gesellschaft bezw. das Ausscheiden eines Gesellschafters nicht dadurch gehindert, daß die vorgeschriebene Eintragung in das Handelsregister unterblieben ist. Vielmehr kann dann nach Art. 129 Abs. 5 in Verbindung mit Art. 25 Abs. 2 des H.G.B. der Ausgeschiedene bezw. derjenige, der sich auf die Auflösung der Gesellschaft beruft, Dritten die *eingetretenen Thatsachen* nur insofern entgegensetzen, als er beweist, daß denselben diese Thatsachen bekannt waren. Ist die Behauptung des Angeklagten richtig, so war er hiernach in Folge der mit seinem Bruder getroffenen Uebereinkunft von dem Tage an, an welchem er die Stelle als Direktor der Zeche N. antrat, nicht mehr Theilhaber der Firma „Gebrüder S.". Diese wurde vielmehr von dem Bruder allein fortgeführt.

Wie der Angeklagte durch sein Ausscheiden bezw. die Auflösung der Gesellschaft die ihm vorher in seiner Eigenschaft als Gesellschafter bezüglich der Geschäftsführung zustehenden Befugnisse verlor und nur die Auseinandersetzung der Gesellschaft und Auslieferung seines Antheiles am Gesellschaftsvermögen gemäß Art. 130 ff. des H. G. B. verlangen konnte, so wurde er von dem angegebenen Zeitpunkte an auch der Verpflichtungen entledigt, welche ihm vorher als Gesellschafter nach dem Gesetze oblagen. Insbesondere war er nicht mehr verpflichtet, die Bücher der Firma zu führen und über deren Vermögen Bilanzen zu ziehen.

Die Vorschriften in Art. 129 Abs. 5 und Art. 25 Abs. 2 und 3 des H. G. B. beziehen sich auf diese Wirkungen der Auflösung der Gesellschaft und des Ausscheidens aus derselben nicht, sondern regeln nur die Frage, inwiefern den Gesellschaftsgläubigern gegenüber die Abänderungen der früher bestehenden, bei Begründung der Gesellschaft in das Handelsregister einzutragenden Verhältnisse geltend gemacht werden kann. Eine Fortdauer der Verpflichtung zur Buchführnng und Bilanzziehung mit Rücksicht auf die strafrechtliche Verantwortlichkeit kann aus den erwähnten Vorschriften nicht gefolgert werden."

Reichsrecht.

1. Handelsrecht und Aktiengesetz von 1884.

147. **1) Das Nachbezugsrecht des Dividendenscheininhabers, insbesondere nach Auflösung der Aktiengesellschaft** (Art. 222 des H.G.B., Aktiengesetz von 1884, Art. 224). **2) Rückzahlungspflicht des Dividendenscheininhabers, wenn er selbst oder seine Besitzvorgänger statutenwidrig Dividendenzahlung beschlossen und empfingen** (Art. 218 des H.G.B.). Urth. des I. Civilsenats vom 30. September 1886 in Sachen der Berliner Handelsgesellschaft in Berlin, Klägerin, Revisionsklägerin und Revisionsbeklagte, wider die Märkisch-Posener Eisenbahngesellschaft in Liquidation und den preußischen Eisenbahnfiskus, Beklagte, Revisionsbeklagte und Revisionskläger. Vorinstanzen: L.G. Berlin I, Kammerger. Berlin. Aufhebung und Zurückverweisung auf die Revision der Beklagten. (I, 204/85.)

Nachdem das Eisenbahnunternehmen der Märkisch-Posener Eisenbahngesellschaft durch Vertrag vom 14. November 1881 (Preuß. Gesetzsamml. 1882 S. 81) und Gesetz vom 28. März 1882 (das. S. 21) auf den Preuß. Staat übergegangen und zum 1. Januar 1883 die Auflösung der Gesellschaft erfolgt war, erhob die Klägerin als Inhaberin von 100 Stück Dividendenscheinen von Stamm-Prioritätsaktien derselben für das Jahr 1873 und 59 Stück solcher Scheine für das Jahr 1874 Klage gegen 1) die in Liquidation befindliche Aktiengesellschaft und 2) gegen den Preuß. Eisenbahnfiskus mit dem Antrage, die Beklagten solidarisch zu verurtheilen: „den Nominalbetrag der — in einem der Klage beigefügten Verzeichniß nach Nummern bezeichneten — Dividendenscheine, soweit derselbe nicht bereits gezahlt ist, in Höhe von 4450 ℳ nebst 6% Zinsen seit der Klagzustellung an die Klägerin zu zahlen; eventuell a) gegen entsprechende Abstempelung dieser Scheine 2926 ℳ nebst 6% Zinsen seit der Klagzustellung an die Klägerin zu zahlen; b) über die Betriebsergebnisse des Jahres 1883 und der folgenden Jahre bis zur Tilgung der Dividendenscheine Rechnung zu legen und an die Klägerin außer den zu a gedachten 2926 ℳ für das Betriebsjahr 1883 und die folgenden Jahre bis zur gänzlichen Tilgung dieser Scheine alljährlich diejenige Summe zu zahlen, welche darauf nach Tilgung der Verwaltungskosten der Bahn, der Obligationszinsen und 1087500 ℳ laufender Dividende der eingelösten Stamm-Prioritäten bei gleichmäßiger Vertheilung an sämmtliche Inhaber der nachbezugsberechtigten Dividendenscheine der Jahre 1873 und 1874 entfällt.

Das Gericht erster Instanz, das L.G. I Berlin, wies durch Urtheil vom 18. November 1884 die Klage gegen den Beklagten zu 2 ab, verurtheilte dagegen die Beklagte zu 1, 4450 ℳ nebst 6 % Zinsen seit dem 19. Mai 1884 — dem Tage der Klagezustellung — an die Klägerin zu zahlen und die Kosten des Rechtsstreites zu tragen. Gegen dieses Urtheil legten beide Parteien Berufung ein. Die Klägerin beantragte, auch den Beklagten zu 2 nach dem Klageantrage zu verurtheilen, wogegen beklagterseits beantragt wurde, die Klage auch der Beklagten zu 1 gegenüber lediglich abzuweisen.

Das B.G. des Kammerger. Berlin änderte durch ein am 9. April 1885 verkündetes Urtheil das Erkenntniß erster Instanz ab, indem es 1) die Beklagten zu 1 und 2 solidarisch verurtheilte, 2926 ℳ nebst 6 % Zinsen seit dem 19. Mai 1884 an die Klägerin als Inhaberin der eingeklagten Dividendenscheine gegen entsprechende Abstempelung zu zahlen; 2) mit den weitergehenden Anträgen Klägerin und Beklagte abwies.

Gegen das B.U. haben sowohl Klägerin als die Beklagten zu 1 und 2 Revision eingelegt.

„I. Die Revision der Klägerin ist unbegründet.

Nach § 23 des Statutes der mitbeklagten Eisenbahngesellschaft sollte der jährliche Reinertrag in der Weise vertheilt werden, daß zuvörderst die Inhaber der Stamm-Prioritäts-Aktien 5 % des Nominalbetrages ihrer Aktien, demnächst die Inhaber der Stammaktien das Uebrige bis zur Höhe von $6^2/_8$ % erhielten; unter Nr. 3c war sodann bestimmt: „Sollte in einem oder dem anderen Jahre der Reinertrag nicht ausreichen, um den Inhabern der Stamm-Prioritäts-Aktien die Dividende von 5 % zu gewähren, so wird das Fehlende aus dem Reinertrage des oder der folgenden Jahre nachgezahlt und die Inhaber der Stammaktien erhalten nicht eher eine Dividende, als bis diese Nachzahlung vollständig geleistet ist."

Auf Grund dieser Bestimmung fordert die Klägerin als Inhaberin von Dividendenscheinen von Stamm-Prioritäts-Aktien für 1873 und 1874 von der in Liquidation befindlichen Gesellschaft und dem Preußischen Staate 5 % des Nominalbetrages dieser Aktien abzüglich des darauf Gezahlten, und zwar in erster Reihe alsbaldige Zahlung des gesammten Restbetrages, eventuell allmähliche Abzahlung desselben aus den durch Rechnungslegung nachzuweisenden Ueberschüssen der Betriebsjahre 1883 und ff.

Das B.G. hat diesen Anspruch als unbegründet abgewiesen, weil ihm der Inhalt des von der Gesellschaft mit dem Preußischen Staate geschlossenen Vertrages vom 14. November 1881 entgegenstehe, nach welchem eine Dividendenzahlung zur Erfüllung der zugesicherten 5 % nicht stattfinde.

Die Klägerin ficht diese Entscheidung um deswillen an, weil nicht die Aktie, sondern der Dividendenschein der Träger des Nachbezugsrechtes sei, hieraus aber folge, daß durch Beschlüsse der Generalversammlung der Aktiengesellschaft die Rechte der Besitzer von Dividendenscheinen der früheren Jahre nicht geschmälert werden können; es habe der Aktiengesellschaft freigestanden, ihr Unternehmen zu veräußern, aber unbeschadet ihrer Verpflichtung, den Besitzern von Dividendenscheinen für 1873 und 1874 nach Maßgabe des § 23 Nr. 3c des Statuts, sowie des denselben erläuternden Generalversammlungsbeschlusses vom 22. April 1876 zu haften.

Es ist der Klägerin zuzugeben, daß — nach dem Ausdrucke des vormaligen R.O.H.G. (Entsch. Bd. XXII S. 365) — nicht die Aktie, sondern der Dividendenschein des Ausfallsjahres der Träger des entsprechenden Nachbezugsrechtes ist, und daß dieses Recht, wie das Recht des Aktionärs auf Gewährung seines statutenmäßigen Antheils am erzielten Gesellschaftsgewinn, zu den Rechten der Einzelnen gehört, welche durch Gesellschaftsbeschluß nicht entzogen oder geschmälert werden können. Aber das Nachbezugsrecht ist seinem Inhalte nach so beschaffen, daß seine Verwirklichung durch die Beschlüsse der Gesellschaft beeinflußt wird. Zugesichert ist die Nachzahlung des am Betrage von 5 % Fehlenden aus dem Reinertrage des oder der folgenden Jahre. Das Nachbezugsrecht ist also dadurch bedingt, daß in der Folgezeit Reingewinn erzielt wird. Darauf aber, daß Reingewinn erzielt werde, steht nicht einmal dem Aktionär, mithin um so weniger einem Dividendenscheinbesitzer, welcher nicht Aktionär ist, ein individuelles Recht zu. Vielmehr entscheidet darüber, ob überhaupt und in welcher Weise das Unternehmen der Aktiengesellschaft zur Erzielung von Gewinn betrieben werden soll, lediglich der Wille der Organe der Gesellschaft. Fassen diese in gesetz- und statutenmäßiger Weise einen Beschluß, welcher nach Ansicht der Nachbezugsberechtigten ihre Aussicht auf Nachzahlung beeinträchtigt, so steht Letzteren kein Mittel zu, dem Beschlusse entgegenzutreten, da der Dividendenscheinbesitzer als solcher überhaupt kein Recht hat, sich in die Geschäfte der Gesellschaft einzumischen, und, wenn er zugleich Besitzer der Aktie ist, als Aktionär in Beziehung auf die Führung der Geschäfte der Gesellschaft nach Art. 224 des H.G.B. (Art. 221 des Reichsgesetzes vom 18. Juli 1884) sich dem von der Gesammtheit der Aktionäre in der Generalversammlung gefaßten Beschlusse zu unterwerfen hat. Daher ist der Vertrag vom 14. November 1881 auch für die Inhaber von Dividendenscheinen früherer Jahre durchgreifend. Nach diesem Vertrage und nachdem die Aktiengesellschaft gemäß § 7 desselben zum

1. Januar 1883 aufgelöst ist, kann die Bedingung, unter welcher nach § 23 Nr. 3c des Statutes das Nachbezugsrecht stattfinden soll, nicht mehr eintreten. Die Gesellschaft betreibt das Unternehmen nicht mehr; ein Reinertrag im Sinne des § 23 Nr. 3c ihres Statutes wird nicht mehr erzielt; der Ertrag, welchen der Staat als Eigenthümer der Bahn aus dem Betrieb derselben erzielt, kann mit dem vertheilungsfähigen Reingewinn der Gesellschaft nicht identifizirt werden.

Vergebens macht Klägerin geltend, daß die Bedingung ihres Nachbezugsrechtes, obschon nicht eingetreten, doch nach § 105 Th. I Tit. 4 des Allg. L.R. für erfüllt anzusehen sei, weil die Gesellschaft den Eintritt derselben vorsätzlich verhindert habe. Nach dieser mit dem Gemeinen Recht (l. 85 § 7 de V. O. 45, 1; l. 24 de cond. et demonst. 35, 1; l. 161 de R. J.) übereinstimmenden Vorschrift genügt, um die Bedingung als erfüllt anzusehen, nicht die bloße Thatsache der Verhinderung der Erfüllung der Bedingung, sondern es ist ein unredliches Verhalten des bedingt Verpflichteten erforderlich, wenn auch nicht ein solches, dessen nächster Zweck in der Vereitelung der Bedingung besteht, doch ein bewußt pflichtwidriges, insbesondere bei Vertragsverhältnissen ein dem Sinne des Vertrages zuwiderlaufendes Eingreifen in den Gang der Bedingung, wie von dem R.G. bereits öfter sowohl nach Gemeinem Recht (vergl. Urth. des I. Civilsenats vom 22. September 1880 in Sachen Haarbleicher & Schumann wider Albrecht, Rep. I, 145/80, wie nach Preuß. Recht, vergl. Urtheil desselben Senates vom 8. November 1882 in Sachen der Cuxhavener Eisenbahn-, Dampfschiff- und Hafenaktiengesellschaft wider Kraus, Rep. I, 390/82" (Annalen Bd. IX S. 463) „ausgesprochen worden ist. Eine Zuwiderhandlung gegen den Gesellschaftsvertrag hat aber von Seiten der mitbeklagten Gesellschaft nicht stattgefunden; der Vertrag vom 14. November 1881 entspricht unbestritten dem Statut der Gesellschaft, welches in § 32 Nr. 4, 7, 8, § 37 bestimmt, daß über die Uebertragung des Betriebes an den Staat, über den Verkauf der Bahn und die Auflösung der Gesellschaft die Generalversammlung mit einer Mehrheit von zwei Dritteln der anwesenden oder vertretenen Stimmen beschließt, ohne eine Sonderabstimmung der Prioritätsaktionäre zuzulassen oder die Zustimmung der Nachbezugsberechtigten zu erfordern.

Die Klage auf Zahlung des zur Tilgung voller 5 % des Nominalbetrages der Stamm-Prioritäts-Aktien für die Betriebsjahre 1873 und 1874 noch erforderlichen Betrages ist demnach, sowohl in ihrer ersten als in ihrer eventuellen Richtung, mit Recht abgewiesen worden.

II. Die Revision der Beklagten erscheint begründet.

Zwar ist dem B.G. darin beizutreten, daß der von der Klägerin eventuell geltend gemachte Anspruch auf Zahlung desjenigen Betrages, welcher bei der Vertheilung des Reinertrages der Betriebsjahre 1873 und 1874 auf die im Besitze der Klägerin befindlichen Dividendenscheine entfallen wäre, wenn dabei der am 24. April 1876 in das Handelsregister eingetragene Generalversammlungsbeschluß bereits in Anwendung gebracht worden wäre, an sich beiden Beklagten gegenüber gerechtfertigt ist.

Dagegen hat die von den Beklagten diesem Anspruch entgegengesetzte Einrede eine genügende Beurtheilung in dem angefochtenen Urtheil nicht gefunden. Beklagte haben behauptet, daß Klägerin als Inhaberin der Prioritäts-Stamm-Aktien, deren Scheine sie im gegenwärtigen Rechtsstreite eingeklagt hat, im Jahre 1874 und 1875 die jetzt geforderte Dividende auf die Dividendenscheine dieser Aktien von 1871 und 1872 empfangen habe, eventuell, daß, falls Klägerin damals noch nicht Inhaberin der Aktien beziehungsweise der Dividendenscheine gewesen sein sollte, die früheren Eigenthümer der vorbezeichneten Aktien und jetzt eingeklagten Dividendenscheine im Jahre 1874 und 1875 die jetzt geforderte Dividende auf die damals in ihrem Besitz befindlichen von 1871 beziehungsweise 1872 rückständigen Dividendenscheine ausgezahlt erhalten haben.

Hätte diese Einrede den Sinn, daß Beklagte die Forderung auf Zurückerstattung der auf die Dividendenscheine von 1871 und 1872 irrthümlich gezahlten Dividenden kompensationsweise der Klageforderung entgegensetze, so würde die Verwerfung derselben auf Grund des Art. 218 des H.G.G. gerechtfertigt sein. Die Einrede ist aber nicht, oder doch nicht allein in diesem Sinne geltend gemacht; die Beklagten entnehmen vielmehr im Anschluß an die Entscheidungsgründe des" (in den Annalen Bd. VII S. 354 ff., 453 ff.; Entscheidungen Bd. IX S. 36 abgedruckten) „Urtheils des R.G. aus den von ihnen behaupteten Thatsachen den Einwand, daß Klägerin oder eventuell deren Vorbesitzer durch Empfangnahme der auf die Dividendenscheine von 1871 und 1872 in den Jahren 1874 und 1875 nachgezahlten Beträge die statutenwidrige Vertheilung des Reingewinnes der Betriebsjahre 1873 und 1874 genehmigt haben und Klägerin deshalb jetzt nicht eine statutenmäßige anderweite Vertheilung dieses Reingewinnes fordern könne. Das B.G. verwirft diese Einrede wegen Unzulänglichkeit der thatsächlichen Begründung und des Beweisantrittes durch Eideszuschiebung. Die von den Beklagten hiergegen erhobene Rüge ungenügender Begründung (§ 513 Nr. 7

der C. P. O.) erscheint gerechtfertigt. Es ist nicht berücksichtigt, daß Beklagte zuvörderst behauptet und unter Eid gestellt haben, daß Klägerin selbst auf die bezeichnete Weise die vorgenommene Gewinnvertheilung genehmigt habe. Dies ist nicht blos hypothetisch, sondern bestimmt behauptet und die zum Beweise dieser Behauptung zur Hand genommene Eideszuschiebung nach § 410 der C. P. O. nicht unzulässig. Was ferner die eventuelle Behauptung betrifft, daß Vorbesitzer der Klägerin auf die bezeichnete Weise die vorgenommene Gewinnvertheilung genehmigt haben, so sind diese Personen zwar im Thatbestande nicht näher bezeichnet; dagegen finden sich in dem vorbereitenden Schriftsatze vom 28. August 1884 nähere Angaben hierüber, welche im Thatbestande des Urtheils erster Instanz, auf welchen das B. U. verweist, in Bezug genommen worden sind, und über welche ebendaselbst durch Benennung von Zeugen Beweis angetreten worden ist. Es lagen demnach von Seiten der Beklagten Behauptungen vor, welche genügenden Anlaß gaben, in eine Beurtheilung der Erheblichkeit derselben nöthigenfalls unter Ausübung des richterlichen Fragerechts einzutreten und erforderlichenfalls zu einer Beweisaufnahme zu schreiten."

148. **Nur ein unredliches Verhalten des Versicherten, nicht schon jede Unachtsamkeit und Fahrlässigkeit desselben bei Schadensdeklarationen, führt den Verlust der Versicherungsrechte desselben herbei** (Art. 271, 277, 278, 279 des H. G. B.). Urth. des III. Civilsenats vom 22. September 1885 in Sachen der Allg. Vers.-Akt.-Ges. U. zu B., Beklagte und Revisionsklägerin, wider die Sparkasse zu H. und Gen., Kläger und Revisionsbeklagte. Vorinstanz: O. L. G. Celle. Verwerfung. (III, 122/85) *).

„Wenn der B. R. in den Entscheidungsgründen bemerkt, daß aus dem durch das Pfändungsprotokoll konstatirten Verkauf sämmtlicher Mobilien des Versicherten nichts zu Gunsten der Beklagten gefolgert werden könne, so wird dadurch die getroffene Entscheidung in genügender Weise motivirt, da jene Behauptung lediglich in dem Zusammenhange vorgebracht ist, daß H. (der Versicherte) Gegenstände als verbrannt deklarirt habe, die er gar nicht mehr besessen habe. Ein Mangel der Motivirung liegt daher nicht vor. Vielmehr stützt sich dieselbe hier wie in den anderen Punkten im Wesentlichen darauf, daß nach der ganzen Sachlage die Unrichtigkeit

*) Zu vergl. auch die grundsätzlich gleichartige Entscheidung nach Rheinischem Recht (Art. 1134 des Code civil) unten Fall 185 S. 396.

der Schadensliquidation auf eine Unredlichkeit des Klägers nicht zurückgeführt werden könne. Diese Annahme beruht aber lediglich auf thatsächlicher Würdigung, während die daraus gezogene Folgerung keinen Rechtsverstoß involvirt und namentlich die Ansicht des B.R., daß in der Regel nur ein unredliches Verhalten des Versicherten, nicht aber jede Unachtsamkeit und Fahrlässigkeit desselben bei der Schadensdeklaration geeignet ist, einen Präjudizfall zu begründen, den Grundsätzen über die Auslegung derartiger statutarischer Bestimmungen durchaus entspricht" (Annalen Bd. VIII S. 332, Bd. IX S. 224, Bd. X S. 371; Entsch. des R.G. bei Seuffert 38 Nr. 58).

149. Wirkungen eines anerkannten Kontokorrentsaldo's, insbesondere gegenüber Kompensations- und Zahlungseinreden (Art. 291 des H.G.B.). Urth. des III. Civilsenats vom 18. September 1885 in Sachen J. E. zu F., Beklagten und Revisionsklägers, wider den Vorschußverein R., Kläger, Revisionsbeklagten. Vorinstanz: O.L.G. Kassel. Verwerfung. (III, 114/85.)

„Der B.R. hat aus den beiden Briefen des Beklagten vom 23. Juni 1879 und 7. Mai 1882 die Folgerung gezogen, daß der Beklagte seine Schuld, wie sie in dem ihm zugesandten Rechnungsauszug vom zweiten Halbjahr 1878 berechnet war, als richtig anerkannt habe. Ein rechtliches Bedenken besteht gegen diese Folgerung ebensowenig als gegen die weitere Annahme des vorigen Richters, daß der Beklagte nicht im Irrthum sein Anerkenntniß abgelegt habe.

Darnach ist der Beklagte nicht mehr in der Lage, den von ihm anerkannten Schlußsaldo mit der Behauptung, daß er noch weitere Zahlungen geleistet, als irrthümlich anzufechten, er kann aber auch nicht verlangen, daß die angeblichen Zahlungen zur Kompensation gegen die klägerische Saldoforderung zugelassen werden.

Nach seinem eigenen Vorbringen hat er die fraglichen — auf fast 10 Jahre zurückreichenden Zahlungen in keiner anderen Absicht geleistet, als daß sie ihm in seinem Kontokorrente gutgeschrieben werden. Er behauptet also nicht, daß er mittelst derselben anderweite Schuldposten habe tilgen oder daß er die Klägerin in Betreff specieller Leistungen abschlägig habe befriedigen wollen; vielmehr handelt es sich nach dem betreffenden Vorbringen um gewöhnliche Leistungen des Beklagten innerhalb des zwischen ihm und der Klägerin bestehenden Kontokorrentverhältnisses.

Die eigenthümliche Natur dieses Verhältnisses bringt es mit sich, daß die beiderseitigen Leistungen innerhalb der Rechnungsperioden als ein Ganzes aufzufassen sind und daß nach Ziehung und Anerkennung des Saldos alle demselben unterliegenden Posten in ihm aufgehen und an deren Stelle eben dieser Saldo als neue selbständige Forderung tritt. Ist daher, wie im vorliegenden Falle, ein Kontokorrentabschluß ohne Irrthum anerkannt, so muß dessen Ergebniß maßgebend sein gegenüber allen Leistungen, welche von dem einen oder anderen Kontrahenten zum Zwecke des Kontokorrentgeschäftes gemacht sein wollen. Es wäre aber ein innerer Widerspruch, wenn diesem Ergebniß gegenüber von einem der Kontrahenten weitere Leistungen zwar nicht direkt, aber indirekt insofern sollten geltend gemacht werden dürfen, daß damit der Saldobetrag auf dem Wege der Kompensation gekürzt würde. Die novirende Kraft, welche in dem ermittelten und ohne Mangel anerkannten Saldo liegt, muß die Kontrahenten verhindern, einzelne Punkte der abgeschlossenen Rechnung nachträglich anzufechten und Rechtsansprüche daraus abzuleiten, sei es in Form einer Zahlungseinrede gegen den Betrag des Saldos, oder in der Form einer zur Kompensation gegen den Saldo gebrauchten Ersatzforderung. Selbstverständliche Voraussetzung dabei ist, daß gewöhnliche Kontokorrentzahlungen, also einfache Rechnungsposten in dem Geschäftsverkehr der Parteien in Frage stehen. Allein der Beklagte behauptet ja nichts anderes, als daß er noch weitere Zahlungen, als ihm gut geschrieben worden, in seinem Kontokorrentverhältniß mit der Klägerin gemacht habe und mit dieser Behauptung ist er nicht mehr zu hören, nachdem er, wie festgestellt ist, den ihm zugesandten Schlußsaldo in rechtsverbindlicher Weise anerkannt hat."

2. Reichs-Genossenschaftsgesetz.

150. **1) Der Verwaltungsrath vertritt nicht die Generalversammlung, auch nicht, wenn er die Dividenden endgültig festzusetzen hatte** (§§ 17—33 des Reichs-Genossenschaftsgesetzes). **2) Beweislast bei der condictio indebiti.** Urth. des III. Civilsenats vom 25. September 1885 in Sachen der Konkursmasse der Volksbank Stuttgart, Klägerin und Revisionsklägerin, wider M. F. das. und Gen., Beklagte und Revisionsbeklagte. Vorinstanz: O.L.G. Stuttgart. Verwerfung. (Das B.G. hatte die Klage abgewiesen.) III, 207/85.

Zu 1. „Der erste Revisionsangriff ist gegen die in Nr. III, 1 der Entscheidungsgründe des B.R. enthaltenen Ausführungen gerichtet, worin derselbe nachzuweisen sucht, daß und inwieweit die Generalversammlung der klagenden Genossenschaft die ihr den Anträgen des

Aufsichtsrathes gegenüber obliegende Pflicht der Prüfung versäumt und deshalb bei Genehmigung der Anträge und Feststellung der betreffenden Jahresdividenden in einem entschuldbaren Irrthum sich nicht befunden habe. Ob dieser Revisionsangriff gerechtfertigt sei, kann unerörtert bleiben, da jedenfalls durch andere Erwägungsgründe des vorigen Richters das klagabweisende Urtheil desselben getragen wird.

Zwar ist die in Nr. III, 2 der Entscheidungsgründe dargelegte Erwägung nicht zu billigen. Stünde nämlich, wie hier unterstellt wird, fest, daß die Generalversammlung in dem Irrthum befangen gewesen, daß der Verwaltungsrath den zu vertheilenden Reingewinn endgültig festzusetzen und sie die Vorlagen desselben ihren Beschlüssen ohne eigene Prüfung zu Grunde zu legen habe, und dürfte weiterhin angenommen werden, daß ein solcher Rechtsirrthum entschuldbar gewesen, so würde der Grund, aus welchem die Vorinstanz auch unter solchen Voraussetzungen die angestellte Klage zurückweisen will, für rechtsirrthümlich zu erklären sein, weil alsdann von dem Rechtssatz: qui facit per alium est perinde ac si faciat per se ipsum eine unrichtige Anwendung gemacht wäre. Denn der Aufsichtsrath vertritt nicht die Generalversammlung, er ist wie diese ein Organ der Genossenschaft. Wäre es daher richtig, daß nicht die Generalversammlung, sondern der Verwaltungsrath die Dividenden endgültig festzusetzen hatte, so würde letzterer doch nicht als Vertreter der Generalversammlung diese Festsetzung vorzunehmen gehabt haben."

Zu 2. „Dagegen hat der B.R. in Nr. III, 3 einen Entscheidungsgrund aufgestellt, welcher zur Abweisung der angestellten Klage führen muß. Hier wird von der Vorinstanz davon ausgegangen, daß der Nachweis zu vermissen sei, daß die Generalversammlung überhaupt aus Irrthum über die Höhe des Reingewinnes die zu vertheilende Dividende auf 8 % festgesetzt habe; die Geschäftsberichte und Bilanzen, auf welche der Verwaltungsrath seine Anträge gründete, haben in keiner Weise ersehen lassen, ob die Effekten nach dem Tageskurse oder zu höherem Werthe in die Bilanz eingestellt waren und welche Forderungen als uneinbringlich oder zweifelhaft behandelt werden sollten; es sei daher nicht ausgeschlossen, daß die Generalversammlung den Vorschlägen des Verwaltungsrathes nicht im Vertrauen auf die Richtigkeit der Bilanzen, sondern vielmehr unbekümmert um deren Richtigkeit, durch den Wunsch und das augenblickliche Interesse, eine hohe Dividende vertheilen zu können, geleitet, ihre Genehmigung ertheilt habe, was für sich zur Abweisung der Klage genüge.

In diesen Ausführungen ist kein Rechtsirrthum zu erkennen. Bei der condictio indebiti gehört der Irrthum des Zahlenden zu den wesentlichen Voraussetzungen des Anspruchs, mithin hat der Kondizirende zu beweisen, daß er irrthümlich eine Nichtschuld bezahlt habe. Dieser Nachweis kann unter Umständen schon darin gefunden werden, daß eine rechtlich nicht existirende Forderung abgetragen wurde, aber er fällt mit dieser Thatsache nicht immer und nicht nothwendig zusammen. Vorliegenden Falls führt der B.R. die besonderen Gründe an, welche nach seiner Meinung dafür sprechen, daß die Generalversammlung, trotzdem sie die Zahlung einer Nichtschuld verfügte, gleichwohl von keiner irrigen Annahme bei Fassung ihrer diesfälligen Beschlüsse ausgegangen ist. Jene Gründe sind wesentlich thatsächlicher Natur und sie lassen sich vom rechtlichen Gesichtspunkte ebensowenig beanstanden, als die vom B.R. daran geknüpfte Folgerung, daß hiernach eine Voraussetzung des Klageanspruchs nicht als dargethan erachtet werden könne."

3. Reichs-Münzgesetz vom 9. Juli 1873.

151. **Durch Annahme von Kouponbogen österreichischer Bahnprioritäten, welche in Betreff des Währungsbetrages der Zinsen einen anderen Inhalt haben als früher, begeben sich deutsche Inhaber der Schuldverschreibungen in keiner Weise der in den Schuldverschreibungen für die Rückzahlung der Schuldverschreibungskapitalien zugesicherten Rechte. Unbeachtlichkeit des Einwandes, daß der deutsche Inhaber seine Schuldverschreibungen von österreichischen, an das Kuratorengesetz gebundenen Gläubigern der Bahn erworben habe, und daher durch Geltendmachung der Differenz zwischen deutscher und österreichischer Währung dolos handele** (Art. 14 §§ 1 und 2 des Reichs-Münzgesetzes). **Urth.** des I. Civilsenats vom 30. September 1885 in Sachen der Kaiser-Ferdinands-Nordbahn zu Wien, Beklagter und Revisionsklägerin, wider S. B. S. zu Berlin, Klägerin und Revisionsbeklagte. **Vorinstanz:** Kammerger. Berlin. **Verwerfung.** (I, 205/85.)

Durch Urtheil der Kammer für Handelssachen des L.G. I Berlin vom 29. Januar 1885 wurde die Beklagte verurtheilt, gegen Herausgabe oder Hinterlegung behufs Herausgabe von 48 Stück 5prozentiger Prioritätsobligationen vom Jahre 1882 à 300 fl. an die Klägerin 28 800 nebst 6% Zinsen von 27 000 ℳ seit 10. Juni 1884, von 1800 ℳ seit 29. Mai 1884 zu zahlen und die Prozeßkosten zu tragen. Die Berufung der Beklagten gegen dieses Urtheil, mit welcher Abweisung der Klägerin mit ihrer Klage in Höhe von 4583,25 ℳ nebst Zinsen und Verurtheilung derselben in die Kosten der Berufungsinstanz begehrt wurde, wies das

Kammerger. Berlin durch Urtheil vom 9. April 1885 unter Verurtheilung der Beklagten in die Kosten der Berufungsinstanz ab. Gegen dieses Urtheil hat die Beklagte die Revision eingelegt.

„Die von der Beklagten gegen ihre Verpflichtung, die Beträge der ausgegebenen Schuldverschreibungen bei Wahl des Zahlungsortes an einem der angegebenen Plätze deutscher Währung in Gold entsprechend der Umrechnungsnormen des Reichs-Münzgesetzes zu zahlen, geltend gemachten Einwände sind zum großen Theile in wiederholten Entscheidungen des I. Civilsenats des R. G. und zwar gerade in Prozessen der jetzigen Parteien vom Standpunkte der Revision aus gewürdigt worden. Bei den daselbst geltend gemachten Gesichtspunkten wird verblieben. Danach ist mit Recht die Angabe der Summen deutscher Währung in den Schuldverschreibungen, um die es sich handelt, in Verbindung mit der Angabe der Zahlstellen in den Gebieten deutscher Währung dahin aufgefaßt worden, daß nach Wahl der Inhaber die betreffende Schuld als eine in Deutschland in den angegebenen Beträgen deutscher Währung zahlbare Geldschuld angesehen werden sollte, woraus sich die Anwendbarkeit der §§ 1 und 2 des Art. 14 des Reichs-Münzgesetzes vom 9. Juli 1873 ergiebt. Ebenso ist es, wenn in Folge der Wahl des Gläubigers in Betreff des Zahlungsortes ein diesseitiger Gerichtsstand begründet ist, Sache der diesseitigen Gerichte, das österreichische Gesetz vom 24. April 1874 darauf zu prüfen, ob die geschehene Bestellung eines Kurators für die Inhaber der Schuldverschreibungen demselben entspricht oder zu Unrecht erfolgt ist, und diese selbständige Prüfung wird nicht dadurch ausgeschlossen, daß österreichische Gerichte den Fall des Gesetzes als vorhanden angesehen haben. Darnach entzieht sich die Auffassung, welche das B. G. dem gedachten österreichischen Gesetze dahin hat zu Theil werden lassen, daß es die Bestellung eines Kurators zum Zwecke der Entscheidung des Umfanges der Verpflichtungen aus den Schuldverschreibungen in Bezug auf den Währungsbetrag nicht rechtfertige, gemäß § 511 der C. P. O. der Nachprüfung in der Revisionsinstanz.

Mit Recht ist ferner angenommen worden, daß aus der nach Ablauf der durch den ersten Kouponbogen gedeckten Zeit erfolgten Annahme von Kouponbogen mit in Betreff des Währungsbetrages für die Zinsen einen anderen Inhalt tragenden Zinskoupons auf die hier eingeklagten Schuldverschreibungen in keiner Weise ein Verlust der in den Schuldverschreibungen für die Rückzahlung der Schuldverschreibungskapitalien zugesicherten Rechte, für deren Geltendmachung diese Schuldverschreibungen selbst die Präsentationspapiere sind, folgt, wie dies auch bereits in dem Urtheile vom 28. Juni 1884 in Sachen derselben Parteien Rep. I, 176/84 ausgesprochen ist und nicht entfernt in Widerspruch mit den diesseits in mehreren Urtheilen aus der Annahme solcher Kouponbogen in Betreff der Zinsansprüche gezogenen Folgerungen steht.

Die Beklagte hat nun noch die geschehene Verurtheilung des den Schuldverschreibungsinhabern in Wien bestellten Kurators zur Anerkennung, daß die Schuldverschreibungen überall nur in österreichischer Silberwährung zurückzuzahlen wären, mit einer ferneren Behauptung in Verbindung gebracht, Klägerin habe die Schuldverschreibungen von in Oesterreich domizilirten Gläubigern erworben und zwar als Inkassomandatarin, und jene Gläubiger und Kläger handelten dolos, wenn sie, um die Differenz zwischen deutscher und österreichischer Valuta zu gewinnen, die Effekten an einem deutschen Einlösungsplatze präsentirten und Zahlung in Höhe der ersteren forderten. Mit Recht hat das B.G. auch diesen Einwand aus demselben Gesichtspunkte verworfen, der zur Verwerfung der Beachtlichkeit jenes in Oesterreich ergangenen Urtheils überhaupt geführt hat. Es ist in Wien nicht ein Urtheil gegen die Person irgend eines zeitigen Inhabers der Schuldverschreibungen, der Oesterreicher war und der alsdann die Schuldverschreibungen an Klägerin mit dem Auftrage, dieselben für seine Rechnung entsprechend der Auffassung der deutschen Gerichte nach deutscher Währung geltend zu machen, gegeben hätte, ergangen. Nur in solchem Falle könnte davon gesprochen werden, daß das Forderungsrecht dieses Oesterreichers durch eine mittels jenes Judikates begründete Verpflichtung eine, weil gegen den Oesterreicher an zuständiger Stelle erkannt worden, ohne Rücksicht auf die Begründetheit des Urtheils auch diesseits anzuerkennende Veränderung erfahren habe. Ob bei der Natur der in Betracht kommenden Schuldverschreibungen als Inhaberpapiere selbst in solchem Falle gegen einen späteren Inhaber sich lediglich hierauf auch in Verbindung mit der Behauptung, daß dieser spätere Inhaber für Rechnung jenes im Prozesse gestandenen Oesterreichers handele, der Einwand der Arglist gründen läßt, braucht hier nicht erörtert zu werden. Der Prozeß in Oesterreich ist nicht gegen einen bestimmten Vorbesitzer der fraglichen Schuldverschreibungen, der Oesterreicher war, und von dem Klägerin dieselben erworben hätte, geführt worden. Vielmehr gilt in Oesterreich das bereits erwähnte Gesetz vom 24. April 1874, welches für bestimmte Fälle durch Auferlegung einer die eigene Verfügung der Inhaber von Theilschuldverschreibungen hemmenden Repräsentanz einen Weg eröffnet, um für die Theilschuldverschreibungen in den

Händen aller derzeitigen wie künftigen Inhaber ohne deren Einwilligung, gleichviel in welchem Staate sie leben, mit verbindender Kraft zu verfügen, also auch den Umfang der Rechte dieser Theilschuldverschreibungen durch verpflichtende Erklärungen einzuschränken. Ob diese Einschränkungen durch freiwillige Handlungen des Kurators oder durch ein gegen denselben ergangenes Urtheil erfolgt, erscheint gleichgültig. Es handelt sich nicht um einen gegen einen bestimmten österreichischen Schuldverschreibungsbesitzer, sondern um einen gegen diesen Kurator geführten Prozeß. Es ist also nicht die Wirkung einer durch einen gegen einen Oesterreicher vor österreichischen Gerichten geführten Prozeß entstandenen Judikatsobligation, sondern die Bedeutung des österreichischen Gesetzes in Anwendung auf den Fall, der zur Bestellung des Kurators geführt hat, daß nämlich über den Umfang der Verbindlichkeiten aus den Schuldverschreibungen zwischen dem Emittenten und Gläubigern Streit ist, in Frage und tritt eben auch hier über die Bedeutung dieses Gesetzes, wenn es sich um einen bei hiesigen Gerichten aus den Schuldverschreibungen geltend gemachten Anspruch handelt, selbständige, von der Auffassung der österreichischen Gerichte unabhängige Prüfung ein, die, wie bereits erwähnt, das B.G. zu dem Ergebnisse der Nichtanwendbarkeit des österreichischen Gesetzes auf den vorliegenden Fall geführt hat. Dabei muß es ganz gleichgültig sein, ob der Anspruch hier von einem Inländer oder von einem Oesterreicher verfolgt wird. Die Thatsache, daß in Oesterreich eine der Auffassung der Beklagten über den Umfang ihrer Verpflichtungen günstige Entscheidung gegen den auf Grund des erwähnten Gesetzes bestellten Kurator ergangen ist, gewinnt durch die Verknüpfung mit der Behauptung, daß Klägerin die Ansprüche in diesem Prozesse für Rechnung eines Oesterreichers verfolge, keine besondere Qualifikation."

4. Reichs-Konkursordnung.

152. **Beurtheilung der materiell rechtlichen Wirkungen des Konkurses einer im Auslande ansässigen Person nach dem Rechte ihres Domiziles. Nach den Grundsätzen des internationalen Privatrechtes ist zu vermuthen, daß allgemein in der modernen Gesetzgebung die Organisation einer Aktiengesellschaft durch deren Konkurs aufgelöst wird und die Funktion ihrer Organe erlischt und auf den Konkursverwalter übergeht** (§§ 207, 8 Abs. 1 der R.Konk.O.; § 218 der C.P.O.). Urth. des I. Civilsenats vom 28. September 1885 in Sachen H. Sch. zu Hamburg, Klägers, Widerbeklagten und Revisionsklägers, wider die Aktiengesellschaft Jönköpings Oestra Fabriker

zu Jönköping (in Schweden), jetzt deren Konkurs, Beklagte, Widerklägerin und Revisionsbeklagte. Vorinstanz: O. L. G. Hamburg. Zurückverweisung. (I, 68/85.)

Nachdem die Hülfskammer des L. G. Hamburg für Handelssachen mittels Urtheils vom 28. Juni 1884 die zwischen den Parteien obschwebenden Streitpunkte in allen Beziehungen den Klaganträgen entsprechend entschieden und die von der Beklagten als Widerklägerin gestellten Anträge abgewiesen hatte, ist auf Berufung der Beklagten dieses Urtheil vom I. Civilsenate des Hanseatischen O. L. G. vom 5. Januar 1885 aufgehoben, und statt dessen der Kläger mit allen seinen Klaganträgen abgewiesen worden, mit der einzigen Ausnahme, daß diejenige Entscheidung des L. G., durch welche der Kläger für befugt erklärt worden war, den bei P. & v. H. zu Amsterdam beruhenden, von ihm, dem Kläger, gezogenen Wechsel über 244,0 fl. von den Inhabern desselben sich aushändigen und von den Acceptanten sich zahlen zu lassen, beibehalten ist; zugleich ist der auf Antrag des Klägers durch Beschluß des L. G. vom 14. Mai 1884 bei H. C. E. M. gelegte Arrest aufgehoben worden; dagegen ist auf Antrag der Beklagten festgestellt worden, daß dieselbe durch Bestellung von W. G. als Bürgen bis zum Betrage von 15 000 ℳ für die unter Nr. 6 des Vertrages vom 14. Februar 1884 von ihr übernommene Verpflichtung, den Kläger frei zu halten von allen Schäden, Kosten und Nachtheilen, welche demselben entstehen können aus dem gegen ihn sub rubro Jönköping Tändsticks-Fabriks-Actie-Bolaget c/a Sch. (den jetzigen Kläger) geführten Prozesse, die daselbst vorgesehene angemessene Sicherheit bestelle, und ist der Kläger verurtheilt worden, der Beklagten gegen ihrseitige Zahlung von 3241,24 ℳ und gegen die soeben erwähnte Bürgschaftsbestellung das in seinen Händen sich befindende Hamburger Lager von Fabrikaten der Beklagten sowie die Papiere derselben auszuliefern, während der Antrag der Beklagten, dem Kläger durch einstweilige Verfügung aufzuerlegen, 5138,74 ℳ bei der Gerichtskasse oder bei einem Hamburgischen Bankinstitute zur Verfügung der beiderseitigen Anwälte zu hinterlegen, verworfen worden ist; dabei ist dem Kläger die Tragung der Prozeßkosten auferlegt. Gegen dieses Urtheil hat der Kläger ordnungsmäßig Revision eingelegt. In der mündlichen Verhandlung brachten die Anwälte beider Parteien zur Anzeige, daß über das Vermögen der Beklagten nach Zustellung der Revisionsschrift der Konkurs eröffnet worden sei; der Anwalt des Klägers legte zum Nachweise dieser Thatsache der gegenwärtigen Instanz auch die Urkunden vor, sowie ein von dem Kaiserlich Deutschen Vizekonsulat zu Jönköping beglaubigtes Attest des Notarius publicus und Protokollführers in Konkurssachen bei dem Stadtgerichte daselbst C. M. L., in welchem bezeugt war, daß die im R. G. Urtheil im Eingange als Kuratoren im Konkurse der Beklagten bezeichneten Personen als solche ernannt und bestätigt worden seien. Der Justizrath A. erklärte, als Prozeßbevollmächtigter (der Revisionsbeklagten) sowohl der beklagten Aktiengesellschaft selbst als auch ihrer Konkursmasse aufzutreten, und legte je eine von jedem der beiden Konkurskuratoren auf ihn ausgestellte schriftliche Prozeßvollmacht vor. Auch wurde festgestellt, daß eine Erklärung, das Verfahren im Namen der Konkursmasse aufzunehmen, von Seiten des beklagtischen Prozeßbevollmächtigten dem klägerischen am 9. Juni 1885 zugestellt worden sei. Der Letztere erklärte übrigens, seinerseits davon auszugehen, daß das Verfahren durch den Konkurs wenigstens mit Rücksicht auf das im Inlande befindliche Vermögen der Beklagten gar nicht unterbrochen worden sei.

„Die Thatsache des über die verklagte Aktiengesellschaft ausgebrochenen Konkurses war nach dem in der Revisionsverhandlung Vorgekommenen als feststehend zu betrachten; auch unterlag die Legitimation der Konkurskuratoren oder Konkursverwalter keinem Bedenken. Es war übrigens davon auszugehen, daß das Verfahren in Ansehung der Klagansprüche durch die Eröffnung des Konkurses über das Vermögen der Beklagten keine Unterbrechung erlitten habe. Denn durch ein solches Ereigniß wird nach § 218 der C. P. O. das Verfahren nur dann unterbrochen, wenn es die Konkursmasse betrifft. Hier handelt es sich nun aber um einen in Schweden, also im Auslande, eröffneten Konkurs, durch welchen vom Standpunkte des einheimischen Rechtes aus die Rechtsverfolgung gegen die Gemeinschuldnerin innerhalb des Deutschen Reiches in keiner Weise eingeschränkt wird. Dieser Grundsatz, von welchem in § 207 der R. Konk. O. eine besonders praktische Anwendung gemacht ist, ist vom R. G. bereits mehrfach erörtert worden" (vergl. Annalen Bd. V S. 448, Entsch. Bd. VI S. 401 ff., und die Sachen Suse & Sibeth wider Puttfarcken, Rheiner & Co., I, 346/84, Urtheile und Annalen Bd. I S. 298, 302, und wider Nordheim & Co., I, 347/84, Urtheile und Annalen Bd. I S. 344, sowie Luxemburger Nationalbank wider v. Reinach & Co., I, 432/84). „Insofern nur ein Urtheil begehrt wird, welches für den Umfang des Deutschen Reichsgebietes Rechtskraft schaffen und eventuell in Objekte vollstreckt werden soll, deren Zugehörigkeit zu einer Konkursmasse in dieser Beziehung daselbst eben nicht anerkannt wird, betrifft das Verfahren nicht die Konkursmasse im Sinne des § 218 der C. P. O. Wie ein Fall zu behandeln sein würde, in welchem der Kläger etwa zugleich eine der ausländischen Konkursmasse als solcher gegenüber wirksame Feststellung seiner Ansprüche zu erreichen wünschte — insofern das betreffende fremde Konkursrecht eine solche Möglichkeit überhaupt eröffnen sollte — braucht hier nicht untersucht zu werden, weil nach der vom Kläger abgegebenen Erklärung ein solcher Fall nicht vorliegt. Ist also das Verfahren in Ansehung der Klagansprüche hier durch die Schwedische Konkurseröffnung keineswegs unterbrochen worden, so darf doch andererseits der Umstand, daß die Organisation der Beklagten, als einer Schwedischen Aktiengesellschaft, durch den Konkurs zerstört ist, nicht ignorirt werden; denn die materiellrechtlichen Wirkungen, welche der über das Vermögen einer im Auslande ansässigen Person an ihrem Wohnorte oder Niederlassungsorte eröffnete Konkurs nach dem dort geltenden Rechte auf sie selbst und auf ihr Verhältniß zu ihrem Vermögen ausübt, sind nach den Grundsätzen des internationalen Privatrechtes auch im Inlande anzuerkennen. Auch dies ist in der zuletzt angeführten Sache I, 432/84 schon vom R. G. ausgesprochen und nicht minder dargelegt worden, daß nach allgemeinen Rechtsgrundsätzen, deren Geltung für alle modernen Gesetzgebungen zu vermuthen sei, die Organisation einer Aktiengesellschaft insoweit als durch deren Konkurs aufgelöst angesehen werden müsse, daß die vorher zu ihrer Vertretung nach außen bestimmten Organe als solche nicht weiter fungiren können, und diese Vertretung völlig auf die Konkursverwalter übergehe. Es liegt nach dem, was in Betreff der Schwedischen Gesetzgebung über Aktiengesellschaften bekannt ist, kein Grund für die Annahme vor, daß sich dies nach Schwedischem Rechte nicht gleichfalls so verhalte. Daher muß die Sache jetzt so aufgefaßt werden, daß in Ansehung der Klagansprüche die Konkurskuratoren als gesetzliche Vertreter auch der Beklagten selbst den Prozeß weiter geführt haben; wobei noch bemerkt werden mag, daß in dieser Beziehung der Justizrath A., als bereits bestellter Prozeßbevollmächtigter der Beklagten, dennoch keiner neuen Vollmacht von Seiten der Kuratoren bedurft haben würde.

Anders steht die Sache, insoweit durch die Widerklage Ansprüche geltend gemacht sind, welche zum Aktivvermögen der Beklagten gehören würden. Nach dem oben Ausgeführten ist insoweit die Rechtswirkung des in Schweden eröffneten Konkurses auch für Deutschland anzuerkennen: insoweit betrifft das Verfahren also auch hier rechtlich die Konkursmasse und war folglich nach § 218 der C. P. O. so lange unterbrochen, bis es nach den für den Konkurs geltenden Bestimmungen wieder aufgenommen wurde. Nach der Deutschen Konkursordnung § 8 Abs. 1 würden nun die Konkursverwalter das Verfahren jederzeit haben aufnehmen können, und es darf ohne Weiteres vorausgesetzt werden, daß sie nach Schwedischem Rechte die gleiche Befugniß haben. Die Aufnahme ist nun auch dem § 227 der C. P. O. gemäß erfolgt, indem der Justizrath A. als Prozeßbevollmächtigter der Konkurskuratoren in ihrer Eigenschaft als Vertreter der Konkursmasse dem Gegner einen die entsprechende Erklärung enthaltenden Schriftsatz zugestellt hat."

5. Reichs-Patentgesetz vom 25. Mai 1877.

153. Das Vorbenutzungsrecht später patentirter Erfindungen (§ 5 Abs. 1 des Reichspatentgesetzes). **Beweis des Vorbenutzungsrechtes und der Vorbenutzung. Einfluß eines zwischen dem Vorbenutzungsberechtigten und dem Patentinhaber geschlossenen Licenzvertrages auf das Vor-**

benutzungsrecht, insbesondere bei Rücktritt des Licenzberechtigten vom Vertrage wegen anderweiter abredewidriger Vergebung der Licenz. Urth. des I. Civilsenats vom 19. September 1885 in Sachen der Handlung J. L. zu B., Beklagte und Revisionsklägerin, wider H. G., Kläger und Revisionsbeklagten. Vorinstanzen: L.G. I und Kammerger. Berlin. Aufhebung und Zurückverweisung. (I, 183/85.) Die Vorinstanzen haben verurtheilt.

Kläger beansprucht mit der Klage aus einem mit den Beklagten am 17. Juni 1883 geschlossenen Vertrage, Inhalts dessen er der Handelsgesellschaft J. L. eine Licenz zur gewerblichen Verwerthung der ihm durch das Reichspatent Nr. 1685 und das Zusatzpatent vom 28. Februar 1883 geschützten Erfindung — Flaschenverschlüsse mittels eines Porzellanknopfes mit ringsum laufender Nuthe, in welcher ein Dichtungsring aus Gummi liegt — für die Dauer eines jeden dieser Patente ertheilt hat, die Zahlung der vertragsmäßigen Licenzgebühren für die Zeit vom 1. Juni 1883 bis 1. Januar 1884. Diesem Anspruch setzten sich die Beklagten entgegen, daß nach dem Sinne des Vertrages, welcher selbst auf einen ferneren Vertrag von demselben Tage, den Kläger mit den Beklagten und einer Reihe anderer in gleicher Weise Licenzberechtigter geschlossen hatte, Bezug nahm, in Verknüpfung mit dem Inhalte dieses zweiten Vertrages diese Licenzberechtigten die ausschließlich mit der Verwerthung der Erfindung Betrauten sein sollten, so daß vorausgesetzt war, daß Kläger nicht noch anderen Personen Licenzen ertheilt hatte, und derselbe verpflichtet wurde, auch fernerhin anderen Personen keine Licenzen zu ertheilen, daß aber Kläger, was er verschwiegen, bereits anderen Personen zur Zeit des Vertragsabschlusses ebenfalls Licenzen ertheilt hätte und auch nachher noch solche Ertheilungen vorgenommen hätte. Sie erklärten deshalb bereits in erster Instanz, in welcher sie allerdings nur die vor Abschluß des Vertrages erfolgten anderweitigen Licenzertheilungen geltend gemacht hatten, ausdrücklich, daß sie, da Kläger selbst die ihm obliegende Erfüllung nicht leisten könne, übrigens auch Betrug und jedenfalls wesentlicher Irrthum dem Vertragsschluß zu Grunde liege, von dem Vertrage zurückträten. Die diesem Rücktrittsrecht zu Grunde liegende Auffassung des Vertragssinnes, sowie die behaupteten und bestrittenen Thatsachen der Licenzverleihungen an Dritte sind vom L.G. unerörtert geblieben, indem dasselbe auch bei der Unterstellung, daß danach dem Beklagten ein Rücktrittsrecht zugestanden hätte, angenommen hat, Beklagte hätten dasselbe dadurch verwirkt, daß sie noch nach der Rücktrittserklärung in der Ausnutzung der durch die beiden Patente patentirten Erfindung fortgefahren hätten. Die Beklagten hatten hiergegen geltend gemacht, diese weitere Ausnutzung habe nicht auf Grund des Vertrages, sondern auf Grund eines ihnen gegenüber den beiden Patenten entsprechend § 5 des Patentgesetzes vom 25. Mai 1877 zugestandenen Vorbenutzungsrechtes stattgefunden. Diese Behauptung hat das B.G. in dem Sinne für erheblich erachtet, daß, sofern das wirkliche Bestandhaben eines solchen Vorbenutzungsrechtes nachgewiesen würde, die Unvereinbarkeit der weiteren Ausnutzung der Erfindung mit dem erklärten Rücktritt vom Vertrage beseitigt werde. Es hat daher den angebotenen Beweis über jenes Vorbenutzungsrecht durch Vernehmung von sieben Zeugen erhoben, den Beweis aber hierdurch nicht für geführt erachtet.

„Der Revision muß aber darin beigetreten werden, daß es dieser angenommenen Ergebnißlosigkeit des Beweises an ausreichender Begründung fehlt. Das B.G. sagt nichts weiter, als: „„Der Gerichtshof hat aus den Zeugenaussagen weder einen Beweis, noch eine thatsächliche Vermuthung dafür zu entnehmen vermocht, daß der Mitbeklagte J. L. oder eine Handlung J. L. in der Ausübung des Vorbenutzungsrechtes sich befunden habe."" Solche Beurtheilung mag ausreichen, wenn die Zeugenaussagen klar ein Nichtwissen oder die Bekundung vom Beweisthema völlig abweichender Thatsachen ergeben. Es haben aber die Zeugen N., R., E., T., K. und Ko. in Betreff der Vorbenutzung der Erfindung des Hauptpatentes, insbesondere R., T. und K., derartige positive Angaben gemacht, daß es der Darlegung bedurfte, worin die Unzulänglichkeit dieser Thatsachen für das Beweisthema ihren Grund haben solle. In der That vermag man den Grund des B.G. nicht zu erkennen. Man weiß nicht, ob das B.G. gegen die Glaubwürdigkeit der Zeugen Bedenken gehabt hat, oder ob es den Beweis der Uebereinstimmung der Flaschenverschlüsse, die nach den Bekundungen des Zeugen J. L., aus Porzellanknöpfen mit Gummiring bestehend, hat anfertigen lassen und schon in seiner Seltersfabrik benutzte, mit denen des Hauptpatentes vermißt hat, während diese Identität von T. gerade bezeugt ist und sie auch durch die Aussage des Zeugen R. nahe gelegt wird, oder ob der Beweis, daß die Zeit der begangenen Benutzung oder der Veranstaltungen zur Benutzung vor den Zeitpunkt der Anmeldung des in Rede stehenden Hauptpatentes fällt, vermißt worden ist, während von den Zeugen N. als den Zeitpunkt der Anfertigung der Flaschenverschlüsse die Zeit gleich nach Anschaffung der dazu erforderlichen Werkzeuge und Utensilien, welche bereits im April 1877 bezahlt wurden, R. als den Zeitraum der Lieferung der Porzellanknöpfe die Zeit vom 2. Februar bis 3. November 1877, als den Zeitpunkt der Bestellung des hauptsächlichen Postens von Gummiringen den April 1877, Ko. als den Zeitraum der Fabrikation der Messingtheile die Zeit vom Februar bis Sommer 1877, endlich Kü. als den Zeitpunkt der Einrichtungen zur Fabrikation der Flaschenverschlüsse durch Anfertigung der Modelle für den Porzellanknopf und Bestellung der Porzellanknöpfe den März oder April 1877 angegeben hat und es Sache des B.G. war, wenn der Zeitpunkt der Anmeldung des Patentes ihm nicht mitgetheilt war, durch Ausübung des Fragerechtes auf Angabe desselben hinzuwirken. Hätte sich hiernach ergeben, daß die Anmeldung des in Rede stehenden Reichspatentes erst im Herbst 1877 erfolgt war, so wurde damit auch klar, daß sich das Bedenken des R., das er nach seinem Zeugniß im Februar 1877 bei Empfangnahme der Bestellung für den Porzellantheil der Knöpfe gegen den

Eingriff in ein Patent des Klägers geäußert hat, nicht auf das hier in Rede stehende Patent bezogen hat, während die Frage, ob es etwa schon vorher für die Erfindung ein dem Kläger ertheiltes Preußisches Landespatent gegeben hatte, das nur später in ein Reichspatent umgewandelt worden wäre, Mangels eines Vortrages der betreffenden Behauptungen des Klägers in dem vorbereitenden Schriftsatze vom 21. März 1885 und bei der mündlichen Verhandlung offenbar bisher gar nicht zur Erörterung gezogen worden ist, also auch nicht eine hierauf bezügliche Annahme das Ergebniß für das B. G. beeinflußt haben kann. Denkbar erschien es endlich auch, daß das B. G. von irgend einer bestimmten rechtlichen Auffassung des Begriffes des Inbenutzungnehmens der Erfindung oder des Treffens der zur Benutzung erforderlichen Veranstaltungen im Sinne des § 5 des Patentgesetzes aus nicht schon die, wenn auch zum Zwecke der Zusammensetzung behufs gewerblicher Verwerthung der Erfindung, erfolgte Bestellung der einzelnen Bestandtheile, sondern erst die in der Montagewerkstatt des L. erfolgte Zusammensetzung oder erst die wirkliche Benutzung der Verschlüsse im Geschäft des L. oder doch nur auf solche unmittelbar hinzielende Veranstaltungen als zur Begründung des Vorbenutzungsrechtes geeignet angesehen hätte, in welchem Falle aber doch immer bei Berücksichtigung des zu ermittelnden Zeitpunktes der Patentanmeldung die Zeugen N. und Kü. näher zu befragen gewesen wären, ob die betreffenden Handlungen vor jenem Zeitpunkte vorgenommen worden seien. Der eigentliche Grund der angenommenen Ergebnißlosigkeit der Beweisaufnahme bleibt demnach durchaus dunkel, so daß eine Nachprüfung nicht möglich ist. Daß sich bei sämmtlichen Zeugenaussagen in Betreff des Zusatzpatentes klar das vollkommene Nichtwissen der Zeugen ergiebt, ist unerheblich, da Beklagte in Betreff dieses Zusatzpatentes für das Vorbenutzungsrecht noch weiteren Beweis angetreten haben, dessen Nichtberücksichtigung das B. G. ausdrücklich damit begründet hat, daß schon die Beweisfälligkeit der Beklagten in Bezug auf das Hauptpatent die Entscheidung rechtfertige.

Mit der Revision mußte aber auch ferner angenommen werden, daß zu Unrecht vom B. G. das ausschließliche Gewicht darauf gelegt worden ist, ob jenes Vorbenutzungsrecht in der That bestanden hatte, daß es vielmehr zur Beseitigung des Schlusses aus der Weiterbenutzung der Erfindung auf das Verbleiben beim Vertrage schon genügte, wenn Beklagte gegenüber den klägerischen Patenten ein Vorbenutzungsrecht in Anspruch genommen hatten und zur Beseitigung des hierüber unter den Parteien bestandenen Streites der Vertrag vom 17. Juni 1883 geschlossen worden war. Hatte jener Betrag diese Bedeutung eines Vergleiches über das behauptete, aber bestrittene Vorbenutzungsrecht, so konnte das Verhalten der Beklagten, wenn sie erklärten, daß sie von diesem Vertrage abgingen und hierauf die Erfindung weiter benutzten, auch vom Kläger nur dahin aufgefaßt werden, daß Beklagte diese Benutzung auf Grund ihres früheren Rechtsstandpunktes, der in Folge des Rücktrittes vom Vergleiche wieder in Geltung trat, vornähmen.

Konnten die Beklagten ihr behauptetes Vorbenutzungsrecht nicht beweisen, so hatte dies, jedenfalls in dem Falle, daß ihr Rücktritt vom Vertrage seitens des Klägers angenommen oder im Prozeß als begründet anerkannt wurde, für sie die Folge, daß ihre Fortbenutzung eine Verletzung der klägerischen Patente enthielt, da sie sich für dieselbe auf den Vertrag nicht mehr berufen konnten. Dagegen vermag das wirkliche Nichtbestehen des behaupteten Vorbenutzungsrechtes nichts an der Bedeutung des Verhaltens der Beklagten, soweit es als Willensäußerung in Bezug auf den Vertrag dem Kläger gegenüber in Betracht kommt, zu ändern und nicht ein mit der Rücktrittserklärung in Einklang stehendes, freilich auf die Gefahr der Behandlung als Verletzer der Patente bei Nichtnachweisbarkeit des Vorbenutzungsrechtes unternommenes Thun als Verzicht auf die Rücktrittserklärung oder als mit derselben unvereinbar zu qualifiziren. Daß etwa die Weiterbenutzung der Erfindungen in einem Umfange stattgefunden habe, wie er sich aus dem von den Beklagten in Anspruch genommenen Vorbenutzungsrechte nicht, vielmehr eben nur aus dem Vertrage herleiten ließe, oder daß Beklagte ihr Verhalten zweideutig eingerichtet hätten, indem sie zwar, wenn sie auf Zahlung der Licenzgebühr in Anspruch genommen würden, den Rücktritt vom Vertrage einwendeten, aber, sobald sie in Konsequenz dieser Auffassung zur Vertheidigung ihrer Fortbenutzung durch Nachweis ihres Vorbenutzungsrechtes provozirt würden, sich mit dem Vertrage zu decken suchten, so daß ihr Rücktritt nicht ernstlich gemeint sei, dafür bieten die bisherigen Erörterungen keinen Anhalt.

Das B.G. erörtert nun selbst am Schlusse seiner Entscheidungsgründe, freilich wohl nur unterstützend für die Ziehung des Ergebnisses, ob das Vorbenutzungsrecht wirklich bestanden habe, die Frage, ob Beklagte vor oder bei Abschluß des Vertrages ein solches für sich in Anspruch genommen hätten. Allein seine Annahme, es sei aus dem Wortlaute des Vertrages vom 17. Juni 1883 mit voller Sicherheit zu entnehmen, daß die Beklagten damals ein solches nicht für sich in Anspruch nahmen, denn es sei unverständlich, wie dies nicht in dem Vertrage Ausdruck gefunden haben sollte, und weshalb sich die Beklagte zu den Zahlungen der Licenzgebühr verpflichtet haben sollte, auch spreche der Inhalt des sogenannten Konveniums gegen die Beklagten, ist, so wenig sie geeignet erscheint, den gerügten Mangel in der Begründung des angenommenen Ergebnisses des Zeugenbeweises zu decken, da sie nur eine Begründung unterstützen soll, die selbst fehlt, auch in sich unzulänglich. Es ist nicht ersichtlich, ob dem B. G. dabei gegenwärtig war, daß nach Inhalt des § 4 des Vertrages Kläger sich verpflichtet hatte, einen gegen L. schwebenden Prozeß zurückzunehmen und auf alle weiteren civil- und strafrechtlichen Schritte aus dem Thatbestande des in Rede stehenden Prozesses gegen die Kontrahenten verzichtet hatte. Danach war also die Erledigung eines Streites unter den Parteien — offenbar doch bezüglich der Patente oder des Hauptpatentes — Gegenstand des Vertrages. Ein Anerkenntniß, daß Beklagte die patentirten Erfindungen zu Unrecht benutzt hätten, enthält der Vertrag nicht. Der vom B. G. aus den von den Beklagten übernommenen Verpflichtungen gegen die Existenz jenes Vorbenutzungsrechtes gezogene Schluß, der an sich, wenn eben jener Vertrag ein Vergleich war, ohne Prüfung der Zugeständnisse, welche Kläger durch Gewährung der Licenz machte, schon nicht unbedenklich ist, kommt nicht in Betracht, weil es eben nicht darauf ankommt, ob jenes Recht bestand, sondern nur darauf, ob es von den Beklagten beansprucht war und zur Erledigung des hierauf bezüglichen Streites der Vertrag geschlossen worden war. Betrachtet man die vorbereitenden Schriftsätze, so möchte man meinen, daß dies in Betreff des Hauptpatentes gar nicht zweifelhaft sei, indem Kläger wegen Benutzung der durch diese patentirte Erfindung seitens des L. zunächst sich mit Verfolgungsanträgen an den Staatsanwalt gewandt, hier aber keinen Erfolg erzielt habe, weil der Staatsanwalt das Vorbenutzungsrecht des L. im Sinne des § 5 des Patentgesetzes durch angestellte Ermittelungen für dargethan erachtete, ferner aber deswegen auch den Civilprozeß angestellt habe und zur Erledigung dieses Streites, bei welchem Kläger eventuelle Benutzung seiner Erfindung, Beklagte erlaubte Benutzung wegen eines Vorbenutzungsrechtes behauptete, der Vertrag vom 17. Juni 1883 geschlossen worden sei. In dieser Weise ist die Sache in dem die Begründung der Berufung zum Gegenstande habenden vorbereitenden Schriftsatze vom 22. September 1884 von den Beklagten dargestellt und demselben eine beglaubigte Abschrift des die Verfolgung wegen des für erwiesen erachteten Vorbenutzungsrechtes ablehnenden Bescheides beigefügt. Auch Kläger bezeichnet in seinem die Beantwortung der Berufung zum Gegenstande habenden vorbereitenden Schriftsatze vom 14. November 1884 den Vertrag als einen Vergleich, geschlossen, um die streitigen ungewissen gegenseitigen Rechtsverhältnisse der Parteien, wie sie im Vorprozesse zur Sprache gekommen waren, definitiv festzustellen, und er bestreitet gar nicht, daß Beklagte ein Vorbenutzungsrecht behauptet haben, meint vielmehr nur, daß die Beweisaufnahme in jenem Prozesse das Nehmen in Benutzung erst im Frühjahre 1878, und daher die Widerrechtlichkeit, ergeben habe. Nun sind allerdings in dem Thatbestande des B.U. diese Thatsachen und Behauptungen nicht enthalten. Allein, ehe das B.G. zu einer Folgerung lediglich aus dem Schweigen des Vertrages vom 17. Juni 1883 dahin gelangte, Beklagte hätten überhaupt gar kein Vorbenutzungsrecht in Betreff der durch das Hauptpatent geschützten Erfindung in Anspruch genommen, hätten insbesondere im Hinblick auf das mit dieser Schlußfolgerung kaum vereinbarte, zu den Akten eingereichte amtliche Schriftstück die Parteien zur entsprechenden Ergänzung ihrer Vorträge veranlaßt werden sollen.

Bemerkt soll schließlich noch werden, daß eine Behauptung des Inhalts, es hätten die Beklagten, nachdem sie von den ihren Rücktritt vom Vertrage begründenden Thatsachen Kenntniß erhalten, doch noch eine Zeit lang die Erfindung weiter benutzt, bevor sie ihren Rücktritt vom Vertrage erklärten, vom Kläger nicht aufgestellt ist. In solchem Falle wäre der Schluß auf den Verzicht der Rücktrittsbefugniß nicht damit zu beseitigen, daß die Fortbenutzung auf Grund des Vorbenutzungsrechtes erfolgt sei. Denn so lange dies dem Kläger nicht ausdrücklich und konkludent erklärt war, mußte die Fortbenutzung als auf Grund des Vertrages erfolgend angesehen werden. Vielmehr ist die erörterte Behauptung die, daß Beklagte nach der Rücktrittserklärung die Erfindung noch fortbenutzt hätten."

6. Reichs-Stempelgesetz von 1881.

154. Der § 5 Abs. 2 des Reichs-Stempelgesetzes vom 7. Juli 1881 befreit nur die dem Reichsstempel unterworfenen Werthpapiere vom Landesstempel. Nach I des Tarifs zum Reichsstempel sind alle vor dem Inkrafttreten dieses Reichsgesetzes ausgegebenen inländischen Aktien und Aktienantheilscheine vom Reichsstempel ausgenommen. Die Frage ihrer Stempelpflichtigkeit entscheidet sich daher lediglich nach den Landesstempelgesetzen der Deutschen Einzelstaaten. S. u. Fall 181 S. 391 zu Anfang (erster Abschnitt des Urtheils).

7. Reichs-Civilprozeßordnung.

155. Einschränkungen der Vollmacht der Prozeßbevollmächtigten durch Briefe. Grenzen der Widerrufs- und Berichtigungsbefugniß der im

Verhandlungstermin miterschienenen Parteien (§§ 79, 81, 285, 628, 269, 487, 74 der C.P.O.). S. u. Fall 174 S. 375.

156. **Bei Klagen wegen Viehmängeln kann die Vernehmung der Vorbesitzer des Thiers nicht wegen der Vermuthung ihres eigenen Interesses** (Besorgniß vor Rückgriff auf sie selbst) **versagt werden** (§ 259 Abs. 1 der C.P.O.). Urth. des IV. Civilsenats vom 21. September 1855 in Sachen des Pferdehändlers C. N. zu B., Klägers, Widerbeklagten und Revisionsklägers, wider Ch. M. zu R., Beklagten, Widerkläger und Revisionsbeklagten. Vorinstanz: O.L.G. Naumburg. Aufhebung und Zurückverweisung. (IV, 119/85).

„Die Vernehmung der Vorbesitzer über die Tüchtigkeit der Pferde ist aus dem Grunde abgelehnt, weil dieselben ein erhebliches Interesse dadurch hätten, daß sie bei einem früher vorhandenen Fehler dem Rückgriff ihrer Nachmänner ausgesetzt seien. Gesetzlich ist ein zur Zeit der Beweisaufnahme resp. der Vorentscheidung bestehendes Interesse der Vorbesitzer nicht zu vermuthen, und der Mangel einer Angabe darüber, aus welchen besonderen Umständen das Vorhandensein jenes Interesses hervorgehe, verstößt gegen § 259 der C.P.O.

157. **Keine Beschwerde gegen die Ablehnung einer Fristverlängerung** (der C.P.O. § 203 Abs. 3). Beschluß des I. Civilsenats vom 21. September 1885 in Sachen K. & D. zu H., Arrestkläger, wider C. R., Arrestbeklagten. Vorinstanz: O.L.G. Hamburg. Verwerfung der Beschwerde der Arrestkläger. (I, 61/85).

„Die Arrestkläger beschweren sich darüber, daß das O.L.G. ihre gegen den landgerichtlichen Beschluß vom 13. August 1885 gerichtete Beschwerde als unzulässig verworfen hat. Letztere war jedoch insofern ganz unzweifelhaft nach § 531 Abs. 2 der C.P.O. wirklich unstatthaft, als sie lediglich eine Wiederholung der von den Arrestklägern gegen den amtsgerichtlichen Beschluß vom 28. Juli 1885 erhobenen und vom L.G. zurückgewiesenen Beschwerde in sich schloß, und war, wie dem Verfasser der Beschwerdeschrift sehr wohl bekannt sein konnte, auch dadurch nicht zulässig geworden, daß in der vom L.G. gegebenen Begründung einzelne Gedanken vorkamen, welche das A.G. in seinen Entscheidungsgründen nicht eben so ausgesprochen hatte. Die Arrestkläger haben indessen für ihre Beschwerde voriger Instanz dadurch noch einen neuen selbständigen Beschwerdegrund zu gewinnen gemeint, daß sie sich eventuell auch darüber beschwerten, daß das L.G. nicht wenigstens von Amtswegen die im § 809 Abs. 2 der C.P.O. gesetzte Frist verlängert habe. Es läßt sich nicht leugnen, daß, so gefaßt, dieser angebliche Beschwerdegrund sich äußerlich als ein neuer und selbständiger darstellte; auch hat das O.L.G. in dieser Beziehung in seinen Gründen die vorige Beschwerde eigentlich nicht sowohl als unzulässig wie als unbegründet aufgezeigt. Jedoch war dieselbe in der That auch in diesem Punkte unzulässig. Denn Beschwerden giebt es nach der C.P.O. nur gegen Entscheidungen, nicht gegen bloße Unterlassungen der Gerichte; insbesondere ist auch nirgends in einem Gesetze eine Beschwerde wegen Unterlassung der Verlängerung einer Frist von Amtswegen zugelassen, und zwar Dies um so weniger, als nach § 203 Abs. 3 der C.P.O. sogar die ausdrückliche Verwerfung eines Gesuches um Verlängerung einer Frist keiner Beschwerde Raum giebt."

158. **Die Eideszuschiebung über die Wissenschaft von Thatsachen involvirt die Zuschiebung des Eides über die Thatsachen selbst. Die Wahrnehmungen, welche die Wissensquelle bilden, kommen nicht in Betracht. Fragepflicht des Richters** (§§ 410, 130 der C.P.O.). Urth. des V. Civilsenats vom 16. September 1885 in Sachen S.-H. zu H., Beklagten und Revisionsklägers, wider P.-K. zu W., Kläger und Revisionsbeklagten. Vorinstanz: O.L.G. Hamm. Aufhebung und Zurückverweisung. (V, 32/85).

In Ansehung der Beurtheilung des Ersitzungseinwandes seitens des B.R. ist Beschwerde erhoben. Nach den Gründen des Vorderrichters ist das angeblich dem Beginne der Ersitzung entgegenstehende Hinderniß der Fideikommißeigenschaft des Guts verneint, der Einfluß der letzteren auf die Vollendung der Ersitzung aber unentschieden gelassen, weil schon die stattgefundene Verpachtung die Ersitzung verhindert habe. In dieser Beziehung ist unter Hinweisung auf die eine Verpachtung des ganzen Gutes K., in den Jahren 1802 bis 1858 ergebenden Urkunden jedenfalls der Beweis der Verpachtung für den Zeitraum von 1819 bis 1831 für speziell geführt erachtet, und dies auf Grund des Beweismaterials auch in Betreff der hier in Betracht kommenden Parzellen noch besonders festgestellt; andrerseits ist angenommen, daß eine Benutzung des Wehrs durch Beklagten und dessen Vorbesitzer auch erst für die Zeit von 1819 ab erwiesen worden sei, indem die Beweisanträge des Beklagten auf nochmalige Abhörung der Zeugen über Existenz des Wehrs in früherer Zeit und auf den Schiedseid über den 500jährigen mit Hilfe des Wehrs stattgefundenen Mühlenbetrieb deshalb abgelehnt worden, weil nicht anzunehmen, daß die Zeugen etwas Weiteres und namentlich über die Zeit von 1819 etwas wissen und aussagen können, und weil die Eideszuschiebung nicht der Bestimmung des § 410 der C.P.O. entspreche, und insbesondere nicht auf die Wahrnehmung bestimmter Personen gerichtet worden sei. Hiegegen ist nun erinnert, daß der abgelehnte Beweis dahin angetreten sei, daß die Zeugen selbst und durch Mittheilung ihrer Vorfahren von der immerwährenden Dauer und Benutzung des Wehrs seitens des Besitzers des Flerkehofes Wissenschaft erlangt haben, und daß auch die Eideszuschiebung dahin gehe, daß der Kläger selbst von der mindestens 150 Jahre lang dauernden Benutzung des Wehres zur Wasserzuführung für die

Mühle genaue Kenntniß habe, und es ist ausgeführt, daß diese Beweisanträge mit Rücksicht auf die §§ 259, 410 der C.P.O. zu Unrecht verworfen seien.

„Der Inhalt dieser Anträge stimmt mit dem in der Sachdarstellung bezogenen Schriftsatze überein; die Erwägung, daß anzunehmen sei, die Zeugen würden über die Zeit vor 1819 nichts wissen, ist nicht näher begründet, und wird auch durch die Sachlage nicht gerechtfertigt, die Zulässigkeit der beantragten Vernehmung steht, auch soweit dieselbe nicht direkte Wahrnehmungen der Zeugen betrifft, außer Frage, — § 338 der C.P.O. —, und die Erheblichkeit der zum Beweise gestellten Thatsachen ist auf dem vom Vorderrichter selbst eingenommenen Standpunkte offenbar. Es muß daher anerkannt werden, daß die Ablehnung des Zeugenbeweises eine Ueberschreitung der Grenzen der dem Richter nach § 259 a. a. O. zustehenden Würdigung thatsächlichen Vorbringens enthält" (vgl. Annalen Bd. III S. 100; Entsch. Bd. 4. S. 378).

„Aber auch die Verwerfung des Eidesantrages läßt sich nicht billigen. Indem dem Kläger der Eid über seine Wissenschaft von Thatsachen zugeschoben ist, ist sie auch über Thatsachen zugeschoben, die Gegenstand seiner Wahrnehmung geworden sind (Annalen Bd. III S. 328; Entsch. Bd. III S. 432), damit ist dem § 410 a. a. O. genügt, und nicht erfindlich, von welcher Angabe hinsichts der Personen und Wahrnehmungen der Richter die Zulassung des Eides abhängig erachtet; es ist nicht erforderlich, daß bei einer derartigen Eidesdelation auch diejenigen Wahrnehmungen, welche die Wissensquelle bilden, namhaft gemacht werden. Aber wenn der Richter auch mit Rücksicht darauf, daß es sich um einen Zustand von langer Dauer handelt, der zum Theil der direkten Wahrnehmung des Klägers entzogen war, eine derartige Vervollständigung des Eidesthemas für nothwendig erachtete, war auf dieselbe durch Anwendung des Fragerechts hinzuwirken, und das Beweismittel nicht ohne weiteres für unstatthaft zu erklären."

159. Die Revisionssumme bei Anfechtung von Pfändungen seitens des Konkursverwalters. Im Zweifel ist der Taxwerth, nicht der Erlös der Pfandversteigerung maßgebend (§§ 508, 4, 6 der C.P.O.). Urth. des II. Civilsenats vom 25. September 1885 in Sachen J. W. in A., Beklagten und Revisionsklägers, wider W. W.'s Konkurs das., Klägerin und Revisionsbeklagten. Vorinstanz: O.L.G. Karlsruhe. Verwerfung (II, 199/85).

W. W. hatte als Afterpfleger der Verlassenschaftsmasse einer Wittwe L. Werthpapiere im Betrag von 12 737 ℳ 13 ₰ in Verwahrung. Von J. W. als Erben der Wittwe L. zur Herausgabe der Papiere aufgefordert, erklärte W., daß er wegen Verwendung der Papiere für sich diesem Verlangen nicht entsprechen könne. In Folge dessen erwirkte J. W. am 19. Januar 1884 Arrest. Diese Arrestverfügung wurde in das Grundbuch eingetragen, und es wurden in Vollziehung derselben am 19. Januar 1884 Fahrnißgegenstände in Anschlag von 1244 ℳ 50 ₰ und am 21. desselben Monats weitere Gegenstände in Anschlag von 638 ℳ 50 ₰ gepfändet. In dem Protokoll über die Pfändung vom 21. Januar ist bemerkt: „W. W. erkläre, daß die im Protokoll vom 19. Januar unter Ziffer 1—5 aufgeführten Gegenstände, angeschlagen zusammen zu 409 ℳ, dem Kaufmann D. gehören." Am 24. Januar 1884 wurde gegen W. W. der Konkurs eröffnet. J. W. erhob Anspruch auf abgesonderte Befriedigung aus dem Erlös der gepfändeten Fahrnisse.

Der Konkursverwalter widersprach diesem Antrag und erhob bei dem L. G. Mosbach Klage mit dem Antrag, die auf Grund der Vollziehung des Arrests durch die Fahrnißpfändung erworbenen Pfandrechte gegenüber den Konkursgläubigern für unwirksam und den Beklagten für schuldig zu erklären, die gepfändeten Fahrnißgegenstände frei von dem Pfandrecht der Konkursmasse zu überlassen. Außerdem beantragte der Konkursverwalter, den Eintrag im Grundbuch für unwirksam zu erklären.

Das L. G. hat den letzteren Antrag durch Theilurtheil vom 13. Mai 1884 abgewiesen und am 16. September 1884 erkannt: „Die Klage wird, soweit nicht durch Urtheil vom 13. Mai 1884 darüber entschieden ist, abgewiesen."

In dem Thatbestand dieses Urtheils, welcher im Uebrigen auf den Thatbestand des Urtheils Bezug nimmt, ist bemerkt: „Der Beklagte erklärte heute noch, daß das Klagbegehren, soweit es Fahrnisse im Werthe von 409 ℳ betreffe, welche auf Widerspruchsklage des D. von Arrest freigegeben worden seien, unter allen Umständen unbegründet sei. Der klägerische Theil hat darauf sein Klagbegehren auf die mit Arrest belegten Fahrnisse beschränkt, welche nicht dem D. auf erhobene Widerspruchsklage überlassen worden sind."

Auf die von dem Konkursverwalter eingelegte Berufung hat das O. L. G. Karlsruhe unter Abänderung des Urtheils vom 16. September 1884 erkannt: „Die auf Grund des Arrestbefehls vom 19. Januar 1884 bei W. W. vollzogene Pfändung und das dadurch zu Gunsten des Beklagten begründete Pfandrecht wird der Konkursmasse gegenüber für unwirksam erklärt und Beklagter verurtheilt, die gepfändeten Fahrnisse der Konkursmasse frei von dem Pfandrecht zu überlassen." Gegen dieses Urtheil hat der Beklagte Revision eingelegt.

Die Revisionsbeklagte beantragt in erster Linie, die Revision als unzulässig zurückzuweisen. Zu Begründung dieses Antrags hat ihr Vertreter geltend gemacht, der bei der Versteigerung sämmtlicher Fahrnisse des W. W. erzielte Erlös betrage nur 1461 ℳ 15 ₰, und hat Akten über die Versteigerung vorgelegt.

„Ohne Grund wird das Vorhandensein der Revisionssumme bestritten. Aus dem Thatbestand des Urtheils vom 16. September 1884 erhellt zwar, daß die Parteien einen Theil der am 19. Januar 1884 gepfändeten Gegenstände vom Prozeß ausgeschieden wissen wollten. Der übrige Inhalt dieses Urtheils läßt jedoch nicht ersehen, daß das L. G. über die Klage in einem beschränkteren Umfang erkennen wollte, als solche nach dem Thatbestand des Theilurtheils, auf welchem das Urtheil vom 16. September 1884 verweist, erhoben war. In zweiter Instanz ist sodann offenbar von den Parteien wie von dem Gericht übersehen worden, daß bei der Verhandlung vom 16. September 1884 das Klagbegehren beschränkt worden war; denn nach dem Thatbestand des Urtheils zweiter Instanz wurde der Berufungsantrag darauf gerichtet, den Beklagten zu pfandfreier Ueberlassung der gepfändeten Gegenstände an die Konkursmasse zu verurtheilen, und das Urtheil zweiter Instanz erklärt, ohne in den Gründen jener Einschränkung des Klagbegehrens zu erwähnen, die vollzogene Pfändung (der Konkursmasse gegenüber) für unwirksam und verurtheilt den Beklagten, die gepfändeten Gegenstände der Konkursmasse pfandfrei zu überlassen. Es ist daher davon auszugehen, daß das Urtheil zweiter Instanz sich auf die sämmtlichen am 19. und 21. Januar 1884 gepfändeten Gegenstände erstreckt, wie denn auch der Gebührenberechnung zweiter Instanz die 11. Werthklasse zu Grunde gelegt, der Werth des Streitgegenstandes also auf 1883 ℳ d. i. denjenigen Betrag festgesetzt worden ist, zu welchem die gepfändeten Gegenstände im Ganzen bei der Pfändung geschätzt worden sind. An sich erscheint nun aber glaubhaft, daß — worauf es nach § 508 in Verbindung mit dem §§ 4 und 6 der C.P.O. ankommt — diese Gegenstände zur Zeit der Klageerhebung den eben angegebenen Werth gehabt haben. Der bei der Versteigerung derselben erzielte Erlös könnte für sich allein hingegen nicht als entscheidend in Betracht kommen; übrigens ist die Identität der ausweislich der vorgelegten Protokolle versteigerten Gegenstände mit den gepfändeten nicht festgestellt."

160. Selbständige Regelung des possessorium summariissimum des Gemeinen Rechts durch die C.P.O. (§§ 814, 819). Urth. des II. Civilsenats vom 25. September 1885 in Sachen der Erben L., Kläger und Revisionskläger, wider den Preuß. Fiskus, Beklagten und Revisionsbeklagten. Vorinstanz: O.L.G. Cöln. Verwerfung (II. 268/85).

In der Nähe von Rheinberg hat sich im Flußbette des Rheinstromes ein Grundstück gebildet, genannt die Gottlieber-Welle, dessen Besitz und Eigenthum zwischen dem Fiskus und den Erben L. als den Uferbesitzern streitig ist. Während der Fiskus das Grundstück gemäß Art. 560 des B.G.B. als eine im Flußbette entstandene Insel in Anspruch nimmt, behaupten die Erben L., daß es sich um eine Anschwemmung (Alluvion) handle und ihnen nach Art 556 und 557 a. a. O. das Eigenthum zustehe. Durch eine vom 3. April 1884 datirte Klageschrift stellten die Erben L. bei dem L.G. Cleve den Antrag, das Gericht wolle erkennen und feststellen, daß Kläger Eigenthümer der unter dem Namen Gottlieber-Welle bezeichneten Alluvion seien, und die Grenzen in der näher beschriebenen Weise bestimmen. Durch ferneren Schriftsatz von demselben Tage beantragten sie in Gemäßheit des § 814 der C.P.O. die Regelung des einstweiligen Zustandes dahin, daß jeder der Parteien untersagt werde, vor rechtskräftiger Entscheidung des Prozesses irgend eine Handlung der Gottlieber-Welle vorzunehmen.

Diesem Antrage entsprach das L.G. ohne vorherige mündliche Verhandlung durch Beschluß vom 8. April 1884. Der Fiskus erhob gegen die einstweilige

Verfügung Widerspruch, beantragte deren Aufhebung und ließ die Kläger zur mündlichen Verhandlung vorladen. Er bestritt den Antrag der Kläger mit der Behauptung, daß er sich seit Jahr und Tag im öffentlichen und ungestörten Besitze der Gottlieber-Welle befunden habe. Kläger behaupteten unter Bezugnahme auf eine von dem A.G. Rheinberg abgehaltene Zeugenvernehmung im Besitze des Grundstückes zu sein und beantragten kostenfällige Verwerfung des Widerspruchs. Das L.G. hob durch Urtheil vom 28. Mai 1884 die einstweilige Verfügung auf und legte den Klägern die Kosten zur Last. In den Gründen wird der auf § 814 der C.P.O. gestützte Antrag für nicht gerechtfertigt erklärt, weil der von den Klägern behauptete Besitz durch das vorgebrachte Beweismaterial nicht dargethan, vielmehr aus der von ihnen erhobenen Vindikationsklage das Gegentheil zu vermuthen sei. Kläger appellirten mit dem Antrage auf Verwerfung des Widerspruchs, bezogen sich zur Rechtfertigung der einstweiligen Verfügung ferner auf § 819 der C.P.O. und beantragten eventuell die Ernennung eines Sequestors. Namens des Fiskus wurde Verwerfung der Berufung beantragt.

Durch Urtheil des O.L.G. Cöln vom 28. Januar 1885 wurde die Berufung unter Kostenfolge verworfen. Die Gründe führen aus: Welches auch das gegenwärtige Besitzverhältniß sein möge, jedenfalls hätten Kläger keine Umstände dargethan oder auch nur wahrscheinlich gemacht, welche gemäß §§ 814 oder 819 der C.P.O. den Erlaß einer einstweiligen Verfügung rechtfertigen könnten. Es sei nicht abzusehen, wie durch etwaige Besitzhandlungen des Fiskus die Verwirklichung der von den Klägern beanspruchten Eigenthumsrechte vereitelt oder wesentlich erschwert werden könnte. Zu einer Besorgniß, daß der Fiskus im Falle seiner Verurtheilung das Grundstück mit den Nutzungen nicht ausantworten und für die Reparatur der etwa vorgenommenen Veränderungen nicht aufkommen werde, liege durchaus keine Veranlassung vor. Ebensowenig erscheine die in § 819 der C.P.O. vorgesehene Regelung eines einstweiligen Zustandes in Bezug auf das streitige Rechtsverhältniß zur Abwendung wesentlicher Nachtheile oder zur Verhinderung drohender Gewalt oder aus anderen Gründen erforderlich. Eine den Klägern drohende Gewalt oder ein ihnen erwachsender Nachtheil oder ein sonstiger Grund für die Unzuträglichkeit des gegenwärtigen Zustandes sei nicht ersichtlich, die Aufrechterhaltung der einstweiligen Verfügung könnte sogar für beide Theile von nachtheiliger Wirkung sein, insofern dadurch die Ausnützung verhindert und die Vornahme von Maßregeln zur Konsolidirung des Grundstückes unmöglich gemacht werde. Wenn auch solche Nachtheile mit der eventuell beantragten Ernennung eines Sequestors nicht verbunden sein möchten, so könne doch davon keine Rede sein, weil diese Maßregel nur eine Modalität der aus den angeführten Gründen gesetzlich überhaupt nicht begründeten einstweiligen Verfügung darstellen würde.

Die Erben L. legten Revision ein.

„Die Revision erhebt gegen das B.U. den Vorwurf, dasselbe lasse mit Unrecht die von dem ersten Richter zu Gunsten des beklagten Fiskus beantwortete Frage ungeprüft, welche der Parteien sich zur Zeit der Klage im Besitze des streitigen Grundstückes befunden habe; nach den Regeln des Gemeinen Rechtes über das Possessorium summariisimum, deren Ersatz durch die Vorschriften der C.P.O. bezweckt werde, habe diese Frage nicht umgangen werden dürfen. Aus dem Umstande aber, daß die C.P.O. statt der bezeichneten Besitzklage des

Gemeinen Rechtes die einstweilige Verfügung zur Sicherung des bestehenden Zustandes eingeführt hat, kann keineswegs gefolgert werden, daß auch die Voraussetzungen des früheren Prozeßrechtes in das neue Gesetz übergegangen seien. Vielmehr hat die C.P.O. das Verfahren selbständig geordnet, und der Richter kann jedenfalls den Antrag auf Erlaß einer einstweiligen Verfügung ablehnen, wenn die im Gesetze selbst aufgestellten besonderen Voraussetzungen nicht gegeben sind, von deren Vorhandensein die Zulässigkeit der beantragten vorläufigen Anordnung abhängig erklärt ist. Hiernach bedarf es nicht der Untersuchung, welche Regeln nach Gemeinem Prozeßrechte in Betreff der bezeichneten Besitzklage anwendbar waren."

161. **Zuwiderhandlungen gegen einstweilige Verfügungen verwirken die angedrohte Strafe nicht, wenn die an sich berechtigte Zuwiderhandlung in die durch die Verfügung geschützte Rechtssphäre des Gegners gar nicht eingreift** (§§ 814, 817, 819 der C.P.O.). Beschluß des V. Civilsenats vom 23. September 1885 in Sachen des Kgl. Preuß. Stromfiskus, Klägers, wider den Rittergutsbesitzer Sch. in K., Beklagten. Vorinstanzen L.G. Glogau, O.L.G. Breslau. Aufhebung des Beschlusses des O.L.G., Bestätigung des landgerichtlichen Beschlusses, welcher den Antrag des Klägers, gegen den Beklagten eine Geldstrafe von 500 ℳ festzusetzen, zurückweist. (Bd. V 92/85).

Durch die einstweilige Verfügung des O.L.G. vom 16. Juli 1884 ist dem Beklagten jede Störung im Besitze der in Streit befindlichen Anlandungen sowie deren Nutzung während des Prozesses bei einer Geldbuße von 500 ℳ untersagt.

„Mit Unrecht findet das O.L.G. eine Uebertretung dieses Verbots schon darin, daß der Beklagte jene Anlandungen bei einer Treibjagd von den Treibern hat betreten und abtreiben lassen.

Da der Kläger sich im Besitze des Jagdrechts auf dem bezeichneten Terrain nicht befindet, so kann er darin nicht gestört sein. Ebensowenig läßt sich die Handlung des Beklagten, durch welche er das nach § 5 des Preuß. Gesetzes vom 20. August 1883 ihm ausschließlich zustehende Jagdrecht ausübte, als eine Störung des Klägers im Besitze der fraglichen Anlandungen selbst oder als eine Nutzung derselben im Sinne der gedachten einstweiligen Verfügung auffassen, da diese den Kläger nur wegen seines Anspruchs auf Ersatz von Aufwendungen zu sichern bezweckt und den Beklagten daher in seiner freien Disposition über das mehrgedachte Terrain nur insoweit hat einschränken wollen, als es zur Erreichung jenes Zweckes nothwendig war, während es dazu eines Verbots der Jagdausübung nicht bedurfte.

Auf die Frage, ob der Beklagte etwa nach dem erwähnten Gesetze eine polizeiliche Strafe verwirkt haben könne, kam es in dem gegenwärtigen Falle, wo es sich nur um die in der einstweiligen Verfügung des Civilrichters angedrohte Geldbuße handelt, überhaupt nicht an. Ebensowenig waren die in der Beschwerdeschrift aufgestellten neuen Behauptungen zu prüfen, da der Strafantrag des Klägers auch abgesehen von demselben abgewiesen werden mußte.

162. 1) **Anwaltszwang bei Einlegung einer Beschwerde wegen unterlassener einstweiliger Verfügung** (§§ 815, 800, 74 Abs. 2 der C.P.O.). 2) **Nur gewöhnliche** (nicht sofortige) **Beschwerde, solange erst die Anordnung** (nicht schon die Vollziehung) **der einstweiligen Verfügung in Frage steht** (§§ 701, 808, 815, 530 der C.P.O.). 3) **Regel der Einlegung der Beschwerde beim Beschwerdegericht; Begriff der „dringenden Fälle“ für die Ausnahme** (§§ 532 Abs. 1, 816 Abs. 2, 820 Abs. 1 der C.P.O.). Beschluß des I. Civilsenats vom 21. September 1885 in Sachen J. T. zu B., Klägers, Berufungsklägers, Beschwerdeführers, wider die Aktiengesellschaft Farbenfabrik B. zu F., Beklagte und Berufungsbeklagte. Vorinstanz: O.L.G. Frankfurt a. M. Verwerfung der Beschwerde als formell unzulässig. (I, 54/85.)

Zu 1. „Die Beschwerde des Klägers war in doppelter Beziehung nicht in gehöriger Form eingelegt und mußte deshalb nach § 537 der C.P.O. als unzulässig verworfen werden. Einmal ist die Beschwerdeschrift unmittelbar beim R.G. durch einen nicht bei diesem, sondern beim O.L.G. zu Frankfurt a. M. zugelassenen Rechtsanwalt eingereicht und damit ist gegen die den Anwaltszwang betreffende Vorschrift des § 74 Abs. 1 der C.P.O verstoßen“ (vergl. Annalen Bd. II S. 81 Entsch. Bd. I S. 431 ff.). „Zwar kann nach § 815 vergl. mit § 800 Abs. 3 der C.P.O. der Antrag auf Erlassung einer einstweiligen Verfügung zum Protokolle des Gerichtsschreibers angebracht werden und ist daher nach § 74 Abs. 2 das. vom Anwaltszwange ausgenommen; aber daraus folgt keineswegs, daß dasselbe auch von der Einlegung einer Beschwerde wegen abgeschlagener einstweiliger Verfügung gälte“; (vergl. die eine analoge Frage betreffende Entscheidung in den Annalen Bd. VI S. 376; Entsch. Bd. VII S. 403).

Zu 2. „Außerdem aber hätte die Beschwerdeschrift überhaupt nicht beim R. G., sondern beim O. L. G. Frankfurt a. M. eingereicht werden müssen. Denn irriger Weise ist die vorliegende Beschwerde als „sofortige“ bezeichnet worden. So lange noch nicht die Vollziehung der einstweiligen Verfügung, sondern nur erst die Anordnung selbst in Frage steht, kann nie ein Fall der sofortigen Beschwerde nach § 701 in Verbindung mit § 808 und § 815 der C.P.O., sondern eben nur ein Fall der gewöhnlichen Beschwerde nach § 530 daselbst vorliegen.

Für einen solchen Fall schreibt nun aber § 532 Abs. 1 als Regel die Einlegung bei demjenigen Gerichte vor, von welchem die angefochtene Entscheidung erlassen ist; nur in dringenden Fällen kann die Einlegung auch bei dem Beschwerdegerichte erfolgen."

Zu 3. „Nun ist schon in einer ganz ähnlich liegenden Sache, Beschw. I 16/85," (Urtheile und Annalen Bd. II S. 209) „vom R.G. ausgeführt worden, daß nicht etwa ohne weiteres jeder Fall, in welchem es sich um die Erwirkung einer einstweiligen Verfügung handelt, für einen „dringenden" im Sinne des Gesetzes gelten könne, wie sich schon aus § 816 Abs. 2 und § 820 Abs. 1 der C.P.O. ergebe. Eine „Dringlichkeit" in diesem Sinne wird vielmehr nach dem Zwecke jener Bestimmung des § 532 der C.P.O. nur da anzunehmen sein, wo das unmittelbare, sofortige Eingreifen des Beschwerdegerichtes erforderlich ist, um wesentliche Nachtheile zu verhüten. Daß aber der gegenwärtige Fall von dieser Beschaffenheit sei, war durchaus nicht anzunehmen, und von Seiten des Beschwerdeführers ist dies auch nicht einmal behauptet worden."

8. Gebührenordnung für Rechtsanwälte.

163. **Voraussetzungen der Beweisgebühr** (§ 13 Abs. 4 der Geb.O.), **und Schlußverhandlungsgebühr** (§ 17), **insbesondere Begriff des „durch ein Urtheil auferlegten Eides".** Beschluß des III. Civilsenats vom 22. September 1885 in Sachen der verw. D. in N., Beklagter, wider die verw. D. in B., Klägerin. Vorinstanz: O.L.G. Kiel. Verwerfung der weiteren Beschwerde der Klägerin (III, 107/85).

Durch Theilurtheil des L.G. Kiel vom 13. Oktober 1884 wurde die Beklagte verurtheilt, der Klägerin ein auf Verlangen derselben eidlich zu bestärkendes Verzeichniß derjenigen Sachen herauszugeben, welche aus dem Nachlasse ihres verstorbenen Bruders in ihren Besitz gelangt sind. Die Entscheidung über die Kosten wurde dem Endurtheil vorbehalten. Beklagte gab darauf durch ihren Anwalt die Erklärung ab, daß sie keine der fraglichen Sachen in Besitz genommen habe und bereit sei, dies eidlich zu erhärten. Nachdem Klägerin die Leistung dieses Eides verlangt hatte, beantragte Beklagte in einem vorbereitenden Schriftsatze vom 27. Dezember 1884, daß die Eidesleistung bei dem Gerichte ihres Wohnortes requirirt werde. In der über diesen Antrag stattfindenden Verhandlung wurde dem Antrage der Beklagten entsprechend beschlossen und zugleich die Fassung des Eides durch Beschluß festgesetzt. Die Eidesleistung fand am 5. März 1885 statt; in dem Termine waren die Anwälte der Parteien nicht erschienen. In dem alsdann weiter vor dem Prozeßgericht stattfindenden Termine hat nach Ausweis des Thatbestandes des demnächst abgegebenen Endurtheils die Klägerin die Erklärung abgegeben, daß ihr Anspruch in der Hauptsache (auf Herausgabe der Nachlaßsachen) gegenstandslos geworden sei und sie nur noch eine Entscheidung über die Prozeßkosten verlange, nämlich dahin, daß Beklagte in die Prozeßkosten verurtheilt werde. Auf Grund dieser Verhandlung hat das L.G. durch Endurtheil vom 23. März 1885 die Prozeßkosten bis einschließlich des Theilurtheils beiden Parteien zur Hälfte auferlegt, resp. compensirt. Die nach dem Theilurtheil entstandenen Kosten sind der Klägerin allein auferlegt.

Die Beklagte reichte darauf ein Kostenfestsetzungsgesuch bezüglich der nach dem Theilurtheil entstandenen Kosten ein. Die Rechnung wurde vom L.G. dem Antrage gemäß auf 43 ℳ festgesetzt. Auf die hiergegen erhobene sofortige Beschwerde der Klägerin wurden durch den angefochtenen Beschluß des O.L.G. zwei Ansätze, nämlich eine Beweisgebühr aus § 13, Abs. 4 der Geb.O. f. Anwälte in Höhe von 18 ℳ und eine Verhandlungsgebühr aus §§ 13, Abs. 2, u. 17 der Geb.O. in gleicher Höhe gestrichen.

„Die hiergegen von Seiten der Beklagten erhobene weitere Beschwerde ist nicht begründet. Nach § 13 Abs. 4 der Geb.O. steht dem Rechtsanwalt eine Beweisgebühr zu: a) für die Vertretung in dem Termin zur Leistung des durch ein Urtheil auferlegten Eides, sowie b) für die Vertretung in einem Beweisaufnahmeverfahren. Keiner dieser Fälle liegt hier vor.

Unter einem Beweisaufnahmeverfahren kann (vergl. Annalen Bd. VIII S. 437; Entsch. Bd. X S. 371) nur ein solches verstanden werden, wie es § 323 der C.P.O. voraussetzt, d. h. ein Verfahren, welches durch Beweisbeschluß angeordnet und demnächst in der §§ 326—335 der C.P.O. verordneten Weise, wenigstens theilweise, erledigt wird. Davon ist vorliegend keine Rede, da ein Beweisverfahren in diesem Sinne weder angeordnet ist, noch stattgefunden hat. Aber auch der erste Fall trifft hier nicht zu. Abgesehen davon, daß eine Vertretung durch den Anwalt im Termin nicht stattgefunden hat, kann unter einem durch Urtheil auferlegten Eide im Sinne des § 13, Abs. 4 des zit. Gesetzes nur der durch ein bedingtes Urtheil auferlegte Eid verstanden werden (vergl. auch die Motive zur Geb.O. S. 37, Drucksachen des Reichstags Nr. 6), da nur ein solcher als Theil der Beweisaufnahme angesehen werden kann und nur hierfür eine Beweisgebühr gerechtfertigt erscheint. Der hier in Rede stehende Eid bildet keinen Akt der Beweisaufnahme, vielmehr einen integrirenden Theil der Leistung, zu welcher die Beklagte durch das Theilurtheil schuldig erkannt worden ist.

Wenn hiernach der Anspruch auf eine Beweisgebühr nicht begründet ist, so erledigt sich damit auch ohne weiteres der Anspruch auf erhöhte Verhandlungsgebühr aus § 17 der Gebührenordnung, da diese überall nur eintreten kann, wo einer der Fälle des § 13, Abs. 4 vorausgegangen ist. Es kann daher auf sich beruhen, ob, wie das Oberlandesgericht annimmt, diese Gebühr auch deshalb im gegebenen Fall nicht beansprucht werden kann, weil eine Verhandlung zur Hauptsache vor dem Prozeßgericht nicht stattgefunden hat."

Gemeines Recht.

164. Das Possessorium summariissimum nach der C.P.O. (S. o. Fall 160 S. 355.)

165. Rechtserzeugende Kraft der Willenserklärung des Vertragschließenden. Für die Rechtswirksamkeit des Vertrages ist gleichgültig, ob der Versprechende schenken wollte oder voraussetzte, daß er zur Entschädigung verpflichtet sei. Urth. des III. Civilsenats vom 18. September 1885 in Sachen der Erben L. zu G., Beklagten und Oberappellanten (alte Prozeßsache, wider den Werkführer P. H. das., Kläger und Oberappellanten. Vorinstanz: O.L.G. Jena. Zurückweisung der Oberappellation. (III, 158/85.)

Der Erblasser der Beklagten war Kaufmann und hat innerhalb seines Geschäftsbetriebs dem Kläger, als dieser verunglückte, eine jährliche Rente von 6 Thlr. pro Woche versprochen. Der Lohn des Klägers hatte bis dahin 8—10 Thlr. pro Woche betragen.

„Der Antrag der Klage war gerichtet auf Zahlung eines Wochenlohns von 8 bis 10 Thalern resp. eine lebenslängliche Rente, welche diesen Wochenlohn repräsentirt und für dessen Verlust entschädigt. Dieser Antrag wird durch den Eidessatz vollkommen gedeckt. Derselbe enthält die Hinweisung auf den vom Kläger erlittenen Unfall und somit auch den Anlaß und Zweck des Versprechens, nicht minder eine bestimmte Angabe des versprochenen Betrags. Daraus geht aber die Absicht, eine lebenslängliche Rente von 6 Thalern pro Woche als Ersatz für den dem Kläger entgangenen resp. voraussichtlich noch entgehenden Lohn zu versprechen und dieses Versprechen anzunehmen unzweideutig hervor und wird damit die vertragsmäßige Verpflichtung zur Zahlung der Rente genügend begründet. Denn nach heutigem Rechte hat der erklärte Wille der Kontrahenten schon für sich allein rechtserzeugende Kraft, vorausgesetzt nur, daß derselbe auf die Begründung einer Obligation gerichtet war. Ob der Versprechende schenken wollte oder voraussetzte, daß er zur Entschädigung des Klägers verpflichtet sei, ist für die Rechtswirksamkeit des Vertrags an sich gleichgültig." (Annalen Bd. II S. 343; Entsch. Bd. II S. 49.) „Danach war aber auch der Inhalt des Versprechens maßgebend für den Inhalt der durch dasselbe begründeten Verpflichtung. Nun hat aber das Versprechen angeblich ganz allgemein auf Gewährung einer lebenslänglichen Rente gelautet und darum war auch die Verpflichtung keine beschränkte oder bedingte. Namentlich konnte daraus, daß das Versprechen durch die Beschädigung des Klägers und dessen verminderte Verdienstfähigkeit veranlaßt war, nicht mit den Oberappellanten gefolgert werden, daß die Rente nur gegen Leistung der dem Kläger etwa noch möglichen Dienste gewährt werden sollte. Denn wenn auch daraus zu folgern ist, daß in der Rente eine Schadloshaltung für verminderten Verdienst liegen sollte, so folgt daraus doch noch nicht, daß sie selbst den Charakter des Verdienstes resp. Lohns tragen sollte, wie sie denn auch in der That kaum den zur Zeit des Unfalls für die Werkführer üblichen Lohn (8 bis 10 Thaler pro Woche), geschweige den sich in Zukunft möglicher Weise für den Kläger steigernden erreichte. Demgemäß erschienen aber die eventuellen Beschwerden der Oberappallanten unbegründet, daß die fragliche Rente nur gegen Leistung der dem Kläger noch möglichen Dienste und nur mit der Beschränkung hätte zuerkannt werden dürfen, daß er zu solchen nicht etwa künftig einmal auch ohne den fraglichen Unfall unfähig geworden sein würde."

166. **Vermuthung der Erfüllung einer Bedingung, wenn der zu ihrer Erfüllung Verpflichtete unredlich vertragswidrig handelt** (l. 85 § 7 d. V. O. 45, 1; l. 24 d. cond. et. demonstr. 35, 1; l. 161 de R. J.). S. o. Fall 147 S. 332 sub I.

167. Condictio indebiti. **Der Irrthum des Zahlenden gehört zu den wesentlichen Voraussetzungen des Anspruchs, der Kondizirende hat also zu beweisen, daß er irrthümlich eine Nichtschuld bezahlt habe.** (S. o. Fall 150 S. 336 sub 2.)

168. Lex Aquilia. **Fahrlässige Anschießung eines Nichtjagdberechtigten durch den Jagdberechtigten bei der Verfolgung des Ersteren: dessen bloße Anwesenheit im Jagdgebiet ist noch kein konkurrirendes Verschulden. Anspruch auf Schmerzensgeld auch bei blos kulposen Körperverletzungen.** Urth. des III. Civilsenats vom 25. September 1885 in Sachen G. in S., Beklagten und Revisionsklägers, wider G. in E., Kläger und Revisionsbeklagten. Vorinstanz O.L.G. Kiel. Verwerfung. (III, 125/85.)

„In Uebereinstimmung mit dem in dem vorbereitenden Schriftsatze erhobenen Angriffe rügt der Revisionskläger zunächst die Verletzung der Grundsätze von der lex Aquilia und des § 259 der C.P.O., indem er ausführt, daß der Beklagte bei der Verfolgung des Klägers in Ausübung seines Rechts gewesen sei, und daß das widerrechtliche Thun des Klägers als überwiegende Ursache des Unfalls erscheine. Der Angriff erscheint unbegründet. Das B.G. erblickt ohne Rechtsirrthum ein Verschulden des Beklagten darin, daß dieser, als er den Kläger zu ergreifen suchte, beziehungsweise als er den fliehenden Kläger verfolgte, die Flintenläufe seines geladenen Gewehrs, dessen Hähne gespannt waren, in einer solchen Richtung hielt, daß deren Inhalt den Kläger verletzen konnte. Daß der Beklagte an sich unter der Voraussetzung, daß der Kläger in unbefugter Ausübung der Jagd begriffen war, zur Ergreifung und Verfolgung des Klägers berechtigt war, entbindet ihn nicht von der Beobachtung derjenigen Aufmerksamkeit und Vorsicht in der Handhabung seiner Waffe, zu welcher ein sorgfältiger Mann verpflichtet ist. Ein eigenes Verschulden des Klägers wird gleichfalls mit Recht vom B.G. verneint. Daß der Kläger, wie der Beklagte behauptet, in unberechtigter Jagdausübung begriffen war, involvirt noch kein Verschulden an der eingetretenen Verletzung, da nicht erkennbar ist, in wiefern der Kläger *diese* Verletzung als mögliche Folge seines widerrechtlichen Thuns hätte voraussehen können, und nur unter dieser Voraussetzung ein Verschulden des Klägers angenommen werden dürfte. Für eine Abwägung des beiderseitigen Verschuldens blieb hiernach kein Raum, so daß unerörtert bleiben kann, ob eine solche bei der actio legis Aquiliae überall zulässig ist.

Das weitere Bedenken des Revisionsklägers, ob bei bloß culposen Körperverletzungen auf ein Schmerzensgeld erkannt werden dürfe, ist nicht begründet. Wie bereits in dem Urtheile des R.G. vom 17. November 1882 (*Annalen* Bd. 7 S. 89; *Entsch.* Bd. 8 S. 118) ausgesprochen ist, ist das Schmerzensgeld als ein civilrechtlicher *Ersatz*anspruch wegen *widerrechtlich* erlittener Schmerzen aufzufassen, der nach dem Gewohnheitsrecht auch in dem Falle bloß culposer Körperverletzungen gerechtfertigt erscheint. Es darf dies um so unbedenklicher angenommen werden, als das fragliche Gewohnheitsrecht seinen Ausgangspunkt von den Art. 20 und 21 der Carolina genommen hat und Art. 20 den Ersatzanspruch wegen erlittener Schmerzen in dem dort behandelten Falle nicht von einem vorsätzlichen Handeln des Urhebers abhängig macht."

169. **Wenn dem Fiduciar vom Testator die völlig unbeschränkte Disposition über den Gegenstand des Fideikommisses überlassen ist, kann von einer Unveräußerlichkeit und deren Geltendmachung gegen dritte Personen** (Nov. 108 cap. 2, Weimarisches Gesetz vom 22. April 1833) **keine Rede sein.** Urth. des III. Civilsenats vom 25. September 1885 in Sachen A. F. zu H. und Gen., Kläger und Revisionskläger, wider verw. F. zu H., Beklagte und Revisionsbeklagte. Vorinstanz: O.L.G. Jena. Verwerfung. (III, 118/85.)

Der B.R. führt aus, daß nach dem Weimarischen Gesetz vom 22. April 1833 über die bei Errichtung von Fideikommissen zu beobachtende Form die Wirksamkeit des Fideikommisses gegen Dritte ohne alle Ausnahme durch den Eintrag desselben in das Hypothekenbuch bedingt ist und deshalb vorliegenden Falls in Ermangelung dieses Eintrages die gegen die Erwerberin der ihnen vermachten Grundstücke erhobene Klage rechtlich unbegründet erscheint.

„Es hätte der Berufung auf das gedachte Landesgesetz nicht bedurft. Denn wenn dem Fiduciar wie hier vom Testator eine völlig unbeschränkte Disposition über das Objekt des Fideikommisses überlassen ist, kann von einer Unveräußerlichkeit und deren Geltendmachung gegen dritte Personen im Sinne des gedachten Gesetzes überhaupt nicht die Rede sein. Und hieran ändert sich auch dadurch nichts, daß bei einem Fideikommisse dieser Art (fid. superfuturo) der Fiduciar in der Regel verbunden ist, dem Fideikommissar mindestens ein Viertheil des Fideikommisses ungeschmälert zu hinterlassen, dieser aber eventuell berechtigt ist, sein Recht auf das Viertel selbst gegen den dritten Erwerber im Klagweg zu verfolgen. Denn dieses ihm durch Nov. 108 cap. 2 gewährte Recht ist nur ein subsidiäres. Zunächst ist es der Fiduciar resp. sein Erbe, der dafür aufzukommen hat, daß dem Fideikommissar der Werth des Viertheiles ungeschmälert zukommt, und erst wenn er hierzu außer Stande, wird die Klage gegen den dritten Erwerber gegeben. „Si tamen (fiduciarius) quid expendat, et habeat, unde supplementum faciat, ex eo, quarta quoque suppleatur, nec ulla de causa minuatur. Sin vero quartam attingat, neque alia bona in supplementum habeat, tum adversus eos, qui emerunt vel aliter res acceperunt, in rem actionem et hypothecas auctoritate hujus legis damus, ut fideicommissario per rerum vindicationem sibi ipsi satisfacere liceat — —."

Eben diese Subsidiarität der Klage ist es aber auch, die den Klägern nicht verstattet, wegen des Viertheiles der angeblichen Kaufgelderforderung von 12 000 ℳ, sofern diese als ein Theil des Nachlasses des Fiduciars aufzufassen wäre, ohne weiteres die Klage gegen die Beklagte zu richten. Denn Kläger sind nicht ipso jure in diese

Kaufgelderforderung des Fiduciars oder, sofern ein schenkungsweiser Erlaß dieser letzeren vorliegen sollte, in seinen etwaigen Anspruch auf Anfechtung dieses letztern eingetreten, sondern es steht ihnen nur dem Fiduciar resp. dessen Erben gegenüber ein Anspruch auf Gewährung resp. Ergänzung des unentziehbaren Viertheiles des Werthes dieses Vermögensstückes zu. Darum ist die erhobene Klage auch gegen die Beklagte als Nachlaßschuldnerin nicht begründet, und zwar selbst dann nicht, wenn man an und für sich annehmen wollte, daß sich der Kläger auch ihr gegenüber durch den Nachweis der sonstigen Insuffizienz des Nachlasses ihres Ehemannes legitimiren dürfe, weil selbst in diesem Falle den Erben ihres Mannes nicht das Recht abgesprochen werden könnte, die Ergänzung des schuldigen Viertheiles allenfalls selbst aus eignen Mitteln zu bewirken (supplementum facere) und damit die Veräußerungsgeschäfte ihres Erblassers aufrecht zu erhalten."

Partikularrecht.

1. Preußisches Recht.

170. Ungültigkeit aller aus § 286 des R.Str.G.B. strafbaren Lotteriegeschäfte gemäß I, 3 § 35; I, 4 § 6; I, 5 § 39, 38; I, 11 § 528 des Allg. L.R. Urth. des IV. Civilsenats vom 21. September 1885 in Sachen J. S. zu B., Klägers und Revisionsklägers, wider J. F. zu B., Beklagten und Revisionsbeklagten. Vorinstanz: O.L.G. Breslau. Verwerfung. (IV, 128/85.)

„Nach § 286 des R. Str. G. B. macht sich derjenige strafbar, welcher ohne obrigkeitliche Erlaubniß öffentliche Lotterien veranstaltet. Die Rechtsgeschäfte, welche bei Gelegenheit der hiernach strafbaren Veranstaltung einer Lotterie zwischen dem Veranstalter und den sich an der Lotterie betheiligenden Personen abgeschlossen werden, sind nach § 35 Th. I T. 3, § 6 Th. I T. 4, §§ 39, 68 Th. I T. 5 des Allg. L. R. ungültig, und erzeugen kein klagbares Recht. Das zwischen den Parteien über gewisse Loospapiere abgeschlossene Geschäft betrifft Gegenstände, welche dem Privatverkehre nicht entzogen sind, und ist an sich gültig; es frägt sich aber, ob dasselbe nicht dem Zwecke der Veranstaltung einer nach § 286 des R. Str. G. B. strafbaren Lotterie gedient hat und als ein zum Betriebe einer solchen Lotterieunternehmung gehöriges Geschäft anzusehen ist.

In Uebereinstimmung mit der Rechtsprechung der Strafsenate des R. G. wird angenommen, daß die Veranstaltung einer öffentlichen Lotterie dann vorliegt, wenn Jemand mit einer Mehrheit individuell nicht bestimmter Personen, welche nicht einen Privatzirkel bilden, gewagte Verträge abschließt, durch welche er die Hoffnung auf den zukünftigen Erwerb eines von ihm zu gewährenden Vermögensobjektes für einen gewissen Preis in der Art verkauft, daß der Eintritt oder Nichteintritt des Erwerbes durch das Loos entschieden wird. Daß ein und dasselbe Vermögensobjekt den Gegenstand mehrerer mit Dritten abgeschlossener Verträge bilde und unter einer Mehrheit von Spielern, welche mit dem Veranstalter der Lotterie kontrahirt haben, ausgespielt werde, ist nicht erforderlich; es genügt, daß eine einzige Person auf einen Gegenstand den Einsatz macht und die Betheiligung noch anderer Spieler für denselben Gegenstand vertragsmäßig ausgeschlossen ist, und es kommt nur darauf an, daß das einzelne Geschäft ein dem § 528 Th. I T. 11 des Allg. L. R. entsprechender Hoffnungskauf ist, bei welchem die Entscheidung über die Realisation der gekauften Hoffnung vom Loose abhängig gemacht ist." (Siehe Annalen Bd. I S. 361, 450, Bd. IV S. 285, Bd. V S. 161, Bd. VII S. 300, Bd. IX S. 220; Entsch. in Strafsachen Bd. I S. 133, 357, Bd. V S. 39, 432, Bd. VII S. 161, Bd. IX S. 405, Bd. XI S. 211.)

Im vorliegenden Falle hat Kläger in den Urkunden vom 28. Juni 1883 mit dem Beklagten Kaufverträge über drei Gruppen von Prämienloosen geschlossen. Der Kurswerth der letzteren wird von den verabredeten Vergütungen, welche Beklagter zu zahlen hat, weit übertroffen, und diese sind nach Abzug der mit 50 ℳ und je 30 ℳ geleisteten Abschlagszahlungen monatlich mit 50 ℳ und zwei Mal 30 ℳ zu leisten. Abgesehen von drei in der Serie gezogenen Kurhessischen Loosen, welche sofort an den Beklagten herausgegeben wurden, ist Folgendes vereinbart: „1) Kläger bleibt während der (39 resp. 36 Monate fortzusetzenden) Abschlagszahlungen im Besitz und Eigenthum der Loose, sofern nicht Beklagter den ganzen Restkaufpreis vorher berichtigt. 2) Insoweit die Loose während der Abschlagszahlungen mit den kleinsten Treffern gezogen werden, gewährt Kläger gleichartige Ersatzloose. Höhere Gewinne werden dem Beklagten nach Abzug des Restkaufpreises ausgezahlt. 3) Beim Verzuge des Beklagten mit einer Abschlagszahlung darf Kläger die Loose zum höchsten Kurse des laufenden Monats behalten, und Beklagter muß noch die Differenz zwischen diesem Kurse und dem Restkaufpreis sofort zahlen."

Die Vereinbarung, daß Besitz und Eigenthum nach der auf spätere Zeit in Aussicht genommenen Beendigung der Abschlagszahlungen auf den Beklagten übergehen sollen, enthält ein wirkliches Kaufgeschäft, aber ein solches, dessen Verwirklichung an den Eintritt eines zukünftigen, ungewissen Ereignisses geknüpft ist, und hierin liegt kein mit dem Lotteriespiel in Zusammenhang zu bringendes Geschäft. Ehe der Kauf der Loose realisirt wird, gelten aber andere besondere Rechte und Pflichten zwischen den Kontrahenten, und diese bestehen nach dem unter 1 bis 3 Angeführten darin, daß Beklagter bei regelmäßiger Ratenzahlung einen persönlichen Anspruch gegen den Kläger auf Herauszahlung derjenigen Gewinnbeträge hat, welche möglicher Weise bei einer Loosziehung auf die betreffenden Nummern entfallen, daß bei einer Auslosung mit dem niedrigsten Gewinn eine nicht gezogene Nummer an die Stelle der gezogenen tritt, und daß beim Verzuge mit einer Ratenzahlung Beklagter sich den Verlust aller ihm für die Zukunft zugesicherten Rechte, namentlich auf Herauszahlung der noch entfallenden Gewinnbeträge und auf Erwerb des Eigenthumes der betreffenden Loose gefallen lassen, trotzdem aber dem Kläger zum vollen Betrage der vereinbarten Kaufpreise gerecht werden muß. Diese Abmachungen enthalten ein gewagtes Geschäft, einen Hoffnungskauf, wie solcher bei einem Lotterieunternehmen geschlossen wird, und in den Urkunden vom 28. Juni 1883 sind daher zweierlei begrifflich unterschiedene Rechtsgeschäfte zu finden, nämlich ein Hoffnungskauf der gedachten Art, und ein gewöhnlicher, aber betagter und bedingter Sachenkauf im Sinne des § 1 Th. I T. 11 des Allg. L.R., deren Verwirklichung in hintereinander folgenden, getrennten Zeiträumen bestimmt ist. Zunächst wird während eines Zeitraumes von wenigstens drei Jahren der Hoffnungskauf ausgeführt, und demnächst erst und zwar nur unter gewissen Bedingungen tritt der Zeitpunkt für die Wirksamkeit und Erfüllung des eigentlichen Sachenverkaufes ein.

Der B.R. hat nun aus mehreren Momenten, insbesondere den eigenen Behauptungen des Klägers über den Abschluß gleicher Geschäfte mit einer großen Zahl anderer Personen und der näher angegebenen Form und dem Inhalt der Verkaufsbriefe den Schluß gezogen, daß Kläger ein Geschäft mit dem Abschluß solcher Käufe gewerbemäßig und öffentlich betrieben habe, und diese Annahme unterliegt als thatsächliche Feststellung nicht der Nachprüfung. Jedenfalls ist darin ein Rechtsirrthum nicht zu erkennen. Hat hiernach Kläger in gewerbemäßigem, öffentlichem Betriebe Geschäfte abgeschlossen, welche zu der Kategorie der bei einer Lotterie sich vollziehenden

Hoffnungskäufe zu rechnen sind, so liegen die Voraussetzungen der Bestimmung des § 286 des R.Str.G.B. vor, und gegen den Kläger ist erwiesen, daß er durch das mit dem Beklagten geschlossene und andere gleichartige Geschäfte eine öffentliche Lotterie ohne obrigkeitliche Erlaubniß veranstaltet hat.

Der Umstand, daß Kläger seine Geschäfte an bereits bestehende Lotterieunternehmungen und die dort vorzunehmenden Loosziehungen angeschlossen hat, ist ohne Bedeutung. Nur darauf kommt es an, daß die Entscheidung über die Realisation der gekauften Hoffnung durch das Loos getroffen wird, nicht darauf, durch wen die Auslosung bewerkstelligt wird, und es ist gleichgültig, daß letztere bei einem anderen Unternehmen stattfindet, ebenso wie es auch für die rechtliche Beurtheilung der klägerischen Geschäfte ohne Einfluß ist, daß die näheren Bestimmungen der Auslosung sich nach dem Plane eines anderen bestehenden Lotterieunternehmens richten. Ferner kommt es nicht darauf an, daß bei Abschluß der Verträge der Hoffnungskauf mit einem gewöhnlichen Sachenkauf bezüglich derselben Werthpapiere verbunden und die Gültigkeit des eines Kaufes an die des anderen geknüpft ist; denn diese von den Parteien gewillkührte Verbindung sämmtlicher Vertragsabreden in Rücksicht auf ihre Wirksamkeit entzieht beiden Arten von Geschäften nicht den einem jeden eigenthümlichen, vom Gesetze bestimmten Rechtscharakter, und davon etwa, daß in den vorliegenden Verträgen der sich als Veranstaltung einer Lotterie kennzeichnende Hoffnungskauf nur als Modalität des Sachenkaufes und in diesen aufgehend aufzufassen ist, kann um so weniger die Rede sein, als die thatsächliche Feststellung des B.R. dahin geht, daß die bei Festsetzung des Kaufpreises in das Gewicht gefallene Hauptleistung des Klägers in der Auszahlung der auf die Loose fallenden Gewinne respective der Gewährung eines Ersatzlooses bestanden, und es sich hauptsächlich um die Uebertragung des Anrechtes auf die etwa während der Ratenzahlungen entfallenden größeren Gewinne und demnächst des Eigenthums an den bis dahin nicht gezogenen Loosen gehandelt habe, und daß auch noch die Vermuthung Platz greife, daß Kläger beim Vertragsabschlusse auf den hier wirklich eingetretenen Fall eines Verzuges des Beklagten während der langen Dauer der Ratenzahlungen, wodurch die Leistungen des Klägers sich änderten, im Voraus gerechnet habe. Demnach hat Kläger vornehmlich einen Hoffnungskauf im Auge gehabt und bezweckt, und sein Wille steht in voller Uebereinstimmung mit der Annahme, daß er Hoffnungskäufe der vorgedachten Art abgeschlossen hat.

Fällt der gewerbemäßige Geschäftsbetrieb des Klägers unter den § 286 des R.Str.G.B., so wird jedes einzelne darin abgeschlossene Rechtsgeschäft ein gesetzlich verbotenes, unerlaubtes und hat, wie schon bemerkt, nach § 35 Th. I T. 3, § 6 Th. I T. 4, §§ 39, 68 Th. I T. 5 des Allg. L.R. keine Geltung, so daß es keine Rechte hat hervorbringen können. Der klägerische Anspruch ist daher unbegründet, und Beklagter kann das ohne Rechtsgrund bereits Geleistete widerklagend zurückfordern, da für ihn in dem mit dem Kläger vollzogenen Vertragsabschluß eine unerlaubte Handlung nicht liegt."

171. Auslegung der Bestimmung im § 105 Th. I Tit. 4 des Allg. L.R. (S. o. Fall 147 S. 336.)

172. Gültigkeit von durch Unterstempelung bewirkten Unterschriften nach I, 5 § 116 des Allg. L.R. Urth. des V. Civilsenats vom 16. September 1885 in Sachen des Konkurses des Braunkohlenbergwerks Segen Gottes Grube zu H., Beklagten und Revisionsklägers, wider v. K. und Gen. in L. Vorinstanzen: L.G. Görlitz, O.L.G. Breslau. Aufhebung des zweiten, Abänderung des ersten Urtheils. Klagabweisung. (V, 31/85.)

Der erste Richter hat in seinem Thatbestande angeführt, C., der Repräsentant der Beklagten, habe die Grundschuldscheine fertigen lassen und sie dann zur Weiterbegebung an H. versandt, welcher sie zum Theil verkaufte, und zwar durch Vermittelung des Bankiers L. Die Unterschrift des C. sei sowohl auf der Vorder-, wie auf der Rückseite der Scheine mit Stempeldruck hergestellt. In der Berufungsinstanz hat Beklagter bestritten, daß diese Unterstempelung durch C. oder mit dessen Wissen erfolgt sei. In dem vom B.R. bezogenen Schriftsatz vom 5. Dezember 1884 hat Beklagter sogar behauptet, die Scheine seien gar nicht unterstempelt, sondern mit einem nach einer alten Unterschrift in Holz geschnittenen Facsimile des C. ohne dessen Wissen und Zuthun in H.'s Auftrag gedruckt worden.

Der B.R., welcher mit Dernburg die mittels eines Stempels bewirkte Namensunterschrift für gleichbedeutend hält mit einer solchen im gewöhnlichen Sinne, tritt der mitgetheilten Einrede des Beklagten entgegen mit dem Hinweis auf den Thatbestand, nach welchem C. die Scheine habe fertigen lassen und sie dann an H. zur Weiterbegebung versandt habe.

„In Bezug auf die Rechtsfrage, ob eine durch Unterstempelung hergestellte Unterschrift die im § 116 des Allg. L.R. Th. I T. 5 vorausgesetzte Unterschrift darstellt, ist dem B.R. gleichfalls beizutreten. Die in Bd. XLV S. 335 Striethorst Archiv abgedruckte Entscheidung des früheren Preuß. Ob.Trib. giebt keine Gründe für das von ihm angenommene Gegentheil. Die Bestimmung der Unterschrift erschöpft sich in einem die Person des Genehmigenden erkennbar machenden und durch dessen Thätigkeit hergestellten Zeichen der Genehmigung dessen, was über der Unterschrift steht. Die besondere Streitfrage, ob beim Stempelunterdruck die Darstellung eines sogenannten Facsimile nöthig sei (Dernburg, Bd. I S. 220 A 4), erledigt sich hier durch die eigene Behauptung des Beklagten, es sei eine alte Unterschrift von C. nachgebildet worden, woraus erhellt, daß die Scheine ein solches Facsimile gehabt haben. Das R.G. hat auch bereits in einem ähnlichen Falle eine im lithographischen Wege hergestellte Unterschrift für ausreichend erachtet, Entsch. des I. Civilsenats vom 25. Juni 1884 in Sachen Recknagel wider Harzer Aktiengesellschaft Rep. I, 183/84. (Urtheile u. Annalen Bd. I S. 3.)

Die Einrede der nicht gezahlten Valuta, welche Beklagter der Klage ferner entgegensetzt, wird hinfällig durch die Feststellung des B.R., es sei auf den Scheinen über den Empfang der Valuta quittirt. Diese Feststellung steht nicht im Widerspruch mit dem Thatbestande des ersten Richters, welcher bei der wörtlichen Wiedergabe des Inhaltes der Scheine dieser Quittung nicht erwähnt, sondern sie ist als eine Vervollständigung des Thatbestandes anzusehen, wenn sie auch in dem Theil der Urtheilsbegründung gegeben wird, welcher als Entscheidungsgründe bezeichnet ist. Der Quittung gegenüber mußte Beklagter den nicht angetretenen Gegenbeweis führen. Daß der Bankier L., durch dessen Vermittelung die Scheine verkauft worden sind, die Valuta in Empfang genommen hat, ist von derselben Bedeutung, als wenn die Zahlung direkt an die Kasse der Gewerkschaft geleistet worden wäre. Denn der B.R. stellt fest, daß L. Vollmacht gehabt habe, für die Gewerkschaft die Valuta in Empfang zu nehmen. Er entnimmt diese Feststellung ohne nähere Angabe aus dem Thatbestande der ersten Instanz. Derselbe enthält zwar in dieser Beziehung keine direkte Mittheilung. Da sich aber aus dem Zeugniß des C., dessen Bekundungen der B.R. überall Glauben schenkt, folgern läßt, daß L. im Auftrage des C. gehandelt hat und daß namentlich die Scheine mit dem Willen des Letzteren Jenem zur Vermittelung des Verkaufes eingehändigt worden sind, da ferner diese Scheine die Blanko-Cession des C. enthalten, der Vertrag mit dem Bankier L. als Handelsgeschäft erscheint sowohl für C., wie für die Kläger, so ist anzunehmen, daß der B.R. aus diesen Umständen seine Entscheidung bei dem betreffenden Punkte entnommen hat."

173. Vertretungspflicht des Rechtsanwalts für die von seinen Geschäftsgehülfen zum Nachtheil des Zahlenden begangenen Veruntreuungen an eingezahlten Geldern (Allg. L.R. Th. I Tit. 6 §§ 8, 9, 53, 59, 61—63, 66—68; Th. I Tit. 13 § 46). **Urth.**

des IV. Civilsenats vom 5. November 1886 in Sachen der Erben des Rechtsanwalts P., Beklagte und Revisionskläger, wider H., Kläger und Revisionsbeklagten. Vorinstanz: O.L.G. Königsberg. Verwerfung. (I, 195/85.)

Der verstorbene Rechtsanwalt P. hatte einen gewissen K. als Bureauvorsteher angestellt. Dieser hatte, ohne von seinem Prinzipal hierzu beauftragt und bevollmächtigt zu sein, eine von dem Rechtsanwalt P. für einen Hypothekengläubiger ausgeklagte Hypothek im Geschäftslokal des Anwalts in Empfang genommen und veruntreut. K. ist deshalb wegen Unterschlagung bestraft und vermögenslos. Der beschädigte Hypothekenschuldner hat den Anwalt P. auf Ersatz der von K. unterschlagenen Summe verklagt. Die Vorinstanzen haben P. dem Klagantrag entsprechend verurtheilt. Seine Erben haben Revision eingelegt, die das R.G. verworfen hat.

„Der B.R. erachtet den Anspruch nach den Grundsätzen über den Ersatz des durch unerlaubte Handlungen im Sinne von Th. I Tit. 6 des Allg. L.R. zugefügten Schadens für begründet. Die Erfordernisse dieser Ersatzpflicht sind in Gemäßheit der §§ 1—16 a. a. O. 1) eine ohne Recht d. h. widerrechtlich vorgenommene Handlung des Beklagten oder die Unterlassung einer Zwangspflicht, 2) ein dem Kläger erwachsener Schade, 3) der Kausalnexus zwischen der Handlung oder Unterlassung zu 1 mit dem Schaden zu 2. Der B.R. hat das Vorhandensein dieser drei Erfordernisse angenommen, und es ist ihm darin auf Grund thatsächlicher Feststellungen beizutreten.

Zu 1 ist in der Begründung des vorigen Urtheils ausgeführt, Beklagter müsse sich zwar in seinem Geschäfte als Rechtsanwalt und Notar fremder Hülfe bedienen, er müsse aber bei der Auswahl, Anstellung und Beaufsichtigung seiner Geschäftsgehülfen mit der erforderlichen Sorgfalt vorgehen, und gegen diese Pflicht habe er aus grobem Versehen verstoßen; denn es habe ihm bekannt sein müssen, daß das Publikum, da es nothwendiger Weise häufig den Anwalt nicht in seinem Geschäftslokale finde, darauf angewiesen und gewohnt sei, sich mit seinen Anliegen an dessen Gehülfen, namentlich an dessen Bureauvorsteher zu wenden, und daß ferner, wenn nicht gewöhnlich, so doch häufig Zahlungen an Gebühren u. s. w. mindestens in Abwesenheit des Anwalts an den Bureauvorsteher geleistet, daß aber auch nicht selten Gelder, welche vom Anwalte an Dritte abzuführen sind, in Abwesenheit des Anwalts dem Bureauvorsteher eingehändigt werden, und daß es jedenfalls häufig dem, der Zahlung leisten soll, erwünscht sei, in Abwesenheit des Anwalts dem Bureauvorsteher zahlen zu dürfen; ein Anwalt dürfe daher bei seinem Bureauvorsteher niemals von dem Erforderniß der moralischen Zuverlässigkeit absehen; aber nach den Aussagen der Zeugen S. und St. und resp. den eigenen Erklärungen des Angeklagten sei letzterer etwa im Juli 1883, also etwa fünf Monate vor dem hier in Rede stehenden Vorfalle auf Unredlichkeiten des K. aufmerksam gemacht, er habe auch schon Kenntniß von denselben gehabt, und die Entlassung des K. sei ihm von den Zeugen angerathen; er habe gewußt, daß K. im Sommer 1883 circa 3000 ℳ Mündelgelder, welche ihm zur Abführung an die Hinterlegungsstelle anvertraut worden, unterschlagen habe; Beklagter habe den Zeugen gegenüber die Entlassung des K. als nothwendig anerkannt, sie aber bis zur Beendigung einiger noch von K. zu ordnenden Angelegenheiten aufschieben zu müssen erklärt; er habe aber trotz der anerkannten Unredlichkeit des K. diesen noch fünf Monate als Bureauvorsteher behalten, ohne Maßregeln zu treffen, welche ihm die Gelegenheit zu Unredlichkeiten entzogen, und ein grobes Versehen sei daher die Unterlassung dessen, was erforderlich war, das Publikum vor Schaden aus der Unredlichkeit seiner Gehülfen zu schützen; hierzu habe er nicht das etwa zwei Jahre früher gelegentlich der Annahme von Geldern außer Gebühren und der Ertheilung von Quittungen an K. gerichtete Verbot genügt, da ein solches Verbot, dessen Befolgung nicht kontrollirt wurde, einem unredlichen Menschen gegenüber wirkungslos bleiben mußte.

Die vorstehende Ausführung, insoweit sie nicht auf thatsächlicher, deshalb maßgebender Erwägung und Feststellung beruht, läßt einen Rechtsirrthum nicht erkennen. Der vom B.R. angezogene § 46 Th. I Tit. 13 des Allg. L.R. kann allerdings hier nicht unmittelbar zur Anwendung kommen, weil er nur das Rechtsverhältniß zwischen dem Machtgeber und dem Bevollmächtigten regelt, und das Vorhandensein eines zwischen den Parteien bestehenden Vollmachtsauftrages nicht festgestellt ist; er beruht aber auf einem allgemeineren Satze, welcher dieselbe Disposition für den Fall giebt, wenn zwar nicht eine Vertragspflicht wie beim Bevollmächtigten, aber doch eine gesetzliche besondere Pflicht Jemandes, bei der Auswahl und der Aufsicht über seine Gehülfen mit der gehörigen Sorgfalt zu verfahren, gegenüber dem Dritten besteht, welcher sich mit dem Gehülfen als solchem unter Vorwissen des Prinzipals desselben in ein nicht speziell aufgetragenes Geschäft eingelassen hat. Dieser allgemeine Satz ergiebt sich aus §§ 8, 9, 53, 59 Th. I Tit. 6 des Allg. L.R., er offenbart sich in den als Beispiele aufgestellten Bestimmungen der §§ 61—65 ebenda, ist in den folgenden §§ 66—68 unter gewissen Umständen für Handlungen der Miether erweitert, und muß auch im vorliegenden Falle Anwendung finden.

Beklagter hat festgestellter Maßen ein grobes Versehen dadurch begangen, daß er trotz erkannter Unredlichkeit des K. denselben noch fünf Monate als Bureauvorsteher behielt, ohne ausreichende Maßregeln zu treffen, welche dem K. die Gelegenheit zu Unredlichkeiten entzogen. Daß das Versehen nicht in einer positiven Handlung, sondern in einer Unterlassung bestand, ist gleichgültig, eine Handlung und eine Unterlassung haben dieselbe Bedeutung, sobald durch das Versehen gegen eine Pflicht verstoßen wird, welche als eine gegenüber dem Kläger bestehende Pflicht anzuerkennen ist (§§ 9, 62, 63 a. a. O.).

Der Rechtsanwalt, obwohl er nicht Staatsbeamter ist, hat eine Stellung öffentlich-rechtlicher Natur. Vermöge gesetzlicher Bestimmung nimmt er wesentlich Theil an der Uebung der Rechtspflege, und seinen Akten ist eine gewisse Legalität und Authentizität beigelegt. Seine Thätigkeit ist bestimmt, dem Publikum überhaupt zu dienen, wenn er auch einzelne Aufträge ablehnen darf, und er übt seinen Beruf und übernimmt dessen Pflichten gegenüber dem Publikum, nicht blos gegenüber Einzelnen, deren Aufträge er ausdrücklich angenommen hat, nicht blos für einzelne bestimmte Geschäfte. Er hat Berufspflichten allgemeiner Art, und zu diesen gehört die Pflicht, daß er diejenigen aus dem Publikum, welche sich in seinen Berufsangelegenheiten an ihn wenden, nicht durch seine Handlungen oder Unterlassungen in einen durch ihn abwendbaren Schaden bringt, auch wenn er nicht civilrechtlich sich gegen die betreffenden Personen zu einer Handlung oder Unterlassung verbindlich gemacht hat. Die Stellung des Bureauvorstehers bringt es mit sich, daß er mit dem Publikum verkehrt, und Kläger hat, wovon der B.R. ausgeht, gewußt, daß Zahlungen, welche an den Anwalt selbst geschehen sollen, in dessen Abwesenheit im Geschäftslokale an den Bureauvorsteher geleistet zu werden pflegen, daß dies wenigstens häufig geschieht. Er hat daher bei Bestellung seines Bureauvorstehers K. erwarten und vorhersehen müssen, daß auch an diesen ohne dessen Legitimation anstatt an ihn selbst Zahlungen geleistet würden, und jene allgemeine, gegen das Publikum ihm obliegende Pflicht hat die Folge, daß er den Bureauvorsteher, abgesehen von den ausdrücklich demselben aufgetragenen Geschäften (für welchen die Haftung nach § 46 Th. I Tit. 13 des Allg. L.R. eintritt), auch bezüglich der vorauszusehenden, nach den Gepflogenheiten des Publikums vorkommenden Geschäfte mit möglicher Sorgfalt aussuchen und beaufsichtigen mußte, so daß durch die Untüchtigkeit des Bureauvorstehers aus den mit diesem verhandelten Geschäften kein Schade erwuchs. Durch ein gegen diese Pflicht verstoßendes Verhalten verletzt er seine Pflicht gegenüber demjenigen, der sich mit dem Bureauvorsteher eingelassen hat, und da er nach der thatsächlichen Feststellung des B.R. ein grobes Versehen dadurch begangen hat, daß er fünf Monate nach erlangter Kenntniß von der Unredlichkeit des K. denselben in seinem Dienste als Bureauvorsteher behielt, so hat er hierdurch auch gegenüber dem Kläger sich eines groben Vergehens schuldig gemacht, welches er vertreten muß.

Die Revisionskläger meinen, die Gewohnheiten des Publikums hätten keine gesetzliche Berechtigung, und es komme nur auf den gesetzlichen Standpunkt an, nach welchem der Schuldner nur an seinen Gläubiger oder dessen legitimirten Vertreter mit Rechtswirkung zahlen dürfe. Allein hier handelt es sich nicht um die civilrechtlichen Wirkungen der mittelst jener Gewohnheiten vorgenommenen Handlungen; vielmehr kann deren rechtliche Unwirksamkeit vorausgesetzt werden, und unabhängig von den civilrechtlichen Folgen kommen jene Gewohnheiten hier nur für die Frage in Betracht, ob sie als Thatsache den Rechtsanwalt veranlassen müssen, seine Pflicht bei der Bestellung seines Bureauvorstehers mit möglichster Sorgfalt auszuüben. Für die Beantwortung dieser Frage sind allein die Folgerungen entscheidend, welche aus seiner Berufsstellung auf seine Pflichten gegen das Publikum gezogen werden. Hiernach ist ohne Rechtsirrthum angenommen, daß Beklagter durch Beibehaltung seines als unredlich erkannten Bureauvorstehers widerrechtlich und aus grobem Versehen die Erfüllung einer Pflicht gegen den Kläger unterlassen hat. Ferner ist thatsächlich festgestellt, daß der durch die Unterschlagung der an K. gezahlten 2370 ℳ dem Kläger verursachte Schade darin besteht, daß der Kläger der Befreiung von seiner Schuldverbindlichkeit gegen den Hypothekengläubiger B. zum gedachten Betrage verlustig gegangen ist, und ebenso beruht es auf thatsächlicher Feststellung, wenn der B.R. annimmt, daß Beklagter durch sein Versehen es dem K. möglich gemacht hat, in den Besitz der vom Kläger eingezahlten, demnächst von jenem veruntreuten Gelder zu gelangen, und daß er hierdurch sich an dem dem Kläger zugefügten Schaden mitschuldig gemacht hat. Durch diese Thatsache hat der Kausalnexus zwischen der dem Beklagten zur Last fallenden Pflichtverletzung und dem Schaden des Klägers konstatirt, und somit liegen die Erfordernisse für die Anwendbarkeit der §§ 8 ff. Th. I Tit. 6 des Allg. L.R. vor. Der B.R. sieht den Schaden des Klägers für einen unmittelbaren an, und nimmt selbst für den Fall des Vorliegens eines mittelbaren Schadens auf Grund thatsächlicher Erwägung an, daß Kläger durch die Zahlung an K. keinesfalls sich eines groben Versehens schuldig gemacht habe.

Hierdurch, und mit Rücksicht auf §§ 18, 19 a. a. O. erscheint das angefochtene Urtheil gerechtfertigt."

174. 1) Ersatz und Berechnung des Schadens nach Th. I Tit. 6 § 79 des Allg. L.R. Begriff des Ausdruckes „gegenwärtiger Werth" in § 89 cit. (§§ 83—85, 88 das.). **2) Einschränkungen der Vollmacht des Prozeßbevollmächtigten durch Briefe. Die Widerrufs- und Berichtigungsbefugniß der miterschienenen Partei im Verhandlungstermin** (§§ 79, 80, 285, 628, 269, 487, 74 der C.P.O.). Urth. des V. Civilsenats vom 16. September 1885 in Sachen der Bergbaugesellschaft C. zu D. in Liq., Beklagte und Revisionsklägerin, wider W. das., Kläger und Revisionsbeklagten. Vorinstanz: O.L.G. Hamm. Verwerfung. (V, 33/85.)

„I. Die Revision der Beklagten betrifft die Grundsätze, nach welchen die Höhe des Schadens, zu dessen Ersatz die Beklagte im Vorprozeß aus § 148 des Allg. Berggesetzes rechtskräftig verurtheilt worden, bemessen worden ist. Sie ist nicht begründet.

In der Schadensliquidation des Klägers sind unter Anderem enthalten die Kosten der an den beschädigten Gebäuden erforderlichen Reparaturen und die durch deren Ausführung bedingten wirthschaftlichen Schäden. Der ihm durch den Beweisbeschluß ertheilten Instruktion gemäß hat der in zweiter Instanz vernommene Sachverständige bei Veranschlagung dieser Kosten und Schäden die zur Zeit der Anstellung der vorliegenden Klage (Frühjahr 1881) geltenden Preise zu Grunde gelegt und der B.R. das so gewonnene Resultat seiner Entscheidung. Die Revisionsklägerin hält die Preise jenes Zeitpunktes für nicht entscheidend, die Schadensberechnung also für rechtsirrthümlich fundirt. Diese Rüge ist ohne Grund.

Nach § 79 Th. I Tit. 6 des Allg. L.R. muß, wenn ein Schaden geschehen ist, alles, soviel als möglich, wieder in den Zustand versetzt werden, welcher vor Anrichtung des Schadens vorhanden war. Hiernach hat der Beschädigte zunächst die Verpflichtung, die Wiederherstellung der beschädigten Sache, soweit solche möglich, zu bewirken. Im vorliegenden Falle hat, wie der B.R. feststellt, die Beklagte die Wiederherstellung verweigert, und es ist daher der Kläger jedenfalls berechtigt, sein Interesse an der Wiederherstellung der beschädigten Gebäude in Gelde zu liquidiren. Dieses Interesse besteht aber in erster Linie in den zur Wiederherstellung erforderlichen Kosten, und die Höhe der letzteren kann, insoweit die Wiederherstellung nicht bereits durch den Kläger selbst bewirkt worden ist, nur nach den Preisen zur Zeit des erhobenen Anspruches bemessen werden. Denn Kläger fordert ja eben das, was er zur Wiederherstellung der beschädigten Sache angeblich aufwenden muß, und ob dieser Anspruch in seiner Höhe begründet ist, kann eben nur nach dem Zeitpunkt der Klage beurtheilt werden. Insbesondere könnte ein späteres Fallen der Preise der Beklagten nicht zu Gute kommen, da sich dieselbe mindestens seit Zustellung der Klage im Verzuge befindet. Aus § 79 a. a. O. kann auch nicht gefolgert werden, daß der Eigenthümer der beschädigten Sache, falls der Beschädigte die Wiederherstellung verweigert, zunächst selbst der Wiederherstellung sich unterziehen müsse und dann erst die gehabten Auslagen liquidiren könne. Die Interesseforderung des Beschädigten entsteht nicht erst durch die von ihm für Wiederherstellung der beschädigten Sache gemachten Aufwendungen, sondern ist schon durch die Weigerung und selbst die Zögerung des Beschädigten seinerseits die Wiederherstellung zu bewirken, begründet (vergl. Entsch. Bd. XI S. 267). Sie bildet einen Theil des vom Beschädigten zu ersetzenden Minderwerthes, da eine beschädigte Sache für jeden Besitzer zunächst um so viel weniger werth ist, als der zu ihrer Wiederherstellung erforderliche Aufwand beträgt.

In der Schadensliquidation des Klägers ist ferner die Werthsverminderung enthalten, die seinem Grundstück und zwar

a) der Grundfläche, sowohl der nicht bebauten als der bebauten,

b) den Gebäuden nach ihrer Wiederherstellung

dauernd verbleibt. Bei der Berechnung dieser Werthsverminderung hat der in zweiter Instanz vernommene Sachverständige in Folge der ihm durch den Beweisbeschluß ertheilten Instruktion die Preisverhältnisse von (Juli) 1873 für maßgebend angenommen, und der B. R. das dadurch gewonnene Resultat seiner Entscheidung zu Grunde gelegt. Der Revisionskläger rügt hier Verletzung des § 89 Th. I Tit. 6 des Allg. L.R., jedoch ebenfalls mit Unrecht.

Der B. R. rechtfertigt die Wahl jenes Zeitpunktes für die Feststellung des Minderwerthes durch die auf den im Vorprozesse erhobenen, von den Parteien für den gegenwärtigen Prozeß für maßgebend angenommenen Beweis gegründete Annahme, daß der Hauptsache nach die Bodenbewegungen und die durch dieselben verursachten Beschädigungen des Grundstückes und der Gebäude im Juli 1873 ihr Ende erreicht hatten.

Der § 89 a. a. O. bestimmt nun allerdings, daß, wenn der Schaden in einer Werthsverminderung besteht, die letztere in der Art zu ermitteln ist, daß der Werth, den die Sache *vor der* Beschädigung gehabt hat, mit dem *gegenwärtigen* verglichen wird. Die sich dabei ergebende Differenz stellt den von dem Beschädigten zu vergütenden Minderwerth dar (§ 90 a. a. O.). Zunächst irrt aber der Revisionskläger, wenn er unter dem „gegenwärtigen Werth" den „jetzigen Werth" (d. h. den Werth zur Zeit der Ausmittelung des Schadens) oder etwa den Werth zur Zeit des die Entschädigungspflicht aussprechenden Urtheils verstanden wissen will. Der Sinn des Ausdruckes: „gegenwärtiger Werth" im § 89 a. a. O. wird aus den vorhergehenden §§ 83, 84, 88 klar, wonach für die Werthsbestimmung der gänzlich in Verlust gerathenen Sache (mit der im § 85 für den Fall der Beschädigung aus Vorsatz oder grobem Versehen gegebenen Modifikation) die Zeit des Verlustes der Sache, also die Zeit der Schadenszufügung maßgebend ist. Wird nach diesem Zeitpunkt der zu ersetzende volle Werth der Sache bemessen, so muß dies folgerecht auch von dem zu ersetzenden Minderwerth gelten, und es bedeutet daher der „gegenwärtige Werth" der beschädigten Sache im § 89 a. a. O. nichts anderes als den Werth, den die Sache nach der Schadenszufügung noch behalten hat, im Gegensatz zu dem Werth, den sie vorher hatte. Dabei ist aber offenbar vorausgesetzt, daß die Schadenszufügung sich in einem Akt, oder doch in kurzer Zeit vollzieht; denn nur, wenn die Schätzung der zu vergleichenden Werthe der unbeschädigten und der beschädigten Sache im Uebrigen unter gleichen werthbedingenden Verhältnissen erfolgt, kann die Vergleichung beider Werthe ein richtiges Bild von dem Umfang der durch die Beschädigung verursachten Werthsverminderung geben. Wenn aber, wie im vorliegenden Fall, die schädigende Wirkung des Bergbaus längere Zeit (nach Angabe des Revisionsklägers seit 1867) fortgedauert hat, die zu ersetzenden Schäden nach und nach entstanden sind und sich vergrößert haben, so läßt sich die Regel des § 89 a. a. O. nicht dahin anwenden, daß auf die Zeit vor Beginn der Beschädigungen zurückzugehen und der damalige Werth des unbeschädigten Grundstücks mit dem Werthe des letzteren nach Vollendung der Beschädigung in Vergleich zu setzen. Daß diese Ansicht nicht richtig und im Sinne des Gesetzes sein kann, ergiebt sich schon aus ihren Consequenzen, welche im Fall einer Steigerung des Werths der Grundstücke im Allgemeinen zu dem Resultat führen könnten, daß der Beschädigte dessen Grundstück nach Abschluß einer längeren Beschädigungsperiode in Folge günstiger Conjunktur einen größeren Werth erlangt hat, als er vor Beginn derselben gehabt, möglicher Weise gar keinen Schadensersatz erhalten würde, obwohl er zweifellos einen Vermögensnachtheil erlitten, da sein Grundstück ohne die erlittene Beschädigung einen noch größeren Werth haben würde. Von einer wörtlichen Anwendung des § 89 a. a. O. kann also in solchem Fall nicht die Rede sein. Das demselben zu Grunde liegende Rechtsprinzip aber hat der Berufungsrichter durchaus richtig erkannt und angewendet, indem er die Zeit der Entstehung der Obligation das heißt die Zeit des Eintritts des beschädigenden Ereignisses und seiner Einwirkung auf das klägerische Grundstück für die Höhe der Entschädigung als maßgebend erachtet (vergl. Dernburg, Bd. II S. 181 3. Aufl.). Wenn nun der B.R. den Zeitpunkt der vollendeten Schadenszufügung als den in diesem Sinne entscheidenden angenommen, so liegt dies auf dem Gebiet thatsächlicher Würdigung, für welche § 260 der C.P.O. dem Richter den weitesten Spielraum gewährt, und läßt einen Rechtsirrthum nicht erkennen. Die Verletzung einer Rechtsnorm kann ferner auch nicht darin gefunden werden, daß der B.R. in Uebereinstimmung mit dem Gutachten des in zweiter Instanz vernommenen Sachverständigen bei Feststellung der von der Beklagten zu leistenden Entschädigung auch die Werthsverminderung der gegenwärtig mit Gebäuden besetzten Grundfläche in Betracht gezogen hat. Der Richter geht dabei von der rein thatsächlichen Erwägung aus, daß die aufstehenden Gebäude einmal wegfallen werden und alsdann der Platz als Bauplatz ebenso minderwerthig sei, als die jetzt nicht bebaute Fläche.

II. Die Entscheidung zweiter Instanz ist dem von dem Prozeßbevollmächtigten des Klägers in der letzten mündlichen Verhandlung gestellten Antrage conform, und es hätte hiernach der Kläger einen Grund zur Beschwerde nicht. Kläger behauptet aber, daß sein Prozeßvertreter zu der in dem gedachten Antrage enthaltenen Ermäßigung des Klageanspruchs nicht ermächtigt gewesen sei, und daß er, Kläger, seinen entgegengesetzten Willen in der mündlichen Verhandlung persönlich kundgegeben habe. Die Behauptung, daß sein Vertreter zur Stellung des gedachten Antrages nicht ermächtigt gewesen, stützt Kläger auf einen von ihm an denselben gerichteten, angeblich eine Einschränkung der Vollmacht im Sinne des § 79 der C.P.O. enthaltenden Brief. Daß die Existenz und der Inhalt eines solchen Briefes zum Gegenstand der mündlichen Verhandlung gemacht und so zur Kenntniß des Prozeßrichters gebracht worden, ist seitens des Klägers nicht einmal behauptet worden. Es kann also auf die Nichtbeachtung desselben der Vorwurf der Verletzung einer Rechtsnorm nicht gestützt werden. Demgemäß ist auch schon in dem unter denselben Parteien verhandelten, den Erlaß einer einstweiligen Verfügung in Bezug auf den vorliegenden Rechtsstreit betreffenden Nebenprozeß durch Urtheil des Reichsgerichts vom 7. März 1885 die ebenso begründete Revision des Klägers zurückgewiesen worden. Neu ist für die vorliegende Sache die Behauptung des angeblich vom Kläger in der mündlichen Verhandlung gegen den Antrag seines Vertreters erhobenen Widerspruchs. Aber auch diese Behauptung vermag die Revision nicht zu begründen, schon um deshalb, weil der Thatbestand des Urtheils nichts von einer derartigen Erklärung des Klägers enthält, der dadurch rücksichtlich des Parteivorbringens gelieferte Beweis nur durch das Sitzungsprotokoll entkräftet werden kann (§ 285 der C.P.O.), dieses letztere aber ebenfalls nichts von dem vom Kläger behaupteten Hergang enthält. Außerdem giebt zwar der § 81 der C.P.O. der miterschienenen Partei die Befugniß, Geständnisse und andere thatsächliche Erklärungen ihres Vertreters zu widerrufen und zu berichtigen. Diese Befugniß erstreckt sich aber nicht auf eigentliche Prozeßhandlungen, insbesondere nicht auf die die Grenzen des Rechtsstreits bestimmenden Anträge (§ 628 Nr. 1, 269, 487 der C.P.O.), welche im Anwaltsprozesse nur von dem zur Prozeßführung Bevollmächtigten (§ 74 a. a. O.) ohne prozessualische Mitwirkung der Partei selbst gestellt werden können. Es war hiernach auch die Revision des Klägers als unbegründet zurückzuweisen."

175. Begriff der „neuen Anlage" im Sinne des § 71 I, 22 des Allg. L.R.

Urth. des V. Civilsenats vom 30. September 1885 in Sachen des Konkurses der Aktiengesellschaft für Wasserheizung und Wasserleitung, vormals G. & H. in B., Klägerin und Revisionsklägerin, wider die Stadtgemeinde D., Beklagte und Revisionsbeklagte. Vorinstanz: O.L.G. Naumburg. Aufhebung und Zurückverweisung (aus hier belanglosen prozessualen Gründen). V, 62/85.

„Unbegründet ist der Vorwurf einer Verletzung des § 71 Th. I Tit. 22 des Allgem. L.R. Das klägerische Grundstück ist früher, so lange der Gebrauch des Weges durch die Vorbesitzer dauerte, als Weinberg und Acker genutzt worden. Durch die Errichtung der Fabrik auf diesem Grundstücke in den Jahren 1872 und 1873 ist die Bestimmung und Benutzungsart des letzteren und folglich das Kommunikationsbedürfniß desselben gänzlich geändert worden, so daß zweifellos der Fall einer neuen Anlage im Sinne des citirten § 71 vorhanden ist. Da nun, wie der B.R. feststellt und aus dem Klageantrage sich ergiebt, der Weg allein zu den Zwecken des Fabriketablissements in Anspruch genommen wird, so ist, wenn wirklich dem klägerischen Grundstücke, als es noch als Weinberg und Acker benutzt wurde, ein Fahrrecht auf dem streitigen Wege durch Ersitzung erworben wäre, Klägerin gemäß § 71 (8) a. a. O. nicht in der Lage, dasselbe für das Fabriketablissement geltend zu machen." (Vergl. Strietthorst, Archiv Bd. XIV S. 23.)

176. Möglichkeit des Erwerbs eines superfiziarischen Rechts durch ersitzende Verjährung. (Allg. L.R. I, 22 §§ 221, 13, 240 ff.) Urth. des V. Civilsenats vom 30. September 1885 in Sachen der Stadtgemeinde Cüstrin, Beklagter und Revisionsklägerin, wider J. H. das., Kläger und Revisionsbeklagten. Vorinstanz: Kammerger. Berlin. Verwerfung. (V, 60/85.)

„Die Beklagte hat zunächst zur Erwägung gestellt, ob der Erwerb eines superfiziarischen Rechts durch ersitzende Verjährung überhaupt rechtlich möglich ist? Die Frage muß mit dem B.R. bejaht werden. Sie ist im Gemeinen Recht allerdings kontrovers (vergl. Windscheid, Pandekten Bd. I § 221, 223; Entsch. Bd. VII S. 144, I. Senat). Das Preuß. Allg. L.R. hat jedoch die Superfizies in Th. I Tit. 22 unter die Gerechtigkeiten an Grundstücken verwiesen, und für diese im § 13 l. cit. generell bestimmt, daß sie auch durch Verjährung erworben werden können. Es kann deshalb die Anwendung dieser Vorschrift auf die im § 240 ff. des gedachten Titels aufgeführten Grundgerechtigkeiten nicht für ausgeschlossen erachtet werden. Nimmt man dieses (mit Dernburg, Preuß. Privat-Recht 3. Aufl. Bd. I § 289 Note 9 S. 735) für richtig an, so hat der B.R. die Erfordernisse der 30jährigen Ersitzung zu Gunsten des Klägers ausreichend festgestellt. Er geht davon aus, daß die Ersitzung bereits 1846 vollendet war, also vor dem Zeitpunkte, wo die Anlegung des Bürgersteiges erfolgte (1847). Wem das Terrain, auf welchem der fragliche Nothstall nebst Schraubstock errichtet waren, gehört hat und noch jetzt gehört, läßt er unentschieden. Die Behauptung der Beklagten, daß die Grundflächen schon bei Errichtung der gedachten Baulichkeiten, welche vor 1816 stattgefunden haben müsse, Theile eines öffentlichen Weges gewesen seien, bezeichnet er als jedes Anhalts entbehrend. Diese Entscheidung, welche die Abweisung des Klägers mit dem Ersatzanspruch wegen der Grundflächen zur Folge gehabt hat, gereicht der Beklagten nur zum Vortheil. Daß sie auf einem Rechtsirrthum beruhe, läßt sich nicht erkennen. Hat der Kläger durch Ersitzung die Superfizies erworben, so ist für dieses sein Recht gleichgültig, wem der Grund und Boden eigenthümlich gehört. Selbst in dem für die Beklagte günstigsten Falle, daß sie Eigenthümerin des Grundes wäre, würde die Ersitzung nicht für ausgeschlossen zu erachten sein."

177. Begriff des „vorbehaltenen Nadelgeldes"; Alimentationspflicht des Ehemannes (Allg. L.R. II, 1 §§ 206, 185, 221). Urth. des II. Civilsenats vom 21. September 1885 in Sachen der Frau Dr. J. zu B., Provokantin, Widerspruchsbeklagte und Revisionsklägerin, wider ihren Ehemann das., Provokaten, Widerspruchskläger und Revisionsbeklagten. Vorinstanz: Kammerger. Berlin. Verwerfung. (IV, 245/85.)

Der Provokat ist durch einstweilige Verfügung für schuldig erklärt, an seine Ehefrau, die Provokantin, für sie und das Kind der Parteien vom 1. April 1884 an für die Dauer des Ehescheidungsprozesses an Alimenten monatlich 500 ℳ zu zahlen.

Diese Verfügung ist auf den Widerspruch des Provokanten durch landgerichtliches Urtheil aufgehoben und die gegen dieses Urtheil von der Provokantin eingelegte Berufung ist durch das im Tenor bezeichnete Urtheil zurückgewiesen. Gegen dieses hat sie noch die Revision eingelegt.

Der eigentliche Entscheidungsgrund des B.R. liegt in demjenigen, was er mit den Worten einleitet: „Eines nähern Eingehens auf alle diese Momente bedarf es überhaupt nicht." Nach dem sich hieran Anschließenden erachtet derselbe den Alimentationsanspruch auch dann für ungerechtfertigt, wenn man die Bestimmungen des Erbvertrags der Eltern der Provokantin vom 4. Februar 1884 für maßgebend hält und dem entsprechend die ihr vom Vater zugewendeten 6000 ℳ als vorbehaltene Rente und Nadelgeld ansieht. Denn diese Summe reiche zum standesmäßigen Unterhalt der Provokantin vollständig aus; eine weitere Unterstützung zu ihrer und ihres Kindes Existenz bedürfe sie daher nicht. Der § 7 dieses Erbvertrages bestimmt nicht darüber, welche rechtliche Natur das dort erwähnte Nadelgeld haben, welcher Bestimmung es dienen soll; der Vater der Provokantin sagt nur, daß dieselbe seit ihrer Verheirathung ein jährliches Nadelgeld von 6000 ℳ erhalte und daß dieses von dem Testamentsexekutor ihr auch weiter gezahlt werden soll.

„Müßte man nun annehmen, daß der B.R. mit den Worten: „vorbehaltenes Nadelgeld" ausdrücken will, daß dies Nadelgeld der Provokantin als vorbehaltenes Vermögen im Sinne der §§ 206 ff. Th. II Tit. 1 des Allg. L.R. zugewendet ist, so würde die Folgerung: „daß der Provokat dadurch von der Leistung der Alimentengelder befreit sei," eine rechtsirrthümliche sein. Denn nach § 185 das. ist der Ehemann verbunden, seiner Frau standesmäßigen Unterhalt zu gewähren und nach § 221 gebührt ihr in Ansehung des vorbehaltenen Vermögens die freie Disposition. Hiernach ist die vereint mit dem Manne lebende Frau unzweifelhaft nicht verpflichtet, mit dem Vorbehalt oder dessen Einkünften zu den Kosten des Haushalts beizutragen. Die gegenwärtig in Streit befangenen Alimentengelder sind aber nicht, wie der B.R. sie bezeichnet, Unterstützung, sondern ein Surrogat des in Natur zu gewährenden Unterhalts, und daraus folgt, daß die Frau auch nicht verpflichtet ist, mit den Einkünften ihres Vorbehalts zu denselben beizutragen. Der Provokat kann sie also von diesem Standpunkte aus mit ihrem Anspruch nicht auf die Einkünfte des vorbehaltenen Vermögens verweisen.

Indessen nach der weiteren Ausführung des B.R. darf man denselben nicht so verstehen. Denn er entnimmt aus der Aussage des

Dr. M., daß der Vater der Provokantin bestimmt hat, daß diese 6000 ℳ selbstverständlich dem Provokaten zufließen und zur Wirthschaft im Hause verwendet werden sollen und der B.R. legt auch Gewicht darauf, daß, so lange die Parteien zusammen lebten, die 6000 ℳ in der That von der Provokantin regelmäßig an den Provokaten abgeführt sind.

Freilich sagt der B.R. an einer andern Stelle ausdrücklich: „Im vorliegenden Falle bezieht nun allerdings Provokantin formell nach dem Erbvertrage die 6000 ℳ Rente als Nadelgeld und freies vorbehaltenes Vermögen, so daß hiernach an sich Provokat sie auf die 6000 ℳ nicht anweisen könnte.“ Jedoch die obige Ausführung ergiebt, daß der Richter mit dem Worte: „formell“ nur hat ausdrücken wollen: „nach dem juristischen Begriff von Nadelgeld“, welchen gesetzlichen Sinn der Vater der Provokantin dem Worte aber nicht beilegen wollte.

Hatte aber hiernach der Vater diesen 6000 ℳ die Bestimmung gegeben, als Beihülfe für die Kosten der ehelichen Gesellschaft zu dienen, so widerspricht es den §§ 185. 725 nicht, wenn sie gegenwärtig zum Unterhalt der Provokantin und des Kindes der Parteien verwendet werden. Hiernach ist der Anspruch der Provokantin und die Revision nicht begründet.“

178. 1) **Das Wahlrecht der Wittwe** (Allg. L.R. II, 1 § 496) **wird dadurch nicht berührt, daß der erste Wohnsitz der Ehegatten außerhalb des Preußischen Staatsgebietes belegen war.** 2) **Das anhaltische Landesrecht enthält keine Bestimmung über die Kollationspflicht der Descendenten des Erblassers gegenüber der Wittwe.** Urth. des IV. Civilsenats vom 24. September 1855 in Sachen der verw. Z. zu B., Klägerin, Widerbeklagten, Revisionsklägerin und Revisionsbeklagte, wider L. Z. u. Gen. in B., Beklagte, Widerkläger, Revisionskläger und Revisionsbeklagter. Vorinstanz: O.L.G. Naumburg. Verwerfung. (IV, 123/85.)

„I. Der Erfolg der beklagtischen Revision hängt ausschließlich davon ab, ob die Annahme des B. R., „daß der Erblasser nach seiner Verheirathung mit der Klägerin seinen ersten Wohnsitz in Dessau genommen habe“, auf Verletzung einer Rechtsnorm beruht.

Dies ist nicht der Fall. Der B.R. geht zweifellos von dem durch Wissenschaft und Praxis festgestellten Begriff des Wohnsitzes aus. Ebensowenig kann es einem Bedenken unterliegen, daß Handlungen des Erblassers dargethan sind, welche unter Hinzutritt eines entsprechenden Willens geeignet waren, die Aufgabe des bisherigen

Wohnsitzes Buckau sowie die Begründung eines neuen Wohnsitzes in Dessau zu dokumentiren. Die Beklagten haben denn auch in den vorigen Instanzen nur die Annahme bekämpft, daß der Erblasser den Willen der definitiven Aufgabe jenes und der Begründung dieses anderweiten Wohnsitzes gehabt habe, und sich zum Zweck des Gegenbeweises auf mündliche und schriftliche Aeußerungen des Erblassers berufen, aus welchen dessen Absicht hervorgehen soll, in Dessau lediglich einen vorhergehenden Aufenthalt zu nehmen. Ohne Verstoß gegen eine materielle oder prozessuale Rechtsnorm hat jedoch der B.R. unter Würdigung des gesammten Parteivorbringens für dargethan erachtet, daß der Erblasser in den entscheidenden Zeitpunkten allerdings jenen von den Beklagten bestrittenen Willen gehabt habe.

Hatte aber, wie vom B.R. einwandfrei festgestellt ist, der Erblasser bei seiner Niederlassung in Dessau den Willen, daselbst sein Domizil zu nehmen, so konnte selbstverständlich die bald nachher zu Tage getretene Absicht desselben, seinen Wohnsitz wiederum nach Magdeburg oder Buckau zurückzuverlegen, die Thatsache der Domizilbegründung in Dessau so wenig ungeschehen machen, als deren rechtliche Folgen für das Verhältniß der Ehegatten mit rückwirkender Kraft beseitigen. — Hätte übrigens auch der Erblasser schon zur Zeit seiner häuslichen und wirthschaftlichen Einrichtung in Dessau den Wunsch und die Absicht gehabt, nicht für seine Lebenszeit daselbst zu bleiben, sondern so bald, als es die Verhältnisse gestatten würden, nach seinem früheren Wohnorte zurückzukehren, so würde hierdurch sein Wille, zunächst und bis auf weitere definitive Entschließungen, Dessau zum Mittelpunkte seines bürgerlichen und geschäftlichen Lebens zu machen, d. h. daselbst einen Wohnsitz zu nehmen, nicht ausgeschlossen werden.

Dem hiernach gemäß § 496 Th. II. T. 1 des Allg. L.R. begründeten Wahlrecht der Klägerin steht nicht entgegen, daß der erste Wohnsitz außerhalb des Preußischen Staatsgebiets belegen war. Vergl. Dernburg, Preuß. Privatrecht Bd. 3 (3. Auflage) S. 540 Note 12. Förster-Eccius, Theorie ꝛc. Bd. 4 S. 552 ff.

II. Bei der Revision der Klägerin handelt es sich um die Frage, ob nach dem zur Anwendung kommenden Anhaltischen Recht die Descendenten des Erblassers gegenüber der miterbenden Wittwe desselben kollationspflichtig sind. Nach der für die gegenwärtige Instanz gemäß §§ 511, 525 der C.P.O. maßgebenden Feststellung des B.R. enthält die Anhaltische Landesordnung, welche das Erbrecht der Wittwe beim Vorhandensein von Kindern des Erblassers abweichend von dem gemeinen Sachsenrechte und wesentlich konform dem römischrechtlichen Erbrechte der armen Wittwe normirt hat, zwar die Bestimmung, daß die Wittwe, wenn sie erben will, ihre Dos (nicht aber ihr sonstiges Vermögen) zu konferiren habe, dagegen keine ausdrückliche Bestimmung über die Kollationspflicht der Descendenten zu Gunsten der Wittwe. Nun ist zwar im Allgemeinen in den Ländern des Sächsischen Rechts, zu welchen zweifellos auch Anhalt gehört (vergl. Heimbach, Lehrbuch des partikulären Privatrechts 2c. S. 17, Emminghaus, Pandekten des gem. sächsischen Rechts S. 7, 11 ff.), durch Gerichtsgebrauch (Gewohnheitsrecht) die Rechtsnorm zur Geltung gelangt, daß die mit der Wittwe konkurrirenden Descendenten auch dieser gegenüber kollationspflichtig seien. (Vergl. Haubold, Königlich Sächsisches Privatrecht (3. Aufl. von Hänsel) § 356b — S. 566 —, Heimbach l. c. § 310 Nr. 2 S. 584.) Allein diese Kollationspflicht ist ein Korrelat der der Wittwe auferlegten Verpflichtung zur Einwerfung ihres gesammten Vermögens, sofern sie ihre statutarische Erbportion von einem Viertheil des beiderseitigen Vermögens in Anspruch nimmt. (Vergl. Haubold l. c. und § 328 — S. 516 — und Heimbach l. c. § 281 S. 528 ff.)

Und weil die Anhaltische Landesordnung hierin auf einem grundsätzlich verschiedenen Standpunkt steht, indem sie nicht nur die Erbportion der Wittwe abweichend bestimmt, sondern auch deren Einwerfungspflicht auf die Dos beschränkt, erachtet der B.R hinsichtlich der vorliegenden in der Landesordnung nicht ausdrücklich entschiedenen Frage ein Zurückgehen auf das gemeine Sachsenrecht für ausgeschlossen und die Anwendung des — an sich zweifellosen — römischrechtlichen Satzes für geboten, daß die Descendenten nur unter sich, nicht aber auch zu Gunsten der miterbenden Wittwe zu konferiren haben (vergl. auch Seuffert's Archiv Bd. 1 Nr. 264).

Diese Annahme beruht in ihrem ersten Theile wesentlich auf Auslegung der Landesordnung, insofern aus deren Vorschriften der Ausschluß des erwähnten gewohnheitsrechtlichen Satzes aus dem Gebiete des gemeinen Sachsenrechts hergeleitet und nicht die subsidiäre Geltung des letzteren überhaupt geleugnet wird. Sie bewegt sich mithin auf dem Boden des dem Angriffe der Revision entzogenen partikularen Rechts, wie auch aus dem beigefügten und durch ein Urtheil des früheren höchsten Landesgerichtshofes belegten Zeugnisse erhellt, daß jener Rechtssatz im Herzogthum Anhalt keine Geltung erlangt habe."

179. **Ausdrückliche und stillschweigende Willenserklärung bei Verzeichnung von Ehescheidungsgründen** (Allg. L.R. II, 1 § 720; I, 4 § 58; I, 11 § 184). Urth. des IV. Civilsenats vom 21. September 1885 in Sachen der Frau Dr. J. in B., Klägerin und Revisionsklägerin,

wider ihren Ehemann, Beklagten und Revisionsbeklagten. Vorinstanz: Kammerger. Berlin. Aufhebung und Zurückverweisung (IV, 244/85).

Durch das Urtheil des Kammerger. ist die Klägerin mit ihrem Klagantrage: „das zwischen den Parteien bestehende Band der Ehe zu trennen und den Beklagten für den allein schuldigen Theil zu erklären", abgewiesen. Sie hat gegen dasselbe die Revision eingelegt.

„Der § 720 Th. II T. 1 des Allg. L.R., auf Grund dessen der B.R. die Ehescheidungsklage, soweit sie auf den Auftritt vom 30. Juni 1883 gestützt ist, zurückweist, stellt die Voraussetzung auf, daß die Beleidigung ausdrücklich verziehen sei. Der B.R. verweist zur Begründung seiner Entscheidung auf die von drei Zeugen bekundeten Umstände, namentlich darauf, daß nach der Aussage der H. die Parteien in den zehn Tagen nach dem 30. Juni bis zu ihrer gemeinschaftlichen Abreise nach L. ungewöhnlich zärtlich zu einander waren, sowie auf den Inhalt der zwischen ihnen nachher gewechselten Briefe. Derselbe sagt aber nicht, daß eine von den Zeugen beurkundete mündliche Erklärung der Klägerin oder eine in den Briefen derselben enthaltene Erklärung eine ausdrückliche Verzeihung darstellt, sondern er folgert aus den obigen Umständen nur: „daß es hiernach nicht denkbar sei, daß sich die Parteien nicht wegen des Auftritts vom 30. Juni 1883 ausgesprochen und versöhnt haben sollten. In einer solchen auf einen vorgekommenen bestimmten Zwist folgenden Aussöhnung müsse zugleich eine ausdrückliche Verzeihung der vorgefallenen Thätlichkeiten gefunden werden."

Es ist nun zwar unbedenklich, in der Feststellung der Aussöhnung der Parteien eine Verzeihung zu finden, aber eine auf einen vorgekommenen Zwist folgende Aussöhnung stellt deshalb noch keine ausdrückliche Verzeihung der vorgefallenen Thätlichkeiten dar. Dazu bedarf es vielmehr der motivirten Feststellung der Ausdrücklichkeit der Aussöhnung und diese Feststellung läßt das B.U. vermissen, ja der B.R. konnte sie gar nicht treffen, da er den Vorgang, welcher die ausdrückliche Verzeihung enthalten haben soll, völlig im Dunkel läßt. Im Gegensatz zu der ausdrücklichen Willenserklärung ist nach Allg. L.R. Th. I, T. 4, § 58 eine stillschweigende Willenserklärung eine solche, bei welcher die Absicht des Erklärenden aus Handlungen geschlossen wird; der B.R. schließt nun die Verzeihung lediglich aus dem von den Zeugen bekundeten Verhalten der Parteien und den brieflichen Erklärungen derselben, ohne festzustellen, daß und welche dieser Erklärungen die ausdrückliche Verzeihung enthalte. Auf diesem Wege war nach dem zitirten § 58 nur zu der Feststellung einer stillschweigenden Verzeihung zu gelangen. Zu der Feststellung einer ausdrücklichen Verzeihung war nur zu gelangen durch den Beweis einer konkret sich darstellenden Willenserklärung der Klägerin und die sich an dieselbe anschließende rechtliche Beurtheilung des Richters, daß diese konkrete Willenserklärung die gesetzlichen Merkmale der Ausdrücklichkeit an sich trage, unter den Begriff einer ausdrücklichen Verzeihung zu subsumiren sei. Auch die eigenen Anführungen des Beklagten gehen nur dahin, daß aus den von ihm beigebrachten Beweisen eine ausdrückliche Verzeihung gefolgert werden solle; er bezeichnet keinerlei Erklärung der Klägerin als solche, welche eine ausdrückliche Verzeihung darstelle.

Das Ob.Trib. hat auch in dem Urtheil vom 19. März 1869 (Gruchot Bd. 14 S. 288) ausgesprochen: „Unter einer ausdrücklichen Erklärung ist jede Aeußerung des Willens zu verstehen, welche unmittelbar dazu bestimmt und geeignet ist, als Ausdruck des Gewollten zu dienen; in welcher der Wille des Aeußernden sich so deutlich ausgeprägt findet, daß es zu seiner Erklärung keiner Schlußfolgerung bedarf; daß die Aeußerung in Worten ausgesprochen, gehört nicht zu den Erfordernissen." (Vergl. auch Entsch. des Ob.Trib. Bd. 71 S. 218.) Auch der letztere Satz ist unbedenklich richtig; es kann in einem Kopfnicken auf eine Offerte, in einer Umarmung auf die Bitte um Verzeihung unter Umständen eine ausdrückliche Willenserklärung gefunden werden, aber dergleichen stellt der B.R. nicht fest, sondern er schließt nur aus dem von ihm angegebenen Verhalten der Parteien, daß sich die Parteien anderweit wegen des in Rede stehenden Auftritts ausgesprochen und versöhnt haben, ohne festzustellen, in welcher Weise sich die Parteien bei diesem Versöhnungsakt ausgesprochen haben. Es ist daher unmöglich zu entscheiden: ob dieser völlig im Dunkel bleibende Versöhnungsakt eine ausdrückliche oder blos stillschweigende Verzeihung darstellt?

Das R.G. ist der obigen Ausführung des Ob.Trib. in seinem (in den Entsch. Bd. 11 S. 310 mitgetheilten) „Urtheile vom 17. April 1884 Rep. IV 13/84, bei welchem es auf die Bedeutung des Wortes „ausdrücklich" in § 184 Th. I T. 11 des Allg. L.R. ankam, beigetreten. Es ist dort unter ausdrücklicher Bezugnahme auf das Ob.Trib.Erk. als Erforderniß einer ausdrücklichen Willenserklärung hingestellt: „daß eine Aeußerung des Willens geschehen sei, bei welcher der Wille zum unmittelbaren Ausdruck gekommen und man einer Schlußfolgerung auf das Vorhandensein des Willens aus Indizien, auch wenn die letzteren schlüssig erscheinen möchten, überhoben sei." Selbstverständlich ist die ausdrückliche Verzeihung nicht an bestimmte

Ausdrücke gebunden; es ist zulässig, in einer bestimmten einzelnen Erklärung des beleidigten Ehegatten auch im Wege der Auslegung die gesetzlichen Kriterien der Ausdrücklichkeit festzustellen, auch wenn darin von Verzeihen und ähnlichen Ausdrücken nichts enthalten ist. Aber auch dies stellt der B.R. nicht fest und konnte es auch nicht feststellen, so lange er dafür einen konkreten, die Verzeihung enthaltenden Vorgang nicht zu Grunde legte. Bei allen bekannten Entscheidungen des Ob.Trib., in welchem die Kriterien der Ausdrücklichkeit erörtert werden, handelte es sich, wie dies ja auch gar nicht anders sein konnte, um konkrete, dieser Erörterung unterzogene Erklärungen.

Aus dem Vorstehenden ergiebt sich zugleich, daß der dem Beklagten vom Richter erster Instanz auferlegte Eid darüber: „daß Klägerin nach dem 30. Juni 1883 die an diesem Tage von ihm an ihr verübten Mißhandlungen ihm ausdrücklich verziehen hat", auch abgesehen von der wohlbegründeten Erinnerung des Beklagten gegen dessen Fassung, unzulässig ist. Dem Beklagten konnte der Eid über einen bestimmten Hergang, in welchem der Richter eine ausdrückliche Verzeihung fand, auferlegt werden; er konnte ihm auch (wenn er dies behauptet hätte) darüber auferlegt werden, daß die Klägerin ihm mündlich oder schriftlich die Erklärung abgegeben habe: „daß sie ihm die ihr am 30. Juni 1883 zugefügten Thätlichkeiten verzeihe" oder daß sie eine andere dem entsprechende Erklärung abgegeben habe; aber das rechtliche Urtheil, daß irgend eine völlig im Dunkel gelassene Erklärung der Klägerin eine ausdrückliche Erklärung enthalte, konnte auf den Eid nicht gestellt worden."

180. Haftbarkeit des Preußischen Beamten für ein bei seiner Amtsführung begangenes Versehen (Allg. L.R. II, 10 §§ 88, 89, 90; I, 3 § 23). **Begriff der „gehörigen" Aufmerksamkeit. Versehen durch Rechtsirrthum.** Urth. des IX. Civilsenats vom 24. September 1885 in Sachen des Preuß. Fiskus, Klägers und Revisionsklägers, wider den Landrath v. G. zu N., Beklagten und Revisionsbeklagten. Vorinstanz: O.L.G. Breslau. Aufhebung und Zurückverweisung. (IV, 122/85.)

Der B.R. nimmt zwar an, daß durch das vom Beklagten beobachtete Verfahren bei der Einschätzung der Erben des Grafen E. v. Z.-T. zur Einkommensteuer dem klagenden Fiskus ein Schaden erwachsen sei, welchem durch andere gesetzmäßige Mittel nicht mehr abgeholfen werden könne; er verneint aber gleichwohl die Haftbarkeit des Beklagten für diesen Schaden, weil nach demselben nach Lage des Falls ein vertretbares Versehen nicht zur Last falle.

„Dieser alleinige Entscheidungsgrund ist indeß nicht aufrecht zu erhalten, da er nicht nur durch unrichtige Auffassung der einschlägigen

Gesetzesvorschriften beeinflußt ist, sondern auch auf nicht erschöpfender Würdigung des vorliegenden thatsächlichen Materials beruht.

Nach den §§ 88, 89 Th. II T. 10 des Allg. L.R. muß der Beamte auf die pflichtmäßige Führung des übernommenen Amtes die genaueste Aufmerksamkeit wenden und jedes dabei begangene Versehen, welches bei gehöriger Aufmerksamkeit und nach den Kenntnissen, die bei der Verwaltung des Amtes erfordert werden, hätte vermieden werden können, vertreten. Nach dem klaren Wortlaut dieser Vorschriften kann es keinem Zweifel unterliegen, daß der Beamte auch für ein bei seiner Amtsführung begangenes geringes Versehen zu haften hat. Denn die „gehörige" Aufmerksamkeit, welche nach § 89 cit. den Maßstab für das Verhalten des Beamten bildet und im § 90 daselbst als „vorschriftsmäßige" bezeichnet wird, ist nach dem Zusammenhange eben diejenige „genaueste" Aufmerksamkeit, die der § 88 cit. dem Beamten zur Pflicht macht, und nach § 23 Th. I T. 3 des Allg. L.R. vertritt derjenige auch ein geringes Versehen, welchen die Gesetze besonders verpflichten, vorzügliche Fähigkeiten oder Kenntnisse oder eine mehr als gewöhnliche Aufmerksamkeit bei einer Handlung anzuwenden. Diese aus den Worten und dem Zusammenhange der Rechtsnormen als nothwendig sich ergebende Deutung kann auch nicht in Frage gestellt werden. Durch eine von den Gesetzrevisoren (vergl. v. Rönne, Ergänzungen 6. Ausg. IV S. 49) mitgetheilte Revisionsbemerkung von Svarez, wonach der Beamte der Regel nach für culpa levissima haftbar sei, hierbei aber einiger Raum für die Billigkeit übrig bleiben und deshalb in § 89 der Ausdruck „genaueste Aufmerksamkeit" modificirt und näher bestimmt sein soll. Denn abgesehen davon, daß diese Auffassung im Gesetze selbst, wie auch die Revisoren anerkennen, einen erkennbaren Ausdruck nicht gefunden hat, indem der § 89 das Prinzip des § 88 nicht modificirt, sondern auf den Fall der Verhaftung für Versehen — der allgemeinen Norm des § 23 Th. I T. 3 des Allg. L.R. entsprechend — einfach anwendet, geht die Meinung von Svarez sicherlich nicht dahin, daß der Richter in jedem einzelnen Falle nach Rücksichten der Billigkeit zu bestimmen habe, ob der Beamte die schädlichen Folgen eines begangenen Versehens zu vertreten habe, sondern vielmehr dahin, daß bei Entscheidung der Frage, ob der Beamte gegen die pflichtmäßige Aufmerksamkeit gefehlt, also ein Versehen begangen habe, nicht ein allzu strenger, abstrakter Maßstab angelegt, sondern den Umständen des Einzelfalles billige Rechnung getragen werden solle.

Auch bei der Redaktion der Grundbuchordnung vom 5. Mai 1872 ist man davon ausgegangen, daß die im § 29 derselben statuirte Haftbarkeit der Grundbuchbeamten für jedes bei Wahrnehmung ihrer Amtspflichten begangene Versehen mit den allgemeinen Grundsätzen des Th. II T. 10 des Allg. L.R. in Einklang stände (Werner, Die Preuß. Grundbuch- und Hypothekengesetze II S. 153).

Nach Vorstehendem hatte der B.R. zu prüfen und festzustellen, ob der Beklagte bei dem von ihm in der fraglichen Angelegenheit eingeschlagenen Verfahren es an der durch sein Amt gebotenen Aufmerksamkeit hat fehlen lassen. Die Bejahung dieser Frage hatte gemäß § 89 cit. die Verantwortlichkeit des Beklagten für den durch jenes Verfahren verursachten Schaden zur nothwendigen Folge (sofern nicht etwa konkurrirendes Versehen des Beschädigten vorlag), und schloß jede weitere Erörterung über die Vertretbarkeit des Versehens aus, welche nur da am Platze ist, wo nicht für jedes Versehen, sondern nur für gewisse Grade desselben gehaftet wird.

Der B.R. gelangt nur nach Darlegung der einschlägigen gesetzlichen und reglementarischen Vorschriften zunächst zu dem Ergebnisse, daß das auf Veranlassung des Beklagten von der Einschätzungskommission eingeschlagene Verfahren mit jenen Vorschriften nicht vereinbar gewesen sei, und daß der Beklagte die erwähnten Vorschriften, deren Kenntniß bei ihm vorausgesetzt werden müsse und die zu beachten er verpflichtet gewesen sei, insofern außer Acht gelassen habe, als er, anstatt den Grafen C. v. Z. mit dessen Erbquote zur Steuer heranzuziehen und die Landräthe derjenigen Kreise, in welchen die anderen Erben des Grafen C. v. Z. wohnten, von dem Tode desselben sogleich zu benachrichtigen, dessen Wittwe „als Repräsentantin seines Nachlasses" mit der bisher von dem Erblasser gezahlten Steuer veranlagt habe. —

Diese Feststellung scheint den Thatbestand des § 89 cit. zu erschöpfen und die folgenden Erwägungen des B.R., auf Grund welcher derselbe gleichwohl das Vorhandensein eines „vertretbaren Versehens" des Beklagten verneint, sind nicht stichhaltig. Der B.R. schenkt dem Vorbringen des Beklagten Glauben, wonach dieser zu dem eingeschlagenen Verfahren durch die — vom B.R. als irrthümlich bezeichnete — Meinung veranlaßt sein will, daß, weil die Theilung des fraglichen Nachlasses nach der Bestimmung des Erblassers bis zum 1. Juli 1881 ausgesetzt bleiben sollte, die durch dessen Ableben in den Vermögensverhältnissen seiner Erben eingetretenen Veränderungen bei der zwischen dem 25. Februar und 10. März 1881 erfolgten — Veranlagung für das Steuerjahr 1881/82 keine Berücksichtigung hätten finden dürfen, weshalb, um nicht das Vermögen des Erblassers steuerfrei zu lassen, dessen Wittwe, welche Beklagter für eine Miterbin gehalten, als Repräsentantin des ganzen Nachlasses zur Steuer herangezogen worden sei. Hieraus folgert der B.R., daß das von dem Beklagten innegehaltene — objektiv gesetzwidrige — Verfahren nur auf rechtsirrthümlicher Ansicht und nicht auf einer Nachlässigkeit in der Wahrnehmung der Interessen des Steuerfiskus beruht habe, welche letzteren der Beklagte durch die Heranziehung der Wittwe des Erblassers zu der vollen Steuer hinreichend zu wahren geglaubt habe. Hiernach lasse — so wird weiter ausgeführt — das Verfahren der Beklagten nicht die Aufmerksamkeit für das Interesse der Staatskasse, welches ihm zu wahren obgelegen, vermissen, sondern er habe nur bei der Wahl des dazu geeigneten Mittels fehlgegriffen, was bei der Lage der Sache zu entschuldigen sei, und es liege zum Mindesten in der Billigkeit, einen Beamten nicht für jede durch einen Rechtsirrthum bei der Beurtheilung der Sachlage veranlaßte schädigende Handlung oder Unterlassung haftbar zu machen. Daß dies auch die Absicht des Gesetzgebers gewesen sei, lasse sich aus der — oben angeführten — Bemerkung von Svarez zu den §§ 88, 89 cit. entnehmen. Demnach sei nach den Umständen jedes einzelnen Falles zu entscheiden, ob das Versehen eines Beamten als ein nach jenen Paragraphen zu vertretendes anzusehen sei, und dies müsse im vorliegenden Falle verneint werden.

Alle diese Ausführungen treffen jedoch den Kern der Frage nicht und vermögen die vorangegangene Feststellung: „daß Beklagter gesetzliche und reglementarische Bestimmungen, welche er voraussichtlich gekannt und zu befolgen gehabt, außer Acht gelassen habe", nicht zu beseitigen. Nach § 89 cit. war nur zu entscheiden, ob Beklagter den vorgefallenen Irrthum bei Anwendung der durch sein Amt gebotenen genauesten Aufmerksamkeit hätte vermeiden können, was durch die eben erwähnte Feststellung bejaht zu sein scheint. Dabei ist es grundsätzlich unerheblich, ob der Irrthum des Beklagten rechtlicher oder thatsächlicher Natur war, ingleichen, ob derselbe durch Gleichgültigkeit gegen das ihm anvertraute öffentliche Interesse oder durch ungenügende Information bei an sich nicht tadelnswerther Willensrichtung veranlaßt ist. Letzteres kann höchstens für die sittliche oder disziplinare Würdigung des beklagtischen Verhaltens, nicht aber für die Entscheidung der vorliegenden rechtlichen Frage von Belang sein. Im Weiteren kann zwar zugegeben werden, daß nicht jeder Rechtsirrthum einem Beamten zum Versehen zuzurechnen ist. Insbesondere mögen Zweideutigkeit oder Unklarheit der Rechtsnormen oder besonders komplizirte Thatbestände unter Umständen den Beamten bei objektiv unzutreffender Anwendung der Normen exkulpiren können (vergl. Dernburg, Preuß. Privatrecht Bd. II S. 864 Note 16).

Allein der B.R. hat völlig unmotivirt gelassen, weshalb der dem Beklagten zur Last fallende rechtliche Verstoß zu den entschuldbaren gehören soll, wiewohl doch die in Betracht kommenden Normen anscheinend klar sind und der Thatbestand sehr einfach war. Dieser Mangel kann selbstredend durch die allgemeine Hinweisung auf „die Lage" beziehungsweise „die Umstände" des Falles nicht ersetzt werden. Aus den Schlußsätzen der mitgetheilten Ausführung des B.R. wird aber auch geradezu ersichtlich, daß derselbe von einer unrichtigen Auffassung der gesetzlichen Norm ausgegangen ist. Denn er nimmt — im Widerspruch mit der Eingangs dargelegten Bedeutung der §§ 88, 89 cit. — offenbar an, daß es in das richterliche Ermessen gestellt sei, einem festgestellten Versehen des Beamten aus Rücksichten der Billigkeit die Qualität eines vertretbaren abzusprechen, also den Maßstab für die Haftbarkeit des Beamten nicht dem Gesetze, sondern den Umständen des einzelnen Falles und einem vagen Billigkeitsgefühl zu entnehmen. Von einer derartigen, durchaus regelwidrigen Befugniß enthält jedoch das Gesetz nichts. Dem B.R. fällt daher eine Verletzung der angeführten Gesetzesvorschriften zur Last, auf welcher seine Entscheidung zu einem wesentlichen Theile beruht."

181. **Stempelpflichtigkeit von Aktienindossamenten nach dem Preuß. Stempelgesetz von 1822, und zwar nach dem Cessionsstempel.** Urth. des IV. Civilsenats vom 17. September 1885 in Sachen der Aktiengesellschaft Deutsche Bank in Berlin, Klägerin und Revisionsklägerin, wider den Preuß. Fiskus, Beklagten und Revisionsbeklagten. Vorinstanz: Kammerger. Berlin. Verwerfung. (V, 163/85.)

„Die Revisionsklägerin ist der Meinung, daß das Reichsstempelgesetz vom 1. Juli 1881 § 5 Abs. 2 auf alle Indossamente Anwendung findet, von denen nicht feststeht, daß sie vor der Geltungskraft dieses Gesetzes ausgestellt worden sind, ohne Unterschied, ob die mit den Indossamenten versehenen Werthpapiere vorher emittirt sind oder nicht. Wäre diese Meinung richtig, so würde allerdings die Forderung eines Landesstempels unbegründet sein. Der gedachte § 5 Abs. 2 befreit aber nach Abs. 1 nur die Indossamente der dem Reichsstempel unterworfenen Werthpapiere vom Landesstempel, und nach I des Tarifes zum Reichsstempel sind alle vor dem Inkrafttreten des Reichsstempelgesetzes ausgegebenen inländischen Aktien und Aktienantheilscheine vom Reichsstempel ausgenommen. Die in Frage stehenden Aktienantheile der in Berlin domizilirenden Berliner Pferde-Eisenbahn-Gesellschaft sind theils im Jahre 1874 emittirt, und sie, sowie die auf ihnen befindlichen Indossamente, mögen diese vor oder nach dem 1. Oktober 1881 (dem Beginne der Gesetzeskraft des Reichsstempelgesetzes) geschrieben sein, sind bezüglich ihrer Stempelpflichtigkeit den Landesstempelgesetzen unterworfen, weshalb die Entscheidung nur nach den letzteren zu treffen ist.

Der Tarif zum Preußischen Stempelgesetze vom 7. März 1822 führt eine Position „Indossament" auf mit dem bloßen Hinzufügen „s. Wechsel" ohne weitere Bestimmung einer Stempelabgabe. Unter der Position „Wechsel" sind außer diesen nur kaufmännische Assignationen und Handelsbillets behandelt, und Indossamente von Aktien sind nirgends erwähnt. Dies hat seinen Grund darin, daß die Indossabilität von Aktien erst durch die neuere Gesetzgebung (Art. 182 des D. H.G.B.) anerkannt ist, und wenn zur Zeit des Erlasses des Stempelgesetzes von 1822 die Uebertragung von Aktien durch Indossament nicht gültig geschehen konnte, so ist daraus, daß bei der Position „Indossament" nicht auch auf die Position „Aktien" verwiesen ist, nicht der Schluß zu ziehen, daß die Indossamente der Aktien überhaupt nicht stempelpflichtig sind. Das für Aktien zugelassene Indossament ist dem Wechselindossament nachgebildet, hat im Wechselrecht seinen Ursprung, und schon wegen seiner mit dem Wechselindossament übereinstimmenden Form unterliegt es der Stempelpflicht insoweit, als es auf einem Wechsel stempelpflichtig sein würde. Findet hiernach eine Stempelung statt, so ist der erforderliche Stempel der für Cessionsinstrumente bestimmte Stempel.

Die Tarifposition „Cessionsinstrumente" umfaßt die Urkunden nicht nur über eigentliche Cessionen des gemeinen bürgerlichen Rechts, sondern auch über Geschäfte des Handelsrechts und Wechselrechts, durch welche Rechte (im Gegensatze zu körperlichen Sachen) übertragen, abgetreten werden. Welcher begriffliche Unterschied zwischen Cessionen und Indossamenten auch in der neueren Gesetzgebung nach Doktrin und Rechtsprechung aufgestellt werden mag, das Stempelgesetz von 1822 kann nur aus dem Standpunkte des Allg. L.R. aufgefaßt werden, und dieses versteht unter Cession nicht ausschließlich ein in den Formen und mit den Wirkungen der §§ 393 ff. Th. I Tit. 11 des Allg. L.R. vorgenommenes Rechtsgeschäft, sondern in weiterem Sinne jedes Geschäft, durch welches Jemand ein in seinem Eigenthume befindliches Recht einem Anderen eigenthümlich überläßt. Hierfür spricht schon die aus den §§ 376, 377 hervorgehende Definition in dem Abschnitte, welcher die allgemeine Ueberschrift „Von Abtretung der

Rechte" trägt, und insbesondere für Indossamente der Wechsel und kaufmännischen Anweisungen wird dieselbe Terminologie wie für Cessionen in §§ 400, 428—430 a. a. O. §§ 1262, 1301 Th. II Tit. 8 gebraucht, auch einem Indossament, wenn es als solches wechselrechtlich nicht gelten kann, in §§ 813, 826, 827 Th. II Tit. 8 wenigstens die Kraft einer Cession beigelegt. Von dieser Auffassung aus hat das ehemalige Ob. Trib. in einer Reihe älterer Entscheidungen (Erk. v. 27. Februar 1817 und v. 20. Dezember 1847 Rechtssprechung Bd. I S. 152; Entsch. Bd. XVI S. 142; Bornemann, Erört. S. 175) das Blankogiro, wo es im Handelsverkehr gebräuchlich ist, als Cession charakterisirt, und der Gesetzrevisor sagt in Pensum VIII Motive S. 59 unter Bezugnahme auf § 400 Th. I Tit. 11 des Allg. L. R., Cession außerhalb des Wechsels sei gewöhnliche, Cession auf dem Wechsel sei Wechselcession, welcher Ausdruck mit dem Ausdrucke Wechselindossament als ganz gleich zu achten sei; das Allg. L. R. habe auch keinen anderen Sprachgebrauch angenommen, — — und auch gemeinrechtlich verstehe man unter Indossament nichts weiter als die in dorso des Wechsels erfolgende Cession und verbinde mit dem Namen Wechsel-Indossament und Wechsel-Cession nicht noch besondere Begriffe. Auch in der Doktrin ist bis in das zweite Viertel des jetzigen Jahrhunderts hinein sowohl für das Preußische als das Gemeine Recht das Wechselindossament meist ohne Ausnahme für eine Cession mit eigenthümlichen Wirkungen erklärt und als indossamentum per modum cessionis bezeichnet (Thöl, Handelsrecht Th. II § 248 Note 1 § 249). Von Schriftstellern, welche sich zu diesem Standpunkte allgemein oder mit unwesentlichen Beschränkungen bekannt haben, sind hervorzuheben: Grattenauer, Beiträge zur Erläuterung des Wechselrechts, 1802, Bd. II S. 64; Daniels, Grundsätze des Wechselrechts, 1827, S. 90 ff., 94; Pöhls, Wechselrecht, 1829, S. 339; Treitschke, Encyklopädie der Wechselrechte, 1831, Bd. I, S. 448; Mühlenbruch, Lehre von der Cession der Forderungen, 3. Aufl., 1836, S. 233 und Note 454; Heise und Cropp, Juristische Abhandlungen, Bd. II Nr. XIII § 29; Kletke, Encyklopädie des Europäischen Wechselrechts, Bd. II S. 60. Aus der zur Zeit der Redaktion des Allg. L. R. vorhandenen Literatur sind als Beispiele anzuführen: Joh. Gottl. Heineccii, Elementa juris cambialis, Francof. 1748, cap. II §§ VII—XI; Riccius, Exercitationes juris cambialis, Göttingae 1779—81, sect. II exercit. VI; Beseke, Thesaurus juris cambialis, Berol. 1783, sect. I § 28; Püttmann, Die Leipziger Wechselordnung, Leipzig 1785, S. 25. Daß das Allg. L. R. denselben Standpunkt theilt, ist eigentlich selbstverständlich. Denn dasselbe stellt das Rektaindossament als Regel auf, und hat in den §§ 811 ff. Th. II Tit. 8 dessen Form und Inhalt in solcher Weise bestimmt, daß es sich fast gar nicht von der gewöhnlichen Cession unterscheidet und ohne seine wechsel- oder handelsrechtliche Wirkung und von dieser abgesehen sich als einen Cessionsakt darstellt. Könnte über die Auffassung des Allg. L. R. noch ein Zweifel bestehen, so wird dieser schlechterdings durch die Kabinetsordre vom 3. Januar 1830 gehoben, welche zwar jetzt nicht mehr in Geltung ist, aber als früher geltendes Gesetz zur Aufklärung des damaligen Rechtszustandes beiträgt. Die gedachte Kabinetsordre erklärt im Eingange, daß sie bezweckt, die Stempelabgaben im Wechselverkehr gegenüber dem Gesetze vom 7. März 1822 zu erleichtern, und sie giebt als eine Erleichterung die Bestimmung zu 7: „Auch die Uebertragung des Eigenthums an trockenen Wechseln soll dem Stempel für Cessionsinstrumente nicht unterworfen, sondern stempelfrei sein." Der Gesetzgeber hat hiedurch jede Art der Wechselübertragung, namentlich die Indossamente getroffen, und ausgesprochen, daß die Vorschriften des Stempelgesetzes von 1822, wonach die Indossamente der trockenen Wechsel stempelpflichtig sind und dem Cessionsstempel unterliegen, außer Kraft treten sollen. Ist das Wechselindossament im Stempelinteresse als ein Cessionsgeschäft anzusehen gewesen, so muß dasselbe für das Aktienindossament gelten, da ein Grund, diesem eine andere rechtliche Auffassung zu geben, nicht erkennbar ist, und letzteres verdient noch viel eher die Charakterisirung als Cession, weil es nach Art. 182 des H. G. B. zwar in den Formen, aber ohne Verknüpfung mit den besonderen Wirkungen des Wechselindossamentes gestattet ist.

Von einer verschiedenen Behandlung des Voll- und des Blankoindossamentes kann keine Rede sein, weil beide zur Beurkundung von Geschäften derselben Kategorie dienen. Das von der Revisionsklägerin hervorgehobene Moment, daß das Indossament nicht an und für sich einen modus acquirendi bilde und erst durch die Uebergabe der Urkunde zum Rechtsgeschäft werde, ist ohne Bedeutung, weil es nur darauf ankommt, daß die Urkunde, um deren Besteuerung es sich handelt, ein Rechtsgeschäft enthält, was hier der Fall, und daß das Rechtsgeschäft durch Klage verfolgt werden kann, was anzunehmen und von der Klägerin nicht bestritten ist."

182. Auslegung der §§ 24, 25, 26, 30 (7, 13) des Gesetzes vom 11. Juli 1845 (betr. die Aufnahme von Notariatsverhandlungen unter Zuziehung eines Dolmetschers). Urth. des V. Civilsenats vom 26. September 1885 in Sachen A. L. zu D., Beklagten und

Revisionsklägers, wider J. H. zu B., Kläger und Revisionsbeklagten. Vorinstanz: O.L.G. Breslau. Verwerfung. (V, 53/85.)

Das B. G. hat die von dem Beklagten eingelegte Berufung als unbegründet zurückgewiesen. In den Gründen ist davon ausgegangen, daß für die klägerische Hypothek noch das in dem Grundstücke Nr. 345 enthaltene — einstige — Miteigenthum der K. W. hafte, und gegen den beklagten Eigenthümer verfolgt werde. Sodann ist die gegen diesen Anspruch gemachte Einrede der Ungültigkeit der der Eintragung der Kautionshypothek zu Grunde liegenden notariellen Urkunde vom 5. September 1879 wegen Nichtbeobachtung nöthiger Förmlichkeit für verfehlt erklärt.

„Die Verletzung der §§ 7, 13, 24, 25, 30, 40, 41 des Gesetzes vom 11. Juli 1845, welche mittelst der Revisionsbeschwerden gegenüber der Beurtheilung der Einrede, daß der Notariatsakt vom 5. September 1879 wegen Mangels gehöriger Aufnahme — Vorlesung der deutschen Uebersetzung — ungültig sei, gerügt ist, kann nicht anerkannt werden; es ist vielmehr der desfallsigen Ausführung des Vorderrichters beizupflichten. In dem genannten Gesetze ist für den Fall, wenn unter Zuziehung eines Dolmetschers zu verhandeln ist — §§ 24, 26 ib. —, in § 30 die Handlung von der Vernehmung der Parteien an bis zur Unterzeichnung der aufgenommenen Erklärungen vorgeschrieben. Danach ist die Willensmeinung der des Deutschen nicht kundigen Parteien mit Hilfe des Dolmetschers zu erforschen und in deutscher Sprache aufzunehmen, in der fremden Sprache das Aufgenommene den Parteien vorzutragen, und dieses sammt der beizufügenden Uebersetzung von Parteien und Dolmetscher zu unterzeichnen. Die Prozedur entspricht derjenigen, welche für die Aufnahme gerichtlicher Akte auch vorgeschrieben war und ist — Allg. Ger. O. Th. II Tit. 2 § 37, Gesetz vom 28. August 1876 § 4. — Deshalb hat in dem vorausgesetzten Falle der Unterzeichnung immer nur der Vortrag der Uebersetzung, nicht aber die Vorlesung des deutschen Textes voranzugehen, die ja auch für die sprachkundigen Parteien zwecklos wäre. Jener Vortrag ist aber in dem Vorlesen der schriftlichen Uebersetzung enthalten, und die Vorlesung dieser Uebersetzung unterscheidet sich wiederum nicht vom Vorlesen der Verhandlung. Die §§ 7, 13 a. a. O., auf welche sich die Beschwerde bezieht, sprechen von der Vorlesung der Verhandlung überhaupt, aber nicht von der Vorlesung der beiden Texte im Falle des § 30 ib.; der § 24 handelt nur von der Aufnahme der Verhandlung in beiden Sprachen, welche im § 30 näher geordnet ist; und der § 25 betrifft den Fall, in dem ohne Zuziehung des Dolmetschers verhandelt wird, ohne über die Vorlesung etwas zu bestimmen. Aus diesen Gründen erscheint die in dem Notariatsakte bezeugte Vorlesung der Verhandlung in polnischer Sprache vollkommen genügend, und der gerügte Formmangel — §§ 40, 41 ib. — als nicht vorhanden."

2. Gemeines Sächsisches und Anhaltisches Recht.

183. **Die Kollationspflicht der Descendenten des Erblassers zu Gunsten der Wittwe nach Gemeinem Sächsischem und Anhaltischem Recht.** (S. o. Fall 178 S. 382 sub 2.)

3. Weimarisches Recht.

184. **Auslegung des Gesetzes vom 22. April 1833.** (S. o. Fall 169 S. 364.)

4. Rheinisches Recht.

185. **Auch nach Rheinischem Recht** (Art. 1134 des Code civil) **treten die in der Police angedrohten Rechtsverwirkungen des Versicherungsvertrages nur bei einer vom Versicherten verschuldeten Säumniß, nicht schon mit der Säumniß selbst ein** (ebenso nach Art. 278, 279 des H.G.B.). **Namentlich ist auf die Ortsgewohnheiten** (ob der Agent der Gesellschaft in der Regel die Prämien abholt u. s. w.) **und darauf Rücksicht zu nehmen, ob der Versicherte zur Erfüllung der ihm in der Police zur Wahrung seiner Rechte vorgeschriebenen Formalitäten nach Beruf und Beschäftigung in der kritischen Frist Zeit genug besaß.** Urth. des II. Civilsenats vom 18. September 1885 in Sachen der Lübecker Feuerversicherungsgesellschaft in Lübeck, Beklagte und Revisionsbeklagte, wider den Ackerer und Wirth C. H. in W., Kläger und Revisionsbeklagten. Vorinstanzen: L.G. Saargemünd, O.L.G. Colmar. Verwerfung. (II, 167/85)*).

Der Kläger hat am 3. Juli 1881 laut Police Nr. 6300 bei der Beklagten sein Haus nebst darin befindlichen Mobilien, landwirthschaftlichen Geräthen und Fruchtvorräthen versichert. Am 11. September 1883 ist das Haus abgebrannt und es hat hierauf der Kläger bei dem L.G. Saargemünd Klage auf Bezahlung der in der Klagschrift specificirten Entschädigungssumme von 8997 ℳ 10 ₰ erhoben.

Die Beklagte bestreitet ihre Entschädigungspflicht auf Grund der §§ 3, 7 und 14 der Policebedingungen. § 3 Absatz 1 und 2 lautet, Abs. 1: „Die Versicherung wird nur durch die gehörig geleistete Prämienzahlung gültig. Der Versicherte ist verpflichtet, die Prämie, einschließlich Gebühren und Kosten, ohne Aufforderung an den betr. Agenten, in dessen Domizil zu bezahlen und die Gesellschaft nicht gehalten, dieselbe einzufordern." Abs. 2: „Wenn die jährlich zahlbare Prämie einer laufenden mehrjährigen Versicherung nicht mit dem Beginn jedes Versicherungsjahres

---

*) Bei der Gleichartigkeit des Wortlautes der meisten Policen schien die vollständige Mittheilung des thatsächlichen Materials im Interesse der Praxis geboten. Zu vgl. auch oben Fall 148.

bezahlt ist, so wird die Versicherung sofort und ohne daß es einer vorhergehenden Erklärung bedarf, ungültig; die Gesellschaft ist aber befugt, die Prämie gerichtlich beizutreiben. Nur vom Tage der hierdurch erlangten oder freiwillig von der Gesellschaft angenommenen Zahlung an, tritt die Versicherung wieder in Kraft."

§ 7 besagt: „Im Falle eines Brandes ist der Versicherte verpflichtet: b) dem Agenten der Gesellschaft binnen 24 Stunden nach dem Brande denselben anzuzeigen; c) binnen 3 Tagen nach dem Brande vor seiner Ortspolizeibehörde über alle den Brand betreffenden Umstände und über die ungefähre Höhe seines Schadens sich vernehmen zu lassen; d) binnen anderweiter 3 Tage auf zuverlässigem Wege der Gesellschaft Abschrift des betreffenden Protokolls zuzustellen und e) binnen 10 Tagen nach dem Brande, wenn es sich um Entschädigung beweglicher Gegenstände handelt, dem Vertreter der Gesellschaft eine mit Datum und eigenhändiger Unterschrift versehene Entschädigungsrechnung einzureichen, bestehend aus einem genauen Verzeichnisse 1. der sämmtlichen vor dem Brande vorhanden gewesenen, 2. der verbrannten, 3. der geretteten Gegenstände, und zwar überall mit specieller Werthangabe. Diese Fristen beginnen mit dem Tage des Brandes und können nur im Falle erwiesener physischer Unmöglichkeit, sie inne zu halten, für die Dauer der letzteren unterbrochen werden."

§ 14 lautet: „Wenn der Versicherte — eine der ihm nach diesen Versicherungsbedingungen obliegenden Pflichten verletzt oder nicht vollständig erfüllt, so verliert er alle Ansprüche auf Entschädigung und zwar für alle von der Gesellschaft versicherten Gegenstände."

Die am 4. Juli 1883 fällig gewordene Prämie ist nicht bezahlt worden und es hat die Direktion der Beklagten in Metz am 8. September 1883 an den Kläger ein am 9. desselben Monats in dessen Hände gelangtes Schreiben des Inhalts gerichtet: „votre prime d'assurance n'ayant pas été payée à échéance; votre police Nr. 6300 en date du 3. Juillet 1881 est et demeure risiliée à partir de ce jour." Seit November 1882 war A. B. in Remelfingen Agent der Beklagten für den Bezirk, zu welchem der Wohnort des Klägers gehört. Vorher war ein gewisser G. Agent für diesen Bezirk gewesen.

Das L.G. hat die Klage abgewiesen.

Auf Berufung des Klägers hat das O.L.G. Colmar die Beklagte verurtheilt, an den Kläger als Entschädigung für den am 11. September 1883 stattgehabten Brand 8580 ℳ 30 ₰ nebst 5% Zinsen von dem Klagtage an zu bezahlen, auch sämmtliche Kosten zu tragen, im Uebrigen die Berufung verworfen. Das Urtheil des O.L.G. beruht auf folgenden Feststellungen und Erwägungen: „In der Gegend des Wohnorts des Klägers sei es allgemein üblich, daß die Agenten der Feuerversicherungsgesellschaften erst nach Verfall der Prämien sich zu den Versicherten begeben, um die Prämien dort einzukassiren; dieses Verfahren sei auch stets von den Agenten der Beklagten, insbesondere von dem früheren Agenten G. beobachtet worden. Die Beklagte habe diesen Gebrauch gekannt; dadurch, daß sie ihn duldete, genehmigt; sie müsse denselben als für die Prämienzahlung maßgebend gegen sich gelten lassen (Code civil art. 1134; H.G.B. Art. 278. 279); es sei dadurch der schriftliche Vertrag dahin als abgeändert anzusehen, daß die Prämie von dem Agenten in der Wohnung des Versicherten einkassirt werden müsse und die Zahlung auch dann noch rechtzeitig und wirksam geschehen könne, wenn sich der Agent erst nach der Verfallzeit zu jenem Zweck bei dem Versicherten einfinde.

Der Agent B. sei zwar, um die am 4. Juli 1883 fällig gewordene Prämie einzukassiren, zweimal, im Juli und August 1883, im Haus des Klägers gewesen, wo er beidemale nur dessen Ehefrau angetroffen habe; beidemale sei aber die Zahlung der Prämie nur deshalb nicht erfolgt, weil B. in Folge unterbliebener Bekanntmachung des Wechsels in der Agentur in dem Hause des Klägers unbekannt gewesen und er sich in beiden Fällen der beabsichtigten Einkassirung nicht als Agent der Beklagten legitimirt habe. Den Kläger treffe also deshalb, weil in diesen beiden Fällen die Zahlung unterblieben sei, kein Verschulden; er sei dadurch nicht in Verzug gerathen; dies hätte nur dadurch geschehen können, daß der neue Agent nach vorheriger Legitimation oder mit gehöriger Legitimation versehen, nochmals bei dem Kläger erschienen wäre und ihn in seiner Wohnung zur Zahlung aufgefordert hätte.

B. wolle zwar im Januar 1883 mit dem Kläger zusammengetroffen und sich diesem durch Nennung seines Namens und Bezeichnung seiner Eigenschaft als Agent bekannt gemacht haben. Nach der glaubhaften Angabe der Ehefrau des Klägers habe aber diese dem Kläger erst von dem zweiten Besuch des B. Kenntniß gegeben, worauf sich Kläger zu dem früheren Agenten G. begeben habe, um sich über den Wechsel in der Agentur zu erkundigen. Dies werde auch von G. bestätigt und beweise, daß, wenn jenes Zusammentreffen mit B. stattgefunden und Kläger sich dessen erinnert habe, er keineswegs von der Richtigkeit der damaligen Angaben des B. überzeugt gewesen sei.

Die Agenten möchten, wenn sie ohne ihr Verschulden vergebliche Einkassirungsversuche gemacht haben, befugt sein, den Versicherten aufzufordern, dem schriftlichen Vertrag gemäß in der Wohnung des Agenten zu bezahlen. Abgesehen davon aber, daß die angegebene Voraussetzung hier nicht zutreffe, so habe B. eine Aufforderung dieser Art nicht ergehen lassen. Die angeblich der Ehefrau des Klägers gegenüber ausgesprochene Drohung, daß, wenn nicht gezahlt werde, das Recht auf Entschädigung verloren gehe, enthalte eine solche Aufforderung nicht, sei übrigens auch nich erwiesen.

B. sei also nicht berechtigt gewesen, die für den Kläger bestimmte Quittung der Beklagten als uneinziehbar zurückzusenden, und die Beklagte sei nicht befugt gewesen, den Vertrag für aufgelöst zu erklären. Dem Schreiben vom 8. September könne die Bedeutung einer Aufforderung, nunmehr an die Gesellschaft direkt zu bezahlen, nicht beigelegt werden. Nach dem Ausgeführten wäre auch Beklagte zu solcher Aufforderung nicht berechtigt gewesen. Würde übrigens das Gegentheil angenommen, so wäre es dem durch seine Wirthschaft und sein Heugeschäft im hohen Maße in Anspruch genommenen Kläger nicht zum Verschulden anzurechnen, daß er vom 9.—11. September der Aufforderung nicht nachgekommen sei. Wegen der Kürze dieses Zeitraums könne auch die Unterlassung des Widerspruchs nicht als Einwilligung in die Aufhebung des Vertrags aufgefaßt werden. Gleich nach dem Brand habe Kläger seine Bereitwilligkeit, zu zahlen, genügend an den Tag gelegt und dem B. die Zahlung vergeblich angeboten.

Der Vertrag habe somit am Tag des Brandes noch zu Recht bestanden und Kläger habe sein Recht auf Entschädigung weder durch das von der Beklagten verschuldete Unterbleiben der Prämienzahlung noch nach § 7 der Bedingungen verwirkt. Kläger habe die in § 7 c) d) e) vorgeschriebenen Handlungen ebenfalls in Folge Verschuldens der Beklagten, nämlich deshalb unterlassen, weil er durch die bestimmten ablehnenden Erklärungen des Agenten und des Direktors der Beklagten damals in den Irrthum versetzt gewesen sei, daß Beklagte zu Zahlung der Entschädigung nicht verpflichtet sei. An der Einreichung eines Verzeichnisses sei Kläger auch unmittelbar durch das Ablehnen jeder Verhandlung seitens des Direktors verhindert worden. Kläger habe gleich nach dem Brand ein detaillirtes Verzeichniß fertigen lassen und es sei glaubhaft, daß er dieses Verzeichniß bei der Unterredung mit dem Direktor bei sich hatte und diesem zu übergeben beabsichtigte. Die vorgeschriebene alsbaldige Anzeige von dem Brand an den Agenten habe stattgefunden."

„Die Revision kann keinen Erfolg haben. Nach der Feststellung des O.L.G. hat der Inhalt des Versicherungsvertrages, auf welchen die Klage sich stützt, in Folge der von der Beklagten zugelassenen, in den Jahren 1881 und 1882 seitens des Agenten G. auch dem Kläger gegenüber eingehaltenen Uebung, wonach die Prämien durch die Agenten bei dem Versicherten abgeholt werden, eine Modifikation und zwar dahin erhalten, daß Kläger die Abholung der verfallenen Prämien abwarten durfte und die Versicherungssumme nur dann verwirkt war, wenn er die Zahlung einer verfallenen Prämie einer Person gegenüber verweigerte, welche ihm als Agent der Beklagten bekannt war oder sich bei Einforderung der Prämie als Agent legitimirte. Diese Feststellung bewegt sich auf thatsächlichem Gebiet und entzieht sich daher einer Nachprüfung in der Revisionsinstanz. Ist aber dieselbe hiernach für die weitere Beurtheilung maßgebend, so mußte die Verwerfung der aus den §§ 3 und 14 des Vertrages entnommenen Einrede für gerechtfertigt erachtet werden; denn ohne Rechtsirrthum ist ferner festgestellt, daß B., als er die am 4. Juli 1883 verfallene Prämie einkassiren wollte, zwar an Stelle des G. Agent der Beklagten geworden war, daß aber diese Eigenschaft des B. dem Kläger sowenig als der Ehefrau des Klägers bekannt war und daß überhaupt eine Person, welche sich als Agent der Beklagten legitimirt hätte, behufs Abholung der verfallenen Prämie im Hause des Klägers sich nicht eingefunden hat.

Was die auf die §§ 7 und 14 des Vertrages gestützte Einrede betrifft, so geht der B.R. in Auslegung dieses Vertrages davon aus, daß die gerügte Unterlassung den Verlust des Klageanspruches nur dann zur Folge haben könnte, wenn den Kläger dabei ein Verschulden treffen würde, und verneint dies, indem er feststellt, daß der Kläger durch Verschulden der Beklagten in den Irrthum, es sei diese zur Zahlung der Entschädigung nicht verpflichtet, versetzt worden sei, und überdies feststellt, daß der Kläger an der in § 7 e geforderten Einreichung eines Verzeichnisses durch den Direktor der Beklagten verhindert worden sei. Ein Rechtsirrthum ist weder in diesen Feststellungen noch in jener Vertragsauslegung zu erblicken."

Ausländisches Recht.

1. Schwedisches Recht.

186. Folgen der Konkurseröffnung über eine Aktiengesellschaft. (S. o. Fall 152 S. 341.)

2. Internationales Privatrecht.

187. Beurtheilung der materiellen Wirkungen des Konkurses einer im Auslande ansässigen Person oder niedergelassenen Firma nach den Grundsätzen des internationalen Privatrechts. (S. o. Fall 152 S. 341.)

Civilrechtliches aus den Strafsenaten des R.G.

1. Reichs-Strafgesetzbuch.

6. Strafbarkeit der Hingabe von „Kellerwechseln" aus § 263 des R.Str.G.B. (Betrug). Urth. des III. Strafsenats vom 25. Juni 1885 wider K. und Gen. Vorinstanz: L.G. Chemnitz. Verwerfung der Revision der Angeklagten. (1534/85.)

„Nach demjenigen, was in den Gründen des angefochtenen Urtheils über die Art und Weise der Herstellung der darin unter I und II, 1, 2 erwähnten Wechsel, über deren Beschaffenheit, über die Kenntniß der Angeklagten von Bewandniß und Art der Herstellung, endlich über die Umstände festgestellt ist, unter denen deren Begebung an Pf., an die G.'er Bankfiliale in Chemnitz und an P. erfolgte, würde die Annahme des Vorliegens des Thatbestandsmerkmales der Unterdrückung einer wahren Thatsache einem rechtlichen Bedenken nicht unterliegen. Die Bezeichnung der Wechsel als „Kellerwechsel" ist zwar nur in der uneigentlichen Bedeutung dieses Wortes zutreffend. Denn es ist festgestellt, daß die auf den Wechseln befindlichen Acceptserklärungen und Giri W., H., N. und Sch. echt, d. h. von denjenigen Personen, auf welche sie lauteten, bewirkt waren, während unter Kellerwechseln im eigentlichen Sinne solche Wechsel verstanden werden, welche unter erdichtetem, fingirtem Namen ausgestellt oder auf erdichtete Personen gezogen werden.

Wohl aber ist unter eingehender thatsächlicher Begründung festgestellt, daß die obengenannten Personen völlig vermögenslos waren, daß zwischen ihnen unter einander, wie zwischen ihnen und den Angeklagten irgend ein Schuldverhältniß, welches den in den Wechseln bekundeten Wechseloperationen zu Grunde gelegen, nicht bestanden hat, daß die genannten Acceptanten und Giranten in Folge ihrer Vermögenslosigkeit nicht im Stande waren, eine Wechselverpflichtung zu erfüllen, daß sie vielmehr nur als „Strohmänner" fungirten, während den unter ihrer Mitwirkung hergestellten, jeder realen Grundlage entbehrenden Wechseln mit Wissen und Willen der Angeklagten lediglich der täuschende Schein gegeben worden ist, daß sie Waaren- oder Kundenwechsel seien, d. h. also, daß aus legitimem Geschäftsverkehre entsprungene Schuldverhältnisse den betreffenden Wechseloperationen zu Grunde lägen.

In der Weiterbegebung der so „fabrizirten" Wechsel seitens der Angeklagten unter Verschweigung der Art der Herstellung und der wirklichen Beschaffenheit derselben konnte ohne Rechtsirrthum die Unterdrückung einer wahren Thatsache im Sinne von § 263 des R.Str.G.B. gefunden werden. Eine Verpflichtung des Wechselgebers, unverlangt über die ihm bekannten Vermögensverhältnisse der anderen, früheren Wechselzeichner dem Wechselnehmer Auskunft zu geben, wird allerdings im Allgemeinen nicht anerkannt und daher das bloße wissentliche Verschweigen der Insolvenz eines Vormannes nicht ohne Weiteres als die strafbare Unterdrückung dieser Thatsache aufgefaßt werden dürfen. Darum hat es sich aber in dem vorliegenden Falle nach den getroffenen Feststellungen nicht gehandelt. Die Wechsel stellten sich ihrer äußeren Beschaffenheit nach als solche dar, welche im reellen Handelsverkehre entstanden und umgelaufen waren. Thatsächlich waren sie aber „fabrizirt"; während ein Umlauf derselben nicht stattgefunden hatte, eine reale Verpflichtung den Wechselzeichnungen nicht zu Grunde lag, die durch die letzteren begründete formale Wechselverpflichtung der genannten Acceptanten und Giranten aber wegen deren Vermögenslosigkeit eine thatsächlich werthlose war, war ihnen absichtlich und zum Zwecke der nachmals unternommenen Täuschung der obenbezeichnete äußere Anschein gegeben worden. Das Nichtoffenbaren dieses den Angeklagten bekannten, durch die vorausgegangenen geflissentlichen Täuschungsmanipulationen verdeckten wahren Sachverhaltes enthielt gegenüber dem nach den Grundsätzen von Treue und Glauben begründeten Rechte der Wechselnehmer, den Empfang eines im legitimen Wechselverkehre entstandenen Wechsels erwarten zu dürfen, nicht bloß ein strafrechtlich belangloses Verschweigen, sondern erfüllte das Thatbestandsmerkmal der Unterdrückung einer wahren Thatsache.

Anlangend sodann das Begriffsmerkmal der auf Beschaffung eines rechtswidrigen Vermögensvortheiles gerichteten Absicht, so hat zwar die Vorinstanz die Absicht der Angeklagten, die Wechsel bei Verfall einzulösen, als erwiesen erachtet; thatsächlich ist auch die Einlösung erfolgt. Aber schon die Erlangung von Kredit und die Erlangung der Diskontsumme zur zeitweiligen Benutzung war ein Vermögensvortheil, welcher, sofern ein begründeter Rechtsanspruch auf deren Erlangung fehlte und die letztere durch das Mittel der Täuschung erstrebt wurde, ein rechtswidriger war.

Insoweit ferner durch den den Wechseln gegebenen äußeren Anschein und durch die Unterdrückung der wahren Beschaffenheit derselben in den Nehmern der — irrige — Glaube erweckt worden ist, daß es Kunden- und Waarenwechsel seien, welche im reellen Handelsverkehre entstanden und umgelaufen seien, und soweit dieselben auf diese von ihnen vorausgesetzte Beschaffenheit der Wechsel entscheidendes Gewicht gelegt haben und durch den hierüber erregten Irrthum zu dem Nehmen der Wechsel bestimmt worden sind, würde auch das Begriffsmerkmal einer ihnen zugefügten Vermögensbeschädigung nicht zu beanstanden sein. Dieselbe ist von der Vorinstanz nicht in dem — thatsächlich auch nicht eingetretenen — Verluste der gegen Empfang der Wechsel gewährten Gegenleistung, sondern in der Gefährdung der Wechselnehmer während des Umlaufes der Wechsel gefunden, insofern die Sicherheit, welche ihnen die Wechsel boten, vermöge der wirklichen Beschaffenheit derselben eine geringere war, als sie nach deren irrthümlich vorausgesetzten Beschaffenheit erwarten durften. Daß schon in solcher Gefährdung eines Forderungsrechtes eine Vermögensbeschädigung im Sinne von § 263 des R.Str.G.B. gefunden werden kann, hat das R.G. konstant anerkannt" (vergl. Annalen Bd. I S. 147, Bd II S. 253, Bd. III S. 419, Bd. V S. 236). „Die den Wechselnehmern gegenüber verübte Täuschung hat sich nun zwar jedenfalls nicht direkt auf die Solvenz oder Insolvenz des W. und der anderen in den Urtheilsgründen genannten Personen bezogen, welche die Wechsel acceptirt und vor den Angeklagten girirt hatten. Dagegen kann die dem Instanzurtheile offenbar zu Grunde liegende Annahme nicht als rechtsirrthümlich beanstandet werden, daß nach den Anschauungen des Handelsverkehres Wechseln, welche eine reale Grundlage in einem geschlossenen Waarengeschäfte haben, bei denen also auch der Nehmer voraussetzen kann, daß der Uebernahme des Wechselobligos seitens der einzelnen Wechselverpflichteten der entsprechende Vermögenszuwachs aus der Erfüllung des zu Grunde liegenden Handelsgeschäftes gegenüberstehe, ein höherer Werth beigelegt und von ihnen ein höheres Maß von Sicherheit erwartet wird, als dies bei Kellerwechseln der obenbezeichneten Art der Fall ist, welche die Zeichnung zwar nicht fingirter, aber vermögensloser Personen tragen und jeder reellen Grundlage entbehren. Hat daher der Nehmer eines Wechsels auf die von ihm vorausgesetzte Eigenschaft desselben als eines Kundenwechsels Gewicht gelegt und durch die nach den Anschauungen des Verkehrslebens hierdurch begründete größere Sicherheit des Wechsels sich zu dessen Nehmen bestimmen lassen, während er, wenn er die Wahrheit gekannt hätte, deren Erwerb abgelehnt haben würde, so kann die Annahme, daß er durch den Erwerb dieser thatsächlich eine geringere als die von ihm vorauszusetzende und vorausgesetzte Sicherheit bietenden Wechsel in seinem Vermögen, wenn auch nur vorübergehend, geschädigt sei, nicht beanstandet werden."

2. Reichs-Stempelgesetz von 1881.

7. **Auch die Ordnungsstrafe des § 23 des Reichs-Stempelgesetzes vom 1. Juli 1881 unterliegt der fünfjährigen Verjährung des § 17.** Urth. des III. Straffenats vom 2. Juli 1885 wider R. und Gen. Vorinstanz: L.G. Neustrelitz. Verwerfung der Revision. (1555/85.)

„Der Vorinstanz ist darin beizutreten, daß die Strafverfolgung auch in dem Falle der Verwirkung einer Ordnungsstrafe gemäß § 23 des Gesetzes vom 1. Juli 1881, betr. die Erhebung von Reichsstempelabgaben, erst mit dem Ablaufe von fünf Jahren von Begehung der Handlung an verjährt. Der § 24 dieses Gesetzes bestimmt, daß hinsichtlich des administrativen Strafverfahrens wegen der Zuwiderhandlungen gegen dieses Gesetz, der Strafmilderung und des Erlasses der Strafe im Gnadenwege, der Vollstreckung der Strafe, sowie der Verjährung der Strafverfolgung die Vorschriften in dem § 17 Satz 1, 18, 19 des Gesetzes vom 10. Juni 1869, betr. die Wechselstempelsteuer, sinngemäße Anwendung finden. Der § 17 Satz 1 des Gesetzes vom 10. Juni 1869 ordnet für alle Wechselstempelhinterziehungen, das ist (vergl. § 15) für die Nichterfüllung der Verpflichtung zur Entrichtung der Stempelabgabe, die fünfjährige Verjährung an. Der § 24 des Gesetzes vom 1. Juli 1881 spricht, soweit er die Vorschriften des Wechselstempelsteuergesetzes als anwendbar bezeichnet, schlechthin und unterschiedslos von „Zuwiderhandlungen gegen das Gesetz vom 1. Juli 1881". Zu diesen Zuwiderhandlungen gehören die in § 23 dieses Gesetzes bezeichneten, mit Ordnungsstrafe bedrohten Fälle, namentlich auch der Fall des § 23 Abs. 2, in welchem objektiv eine Hinterziehung der Stempelsteuer vorliegt, die ordentliche Strafe des Gesetzes aber wegen mangelnder Hinterziehungsabsicht nicht eintreten soll. Die allgemeine Fassung des § 24 und die unmittelbare Anreihung desselben an den § 23, dessen erster Absatz übrigens schon in § 41 des Entwurfes des Gesetzes vom 1. Juli 1881 enthalten war (vergl. Drucksachen des Reichstages von 1881, IV. Session, Nr. 59 S. 9), giebt unzweifelhaft an die Hand, daß die Verweisung auf die in dem Wechselstempelsteuergesetze enthaltene Verjährungsvorschrift auf die in § 23 erwähnten Zuwiderhandlungen sich mit erstrecken sollte. Bei Erlaß des Wechselstempelsteuergesetzes hat allerdings das Str. G. B. für den Norddeutschen Bund mit den durch dasselbe normirten, nach den Kategorien der Strafthaten abgestuften Verjährungsfristen noch nicht in Geltung gestanden. Der Zweck des § 17 des ersteren Gesetzes beschränkte sich deshalb nach Inhalt der Motive (vergl. Drucksachen des Reichstages von 1869, Nr. 154 S. 17) darauf, eine gleichmäßige Verjährung der Wechselstempelhinterziehung für das ganze Bundesgebiet zu bestimmen. Die Verjährungsfrist ist aber einheitlich auf fünf Jahre festgesetzt worden ohne Rücksicht einerseits auf die Höhe der im einzelnen Falle verwirkten Strafe, andererseits auf die Willensrichtung des Thäters nach der Richtung hin, ob die unterlassene Stempelverwendung auf Defraudationsabsicht beruhte oder nicht. Auch von diesem Gesichtspunkte aus führt daher die sinngemäße Anwendung des § 17 Satz 1 des Gesetzes vom 10. Juni 1869 dazu, daß die fünfjährige Verjährungsfrist unterschiedslos für alle Zuwiderhandlungen gegen das Reichs-Stempelabgabengesetz, und sonach auch für die unter § 23 fallenden, nur mit einer Ordnungsstrafe bedrohten, zu gelten habe.

Der von der Revision betonte Umstand, daß andere Steuergesetze, wie das Vereinszollgesetz, verschiedene Verjährungsfristen für die Strafverfolgung wegen Defraudation und wegen Ordnungswidrigkeiten eingeführt haben, beweist nicht für, sondern gegen die Revision, da, wenn der Gesetzgeber Gleiches für die Zuwiderhandlungen gegen das Reichs-Stempelabgabengesetz hätte bestimmen wollen, dies in diesem Gesetze zum Ausdrucke hätte gebracht werden müssen."

Reichsrecht.

1. Handelsrecht.

188. **1) Erlöschen des Markenschutzrechtes einer Firma mit dem Schluß ihrer Liquidation. 2) Klagrecht des Liquidators. 3) Verbindung des Markenschutzrechtes mit der Firma. 4) Die Liquidation enthält keine Firmenänderung im Sinne des § 5 Abs. 2 des Reichs-Markenschutzgesetzes. 5) Uebertragbarkeit der Firma und Schutzmarken einer Aktiengesellschaft auf einen Einzelkaufmann** (Art. 15—18, 22, 135, 139 des H.G.B.; Art. 244a, 243, 244 des Aktiengesetzes von 1884). S. u. Fall 8 Ziffer 1—5.

189. **Für das Verhältniß zwischen Absender und Frachtführer ist die rechtliche Beziehung des Ersteren zu dem Transportgut gleichgültig** (Art. 278, 279 des H.G.B.). Urth. des I. Civilsenats vom 28. September 1885 in Sachen der Deutschen Elbschifffahrtsgesellschaft Kette, Klägerin, Widerbeklagten und Revisionsklägerin, wider die Handlung St. & W. zu M., Beklagte, Widerklägerin und Revisionsbeklagte. Vorinstanz: O.L.G. Naumburg. Verwerfung. (I, 196/85.)

Das Bestätigungsschreiben der Klägerin über einen zwischen den Parteien abgeschlossenen Vertrag lautet: „Bezugnehmend auf die mit Ihnen gehabte Unterredung erklären wir uns bereit, Ihre sämmtlichen Güter, welche Sie im Laufe dieses Jahres auf dem Wasserwege von Magdeburg nach Hamburg verladen, sowie von Hamburg nach Magdeburg beziehen, zum Frachtsatz von 70 ₰ per 100 Kilo für gewöhnliches Gut, von 100 ₰ für Expreßgut zu befördern, dagegen verpflichten Sie sich, alle Ihre zu verladenden und zu empfangenden Güter ausschließlich durch unsere Fahrzeuge zu verfrachten." Nach dem Thatbestand des B.U. „hat die Beklagte im November und Dezember 1883 neben ihren eigenen Gütern auf ihren Namen auch für fremde Firmen Frachtgüter durch die Klägerin von Hamburg nach Magdeburg transportiren lassen. Für einen Theil dieser letzteren Güter ... sind der Beklagten die vertragsmäßigen Frachtsätze mit 1254,45 ℳ in Rechnung gestellt, für einen anderen Theil . . . sind der Beklagten 573,75 ℳ über die vertragsmäßige Fracht abgefordert und von dieser, um in Besitz der Güter zu gelangen, unter Protest gezahlt worden." Die Klägerin fordert von der Beklagten für den Transport der ersten Güter Zahlung der Differenz zwischen der im erwähnten Vertrag vereinbarten und der doppelt so hohen Tagesfracht, also 1254,45 ℳ. Die Beklagte bestreitet ihre Verpflichtung hierzu und fordert widerklagend die für die letzteren Güter ihrer Ansicht nach zu viel bezahlten 573,75 ℳ.

Der erste Richter hat die Klage abgewiesen und die Klägerin und Widerbeklagte nach dem Widerklageantrag verurtheilt. Die gegen dieses Urtheil von der Klägerin eingelegte Berufung ist zurückgewiesen und die Klägerin hat gegen das B.U. Revision eingelegt mit dem Antrag auf Aufhebung des angefochtenen Urtheils, Verurtheilung der Beklagten nach dem Klageantrag und Abweisung der Widerklage. Die Revisionsbeklagte hat Zurückweisung der Revision beantragt.

„Für das Rechtsverhältniß zwischen Frachtführer und Absender ist die rechtliche Beziehung des Absenders zu dem transportirten oder zu transportirenden Gegenstand (dem „Gut") gleichgültig. Durch die Bezeichnung dieses Gegenstandes als Gut des Absenders („Ihre Güter") ist daher an sich nur ausgesprochen, daß der Gegenstand vom Absender zum Transport übergeben ist oder übergeben werden soll. Nur aus besonderen dazu kommenden Umständen kann sich ergeben, daß mit dieser Bezeichnung auf das rechtliche Verhältniß des Absenders zum Gegenstand des Transports Bezug genommen werden solle.

Der B.R. macht sich daher, wenn er im Vertrag den „klaren Willen" der Parteien ausgesprochen findet, „daß der vertragsmäßige Frachtsatz auf alle diejenigen Güter Anwendung finden sollte, welche die Beklagte der Klägerin zum Transport zwischen Hamburg und Magdeburg übergeben würde", und wenn er fortfährt: „Eine Beschränkung des Vertrages auf diejenigen Waaren, welche im Eigenthum der Beklagten stehen, ergiebt der Wortlaut des Vertrages in keiner Weise, und haben die Parteien, wie daher anzunehmen ist, solche nicht beabsichtigt", eines rechtsgrundsätzlichen Verstoßes insbesondere eines solchen gegen die Bestimmungen der Art. 278, 279 des H.G.B. nicht schuldig. Daß besondere Umstände, welche den aus allgemeinen Grundsätzen sich ergebenden Schlußfolgerungen im Wege ständen, nicht vorliegen, brauchte nicht ausdrücklich hervorgehoben zu werden, denn solche besonderen Umstände sind von der Klägerin nicht geltend gemacht worden.

Als ein solcher besonderer Umstand kann insbesondere nicht die von der Klägerin behauptete Thatsache aufgefaßt werden, daß die Beklagte zur Zeit des Vertragsschlusses kein Speditionsgeschäft betrieben habe, beziehungsweise daß ihr, der Klägerin, dies nicht bekannt gewesen sei. Diese Thatsache würde nur dann als relevant erachtet werden können, wenn zur Zeit des Vertragsschlusses die Klägerin ein erkennbares Interesse daran gehabt hätte, daß die Beklagte ihr nicht über einen gewissen Betrag hinaus Güter zum Transport übergebe. Nun entspricht es aber den allgemeinen wirthschaftlichen Grundsätzen, daß ein Frachtführer nicht die Beschränkung seiner Transportthätigkeit erstrebt, sondern deren Ausdehnung, und es fehlt an Gründen dafür, daß dies im vorliegenden Fall nicht ebenfalls die Tendenz der Klägerin gewesen sei, ja es deutet der Abschluß des Vertrages selbst auf diese Tendenz hin. Es spricht daher nichts dafür, daß die Klägerin den Ausdruck: „Ihre Güter" in einem anderen als dem sonst üblichen Sinn verstanden habe, geschweige daß dies von beiden Kontrahenten geschehen sei.

Aus diesen Gründen würde es aber auch nicht als eine Umgehung des Vertrages angesehen werden können, wenn die Beklagte erst nach Abschluß des Vertrages Speditionsgeschäfte überhaupt zu betreiben angefangen haben sollte, und wenn sie dazu gerade durch den Abschluß des Vertrages veranlaßt worden wäre, durch welchen sie in Stand gesetzt wurde, demjenigen, welcher Güter versenden wollte, günstige Bedingungen zu stellen. Ja es würde die Beklagte selbst dann kein Vorwurf in dieser Richtung treffen können, wenn sie sich auf die Spedition erst eingelassen haben sollte, nachdem in Folge des Steigens der Frachten sich ihre Lage noch günstiger gestaltete, denn das Fortbestehen der beim Abschluß des Vertrages vorhandenen Frachtverhältnisse bildet keine Voraussetzung des Vertrages. Müßte die Beklagte sich vielleicht auch sagen, daß unter den eingetretenen Umständen die Klägerin den Vertrag nicht abgeschlossen haben würde, so hinderte sie dies doch nicht, die für sie günstigere Konjunktur zu verwerthen. Etwas Anderes that aber die Beklagte nicht, wenn sie die von der Klägerin ihr zum Vorwurf gemachten Handlungen vornahm. Schloß sie im eigenen Namen für fremde Rechnung Frachtverträge ab, so war sie als Spediteur thätig. Nach welchem Maßstab sie den Kommittenten die Gegenleistung berechnete, war für die Klägerin gleichgültig. Es berührt das Wesen des Speditionsgeschäftes nicht, wenn die Provision nach Prozenten der Differenz zwischen der Tagesfracht und derjenigen Fracht berechnet wird, zu welcher der Spediteur den Abschluß des Frachtvertrages zu bewirken in der Lage ist."

190. Die Frage, ob zwischen der zu Schadensersatz verpflichtenden vertragswidrigen Handlung oder Unterlassung und dem eingetretenen Vermögensnachtheil ein ursachlicher Zusammenhang besteht, ist bei

Handelsgeschäften nur nach Handelsrecht zu beurtheilen (Art. 283 des H.G.B.). Urth. des I. Civilsenats vom 28. September 1885 in Sachen J. L. zu B., Beklagten, Widerklägers und Revisionsklägers, wider A. A. zu B., Klägerin, Widerbeklagte und Revisionsbeklagte. Vorinstanz: Kammerger. Berlin. Verwerfung. (I, 191/85.)

Die Klägerin fordert von dem Beklagten den Kaufpreis für 56 Barrels doppelt raffinirtes Petroleum, welche sie am 22. Dezember 1883 auf Anordnung des Beklagten an das Eisenbahn-Betriebsmaterialien-Hauptmagazin zu Leinhausen bei Hannover geliefert, nebst Frachtauslage im Gesammtbetrage von 2042,75 ℳ nebst 6% Zinsen seit dem 22. Dezember 1883. Der Beklagte setzt der an sich unbestrittenen Klageforderung Gegenforderungen entgegen, indem er 1) die Forderung auf Rückerstattung des Betrages, welchen er für eine von der Klägerin am 8. Dezember 1883 eben dahin gesandte, aber als vertragswidrig zurückgenommene Lieferung von 56 Barrels doppelt gereinigtes Petroleum bezahlte, nebst Zinsdifferenz im Gesammtbetrage von 2041,54 ℳ; 2) eventuell die Forderung auf Ersatz eines Fünftels des Schadens, welcher ihm durch diese vertragswidrige Lieferung erwachsen sei, in Höhe von 4005,17 ℳ bis zum Belaufe der Klageforderung gegen diese in Aufrechnung bringt und die Zahlung des Mehrbetrages von 1954,42 ℳ nebst 6% Zinsen seit dem 12. Dezember 1883 widerklagend von der Klägerin fordert.

Der Beklagte ist durch Urtheil des L.G. I Berlin vom 1. Dezember 1884 unter Abweisung der Widerklage zur Zahlung von 2042,75 ℳ nebst 6% Zinsen seit dem 22. Dezember 1883, sowie in die Kosten des Rechtsstreites verurtheilt worden. Die Berufung des Beklagten gegen dieses Urtheil mit dem Antrage, die erhobene Klage abzuweisen und die Klägerin nach dem Antrage Widerklage zu verurtheilen, ist von dem Kammerger. Berlin durch ein am 14. März 1885 verkündetes Urtheil unter Verurtheilung des Beklagten in die Kosten der Berufungsinstanz abgewiesen worden. Gegen dieses Urtheil hat Beklagter Revision eingelegt.

„Die eventuell durch Kompensationseinrede und im Uebrigen durch Widerklage geltend gemachte Entschädigungsforderung ist jedenfalls insoweit mit Recht für unbegründet erklärt worden, als sie aus einer unerlaubten Handlung — Uebertretung der Kaiserlichen Verordnung vom 24. Februar 1882 — hergeleitet wird. Dieselbe untersagt das gewerbsmäßige Verkaufen und Feilhalten von Petroleum, welches unter einem Barometerstande von 760 mm schon bei einer Erwärmung auf weniger als 21° C. entflammbare Dämpfe entweichen läßt, wenn sich dasselbe nicht in Gefäßen befindet, welche in näher vorgeschriebener Weise die Inschrift „feuergefährlich" tragen. Daß durch Nichtbefolgung dieser Vorschrift, nämlich durch Verkauf und Versendung von Petroleum, welches schon bei einer Erwärmung auf 19° C. entflammbare Dämpfe entweichen ließ, ohne die verordnungsmäßige Bezeichnung, dem Beklagten ein Schaden erwachsen sei, ist nicht behauptet, und der Schaden, welcher den Beklagten durch Aufhebung des Lieferungsvertrages behauptetermaßen betroffen hat, ist seiner eigenen Darstellung nach nicht durch den Mangel der verordnungsmäßigen Bezeichnung, sondern durch die vertragswidrige Beschaffenheit des gelieferten Petroleums verursacht. Auf den § 26 Th. I T. 6 des Allg. L.R., auf welchen Beklagter sich in der Revisionsinstanz berufen hat, ist schon deswegen nicht einzugehen, weil Verkauf und Versendung des von Braunschweig nach Leinhausen bei Hannover gelieferten Petroleums, soviel aus dem Thatbestande ersichtlich ist, nicht im Gebiete des Preuß. Allg. L.R. stattgefunden hat.

Insoweit Entschädigung wegen Vertragswidrigkeit der Lieferung vom 8. Dezember 1883 gefordert wird, hat das B.G. mit Recht das Handelsrecht und, soweit Landrecht entscheidet, das Gemeine Recht für maßgebend erachtet, da es sich um die Folgen mangelhafter Erfüllung eines Handelskaufes von Seiten des Klägers als Verkäufers handelt, für welchen Braunschweig Erfüllungsort war.

Unter Anwendung dieser Rechtsnormen erklärt das B.G. den Anspruch des Beklagten auf Ersatz des Schadens, welcher ihm aus der vertragswidrigen Beschaffenheit der Lieferung vom 8. Dezember 1883 in Folge der dadurch mitverursachten Aufhebung des von ihm mit der Königlichen Eisenbahn-Direktion zu Hannover geschlossenen Lieferungsvertrages erwachsen sei, für unbegründet, erstens weil der Lieferungsvertrag nicht blos wegen der Beschaffenheit jener Lieferung aufgehoben worden sei, zweitens weil der Beklagte unterlassen habe, bei Abschluß des Vertrages mit der Klägerin oder doch vor Erfüllung desselben die Klägerin von dem Inhalte des zwischen ihm und der Königlichen Eisenbahn-Direktion zu Hannover bestehenden Vertrages in Kenntniß zu setzen, und drittens weil nicht erhelle, daß und in welchem Grade der Klägerin bezüglich der Lieferung vom 8. Dezember 1883 ein Verschulden zur Last falle. Die Revision ist als unbegründet zurückzuweisen, wenn auch nur einer von diesen von einander unabhängigen Gründen unanfechtbar ist.

Mag nun auch der zweite Grund mit den von dem vormaligen R.O.H.G. (Entsch. Bd. IV S. 192, Bd. V S. 171) hinsichtlich der Mittheilungspflicht angenommenen Grundsätzen nicht übereinstimmen und der dritte Grund wegen unzulänglicher Begründung nach § 513 Nr. 7 der C.P.O. anfechtbar sein, so kann doch in Ansehung des ersten Grundes die Revision als begründet nicht angesehen werden.

Dies würde, wenn es sich bei der Entscheidung lediglich um das Gemeine Recht handelte, schon deswegen angenommen werden müssen, weil die Verletzung des im Bezirke des B.G. nicht geltenden Gemeinen Rechtes im gegenwärtigen Rechtsstreite nach §§ 511, 525 der C.P.O. die Revision nicht begründet. Es handelt sich jedoch darum, ob die

Entscheidung des B.G. nach handelsrechtlichen Grundsätzen gerechtfertigt erscheint. Denn wenn Jemand auf Grund eines Handelsgeschäftes Schadensersatz fordert, so ist die Frage, ob zwischen der zum Schadensersatz verpflichtenden vertragswidrigen Handlung oder Unterlassung und dem eingetretenen Vermögensnachtheil ein ursachlicher Zusammenhang besteht, ohne Rücksicht auf etwaige Bestimmungen der Landesgesetze nach einheitlichen Grundsätzen und zwar in Ermangelung positiver Bestimmungen des H.G.B. nach den aus der Natur der Sache folgenden Grundsätzen zu entscheiden. Dies ist aus Art. 283 des H.G.B. zu entnehmen. Wenngleich der Zweck dieser Vorschrift darin bestand, unter Beseitigung entgegenstehender landesgesetzlicher Bestimmungen, insbesondere des Preuß. Allg. L.R. Th. I T. 5 § 285, Th. I T. 6 §§ 10 ff. auszusprechen, daß der zu leistende Schadensersatz bei Handelsgeschäften stets auch die Erstattung des entgangenen Gewinnes umfaßt, so geht doch die Vorschrift selbst dahin, daß derjenige, welcher Schadensersatz zu forden hat, Erstattung des Vermögensnachtheiles, welcher durch die zum Schadensersatz verpflichtende Handlung oder Unterlassung verursacht ist, ohne Unterscheidung zwischen wirklichem Schaden und entgangenem Gewinn verlangen kann. Hiermit ist nicht allein der Umfang des zu ersetzenden Nachtheiles, sondern auch der die Voraussetzung der Ersatzpflicht bildende Kausalzusammenhang zwischen dem entstandenen Nachtheil und dem die Ersatzpflicht begründenden Ereigniß der landesgesetzlichen Regelung entrückt und einheitlich geregelt.

Die dem Revisionsgericht hiernach obliegende Nachprüfung führt jedoch ebenfalls zur Zurückweisung der Revision, da der ursachliche Zusammenhang zwischen der vertragswidrigen Lieferung der Klägerin vom 8. Dezember 1883 und dem Schaden, welcher dem Beklagten durch die Entziehung der Lieferungen seitens der Königlichen Eisenbahn-Direktion zu Hannover erwachsen sein soll, mit Recht verneint worden ist.

Jedenfalls bestand kein unmittelbarer Zusammenhang zwischen der Lieferung der Klägerin und der Aufhebung des Lieferungsvertrages seitens der Eisenbahn-Direktion. Die Klägerin hatte dem Beklagten, der Beklagte der Eisenbahn-Direktion zu liefern. Indem Klägerin der Aufgabe des Beklagten gemäß nach Leinhausen lieferte, erfüllte sie nicht als Stellvertreterin des Beklagten dessen Verbindlichkeit gegenüber der Eisenbahn-Direktion, sondern sie handelte zur Erfüllung ihrer eigenen Verbindlichkeit gegenüber dem Beklagten. Es sind daher die Folgen, welche dadurch herbeigeführt wurden, daß Beklagter mittels der Sendung vom 8. Dezember 1883 seine Verpflichtung gegenüber der Eisenbahn-Direktion nicht vertragsmäßig erfüllte, auf sein eigenes Verhalten als nächste Ursache zurückzuführen.

Ob aber Beklagter durch die von der Klägerin hervorgerufene Erwartung vertragsmäßiger Lieferung der Klägerin bewogen wurde, die von Letzterer gelieferte Waare zur Erfüllung seiner Lieferungspflicht gegenüber der Eisenbahn-Direktion zu verwenden, bedarf keiner Feststellung, weil selbst im Falle der Bejahung dieser Frage ein mittelbarer ursachlicher Zusammenhang zwischen der Lieferung der Klägerin und der Entziehung der Lieferungen seitens der Eisenbahn-Direktion um deswillen nicht anzunehmen wäre, weil nicht die vertragswidrige Beschaffenheit dieser einzelnen Lieferung die Ursache der Entziehung war, sondern dieselbe von der Eisenbahn-Direktion damit begründet wurde, „daß wiederum fünf Doppelladungen Petroleum geliefert worden sind, welche den Bedingungen des Vertrages .... nicht entsprechen."

Wenn nun auch eine von diesen fünf Doppelladungen von der Klägerin herrührte, so war doch nicht die vertragswidrige Beschaffenheit dieser einen Lieferung die Ursache, welche die Eisenbahn-Direktion zum Abgehen vom Vertrage bestimmte, sondern das fortgesetzte vertragswidrige Verhalten des Beklagten in Erfüllung des Lieferungsvertrages, welches auch in der früher stattgehabten Vertragswidrigkeit und in der Lieferung von vier nicht vom Kläger herrührenden vertragswidrigen Doppelladungen hervortrat. Es erhellt nicht, daß die Eisenbahn-Direktion auch dann vom Vertrage abgegangen sein würde, wenn nur die Lieferung der Klägerin vertragswidrig gewesen wäre. Vielmehr hat dieselbe sämmtliche stattgehabte Vertragswidrigkeiten in ihrer Erklärung zusammengefaßt und nur auf die Gesammtheit derselben die Entziehung der Lieferungen gestützt. Nicht das Verhalten des Beklagten in Betreff einer einzelnen Doppelladung, sondern sein Gesammtverhalten bei Erfüllung des Lieferungsvertrages war die Ursache der Anwendung des § 12 desselben. Es kann daher die Klägerin bezüglich des hierdurch dem Beklagten erwachsenen Schadens weder im Ganzen noch zu einem aliquoten Theile als Urheberin verantwortlich gemacht werden. Nur dann, wenn Klägerin verpflichtet gewesen wäre, die von ihr übernommene Lieferung als Theil der vom Beklagten übernommenen gesammten Lieferung zu leisten, würde sie nach dem Verhältniß der von ihr übernommenen Theillieferung zu der Gesammtlieferung als Urheberin des durch vertragswidrige Beschaffenheit des von ihr gelieferten Theiles entstandenen Schadens in Anspruch genommen werden können. Daß aber Klägerin eine solche

Verpflichtung übernommen hätte, ist von dem Beklagten nicht behauptet worden."

191. „Koursmäßige Kompensation". Zulässigkeit des Beweises des wirklichen Tageskourses gegen den Kourszettel und die Art der Beweisführung solchenfalls. (Art. 376 des H.G.B.; § 9 der Bedingungen für die Geschäfte der Berliner Fondsbörse; §§ 383, 259 der C.P.O.) Urth. des I. Civilsenats vom 18. November 1885 in Sachen des J. L. zu W., Klägers und Revisionsklägers, wider die Aktiengesellschaft Vereinsbank zu Berlin, Beklagte und Revisionsbeklagte. Vorinstanz: Kammerger. Berlin. Aufhebung und Verurtheilung (gemäß dem Versäumnißurtheil des Kammerger. s. u.). I, 278/85.

Die Beklagte besorgte im Auftrage des Klägers den An- und Verkauf von Werthpapieren an der Berliner Börse und stand dieserhalb mit dem Kläger in einem Kontokurrentverhältniß. Auf Grund eines Rechnungsabschlusses per 31. Januar 1883 forderte Kläger von der Beklagten den Betrag von 5689 ℳ und fordert, nachdem ihm der Betrag von 299,65 ℳ durch Versäumniß-Theilurtheil des L.G. I Berlin vom 9. Juli 1883 unter Verurtheilung der Beklagten in 1/18 der bis dahin entstandenen Kosten zuerkannt worden, jetzt noch 5389,35 ℳ nebst Zinsen seit dem 1. Februar 1883. Durch Urtheil desselben Gerichts vom 18. Januar 1884 wurde Beklagte verurtheilt, an Kläger 5389,35 ℳ nebst 6% Zinsen seit dem 1. Februar 1883, sowie 6% Zinsen von 299,65 ℳ vom 1. Februar bis 16. Juli 1883 zu zahlen und die Kosten des Rechtsstreites zu tragen, soweit nicht darüber durch Urtheil vom 9. Juli 1883 erkannt ist.

Die von der Beklagten hiergegen eingelegte Berufung wurde durch Versäumnißurtheil des Kammergerichts Berlin vom 1. Mai 1884 unter Verurtheilung der Beklagten in die Kosten der Berufungsinstanz verworfen, auf Einspruch der Beklagten aber durch ein am 8. Juni 1885 verkündetes Urtheil desselben Gerichts unter Aufhebung des Versäumnißurtheils vom 1. Mai 1885 gemäß dem Berufungsantrage der Beklagten der Anspruch des Klägers in Höhe von 5389,35 ℳ nebst Zinsen abgewiesen unter Verurtheilung des Klägers in die Kosten des Rechtsstreites — soweit darüber nicht durch Urtheil vom 9. Juli 1883 erkannt ist – mit Ausnahme der durch die Versäumniß der Beklagten in zweiter Instanz veranlaßten Kosten, welche der Beklagten auferlegt wurden. Gegen dieses Urtheil hat Kläger Revision eingelegt.

„Beklagte hat die am 28. März 1883 zum Kourse von 100½% vorgenommene Realisirung der am 18. November für Rechnung des Klägers zu 109¼% gekauften 60000 ℳ Königsberger Pferde-Eisenbahn-Aktien ihrer Erklärung zufolge nicht als Kommissionärin auf Grund des Art. 376 des H.G.B., sondern auf Grund des Reverses des Klägers vom 15. Februar 1882 vorgenommen, in welchem derselbe erklärte: „Ich autorisire Sie, meine gegenwärtigen und zukünftigen Engagements und die mir auf Stück-Konto bei Ihnen gegenwärtig oder zukünftig zukommenden Effekten ohne vorgängige Zahlungsaufforderung und coursmäßige Kompensation oder durch freihändigen

An- und Verkauf zu realisiren, sobald der Werth meiner Deckung abzüglich meines etwaigen Kontokurrent-Saldos oder der Differenz, welche sich ergiebt, wenn wir die Kourse des Tags gegen jenen Kours vergleichen, zu welchem meine Engagements eingegangen resp. prolongirt sein werden, nicht mehr 5% der Nominalsumme meiner Engagements betragen."

Nach diesem Revers kommt der Kours in zwei Beziehungen in Betracht, bei der Frage, ob die Bedingung der Befugniß der Beklagten zu realisiren eingetreten sei, und bei der Kompensation, wenn die Beklagte behufs der Realisirung nicht den Weg des freihändigen Verkaufs wählte. In beiden Beziehungen ist nicht das Vorhandensein einer Koursnotirung in einem amtlichen oder privaten Koursberichte, sondern der wirkliche Tageskours für maßgebend erklärt.

Die Beklagte hat aber die am 28. März 1883 vorgenommene Realisirung durch Kompensation zum Kourse von 100½%, d. i. die Uebernahme der Aktien des Klägers durch sie als Käuferin zum Preise von 100½% und die Abrechnung des Unterschiedes zwischen diesem Verkaufspreise und dem früheren Einkaufspreise von dem Guthaben des Klägers, lediglich damit gerechtfertigt, daß in dem Hertel'schen Koursberichte vom 28. März 1883 der Kours der in Rede stehenden Aktien zu 100½% angegeben war. Mit Unrecht findet das B.G. hierin den Nachweis der „koursmäßigen Kompensation", welche der Revers der Beklagten gestattete.

Wenn auch von dem B.G. ohne Rechtsirrthum festgestellt ist, daß Kläger durch Ausstellung des Reverses sich den Vorschriften und Gebräuchen der Berliner Börse unterworfen, d. h. gestattet habe, daß Beklagte im Falle der Realisirung diesen gemäß verfahre, so ersetzt doch die Nachweisung, daß demgemäß von der Beklagten verfahren worden sei, nicht den nach dem Reverse erforderlichen Nachweis, daß der Kours am 28. März 1883 wirklich 100½% betrug. Daß die Voraussetzung eingetreten war, unter welcher Beklagte realisiren durfte, ist nicht festgestellt und hierin eine wesentliche Unvollständigkeit der Entscheidungsgründe (§ 513 Nr. 7 der C.P.O.) zu erkennen.

Wollte man aber auch annehmen, daß die vermißte Feststellung des wirklichen Kourses vom 28. März 1883 in den Ausführungen des B.G. stillschweigend mitenthalten sei, so würde doch die Annahme, daß derselbe an diesem Tage 100½% stand, nicht auf einer nach § 259 der C.P.O. erforderlichen Berücksichtigung des gesammten Inhalts der Verhandlungen beruhen.

Nach § 9 der seit dem 1. Januar 1881 in Kraft getretenen Bedingungen für die Geschäfte an der Berliner Fonds-Börse (Zeitschrift für Handelsrecht Bd. 31 S. 280) kann allerdings in allen Fällen, in welchen es auf den Beweis für die Durchschnittsnotirung von Effekten ankommt, derselbe durch den amtlichen Kourszettel und für die in demselben nicht aufgeführten Effekten durch den Hertel'schen Koursbericht geführt werden. Hierdurch ist jedoch die nach § 259 der C.P.O. dem Gerichte zustehende freie Beweiswürdigung nicht ausgeschlossen. Wie es zulässig ist, nach § 383 der C.P.O. sogar gegen den amtlichen Kourszettel und umsomehr gegen den privaten Hertel'schen Koursbericht den Gegenbeweis zu führen, so kann auch die Beweiskraft darin erhaltener Koursnotirungen durch besondere Umstände überhaupt oder in Beziehung auf einzelne Personen ausgeschlossen sein. Solche besondere Umstände liegen in Beziehung auf die Beklagte nach den Feststellungen des B.G. vor. Hiernach kann im Allgemeinen die Feststellung des Koursberichtes durch den oder die betheiligten Makler unter Zuziehung des Vertreters des Emissionshauses den bestehenden Emissionsvorschriften entsprechend auf dreifache Weise erfolgen, entweder nach dem Kourse des vorigen — zuweilen auch des vorvorigen — Tages, wenn an diesem das Papier effektiv gehandelt worden ist, oder nach der Erklärung des Vertreters des Emissionshauses, daß Letzteres ein Geschäft zu dem angegebenen Kourse in sich selbst abgeschlossen habe, oder nach der Erklärung desselben, daß sein Haus bereit sei, das Papier für den Fall dessen augenblicklichen Angebots zu dem von ihm bezeichneten Kourse zu kaufen.

Was die Notirung der Königsberger Pferde-Eisenbahn-Aktien im Hertel'schen Koursberichte vom 28. März 1883 betrifft, so ist festgestellt, daß dieselbe durch den Makler L. unter Zuziehung des Vertreters der Beklagten als des Emissionshauses stattgefunden hat, daß am 28. März 1883 und an den letzten vorangegangenen Tagen effektive An- und Verkäufe solcher Aktien nicht stattgefunden haben, daß mithin die Feststellung der Koursnotirung nicht auf dem ersten, sondern auf dem zweiten oder dritten der bezeichneten drei Wege stattgefunden hat, wobei die Möglichkeit nicht ausgeschlossen ist, daß gerade das hier in Frage stehende Geschäft, welches Beklagte laut ihres Schreibens an den Kläger vom 28. März 1883 zu 100½ % in sich selbst abgeschlossen hat, die alleinige Grundlage der Koursnotirung in dem Hertel'schen Koursberichte bildete. Mag nun eine in dieser Weise zu Stande gekommene Koursnotirung Dritten gegenüber beweisend sein, so ist sie doch nicht geeignet, einen Beweis zu Gunsten des Emmissionshauses zu erbringen, dessen durch seinen Vertreter abgegebene Erklärung die alleinige Grundlage der Koursnotiz bildet. Wollte man diese Erklärung für maßgebend erachten, so würde Beklagte im Stande gewesen sein, den Umfang ihrer Berechtigung und Verpflichtung aus dem in Frage stehenden Geschäft dem Kläger gegenüber einseitig nach Willkür zu bestimmen.

Das angefochtene Urtheil war deshalb gemäß dem Antrage des Revisionsklägers aufzuheben. Die Sache in die Berufungsinstanz zurückzuverweisen, um festzustellen, welchen Kours die Königsberger Pferde-Eisenbahn-Aktien am 28. März 1883 wirklich gehabt haben, liegt keine Veranlassung vor, weil von dem B.G. bereits festgestellt ist, daß am 28. März 1883 und an den letzten vorhergegangenen Tagen kein sogenanntes effektives Geschäft in dem fraglichen Papier stattgefunden hat, und weil Beklagte für die Koursberechnung zu 100½% nichts weiter als die Berufung auf den Hertel'schen Koursbericht vorgebracht hat, welcher aus obigen Gründen zur Rechtfertigung derselben nicht genügt. Die Beklagte hat demnach die Grundlage ihrer Gegenforderung, daß eine koursmäßige Kompensation im Sinne des Reverses vom 15. Februar 1882 stattgefunden habe, nicht nachgewiesen. Ihre Gegenforderung war deshalb zu verwerfen, und ihre in erster Instanz erfolgte Verurtheilung nach dem Klagantrage ist gerechtfertigt."

2. Reichs-Haftpflichtgesetz.

192. **Eigenes Verschulden nach § 1 des Reichs-Haftpflichtgesetzes beim Durchkriechen unter einem im Rangiren begriffenen Zug, wenn dadurch nur der rechtzeitige Abgang des Zuges ermöglicht werden soll. Das Unterlassen des Achtungssignals der Rangirmaschine hebt solchenfalls das eigene Verschulden des Verletzten nicht auf, wenn er im Uebrigen hinreichend gewarnt war** (§ 1 des Reichs-Haftpflichtgesetzes). Urth. des III. Civilsenats vom 22. September 1885 in Sachen der verw. Lokomotivführer W. zu K. und Gen., Klägerin und Revisionsklägerin, wider den Preuß. Fiskus, Beklagten und Revisionsbeklagten. Vorinstanz: O.L.G. Kassel. Verwerfung. (III, 127/85).

Der B.R. geht davon aus, daß der Getödtete zwischen einem Zuge hindurch gekrochen sei, von dem er wußte, daß er im Rangiren begriffen war.

„Diese Annahme ist thatsächlicher Natur und läßt einen Rechtsirrthum ebensowenig erkennen, wie die weitere Annahme, daß das Durchkriechen durch einen im Rangiren, d. h. in Bewegung befindlichen Zug eine unvorsichtige Handlung sei. Allerdings könnte diese Handlung dem Getödteten nicht zur Schuld angerechnet werden, entweder wenn er sich durch ein wichtiges Interesse des Dienstes zu der gefährlichen Handlung hätte bestimmen lassen, oder wenn dieselbe durch das Verhalten der vorgesetzten Behörden gedeckt wäre. Beide Fälle lassen sich jedoch nach den vorliegenden Verhältnissen nicht annehmen. Das Motiv, welches den Getödteten geleitet haben soll, daß keine Verspätung der Abfahrt des Zuges eintrete, ist ein so untergeordnetes und geringfügiges, daß damit die Vornahme einer lebensgefährlichen Handlung verständiger Weise nicht gerechtfertigt werden kann. Was aber die weitere Behauptung betrifft, der Verstorbene sei durch das Verhalten der vorgesetzten Behörden entschuldigt, d. h. er habe nur einen Weg gewählt, dessen Betretung in Eilfällen von den Behörden zugelassen werde, so weist der vorige Richter mit vollem Rechte darauf hin, daß diese Einrede bei der konkreten Sachlage nicht zutreffen könne; denn daß die Behörden die Wahl des Weges auch dann stillschweigend geduldet hätten, wenn eine unmittelbare Gefahr damit verbunden und vor dieser Gefahr ausdrücklich gewarnt war, ist nicht zu unterstellen und wird auch gar nicht behauptet. Daß der Verstorbene vor dem Durchkriechen durch die Zurufe der Umstehenden: „Meister, bleiben Sie zurück, die Maschine kommt zurück", gewarnt worden ist, hat der B.R. auf Grund der Zeugenaussagen als bewiesen angenommen; auch unterliegt dessen Annahme keinem Bedenken, daß das Zurückfallen auf das Geleise, welches schließlich den Unfall herbeiführte, als eine unmittelbare Folge der dem Verstorbenen zur Last fallenden unvorsichtigen Handlung zu betrachten sei.

Darnach bleibt nur die Frage übrig, ob nicht der Verstorbene dadurch entschuldigt wird, daß, wie auf klägerischer Seite in zweiter Instanz neu vorgebracht ist, von der rangirenden Maschine das Achtungssignal nicht gegeben gewesen sei; diese Frage ist mit dem B.R. zu verneinen. Ein Achtungssignal kann keinen anderen Zweck haben, als vor einer drohenden Gefahr zu warnen. Ist dasselbe versäumt worden, der Verunglückte hat aber die herannahende Gefahr mit eigenen Sinnen wahrgenommen und ist ihr gleichwohl nicht ausgewichen, so ist sein Verschulden jedenfalls das weitaus überwiegende. In diesem Falle befindet sich der verstorbene W., welcher zwar nicht durch eigene Augen, aber, was gleichbedeutend ist, durch die ihm mitgetheilten Wahrnehmungen der Umstehenden auf die unmittelbar drohende Gefahr aufmerksam gemacht und vor derselben gewarnt war, dennoch aber von der gefährlichen Handlung nicht abgelassen hat. Die angebliche Unterlassung des Achtungssignals kann ihm unter solchen Umständen zur Entschuldigung nicht gereichen."

193. 1) **Haftpflicht für eine vom Betriebspersonal benutzte schadhafte Treppe** (§ 2 des Reichs-Haftpflichtgesetzes). **2) Durch die Festsetzung einer Rente „bis ans Lebensende" wird das Recht des Antrages auf Aufhebung oder Minderung der Rente bei veränderten Verhältnissen nicht beeinträchtigt** (§ 7 des Reichs-Haftpflichtgesetzes). Urth. des III. Civilsenats vom 9. Februar 1886 in Sachen der Firma St. & Sch. zu St., Beklagte und Revisionskläger, wider den Arbeiter J. H. daselbst, Kläger und Revisionsbeklagten. Vorinstanz: O.L.G. Stettin. Verwerfung. (III, 362/85.)

Zu 1. „Das B.G. stellt an die Spitze seiner Erörterung den Satz, es sehe als erwiesen an, daß die Treppe in ihrem damaligen Zustande den Unfall veranlaßt habe. Daran schließt sich die Hervorhebung einer Reihe thatsächlicher aus der Beweiserhebung gewonnener Momente, welche diesen Satz näher begründen sollen. Wenn nun hieran die Bemerkung geknüpft wird, es sei gegenüber diesen Thatsachen die Vermuthung, daß der Zustand der Treppe den Unfall veranlaßt hat, eine so dringende, daß es Sache der Beklagten gewesen wäre, sie zu widerlegen, so läßt sich daraus nicht der Schluß ziehen, daß der B.R. die Beweispflicht des Klägers hinsichtlich des Kausalzusammenhanges verkannt habe. Vielmehr ist nach dem Verhältniß, in welchem der letzte Satz zu den vorausgegangenen Erwägungen steht, der Sinn dieses Satzes nur der, daß durch die vorherbezeichneten Indicien die richterliche Ueberzeugung von dem Vorhandensein eines Kausalzusammenhangs zwischen dem mangelhaften Zustand der Treppe und dem Knochenbruch des Klägers an sich begründet werde, es sei denn, daß die Beklagte gegenbeweislich Umstände darlege, durch welche das Gewicht dieser Indicien beseitigt werde."

Zu 2. „Durch die Festsetzung der Renten „bis ans Lebensende" wird nicht ausgeschlossen, daß die Verpflichteten die Aufhebung oder Minderung der Rente fordern können, wenn diejenigen Verhältnisse, welche die Zuerkennung oder Höhe der Rente bedingt hatten, inzwischen wesentlich verändert sind (§ 7 des Gesetzes vom 7. Juni 1871). Daß dies vom B.G. verkannt ist, läßt sich aus den Gründen des Urtheils nicht entnehmen. Ausgeschlossen wird durch das Urtheil nur der Anspruch auf eine Herabsetzung der Rente wegen der später in Folge zunehmenden Alters etwa eintretenden Minderung der Erwerbsfähigkeit des Klägers, weil dieser Umstand vom Kläger selbst schon genügend berücksichtigt sei, indem er anstatt des vollen bisher verdienten Arbeitslohnes von 60 ℳ nur 30 ℳ monatlich verlangt habe.

Diese Erwägung bewegt sich innerhalb des dem Richter bei Zumessung der Rente zustehenden freien Ermessens."

194. Einrechnung von Beträgen auf die Rente, welche gemäß dem Gesetze vom 20. April 1881 an die Wittwe und Waisen eines verunglückten Eisenbahnbeamten gezahlt werden (§§ 3 und 4 des Reichs-Haftpflichtgesetzes). Urth. des II. Civilsenats vom 19. Januar 1886 in Sachen der verw. L. und Gen. in St., Kläger und Revisionskläger, wider die Generaldirektion der Reichseisenbahnen in Elsaß-Lothringen, Beklagte und Revisionsbeklagte. Vorinstanzen: L.G. Straßburg, O.L.G. Colmar. Verwerfung. (II, 468/85.)

Am 12. Dezember 1883 ist der Stationsassistent L. auf dem Bahnhof in Straßburg von einer Rangiermaschine erfaßt und getödtet worden. Auf erhobene Klage hat das L.G. Straßburg verurtheilt und den Klägern Renten, ohne Rücksicht auf das Gesetz vom 20. April 1881, zugesprochen. Auf beiderseitige Berufung hat das O.L.G. die Renten im Ganzen höher bemessen, darauf aber die Bezüge aus dem Gesetz vom 20. April 1881 angerechnet aus folgenden Erwägungen:

Da der Getödtete ein Diensteinkommen von 2100 ℳ und eine Invalidenpensionszulage von 72 ℳ jährlich bezogen habe, ein äußerst sparsamer Familienvater gewesen sei und in nicht ferner Zeit mit Sicherheit auf eine bis zu 150 ℳ sich steigernde Gehaltszulage hätte rechnen können, so erscheine gerechtfertigt, den seiner Familie entzogenen Unterhalt auf rund 1900 ℳ zu berechnen. Hiervon entfallen auf die Wittwe 400 ℳ (wie in erster Instanz), auf das Kind aus zweiter Ehe 300 ℳ und auf jedes der Kinder aus erster Ehe 400 ℳ. Maßgebend sei hierbei, daß der gemeinsame Haushalt habe aufgegeben werden müssen, wodurch die Kosten des Unterhaltes der erstehelichen Kinder gewachsen seien. Die von dem ältesten Sohne während eines kurzen Zeitraumes aus der Eisenbahnkasse empfangenen Beträge von 80 ₰ täglich müßten außer Betracht bleiben, weil sie mehr die Natur einer freiwilligen Gabe als die eines verdienten Lohnes haben.

An diesen Rentenbeträgen seien aber in Abzug zu bringen die von den Klägern (auf Grund des Gesetzes vom 20. April 1881) zu beziehenden Wittwen- und Waisengelder. Der § 3 des Reichs-Haftpflichtgesetzes gewähre Ersatz für die Entziehung des vermöge Gesetzes geschuldeten Unterhaltes. Nach Art. 203 ff. des Code civil bestehe der Alimentationsanspruch nur im Fall der Bedürftigkeit. Das durch den Unfall der Hinterbliebenen entzogene Einkommen sei für ihren Unterhalt nothwendig, aber auch ausreichend gewesen. Da sich nun in Folge des Todes für die Hinterbliebenen eine neue Einnahmequelle eröffnet habe, so mindere sich dadurch ihre Bedürftigkeit und sei die Ersatzpflicht nur in entsprechend geringerem Maße entstanden. Der § 4 des Reichs-Haftpflichtgesetzes komme erst in Betracht, wenn einem Ersatzanspruch gegenüber, soweit er entstanden sei, Einrechnung der fraglichen Bezüge beantragt werde. Der Getödtete habe zur Klasse der Subalternbeamten gehört, die ihren Kindern eine bessere Erziehung geben als Arbeiter, und es sei anzunehmen, daß diese erst mit dem 18. Jahr ihr Ende erreiche und daß dann erst die eigene Erwerbsfähigkeit der Kinder beginne. Der Lebensunterhalt sei für jeden Tag zum Voraus zu beschaffen und deshalb die Rente, welche diesen Unterhalt sichern solle, voraus zu entrichten.

Die klägerische Partei hat rechtzeitig Revision eingelegt. Sie beantragt, das B.U. aufzuheben, die Berufung der Beklagten zurückzuweisen und der klägerischen Anschlußberufung gemäß zu erkennen. Die Beklagte beantragt, indem sie sich der Revision anschließt, unter theilweiser Aufhebung des B.U. die Renten der Kinder nur bis zum vollendeten 16. Lebensjahr derselben und in der von dem ersten Richter festgesetzten Höhe zuzubilligen, auch zu bestimmen, daß die Renten postnumerando zu zahlen seien.

„Die Revision kann keinen Erfolg haben. Mit Unrecht wird von derselben Verletzung des § 3 des Reichs-Haftpflichtgesetzes gerügt. Nach diesem steht den Hinterbliebenen des Getödteten ein Ersatzanspruch nur insoweit zu, als ihnen durch den Todesfall der Unterhalt entzogen worden ist. Eine solche Unterhaltsentziehung findet für die Kläger nur in Betreff desjenigen Betrages statt, welcher nicht durch die nach dem Gesetz vom 20. April 1881 an den Todesfall geknüpfte Eröffnung einer Wittwen- und Waisenpension gedeckt ist. An sich erscheint daher das Verlangen der Beklagten, daß die Wittwen- und Waisengelder auf die Entschädigung eingerechnet werden, als gerechtfertigt. Hiegegen kann auch aus der rechtlichen Natur des Anspruchs auf diese Gelder ein Grund nicht hergeleitet werden. Dieser Anspruch beruht nicht auf einem Versicherungsvertrage (§ 4 des Reichshaftpflichtgesetzes) vielmehr lediglich auf dem Gesetz, welches durch Gewährung von Pensionen an die Hinterbliebenen der Beamten für deren Unterhalt Sorge trifft, und bildet nicht ein neben dem Entschädigungsanspruch erworbenes selbständiges Vermögensobjekt; hieran wird auch dadurch nichts geändert, daß zur Bestreitung dieser Reichsausgaben an den Beamten besondere Beiträge, und zwar in nicht unerheblichem Betrage erhoben werden.

Auch die Anschlußrevision ist nicht begründet. Ohne Rechtsirrthum nimmt der B.R. an, daß nach Lage der Verhältnisse der Getödtete seinen Kindern bis zu deren vollendetem 18. Lebensjahre zum Betrag der zuerkannten Renten Unterhalt zu gewähren verpflichtet gewesen wäre und gewährt haben würde. Soweit nun aber diese Pflicht bestand und erfüllt worden wäre, ist nach § 3 cit. ein Anspruch der Kinder begründet. Daß den Renten nicht die rechtliche Natur von Alimenten zukommt, ist für die Frage, ob deren Vorausbezahlung verlangt werden kann, unerheblich, und der in dieser Richtung gegen das Urtheil erhobene Angriff kann um so weniger Beachtung finden, als bei dem Mangel einer gegentheiligen Behauptung unterstellt werden darf, daß dem Getödteten auch sein Gehalt vorausbezahlt worden ist.“

3. Reichs-Markenschutzgesetz.

195. 1.) **Erlöschen des Markenschutzrechtes einer Firma mit dem Ende ihrer Liquidation** (Art. 135 Abs. 2 des H.G.B.; Art. 244a des Aktiengesetzes vom 18. Juli 1884). 2.) **Das Recht des Liquidators, den Markenschutz der Liquidationsfirma durch Klage zu wahren** (Art. 135 des H.G.B.). 3.) **Verbindung des Markenschutzes mit der Firma** (§§ 5, 11 des Reichs-Markenschutzgesetzes). 4.) **Die Liquidation enthält keine Firmenänderung** (Art. 139, 25 des H.G.B.; Art 243, 244 des Aktiengesetzes von 1884, §§ 5, 2 des Reichs-Markenschutzgesetzes). 5.) **Uebertragbarkeit der Firma und Schutzmarken einer Aktiengesellschaft auf einen Einzelkaufmann** (Art. 16—18, 22 des H.G.B.; § 5 No. 2 des Reichs-Markenschutzgesetzes). Urth. des I. Civilsenats vom 5. Dezember 1885 in Sachen des Kaufmanns C. Eugène Barber in Hamburg, Beklagten und Revisionsklägers, wider die Deutsche Globe Hufnagel-Gesellschaft in Liqu. das., Klägerin und Revisionsbeklagte. Vorinstanzen: L.G. u. O.L.G. Hamburg. Verwerfung. (I, 302/85.)

Die Klägerin, eine zum Zwecke der Fabrikation und des Verkaufes von Hufnägeln errichtete Aktiengesellschaft, hatte am 17. Mai 1884 zu ihrer Firma eine Schutzmarke, bestehend aus einem von einem Hufnagel in der Richtung von rechts oben nach links unten durchschnittenen Globus, für Hufnägel beim L.G. Hamburg eintragen lassen. Durch die Generalversammlung ihrer Aktionäre wurde im August 1884 die Auflösung der Gesellschaft beschlossen und dies unter Namhaftmachung der Personen ihrer Liquidatoren im Handelsregister des L.G. Hamburg im August 1884 eingetragen. Am 29. Januar 1885 wurde auf Antrag des Beklagten vom L.G. Hamburg zu dessen eingetragener Firma C. Eugène Barber eine aus einem einfachen, von Meridianen und Längengraden durchschnittenen Globus bestehende Schutzmarke für Eisen- und Messingwaaren und deren Verpackung eingetragen. Klägerin erhob, weil sie letzteres Waarenzeichen als eine Wiedergabe des für sie eingetragenen mit Abänderungen, die nur durch Anwendung besonderer Aufmerksamkeit wahrgenommen werden könnten, erachtete, gegen Barber Klage mit dem Antrage, denselben zu verurtheilen, die für ihn eingetragene Schutzmarke für Eisen- und Messingwaaren löschen zu lassen. Beklagter machte unter Anderem geltend, daß die Liquidatoren der Klägerin gar nicht befugt seien, den vorstehenden Anspruch, der mit der Abwickelung der Geschäfte der Gesellschaft nichts zu thun habe, geltend zu machen, daß die Liquidation im Wesentlichen bereits beendigt sei, insbesondere die Hufnagelfabrik der Klägerin an J. H. Ehlers verkauft sei und die Klage nur den dem Markenschutzgesetze zuwiderlaufenden Zweck verfolge, dem Ehlers, dem die Schutzmarke der Klägerin nicht habe übertragen werden können, weil die Firma der Klägerin als die einer Aktiengesellschaft ihm nicht übertragen werden konnte, auf diesem Wege die ausschließliche Benutzung der Marke zu verschaffen, indem Ehlers mit Einverständniß der Klägerin eine der klägerischen Marke entsprechende Schutzmarke am 20. Februar 1885 beim A.G. Altona für sich habe eintragen lassen und demnach, wenn die Klage Erfolg habe, das ausschließliche Recht auf die Marke erlange. In der That hatten im Januar 1885 Klägerin und J. H. Ehlers durch Circular angezeigt, Erstere, daß „sie aufhöre, Aktiengesellschaft zu sein, und daß nach nun beschaffter Liquidation die Deutsche Globe-Hufnagelfabrik in den Besitz des Herrn J. H. Ehlers übergegangen ist," woran die Bitte geknüpft wurde, das bisher erwiesene Vertrauen auf die neue Firma übertragen zu wollen, Letzterer, „daß die Globe-Hufnagelfabrik der Deutschen Globe-Hufnagelgesellschaft durch Kauf in seinen Besitz übergegangen und er die Fabrikation unter der Firma „Deutsche Globe Hufnagelfabrik J. H. Ehlers" fortführen werde. Das L.G. Hamburg wies durch Urtheil vom 7. April 1885 die Klage unter Verurtheilung der Klägerin in die Kosten ab, weil sie die Liquidatoren zu einem lediglich die Verhütung zukünftiger Verletzungen des klägerischen Rechtes bezweckenden Antrage nicht für legitimirt erachtete. Auf Berufung der Klägerin erkannte das O.L.G. Hamburg durch Urtheil vom 13. Juli 1885 unter Aufhebung des Urtheils erster Instanz: „Beklagter wird unter Verurtheilung in die Kosten beider Instanzen schuldig erkannt: die von ihm am 29. Januar 1885 zu seiner Firma „C. Eugène Barber" unter Nr. 609 beim L.G. Hamburg eingetragene Schutzmarke für Eisen- und Messingwaaren und deren Verpackung entweder löschen oder zu der eingetragenen Waarengattung, für welche das Zeichen angemeldet ist („Eisen- und Messingwaaren") den beschränkenden Zusatz: „mit Ausnahme von Hufnägeln" eintragen zu lassen. Gegen dieses Urtheil hat Beklagter die Revision eingelegt.

„Die erhobene Revision mußte für unbegründet erachtet werden, wenn auch nicht alle Entscheidungsgründe des Berufungsurtheils für zutreffend angesehen werden konnten.

1. Bevor die Frage der Legitimation der klägerischen Liquidatoren zu der vorliegenden Anspruchserhebung von dem Standpunkte aus, daß die Liquidationsvollmacht noch besteht und nur ihr Umfang zu prüfen ist, zur Erörterung zu ziehen ist, bedarf es der Erörterung der vom Beklagten ebenfalls angeregten Frage, ob die Klägerin überhaupt noch zur Zeit der Klageerhebung existirte. Wenn auch im Handelsregister das Erlöschen der Vollmacht ihrer Liquidatoren noch nicht eingetragen war, Art. 135 Abs. 2 des H.G.B., Art. 244a des Gesetzes betreffend die Kommanditgesellschaften auf Aktien und die Aktiengesellschaften vom 18. Juli 1884, auch die Beendigung der Liquidation noch nicht in den öffentlichen Blättern bekannt gemacht war, Art. 245 Abs. 4 des letztgedachten Gesetzes, so durfte doch Beklagter der Klägerin immer die Statusfrage im Prozesse machen, indem er behauptete, es existire kein Gesellschaftsvermögen mehr und also sei auch die Vollmacht der Liquidatoren erloschen. Indessen ist, ohne daß man sich auf die Frage einzulassen hat, ob schon das in diesem Prozesse geltend gemachte Markenschutzrecht für das Vorhandensein eines die Fortdauer der Gesellschaftsexistenz begründenden Vermögens ausreicht, die Existenz der Gesellschaft schon deshalb zu bejahen, weil Beklagter selbst in Rücksicht auf die von Klägerin eingereichten Schriftstücke und die Angabe der Klägerin, daß noch einige schwebende

Geschäfte abzuwickeln seien. — Urtheilsthatbestand erster Instanz — dies eingeräumt hat, wie auch das B.U. feststellt.

2. Mit Recht ist aber alsdann auch die Legitimation der Liquidatoren zur Erhebung des vorliegenden Anspruches als vorhanden angesehen worden. Hierbei bedarf es nicht eines besonderen Nachweises, inwieweit diese Anspruchserhebung in einer inneren Verbindung mit dem Liquidationszweck steht. So lange die Gesellschaft besteht, kann sie auch alle gesetzlichen Mittel zur Erhaltung der ihr zustehenden Rechte und zum Schutze derselben gegen unberechtigte Verletzung geltend machen, ohne daß sie wegen der eingetretenen Liquidation besonders darzuthun hätte, in welcher Weise sie diese Rechte bei der Liquidation zur Verwerthung bringen kann und will. Ihr rechtlicher Bestand schließt die Befugniß zur Herrschaftsbethätigung über das, was sie zu eigenem Recht erworben hat, in sich. Insofern liegt die Behauptung dieser Rechte immer innerhalb der Aufgaben der Liquidation. Die Liquidatoren sind es aber, die nach Art. 137 des H.G.B. „die Gesellschaft gerichtlich und außergerichtlich zu vertreten haben." Sie sind daher auch legitimirt, Namens der Gesellschaft wegen Verletzung der dieser zustehenden Rechte negatorisch zu klagen.

3. Nach dem Wortlaute der §§ 5 und 12 des Reichsgesetzes über Markenschutz vom 30. November 1874 dauert das Recht eines eingetragenen Firmeninhabers, Andere von der Benutzung des für ihn eingetragenen Waarenzeichens sowie von der Berechtigung ein gleiches für sich eintragen zu lassen, auszuschließen, so lange, bis er selbst einen Antrag auf Löschung des Waarenzeichens gestellt hat oder dasselbe in den Fällen des § 5 No. 1 bis 3 von Amtswegen gelöscht worden ist. Von diesen Fällen interessirt zunächst hier nur der § 5 No. 1, daß die Firma im Handelsregister gelöscht ist. Die Streitfrage, ob nicht, auch wenn die Löschung der Firma noch nicht erfolgt ist, der vom Firmeninhaber wegen Verletzung seines Ausschlußrechts in Anspruch Genommenen mit dem Einwande zu hören ist, daß der Kläger in Wahrheit nicht mehr firmenberechtigt, vielmehr zur Beantragung der Löschung verpflichtet sei, — vergleiche Kohler, das Recht des Markenschutzes S. 225, contra Preuß. Ob.-Trib. in Oppenhoff, Rechtsprechung Bd. 18 S. 23, Endemann, der Markenschutz S. 12 — kann hier unerörtert bleiben. Klägerin hat, gleichviel, ob sie ihren Geschäftsbetrieb schon vollständig eingestellt hat, ein Recht auf Bestehen, bis die Liquidation vollständig beendigt ist, was unbestritten noch nicht der Fall gewesen ist. Sie hat deshalb auch noch die Firmenberechtigung.

4. Daß die Firma gemäß Art. 139 des H.G.B. als Liquidations-

firma zu bezeichnen ist, stellt keine Aenderung der Firma im Sinne des § 5 No. 2 des Markenschutzgesetzes dar, so daß das Zeichen etwa deshalb verloren gegangen wäre, weil bei der Eintragung als Liquidationsfirma nicht die Beibehaltung des Zeichens angemeldet worden ist. Die Auflösung der Gesellschaft und ihr Eintritt in die Liquidation enthalten keine Firmenänderung im Sinne des Artikels 25 des H.G.B. Im Handelsregister wird bei der Auflösung nicht eine Firmenänderung, sondern es werden die Auflösung und die Personen der Liquidatoren eingetragen, Art. 243, 244 des Handelsgesetzbuchs in der Fassung des Gesetzes vom 18. Juli 1884, und es sollen nach Artikel 139 des Handelsgesetzbuchs die Liquidatoren in ihren Unterschriften nur die Firma als Liquidationsfirma bezeichnen, also angeben, daß die Firma in Liquidation ist.

5. Die vorstehenden Erwägungen erledigen indessen die Sache noch nicht. Das Markenschutzgesetz will nicht jeder beliebigen Person, sondern, wie die §§ 1, 13, 14 ergeben, nur einem Gewerbetreibenden — Producenten, Handeltreibenden — die Mittel darbieten, sich durch Anmeldung eines Zeichens, das er selbst führen will, gegen unbefugte Benutzung und Nachahmung desselben zu schützen. Aus diesem Grunde knüpft es die Anmeldungsbefugniß an die Befugniß der geschehenen Eintragung einer Firma. Sind diese formellen Bedingungen erfüllt, so braucht zur Begründung seines Ausschließungsanspruches der danach Berechtigte nicht noch darzuthun, daß er wirklich ein Gewerbe betreibt, in welchem das Waarenzeichen benutzt werden soll. Dies beruht nicht etwa blos auf einer aus der Erfüllung jener Förmlichkeiten hervorgehenden Präsumtion dafür, daß jenes Gewerbe betrieben wird. Vielmehr ist es kein materielles Erforderniß des Schutzes, daß der eingetragene Zeicheninhaber das Gewerbe in dem Zeitpunkte, in welchem er die Rechte aus der Eintragung geltend macht, betreibt. Er kann die Ausschlußrechte geltend machen, auch wenn er einen Gewerbebetrieb mit den Waarengattungen, für welche nach seiner Anmeldung das Zeichen bestimmt ist, noch nicht begonnen hat. Die Schutzberechtigung besteht fort, auch wenn er den Handel mit den betreffenden Waarengattungen zeitweilig eingestellt hat. Wie aber hierbei doch immer ein gutgläubiges Verhalten vorausgesetzt ist, bei welchem nicht unter dem Schein des Erwerbs oder der Erhaltung eines gewerblichen Guts dem Gesetze völlig fremde oder geradezu widerstreitende Zwecke verfolgt werden, so erscheint gegenüber der Geltendmachung des Ausschlußrechts seitens des eingetragenen Zeicheninhabers, der den Gewerbebetrieb eingestellt hat, der Einwand beachtlich, daß jede Möglichkeit, den Gewerbebetrieb in Bezug auf die Waaren,

für welche das Zeichen angemeldet worden, wieder aufzunehmen oder das Recht auf das Waarenzeichen einem Anderen zu übertragen, für den eingetragenen Inhaber rechtlich ausgeschlossen sei, und daß die Geltendmachung des Ausschlußrechts nur erfolge, um in Ueberschreitung der vom Gesetze für die Verwerthbarkeit eines Waarenzeichens gezogenen Grenzen das bezügliche Ausschließungsrecht thatsächlich einem Dritten zuzuwenden, dem das Waarenzeichen nach den von dem Gesetze gezogenen Schranken nicht habe rechtswirksam übertragen werden können (vergleiche Urtheile und Annalen, Bd. II S. 13 Bd. XIII S. 158 ff.). Eine Aktiengesellschaft in Liquidation behält freilich bis zur gänzlichen Beendigung der Liquidation ihre Firma. Wenn sie aber ihre sämmtlichen Waarenvorräthe verkauft und ihren Gewerbebetrieb eingestellt hat, so ist sie, mögen auch noch einzelne Liquidationshandlungen zu erledigen sein, nicht mehr in der Lage, das Waarenzeichen noch irgend einmal selbst zu führen. Mit Recht wird freilich hiergegen geltend gemacht, daß trotzdem die erforderliche Beziehung der geschehenen Geltendmachung des Ausschlußrechts zu dem Gewerbebetriebe der Klägerin dann vorhanden ist, wenn Klägerin in der Liquidation ihr Geschäft an J. H. Ehlers verkauft und sich diesem gegenüber, der das gleiche Waarenzeichen für seine Firma eintragen lassen sollte, verpflichtet hatte, zur Beseitigung anderer Anmeldungen des gleichen Zeichens, sofern sie vorher erfolgen möchten, ihr Ausschlußrecht eventuell geltend zu machen. Hierin liegt allerdings die erforderliche Beziehung der Ausübung des Rechts der Klägerin auf ihren Gewerbebetrieb. Der bisherige Gewerbetreibende, der sein Geschäft selbst nicht mehr betreiben kann, hat ein erhebliches Interesse daran, das Markenrecht durch Mitverkauf mit dem Geschäfte zu verwerthen. Wie die Handlung, durch welche er sein Geschäft an einen Dritten verkauft, noch ein eigner, vielleicht letzter, Gewerbsakt ist, so gehört in diese Kategorie auch eine Handlung, die vorzunehmen der Veräußerer des Geschäfts im Veräußerungsvertrage zum Zwecke des Eintritts des Erwerbers in gewisse mit dem Geschäfte zusammenhängende Rechte sich verpflichtet hat.

Nun behauptet aber Beklagter, daß, da das Markenschutzgesetz die Uebertragung des Waarenzeichens von einer Uebertragung der Firma abhängig mache, eine Aktiengesellschaft ihre Firma aber nicht übertragen könne, diese Beziehung des klägerischen Handelns zum Gewerbebetriebe eine unberechtigte sei, indem hier auf einem Schleichwege eine Verwerthung des Markenrechts beabsichtigt sei, welche das Gesetz nicht gestatte. Die allgemeinen Erwägungen, welche das B.G. hiergegen geltend macht, sind nicht stichhaltig. Dasselbe führt aus, die Argumentation aus den Motiven des Markenschutzgesetzes, wonach das für eine Firma erworbene Zeichenrecht nicht von dieser Firma solle losgelöst und selbstständig übertragen werden können, sei nicht zutreffend, da die Motive des Gesetzes nicht Gesetz seien und das Gesetz ein positives Verbot solcher Uebertragung nicht aufgenommen habe, da aber die Eintragung eines bereits eingetragenen Waarenzeichens auf Anmeldung eines anderen Gewerbetreibenden vom Gesetze Letzterem nicht versagt, es vielmehr dem früher Eingetragenen lediglich anheimgestellt werde, sein Recht gegen den später Anmeldenden gemäß § 21 des Gesetzes selbst zu wahren, so sei nicht einzusehen, wieso das System des Gesetzes den nach § 8 Berechtigten verhindern solle, gegen denjenigen, der mit seiner Bewilligung dieselbe Marke später anwendete, von dem Verbietungsrechte des § 11 keinen Gebrauch zu machen, wohl aber gegen jeden Dritten, und warum eine vertragsmäßige Verpflichtung, so handeln zu wollen, ungültig sein sollte.

Zunächst kann nun aber darüber kein Zweifel sein, daß auch im Gesetze selbst das Princip der Knüpfung des Rechts auf das Waarenzeichen an die Firma, so daß es nur mit der Firma auf einen Anderen übergehen kann, mit voller Deutlichkeit zum Ausdruck gebracht ist. Nur Gewerbetreibende, deren Firma im Handelsregister eingetragen ist, können Waarenzeichen anmelden, § 1 des Gesetzes. Die Eintragung erfolgt unter der Firma des Anmeldenden, § 4, und für diese Firma, § 11. Mit Löschung der Firma erfolgt von Amts wegen die Löschung des Waarenzeichens, ebenso mit Aenderung der Firma, wenn nicht zugleich mit dieser Aenderung die Beibehaltung des Zeichens angemeldet wird, § 5 No. 1 und 2. Schutzberechtigt ist also immer nur der Inhaber der Firma, für welche das Zeichen eingetragen ist. Nun kann allerdings auch ein anderer Gewerbetreibender, der die Firma, für welche das Zeichen zuerst angemeldet ist, nicht erwirbt, sondern das gleiche Zeichen für seine Firma anmeldet, mittelbar des der Firma des zuerst Anmeldenden zustehenden Ausschlußrechtes gegen Dritte, welche an sich jenen später Anmeldenden, weil sie schon vorher angemeldet haben, von der Benutzung ausschließen könnten, theilhaftig werden, wenn der zuerst Anmeldende sein Ausschlußrecht gegen jene Zwischenmänner zu Gunsten und im Interesse des später Anmeldenden geltend machen, Letzteren aber im Besitz des Ausschlußrechts neben sich dulden will. Allein es fragt sich, ob aus einer Vereinbarung, so zu handeln, der zuerst eingetragene Zeicheninhaber ein legitimes Interesse zur Geltendmachung des Ausschlußrechts noch zu einer Zeit herleiten kann, zu welcher in seiner Person oder Firma alle materiellen Bedingungen für die Erhaltung des Zeichens als eines schutzberechtigten

Gutes bereits weggefallen sind. Dies mag vielleicht nicht unter allen Umständen zu verneinen sein.

Im vorliegenden Falle ist aber die Vereinbarung erst zu einer Zeit erfolgt, in welcher, wenn man den rechtlichen Folgerungen des Beklagten aus den Gesetzen sich anschließt, in Folge einer Veränderung in den Verhältnissen des Schutzberechtigten in Verknüpfung mit den gesetzlichen Vorschriften für ihn die Unmöglichkeit, sowohl das Waarenzeichen fernerhin zu benutzen, wie es durch Uebertragung zu verwerthen und zu erhalten feststand, und sie bezweckte eine Geltung der Wirksamkeit desselben über die berechtliche Dauer hinaus.

Freilich läßt sich, um bei dem vorliegenden Falle zu bleiben, ein innerer wirthschaftlicher Grund, weshalb den Aktiengesellschaften — anders wie einem Einzelkaufmann oder einer offenen Handelsgesellschaft — bei eigener Geschäftsaufgabe die Verwerthung des in der Marke gewonnenen Gutes mit dem Geschäfte versagt sein müßte, nicht erkennen. Wenn indessen auch diese Beschränkung, ohne daß solcher innere Grund vorhanden, lediglich das Ergebniß davon wäre, daß das deutsche Markenschutzgesetz, abweichend von anderen Gesetzen, den Uebergang der Marke nicht sowohl an den Uebergang des Geschäfts allein, als an den der Firma mit dem Geschäft knüpft, wodurch allerdings auch in anderen Fällen dem Uebergange Schwierigkeiten bereitet werden können, so erschiene es doch bedenklich, in dem eingeschlagenen Verfahren keine Umgehung des Gesetzes, sondern eine Ueberwindung seiner Unvollkommenheiten zur Erreichung eines von ihm nicht gemißbilligten Zweckes zu finden. Natürlicher scheint die Auffassung, daß, wenn einmal nach den, gleichviel ob zutreffend, vom Gesetze gezogenen Schranken das Waarenzeichen als ein erworbenes Gewerbsgut des Einzelnen wegen Wegfalls der materiellen Voraussetzungen seiner Fortdauer aus dem Verkehr verschwinden muß, so daß nunmehr wieder das Recht der freien Konkurrenz einzutreten hätte, innerhalb deren der Erwerb eines neuen Ausschlußrechts sich lediglich nach den gesetzlichen Vorschriften zu regeln hätte, die Benutzung des noch vorhandenen formalen, im Eintrag bestehenden Rechts, um auf Grund von Vereinbarungen willkürlich in diese Regelung einzugreifen und dadurch dem zum Untergang bestimmten Recht doch in Wahrheit eine Fortexistenz über die Dauer seiner Berechtigung hinaus zu gewähren, den Mißbrauch einer formalen Rechtsstellung bei mangelnder materieller Grundlage, wie sie das Gesetz voraussetzt, zur Beeinträchtigung Anderer enthält.

Diese Frage braucht indessen nicht entschieden zu werden, wenn die Annahme, daß es für Klägerin unausführbar gewesen wäre, denjenigen Zustand, der jetzt eintritt, sofern ihrer Klage Folge gegeben wird, auf dem direkten Wege einer Uebertragung ihres Waarenzeichens an J. H. Ehlers wirksam herbeizuführen, zu verneinen ist. War dies ausführbar, so daß also das Waarenzeichen doch für sie ein übertragbares Gut war, welches sie dem Ehlers zuwenden konnte, so erweist sich der Einwand als unbegründet, da alsdann die formale Zulänglichkeit des gewählten Mittels bei der materiellen Zulässigkeit des bezweckten Erfolges für den Klaganspruch entscheidet. Ausführbar war die Uebertragung, entweder wenn der Satz von der Unübertragbarkeit der Firma einer Aktiengesellschaft unrichtig ist und die Firma der Klägerin mit dem Waarenzeichen in der Weise wirksam hätte übertragen werden können, daß J. G. Ehlers, der jetzt „Deutsche Globe-Hufnagel-Fabrik J. H. Ehlers" firmirt, zu einem Behalten des Waarenzeichens als eines von der klägerischen Firma abgeleiteten bei Führung der jetzigen Firma gelangen konnte, oder wenn nach dem Sinn des Markenschutzgesetzes, in Rücksicht auf eine nur formale Bedeutung der Hindernisse, die bei der Aktiengesellschaft einer Uebertragung ihrer Firma zur Fortführung seitens des Erwerbers entgegenstehen möchten, der Fall der Uebertragung des Geschäfts seitens der Aktiengesellschaft mit Ertheilung der Berechtigung an den Geschäftserwerber, seiner Firma einen die Uebernahme des Geschäfts andeutenden, insbesondere Theile der Aktiengesellschaftsfirma sich aneignenden Zusatz beizufügen, dem Falle des Ueberganges der Firma gleichzustellen wäre. Die zweite Alternative kann unentschieden bleiben, da die erste zutrifft.

Nach Artikel 16 des H.G.B. darf ein Kaufmann, welcher sein Geschäft ohne Gesellschafter betreibt, nur seinen Familiennamen mit oder ohne Vornamen als Firma führen und der Firma keinen Zusatz beifügen, welcher ein Gesellschaftsverhältniß andeutet. Nach Art. 17 muß die Firma einer offenen Handelsgesellschaft den Namen wenigstens eines der Gesellschafter mit einem das Vorhandensein einer Gesellschaft andeutenden Zusatze enthalten und darf sich keine offene Handelsgesellschaft oder Commanditgesellschaft als Aktiengesellschaft bezeichnen. Nach Art. 18 muß die Firma einer Aktiengesellschaft in der Regel von dem Gegenstande ihrer Unternehmungen entlehnt sein und darf der Name von Gesellschaftern oder anderen Personen in die Firma nicht aufgenommen werden. Allein alle diese Vorschriften betreffen nur Fälle der selbstständigen Annahme einer Firma. Von allen diesen Vorschriften eximirt zu Gunsten des Fortbestehens und der Uebertragbarkeit bereits bestehender Firmen der Art. 22, indem er bei Erwerb eines bestehenden Handelsgeschäfts die Fortführung desselben unter der bisherigen Firma mit oder ohne einen das Nachfolgeverhältniß andeutenden Zusatz im

Falle der Einwilligung der bisherigen Geschäftsinhaber gestattet. Daß in solchem Falle der Einzelkaufmann eine ein Gesellschaftsverhältniß andeutende Firma, die offene Handelsgesellschaft eine Einzelfirma fortführen kann, wird von Niemandem ungeachtet des kategorischen „darf" oder „muß" der Art. 16 und 17 bestritten. Ob in der Natur der Aktiengesellschaft oder ihrer besonderen gesetzlichen Behandlung Gründe liegen, welche sie verhindern, eine abgeleitete Personenfirma zu führen und insbesondere mit einer solchen errichtet zu werden, ist hier nicht zu entscheiden. Es handelt sich darum, ob ein Einzelkaufmann die Firma der Aktiengesellschaft zur eigenen Führung erwerben kann. Der Art. 22 schließt dies nicht aus. Nun mag sich aus allgemeinen Gründen der Rechtsordnung herleiten lassen, daß solche Fortführung dann nicht statthaft ist, wenn die Firma ihren Inhaber ausdrücklich als Aktiengesellschaft bezeichnet. Vergl. Keyßaer Handelsgesetzbuch Note 6 zu Art. 22. Aber schon hierbei fragt es sich, ob die Bedenken nicht schon dadurch gehoben werden, daß der Erwerber solcher Firma einen sein Nachfolgeverhältniß andeutenden Zusatz hinzufügt. Die klägerische Firma enthielt die Bezeichnung des Inhabers als Aktiengesellschaft nicht. Sie lautet: „Deutsche Globe-Hufnagel-Gesellschaft." Es ist daher nicht abzusehen, warum nicht J. H. Ehlers diese Firma zur Fortführung wirksam hätte erwerben und, wenn er sie als solche mit dem Zusatz: J. H. Ehlers fortführen wollte und dies eine Aenderung jener Firma im Sinne des § 5 No. 2 des Markenschutzgesetzes wäre, diese Aenderung unter gleichzeitiger Beibehaltung des Waarenzeichens anmelden können. Nun lautet allerdings die Firma, die J. H. Ehlers führt, nicht: „Deutsche Globe-Hufnagel-Gesellschaft J. H. Ehlers", sondern: „Deutsche Globe-Hufnagel-Fabrik J. H. Ehlers." Indessen, da es im vorliegenden Prozesse zur Entscheidung über den erhobenen Einwand nur darauf ankommt, ob Klägerin mit der Klage die Herstellung eines Zustandes erstrebt, der dem Gesetze zuwiderläuft, erscheint hierbei schon die Erwägung ausschlaggebend, daß die Klägerin rechtlich durchaus nicht verhindert gewesen wäre, ihre Firma entsprechend zu ändern, wenn es darauf angekommen wäre, an J. H. Ehlers die Firma entsprechend ihrem jetzigen Inhalte zur Fortführung an diesen unter Zusatz seines Namens zu übertragen. Es kann deshalb unerörtert bleiben, ob, wenn Klägerin auf J. H. Ehlers nur die unveränderte Firma übertragen hätte, dieser, um zu seiner jetzt geführten Firma zu gelangen, das Waarenzeichen hätte verlieren müssen, weil die jetzige Firma im Vergleich zu der übertragenen keine bloße Aenderung dieser, sondern eine völlig neue wäre, deren Eintragung die Löschung der übertragenen hätte zur Voraussetzung oder zur Folge haben müssen.

Hiernach und da insbesondere nach dem überreichten Circular kein Bedenken darüber obwaltet, daß Klägerin ihr Geschäft in seinem für die Kontinuität wesentlichen Bestandtheilen an J. H. Ehlers übertragen hat, da ferner die Uebereinstimmung der für Klägerin schutzberechtigten Marke mit der vom Beklagten für sich angemeldeten vom B.G. ohne Rechtsirrthum angenommen und es für diese objektive Uebereinstimmung unerheblich ist, welche Meinung Klägerin in Bezug auf eine solche bei den Eintragungsanmeldungen in Holland gehabt hat, mußte die Revision zurückgewiesen werden."

4. Reichs-Patentgesetz vom 25. Mai 1877.

196. **Die Eigenschaft einer „öffentlichen Druckschrift" im Sinne des § 2 des Patentgesetzes ist gegeben durch das Vorhandensein einer** (ausländischen) **Patentschrift in der Bibliothek des Reichspatentamtes nach Ausgabe des Katalogs dieser Bibliothek.** Urth. des I. Civilsenats vom 26. Oktober 1885 in Sachen der Firma M. L. zu E. und Gen., Nichtigkeitsbeklagten, bez. Nebenintervenienten und Berufungskläger, wider K. v. R. zu K., Nichtigkeitskläger und Berufungsbeklagten. Vorinstanz: Kaiserliches Patentamt. Theilweise (hier belanglose) Abänderung auf die Berufung. (I, 94/84.)

Die Berufungskläger halten den Umstand, daß die amerikanische Patentschrift Nr. 98390 vor dem 24. August 1880 in der Bibliothek des Kaiserl. Patentamtes vorhanden gewesen sei, für sich nicht geeignet, jener Patentschrift die Eigenschaft einer öffentlichen Druckschrift zu verleihen. Die Berufungskläger haben bestritten, daß die amerikanischen Patentschriften Nr. 98390 und 170284 vor dem 24. August 1880 dem Publikum zugänglich gewesen, namentlich daß, wenn es etwa möglich gewesen sein sollte (im Fall des Wissens von der Thatsache, daß diese Patentschriften sich in der Bibliothek des Patentamtes befänden) Einsicht von denselben zu erlangen, daß diese Möglichkeit dem Publikum (durch Veröffentlichung eines Katalogs oder sonst) bekannt gemacht sei.

„Zunächst muß in Uebereinstimmung mit dem Kaiserlichen Patentamt (auf Grund der thatsächlichen Feststellung desselben, daß die amerikanische Patentschrift Nr. 98 390, welche vom 28. Dezember 1869 datirt ist, sich vor dem 24. August 1880 in der Bibliothek des Kaiserlichen Patentamtes befunden hat, in Verbindung mit der Bekanntmachung S. 53 des Patentblattes vom Jahre 1880, wonach der Katalog jener Bibliothek im März des genannten Jahres herausgegeben ist), angenommen werden, daß jene amerikanische Patentschrift Nr. 98 390 schon vor der Anmeldung der Patentansprüche, für welche das deutsche Reichspatent Nr. 15 582 ertheilt ist, die Eigenschaft einer öffentlichen Druckschrift im Sinne des § 2 des Patentgesetzes vom

25. Mai 1877 besessen hat. Ein Gleiches muß bezüglich der amerikanischen Patentschrift Nr. 170284 angenommen werden mit Rücksicht auf die Ertheilung des Patents im Jahre 1875, in Verbindung mit den gerichtskundigen Normen des für die Vereinigten Staaten von Nordamerika gegebenen Gesetzes vom 11. Januar 1871 über die Veröffentlichung der Patentschriften."

5. Reichs-Anfechtungsgesetz vom 21. Juli 1879.

197. **Der erste Satz des vierten Absatzes des § 13 des Reichs-Anfechtungsgesetzes bezieht sich nur auf die gemäß der R. Konk. O. anhängigen Verfahren, nicht auf frühere landesrechtliche Konkursverfahren. Der § 14 gestattet nicht die Vorschützung einer Einrede, welche nach früherem Recht die Anfechtungsklage des einzelnen Gläubigers nicht entkräftete.** Urth. des II. Civilsenats vom 2. März 1886 in Sachen v. d. M. und Gen., Kläger und Revisionskläger, wider die Aktiengesellschaft L. W.-Bank in Liqu., Beklagte und Revisionsbeklagte. Vorinstanzen: L.G. Leipzig, O.L.G. Dresden. Aufhebung und Zurückverweisung. (II, 396/85.)

Der Kaufmann Z. zu G. hatte auf Bestellen im Mai 1874 von den Inhabern der Firma v. d. M., B. & Co., sowie in der Zeit zwischen dem 30. April bis 28. Mai 1874 von dem Fabrikanten Th. B. (jetzigen Mitkläger) Chappeseide käuflich geliefert erhalten, sodann aber bis zum 16. Juni 1874 der Aktiengesellschaft L. W.-Bank, welcher aus Bankiergeschäften Forderungen gegen ihn zustanden, größere Mengen Seide, Garn und Kleiderstoffe im Werthe von 84113 Thlr. 6 Sgr. verpfändet. Am 20. Juni 1874 wurde zu seinem Vermögen der Konkursprozeß eröffnet. Die L. W.-Bank erlangte vorzugsweise Befriedigung aus den verpfändeten Waaren. Die Firmen v. d. M., B. & Co., ingleichen B. meldeten ihre Forderungen an, gingen jedoch leer aus. Das Konkursverfahren endigte im Oktober 1876. Später erlosch die Firma v. d. M., B. & Co. Ihre Aktiven und Passiven wurden von der Handelsgesellschaft v. d. M. & Co. übernommen.

Diese Handelsgesellschaft und B. haben im Jahre 1882 bei dem L. G. Leipzig wider die L. W. Bank Klage erhoben, mit welcher sie geltend machten: 1) Die von ihnen, beziehentlich ihrer Rechtsvorgängerin gelieferten Waaren hätten sich unter den der Beklagten verpfändeten befunden; 2) Z., damals schon zahlungsunfähig, habe die Pfandbestellungen in der den Vertretern der Beklagten bekannten Absicht vorgenommen, seine übrigen Gläubiger zu benachtheiligen; 3) der Z.'sche Konkurs sei noch vor Ablauf von acht Wochen nach der Waarenlieferung ausgebrochen; daher hätten die Kläger die Waaren, wären sie nicht verpfändet gewesen, aus der Masse zurückfordern können; durch die Verpfändung sei ihnen ein Schaden in Höhe des Verkaufswerthes sammt Zinsen erwachsen. V. d. M. & Co. forderten 13684,20 ℳ und Zinsen, B. 16735,40 ℳ nebst Zinsen.

In erster Instanz erging zunächst am 17. Juli 1882 auf Antrag der Firma v. d. M. & Co. ein Versäumnißurtheil, welches die Beklagte kostenpflichtig verurtheilte. Die Beklagte erhob Einspruch. Am 18. April 1883 wurde darauf ein

Urtheil verkündet, welches das Versäumnißurtheil aufhob, die Klage abwies und den Klägern die Prozeßkosten, mit Ausnahme der durch das Versäumnißurtheil erwachsenen, die Beklagte treffenden Kosten, auferlegte. Die Kläger wendeten Berufung ein mit dem Antrage auf Verurtheilung der Beklagten in Gemäßheit der Klagegesuche. Sie erschienen im Termine nicht. Durch Versäumnißurtheil vom 18. Januar 1884 wurden ihre Berufungen verworfen und sie in die Kosten der Berufungsinstanz verurtheilt. Sie legten Einspruch ein. Das B.G. beschloß, die Verhandlung und Entscheidung vorerst auf die Beachtlichkeit des Klagvorbringens unter 3 und folgender Einreden: der Klagänderung, der Verjährung, der zwischen der Beklagten und dem Gütervertreter im Z.'schen Schuldenwesen zu Stande gekommenen vergleichsweisen Auseinandersetzung, der zwischen den Klägern und Z. getroffenen Vereinbarung, daß die von den Klägern erlangten vollstreckbaren Schuldtitel niemals zur Einleitung der Zwangsvollstreckung wider ihn gebraucht werden dürften, zu beschränken.

Das am 29. Mai 1885 verkündete B.U. hat das Versäumnißurtheil aufrecht erhalten, den Klägern auch die weiteren Kosten zur Last gelegt. In den Gründen wird ausgeführt: Das Vorbringen unter 3 rechtfertige die Klaganträge nicht selbstständig. Den Klägern stehe nur die Paulianische Anfechtung des vom Gemeinschuldner abgeschlossenen Geschäftes zu. Dasselbe könne nicht auf Grund der Bestimmungen in §§ 1509 ff. des Sächs. Bürgerl. G.B., sondern lediglich nach dem Reichsgesetze vom 21. Juli 1879 angefochten werden. Die gemäß § 2 dieses Gesetzes zur Anfechtung erforderlichen vollstreckbaren Schuldtitel hätten die Kläger in der Berufungsinstanz beigebracht. Hierin liege keine Klagänderung. Der Einwand der Beklagten gegen die Vollstreckungstitel verdiene zwar Beachtung, jedoch sei das behauptete Uebereinkommen des Z. mit den Klägern durch den Zeugen Z. nicht bestätigt worden. — Die Einreden der Verjährung und des durch den Gütervertreter im Z.'schen Schuldenwesen geleisteten Verzichtes machten dagegen den Anfechtungsanspruch unwirksam. Wenn auch § 13 Abs. 4 des Anfechtungsgesetzes zunächst nur die in Gemäßheit der R. Konk. O. eingeleiteten und beendeten Konkursverfahren treffe, so stehe doch seiner Anwendung auf früher beendete Konkurse nichts im Wege, da dem Reichsgesetze in § 14 Abs. 2 rückwirkende Kraft beigelegt sei. Das Gesetz verfolge die Tendenz, die bisherigen Gesetze insoweit schlechterdings zu beseitigen, als diese der Anfechtung in weiterem Umfange Raum gegeben hatten. Sonach seien alle Einreden zu berücksichtigen, welche dem Anfechtenden entgegengestanden haben würden, falls die gleichen Akte nach Durchführung eines reichsrechtlichen Konkursverfahrens angefochten werden sollten. Selbst dadurch, daß die Einrede nach den älteren Gesetzen keinen Erfolg gehabt hätte, werde ihre Beachtung nicht ausgeschlossen. Anderenfalls bliebe die Anfechtung der vor dem Reichsgesetze zurückliegenden Akte in weiterem Umfange, als nach dem Reichsgesetze statthaft. Nach § 34 der R. Konk. O. verjähre heutzutage das Anfechtungsrecht des Konkursverwalters in einem Jahre seit der Eröffnung des Verfahrens. Der Gütervertreter im Z.'schen Konkurse habe weder im ersten Jahre nach Eröffnung des Verfahrens noch später von dem Anfechtungsrechte Gebrauch gemacht. Da er für die Ausübung von Anfechtungsrechten im Interesse der Gläubiger die dem heutigen Verwalter entsprechende Stellung einnahm, so habe ihm gegenüber das Nämliche zu gelten, was § 13 Abs. 4 in Ansehung des Verwalters verfüge. Daß nach früherem Sächsischen Rechte das Anfechtungsrecht des Gütervertreters erst in 30 Jahren verjährte, stehe der Einrede nicht entgegen. — Der Gütervertreter habe aber auch Inhalts der Konkursakten auf sein Anfechtungsrecht unter Annahme der Beklagten

Verzicht geleistet. Wennschon er den Verzicht nicht ausdrücklich erklärt habe, so habe er doch durch sein Verhalten (dadurch, daß er der Beklagten die Pfänder überließ und ihr die Verrechnung des Pfanderlöses auf ihre Forderung zur Pflicht machte) hinreichend deutlich den Willen kund gegeben, jedem Angriffe auf die Verpfändung zu entsagen. Wider ihn habe die Beklagte die Einrede des Verzichtes erlangt, welche sie nunmehr auch dem anfechtenden Einzelgläubiger entgegenstellen könne. Hieran werde auch dadurch nichts geändert, daß nach den früher in Sachsen befolgten Grundsätzen neben dem Gütervertreter auch der einzelne Gläubiger, sogar noch während des Konkurses, das Anfechtungsrecht ausüben durfte und der Gütervertreter C. anscheinend den Anfechtungsangriffen einzelner Gläubiger, obschon er solche für aussichtslos hielt, nicht vorgreifen wollte. Nach der vorstehenden Auslegung des § 13 Abs. 4 des Anfechtungsgesetzes sei für die Beachtlichkeit der Einrede ausschließlich entscheidend, daß dieselbe dem Gütervertreter gegenüber begründet sei.

„Dem Rechtsmittel der Kläger war Beachtung nicht zu versagen. Die Bestimmungen des Reichsgesetzes vom 21. Juli 1879 sind zwar gemäß § 14 in einem nach dem Inkrafttreten des Gesetzes rechtshängig gewordenen Prozesse auch auf früher vorgenommene Rechtshandlungen anzuwenden, sofern solche nicht nach den bisherigen Gesetzen der Anfechtung entzogen oder in geringerem Umfange unterworfen waren. Diese Regel rechtfertigt es jedoch nicht, die jetzt erhobene Klage wegen Verjährung und wegen Verzichtes des vormaligen Gütervertreters auf Grund des § 13 Abs. 4 des erwähnten Reichsgesetzes abzuweisen. Die Vorschrift des § 13 Abs. 4 erster Satz trifft den Worten, wie dem Sinne nach nur die neueren, der R. Konk. O. entsprechend eingeleiteten Konkursverfahren; sie findet demnach keine Anwendung auf Konkursverfahren, welche, wie der Konkurs, bereits vor dem Erlasse der R.Konk.O. beendet wurden; zum wenigsten paßt die Vorschrift auf das sächsisch-rechtliche Konkursverfahren nicht. Nach älterem sächsischen Rechte durften, wie das O.L.G. anerkennt, die einzelnen Gläubiger das Anfechtungsrecht neben dem Gütervertreter ausüben Die R.Konk.O. weist dagegen in § 29 das Anfechtungsrecht für neu zu erhebende Ansprüche **ausschließlich** dem Konkursverwalter zu, und in Uebereinstimmung hiermit spricht § 13 Abs. 1 des Reichs-Anfechtungsgesetzes das Gleiche für die von Konkursgläubigern erhobenen Anfechtungsansprüche aus. Darin aber liegt der Grund zu der Vorschrift des § 13 Abs. 4. Nach der R.Konk.O. verfolgt der Verwalter das Anfechtungsrecht in Vertretung der Konkursgläubiger. Sie müssen sich daher bei späterer eigener Einklagung des Anfechtungsanspruches Einreden gefallen lassen, welche gegen den Verwalter erlangt worden waren. Anders verhält es sich mit den Konkursgläubigern nach früherem sächsischen Rechte. Wenn diese zur selbständigen Geltendmachung von Anfechtungsansprüchen befugt waren, so konnte ihren Rechten durch das Verhalten des Gütervertreters Etwas nicht vergeben werden.

Die Verjährungseinrede insbesondere steht dem Anspruche der Kläger nicht entgegen. Daß der Anspruch nach dem bisherigen Recht noch nicht verjährt sein würde, bemerkt das B.U. ausdrücklich. Ebensowenig ist die in § 12 des Reichs-Anfechtungsgesetzes geordnete zehnjährige Frist abgelaufen. Andere Verjährungsfristbestimmungen schlagen nicht ein. Namentlich kann von der Anwendung des § 34 der R.Konk.O. nicht die Rede sein, da der Konkurs nach älteren Gesetzen, nicht nach der R.Konk.O. behandelt wurde; und einen Grundsatz des Inhalts, daß „alle Einreden Berücksichtigung verdienten, welche dem Anfechtenden entgegenstehen würden, falls die Rechtshandlungen nach Durchführung eines reichsrechtlichen Konkursverfahrens angefochten werden sollten", hat das Reichs-Anfechtungsgesetz weder ausgesprochen, noch aussprechen wollen.

Die Einrede des Verzichtes ist ebenfalls unerheblich. Sie war nach früherem Rechte den Gläubigern gegenüber nicht begründet. Daß der Gütervertreter Namens der übrigen Konkursgläubiger auf den Anfechtungsanspruch Verzicht geleistet habe, ist nicht festgestellt. Im Gegentheile erwähnt das B.U., der Gütervertreter habe „anscheinend den Anfechtungsangriffen einzelner Gläubiger nicht vorgreifen wollen". Hierzu würde er auch nicht in der Lage gewesen sein, wenn er über die Anfechtungsrechte der einzelnen Gläubiger nicht zu verfügen hatte. Der § 14 des Reichs-Anfechtungsgesetzes aber führt nicht zu der Annahme, daß eine Einrede, welche die Anfechtungsklage des einzelnen Gläubigers nach früherem Rechte nicht entkräftete, nunmehr mit Erfolg vorgeschützt werden könnte."

6. Reichs-Civilprozeßordnung.

198. Streitsumme bei einstweiligen Verfügungen und Sicherheitsleistungen (§§ 6, 801, 875 der C.P.O.). Urth. des I. Civilsenats vom 11. November 1885 in Sachen G. W. zu H., Klägers und Revisionsklägers, wider S. S. und Gen., Kläger und Revisionsbeklagte. Vorinstanz: O.L.G. Hamburg. Verwerfung. (I, 270/85.)

Das L.G. Hamburg hat durch Urtheil vom 3. Juli 1885 eine einstweilige Verfügung dahin erlassen, daß der Beklagte verpflichtet sei, innerhalb 24 Stunden nach Beschaffung einer Sicherheit zum Betrage von 1000 ℳ abseiten der Kläger die von ihm in der Bundespassage gesetzte Planke wieder zu entfernen und den bisherigen Zustand an der fraglichen Wegestrecke wieder herzustellen und hat dabei die Kosten des Verfahrens dem Beklagten auferlegt. Die gegen dieses Urtheil von dem letzteren eingelegte Berufung ist unter Verurtheilung desselben in die Instanzkosten durch das Urtheil des O.L.G. vom 14. Juli 1885 als unbegründet verworfen, und zugleich ein am 4. Juli 1885 von diesem Gerichte wegen Einstellung der Zwangsvollstreckung erlassener Beschluß wieder aufgehoben worden. Nunmehr hat der Beklagte hiergegen Revision eingelegt. Die Verhandlung wurde zunächst auf die Frage wegen des Werthes des Beschwerdegegenstandes beschränkt. Nachdem der Anwalt des Beklagten den Streitgegenstand im Allgemeinen dargelegt hatte, erklärte er besondere Beweismittel zum Zwecke der Glaubhaftmachung eines 1500 ℳ übersteigenden Werthes nicht beibringen zu können, meinte aber, daß ein solcher Werth des Streitgegenstandes, also auch des Beschwerdegegenstandes schon ohne Weiteres glaubhaft sei. Der Anwalt des Klägers S. schloß sich dieser Ansicht an und glaubte in diesem Sinne außerdem noch darauf hinweisen zu sollen, daß der jetzige Beklagte in der früher von ihm als Makler verfaßten Verkaufsanzeige den Preis, den der Eigenthümer des betreffenden Grundstückes für Freilassung des seitdem durch die Planke abgesperrten Streifens würde erzielen können, auf 600 ℳ jährlich angeschlagen habe.

„Ob, wenn jetzt nicht blos eine einstweilige Verfügung, sondern die Hauptsache selbst den Beschwerdegegenstand bildete, von einer besonderen Glaubhaftmachung des Werthes würde abgesehen werden dürfen, ob insbesondere eine für die Revision erforderliche Höhe desselben schon deshalb als glaubhaft erscheinen würde, weil er in einer auf Anpreisung des betreffenden Grundstückes abzielenden Verkaufsanzeige auf 600 ℳ jährlich angegeben worden ist, kann dahin gestellt bleiben. So viel ist gewiß, daß sich namentlich aus diesem letzteren Umstande nichts weniger ergiebt, als daß der Werth des Streitgegenstandes bei der einstweiligen Verfügung 1500 ℳ übersteigt. Wollte man selbst voraussetzen, daß die letztere zwei Jahre lang in Wirksamkeit bliebe, so würde doch der Streitwerth darnach erst auf 1200 ℳ anzuschlagen sein. Es versteht sich von selbst, daß der Streitwerth bei einer einstweiligen Verfügung nicht etwa an sich identisch ist mit dem Werthe der Hauptsache, sondern daß der letztere nur nach Analogie der Bestimmung des § 6 der C.P.O. in der Regel die Maximalgrenze für den ersteren darstellt. Im vorliegenden Falle lag noch ein besonderer Umstand vor, welcher es glaubhaft machte, daß der Werth des Beschwerdegegenstandes 1000 ℳ nicht übersteige. Das L.G. hat nämlich nach Maßgabe des § 815 vergl. mit § 801 Abs. 2 der C.P.O. die einstweilige Verfügung von der Bestellung einer Sicherheit zu diesem Betrage abhängig gemacht, und der Beklagte hat bei Gelegenheit seiner Berufung sich nicht etwa eventuell über die zu niedrige Bemessung der Sicherheit beschwert. Nun ist freilich bei Arresten und einstweiligen Verfügungen nicht etwa grundsätzlich der Betrag der etwa dem Kläger auferlegten Kaution für den Werth des Streitgegenstandes maßgebend, der insbesondere bei Arresten ersichtlich leicht viel höher sein kann; aber nach der Beschaffenheit gerade dieser einstweiligen Verfügung, welche nur die zeitweilige Benutzung des fraglichen Streifens Erdboden zum Gegenstande hat, fällt der Werth dieses Gegenstandes offenbar zusammen mit dem Belaufe der Nachtheile, welche dem Beklagten durch die Verhinderung in der von ihm begonnenen Verwendung jenes Streifens entstehen können, und diese sind vom L.G. unter stillschweigender Billigung des Beklagten selbst auf 1000 ℳ geschätzt."

199. **Für Anwendung des § 213 der C.P.O. ist erforderlich, daß die Partei** (oder der Prozeßbevollmächtigte) **Alles gethan hat, was erforderlich ist, um die Frist zu wahren. Dazu gehört im Anwaltsprozeß die Benennung der Prozeßbevollmächtigten der Gegenpartei an den Gerichtsvollzieher.** Urth. des IV. Civilsenats vom 25. Februar 1886 in Sachen J. G. zu W., Klägers und Revisionsklägers, wider A. M. in P., Beklagten und Revisionsbeklagten. Vorinstanz: O.L.G. Königsberg. Verwerfung. (IV, 344/85.)

Das Urtheil erster Instanz ist auf Betreiben des Prozeßbevollmächtigten des Klägers am 4. März 1885 zugestellt worden. Die Frist zur Einlegung der Berufung lief also mit dem 4. April ab. Der dem Kläger für die Berufungsinstanz beigeordnete Anwalt hat die Berufungsschrift am 31. März 1885 dem Gerichtsvollzieher B. behufs der Zustellung übergeben. Am 6. April ist eine nicht prozeßordnungsmäßige, also unwirksame Zustellung an den Beklagten, am 11. April ist darauf die Zustellung an den Prozeßbevollmächtigten des Beklagten geschehen. Die Uebergabe der Berufungsschrift an den Gerichtsvollzieher ist hiernach zwar vor dem dritten, dem Ablauf der Nothfrist vorangegangenen Tage erfolgt. Allein in der Berufungsschrift war der Prozeßbevollmächtigte des Beklagten nicht bezeichnet. Auch hat nach den Entscheidungsgründen des B.U. der Kläger nicht behauptet, daß dem Gerichtsvollzieher bei Uebergabe der Berufungsschrift am 31. März 1885 der Auftrag ertheilt worden sei, die Schrift dem Prozeßbevollmächtigten des Beklagten zuzustellen.

„Bei dieser Prozeßlage ist das Gesuch des Klägers um Wiedereinsetzung in den vorigen Stand gegen die Versäumung der Berufungsfrist mit Recht zurückgewiesen worden. Nach § 213 ist die Wiedereinsetzung zu ertheilen, wenn spätestens am dritten Tage vor dem Ablaufe der Nothfrist das zur Wahrung derselben zuzustellende Schriftstück dem Gerichtsvollzieher — zum Zwecke der Zustellung übergeben worden ist. Wird diese Bestimmung dem Wortlaute nach aufgefaßt, so scheint der Fall ihrer Anwendung gegeben zu sein, da die Berufungsfrist am 4. April ablief, die Berufungsschrift aber am 31. März dem Gerichtsvollzieher zur Zustellung zugegangen war. Allein ihrem inneren Grunde nach zeigt sich die Bestimmung als unanwendbar. Dieselbe ist dem Regierungsentwurf, der einen ihr entsprechenden Satz nicht aufgestellt hatte, auf Vorschlag der Reichstagscommission beigefügt worden, welche es für angezeigt erachtete, der Partei, welche ihrerseits den zuzustellenden Schriftsatz rechtzeitig dem Gerichtsvollzieher übergeben habe, gegen eine Säumniß des letzteren Schutz zu gewähren (Hahn, Materialien S. 575 ff., 612, 622, 1202). Diese Rücksicht ist als der Grundgedanke der Bestimmung, in welchem sie ihre legislatorische Rechtfertigung hat, aufzufassen. Die Bestimmung erweist sich also nur dann als anwendbar, wenn die Partei — oder ihr Prozeßbevollmächtigter, gegen dessen Versäumniß das Prozeßgesetz ihr keinen Schutz gewährt, — mit der spätestens am dritten Tage vor dem Ablaufe der Nothfrist erfolgten Uebergabe des zuzustellenden Schriftstückes an den Gerichtsvollzieher ihrerseits alles gethan hat, was zur Wahrung der Frist erforderlich ist. Hieran aber fehlt es in vorliegendem Falle. Der Gerichtsvollzieher durfte den ihm ertheilten Zustellungsauftrag Mangels der Bezeichnung eines Prozeßbevollmächtigten der Gegenpartei, an den die Zustellung zu erfolgen hätte, dahin auffassen, daß er die Zustellung an die Partei selbst vornehmen solle. Der Auftrag war also insofern unvollständig und mangelhaft, als mit seiner ungesäumten Ausführung die Wahrung der Nothfrist nicht gegeben war. Damit wird der § 213 der C. P. O. unanwendbar. Die Erwägung, daß, wenn der Gerichtsvollzieher den ihm am 31. März ertheilten Auftrag ungesäumt ausgeführt hätte, für den Anwalt des Klägers noch die Möglichkeit vorhanden gewesen wäre, eine anderweite prozeßordnungsmäßige Zustellung an den Prozeßbevollmächtigten des Beklagten herbeizuführen, vermag die Anwendung des § 213 nicht zu rechtfertigen.

Der Anwendung des § 211 der C. P. O. steht schon der Umstand entgegen, daß der Prozeßbevollmächtigte des Klägers das Urtheil erster Instanz am 4. März hat zustellen lassen, während das Gesuch um Beiordnung eines Anwalts für die zweite Instanz erst am 23. März bei dem B. G. einging. Es lag weder Veranlassung vor, die Zustellung des Urtheils erster Instanz vor der Bestellung eines Anwaltes für die zweite Instanz vorzunehmen, noch auch Veranlassung, nachdem einmal das Urtheil zugestellt war, mit dem Gesuch um Beiordnung eines Anwalts für die zweite Instanz mehrere Wochen zu warten. Es kann also nicht angenommen werden, daß Naturereignisse oder andere unabwendbare Zufälle die Partei verhindert haben, die Nothfrist einzuhalten."

200. **Versagung des richterlichen (Noth-) Eides an die Streitparteien wegen Unglaubwürdigkeit derselben** (§ 437 der C. P. O.). Urth. des IV. Civilsenats vom 21. September 1885 in Sachen der Eheleute

K. zu B., Kläger, Widerbeklagte und Revisionskläger, wider Eheleute S. zu A., Beklagte, Widerkläger und Revisionsbeklagte. Vorinstanz: O.L.G. Stettin. Verwerfung. (IV, 118/85.)

Der urkundliche Schriftinhalt des Kaufvertrages vom 17. November 1881 um das Mühlengrundstück zu H. und der Cession der Hypothekenforderung von 24 000 ℳ von demselben Tage ist nicht streitig. Danach ist der Kaufpreis für das Mühlengrundstück auf 34 560 ℳ angegeben und die Cession der 24 000 ℳ ohne Gewähr und ohne Bezugnahme auf den Kaufvertrag erfolgt. Der Anspruch der Kläger auf den — neben der Schrift — angeblich mündlich vereinbarten höheren Kaufpreis würde — falls er erwiesen — an sich zwar begründet erscheinen, einmal, weil der Kaufvertrag von beiden Theilen erfüllt ist und dann, weil die fehlende Form durch den Akt der Auflassung ersetzt sein würde. Es kam daher für die behauptete Abrede auf eine Beweiserhebung und Beweiswürdigung an. Der B.R. hat nach beiderlei Richtung hin die ihm obliegende prozessuale Pflicht erfüllt. Es sind die von den Parteien benannten Zeugen vernommen worden; dieselben haben theils zu Gunsten der Kläger, theils im Sinne der Beklagten ausgesagt. Daß der Kaufpreis zu dem höheren Betrage und zwar zu 58 560 ℳ vereinbart, und daß in Ergänzung desselben die Cession der 24 000 ℳ erfolgt ist, das bekundet mit absoluter Gewißheit der Agent L., und unterstützend dafür sind die Aussagen des Zeugen R. und andere, von dem B.R. aufgezählte entferntere Umstände. Diesem Beweisergebnisse stehen aber — direkt und indirekt — die eidlichen Aussagen der Zeugen H., G., B., Sch. und S. entgegen und gegenüber. Der B.R. hat daher alle diese Aussagen und alle zur Sprache gebrachten Umstände nach ihrem inneren Werthe und nach ihrer kausalen Beziehung zu einander geprüft und dabei erwogen, daß die Glaubwürdigkeit des Agenten L. durch seine Eigenschaft als Vermittler des Geschäftes und die Glaubwürdigkeit des Zeugen R. durch seine Verwandtschaft mit der Klägerin vermindert werde, während er Gründe gegen die Glaubwürdigkeit der zu Gunsten der Beklagten bekundenden Zeugen Sch. und S. ganz vermißt, dagegen aber den, in bedenklicher Weise übereinstimmenden, den Beklagten günstigen Aussagen der Zeugen H., G. und B. nur in sehr vermindertem Maße Glauben schenkt. Das Resultat dieser eingehenden Prüfung stellt der B.R. dahin fest: „daß mindestens nicht erwiesen ist die Behauptung der Kläger, daß der Kaufpreis für das Mühlengrundstück 58 560 ℳ betragen habe und daß die Cession der 24 000 ℳ zu dem Zwecke geschehen sei, damit einen entsprechenden Theil des Kaufpreises zu tilgen." Bei dieser Unzulänglichkeit des Beweises prüft der B.R., ob über diese Behauptung der Kläger eine der Parteien zum richterlichen Eide zu verstatten sei; allein er erklärt sich dazu außer Stande, weil — nach seiner, durch Thatsachen begründeten Ueberzeugung — „keine der Parteien Anspruch machen kann auf Vertrauen zu ihrer Wahrhaftigkeit und Redlichkeit, wie es die Auferlegung eines richterlichen Eides zur Voraussetzung hat."

„Damit hat der B.R. alle gesetzlichen Mittel erschöpft für seine prozessuale Aufgabe: nach freier Ueberzeugung zu entscheiden, ob eine thatsächliche Behauptung für wahr oder für nicht wahr zu erachten sei (§ 259 der C.P.O.). Er war bei der Unvollständigkeit des erbrachten Beweises berechtigt, nach bestem Wissen und Gewissen und nach sorgfältiger Prüfung der konkreten Sachlage, einer der Parteien einen Notheid anzuvertrauen und von dessen Ableistung die Entscheidung der Sache abhängig zu machen (§ 437 a. a. O.); allein dieses souveräne Recht war davon abhängig und hatte zur Voraussetzung, daß er durch die eidliche Versicherung einer der Parteien die ihm noch fehlende Ueberzeugung von der Wahrheit oder Unwahrheit der bestrittenen Thatsache zu gewinnen vermochte (Motive). Fehlte — wie hier — diese Voraussetzung, so war der Notheid — er mochte von der einen oder anderen Partei geleistet werden — kein Mittel, die Ueberzeugung des B.R. zu ergänzen und den fehlenden Beweis — nach irgend einer Seite hin — zu erbringen. Eine absolute Pflicht, in dem gegebenen Falle auf einen Notheid für eine der Parteien zu erkennen, lag dem Richter nicht ob; die Pflicht würde auch in offenen Widerspruch treten mit der freien richterlichen Beweiswürdigung, für welche — nach der Ueberzeugung des Richters — der Notheid nur ein Ergänzungsmittel darstellt. Das letztere setzt daher — nach Zweck und Ziel — ein gewisses Maß von Vertrauenswürdigkeit der Parteien voraus und ist daher — begriffsmäßig — ausgeschlossen und unanwendbar, wenn keine der Parteien das richterliche Vertrauen zu ihrer Wahrhaftigkeit genießt."

201. **Der § 686 der C.P.O. findet in Fällen des § 29 der Preuß. Verordnung vom 17. September 1879 keine Anwendung.** (S. u. Fall 26 S. 213.)

202. **Begriff der Worte „zum Zwecke der Regelung eines einstweiligen Zustandes" in § 819 der C.P.O., die Auferlegung einer Abschlagszahlung ist nicht die „Regelung eines Zustandes".** Urth. des III. Civilsenats vom 13. November 1885 in Sachen der Erben K. in B., Kläger und Revisionskläger, wider A. Sch. in B., Beklagten und Revisionsbeklagten. Vorinstanz: O.L.G. Braunschweig. Verwerfung. (III, 349/85.)

Die Kläger klagen im vorliegenden Prozesse eine Schadensersatzforderung in angeblicher Höhe von 25 000 ℳ ein. Nachdem diese Forderung rechtskräftig ihrem Grunde nach für begründet erkannt worden ist, sind die Kläger, während die Verhandlungen über den Schadensbetrag noch in erster Instanz schweben, mit dem Antrage aufgetreten, dem Beklagten im Wege einer einstweiligen Verfügung aufzugeben, ihnen während der Dauer des Hauptprozesses auf Rechnung der eingeklagten Forderung monatlich im Voraus 150 ℳ zu bezahlen. In erster Instanz mit diesem Antrage, in zweiter Instanz mit ihrer Berufung zurückgewiesen, haben sie gegen das zweitinstanzliche Urtheil Revision eingelegt.

„Daß der erhobene Antrag sich nicht auf den § 814 der C.P.O. zu stützen vermag, wird von den Revisionsklägern selbst nicht verkannt; sie glauben denselben jedoch aus der Vorschrift des § 819 rechtfertigen zu können. Allein dieser Paragraph läßt einstweilige Verfügungen nur zu „zum Zwecke der Regelung eines einstweiligen Zustandes in Bezug auf ein streitiges Rechtsverhältniß". Was aber der in Rede stehende Antrag erreichen will, das besteht seinem rechtlichen Inhalte nach nur darin, daß der Beklagte vor rechtskräftiger Entscheidung der Sache im Wege einer einstweiligen Verfügung, und also selbstverständlich unter Vorbehalt aller seiner Rechte, angehalten werden soll, den Klägern eine Abschlagszahlung auf die eingeklagte Forderung zu leisten; wenn die Kläger beantragen, daß der Beklagte für die Dauer des Prozesses zu fortlaufenden monatlichen Zahlungen angehalten werde, so bezeichnen sie hiermit nur eine Modalität der verlangten Abschlagszahlung. Die Zulässigkeit der beantragten einstweiligen Verfügung ist also abhängig von der Beantwortung der Frage, ob in der bloßen Auferlegung einer Abschlagszahlung die Regelung eines Zustandes gefunden werden kann. Und diese Frage ist zweifellos zu verneinen. Die Vorinstanz sagt mit Recht, daß der Begriff eines Zustandes bedingt ist durch die Eigenschaft eines gewissen Beharrens, irgend einer Dauer; dieser sprachlich unabweisbaren Auffassung entsprechen auch die von der Norddeutschen Prozeßkommission, welche dem § 819 seine jetzige Fassung gegeben hat, angeführten Beispiele der Anwendbarkeit desselben. Protokolle Seite 1242: „Die Kommission war einig, daß auch die Fälle der interimistischen Regelung eines Zustandes, z. B. des Besitzstandes, der Alimentationspflicht, der Schlichtung von Streitigkeit zwischen Gastwirth und Gast" ein Fall, bei welchem an die Regelung des dem Gastwirth zustehenden Retentionsrechtes zu denken ist, „und Baustreitigkeiten nach ähnlichen Grundsätzen zu behandeln sind."

Eine Verfügung, durch welche einem Schuldner eine Abschlagszahlung und überhaupt eine Zahlung aufgegeben wird, ist an sich nur auf Herbeiführung einer Handlung gerichtet; eine auf eine dauernde Wirkung berechnete Anordnung ist darin nicht enthalten. Wenn allerdings in Bezug auf eine Alimentationsverbindlichkeit auch eine einstweilige Verfügung erlassen werden kann, welche nur bestimmt, daß der Schuldner dem Berechtigten eine bestimmte Geldsumme zu zahlen habe, z. B. in dem Falle eines einer Ehefrau von ihrem alimentationspflichtigen Ehemann zu gewährenden Vorschusses für Prozeßkosten, so beruht die Zulässigkeit einer solchen einstweiligen Verfügung darin, daß dieselbe eine Realisirung eines Obligationsverhältnisses in sich schließt, welches wegen seines dauernden Charakters selbst als ein Zustand aufgefaßt werden muß; ein derartiges Obligationsverhältniß liegt aber dem gegenwärtigen Prozesse, in dem es sich nur um eine Schadensersatzforderung handelt, nicht zu Grunde.

Das in den Entsch. des R.G. in Civilsachen Bd. IX Nr. 97 S. 334" (Annalen, Bd. VII S. 581) „mitgetheilte Urtheil des II. Civilsenats, auf welches die Revisionskläger sich berufen zu können glauben, steht der gegenwärtigen Entscheidung nicht entgegen; denn dasselbe spricht ausdrücklich aus, daß es allein über die Frage, ob eine einstweilige Verfügung auch zur Zwangsvollstreckung, namentlich zur Pfändung beweglicher Sachen führen könne, zu entscheiden habe, und weist in allem Uebrigen die dortige Sache zur anderweiten Verhandlung und Entscheidung an das B.G. zurück."

7. Gerichtskostengesetz.

203. Streitgegenstand, falls auf die Unzuständigkeitseinrede des Beklagten das Landgericht sich wegen eines nur vor das Amtsgericht gehörigen Prozeßobjektes für unzuständig erklärt (§§ 8, 9 der G.K.G., § 9 der G.O. für R.Anw., § 6 der C.P.O.). Beschluß des I. Civilsenats vom 21. September 1885 in Sachen des C. Sch. in H., Klägers, wider den Theaterdirektor B. P. daselbst, Beklagten. Vorinstanzen: L.G. und O.L.G. Hamburg. Verwerfung der Beschwerde des Beklagten als unbegründet. (I, 52/85.)

In der Aufschrift der bei dem L.G. Hamburg erhobenen, auf Aushändigung eines gedruckten Bühnenmanuskripts gerichteten Klage war der Werth des Streitgegenstandes als „unbestimmt, nicht unter 2000 ℳ" bezeichnet. Der Beklagte erhob die prozeßhindernde Einrede der Unzuständigkeit des L.G., weil der Werth des Streitgegenstandes nur wenige Mark, keinenfalls mehr als 300 ℳ betrage. Durch Urtheil des L.G. vom 18. Mai 1885 wurde Kläger mit der erhobenen Klage wegen Unzuständigkeit des L.G. unter Verurtheilung in die Prozeßkosten abgewiesen, weil der als Werth des Streitgegenstandes zu erachtende objektive Werth der herauszugebenden Druckschrift keinenfalls den Betrag von 300 ℳ übersteige.

Darauf berechnete der Beklagte zur Erstattung von dem Kläger an Kosten (außer anderen nebensächlichen Posten) an Gebühren des ihm als Prozeßbevollmächtigten bedient gewesenen Rechtsanwalts die volle Prozeß- und Verhandlungsgebühr nach § 13 der Geb.O. für R.Anw. unter Zugrundelegung eines Streitgegenstandes von 2000 ℳ. Das L.G. setzte den Betrag der liquidirten Prozeß- und Verhandlungsgebühr in Gemäßheit des § 20 der Geb.O. für R.Anw. auf 5/10 des liquidirten Betrages herab; zog aber die Frage, ob es nach Lage des Prozesses angänglich sei, den Werth des Streitgegenstandes auf 2000 ℳ anzunehmen, nicht in Betracht, so daß in dem betreffenden Beschluß vom 13. Juli 1885 die erwähnten 5/10 der Prozeß- und Verhandlungsgebühr nach jenem von dem Beklagten seiner Kostenberechnung zu Grunde gelegten Werthe von 2000 ℳ festgesetzt wurden.

Gegen diesen Beschluß erhob der Kläger Beschwerde vom 20. Juli 1885 mit dem Antrage, denselben aufzuheben und (unter Schätzung des Streitgegenstandes, welcher nach dem Inhalte des Urtheils vom 18. Mai 1885 keinenfalls auf mehr als 300 ℳ gewürdigt werden könne) die Kosten sachgemäß festzusetzen. Der Feriensenat des O.L.G. Hamburg entschied durch Beschluß vom 31. Juli 1885: „es werde die Beschwerde gegen den Beschluß des L.G. Hamburg vom 13. Juli 1885 unter Verurtheilung des Beklagten in die Kosten für begründet befunden und dem L.G. in Gemäßheit des § 538 der C.P.O. die erforderliche weitere Anordnung überlassen." Das Beschwerdegericht gründete diese Entscheidung auf die Erwägung, daß für die Berechnung der Gebühren nach §§ 8, 9 des G.K.G. der Werth des Streitgegenstandes maßgebend sei, welcher nach § 6 der C.P.O. bestimmt werde durch den Werth der Sache, falls deren Besitz den Gegenstand des Streites bilde; daß ferner im konkreten Fall der Besitz einer Sache den Gegenstand des Streites bilde, und in Bezug auf den Werth dieser Sache durch das Urtheil vom 18. Mai 1885 festgestellt sei, daß derselbe keinenfalls mehr als 300 ℳ betrage, so daß die unter Zugrundelegung eines Werthes von 2000 ℳ angelegte Kostenberechnung des Beklagten und Kostenfestsetzung jedenfalls unrichtig und zu hoch gegriffen seien, während es an der erforderlichen positiven Werthfestsetzung innerhalb der Schranke des möglichen Höchstbetrages von 300 ℳ noch fehle. Nach der konkreten Lage des Falles sei es angezeigt, dem Beklagten, als demjenigen, welcher durch seine Kostenberechnung Anlaß zur Beschwerde gegeben habe, die Kosten derselben aufzuerlegen.

Gegen diesen Beschluß hat der Beklagte die vorliegende Beschwerde vom 5. August 1885 mit dem Antrage erhoben, den angefochtenen Beschluß wieder aufzuheben. Der Beschwerdeführer vermeint, die zu entscheidende Frage sei, „ob, wenn die Angabe des Klägers über den Werth des Streitgegenstandes bestritten und über die Richtigkeit dieser Angabe ein Verfahren abgesetzt sei, und durch dieses dann die Unrichtigkeit dieser Angabe ermittelt werde, der in diesem Verfahren gar nicht ermittelte Werth der Sache als Streitgegenstand anzusehen sei?" — Beschwerdeführer bezweifele das; nehme vielmehr an, der Streitgegenstandswerth in dem charakterisirten Verfahren sei der bestrittene Betrag, welchen der Kläger angegeben habe. Eventuell hätten ihm die Kosten des Beschwerdeverfahrens nicht auferlegt werden dürfen, denn keinenfalls liege eine irrige Angabe des Streitgegenstandswerthes seinerseits vor, vielmehr habe das L.G. den Streitgegenstandswerth lediglich nach der Angabe des Klägers angesetzt.

„Diese Beschwerde ist eine in jeder Beziehung verwerfliche. Es ist ganz unzweifelhaft, daß die Kosten und Rechtsanwaltsgebühren, falls die prozeßhindernde Einrede der Unzuständigkeit des Gerichtes erhoben ist, und auf Grund derselben die Unzuständigkeit durch Urtheil ausgesprochen wird, unter Zugrundelegung des Werthes des Gegenstandes zu berechnen sind, welcher in dem Prozesse überhaupt streitig war, während mit Rücksicht auf die anzunehmende geringere Aufwendung an Arbeit, welche durch die Beschränkung des Prozeßstoffes auf die Grundlagen der Gerichtszuständigkeit eintritt, in dem gesetzlich bestimmten Maße weniger an Kosten und Rechtsanwaltsgebühren berechnet wird, als bei der Verhandlung und Entscheidung über das Streitverhältniß in dessen vollem Umfange. Hiernach ist es unzweifelhaft, daß im konkreten Falle Kosten und Rechtsanwaltsgebühren nach dem Werth des gedruckten Bühnenmanuskriptes zu berechnen sind, dessen Aushändigung der Kläger forderte.

Die Einrede der Unzuständigkeit des Gerichtes erhob der Beklagte selbst unter Behauptung, daß jenes Bühnenmanuskript keinenfalls mehr als 300 ℳ werth sei. Das Urtheil auf Klageabweisung wegen Unzuständigkeit des L.G., welches auf die Richtigkeit dieser Behauptung des Beklagten gegründet ist, schließt es selbstverständlich aus, daß die Kosten und Rechtsanwaltsgebühren für das durch jenes Urtheil beendigte Verfahren nach einem Werthe des Manuskriptes von mehr als 300 ℳ liquidirt werden, wohl aber bedurfte es einer Würdigung des Streitgegenstandes als Grundlage für die Kosten- und Rechtsanwaltsgebührenberechnung, weil eine geringere Festsetzung als 300 ℳ erfolgen konnte. Der Beschluß vom 31. Juli 1885 ist daher zunächst, was die Entscheidung, abgesehen von dem Kostenpunkte des Beschwerdeverfahrens, anbetrifft, wohlbegründet.

Gerechtfertigt ist es auch, daß in jenem Beschlusse dem Beklagten und Beschwerdeführer die Kosten der Beschwerde zur Last gelegt sind; denn er ist es, welcher seiner Berechnung der zu erstattenden Kosten den Werth des Streitgegenstandes zu Grunde gelegt hat, welchen er selbst als einen unrichtigen behauptet hatte, und zwar nachdem er mit dieser Behauptung durchgedrungen war und dadurch die Abweisung der Klage erzielt hatte. Dieses wenigstens im allerhöchsten Maße unbedachte, also schuldhafte Verfahren des Beklagten (und keineswegs die Angaben des Klägers) bilden die Veranlassung zu der unrichtigen Kostenfestsetzung und der gegnerischen Beschwerde vom 20. Juli 1885."

8. Rechtsanwaltsordnung. Gebührenordnung für Rechtsanwälte.

204. **Höhe der erstattbaren Beweisaufnahmekosten, wenn ein beim zuständigen Landgericht zugelassener Rechtsanwalt zufällig bei dem um Beweisaufnahme ersuchten Amtsgericht seinen Wohnsitz hat und hier seine Partei als Prozeßbevollmächtigter vertritt** (§ 18, Abs. 5 der R.Anw.O., §. 13 Abs. 4 der Geb.O., § 87 der C.P.O.). Beschluß des II. Civilsenats vom 22. September 1885 in Sachen R. Sch. zu Reichenbach i. V., Klägers, wider E. R. das., Beklagten. Vorinstanzen: L.G. Plauen, O.L.G. Dresden. Verwerfung der sofortigen Beschwerde des Klägers. (II, 115/85.)

Zum Verständniß der Entscheidung ist die Bemerkung nothwendig, daß das Amtsgericht Reichenbach zum Bezirk des L. G. Plauen gehört, und der in Reichenbach wohnhafte Anwalt des Beklagten beim L. G. Plauen zugelassen ist.

„Die Bestimmung des fünften Absatzes von § 18 der R. Anw. O. steht zwar dem Anspruche des Beklagten auf Erstattung der Reisekosten seines in Reichenbach wohnhaften Rechtsanwaltes entgegen. Dies schließt indessen nicht aus, daß ihm an Stelle der Reisekosten wenigstens der Betrag zugesprochen werde, welchen der Kläger zu erstatten hätte, wenn für den Beklagten ein in Plauen aufhältlicher Rechtsanwalt als Prozeßbevollmächtigter bestellt gewesen und wiederum von dem Plauen'schen Anwalte ein in Reichenbach wohnender Anwalt zur Vertretung des Beklagten bei der dortigen Beweisaufnahme beauftragt worden wäre. Denn das angezogene Gesetz erklärt nur die Mehrkosten für nicht erstattbar, welche bei der Vertretung einer Partei vor einem Kollegialgerichte durch einen bei demselben zugelassenen Rechtsanwalt dadurch entstehen, daß der letztere seinen Wohnsitz nicht am Orte des Gerichtes hat; und das Mehr an Kosten, welche dem Beklagten gegenwärtig entstanden sind, beschränkt sich auf den Ueberschuß der Reisekosten über die Kosten der Reichenbacher Vertretung. Daß eine solche Vertretung nicht wirklich stattgefunden hat, kommt nicht in Betracht. Sie würde stattgefunden haben, wenn der Beklagte einen in Plauen wohnhaften Rechtsanwalt bevollmächtigt und dieser für die Vertretung des Beklagten bei der Reichenbacher Beweisaufnahme Sorge getragen hätte. Daß letzteres geschehen wäre, ist vorauszusetzen, da des Beklagten Anwalt in der That mehreren Terminen in Reichenbach beigewohnt hat.

Die Erstattungsfähigkeit der Vertretungskosten bestreitet der Kläger mit Unrecht. Nach der Schlußbestimmung des § 87 der C. P. O. sind die Kosten zweier Rechtsanwälte auch insoweit zu erstatten, als in der Person des Rechtsanwaltes ein Wechsel eintreten mußte. Hier wäre ein Wechsel unvermeidlich gewesen, wenn der Beklagte einen in Plauen wohnenden Rechtsanwalt mit Vollmacht versehen gehabt hätte und der zweite Anwalt würde nach § 45 der Geb. O. für R. Anw. außer der Hälfte der Prozeßgebühr auch die Beweisgebühr erhalten haben, selbst dann, wenn der Hauptbevollmächtigte die Beweisgebühr ansetzen dürfte. Die sofortige Beschwerde des Klägers gegen den Beschluß des O. L. G., welcher ihm die Erstattung von 42 ℳ Vertretungskosten und von 50 ₰ im landgerichtlichen Festsetzungsbeschlusse abgestrichener Schreibgebühr des Kostenfestsetzungsantrages auferlegt, erscheint sonach nicht gerechtfertigt."

Gemeines Recht.

205. **Die Aufhebung** (Erfüllung) **einer kontraktlichen Verpflichtung wird nicht vermuthet. Der Schuldner, welcher dieselbe behauptet, macht eine Einrede** (die der Veränderung des bestehenden Rechtsverhältnisses) **geltend und muß diese daher beweisen.** (S. u. Fall 210 gegen den Schluß.)

206. **Voraussetzungen der Scheidung wegen böslicher Verlassung bei Entweichung eines Ehegatten an einen bekannten, dem Richter erreichbaren Ort, nach Gemeinem Protestantischem Eherecht.** Urth. des III. Civilsenats vom 9. Februar 1886 in Sachen der verehel. D., Beklagten und Revisionsklägerin, wider maritum, Kläger und Revisionsbeklagten. Vorinstanzen: L.G. Meiningen, O.L.G. Naumburg. Verwerfung. (III, 275/85.)

„Das Gemeine Protestantische Eherecht gestattet die Scheidung der Ehe wegen böslicher Verlassung auch bei Entweichung eines Ehegatten an einen bekannten und dem richterlichen Arme erreichbaren Ort, wenn der Entweichende sich ohne rechtlichen Grund beharrlich seiner Pflicht zum ehelichen Zusammenleben mit dem anderen Ehegatten entzieht. Der B.R. hat nur bei der Beklagten und Revisionsklägerin den ernsten und festen Willen festgestellt, eine eheliche Gemeinschaft mit dem Kläger nicht mehr zu pflegen, auch diese Feststellung in ausreichender Weise damit thatsächlich begründet, daß Beklagte in diesem Rechtsstreite auf jede Vertheidigung verzichtet hat und die wider dieselbe auf Grund des Urtheils im Vorprozesse erfolgten Zwangsmaßregeln durch Androhung und Beitreibung von Geldstrafen erfolglos geblieben sind. Daß Zwangsmaßregeln bis an die Grenze des zulässigen Maßes angewendet sein müssen, wird auch von denjenigen Rechtslehrern und denjenigen früheren Deutschen Höchstgerichten nicht angenommen, welche für die Scheidung bei Entweichung eines Ehegatten an einen erreichbaren Ort zur Konstatirung beziehungsweise Beugung des Ungehorsames die vorgängige Anwendung solcher Maßregeln für erforderlich halten. Die zur Anwendung gekommenen Geldstrafen von 20, 60 und 120 ℳ sind allerdings nach den Verhältnissen der Parteien nicht erheblich, immerhin aber ausreichend, um den Ungehorsam der Beklagten zu konstatiren und zur Begründung der richterlichen Ueberzeugung beizutragen, daß die Beklagte sich der Pflicht des Zusammenlebens mit dem Kläger hartnäckig entzieht, zumal der B.R. ausdrücklich hervorhebt, daß sich in diesem Prozesse keine Gründe für die Annahme einer gütlichen Einigung der Parteien auf Trennung ihrer Ehe ergeben haben.

Hiernach sind die gemeinrechtlichen Voraussetzungen für die Scheidung wegen böslicher Verlassung gegeben und ist mithin unerheblich, wenn der B.R. zugleich erklärt, daß er von der Praxis der Meiningischen Gerichte nicht abweichen wolle, nach welcher bei dreimaliger zum Vollzuge gelangter Bestrafung des zur Fortsetzung der Ehe verurtheilten Ehegatten die bösliche Verlassung als hinreichend konstatirt anzusehen sei. Wenn die Revision geltend macht, daß der B.R. das im Vorprozesse erfolgte Erbieten der Beklagten zur Rückkehr hätte berücksichtigen müssen, so ist entgegenzuhalten, daß zu einer besonderen Würdigung dieses Umstandes keine Veranlassung vorlag, nachdem die Beklagte sich in der Folge auch nicht durch Strafandrohungen und Strafvollstreckungen zur Rückkehr hat bewegen lassen, auch im gegenwärtigen Prozesse in den Instanzgerichten auf jede Vertheidigung verzichtet hat. Ein prozessualer Verstoß liegt mithin nicht vor."

Partikularrecht.

1. Preußisches Recht.

207. **Der § 867 I, 11 des Preuß. L.R. steht einer vollkommenen Novation nicht entgegen. Vielmehr ist die Absicht der Vertragschließenden im Einzelfall durch Urkunde und Sachverhalt festzustellen.** Urth. des IV. Civilsenats vom 24. September 1885 in Sachen der verw. Bl. und Gen., Beklagte und Revisionskläger, wider P. Bl. u. Gen., Kläger und Revisionsbeklagte. Vorinstanz: Kammerger. Berlin. Verwerfung. (IV, 124/85.)

Kläger sind die Erben des Oekonomieverwalters T. Bl., die Beklagten die Erben des Gutspächters Th. Bl., eines Bruders des T. Bl. Unstreitig hat der Erblasser der Beklagten in einer Urkunde vom 21. Juni 1853 bekannt, von seinem Bruder am 1. Juli 1852 ein Darlehen von 2850 Thlr. erhalten zu haben, und sich verpflichtet, dasselbe vom 1. Juli 1853 ab mit 4% zu verzinsen und am 1. Juli 1859 zurückzuzahlen. Von dieser Schuld hat nach Angabe der Kläger ihr Erblasser dem Erblasser der Beklagten 1350 Thlr. erlassen, und der verbliebene Rest von 1500 Thlr. = 4500 ℳ bildet das Objekt des jetzigen Prozesses, auf dessen Zahlung nebst Verzugszinsen Klage erhoben ist. In den beiden Vorinstanzen ist den Klägern ein richterlicher Eid auferlegt, und von dessen Leistung bezw. Nichtleistung die Verurtheilung der Beklagten bezw. die Abweisung der Kläger abhängig gemacht. Gegen das B.U. haben nur die Beklagten Revision eingelegt.

Während die Kläger die Darlehnsklage erhoben haben, bestreiten die Beklagten, daß ein Darlehn gegeben worden sei. Sie behaupten, daß St., damaliger Pächter des Gutes K., von dem Erblasser der Kläger ein Darlehn erbeten, letzterer aber, dasselbe ablehnend, als Mitpächter eingetreten sei und als solcher Geld zum Wirthschaftsbetriebe hergegeben habe. Demnächst habe ihr (der Beklagten) Erblasser die Pachtung des Gutes und zwar allein übernommen, und sei vereinbart worden, daß diejenige Summe, welche der Erblasser der Kläger von St. zu fordern gehabt, der Erblasser der Beklagten, der neueintretende Pächter berichtigen solle, worauf derselbe die der jetzigen Klage zum Grunde liegende Schuldurkunde ausgestellt habe. Die Richter beider Vorinstanzen haben den Einwand, mit welchem die Beklagten der Klage auf Grund des von ihnen behaupteten Sachverhältnisses entgegengetreten, für unzutreffend erachtet. Der erste Richter, welchem der B.R. beigetreten ist, nimmt an, daß das Bestehen der Schuld selbst und die Uebernahme derselben seitens des Erblassers der Beklagten als die Erfüllung eines Pachtabtretungsvertrages unbestritten sei, und müsse es für zulässig erachtet werden, daß die Interessenten das ursprüngliche Rechtsgeschäft umgewandelt, indem sie die aus einem anderen Schuldgrunde herrührende Verbindlichkeit als eine Darlehnsschuld anerkannt hätten.

„Wenn für diese Annahme von den Richtern der Vorinstanzen auf die Urtheile des R.G. v. 5. Oktober 1880 (Entsch. Bd. II S. 337) und vom 10. Januar 1881 (Gruchot, Beiträge Bd. 26 S. 427) hingewiesen worden ist, so verhalten diese sich freilich über anderweitige Fälle, indem das erste das formgerechte Anerkenntniß eines durch Abrechnung über gegenseitige Forderungen ermittelten Schuldbetrages, das zweite die rechtliche Wirksamkeit einer Hypothekenbestellung betrifft, wo der eigentliche Verpflichtungsgrund in der betreffenden Urkunde nicht zum richtigen Ausdrucke gebracht ist. Auch scheint der § 867 Th. I T. 11 des Allg. L.R. der Annahme der Vorderrichter entgegenzustehen, welcher lautet: „Es ändert die Natur des ursprünglichen Geschäftes, aus welchem die Zahlungsverbindlichkeit entstanden ist, noch nicht, wenngleich über die schuldige Summe ein Schuldschein als über ein Darlehen ausgestellt ist."

Es kann jedoch diese Bestimmung nicht als eine apodiktische aufgefaßt werden, da die Aenderung der Natur des Geschäftes nicht schlechthin verneint wird, vielmehr die Worte „noch nicht" anstatt „nicht" deutlich die Möglichkeit erkennen lassen, auf diesem Wege das bis dahin bestandene Geschäft in ein rechtlich anders zu qualifizirendes umzuwandeln. Auch Dernburg (Preuß. Privatrecht 3. Aufl. Bd. II S. 37 Anm. 14) nimmt dies an, wenn er sagt: „Das Gewicht ist auf „noch" zu legen. Die Bezeichnung als Darlehen muß nicht unter allen Umständen, aber sie kann je nach der Sachlage eine abstrakte Verbindlichkeit begründen. In den Erkenntnissen, Striethorst, Archiv Bd. 67 S. 160 und Bd. 84 S. 25, nimmt das Ob.Trib. an, daß der § 867 einer vollzogenen Novation nicht entgegenstehe." In den Gründen des letzteren dieser Erkenntnisse heißt es noch am Schlusse derselben: „Das Ob.Trib. hat auch in mehreren derartigen Fällen ausgeführt, daß die Umwandlung schuldiger Kaufgelder in ein Darlehen nach den §§ 454, 455 Th. I T. 16 des Allg. L.R. zu beurtheilen sei." (Vergl. Erk. v. 29. Februar 1872 in Striethorst's Archiv Bd. 84 S. 249.)

Es ist daher in jedem einzelnen Falle durch Beurtheilung der betreffenden Urkunde und des derselben zum Grunde liegenden Sachverhältnisses festzustellen, was bei der Errichtung der Urkunde beabsichtigt worden ist. Der B.R. argumentirt: „Es liegt kein Grund vor, in dem vorliegenden Falle, wo der novirende Wille der Kontrahenten sich in dem Inhalte des Schuldscheins, wie der Vorderrichter zutreffend ausführt, in Verbindung mit der Annahme des Schuldscheins auf Seiten des klägerischen Erblassers anzunehmen, daß der Erblasser der Beklagten seinem Gläubiger nur eine Beweisurkunde über die Höhe seiner Forderung in die Hände geben wollte, und nicht die Absicht hatte, der Schuld einen neuen Charakter als abstrakte Verbindlichkeit zu verleihen. Wollen die Beklagten das so geschaffene Anerkenntniß angreifen, so kann dies nur dadurch geschehen, daß von ihnen dargethan wird, daß der Wille ihres Erblassers in Ansehung des abgegebenen Anerkenntnisses beeinflußt gewesen, daß derselbe durch einen Irrthum, der die Erklärung veranlaßte, hervorgerufen ist. Die Beklagten können demgemäß mit ihrem Einwande, daß ein Darlehen gar nicht gegeben sei, nicht gehört werden, da nach ihren eigenen Zugeständnissen und Erklärungen die Schaffung einer abstrakten Verbindlichkeit ohne Rücksicht auf das ursprüngliche Verhältniß unter den Erblassern beabsichtigt war, was nach den vorstehenden Ausführungen den geltend gemachten Klageanspruch zu stützen durchaus geeignet ist." Diese ganze Ausführung bewegt sich auf dem Boden des Thatsächlichen, und läßt einen Verstoß gegen Rechtsgrundsätze nicht erkennen. Die Feststellung ist daher für den Revisionsrichter bindend.

Die Beklagten haben in der Revisionsinstanz hervorgehoben, daß die von ihnen behauptete Genesis der Schuldurkunde vom 21. Juni 1853 seitens der eine Dahrlehensschuld behauptenden Kläger bestritten worden sei, und suchen daraus die Hinfälligkeit der Klage herzuleiten. Ihr Einwand würde zutreffen, wenn daraus gefolgert werden könnte, daß unter vorausgesetzter Richtigkeit ihrer Behauptungen der Klagegrund des Darlehens ausgeschlossen werde. Eine solche Annahme wäre jedoch rechtsirrthümlich. Die Klage beruht auf der inhaltlich über eine Darlehensforderung sich verhaltenden Urkunde. Die Beklagten haben diese Urkunde als solche anerkannt und der B.R. stellt fest, daß das frühere Bestehen der Schuld an sich unbestritten sei; die Beklagten bestreiten nur eine Darlehensschuld; aber aus ihren eigenen Angaben ergeben sich die Kriterien einer erfolgten Umschaffung, einer Novation, deren rechtliche Zulässigkeit oben näher begründet worden ist. Ueber ihre Folgen verhalten sich die §§ 454, 455 Th. I T. 16 des Allg. L.R., welche lauten: „Wird eine neue Verbindlichkeit ausdrücklich an die Stelle der vorigen gesetzt, so erlöscht diese letztere durch Umschaffung." „Ist die neue Verbindlichkeit so beschaffen, daß die vorige Verbindlichkeit mit ihr zugleich nicht bestehen kann, so erlöscht die vorige, wenn auch eine ausdrückliche Aufhebung derselben nicht erfolgt wäre." Hieraus folgt, daß die streitige Forderung rechtlich nur noch als ein Darlehen besteht, und die Forderung, wie sie ursprünglich nach der Darstellung der Beklagten entstanden sein soll, ihre rechtliche Existenz verloren hat; es besteht also unbedenklich eine Identität der mit der Klage beanspruchten Forderung mit derjenigen, welche von den Beklagten dargestellt worden ist."

208. **Das Versprechen, unter der Bedingung einer zu schließenden Ehe etwas zu leisten, ist ein lästiger Vertrag** (Preuß. Allg. L.R. I, 11 § 1048). **Gültigkeit des mündlichen Versprechens solcher Art** (Allg. L.R. I, 5 § 165). Urth. des IV. Civilsenats vom 12. November 1885 in Sachen C. M. und Gen. zu B., Kläger und Revisionskläger, wider A. F. Sch. das., Beklagten und Revisionsbeklagten. Vorinstanz: Kammerger. Berlin. Verwerfung. (IV, 180/85.)

Die Klage beruht auf der Behauptung, es sei zwischen dem klagenden Ehemanne und dem Beklagten ein mündliches Abkommen dahin getroffen, daß der erstere sich verpflichtet, die Mitklägerin zu heirathen, der letztere aber als Gegenleistung die Gewährung einer Mitgift versprochen habe.

„Unter vorausgesetzter Richtigkeit dieser Behauptung würde der Anspruch der Kläger als ein berechtigter anzuerkennen sein. Wenn Jemand unter der Bedingung einer zu schließenden Ehe einem der künftigen Eheleute etwas in rechtsgültiger Form versprochen hat, so ist ein solcher Vertrag nach § 1048 Th. I T. 11 des Allg. L.R. für einen lästigen zu erachten. Die rechtsgültige Form würde zwar bei der im Streitfalle nur mündlich erfolgten Vereinbarung fehlen. Dieselbe verhält sich jedoch auf Seiten des mitklagenden Ehemannes in dem Versprechen der Heirath über eine zu leistende Handlung, und unterliegt demgemäß der Bestimmung des § 165 Th. I T. 5 des Allg. L.R.; hat der Kläger die Handlung geleistet, so ist der Beklagte an die mündlich versprochene Gegenleistung gebunden. Es ist hier der langjährigen Rechtssprechung des vormaligen Preuß. Ob.Trib., wie dieselbe in dem Plenarbeschlusse vom 7. November 1845 (Entsch. Bd. 12 S. 31) und in zahlreichen spätern Erkenntnissen zum Ausdrucke gebracht ist, — beizutreten. Es fragt sich also, ob im Streitfalle Heirath und Gegenversprechen sich als Leistung und Gegenleistung bedingen. Der B.R. hat in Uebereinstimmung mit dem ersten Richter angenommen, daß durch die Aussagen der in erster Instanz vernommenen vier Zeugen ein Zusammenhang von Leistung und Gegenleistung nicht bewiesen sei."

209. 1. **Auslegung des § 1090 I, 11 des Allg. L.R.** (im Vergleich zu § 1063). **2) Voraussetzungen für eine belohnende Schenkung im Sinne des § 1169 I, 11 Allg. L.R.** Urth. des V. Civilsenats vom 13. Januar 1886 in Sachen H. zu St. (als Pfleger über den Nachlaß des Pastors W. das.), Klägers und Revisionsklägers, wider die verehel. L. K. das., Beklagte und Revisionsbeklagte. Vorinstanz: O.L.G. Breslau. Aufhebung und Zurückverweisung. (V, 150/85.)

Zu 1. „Die Beschwerde des Klägers wegen Verletzung des Allg. L.R. Th. I T. 11 § 1090 durch den B.R. muß für begründet erachtet werden. Das frühere Preuß. Ob.Trib. hat in konstanter Praxis angenommen, daß die Vorschrift dieses Gesetzes nicht von dem Widerruf einer in jeder Beziehung gültigen Schenkung zu verstehen ist, sondern den Aufruf einer außergerichtlich abgeschlossenen und durch Uebergabe vollzogenen, also einer nicht im Sinne des § 1063 Th. I T. 11 förmlichen Schenkung gestattet. Bei dieser Annahme erscheint auch die vom Ob.Trib. gezogene Konsequenz, daß sowohl die Erben als der Nachlaßpfleger innerhalb der vom Gesetze bestimmten Frist von 6 Monaten zur Ausübung des Widerrufs befugt sind, zutreffend. Das R.G. hat bereits in mehreren Entscheidungen seine Uebereinstimmung mit der Ansicht des Ob.Trib. unter näherer Begründung und Hinweis auf die Ausführungen des letztgedachten höchsten Gerichtshofes ausgesprochen" (vgl. Urth. u. Annalen Bd. I S. 489 Gruchot, Beiträge Bd. 26 S. 971 und Entsch. Bd. 12 S. 289). „Diese Ansicht zu verlassen, ist trotz erneuter Prüfung der Streitfrage nicht für richtig erachtet worden. In Betreff der Begründung wird auf das Urtheil des IV. Civilsenats (Entsch. Bd. 12 S. 289) verwiesen."

Zu 2. „Darnach erscheint der Entscheidungsgrund, auf welchem das B.U. beruht, hinfällig, und es muß die Aufhebung desselben erfolgen. Eine definitive Entscheidung in der Sache selbst konnte jedoch vom R.G. noch nicht getroffen werden, weil der Beklagten darin beizustimmen ist, daß die Ausführungen, mit welchen der B.R. ihren Anspruch als remuneratorische Schenkung verwirft, gegen Rechtsgrundsätze verstoßen.

Die Beklagte behauptet, der verstorbene Pastor W. habe seit den langen Jahren ihrer Bekanntschaft in nahen persönlichen Beziehungen zu ihr gestanden; W. habe sich keinen Dienstboten gehalten, die Reinigung seiner Wohnung, seiner Wäsche sei von ihr unentgeltlich geschehen, sie habe ihn an- und ausgezogen, in Krankheitsfällen ihn gepflegt, ihn die Abende in ihre Wohnung aufgenommen; auch habe er niemand anders als sie — die Beklagte — in seine Wohnung gelassen; W. habe mehrfach ausgesprochen, daß er ihr für ihre Pflege außerordentlich dankbar sei, für sie und ihre Kinder sorgen und ihnen sein ganzes Vermögen zuwenden werde. Dasselbe Motiv für die Schenkung habe er auch bei Hingabe der 3 Packete mit Werthpapieren am 5. Juni 1884 ausdrücklich angegeben.

Der Kläger hat diese Anführungen bestritten, glaubt auch nicht, daß damit die Voraussetzungen für eine remuneratorische Schenkung gegeben sind. Der B.R. ist dieser Ansicht beigetreten. Er verwirft die Einrede einer remuneratorischen Schenkung, weil die von der Beklagten dem W. geleisteten Dienste solche sind, welche auch von bezahlten Leuten geleistet werden können, außerdem, wie als erwiesen zu erachten, auch bezahlt seien, jedenfalls aber keine löblichen Handlungen oder einen geleisteten wichtigen Dienst im Sinne des Allg. L.R. Th. I T. 11 § 1169 darstellen. Diese Ausführungen beruhen, wie die Beklagte mit Recht geltend macht, auf einer rechtsirrthümlichen Auffassung von den Vorschriften des Allg. L.R. über belohnende Schenkungen.

Der § 1169 cit. bestimmt: „Wird durch eine Schenkung eine löbliche Handlung oder ein geleisteter wichtiger Dienst vergolten, so heißt solches ein belohnendes Geschenk. Solche Schenkungen, bei welchen diese Bedingungen zutreffen, erhalten dann in den folgenden Paragraphen eine besondere rechtliche Gestaltung, welche von derjenigen der gemeinen Schenkung namentlich auch, was hier von Bedeutung ist, in Betreff der Zulässigkeit des Widerrufs abweicht. Wie in der Preußischen Literatur nachgewiesen ist, walten in Betreff des Begriffs der belohnenden Schenkung allerdings in mehrfacher Beziehung schwer lösbare Zweifel ob, zu deren Beseitigung das Gemeine

Recht keine Handhabe bietet, weil die Bestimmungen des Allg. L.R. im Wesentlichen neue und selbständige sind. Soviel läßt jedoch die Fassung des § 1169 cit. deutlich erkennen, daß der Thatbestand der gemeinen Schenkung, welcher nach § 1037 Th. I T. 11 in der unentgeltlichen Ueberlassung einer Sache oder eines Rechtes besteht, um ein weiteres Moment hat vermehrt werden sollen, nämlich die Absicht des Schenkers, durch das Geschenk eine löbliche Handlung oder einen geleisteten Dienst zu vergelten. Bildet aber dieses innere Motiv das Kriterium für die belohnenden Schenkungen, so kann es auch nur darauf ankommen, ob die löbliche Handlung oder der Dienst in dem Geschenkgeber das Gefühl der Dankbarkeit, und den dadurch hervorgerufenen Entschluß der unentgeltlichen Ueberlassung erzeugt haben. Dagegen ist eine Prüfung, ob bei objektiver Beurtheilung (durch den Richter) die löbliche Handlung oder der Dienst geeignet waren, den Schenker zu der Hingabe zu bewegen, insbesondere, ob der Werth des Dienstes im Verhältniß zu dem Betrage der Schenkung steht, ausgeschlossen. Mit Recht sagen die Gesetzrevisoren (Pens. XIV S. 201): „Es liegt in der Natur der Sache, daß der Begriff „wichtiger Dienst" ein relativer bleiben muß, weil es nicht auf die Mühe und Anstrengung ankommt, welche der Dienst demjenigen, der ihn leistet, gekostet hat, sondern auf den Werth, den der Geschenkgeber ihm beilegt."

Mit dieser Ansicht hat sich nicht blos die ältere und neuere Preußische Literatur überwiegend einverstanden erklärt (vgl. Siewert, Materialien Heft 3 S. 69, Bielitz, Kommentar Bd. II S. 803, Koch, Recht der Forderungen Bd. III S. 219, 212, 2. Aufl., Gruchot, in den Beiträgen Bd. 7 S. 167 bis 168, Förster-Eccius, Theorie und Praxis Bd. II § 122 S. 38 Note 171, Bornemann, Systematische Darstellung des Preußischen Rechts 2. Aufl. Bd. III S. 226 bis 227), sondern es hat auch das frühere Ob.Trib. in demselben Sinne erkannt (Entsch. Bd. 83 S. 10 ff.).

Dagegen steht die Entscheidung des B.R. mit dieser Rechtsansicht in Widerspruch. Seine Worte, daß jedenfalls keine löbliche Handlung oder ein geleisteter wichtiger Dienst im Sinne des § 1169 cit. vorliegen, deuten klar darauf hin, daß er seinerseits geprüft hat, ob die von der Beklagten behaupteten Dienste und Gefälligkeiten nach allgemeiner Schätzung geeignet waren, den W. zu der Schenkung zu bewegen. Eine solche Prüfung steht jedoch dem Richter nicht zu. Liegt es (wie Bielitz l. c. richtig bemerkt) nicht allein im Begriffe der belohnenden Schenkung, daß eine Mühwaltung vergolten, sondern vornehmlich, daß die Zufriedenheit und Dankbarkeit des Geschenkgebers an den Tag gelegt wird, so mußte der B.R. erwägen, ob es unter den obwaltenden Umständen glaubhaft erscheint, daß W. sich der Beklagten in Folge ihrer Dienstleistungen zu Dank verpflichtet fühlte, ob er ihnen in seiner Lage einen besonders hohen Werth beilegte, und ob diese Erwägung ihn zu der Schenkung bewog.

Der B.R. sagt nun zwar weiter, die Schenkung könne nur als eine reine aufgefaßt werden, weil die von der Beklagten dem W. geleisteten Dienste auch von bezahlten Leuten geleistet werden können und bezahlt sind. Zu einer derartigen Einschränkung des § 1169 cit. liegt jedoch kein Anlaß vor. Mit Recht macht die Beklagte geltend, daß belohnende Schenkungen an Aerzte, Sachwalter, treue Diener u. s. w. gar nicht selten vorkommen, obwohl deren Dienstleistungen bezahlt werden. An sich erscheint es deshalb nicht ausgeschlossen, daß W., obwohl er die Beklagte für Miethe und Aufwartung bezahlte, dennoch durch deren Dienste und Gefälligkeiten zu einer belohnenden Schenkung bewogen wurde."

210. **Leihvertrag des Pferdeeigenthümers mit dem Fiskus durch das Vorreiten von Pferden vor der Remontekommission** (Preuß. Allg. L.R. I, 21 § 229). **Haftung des Fiskus für mäßige Versehen der von der Remontekommission mit der Rückgabe der Pferde betrauten Personen** (Allg. L.R. I, 21 § 249). **Verpflichtung des Fiskus, die entliehenen Pferde in demselben Zustand zurückzugeben, außer wenn die Rückgabe durch Zufall oder ein nicht zu vertretendes Versehen unmöglich geworden** (ebenda I, 21 §§ 229, 245, 246). **Keine Ausnahme von dieser Regel durch § 253 I, 21 und § 36 I, 14 des Allg. L.R.**
Urth. des IV. Civilsenats vom 28. Januar 1886 in Sachen des Fiskus, Beklagten und Revisionsklägers, wider den Pferdehändler W. L. zu N., Kläger und Revisionsbeklagten. Vorinstanz: Kammerger. Berlin. Verwerfung. (IV, 305/85.)

Nach den Feststellungen im Thatbestande des B.R. war der Hauptmann v. K. beauftragt, für die Remontekommission Vorbesichtigungen anzukaufender Pferde vorzunehmen und hatte angeordnet, daß die Gensdarmen Se. und S. ihm die beiden Pferde des Klägers vorreiten sollten. Diese holten die Pferde zu diesem Zwecke vom Hofe des Klägers ab und ritten sie in dessen Gegenwart dem Hauptmann v. K. vor.

„Es läßt sich nicht bezweifeln, daß hiermit die im § 229 Th. I T. 21 des Allg. L.R. aufgeführten Erfordernisse eines Leihvertrages festgestellt sind. Den bezeichneten, in Vertretung und Auftrage des beklagten Fiskus handelnden Militärpersonen ist der Gewahrsam der Pferde vom Kläger eingeräumt worden, um von denselben durch Vorreiten einen unentgeltlichen Gebrauch zu machen. Ein solcher Gebrauch erfordert zu seinem Begriff nicht, daß der Leiher aus den

Pferden einen unmittelbaren Nutzen durch Ausnutzung der Kräfte derselben zieht, sondern es genügt, daß der Gebrauch zu dem von der Remontekommission verfolgten Zwecke geschah, für den Dienst geeignete Pferde zu beschaffen und die Pferde des Klägers nach dieser Richtung durch Vorreiten zu prüfen. Es fehlte diesem Gebrauch nicht einmal ein vermögensrechtlicher Zweck des Beklagten, da das Vorreiten ein vorbereitender Akt für den in Aussicht genommenen Ankauf der Pferde war.

Es ist ferner kein Streit darüber, daß die gedachten Militärpersonen die Pferde mit der Bedingung erhielten, dieselben nach gemachtem Gebrauche zurückzugeben.

War hiernach Beklagter Leiher, so haftete er, weil auch dem Kläger aus dem Geschäft die Aussicht des Ankaufes der Pferde eröffnet wurde, nach § 249 Th. I T. 21 des Allg. L.R. für das mäßige Versehen des von ihm mit der Rückgabe derselben beauftragten Gensdarmen S. Es kann in dieser Beziehung auf die Ausführungen im Erkenntniß des Ob.Trib. vom 6. April 1869 (Entsch. Bd. 61 S. 3 ff.) und des vom B.R. citirten reichsgerichtlichen Urtheils hingewiesen werden.

Der in Rede stehende Schade ist entstanden, als der Gensdarm S. auf dem Wege war, die Pferde dem Kläger zurück zu bringen. Darüber hat der Zeuge H. bekundet, daß S. mit den Pferden in so scharfem Trabe hinter ihm her kam, daß er sich veranlaßt fand, demselben wegen des zahlreichen Fahrverkehrs zuzurufen: „Herr Wachtmeister, ruhig reiten"; ferner, daß nach Zurücklegung von etwa 200 Schritt S. einem Wagen ausweichen wollte; daß ihm dabei der Zügel des braunen Pferdes, welches er neben dem von ihm gerittenen Fuchs führte, aus der Hand glitt und das erstere Pferd sich dann durch Laufen gegen eine Deichselstange tödtlich verwundete. Der Zeuge bemerkt dabei noch, daß beide Pferde, welche durch den Fuhrwerksverkehr, insbesondere durch einen vorbeifahrenden Postwagen aufgeregt waren, schon kurz vor dem Zusammentreffen mit dem Wagen, nicht aber erst in Folge des Loslassens des Zügels durchgingen, so daß S. keine Gewalt mehr über sie hatte. Der Zeuge spricht endlich sein Urtheil dahin aus, daß S. in zu schneller Gangart geritten sei. Der B.R. nimmt ein scharfes Vorbeireiten des S. als durch diese Aussage erwiesen an; er bezeichnet die Straße, in welcher der Unfall stattfand, als eine enge, um jene Zeit vom Wagenverkehr besonders belebte Straße und qualifizirt dieses scharfe Vorbeireiten als ein mäßiges Verschulden des S., zumal die beiden Pferde jung, ungeritten und durch die voraufgegangene Musterung besonders erregt waren.

Augenscheinlich nimmt der B.R. an, daß S. zur Zeit des scharfen Vorbeireitens die Pferde noch in der Gewalt hatte, daß dieses scharfe Tempo das spätere Durchgehen der Pferde herbeiführte oder doch wesentlich möglich machte und daß also das Durchgehen in dem bereits vorhandenen, von S. verschuldeten scharfen Tempo seine Ursache hatte. In dem letzteren findet er das von dem Beklagten zu vertretende mäßige Versehen des S.

Nun hat zwar der Beklagte Sachverständigenbeweis darüber angetreten, daß selbst dem ausgezeichnetsten Sachverständigen nicht immer möglich sei, zu beurtheilen, ob, wenn ein Pferd scharf geht, dies mit dem Willen des Reiters geschieht? Diesen Beweisantritt hat der B.R. mit der Bemerkung erledigt: „Der Vorfall selbst erscheint genügend aufgeklärt, so daß es eines Eingehens auf die vom Beklagten angebotene weitere Beweisaufnahme nicht mehr bedurfte." Es kann dahingestellt bleiben, ob dies als eine genügende Motivirung der Ablehnung dieses Beweises angesehen werden kann. Denn es muß der Ausführung des Richters erster Instanz beigetreten werden: „daß, wenn die Ursache des Durchgehens und somit des Todes der Stute materiell nicht klargestellt werden kann, der Beklagte für den Schaden haftbar erklärt werden muß, da er weder den Zufall, noch auch ein geringes Versehen als Ursache des Todes der Stute nachgewiesen hat."

Nach §§ 229, 245, 246 Th. I T. 21 des Allg. L.R. war Beklagter verpflichtet, die Stute in dem Stande, wie sie ihm gegeben worden, zurück zu geben. Von dieser Verpflichtung kann er sich nur durch den Nachweis befreien, daß eine solche Rückgabe durch Zufall oder ein von ihm nicht zu vertretendes Versehen unmöglich geworden ist. Dies folgt daraus, daß, nachdem der Kläger die Verpflichtung des Beklagten zur Rückgabe begründet hat, die Befreiung des Beklagten von dieser Verpflichtung durch zufälligen Untergang der geliehenen Sache so wenig vermuthet werden kann, als die Erfüllung derselben. Die Aufhebung einer begründeten kontraktlichen Verpflichtung wird überhaupt nicht vermuthet; der Schuldner, welcher dieselbe behauptet, macht eine Einrede (nämlich die Einrede der Veränderung des bestehenden Rechtsverhältnisses) geltend und muß daher diese Einrede (d. h. die die Veränderung nach den Gesetzen begründenden Thatsachen) beweisen. Diese Sätze gelten für das Gemeine, wie für das Preußische Recht (Puchta, Pandekten § 267; Dernburg, Preußisches Privatrecht Bd. II § 70 unter 1; Striethorst Bd. 91 S. 52).

Der § 253 Th. I T. 21 und § 36 Th. I T. 14 des Allg. L.R. begründen keine Ausnahme. Denn daraus, daß in dem dort vorausgesetzten Falle der Verwahrer und der Leiher einen noch strengeren Beweis, nämlich den Beweis des unabwendbaren Zufalles, und zwar vollständig zu führen haben, läßt sich nicht folgern, daß sie im anderen Falle sich durch die unbewiesene Behauptung, daß die Sache durch Zufall untergegangen oder beschädigt ist, von der Verpflichtung zur Rückgabe befreien. Da nun der B.R. thatsächlich nicht feststellt, daß dieser Beweis des Zufalles vom Beklagten geführt ist, vielmehr ein mindestens mäßiges Versehen des Stellvertreters des Beklagten, S. für bewiesen erachtet, so leuchtet die Unerheblichkeit des obigen Beweisantrittes von selbst ein, da derselbe ganz ungeeignet ist, den Nachweis des zufälligen Unterganges zu begründen."

211. **Der § 673 Th. II Tit. 1 des Allg. L.R. giebt keinen materiell selbständigen Ehescheidungsgrund neben dem Ehebruch** (§ 670 ebenda). **Die Anwendbarkeit des § 673 ist daher nach der Feststellung, daß ein Ehebruch nicht stattgefunden habe, ausgeschlossen.** Urth. des IV. Civilsenats vom 18. Januar 1886 in Sachen der verehel. P. zu G., Klägerin und Revisionsklägerin, wider maritum, Beklagten und Revisionsbeklagten. Vorinstanz: O.L.G. Breslau. Verwerfung. (IV, 419/85.)

„Wenn die vorderrichtliche Feststellung, daß der Ehebruch widerlegt sei, unerschüttert bleibt, so giebt die Entscheidung bezüglich dieses Ehescheidungsgrundes zu rechtlichen Bedenken keinen Anlaß. Denn mit Recht nimmt der B.R. an, daß der § 673 Th. II T. 1 des Allg. L.R. einen materiell selbständigen Ehescheidungsgrund neben dem Ehebruche (§ 670 ebenda) nicht festgesetzt hat. Die Vorschrift des § 673 hat vielmehr nur den Zweck, den Beweis des vollzogenen Ehebruches in Fällen entbehrlich zu machen, in welchen dargethan wird, daß der andere Ehegatte mit einer dritten Person Umgang unter Umständen gepflogen hat, welche den Schluß auf Vollziehung des Ehebruches rechtfertigen. Die Anwendung des § 673 ist daher in Fällen der vorliegenden Art, wo festgestellt ist, daß die Vollziehung des Ehebruches nicht stattgefunden hat, ausgeschlossen. In diesem Sinne hat sich auch das R.G. schon wiederholt ausgesprochen."

212. **Stempelpflichtigkeit eines Vertrages, durch welchen die etwaigen künftigen Streitigkeiten der Kontrahenten mittels Schiedsspruches geordnet werden sollen** (Stempelges. von 1822; Allg. Vorschriften Nr. 1 des Allg. L.R. I, 5 § 1; C.P.O. §§ 851/2). Urth. des IV. Civilsenats vom 29. September 1885 in Sachen der Schlesischen Immobiliengesellschaft zu B., Klägerin und Revisionsklägerin, wider den Preuß. Steuerfiskus, Beklagten und Revisionsbeklagten. Vorinstanz: O.L.G. Breslau. Verwerfung. (IV, 142/85.)

Klägerin fordert 98 ℳ Stempel zurück, welche die Steuerbehörde von Schiedsverträgen erhoben hat, die in einer Reihe von durch die Klägerin abgeschlossenen Miethsverträgen enthalten sind. Sie ist aber mit ihrer Klage durch landgerichtliches Urtheil abgewiesen und ihre gegen dasselbe eingelegte Berufung ist durch das

O.L.G.=Urtheil zurückgewiesen. Gegen das letztere hat sie noch die Revision eingelegt.

„Die Zurückweisung der Revision ist nicht bedenklich. Unzweifelhaft ist eine Vereinbarung, nach welcher gewisse, künftig unter den Kontrahenten entstehende Streitigkeiten unter Ausschluß des Rechtsweges durch Schiedsrichter entschieden werden sollen, ein Vertrag (Allg. L.R. Th. I T. 5 § 1; §§ 851, 852 der C.P.O.). Der Umstand, daß ein solcher Schiedsvertrag gerade die aus einem andern Vertrage entstehenden Rechtsstreitigkeiten zum Gegenstande hat, ist für den Schiedsvertrag ein zufälliger; er nimmt demselben der Regel nach nicht den Charakter eines selbständigen Vertrages. Nur in dem Falle, daß bereits das Gesetz bei einer bestimmten Vertragsgattung (wie beim Versicherungsvertrage) die Entscheidung der aus dem Vertrage entstehenden Streitigkeiten der schiedsrichterlichen Entscheidung überweist, könnte man die vertragsmäßige Regelung dieses Naturales lediglich als integrirenden Bestandtheil des Versicherungsvertrages auffassen.

Ein solcher Fall ist vom Ob.Trib. in dem in den Entsch. Bd. 76 S. 236 mitgetheilten Erkenntniß entschieden; dieses Erkenntniß ist aber eben nur auf die oben hervorgehobene Eigenthümlichkeit des Versicherungsvertrages gestützt. Auch in dieser Entscheidung ist davon ausgegangen, daß mangels besonderer, eine andere Auffassung begründender Umstände eine solche engere Verbindung beider Arten von Vereinbarungen nicht anzunehmen ist. Ein solcher Ausnahmefall liegt hier nicht vor. In den gesetzlichen Bestimmungen über den Miethsvertrag (Allg. L.R. I, 21 § 258 ff.) ist nirgends von einer Ueberweisung von Streitigkeiten an Schiedsrichter die Rede; eine schiedsrichterliche Entscheidung gehört weder zu den Essentialien, noch zu den Naturalien des Miethsvertrages. Die vorliegenden Verträge würden Miethsverträge auch bleiben, wenn der § 7 derselben ganz fortfiele. Das Zusammenfassen beider Arten von Verträgen in denselben Urkunden ist ein äußerliches, der Umstand, daß zum Gegenstande des Schiedsvertrages die Streitigkeiten aus einem Miethsvertrage gemacht sind, läßt den Charakter des Schiedsvertrages unberührt, verleiht ihm keinerlei aus dem Miethsvertrage entspringende Eigenthümlichkeit.

Es liegen hiernach die Voraussetzungen der Nr. 1 der allgemeinen Vorschriften zum Gebrauch des Stempeltarifes von 1822 vor und daraus folgt, daß die zurückgeforderten Stempel durch die Tarifposition „Verträge" wohlbegründet sind." (Vergl. auch die Gründe der Entsch. des Ob.Trib. im Justiz=Ministerial=Bl. 1879 S. 111.)

213. Durch § 25 der Verordnung vom 17. September 1879 (betr. das Verwaltungszwangsverfahren) **ist die im § 686 der C.P.O. zugelassene Tilgungseinrede im Wege der Klage bei dem ordentlichen Gericht ausgeschlossen, die Entscheidung über diese Einrede vielmehr der zuständigen Vollstreckungsbehörde** (§ 3 der Verordnung) **übertragen.** Urth. des IV. Civilsenats vom 11. Februar 1886 in Sachen A. S. zu R., Klägers und Revisionsklägers, wider den Preuß. Fiskus, Beklagten und Revisionsbeklagten. Vorinstanz: O.L.G. Breslau. Verwerfung. (IV, 329/85.)

Wegen 221,60 ℳ rückständiger Schullasten ist das Grundstück des Klägers Anfangs auf Anordnung der Königl. Regierung zu Oppeln verpachtet, am 13. Oktober 1884 aber auf den Ende September gestellten Antrag derselben durch das Königl. Amtsgericht zu Ratibor die Zwangsverwaltung desselben eingeleitet worden. Kläger behauptet, daß der frühere Rückstand durch den am 1. Oktober 1884 an den Beklagten gezahlten Pachtzins von 525 ℳ getilgt worden sei und hat beantragt, den beklagten Fiskus zu verurtheilen, ihm den Besitz des Grundstückes frei von Pachtrechten Dritter zu restituiren und in die Aufhebung der Zwangsverwaltung zu willigen. Der Beklagte hat sich zwar materiell auf die Klage eingelassen, aber zugleich den Einwand der Unzulässigkeit des Rechtsweges erhoben. Das L.G. Ratibor hat die Klage wegen Unzulässigkeit des Rechtsweges abgewiesen. Kläger hat die Berufung mit dem Antrage eingelegt: „das erstinstanzliche Urtheil aufzuheben und die Sache an das Gericht erster Instanz zurückzuweisen." Der Beklagte hat neu die Einreden der mangelnden Passivlegitimation und der Unzuständigkeit des erstinstanzlichen Entscheidungsgerichts entgegengestellt. Die letztere Einrede ist darauf gestützt, daß nach § 686 der C.P.O. die Klage bei dem Prozeßgericht, als ausschließlich zuständigem Gericht, also im vorliegenden Falle bei dem L.G. Oppeln zu erheben gewesen sei. Das O.L.G. Breslau hat erkannt: 1) Der Einwand des Beklagten der Unzuständigkeit des Königl. L.G. Ratibor wird verworfen; 2) die Berufung des Klägers wird als unbegründet zurückgewiesen. Gegen dieses Urtheil hat Kläger die Revision eingelegt.

„Da nur Kläger die Revision eingelegt hat, so kommt nur die oben unter 1 aufgeführte Entscheidung in Betracht. Den Entscheidungsgründen des B.R. konnte wesentlich nur beigetreten werden. Der Kläger erstrebt die Beseitigung der Folgen der von dem Beklagten angeordneten Verpachtung und der beantragten Zwangsverwaltung und zwar aus dem Grunde, weil sein früherer Rückstand getilgt ist, also eine Forderung, welche die Grundlage dieser administrativen Maßregeln bilden könnte, nicht mehr besteht. Der § 25 der Verordnung, betreffend das Verwaltungszwangsverfahren vom 17. September 1879 (Gesetz-Samml. S. 603), bestimmt für die Zwangsvollstreckung in das bewegliche Vermögen: „Gegen die Pfändung kann sich der Schuldner nur schützen, wenn derselbe ... die vollständige Berichtigung des beizutreibenden Geldbetrages durch Quittung oder Vorlegung eines Postscheines nachweist, aus welchem sich ergiebt, daß der beizutreibende Geldbetrag an die für die Einziehung zuständige Stelle eingezahlt ist." Hiermit ist die im § 686 der C.P.O. zugelassene Geltendmachung der Tilgungseinrede im Wege der Klage bei dem ordentlichen Gericht ausgeschlossen; die Prüfung und Entscheidung über die Einrede vielmehr der zur Anordnung und Leitung des Verwaltungszwangsverfahrens zuständigen Vollstreckungsbehörde (§ 3 der Verordnung) übertragen.

Da diese Einrede bei der Zwangsvollstreckung in das unbewegliche Vermögen dieselbe Bedeutung hat, wie bei der Zwangsvollstreckung in das bewegliche Vermögen, so ist nicht abzusehen, weshalb Obiges nicht auch in diesem Falle gelten sollte. Mag die Bestimmung des § 54 der Verordnung: „Die Vollstreckbarkeit der Forderung und die Zulässigkeit der Zwangsvollstreckung ... unterliegen nicht der Beurtheilung des Gerichtes", auch zunächst den Zweck haben, die Folgerung auszuschließen, daß daraus, daß die Zwangsvollstreckung in das unbewegliche Vermögen als gerichtliche Zwangsvollstreckung erfolgt, keine Zuständigkeit des Vollstreckungsgerichtes für diese Fragen hergeleitet werde, so läßt sich doch hieraus nicht folgern, daß der bei der Zwangsvollstreckung in das bewegliche Vermögen aufgestellte Satz nicht auch bei der Zwangsvollstreckung in das unbewegliche Vermögen Platz zu greifen habe. Es kann hiernach dahingestellt bleiben: „ob, wie die Vorderrichter daneben ausführen, darin, daß die Verwaltungsbehörde trotz erfolgter Tilgung die gerichtliche Zwangsverwaltung aufrecht erhält, ein Mangel des Zwangsverfahrens, welcher die Form der Ausführung betrifft, im Sinne des § 2 der Verordnung zu finden ist?" Der Umstand, daß die Verwaltungszwangsvollstreckung nach § 10 der Verordnung vom 30. Juli 1853 (Gesetz-Samml. S. 909) nur wegen Rückständen stattfindet, berechtigt nicht zu der Folgerung, daß die Gerichte zu entscheiden haben: ob solche Rückstände vorhanden sind? Dies würde vielmehr den citirten Bestimmungen der Verordnung von 1879 widersprechen."

214. **Streit- und Beweisgegenstand und Parteirollen im Vertheilungsverfahren über das Kaufgeld aus der Zwangsversteigerung eines Grundstücks** (Gesetz vom 13. Juli 1883, §§ 114, 24—28, 113; Subhastationsordnung vom 15. März 1869 §§ 70 ff.). Urth. des V. Civilsenats vom 7. Januar 1886 in Sachen der Gewerbebank zu Marienburg, Beklagte und Revisionsklägerin, wider die Elbinger Handwerkerbank, Klägerin und Revisionsbeklagte. Vorinstanz: O.L.G. Marienwerder. Verwerfung. (V, 207/85.)

Der B.R. hat auf die, Abweisung der Klage begehrende, Berufung der Beklagten das erste Urtheil dahin bestätigt: 1. Beklagte ist schuldig einzuwilligen, daß aus der bei der Subhastation des Grundstücks Marienburg Bl. 819 B gebildeten Streitmasse von 2144,20 ℳ an die Klägerin 2106,70 ℳ gezahlt werden; 2. aus der genannten Streitmasse sind demgemäß 2106,70 ℳ an die Klägerin zu zahlen; 3. wegen des Restes hat ein anderes Vertheilungsverfahren stattzufinden; 4) die Kosten des Rechtsstreites werden der Beklagten auferlegt.

„Mit Recht geht der B.R. in Uebereinstimmung mit dem ersten Richter davon aus, daß in dem vorliegenden, aus dem Vertheilungsverfahren über das Kaufgeld aus der Zwangsversteigerung eines Grundstücks hervorgegangenen Rechtsstreit nur darüber zu entscheiden ist, ob der von der Beklagten erhobene Widerspruch begründet ist. Allerdings ist im vorliegenden Fall nicht, wie § 764 der C.P.O. als Regel vorschreibt, der widersprechende Gläubiger als Kläger aufgetreten, vielmehr hat derjenige, dessen Liquidat bei der Kaufgelderbelegung Widerspruch erfahren hat, die Rolle des Klägers gegenüber dem Widersprechenden übernommen. Dies hat nach § 114 des Gesetzes, betreffend die Zwangsvollstreckung in das unbewegliche Vermögen, vom 13. Juli 1883 dann zu geschehen, wenn eine (nicht vollstreckbare) Forderung, deren Vorhandensein oder Betrag aus dem Grundbuch nicht hervorgeht, in den Vertheilungsplan aufgenommen ist, und dagegen Widerspruch erhoben wird. In diesem Fall hat der Gläubiger den aus dem Grundbuch nicht ersichtlichen Grund und Betrag der liquidirten Forderung gegen den Widersprechenden im Wege der Klage darzuthun. Allein ein solcher Fall liegt hier nicht vor. Denn zur Theilnahme an den Kaufgeldern berufen und demgemäß in den Vertheilungsplan aufzunehmen sind allein die in den §§ 24 bis 30 a. a. O. aufgeführten Forderungen, und es können also die Worte des § 214: „Ist eine Forderung, deren Vorhandensein oder Betrag aus dem Grundbuch nicht hervorgeht, in den Vertheilungsplan aufgenommen worden", nur auf die Forderungen selbst, die an den Kaufgeldern Theil nehmen, bezogen werden, sei es, daß dieselben gar nicht im Grundbuch eingetragen sind (§§ 24—28 a. a. O.), sei es, daß — wie bei den nach früherem Recht ohne Höchstbetrag eingetragenen Kautionshypotheken — der Betrag der Forderung aus dem Grundbuch nicht ersichtlich ist. Der § 114 findet also keine Anwendung, wenn die dem Widersprechenden hinderliche Forderung selbst aus dem Grundbuch sich ergiebt, und nur die das Recht des Liquidanten auf die eingetragene Forderung, also hier das von der Klägerin geltend gemachte Pfandrecht an den durch Zahlung an den Eigenthümer gelangten Theil der den Forderungen der Beklagten voreingetragenen Grundschuld und insbesondere die durch das prätendirte Pfandrecht zu sichernde persönliche Forderung der Klägerin daraus nicht ersichtlich ist. Wenn Klägerin, obwohl sie hiernach die Klage der widersprechenden Gläubigerin hätte abwarten dürfen, dennoch vom Subhastationsrichter zur Klage verwiesen worden und demgemäß klagend aufgetreten ist, so konnte durch diese Verschiebung der Parteirollen das materielle Prozeßrecht nicht geändert und Klägerin nicht gezwungen werden, auch einem unberechtigten Widerspruch gegenüber ihr Recht an dem streitigen Kaufgeldertheil darzuthun. Vielmehr ist die Beklagte, da sie im Vertheilungsverfahren der Forderung der Klägerin widersprochen, materiell als der angreifende Theil anzusehen und muß demgemäß ihren Widerspruch begründen und ihre Berechtigung zu demselben darthun, so daß das Recht der Klägerin für den vorliegenden Rechtsstreit nicht weiter in Frage kommt, als es von dem Widerspruch der Beklagten, sofern dieser berechtigt, getroffen wird.

Von diesem richtigen, auch dem Charakter des vorliegenden Rechtsstreits als judicium duplex entsprechenden Gesichtspunkte aus hat der B.R. die Stellung der Parteien beurtheilt und demgemäß geprüft, ob der von der Beklagten im Vertheilungsverfahren erhobene Widerspruch rechtlich begründet ist. —

Die Klägerin hat im Vertheilungsverfahren den streitigen Kaufgeldertheil aus dem Recht des eingetragenen Eigenthümers (Subhastaten), welcher einen Theil der den Forderungen der Beklagten vorstehenden Grundschuld angeblich bezahlt und für diesen Theil Löschungsbewilligung des Gläubigers erhalten hatte, in Anspruch genommen und ihre Befugniß hierzu auf ein ihr an dem getilgten Theil der Grundschuld bezw. der Quittungsurkunde eingeräumtes Pfandrecht gestützt. Den hiergegen erhobenen Widerspruch hat die Beklagte im vorliegenden Prozeß in zweifacher Richtung zu begründen gesucht, indem sie zunächst und hauptsächlich die Gültigkeit des von der Klägerin geltend gemachten Pfandrechts bestritten, außerdem aber behauptet hat, daß der eingetragene Eigenthümer (Subhastat) durch den Zuschlag die Befugniß zur Verfügung über die bezahlte Grundschuld verloren, sich derselben durch Nichtausübung begeben habe, hierdurch aber insoweit die Grundschuld selbst in Wegfall gekommen sei. Die letztere Absicht entbehrt der rechtlichen Begründung. Das erworbene Recht des eingetragenen Eigenthümers, über eine von ihm getilgte Hypothek oder Grundschuld auf Grund der erlangten Quittung oder Löschungsbewilligung zu verfügen, ist durch die Fortdauer seines Eigenthums nicht bedingt (§ 63 ff. des Gesetzes über den Eigenthumserwerb), wird also auch im Fall der Zwangsversteigerung durch den Zuschlag nicht mehr und nicht weniger betroffen, als das Recht jedes anderen Realgläubigers. Hiernach würde unbedenklich der Subhastat, also an dessen Stelle der Konkursverwalter in der Lage gewesen sein, im Kaufgelderbelegungstermin den Betrag der bezahlten, aber bis zur Löschung fortbestehenden Grundschuld aus den Kaufgeldern zu liquidiren. Daß er es nicht gethan, kann als ein Verzicht zu Gunsten der postlocirten Gläubiger nicht angesehen werden.

Betraf insoweit der Widerspruch der Beklagten den Bestand (Fortbestand) der Grundschuld selbst, so ist mit der Gültigkeit und Wirksamkeit des von der Klägerin geltend gemachten Pfandrechts an dem quittirten Theil der Grundschuld lediglich die Legitimation der Klägerin zur Inanspruchnahme des fraglichen Kaufgeldertheils bestritten worden.

Es steht also in Frage, ob der Widerspruch gegen ein Liquidat auf den bloßen Legitimationsmangel des Liquidanten gestützt werden kann.

Die Subhastationsordnung vom 15. März 1869 enthielt im § 70 die ausdrückliche Bestimmung, daß, wie der Schuldner, so auch jeder Subhastationsgläubiger befugt sei, die Richtigkeit, das Realrecht und das Vorrecht der einzelnen Forderungen zu bestreiten, sofern durch deren Theilnahme an der Masse, oder durch Ausübung des verlangten Vorrechts seiner Befriedigung Eintrag geschieht. Es war hiermit der Kreis gezogen, innerhalb dessen ein wirksames Bestreiten einer Forderung im Kaufgelderbelegungsverfahren stattfinden konnte. Eine gleiche Bestimmung enthält das Zwangsvollstreckungsgesetz vom 13. Juli 1883 nicht und ebensowenig die C.P.O., auf deren Vorschriften (§§ 762—768) jenes Gesetz (§ 113) verweist. Es kann jedoch hieraus nicht geschlossen werden, daß die Gründe, aus denen ein Gläubiger einem Liquidat zu widersprechen befugt ist, gegenüber der früheren Subhastationsordnung haben erweitert werden sollen. Die Motive zu dem Gesetz vom 13. Juli 1883 (S. 52) bemerken zu § 113: „Die Gründe für einen zu erhebenden Widerspruch werden hier ebenso wie bei dem Vertheilungsverfahren der C.P.O. übergangen. Sie gehören dem materiellen Rechte an. Daß das Vorhandensein einer Forderung oder der für dieselbe beanspruchte Rang von jedem Betheiligten bestritten werden kann, versteht sich vorbehaltlich derjenigen Rechtssätze, welche diese Möglichkeit unter gewissen Umständen beschränken, von selbst."

Es wird also hier das Widerspruchsrecht des Gläubigers, wie es im § 70 der Subhastationsordnung von 1869 umschrieben ist, als Ausfluß des materiellen Rechts, und eine besondere Bestimmung hierüber für entbehrlich erachtet. Diese Auffassung ist auch zutreffend. Der § 70 a. a. O. enthält nicht eine Beschränkung der Anfechtungsbefugniß des Gläubigers auf einzelne spezielle Fälle, sondern faßt nur die Fälle zusammen, in denen ein Widerspruchsrecht des Gläubigers, der an Realisirung seiner Forderung durch die Konkurrenz einer gar nicht oder schlechter berechtigten Forderung sich gehindert sieht, aus den Grundsätzen des materiellen Rechts sich ergiebt. Aus Gründen des materiellen Rechts hat denn auch schon vor der Subhastationsordnung von 1869 das vormalige Preußische Ob. Trib. dem nachstehenden Gläubiger die Befugniß, dem liquidirenden Mitgläubiger den Mangel seiner Aktivlegitimation entgegenzusetzen, versagt (Entsch. Bd. 35 S. 470; Striethorst's Archiv Bd. 81 S. 45); durch das Gesetz vom 13. Juli 1883 ist aber in dieser Beziehung nichts geändert worden. Im Gegentheil folgt schon aus der Natur und dem Zweck des in diesem Gesetz und den darin in Bezug genommenen Bestimmungen der C.P.O. dem Gläubiger gegebenen Rechtsmittels, daß der Widerspruch sich nicht lediglich gegen die Aktivlegitimation eines konkurrirenden Gläubigers richten kann. Denn das Gesetz faßt als den eigentlichen Gegenstand des Widerspruchs den Vertheilungsplan auf (§ 113 Abs. 2 und 3 des Gesetzes vom 13. Juli 1883; §§ 762, 764 Abs. 2 der C.P.O., vergl. Krech und Fischer, das Preußische Gesetz, betreffend die Zwangsvollstreckung in das unbewegliche Vermögen, S. 531 Nr. 4), dessen Ausführung verhindert und dessen Abänderung zu Gunsten des widersprechenden Gläubigers, eventuell mittelst Klage gegen den betheiligten Gläubiger bewirkt werden soll. In den Vertheilungsplan sind aber nach § 106 des Gesetzes vom 13. Juli 1883 alle eingetragenen Forderungen von Amts wegen aufzunehmen, gleichviel von welcher Person dieselben geltend gemacht werden. Es kann also ein gegen den Vertheilungsplan erhobener Widerspruch seinen Zweck nur erreichen, wenn dadurch die von demselben speziell betroffene Forderung entweder ganz aus dem Plan oder doch von der ihr in demselben angewiesenen Stelle verdrängt wird. Ein lediglich gegen die Person des Liquidanten gerichteter, auf Anfechtung des von demselben zu seiner Legitimation beigebrachten translativen Titels gestützter Widerspruch kann zu diesem Resultat niemals führen; denn die Forderung selbst und die ihre Rangordnung bedingenden Eigenschaften bleiben von einer Ungültigkeit des lediglich das Verfügungsrecht des Liquidanten über dieselbe begründenden Erwerbstitels des letzteren unberührt. Sie, die Forderung und das ihr beiwohnende Vorrecht ist es aber allein, was bei unzureichendem Kaufgeld der Realisirung einer noch eingetragenen

Forderung entgegensteht, nicht die von der Forderung selbst zu unterscheidende Befugniß des Liquidanten, sie geltend zu machen. Wenn also im vorliegenden Fall ein Pfandrecht der Klägerin an der Grundschuld, soweit dieselbe von dem Eigenthümer bezahlt und demselben quittirt worden, nicht besteht, so würde hieraus nur folgen, daß nicht die Klägerin, sondern der frühere Eigenthümer, von dem jene ihr Recht herleitet, dieselbe zu liquidiren berufen sein würde. Dadurch würde aber eine Abänderung des Vertheilungsplanes zu Gunsten der Beklagten nicht erzielt werden können.

Wäre daher die Klägerin unbefugt als Liquidantin aufgetreten, so würde hierin eine Beeinträchtigung der Rechte der Beklagten doch nicht gefunden werden können, sondern nur ein Eingriff in die Rechte desjenigen, aus dessen Recht sie liquidirt hat; nur dieser also würde Anlaß gehabt haben, dem Liquidate entgegenzutreten und zu diesem Behuf die Existenz und Wirksamkeit des von der Klägerin behaupteten Pfandrechts anzugreifen. Der von der Beklagten erhobene Widerspruch, insoweit er die Rechtsgültigkeit dieses Pfandrechts bestreitet, ist daher in Wahrheit aus dem Recht eines Dritten entnommen, daher aus einem nach den hier maßgebenden Grundsätzen des materiellen Rechts unzulässigen Fundament erhoben. Die Möglichkeit, daß in Ermangelung eines zu einer von Amts wegen angesetzten Forderung legitimirten Gläubigers diese Forderung vermittelst Aufgebots und Ausschlußurtheils zum Wegfall gebracht, und dadurch schließlich der auf eine solche Forderung entfallende Theil der Kaufgelder an einen nacheingetragenen Gläubiger gelangen kann (§§ 120, 131 ff. des Gesetzes ꝛc.), verleiht dem letzteren keinen gegenwärtigen Rechtsanspruch, der durch das Auftreten eines mit mangelhafter Legitimation versehenen Gläubigers verletzt werden könnte. Erst wenn ein legitimirter Gläubiger überhaupt nicht vorhanden, erwächst dem postlocirten Gläubiger ein eventuelles Recht, welches nach § 120 Abs. 2 a. a. O. auch in den Vertheilungsplan aufzunehmen ist. Von einem solchen eventuellen Recht aber kann nicht die Rede sein, wo, wie hier, die Beseitigung des Rechts des Liquidanten nur das Einrücken desjenigen zur Folge haben würde, von dem dieser sein Recht herleitet (vergl. § 121 a. a. O.).

Hiernach hat mit Recht der B.R. die Erörterung der Legitimation der Klägerin zu der von ihr liquidirten Forderung aus dem vorliegenden Rechtsstreit ausgeschlossen, den Widerspruch der Beklagten also auch von diesem Gesichtspunkt für unbegründet erachtet. Aus der Hinfälligkeit des Widerspruchs der Beklagten folgte die Verurtheilung derselben nach dem Klageantrage. Die hierauf ergangene

Entscheidung beruht hiernach überall auf richtiger Gesetzesanwendung, und es konnte die dagegen eingelegte Revision keinen Erfolg haben.

Ein Bedenken könnte aus der, der Verurtheilung der Beklagten gemäß § 766 der C.P.O. beigefügten Bestimmung, die Streitmasse in Höhe von 2106,70 ℳ an die Klägerin zu zahlen, insofern entnommen werden, als der B.R. die Frage, ob Klägerin zu der von ihr liquidirten Forderung legitimirt sei, dahin gestellt sein läßt, ja sogar selbst zugiebt, daß eine gültige Verpfändung der Grundschuld an die Klägerin nicht stattgefunden habe. Da der B.R. die Legitimationsprüfung lediglich dem Subhastationsrichter zuweist, so wäre es konsequent gewesen, auch die Bestimmung, ob nach Beseitigung des Widerspruchs der Beklagten die Masse an die Klägerin auszuzahlen, dem Subhastationsrichter zu überlassen. Es bedurfte indessen in dieser Beziehung einer Abhülfe nicht; denn da die Entscheidung nur unter den Parteien erfolgt ist, so werden dadurch die Rechte Dritter nicht berührt, und es bleibt daher dem Subhastationsrichter immer noch überlassen, die Auszahlung der Masse an die Klägerin zu beanstanden, falls er die Legitimation derselben zur Empfangnahme als durch den Hergang bei der Kaufgelderbelegung hergestellt nicht erachten sollte."

2. Hamburgisches Recht.

215. „Leibeserben" sind die nächsten Descendenten jedes Stammes. Der Nachlaß eines Erblassers kann unter dem Namen seines „Testaments" als juristische Person behandelt werden. Ueber den ganzen Nachlaß kann ohne Ernennung von Erben verfügt werden. (Stat. 1, 3, 22.) **Keine Falcidische oder Trebellianische Quart nach Hamb. Recht.** Urth. des I. Civilsenats vom 28. Sept. 1885 in Sachen der verehl. E. und Gen., Kläger und Revisionskläger, wider das Erbschaftsamt zu Hamburg, Beklagten und Revisionsbeklagten. Vorinstanz: O.L.G. Hamburg. Verwerfung. (I, 194/85.)

Nachdem das L.G. Hamburg am 12. Dezember 1884 das verklagte Amt klaggemäß verurtheilt hatte, den Klägern 795,57 ℳ nebst 6% Zinsen seit dem 3. Juni 1884 zu bezahlen und die Kosten des Rechtsstreites zu tragen, ist durch das B.U. diese Entscheidung aufgehoben, und sind die Kläger kostenpflichtig mit ihrer Klage abgewiesen worden. Hiergegen haben die letzteren Revision eingelegt.

„Die Zulässigkeit der Revision unterlag keinem Bedenken. Obwohl der Werth des Beschwerdegegenstandes weit hinter der in § 508 der C.P.O. festgesetzten Revisionssumme zurückbleibt, findet das Rechtsmittel hier auf Grund des § 509 Nr. 2 daselbst, vergl. mit § 70 Abs. 3 des G.V.G. und § 75 des Hamburgischen Ausführungsgesetzes zu dem letztern statt, weil es sich um einen Anspruch wegen öffentlicher Abgaben handelt.

Die Revision erwies sich aber als unbegründet, und zwar ohne daß es dabei auf eine genaue Erörterung aller durch die rechtlichen Ausführungen des O. L. G. und die Angriffe der Kläger angeregten Fragen angekommen wäre. Der entscheidende Punkt liegt darin, ob die Kläger Dasjenige, was ihnen aus dem von der Wittwe R. hinterlassenen Vermögen zugeflossen ist, vermöge sebstständigen Rechtsanspruches auf Grund einer testamentarischen Verfügung jener Erblasserin, oder als Theil ihres väterlichen Vermögens durch Beerbung ihres Vaters erworben haben. Daß Ersteres der Fall ist, kann keinem Zweifel unterliegen, da sich eben eine besondere Anordnung, daß das Kapital nach dem Tode des Vaters der Kläger seinem „ehelichen Leibeserben“ ausgekehrt werden solle, im Testamente findet, daß das O.L.G. mit Recht den Ausdruck „Leibeserben“ einfach im Sinne von Descendenten jedes Stammes versteht, und da mithin, falls das Kapital bei Lebzeiten des Vaters der Kläger wirklich zu seinem Vermögen gehört haben sollte, dieses Vermögen dann auch mit der Verpflichtung einer Restitution an die Kläger belastet war, so daß sie ein Recht auf dieselbe auch für den Fall gehabt haben würden, daß sie nicht Erben ihres Vaters geworden wären. Bei dieser Sachlage ist es unerheblich, ob die Rechtsauffassung des O.L.G. von der Art, wie die Successionsverhältnisse in Ansehung des Nachlasses der Wittwe R. nach Maßgabe ihres Testamentes im Einzelnen gestaltet zu denken seien, durchgängige Billigung verdient, oder nicht. Uebrigens trafen keinenfalls alle von den Klägern gegen diese Auffassung gerichteten Angriffe zu.

Insbesondere ist es, wenn auch in den vorliegenden Entscheidungsgründen das O.L.G. seine Annahme der Möglichkeit, den Nachlaß eines Testators unter dem Namen seines „Testamentes“ als eine juristische Person hinzustellen, nicht ausdrücklich auf ein besonderes Hamburgisches Gewohnheitsrecht begründet hat, dem R. G. doch aus andern Rechtssachen, die ihm zur Entscheidung vorgelegen haben, sowie aus sonstigen Erkenntnißquellen wohlbekannt, daß in Hamburg eine allgemeine Rechtsüberzeugung dieses Inhalts besteht und im Rechtsleben vielfach bethätigt wird, besonders in Fällen, wo nicht, wie im vorliegenden Falle, bestimmte physische Personen wenigstens den Worten nach als Erben im Testamente bezeichnet sind, sondern wo, wie es nach den Hamb. Stat. 3, 1, 22 rechtlich möglich ist, über den ganzen Nachlaß im Testamente ohne Ernennung von Erben verfügt ist. Auch ist nicht abzusehen, weshalb diese Auffassung nicht völlig vereinbar damit sein sollte, daß, wie das R.G. in den Entsch., Bd. 9

S. 210, ausgesprochen hat, der Umfang der Vertretungsbefugniß des Testamentsvollstreckers für Hamburg nur nach dem Gemeinen Deutschen Rechte zu bestimmen ist. Andrerseits war nicht zu verkennen, daß die in die erste Reihe gestellte Auffassung des O.L.G., wonach als die eigentlichen Testamentserben der Wittwe R. erst die nach dem Ableben der dem Wortlaute zufolge zu „Erben" Eingesetzten berufenen Descendenten der letztern zu gelten hätten, während doch schon vor ihrem Einrücken alle möglichen sonstigen Bestimmungen des Testamentes in rechtliche Wirksamkeit getreten wären, zu ernsten Bedenken Veranlassung gebe. Aber möge es sich damit verhalten, wie es wolle, so bleibt doch die eventuelle Begründung des vorigen Urtheils von diesen Bedenken ganz unberührt. Gleichviel, ob man sich die Erbfolge als solche auf die im Testamente als „Erben" bezeichneten Personen, oder auf das als Rechtssubjekt aufgefaßte „Testament" übergegangen denkt, so ist doch jedenfalls die Auskehrung des Kapitals der betreffenden Erbschaftsquote an die Kläger für den Fall des Todes ihres Vaters, wie oben schon dargelegt ist, in dem Testamente angeordnet, und eben deshalb sind sie, wenn nicht selbst Erben, Vermächtnißnehmer in Ansehung dieser Quote, wie das O.L.G. mit Recht ausgesprochen hat. Dies folgt aus dem Begriffe des Vermächtnisses ohne Weiteres insbesondere ohne daß es auf die Ausdrücke, in welchen die Erblasserin gerade diese Zuwendung verfügt hat, irgendwie ankäme. Die Einwendung, welche die Kläger hier noch, übrigens in sehr künstlicher Weise, an das Recht der Trebellianischen Quart haben anknüpfen wollen, erledigt sich schon dadurch, daß, was den Klägern nicht bekannt gewesen zu sein scheint, das Recht der Falcidischen bezw. Trebellianischen Quart in Hamburg gar nicht gilt; vergl. Gries, Kommentar, Bd. 2 S. 231 und Baumeister, Hamb. Privatrecht, Bd. 2 S. 287 ff.

Auf alle Fälle waren also die Kläger nach der Hamburgischen Verordnung vom 29. Dezember 1851, wie deren, übrigens auch sonst unzweifelhafter, Inhalt für diese Sache maßgebend vom O.L.G. festgestellt ist, zur Entrichtung der Erbschaftsabgabe mit 7½ Prozent verpflichtet."

3. Sächsisches Recht.

216. Anfechtbarkeit von Rechtshandlungen und Verjährung des Klagrechts nach § 1509 B.G.B., soweit das Reichsanfechtungsgesetz vom 21. Juli 1879 § 2 keine Anwendung leidet. (S. o. Fall 197.)

4. Rheinisches Recht.

217. **Der im Voraus ausgesprochene Verzicht auf gerichtliche Hypothek aus gerichtlichen Erkenntnissen** (Code civil Art. 2123) **ist wirkungslos** (Art. 1133), **hindert die Entstehung der gerichtlichen Hypothek nicht, rechtfertigt den Antrag auf Löschung der eingetragenen nicht** (Art. 2160), **giebt vielmehr nur ein vertragsmäßiges Recht auf Löschung und Anspruch auf Schadensersatz** (Art. 1145). **Dieses Recht erwirbt aber auch der Besitznachfolger des Vertragschließenden** (Art. 1121. 1166). **Auch er kann die Gewährleistungspflicht für die Pfandfreiheit klagend geltend machen** (Art. 1626). Urth. des II. Civilsenats vom 26. Februar 1886 in Sachen S. und R. zu Frankfurt a. M., Beklagten und Revisionsklägerin, wider L. H. zu Cöln, Kläger und Revisionsbeklagten. Vorinstanz: O.L.G. Cöln. Verwerfung. (II, 461/85.)

Durch Schuldschein vom 15. Oktober 1876 bekannten die Eheleute K. O. und Cl. geb. v. H. der Firma S. & R. zu C., für gelieferte Waaren die Summe von 14 124,90 ℳ solidarisch zu verschulden. Am 30. November 1876 erwirkte die Firma gegen die genannten Schuldner beim Friedensgerichte zu Hillesheim ein freiwilliges Urtheil über 7000 ℳ mit Zinsen, jedoch ohne solidarische Haftbarkeit der Schuldner, und ließ dasselbe am 2. Dezember 1876 bei dem Hypothekenamte zu Prüm eintragen. Ehefrau K. O. erwarb am 16. Oktober 1876 bei der gerichtlichen Versteigerung des Nachlasses ihrer im Dezember 1875 verstorbenen Mutter sämmtliche zu dem Nachlasse gehörigen, zu Siegburg belegenen Immobilien unter der Bürgschaft des L. H., des Ehemanns ihrer Stiefschwester, für 16 600 ℳ. Auf diese Immobilien erwirkte die Firma S. & R. am 7. Oktober 1878 auf Grund des Urtheils vom 30. November 1876 bei dem Hypothekenamte zu Siegburg Inskription.

Durch Kaufvertrag vom 19. Oktober 1878 übertrug die Ehefrau K. O. dem L. H. die aus dem Nachlasse ihrer Mutter herrührenden Grundstücke für 10 000 ℳ. Erst nach Abschluß des Aktes erlangte der Ankäufer Kenntniß von der durch S. & R. erwirkten Eintragung und erhob darauf am 27. Juni 1883 wider diese Firma beim L.G. Bonn Klage auf Löschung mit der Behauptung, der Theilhaber der Beklagten, R., habe mit den Eheleuten K. O. und L. v. H., dem Bruder der Ehefrau O., folgende Vereinbarung abgeschlossen: Eheleute O. sollten die Forderung unter Verzichtleistung auf Entschädigung für vertragswidrige Lieferungen anerkennen, für 7000 ℳ solle ein freiwilliges Urtheil erwirkt und Inskription auf die zu Gerolsheim belegenen Immobilien der Schuldner bewirkt, für die andern 7000 ℳ solle von L. v. H. die Solidarbürgschaft übernommen werden. Dagegen habe R., der Mitinhaber der Firma S. & R., ausdrücklich darauf verzichtet, irgend eine Sicherheit an den zu Siegburg gelegenen Immobilien der Ehefrau K. O. zu suchen.

Die von der Beklagten zunächst erhobene Einrede der Unzuständigkeit des Gerichtes und der Ungültigkeit der Klagezustellung wurde durch Zwischenurtheil des L.G. vom 1. Februar 1883 verworfen. Die Beklagte beantragte darauf Abweisung der Klage, indem sie behauptete, eine Uebereinkunft unter Verzichtleistung auf die hypothekarische Belastung der Siegburger Grundstücke habe überhaupt nicht stattgefunden, jedenfalls könne Kläger sich darauf nicht berufen, da er bei dem Abkommen nicht mitgewirkt habe. Nach Erhebung der erbotenen Beweise erkannte das L.G. am 7. Februar 1884, daß Beklagte schuldig sei, die beim Hypothekenamte zu Siegburg bewirkte Eintragung zu löschen.

Beklagte erhob Berufung mit dem Antrage auf Klageabweisung, zu dessen Begründung sie auf verschiedene Briefe des L. v. H. Bezug nahm und den Richtereid ihrer Theilhaber erbot. Von dem Kläger wurde Verwerfung der Berufung beantragt. Das O.L.G. Köln verordnete eine nochmalige Vernehmung der in erster Instanz vernommenen Zeugen und erkannte sodann durch Urtheil v. 17. Juni 1885 auf Verwerfung der Berufung. In den Gründen wird ausgeführt: „Wie durch die Zeugen v. H. und K. O. festgestellt sei, habe E. R., der Mitinhaber der Firma S. & R., bei den Verhandlungen v. 6. Oktober 1876 den Eheleuten K. O. und dem L. v. H. ausdrücklich erklärt, er erachte sich für die Hälfte der seiner Firma zustehenden Forderung, für welche ein freiwilliges Urtheil genommen werden solle, durch die Gerolsteiner Immobilien völlig gesichert, und er wolle das Siegburger Immobilar, d. h. den Erbantheil der Ehefrau O. an dem Immobilarnachlasse ihrer Mutter, dem L. v. H. überlassen, um diesen zur Uebernahme der Bürgschaft für die andere Hälfte zu bewegen, dagegen für das Guthaben seiner Firma an diesem Immobilar keine Sicherheit suchen. Diese Aussagen würden sowohl durch die übrigen Zeugen als die vorgelegten Schriftstücke unterstützt, und sei demnach, wie durch Würdigung der Beweisergebnisse im Einzelnen ausgeführt wird, die Vereinbarung vom 6. Oktober 1876 als festgestellt zu erachten und auf das Eideserbieten der beklagten Firmentheilhaber nicht einzugehen. Demnach sei die am 7. Oktober 1878 wider Eheleute O. bewirkte Eintragung auf Grund einer, in Folge Verzichtes der Gläubigerin gar nicht existent gewordenen Hypothek erfolgt und darum ungültig. Die demande en radiation sei daher gemäß Art. 2160 des bürgerlichen Gesetzbuches begründet, da unter den in diesem Artikel erwähnten Fällen das Erlöschen einer Hypothek par les voies légales gemäß Art. 2180 Nr. 2 auch der Verzicht des Gläubigers als miteinbegriffen anzusehen sei.

Der Umstand, daß der Verzicht vor Erwirkung des freiwilligen Urtheils und vor Ankauf des Immobilars seitens der Ehefrau des O. erfolgt sei, stehe der Gültigkeit desselben nicht entgegen. Allerdings erscheine der Verzicht nach beiden Richtungen hin als ein eventueller und seine Wirksamkeit werde dadurch bedingt, daß Klägerin einen zur Begründung einer Hypothek geeigneten Titel erlange, und der Ehefrau O. die Siegburger Immobilien zufallen würden, da aber diese Bedingungen eingetreten seien, so habe der Verzicht Wirksamkeit erlangt. Nach Doktrin und Rechtsprechung unterliege es keinem Bedenken, daß Kläger als Drittbesitzer der Immobilien berechtigt sei, die Löschung einer Inskription zu verlangen, welcher zur Konservirung einer durch den Verzicht des Gläubigers erloschenen bezw. überhaupt nicht existent gewordenen Hypothek, also ohne jeden gesetzlichen Titel auf sein Eigenthum genommen worden sei. Denn die Löschungsklage stehe jedem Betheiligten zu, dem Drittbesitzer aber insbesondere deshalb, weil er ein rechtliches Interesse daran habe, ein freies Eigenthum zu besitzen, und weil er zur Erhebung aller Klagen berechtigt sei, welche dazu dienten, sein Eigenthum zu vertheidigen, namentlich dasselbe vor solchen Inskriptionen zu schützen, die eines Rechtsgrundes und damit der Gültigkeit entbehrten. Hiernach bedürfe es keiner Erörterung der Frage, ob Kläger auch gemäß Art. 1166 des bürgerlichen Gesetzbuches die Löschung begehren dürfe."

„Durch das von dem B.G. festgestellte Uebereinkommen vom 6. Oktober 1876 hatten die Eheleute K. O. eine Forderung der Firma S. u. R. zum Betrage von 14000 ℳ anerkannt und deren Sicherstellung versprochen. Für die eine Hälfte der Forderung sollten die zu Geroldstein belegenen Liegenschaften in der Weise zum Pfande bestellt werden, daß die Gläubigerin ein freiwilliges Urtheil erwirke und bei dem Hypothekenamte zu Prüm eintragen lasse, dagegen verpflichtete sich dieselbe ausdrücklich, an den der Ehefrau O. in ungetheilter Gemeinschaft mit ihren Miterben zugehörigen, zu Siegburg gelegenen Grundstücken keine Sicherheit zu suchen. Das B.G. faßt diese Erklärung als Verzichtleistung auf eine Hypothek im Sinne des Art. 2180 Ziff. 2 des Bürgerlichen Gesetzbuchs auf und folgert daraus, daß das am 30. November 1876 ergangene freiwillige Urtheil ein Pfandrecht auf die am 16. Oktober 1876 von der Ehefrau O. bei der Nachlaßversteigerung erworbenen Grundstücke nicht habe begründen können, daß daher die am 7. Oktober 1878 bei dem Hypothekenamte zu Siegburg bewirkte Eintragung eines Rechtsgrundes entbehre, und Kläger als Drittbesitzer gemäß Art. 2160 a. a. O. die Löschung fordern könne. Diese Ausführung kann nicht als zutreffend anerkannt werden.

Nach Art. 2123 entsteht aus gerichtlichen Erkenntnissen eine gerichtliche Hypothek, durch welche alle gegenwärtigen und später erworbenen Liegenschaften des Schuldners betroffen werden. Diese Vorschrift beruht auf der Autorität, welche das Gesetz der richterlichen Entscheidung beilegt, sie gehört der öffentlichen Ordnung an, und eine vorherige Verabredung, nach welcher die gerichtliche Entscheidung der ihr vom Gesetze beigelegten Wirkung entkleidet werden soll, würde nach Art. 1133 wirkungslos sein. Die Verzichtleistung im Sinne des Art. 2180 Nr. 2 setzt eine bestehende Hypothek voraus; denn sie hat nach dem Gesetze deren Erlöschung zur Folge. Wenn daher auch die Eintragung des freiwilligen Urtheils als eine Vertragsverletzung gegenüber den Eheleuten O. sich darstellt, so beruhte sie doch auf einem vom Gesetz anerkannten Rechtsgrunde, und der Antrag auf Löschung wird durch den Art. 2160 nicht gerechtfertigt. Das Versprechen, an den Siegburger Liegenschaften keine Sicherheit zu suchen, konnte die Entstehung der gerichtlichen Hypothek nicht verhindern, es begründet vielmehr nur ein obligatorisches Verhältniß, welches der Ehefrau O. das Recht gewährte, die Löschung der vertragswidrigen Eintragung und geeigneten Falles nach Art. 1145 Schadensersatz zu begehren.

Wenn hiernach die Begründung des B.U. nicht zu billigen ist, so erscheint doch die Entscheidung selbst aus anderen Gründen als gerechtfertigt.

Die Ehefrau O. hat in gültiger Weise für sich stipulirt, daß die Gläubigerin das ihr aus dem freiwilligen Urtheile entspringende Pfandrecht an den Siegburger Liegenschaften nicht geltend machen dürfe, falls die Schuldnerin dieselben bei der Versteigerung erwerben sollte. Sie hat dadurch nicht nur sich selbst gegen eine etwaige Pfandklage sichergestellt, sondern auch das Recht erworben, die Grundstücke als pfandfrei veräußern und ihrem Rechtsnachfolger die Freiheit von Hypotheken gewährleisten zu können. Die Verabredung würde ihre wesentliche Bedeutung verlieren, wenn sie auf die Zeit beschränkt würde, während welcher das Eigenthum der Schuldnerin zustand, dieselbe kann daher nur dahin verstanden werden, daß weder die Schuldnerin selbst, noch im Falle der Veräußerung deren Rechtsnachfolger durch Eintragung der Hypothek entwährt werden dürfe. Es ist also gemäß Art. 1121 eine Stipulation auch zu Gunsten des künftigen Erwerbers abgeschlossen worden, und Kläger kann in der angegebenen Eigenschaft den vertraglichen Anspruch gegenüber den Contrahenten geltend machen.

Die Legitimation des Klägers zu dem Antrage auf Löschung ergiebt sich aber auch aus Art. 1166 des B.G.B. Nach dessen nicht widersprochener Behauptung hat ihm nämlich die Ehefrau O. in dem Kaufvertrage vom 19. Oktober 1878 die Pfandfreiheit der Liegenschaften ausdrücklich zugesagt, und wenn auch eine ausdrückliche Zusage nicht ertheilt worden wäre, so würde sich — da eine Uebernahme der Pfandlast durch den Käufer von der Gegenseite nicht behauptet ist — die Gewährleistungspflicht für die Pfandfreiheit schon aus Art. 1626 ergeben. Durch die Eintragung des freiwilligen Urtheils entstand für den Ankäufer ein klagbares Recht wider die Verkäuferin auf Beseitigung der Pfandlast, derselbe wurde hiefür Gläubiger der Ehefrau O. und konnte in Ausübung der seiner Schuldnerin zustehenden vertraglichen Rechte deren Kontrahenten zur Löschung der vertragswidrigen Eintragung anhalten.

Mit Unrecht war der Geltendmachung dieses Anspruches in der Berufungsinstanz der Einwand einer unzulässigen Klageänderung entgegengesetzt worden. Die Thatsache, daß Ehefrau O. die Siegburger Grundstücke, für welche die Pfandfreiheit ausbedungen worden war, dem Kläger verkauft habe, war nach dem Thatbestande des landgerichtlichen Urtheils bereits in erster Instanz behauptet worden. Geltendmachung des dem Gläubiger nach Art. 1166 zustehenden Rechtes stellt daher kein nach §§ 235 Nr. 3 und 489 der C.P.O. unzulässiges neues Vorbringen dar, sondern erscheint nur als eine durch § 240 Nr. 1 gestattete rechtliche Ausführung, welche dem Bestreiten der Beklagten gegenüber die Legitimation des Klägers begründet.

Zur Rechtfertigung der Revision ist noch geltend gemacht worden, die Eintragung der Hypothek habe bereits bestanden, als Kläger die Liegenschaften gekauft habe, derselbe könne sich daher auf seine Unbekanntschaft mit der Eintragung nicht berufen und die Löschung nicht verlangen, da er die Förmlichkeiten des Art. 2167 nicht erfüllt habe. Dieser Einwand steht jedoch der Klage nicht entgegen, da dieselbe auf einem vertragsmäßigen Anspruche beruht. Ebenso ungerechtfertigt erscheint der fernere Angriff, daß den Eheleuten O., also auch dem Rechtsnachfolger derselben, der Anspruch auf Löschung nicht zustehe, weil die von den Eheleuten O. in dem Vertrage vom 15. Oktober 1876 übernommene Verpflichtung, die Schuld bis zum 1. Februar 1878 abzutragen, auch jetzt noch nicht erfüllt sei. Es ist in den Vorinstanzen gar nicht behauptet worden, daß die Beschränkung des Pfandrechts von der Bedingung der Zahlung innerhalb bestimmter Frist abhängig gemacht worden sei. Auch wird der klägerische Anspruch nicht aus dem angeführten Vertrage, sondern aus dem Uebereinkommen vom 6. Oktober 1876 abgeleitet, durch welches die Eheleute O. nicht die Zahlung binnen einer gewissen Frist, sondern die Sicherstellung der Forderung durch Bürgschaft und Unterpfand versprochen haben. Dieser Verbindlichkeit haben sie nach den thatsächlichen Feststellungen genügt."

Alphabetisches Sachregister

zu Bd. III der „Urtheile und Annalen des R.G. in Civilsachen“.

(Man suche die betr. Materie — auch die Rubrik „Civilrechtliches aus den Straffenaten“ — unter „Civilprozeßordnung“, „Handelsgesetzbuch“, „Gemeines Recht“, „Konkursordnung“, „Preußisches Recht“, „Rheinisches Recht“, „Reichs-Stempelgesetz“ u. s. w.)

Die Zahlen bedeuten die Seitenzahlen.

Einführungsgesetz zur C.P.O.

Gebührenordnung für Rechtsanwälte.

Gebührenordnung für Zeugen und Sachverständige.

Kaiserliche Verordnung vom 28. September 1879.

Konkursordnung.

Konsulargerichtsbarkeitsgesetz.

Markenschutzgesetz.

Münzgesetz vom 9. Juli 1873.

Rechtsanwaltsordnung.

Rheinisches Recht.

Weimarisches Recht.

Alphabetisches Gesetzesregister.

Chronologische Zusammenstellung

der Urtheile und Beschlüsse des Reichsgerichts

in Band III der „Urtheile und Annalen“.

Datum. Tag Monat	Civilsenat des R.G.	Seite Bd. III	Parteien.	Gesetz, welches hauptsächlich durch die Entscheidung berührt wird. Paragraph	Gesetz
1885.					
5. Juni	III.	43	A. w. K.	16.	G.K.G.
8. "	I.	7	U. w. S. & Co.	357. 354.	H.G.B.
8. "	I.	36	S. w. Konk. H. M.	87.	C.P.O.
8. "	IV.	56	G. w. K. u. Gen.	I, 11 § 1063.	Preuß. Allg. L.R.
8. "	IV.	57	J. w. J. u. Gen.	II, 2 § 7.	"
8. "	IV.	63	L. w. L. u. Gen.	I, 5 § 270.	"
8. "	I.	96	B. G. w. L.	1. 5—7.	Musterschutzgesetz.
9. "	II.	3	O. w. K.	344.	H.G.B.
9. "	II.	11	v. St. w. v. B.	38. 39. 63.	R.-Genossenschaftsgesetz.
9. "	II.	12	B. P. B. w. St.	1.	Reichs-Haftpflichtgesetz.
9. "	II.	27	K. w. B.	120.	R.Gew.O.
9. "	III.	38	H. & Co. w. L.	436.	C.P.O.
9. "	II.	44	P. w. R.	16.	G.K.G.
9. "	III.	48	R. u. Gen. w. S.	Pflichttheilsklage.	Gemeines Recht.
9. "	III.	50	R. w. M.	I, 6 §§ 18—21.	Preuß. Allg. L.R.
9. "	IV.	240	W. w. St. B.	15. 8. 9.	Preuß. Ges. v. 2. Juli 1875
10. "	V.	31	C. w. L. K.	59. 51.	C.P.O.
10. "	I.	54	P. w. Gebr. St.	I, 11 § 952.	Preuß. Allg. L.R.
10. "	IV.	64	Gr. S. u. Gen. w. P. F.	II, 15 § 1.	"
11. "	IV.	29	v. H. w. v. C.	25.	C.P.O.
11. "	IV.	60	G. w. G.	II, 2 § 64.	Preuß. Allg. L.R.
12. "	III.	9	L. & S. w. L.	82.	A.D.W.O.
12. "	II.	15	O. R. Konk. w. O.	37.	R.Konk.O.
12. "	III.	25	S. w. R.	120 a.	R.Gew.O.

Datum. Tag Monat	Civil-senat des R.G.	Seite Bd. III	Parteien.	Gesetz, welches hauptsächlich durch die Entscheidung berührt wird. Paragraph	Gesetz
1885.					
12. Juni	II.	39	W. w. D.	808. 671.	C.P.O.
12. =	III.	45	St. w. J.	Locat. operis.	Gemeines Recht.
13. =	I.	18	B. w. M. & Sch.	4.	Reichs-Patentgesetz.
13. =	V.	52	v. S. w. D. Konk.	I, 7 § 200.	Preuß. Allg. L.R.
13. =	V.	69	M. & Co. w. R.	437—444.	Warschauer Code de commerce.
13. =	V.	164	M. w. T.	1.	Preuß. Gesetz v. 4./3. 79.
13. =	III.	204	J. w. D. H.	Mäklergebühr.	Gemeines Recht.
15. =	I.	1	G. & M. w. B.	93. 95.	H.G.B.
16. =	III.	47	D. w. D.	Eherecht.	Gemeines Recht.
16. =	II.	66	A. w. Ehel. K.	701. 702.	Code civil.
16. =	II.	95	Ehel. Bl. w. B.	1.	R.Gew.O.
16. =	III.	137	Pr. F. w. Konk. H. T.	713.	C.P.O.
17. =	I.	136	C. w. H.	2.	Kaiserl. Verordnung vom 28. September 1879.
18. =	IV.	120	F. u. Gew. w. K.	28.	C.P.O.
18. =	IV.	155	St. B. w. D.	65.	Preuß. Städteordnung v. 30. Mai 1853.
19. =	III.	144	P. F. w. N.	Faustpfand.	Gemeines Recht.
19. =	III.	146	B. w. A. Sp.	Schriftlichkeit.	=
19. =	III.	147	H. w. A. R.	Lohnforderg.	=
19. =	III.	166	L. u. Gen. w. L.	1138. 1583.	Code civil.
19. =	II.	185	B. F. w. H.	3, 2.	Reichs-Haftpflichtgesetz.
19. =	II.	195	Ehel. W. w. A.	379. 357.	C.P.O.
20. =	II.	123	v. Z. w. G. & P.	164.	=
20. =	V.	153	L. & S. w. W. & Sp.	I, 21 § 383.	Preuß. Allg. L.R.
20. =	V.	163	W. u. Gen. w. J.	1.	Preuß. Gesetz vom 5. Mai 1872.
20. =	I.	192	v. O. w. M. S. L.	57. 58.	Reichs-Viehseuchengesetz.
22. =	IV.	133	R. w. Gem. B. u. Gen.	231.	C.P.O.
23. =	II.	84	B. & B. w. L. & Co.	362. 360.	H.G.B.
23. =	II.	167	B. w. B.	1965.	Code civil.
23. =	III.	182	A. w. B. O. & J.	1.	Reichs-Haftpflichtgesetz.
23. =	II.	183	Ch. & B. w. H.	2.	=
23. =	III.	184	P. E. w. v. B.	2.	=
23. =	III.	209	H. w. uxor.	Ehescheidungsstrafen.	Gemeines Recht.
24. =	I.	77	H. & Schl. w. Schl. u. Gen.	54.	H.G.B.
24. =	I.	90	M. w. R. H.	88.	A.D.W.O.

Datum. Tag Monat	Civil-senat des R.G.	Seite Bd. III	Parteien.	Gesetz, welches hauptsächlich durch die Entscheidung berührt wird. Paragraph	Gesetz
1885.					
24. Juni	I.	150	O. w. J.	Richterliche Handlungen.	Gemeines Recht.
24. "	V.	160	M. w. B. G. A.	148.	Preuß. Allg. Berggesetz.
24. "	I.	234	B. w. M. St. F.	31. 29.	Preuß. Gesetz v. 11. Juni 1874.
25. "	IV.	152	W. w. G.	I, 4 § 84.	Preuß. Allg. L. R.
25. "	III. Strff.	401	w. K. u. Gen.	263.	R. Str. G. B.
26. "	II.	74	B. & F. w. B.	302. 314. 315.	H. G. B.
26. "	II.	94	K. B. w. H. B. C.	35.	R.-Genossenschaftsgesetz.
26. "	III.	122	B. w. S.	106.	C. P. O.
26. "	III.	142	H. w. H.	Sparkassenb.	Gemeines Recht.
26. "	III.	148	Ch. w. C. Sp.	Bürgschaft.	"
26. "	II.	169	Schl. w. H. & W.	1382. 1382 b.	Badisches Landrecht.
27. "	I.	173	St. w. A. L. B. A.	271, 47.	H. G. B.
27. "	V.	228	L. w. St. B.	II, 15 § 61.	Preuß. Allg. L. R.
29. "	IV.	198	K. w. uxor.	582. 288.	C. P. O.
30. "	II.	180	P. F. w. C.	156.	Vereinszollgesetz.
30. "	II.	200	D. w. A. B. G. B.	16.	Geb. O. für R. Anw.
30. "	III.	210	S. w. C.	Nov. 115.	Gemeines Recht.
1. Juli	I.	174	K. F. R. w. R.	336.	H. G. B.
1. "	I.	205	B. R. w. L. u. Gen.	Bürgschaft.	Gemeines Recht.
1. "	V.	214	Schw. w. St. W.	I, 6 § 40.	Preuß. Allg. L. R.
1. "	V.	221	H. w. H.	II, 16 301.	"
1. "	I.	253	B. & S. w. S.	98. 90. 86.	H. G. B.
1. "	V.	306	K. w. K.	I, 9 § 649.	Preuß. Allg. L. R.
2. "	IV.	223	M. w. uxor.	II, 1 § 703.	"
2. "	IV.	229	P. F. w. A. R. D. K.	Tarif.	Reichs-Stempelgesetz von 1882.
2. "	IV.	230	St. w. A. Cr. U. L.	5.	"
2. "	II.	235	R. K. M. w. R. K. L.	1. 2.	Preuß. Gesetz v. 20. Juni 1875.
2. "	IV.	304	Pr. St. w. R. K. F.	—	Preuß. Stempelgesetz von 1822.
2. "	III. Strff.	403	w. R. u. Gen.	23.	Reichs-Stempelgesetz von 1881.
3. "	III.	201	Sch. w. R.	Realservitut.	Gemeines Recht.
4. "	I.	225	R. w. D. B.	I, 17. II, 6 § 11.	Preuß. Allg. L. R.
7. "	III.	203	M. w. W.	Stillschw. Willenerklrg.	Gemeines Recht.
7. "	III.	208	Z. w. uxor.	Bösl. Verlassung.	"
7. "	II.	215	R. w. O.	I, 11 § 414.	Preuß. Allg. L. R.
7. "	III.	218	E. u. Gen. w. v. Z.	I, 11 Abschn. 4.	"

Datum. Tag Monat	Civilsenat des R.G.	Seite Bd. III	Parteien.	Gesetz, welches hauptsächlich durch die Entscheidung berührt wird. Paragraph	Gesetz
1885.					
7. Juli	II.	244	B. w. M.	526. 529.	Code civil.
7. "	III.	262	H. w. Pr. E. F.	2.	Reichs-Haftpflichtgesetz.
7. "	III.	264	F. w. Pr. E. F.	3, 3.	"
7. "	II.	278	G. w. B. S.	3, 3.	Reichs-Anfechtungsgesetz.
8. "	V.	199	B. w. G. & G.	720. 676.	C.P.O.
8. "	V.	220	K. w. H.	I, 13 § 91.	Preuß. Allg. L.R.
8. "	V.	232	K. w. E.	6.	Preuß. Grundbuchgesetz.
8. "	V.	233	G. w. v. W.	73.	Preuß. Grundbuchordn.
8. "	I.	295	S. w. D.	17.	Geb.O. für Zeugen und Sachverst. v. 30./6. 78.
9. "	IV.	194	Pr. F. w. B. H.	Tarif 4a Art. 3	Reichs-Stempelgesetz von 1881.
9. "	IV.	226	St. B. w. K. R.	II, 11 § 713.	Preuß. Allg. L.R.
9. "	IV.	296	S. w. S. u. Gen.	I, 5 § 46.	"
10. "	II.	246	K. G. G. E. L. w. M.	954. 955.	Code civil.
11. "	I.	196	St. w. verw. W.	259. 505.	C.P.O.
11. "	I.	254	A. Z. K. w. H. & H.	279.	H.G.B.
11. "	IV.	297	F. w. S. u. Gen.	I, 11 § 680.	Preuß. Allg. L.R.
11. "	V.	302	E. K. W. w. St. G.	II, 12 § 54.	"
11. "	III. Strfs.	318	w. K.	7 b.	R.-Urheberrechtsgesetz.
13. "	I.	186	A. f. A. w. B. & Co.	1. 4.	Reichs-Patentgesetz.
2. August	Ferienf.	292	H. w. St. E.	775.	C.P.O.
8. Sept.	IV. Strfs.	315	w. K.	223. 223 a.	R.Str.G.B.
16. "	V.	261	B. w. verw. G. u. Gen.	1.	Reichs-Haftpflichtgesetz.
16. "	III.	265	F. w. Pr. E. F.	3, 3.	"
16. "	V.	352	S.-H. w. P.-K.	410. 130.	C.P.O.
16. "	V.	369	K. B. S. G. w. K. u. Gen.	I, 5 § 116.	Preuß. Allg. L.R.
16. "	V.	375	B. C. w. W.	I, 6 § 79.	"
17. "	IV.	299	K. w. D. B. f. J.	II, 6 § 68	"
17. "	I. Strfs.	317	w. L.	315. 316.	R.Str.G.B.
17. "	IV.	391	A. D. B. w. P. F.	5, 2.	Preuß. Stempelgesetz von 1822.
18. "	III.	256	W. w. N.	343.	H.G.B.
18. "	II.	259	W. w. K. St.	1.	Reichs-Haftpflichtgesetz.
18. "	II.	266	B. u. Gen. w. D.	120.	R.Gew.O.
18. "	II.	290	Sch. w. B.	308.	C.P.O.
18. "	III.	293	K. w. J.	804.	"
18. "	III.	294	E. w. K.	25, 1.	R.Anw.O.

Datum. Tag Monat	Civilsenat des R.G.	Seite Bd. III	Parteien.	Gesetz, welches hauptsächlich durch die Entscheidung berührt wird. Paragraph	Gesetz
1885.					
18. Sept.	II.	308	Sch. w. N.	1382.	Code civil.
18. =	II.	335	E. w. B. R.	291.	H.G.B.
18. =	III.	361	E. L. w. H.	Willenserklrg.	Gemeines Recht.
18. =	II.	396	L. F. w. H.	1134.	Code civil.
19. =	I.	281	A. M. A. w. B.	29.	C.P.O.
19. =	I.	286	J. & Co. w. de V. & Co.	20, 1.	Konsulargesetz.
19. =	I.	345	L. w. G.	5.	Reichs-Patentgesetz.
21. =	IV.	351	N. w. M.	259.	C.P.O.
21. =	I.	358	T. w. A. F. B.	815. 300.	=
21. =	IV.	365	S. w. F.	I, 3 § 35.	Preuß. Allg. L.R.
21. =	II.	380	J. w. marit.	II, 1 § 206.	=
21. =	IV.	384	J. w. marit.	II, 1 § 270.	Preuß. Allg. L.R.
21. =	IV.	436	K. w. S.	437.	C.P.O.
21. =	I.	440	Sch. w. P.	8. 9.	G.K.G.
22. =	II.	249	C. w. C.'s Konk.	519.	Code de commerce.
22. =	III.	334	A. V. U. w. Sp. H.	277. 278.	H.G.B.
22. =	III.	359	D. w. D.	13, 4. 17.	Geb.O. für R.Anw.
22. =	III.	442	verw. D. w. F.	1.	Reichs-Haftpflichtgesetz.
22. =	II.	442	Sch. w. R.	18.	R.Anw.O.
23. =	I.	407	J. L. w. A. A.	283.	H G.B.
24. =	IV.	387	P. F. w. v. G.	II, 10 § 88.	Preuß. Allg. L.R.
24. =	IV.	445	Bl. & G. w. P. Bl. u. Gen.	I, 11 § 867.	=
28. =	I.	405	E. K. w. St. & W.	278. 279.	H.G.B.
28. =	I.	464	E. u. Gen. w. E. H.	Stat. 1, 3, 22.	Hamburger Recht.
29. =	IV.	455	S. J. w. F.	Nr. 1.	Preuß. Stempelgesetz von 1822.
30. =	I.	329	B. H. w. M. P. E.	218.	H.G.B.
30. =	I.	338	K. F. N. w. B.	14, 1 u. 2.	Reichs-Münzgesetz.
30. =	V.	379	Konk. A. f. W. w. St. D.	I, 22 § 71.	Preuß. Allg. L.R.
30. =	V.	380	St. C. w. H.	I, 22 § 221.	=
26. Oktbr.	I.	429	E. u. Gen. w. v. R.	2.	Reichs-Patentgesetz.
5. Novbr.	IV.	371	P. w. H.	I, 6 §§ 8 ff.	Preuß. Allg. L.R.
11. =	I.	433	W. w. S. u. Gen.	6. 815. 801.	C.P.O.
12. =	IV.	448	W. u. Gen. w. Sch.	I, 11 § 1048.	Preuß. Allg. L.R.
13. =	III.	438	K. w. Sch.	819.	C.P.O.
18. =	I.	412	L. w. B. B.	376.	H.G.B.
5. Dzbr.	I.	420	B. w. D. G. H. G. i. l.	5. 12.	R.-Markenschutzgesetz.

Datum. Tag Monat	Civilsenat des R.G.	Seite Bd. III	Parteien.	Gesetz, welches hauptsächlich durch die Entscheidung berührt wird. Paragraph	Gesetz
1886.					
7. Januar	V.	458	G. M. w. E. H.	114. 24—28.	Preuß. Gesetz v. 13. Juli 1883.
9. "	Vereinigte	253	} w. B.	210.	R. Konk. O.
9. "	"	321			
13. "	V.	449	H. w. K.	I, 11 § 1090.	Preuß. Allg. L. R.
18. "	IV.	455	P. w. marit.	II, 1 § 673.	Preuß. Allg. L. R.
19. "	II.	418	L. u. Gen. w. Elf. L. E.	3. 4.	Reichs-Haftpflichtgesetz.
25. "	I.	326	F.	123. 129.	H. G. B.
28. "	IV.	452	Fisk. w. L.	I, 21 § 229.	Preuß. Allg. L. R.
9. Febr.	III.	417	St. & Sch. w. H.	2. 7.	Reichs-Haftpflichtgesetz.
9. "	III.	444	D. w. marit.	—	Protest. Gem. Eherecht.
11. "	IV.	457	S. w. Fisk.	25.	Preuß. Gesetz v. 27. September 1879.
15. "	Vereinigte	269	B. w. Konk. E.	61. 152. 168.	R. Konk. O.
25. "	IV.	435	G. w. M.	213.	C. P. O.
26. "	II.	467	S. & R. w. H.	2123. 1133.	Code civil.
2. März	II.	430	v. d. M. w. L. B. i. l.	13, 4.	Reichs-Anfechtungsgesetz.

Generalia des Reichsgerichts.

A. Die Geschäftsvertheilung bei den Civilsenaten des R. G. für das Geschäftsjahr 1886. . . . . S. 72

B. Die persönliche Zusammensetzung derselben . . . . " 76

Pierer'sche Hofbuchdruckerei. Stephan Geibel & Co. in Altenburg.

FSC
www.fsc.org
MIX
Papier | Fördert
gute Waldnutzung
FSC® C083411

Kolibri 360 GmbH
Ferdinand-Jühlke-Straße 7
99095 Erfurt, Deutschland
produktsicherheit@kolibri360.de